세계사 편력

Glimpses of World History

3

by

Jawaharlal Nehru

◆

Being further letters to his daughter,

written in prison,

and containing a rambling

account of history for young people

GLIMPSES OF WORLD HISTORY
Copyright © Sonia Gandhi, 2004
All rights reserved

Korean Translation Copyright © 2004 by Ilbit Publishing Co.
Korean edition is published by arrangement with Jawaharlal Nehru Memorial Fund
through Imprima Korea Agency

이 책의 한국어판 저작권은 Imprima Korea Agency를 통한
Jawaharlal Nehru Memorial Fund와의 독점 계약으로
도서출판 일빛에 있습니다. 신저작권법에 의해 한국 내에서
보호를 받는 저작물이므로 무단 전재와 무단 복제를 금합니다.

아버지가 딸에게 들려 주는 세계사 이야기

세계사 편력

3

J. 네루 지음
곽복희 · 남궁원 옮김

일빛

세계사 편력 3
원 제 『Glimpses of World History』, 1967. Asia Publishing House

펴낸곳 도서출판 일빛
펴낸이 이성우
지은이 네루
옮긴이 곽복희 · 남궁원
주　간 이준수
편　집 손일수 · 이은주 · 이수경 · 이경민 · 김진영
마케팅 최정원 · 조규석 · 이상숙

등록일 1990년 4월 6일
등록번호 제10-1424호

초판 1쇄 인쇄일 2004년 5월 25일
초판 1쇄 발행일 2004년 6월 5일

주소 121-837 서울시 마포구 서교동 339-4 가나빌딩 2층
전화 02) 3142-1703~5 팩스 02) 3142-1706
E-mail ilbit@unitel.co.kr

값 18,000원
ISBN 89-5645-049-8 (04900)
　　　89-5645-046-3 (전3권)

◆ 잘못된 책은 바꾸어 드립니다.

지은이 서문

나는 이 편지들이 언제 어디서 출판될지, 아니 출판될지조차 알지 못한다. 오늘날 인도는 기묘한 나라여서 앞날을 예측하기도 어려운 탓이다. 그렇지만 내 앞의 상황이 아직 급박하지 않아 시간적 여유가 있기에 지금 이 글을 쓰고 있다.

역사에 관한 이 편지들에 대해서는 변명과 설명이 필요하다. 이 책을 다 읽는 수고를 감당할 독자들은 아마 그 변명과 설명을 책 가운데서 찾아 낼 수 있을 것이다. 나는 독자들에게 특히 마지막 편지를 참조하라고 말하고 싶다. 이처럼 혼란한 세상에서는 어쩌면 끝에서 시작하는 것도 좋은 방법일 것이다.

이 서한집은 딸의 성장과 함께 쓰여졌다. 애초에 서한집에 대한 계획도 없었거니와 이렇게 많은 분량이 될 줄은 꿈에도 생각지 못했다. 약 6년 전 딸이 열 살이 되었을 때 나는 딸에게 태초의 세계에 대한 짧고 간단한 설명을 담은 몇 통의 편지를 써서 보냈다. 그 초기의 편지들은 곧 책으로 출판되어 호평을 받았다. 딸에게 편지를 계속 쓰고 싶었지만 정치 활동을 하느라 너무 바빠서 쓸 수가 없었다. 그런데 마침 감옥에 가게 되면서 감옥에서의 시간을 편지 쓰는 데 활용하게 되었다.

감옥 생활에도 이렇듯 이로운 점은 있다. 하지만 불편한 점도 있다. 수인이 마음대로 이용할 수 있는 도서관도 없으며 자유롭게 읽을 수 있는 책도 없다. 이러한 조건에서 무엇에 대해 쓴다는 것, 더군다나 역사에 대해 쓴다는 것은 무모하기 짝이 없는 시도다. 몇 권은 책이 차입되긴 했지만 계속 갖고 있을 수는 없었다. 책들은 감옥 안으로 들어왔다가 이내 나가 버린다. 그러나 12년 전, 수많은 우리 동포들과 마찬가지로 내가 처음 감옥들을 드나들기 시작하면서, 나는 독서를 하면서 노트를 해 두는 습관을 갖게 되었다. 그래서 이 글을 쓰기 시작할 즈음 여러 권으로 늘어난 내 노트들이 이 글을 쓰는 데 많은 도움이 되었다. 물론 다른 책들의 도움도 매우 컸다. 특히 웰즈(W.G. Wells)의 『세계사 개설(Outline of History)』의 도움이 컸다. 그러나 좋은 참고 서적이 없어 꽤 아쉬웠다. 그렇기 때문에 서술이 가끔 비약하거나 특정 시대를 건너뛰기도 했다.

이 편지들은 사적인 성격을 띠고 있는 만큼 글 속에는 오직 딸에게만 할 수 있는 허물없는 말투들이 있다. 나는 이것들을 어떻게 해야 할지 모르겠다. 어지간히 애쓰지 않고는 이런 문투를 다 빼내기가 쉽지 않기 때문이다. 그래서 나는 그 부분들을 손보지 않고 그냥 두기로 했다.

육체의 부자유는 자기 성찰을 가능하게 하고 시시각각 변하는 여러 감정들을 이끌어 낸다. 이 자주 바뀌는 감정들이 편지들에 너무 뚜렷이 드러나 역사가의 객관적인 태도를 잃지나 않았을까 걱정스럽다. 나는 역사가로 자처할 생각은 없다. 이 글에는 청소년을 위한 초보적인 해설과 성인들의 사고에 대한 단편적인 논의가 뒤섞여 있다. 숱한 중복도 있다. 이 편지들 속에 담긴 오류를 들자면 참으로 끝이 없다. 편지들의 내용은 가느다란 한 오라기의 실로 묶어 놓은 세계사에 대한 피상적인 스케치에 지나지 않는다. 다양하지 못한 참고서에서 사실과 사상들을 빌려 오느라 많은 잘못이 끼어들었을 것이다. 될 수 있으면 유능한 역사가에게 이 책을 감수받고 싶었지만, 감옥에서 나와 있던 짧은 기간에는 그렇게 배려할 만한 시간이 없었다.
    이 편지들을 쓰면서 가끔 내 견해를 다소 거칠게 나타내기도 했다. 지금도 여전히 그런 의견을 갖고는 있지만, 이 편지들을 쓰는 동안에도 역사를 보는 관점은 조금씩 바뀌어 갔다. 만약 지금 그것들을 다시 써야 한다면 다른 식으로 쓰거나, 아니면 어떤 부분들을 강조할 것이다. 하지만 나는 전에 쓴 것들을 찢어 버리고 새로 시작할 여유가 없다.

자와할랄 네루

옮긴이의 글

역사는 옛날에 일어났던 일들에 대한 단순한 지식이 아니다. 자신의 삶에 대해서 진지하게 생각하고 어떻게 살아갈 것인가를 고민하는 사람들에게 소중한 거울이 되는 것이 바로 역사인 것이다. E. H. 카는 이에 대해 '역사란 과거와 현재의 끊임없는 대화'라고 명쾌하게 정의했다. 균형 잡힌 올바른 세계관을 갖추기 위해서는 국지적인 역사에 한정되지 않은 세계사 전반에 대한 지식과 안목을 길러야 된다. 세계가 한 가족처럼 급속히 가까워지는 지구촌 시대에는 '문화충돌'의 위험도 곳곳에 도사리고 있으며 이미 많은 곳에서 심각할 정도로 나타나고 있다. 자기가 속해 있는 공동체나 문화권에서만 용인되는 가치관이나 세계관만으로는 지구촌 시대에 세계시민으로 살아남을 수 없다.

누구나 자신이 처한 조건과 환경에 따라서 세계사를 바라보는 시각이 달라지게 마련이다. 그런데 우리 주변에 퍼져 있는 숱한 세계사 교재들은 정확히 우리 자신의 처지를 반영하기에는 조금씩 모자랐던 것이 사실이다. 특히 과거 일제 식민지의 경험을 포함하여 100여 년에 걸쳐 비뚤어진 민족사를 끌어안고 있고, 오늘의 잘못된 현실을 하나하나 고쳐 나가야 하는 우리들에게는 더욱 그렇다. 우리가 일본 식민지 통치가 유익했다는 일본 극우 정치가의 발언을 망언이라고 규탄하면서도, 정작 인도에 대해서는 영국의 시각에서, 베트남에 대해서는 프랑스의 시각에서 바라보도록 가해자의 관점을 강요하고 있는 절름발이 세계사를 과연 얼마나 바로잡았고 역사를 보는 올바른 눈을 길렀을까?

자와할랄 네루가 쓴 『Glimpses of World History』는 바로 이런

점에서 그 누구도 따를 수 없는 뛰어난 가치를 지닌 저작이다. 흔히들 '역사의 평가에 맡긴다'는 말로 현실에 대한 가치 판단을 미루고 정작 시일이 지나면 외면해 버리는 세태 속에서, 과연 무엇이 옳았는가 하는 진실의 눈으로 세계사를 명쾌하게 들려주는 네루의 저작이 우리에게 주는 충격과 교훈은 실로 소중한 것이었다. 원본 완역본으로 이 책이 나온 이후 독자들이 보여준 관심은 바로 서구 편향적 시각에서 주체적이고 객관적인 세계관을 갖고자 하는 시대 흐름의 반영이었다.

비교 역사학이나 미시사, 국지사 분야에서는 새로운 시각으로 접근한 연구 성과들이 조금씩 나타나고 있다. 그러나 세계사 전체를 객관적인 시각에서 폭넓게 조망하는 세계사 통사 분야의 역작은 쉽게 눈에 띄지 않는다. 역시 네루의 이 저작을 뛰어넘는 '세계사의 고전'은 아직 나타나지 않고 있다는 게 우리의 생각이다.

10년 전 최초의 영문 완역본이라는 자부심으로 출간됐던 이 책에 대한 독자들의 격려와 애정은 대단한 것이었다. 이번에 독자들의 지속적인 관심과 일빛 편집부의 노고에 힘입어 세계사의 고전에 걸맞는 장정으로 독자들을 다시 찾아뵙게 되어 기쁘며 이 책과 함께 한 모든 분들께 감사 드린다.

2004년 5월
옮긴이 곽복희 · 남궁원

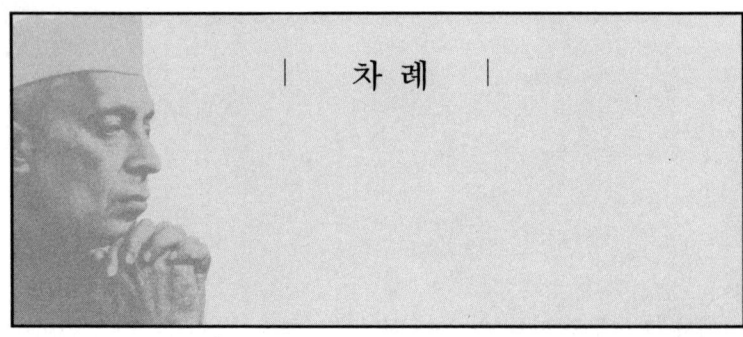

차례

지은이 서문 · 5
옮긴이의 글 · 8
일러두기 · 13

데라 둔 지방 형무소에서

153 일본이 중국을 괴롭히다 · 15
154 전시하의 인도 · 24
155 유럽의 새로운 판도 · 37
156 전후의 세계 · 53
157 공화국 수립을 위한 아일랜드 투쟁 · 63
158 새로운 투르크가 폐허 속에서 솟아오르다 · 73
159 무스타파 케말, 과거를 청산하다 · 87
160 간디가 인도를 지도하다 · 98
161 1920년대의 인도 · 111
162 인도의 평화적인 반란 · 123

세 계 사 편 력 3

163 이집트의 독립 투쟁 · 139
164 영국군 주둔하의 독립은 무엇을 의미하는가 · 150
165 서아시아가 세계 정치 무대로 복귀하다 · 161
166 아랍국가들 — 시리아 · 170
167 팔레스타인과 트란스 - 요르단 · 179
168 아라비아 — 중세로부터의 비약 · 189
169 이라크와 공중 폭격의 정점 · 197
170 아프카니스탄과 그 밖의 아시아 국가들 · 206
171 혁명의 좌절 · 216
172 묵은 채무를 지불하는 새로운 방법 · 228
173 화폐의 이상한 작용 · 237
174 책략과 대응 책략 · 247
175 무솔리니와 이탈리아의 파시즘 · 262
176 민주주의와 독재 · 274
177 중국에서의 혁명과 반혁명 · 284
178 세계에 도전하는 일본 · 296
179 소비에트 사회주의 공화국 연방 · 308
180 피아틸레트카, 또는 러시아의 5개년 계획 · 321
181 소비에트 연방의 고난과 실패 그리고 성공 · 331
182 과학의 전진 · 345

세 계 사 편 력 3

183 과학의 선용과 악용 · 354
184 대공황과 세계의 위기 · 362
185 공황의 원인은 무엇인가 · 372
186 세계의 주도권을 놓고 싸우는 미국과 영국 · 382
187 달러 · 파운드 그리고 루피 · 395
188 자본주의 세계의 분열 · 408
189 스페인 혁명 · 413
190 독일에서의 나치의 승리 · 419
191 군비 축소 · 438
192 루스벨트 대통령이 미국을 구하다 · 444
193 의회 정치의 실패 · 453
194 세계 정세에 대한 마지막 개괄 · 461
195 전쟁의 그림자 · 470
196 마지막 편지 · 482

후기 · 493
찾아보기 · 522

일러두기

1. 이 책의 번역 대본은 Asia Publishing House의 『Glimpses of World History』(1967)를 사용하고, Oxford University Press에서 발간된 1990년 1월 판을 참조했다.

2. 한글 표기는 문교부 고시(1988.1.) 「한글 맞춤법」과 「표준어 규정」을 따랐다. 인명·지명을 포함한 외래어 표기는 원어 발음에 따르는 것을 원칙으로 했으며, 인도와 중동의 인명·지명은 정병조의 『인도사』, 김정위의 『중동사』를 참조했다. 그러나 우리에게 너무 굳어져 원어의 발음이 전혀 낯선 경우에는 통용되는 표기법에 따랐다.
   예 : 유클리드(원래 표기음은 에우클레이테스다).
   그 밖의 고유 명사(책명, 역사 용어)는 한국식 한자음으로 표기했다.

3. 옮긴이 주는 본문 하단에 1, 2, 3…… 으로 표시했으며, * 표시가 있는 주는 지은이의 원주다.

4. 이 책에 들어 있는 지도는 원본에 있는 J.F. Horrabin이 그린 것을 원고로 해서 다시 그렸다.

153 *1933년 4월 14일*

일본이 중국을 괴롭히다

　　세계 전쟁이 진행되는 동안 극동에서도 우리들의 주의를 끌 만한 사건이 두세 가지 일어났다. 그래서 이번에는 너를 중국으로 데리고 갈 것이다. 중국에 관해서 내가 마지막으로 써 보낸 편지에서 나는 중국에 공화국이 수립되었다는 이야기와 함께 내란이 일어났다는 이야기를 썼다. 그 뒤에 원세개(袁世凱)가 황제가 되려 했지만, 그것은 실패로 돌아갔다. 그러나 공화국도 전국에 그 권위를 확립할 수 없었다. 그래서 중국 전체를 완전히 지배할 수 있는 권력 단위는 하나도 없게 되었다. 즉 몇 년 동안 두 개의 중요한 정부 — 북방 정부와 남방 정부로 대립되어 있었다. 남방에서는 손일선(孫逸仙 : 孫文) 박사와 그가 영도하는 민족 정당인 국민당이 패권을 쥐고 있었던 데 반해, 북방에서는 원세개가 패권을 쥐고 있다가 실각하자 장군과 군인들이 그 뒤를 이어 번갈아 가며 패권을 잡았다. 그 뒤부터 이들 군사적인 정치가를 독군(督軍)이라 일컫는다. 그들은 근대 중국사에 커다란 화근이 되었다.

　　그래서 중국은 분란이 그치지 않는 불행한 상태에 놓이게 되었고, 가끔 남북 정부 사이에 전쟁이 일어나던가 또는 서로 대립하는 독군들 사이에 전쟁이 일어나곤 했다. 이것은 이러한 내전을 기화로 한 파벌 또는 독군 그룹을 원조하는 한편, 또 다른 파벌의 뒤를 밀어 주는 등의 수법으로 이익을 차지하려 하는 제국주의 열강에게는 다시없는 좋은 기회였다. 이것은 너도 잘 알고 있는 바와 같이 영국이 인도에 뿌리를 박을 때 써먹은 수법이기도 했다. 유럽 열강은 이 기회를 놓치지 않고 책동을 하여 독군들을 조종해서는 자기네 마음대로 그들이 서로 싸우게 만들었다. 그러나 얼마 지나지 않아 열강 자신들이 서로 싸우게 되고, 또 세계 전쟁이 일어나 극동에서 그들의 활동은 마침표를 찍게 되었다.

일본의 경우는 사정이 좀 달랐다. 전쟁은 주로 멀리 떨어진 유럽에서 벌어지고 있었기 때문에 일본은 중국에서 활동을 계속해 나가는 데 아무런 불편도 느끼지 않았다. 그럴 뿐만 아니라 다른 열강들은 전쟁하는 데 몰두하느라고 좀처럼 간섭할 겨를이 없어 보였던 당시의 정세이고 보면 일본은 훨씬 더 유리한 위치에 있었던 것이다. 일본은 독일의 중국 조차지[1]를 차지하고 거기서부터 다시금 내륙으로 진출하기 위해 독일에 선전 포고를 했다.

일본의 중국에 대한 정책은 지난 40년 동안 놀라울 정도로 일관되게 계속되었다. 그들은 군대를 근대화하고 공업화를 추진하기 시작하자마자, 무슨 일이 있어도 중국을 자기들의 지배하에 두어야겠다는 결의를 굳혔다. 그들은 공업을 확대하고 팽창시키기 위해 더욱 넓은 공간이 필요했다. 코리아와 중국은 둘 다 거리가 가깝고, 게다가 국력이 약하기 때문에 지배하고 착취하는 데 안성맞춤일 것 같았다. 일본이 처음으로 시도한 것은 1894~95년의 청일 전쟁이다. 그들은 이 전쟁에서 승리를 거두었으나 유럽 열강의 반대로 말미암아 그들이 원하는 대로 전리품을 손에 넣을 수는 없었다. 그 다음에는 1904년 러시아와 더욱더 어려운 전쟁을 치르게 되었다. 그들은 이 러일 전쟁에서 승리함으로써 코리아와 만주에서 확고한 기반을 닦았다. 코리아는 그 뒤 얼마 지나지 않아 합병되어 불행히도 일본 제국의 일부가 되었다.

그러나 만주는 아직 중국의 영토였다. 만주는 중국 동부의 세 성으로 이루어져 있어 '동삼성(東三省)' 이라고 일컬어진다. 일본은 러시아가

---

1) 1898년 제국주의 열강의 중국에 대한 공세가 절정에 이르렀을 때, 독일도 러시아·영국·프랑스 등의 세력 범위 설정 경쟁에 끼어들어 중국을 압박했다. 그리하여 산동성(山東省)의 교주만(膠州灣)을 조차하고(98년간), 여기에 해군 근거지를 두었으며, 교제 철도(膠濟鐵道,) 산동 광산 회사, 독아 은행(獨亞銀行) 등을 설립해 산동성 일대를 그 지배하에 두었다. 또한 일본은 이미 러일 전쟁 후 만주에 대한 러시아의 세력 범위를 계승하고 있었는데, 세계 대전이 일어나자 독일의 세력 범위까지 병합해 동아시아의 제국주의 세력으로서 상대적 지위를 강화할 수 있는 절호의 기회를 만난 셈이다.

지난날 그 곳에 건설해 '동청 철도(東淸鐵道)'라고 일컬어지고 있던 철도를 포함한 러시아의 권익을 고스란히 돌려받아 손에 넣었다. 그리고는 이 철도의 명칭을 '남만주 철도'라고 고쳤다. 일본은 이렇게 하여 만주를 단단히 틀어쥘 좋은 계기를 잡았다. 그 동안에 이 철도를 이용해, 인구가 많은 중국의 다른 여러 지방에서 이주민을 끌어들임으로써 중국인이 떼를 지어 만주로 몰려왔다. 당시 만주에서는 콩이 많이 재배되었는데, 품질이 좋았기 때문에 이에 대한 수요가 세계적으로 일어났다. 이 콩으로는 여러 가지 식품을 만들 수 있는데, 그 중에서도 특히 기름을 얻을 수 있어 크게 인기를 끌었다. 때문에 콩의 재배는 계속 이주민을 끌어들이는 데 좋은 조건이 되었다. 이렇게 하여 일본이 만주의 경제 기구를 완전히 장악하는 동안에 남쪽의 중국인들이 떼를 지어 몰려와서 만주 땅에 가득 차게 되었다. 토박이 만주인[2]은 이들 중국인 농민이나 그 밖의 사람들 속에 잠겨 문화면에서나 사고 방식면에서 완전히 중국화하고 말았다.

　일본은 중국에 공화국이 수립된 데 대해 호감을 갖지 않았다. 일본은 중국의 국력이 강해지는 일은 무슨 일이든지 반대했고, 외교 정책은 오로지 중국이 강력한 국가로 발전하는 것을 방해하는 것을 목적으로 했다. 그러므로 일본은 어느 독군을 원조해 다른 독군과 싸우게 만들고, 그렇게 함으로써 국내의 혼란 상태가 계속되게 하는 일에 비상한 관심을 보였다.

　젊은 중국 공화국은 힘에 부치는 여러 문제에 부딪혀야만 했다. 그것은 죽어 가는 제국(청나라) 정부로부터 정치 권력을 탈취하는 문제에 그치는 것이 아니었다. 탈취할 만한 권력이 없었다. 처음부터 그러한 중

---

[2] 아시아 대륙 북부에 거주하는 퉁구스족(Tungus)의 대표적인 한 종족. 명나라 때에는 만주에 그 속국을 형성하고 있었다. 이 만주인 부족의 한 족장이 발전해서 이룩한 청나라는, 만주인을 이끌고 중국에서 정복 왕조로서 군림했다. 그러나 중국 본토나 원주지인 만주에서 문화면에서는 도리어 거의 한민족에게 동화되었다. 오늘날 그들의 고유한 언어와 풍속을 유지하고 있는 곳은 흑룡강 유역과 길림성 부근 등 극히 소수의 국한된 지방에 지나지 않는다.

앙 권력은 존재하지 않았다고 해도 좋을 정도였고, 이제부터 새롭게 만들어 내야 했던 것이다. 옛날의 중국이란 이름뿐이고, 실은 수많은 자치 지역들을 그럴 듯하게 이어 붙인 것에 지나지 않았다. 각 성은 크든 작든 자립적이었고, 도시와 마을들조차 그러했다. 중앙 정부나 황제의 권위는 인정되고 있었으나, 이 정부는 지방의 문제에는 간섭하지 않았다. 실권을 가지고 중앙에 집중되는 현실적인 정치와, 정치의 여러 부면을 일관하는 통일성을 가진 이른바 '단일(unitary)' 국가가 없었다. 서양의 공업과 제국주의적 탐욕의 충격을 받아 중국이 해체된 것은 이와 같이(일종의 정치적 의미로) 느슨하게 연결된 국가로서는 당연한 일이었다. 만일 중국이 생존을 계속하려 한다면 하나의 통일적인 정치 체계를 가진 강력한 중앙 집권 국가가 돼야만 한다는 것을 예감할 수 있다. 새로운 공화국이 창조하려 한 것은 바로 그 같은 하나의 국가였다. 그것은 새로운 어떤 것이었으며, 때문에 그것은 공화국이 뚫고 나아가야 할 커다란 난관 가운데 하나이기도 했다. 통신·도로·철도라고 할 만한 것이 제대로 없었기 때문에 정치적 통일을 이루는 데 적지 않은 장애가 가로놓여 있었다.

과거에 중국인은 이와 같은 정치 권력을 별로 중요시하지 않았다. 그들의 거대한 문명은 오로지 문화에 바탕을 둔 것이었으며, 그것은 달리 그 유례를 볼 수 없는 방법으로 생활 방식을 가르쳤다. 그들은 독자적이고도 오랜 문화에 깊이 만족하고 있었기 때문에 정치·경제적 기구가 붕괴했을 때에도 여전히 옛날과 다름없는 문화 생활 양식을 고수하려 했다. 일본은 온 힘을 다해 서양의 공업과 서양식 생활 양식을 채용했으나, 그런데도 마음의 밑바닥은 봉건적이었다. 그런데 중국은 봉건적이지 않았다. 합리주의와 과학 정신에 가득 찼으며, 과학과 산업 부문에서 서양의 진보를 눈여겨보고 배우고자 했다. 그런데도 중국은 일본처럼 도약하지 못했다. 거기에는 일본이 가지지 않았던 여러 가지 장애가 있었다는 것은 의심할 여지가 없다. 더구나 그 밖에도 예로부터 전해 내려오는 문화와 결별하는 것을 의미할지도 모를 일보를 내딛는 것에 대한 망설임이 있었다. 중국인에게는 철학자적인 기질이 있는데, 철학자는 그다지 민첩하게 행동하려 하지 않는 법이다. 그 정신 속에는 언제나 새로운 것과 기존의 것에 대한 의식적 투쟁이 계속되고 있었다. 중국이 당면한 여러 문제는 단지 정치적인 것만이 아니라 경제·사회·교육적이고, 또한 복합적인 성질을 띤 것이었기 때문이다.

그리고 또 중국이나 인도 같은 광대한 나라에서는 그 방대함이 여러 가지 장애를 낳는다. 그 나라들은 대륙국이며, 따라서 대륙의 엄숙한 분위기가 따라다닌다. 코끼리가 넘어져서 일어나려면 시간이 걸린다. 코끼리는 개나 고양이처럼 대번에 벌떡 일어나지 못하는 법이다.

세계 전쟁이 벌어졌을 때 일본은 즉시 연합국에 가담하고 독일에 대해 선전 포고를 했다. 일본은 교주(膠州)를 제 것으로 만들고, 그 다음에는 교주가 있는 산동성을 넘어서 내륙을 향해 손을 뻗치기 시작했다. 이것은 일본이 중국 본토에 침입한 것이나 마찬가지였다. 독일은 이 지역에 아무 관계도 없었기 때문에 이것이 독일에 대한 작전이라고 할 수는 없었다. 중국 정부는 일본에 대해 공손히 철수할 것을 요구했다. 이게 무슨 오만 불손한 짓이냐! 고 생각한 일본은 즉시 21개조의 요구[3]를 써 넣은 공식 각서를 만들었다.

---

3) 오쿠마(大隈) 전시 내각의 외상인 가토 다카아키(加藤高明)가 헤키 마스(日置益) 주중 공사에게 보낸 훈령에서 요구 조건을 대체로 다음과 같이 분류했는데, 그 전체의 의의를 '금번 동아에서 제국의 지위를 더욱더 확보함으로써 대세를 보전하기 위함' 이라고 설명하고 있다. ① 산동성에 대한 독일의 이권을 일본에 양도 승인하고, 동 성을 일본의 세력 범위로 확정해 제3국의 세력을 배제하는 요구. ② 여순과 대련의 조차, 그리고 남만주에 대한 철도 이권의 기한을 98개년 더 연장함과 아울러, 만주에 있는 특수 권익을 확대 강화하고 영구화해 '동 지방에서 제국이 마땅히 가져야 할 지위를 지나(支那) 정부로 하여금 확인시키는' 요구. ③ 한야평 공사(漢冶萍公司)의 '장래를 위한 최선의 방책' 으로서 이 제철소를 일본과 중국이 공동으로 경영하는 요구. ④ 일본의 전통적 정책인 '지나 영토 보전의 대원칙에 한 걸음 더 나아가' 중국 연안의 항만과 도서를 일본 이외에는 양도 또는 대여하지 않을 것을 확약하는 요구(이 21개 조항 자체가 '중국 연안의 항만 및 도서의 양도 또는 대여'에 관련하는 것임에 주의). ⑤ 정치·재정·군사 부문에서 일본인을 고문으로 초빙하고 일·중 공동 관리로 하는 문제, 일본측의 의향을 참작한 중요 지역의 경찰 기관 '쇄신', 일본으로부터의 병기 수입 또는 일본과 중국이 공동으로 경영하는 병기 공장 설립, 화중(華中) 지방에 대한 철도 부설권의 부여 등, 상기 4개항과는 '전혀 별개의 문제로서', '일본과 지나 양국 친교의 증진을 도모하고 그에 대한 공통의 이익을 옹호하기 위한' 여러 가지 요구.

이 '21개조 요구(Twenty-one Demands)'는 유명한 것이 되었다. 나는 여기서 그것들을 일일이 들지는 않겠지만, 그것은 특히 만주·몽고, 그리고 산동성에 있는 온갖 종류의 권리와 특권을 일본에게 양도한다는 것이었다. 만일 이들 요구에 동의했다면 중국은 사실상 일본의 식민지로 변하고 말았을 것이다. 힘이 약한 북방의 중국 정부는 이 요구들을 반대했지만, 그들은 강대한 일본 군대에 대항해 도대체 무엇을 할 수 있었을까? 게다가 이 북방의 중국 정부는 자기 나라 국민한테서도 신망이 두터운 편이 못 되었다. 그렇지만 그 정부는 한 가지만은 쓸모 있는 일을 했는데, 그것은 바로 일본의 요구를 공표했다는 점이다. 순식간에 중국 전체가 분노에 찬 여론으로 들끓었다. 전쟁에 몰두하고 있던 여러 외국 조차도 이것을 보고 격분했다. 특히 미국이 이에 거세게 반발했다. 그 결과 일본은 그 요구 가운데 어떤 것은 철회하고 또 어떤 것은 수정했다. 그러나 일본은 그 밖의 조항에 관해서는 중국에 강요해서 마침내 1915년 5월 이것을 수락하게 했다. 이것이 중국으로 하여금 격렬한 반일 감정을 품게 하는 결과가 되었다.

전쟁이 벌어진 지 3년째인 1917년 8월 중국은 연합국에 가담해 독일에 선전 포고를 했다. 당시 중국은 독일에 대항할 별다른 능력이 없었기 때문에 이것은 우스운 일이기도 했다. 그러나 그 목적은 오로지 연합국과 관계를 조정해서 더 이상 일본에 말려 들어가는 것을 피하는 데 있었다.

그 뒤 얼마 지나지 않아 1917년 10월 볼셰비키 혁명이 일어났고, 그 뒤부터 북방 아시아는 큰 혼란에 빠졌다. 시베리아는 소비에트군과 반소비에트군의 싸움터 가운데 하나가 되었다. 러시아의 백군(white army) 콜차크(Kolchak) 장군은 시베리아를 근거지로 삼은 소비에트에 대항해 작전을 폈다. 일본은 소비에트의 승리에 놀라 대군을 시베리아로 보냈다. 영국과 미국의 군대 또한 현지에 파견되었다. 그러자 얼마 동안 소비에트의 영향력은 시베리아와 중앙 아시아에서 사라졌다. 영국 정부는 이들 지역에서 소비에트의 세력을 뿌리뽑기 위해 최선을 다했다. 영국은 중앙 아시아의 한가운데인 카슈가르(Kashgar)에 반볼셰비키 선전을 하기 위해 무전국을 설치했다.

몽고에서도 소비에트편과 반소비에트편 사이에 격렬한 싸움이 벌어졌다. 세계 대전이 아직 진행되고 있던 1915년에 이미 몽고는 차르가 지배하는 러시아의 지원을 받아 중국 정부로부터 광범위한 자치권을 획득하고 있었다. 중국은 여전히 종주국이기는 했지만, 몽고의 대외 관계에 대해서는 러시아도 발판을 마련했다. 이것은 이상 야릇한 세력 편제였다. 러시아에서 소비에트 혁명이 있은 뒤, 몽고에도 혁명이 일어나 3년 또는 그 이상이나 투쟁을 계속한 뒤 소비에트가 승리를 거두었다.

나는 세계 대전이 끝난 뒤 그것의 수습을 위해 개최되었던 강화 회의에 대해서 아직 이야기하지 않았다. 이것에 대해서는 다른 편지에서 다루어야 할 것 같다. 그러나 나는 여기서 이 강화 회의에서 여러 강대국 — 특히 영국·프랑스 그리고 미국이 중국의 산동성을 일본에 넘겨 주기로 결정했다는 것을 지적하고 싶다. 이리하여 그들의 연합국인 중국은 억울하게도 영토의 일부를 포기할 것을 강요당했던 것이다. 그 이유는 전쟁중에 영국·프랑스 그리고 일본 사이에 체결된 어떤 종류의 조약 때문이었다. 이유는 무엇이든지 간에 중국에 가해진 이 비열한 거래는 중국 인민을 분노에 떨게 만들었고, 그들은 북경 정부에 대해서 만일 조금이라도 양보하는 일이 있으면 혁명이라도 일으킬 것만 같은 기세였다. 또한 일본 상품에 대한 엄중한 불매 운동이 선언되고, 반일 폭동이 자꾸만 일어났다. 중국 정부(내가 말하는 것은 중국을 대표하는 정부였던 북방 정부, 즉 북경 정부다)는 강화 조약에 대한 서명을 거부했다.

2년 후에 미국 워싱턴에서 회의가 열려 거기에서 산동 문제를 다루게 되었다. 이 회의는 극동 문제에 관계가 있는 모든 열강이 참석하는 회의였는데, 원래 그들은 해군력의 규모를 감축하는 논의를 위해 모인 것이었다. 1922년의 '워싱턴 회의(Washington Conference)'에서는 중국과 일본에 관한 몇 가지 중요한 성과가 있었다. 일본은 산동성의 반환에 동의했고, 그로써 중국 인민을 몹시 흥분하게 만들었던 한 문제가 해결되었다. 그리고 열강 사이에 두 가지 중요한 협정이 체결되었다.

그 가운데 하나는 미국 · 영국 · 일본 · 프랑스 사이에 체결된 '4국 협정(Four-Power Pact)'이라는 것이다. 이들 4대국은 태평양에 있는 각국의 속령을 서로 인정하기로 약속했다. 다시 말하면 그들은 서로 상대방의 영토를 침범하지 않겠다는 약속을 했던 것이다. 또 하나의 협정은 '9개국 조약(Nine-Power Treaty)'으로 알려져 있는 것으로 미국 · 벨기에 · 영국 · 프랑스 · 이탈리아 · 일본 · 네덜란드 · 포르투갈 그리고 중국 사이에 체결되었다. 이 조약의 제1조는 첫머리부터 다음과 같이 적혀 있다.

중국의 주권과 독립, 영토 · 행정적 통일을 존중하기 위해서…….

이 두 협정은 분명히 그 이상의 침략으로부터 중국을 보호하기 위해 체결된 것이었다. 즉 여태까지 열강이 자행해 온 이권 쟁탈과 영토 합병의 교활한 게임을 중지한다는 뜻을 담고 있었다. 서구 열강들은 대전후의 여러 가지 문제만으로도 벅찼기 때문에 당분간은 중국에 흥미를 보이지 않았다. 그들이 자승자박한 것이나 다름없는 이 협정에 엄숙하게 서로 서약한 것은 그와 같은 사정에서 나온 것이었다. 일본은 그것이 여러 해에 걸쳐 계획해 온 그들의 정책에 부합되지 않는 점이 있었지만, 또한 이 서약에 참가하지 않을 수 없었다. 그러나 일본이 이 서약에 참가한 것과는 달리 모든 협정과 서약을 짓밟고, 기존 정책을 계속 밀고 나간다는 사실이 명백해지는 데는 그리 많은 세월이 필요하지 않았으며, 또다시 일본의 중국 침략은 시작되었다. 이것은 국제적 허위와 위선을 드러낸 대표적인 실례였다. 그 뒤에 일어난 사건의 배경을 이해하기 위해서 나는 너를 워싱턴 회의로 데리고 가야겠다.

워싱턴 회의를 전후로 시베리아에서는 외국 군대가 차례차례 철수하고 있었다. 일본은 맨 마지막에 철수했다. 순식간에 각 지역 소비에트가 나서서 소비에트 공화국에 참가했다.

　　소비에트 러시아는 건국 당초부터 중국 정부에 대해 제정 러시아가 다른 열강과 더불어 중국에서 누리고 있던 특권을 포기하겠다고 제의했다. 제국주의와 공산주의는 쉽사리 양립할 수 없는 것이기도 했지만, 그것은 별도로 치다라도 러시아는 오랫동안 서구 열강들에게 위협받아 온 동양의 여러 나라에 대해 일부러 관대한 정책을 취했던 것이다. 이것은 도덕적으로 좋은 행위였을 뿐만 아니라 소비에트로서는 동양에 우방을 만드는 데 꼭 필요한 정책이기도 했다. 특권을 포기하겠다는 소비에트의 제의는 조건이 딸린 것도 아니고, 그 대가로 아무것도 요구하지 않았다. 그런데도 중국 정부는 서구 열강들의 눈치를 보느라 이것을 받아들이기를 망설였다. 그러나 결국은 러시아와 중국 대표가 만나 이에 관한 협정을 체결하기에 이르렀다. 이 협정을 전해들은 프랑스·미국 그리고 일본 정부는 북경 정부에 항의했는데, 중국 정부는 당황해 자기 나라의 대표가 그 협정에서 서명하지 않았다고 부인할 정도였다. 가련한 북경 정부는 그렇게까지 비루해져 있었던 것이다. 그래서 러시아 대표는 협정의 전문을 공표했다. 이것은 세계의 이목을 집중시켰다. 여러 나라와 교섭을 갖게 된 이후 처음으로 중국은 명예롭고 체면이 존중된 대접을 받았으며, 자신의 권리를 인정받았던 것이다. 그것은 중국이 강대국과 처음으로 대등한 위치에서 체결한 조약이었다. 중국 인민은 이것을 환영했고, 정부는 서명하지 않을 수 없었다. 제국주의 열강은 이 조약으로 말미암아 매우 불리한 처지에 놓이게 되었기 때문에 이를 싫어한 것은 당연했다. 소비에트 러시아가 특권을 포기한 데 반해, 열강들은 자신들의 특권에 매달려 놓치지 않으려고 했기 때문이다.

　　소비에트 러시아는 광동(廣東)에 본부를 두고 있는 손문 박사의 남방 중국 정부와도 접촉해서 그들 사이에 서로 양해가 성립되었다. 이 시기의 대부분에 걸쳐서 남북의 두 정부 사이에, 또한 북방의 잡다한 군사령관들 사이에 미약하지만 내전이 계속되고 있었다. 북방의 이들 독군 또는 총독 — 독군 가운데 어떤 자는 이렇게 일컬어지고 있었다 — 에게는 이념도 없고 강령도 없었다. 그들은 서로 제휴해서 상대방과 충돌하는가 하면 또 새로 연합하곤 했다. 이렇게 어지럽게 변하는 연합은 제3자에게는 참으로 비슷비슷해 혼동하기 쉬운 것이었다. 이들 독군이나 또는 군사적 모험가는 사사로이 군대를 두고, 사적인 세금을 강제로 징수하고, 사적인 전쟁을 되풀이했는데, 그 부담은 모두 오랫동안 고통받고 있는 중국 인민의 어깨 위에 지워졌다. 이들 총독 가운데 어떤 사람의 배후에는 외국 세력, 특히 일본의 손이 뻗쳐 있었다. 상해에 있는 외국 대기업의 사무소에서도 자금을 주고 원조를 해 주었다.

그런데 전망이 밝은 곳이 있다면 손문 정부가 통치하는 남방 정부뿐이었다. 남방의 손문 정부는 일정한 이상과 정책을 가지고 있어서 북방의 독군 정부 같은 비적 무리와는 다른 점이 많았다. 1924년에 국민당의 제1차 국민회의가 열렸는데 손문 박사는 그 자리에서 하나의 선언을 했다. 그 선언에서 그는 민족을 지도해 나갈 여러 원칙을 정했다. 이 선언과 그 여러 원칙은 그 뒤 국민당의 당헌이 되었고, 그것들은 아직까지도 이른바 '국민 정부(National Government)' 정책의 근본이 되었다.

1925년 3월 손문 박사는 중국을 위해 모든 것을 다 바치고 생애를 끝마쳤는데, 중국 인민의 사랑을 받고 있다.

154 *1933년 4월 16일*

전시하의 인도

영국 제국의 일원으로서 인도는 당연히 세계 대전에 직접 휘말려 들었다. 그러나 인도와 그 주변에서는 사실상 전투가 없었다. 그런데도 전쟁은 여러 방면에서 인도에서의 사태 발전에 직접·간접으로 영향을 미쳤고, 그 결과 상당히 주목할 만한 변화를 가져왔다. 인도의 자원은 연합국을 원조하느라 최대한으로 이용되었다.

그것은 인도의 전쟁이 아니었다. 인도는 독일측에 대해 아무런 원한도 없었고, 더욱이 투르크에 대해서는 매우 동정적이었다. 그러나 인도에게는 이에 대한 선택권이 없었다. 인도는 영국의 속령에 지나지 않았기 때문에 제국주의 주인의 노선에 따를 것을 강요당했다. 그리하여 국내에서는 커다란 분노의 불길이 타올랐지만, 인도 병사들은 투르크나 이집트, 그 밖의 나라들과 싸워야만 했으며, 그로 인해 서아시아에서 인도는 증오의 대상이 되었다.

전에 보낸 편지에서 이야기한 것처럼 전쟁 직전에 인도의 정치 상황은 점점 악화되어 가고 있었다. 전쟁의 발발은 정치에 대한 관심을 더한층 희박하게 했다. 게다가 영국 정부가 취한 수많은 전쟁 조치는 효과적인 정치 활동을 어렵게 만들었다. 전시란 언제나 정부가 자신들 이외의 모든 집단을 모조리 억압하고, 자기 마음대로 행동하는 데 알맞은 좋은 변명이 되게 마련이다. 허용되는 유일한 자유는 오직 자신들을 위한 자유뿐이다. 진실을 탄압하고, 툭하면 거짓말을 퍼뜨리며, 비판을 가로막는 검열 제도를 실시하고, 국민의 거의 모든 활동을 통제하기 위해 특별법이라든가 규칙 따위가 통과된다. 이것은 전쟁을 벌이고 있는 어느 나라에서나 마찬가지이며, '인도 방위 조례(Defence of India Act)'라는 것이 제정된 인도에서도 예외는 아니었다. 그리하여 전쟁 또는 그와 관련된 모든 것에 관한 대중의 비판은 효과적으로 통제되었다. 그렇지만 인도인들은 마음 밑바닥에서 투르크를 대체로 동정하고 있었으며, 영국이 독일에게서 극심한 타격을 받기를 은근히 바라고 있었다. 이런 무기력한 소원이나마 그 자신이 한껏 짓밟힌 사람들에게는 너무나 자연스런 일이었다. 다만 공공연하게 드러내지 않을 뿐이었다.

공공연하게 영국에 대한 충성을 부르짖는 소리가 하늘을 뒤덮었다. 이렇게 부르짖는 것은 대부분 번방(藩邦)을 지배하는 제후들이었으며, 일부는 정부와 관계를 맺고 있던 중간 계급의 상층부에 속하는 사람들이었다. 또한 부르주아들은 민주주의라든가 자유, 민족의 독립에 관한 연합국의 용감한 구호에 약간은 마음이 끌렸다. 아마 이것은 인도에도 적용되리라 생각했고, 또 다급할 경우에 영국의 편을 들어 주면 나중에라도 응분의 보상이 있을 것이라고 기대했기 때문이다. 어쨌든 선택의 여지가 없었으며, 그것 외에는 다른 안전한 길이 없었다. 별 도리 없이 그들은 그나마 가장 나은 나쁜 길을 선택했던 것이다.

인도에서 밖으로 충성심을 표명한 이 일은 당시 영국에서 크게 환영받았고, 감사의 표현도 많았다. 이후로 영국이 인도를 '새로운 시각(new angle of vision)에서' 대하겠다는 당국자들의 성명도 발표되었다.

그러나 인도와 외국에서 이러한 '충성스러운(loyal)' 태도를 취하지 않는 인도인들도 있었다. 그들은 대다수 사람들이 한 것처럼 조용히 구경만 하려고 하지도 않았다. 그들은 아일랜드의 옛날 속담대로 "영국의 곤경은 자기 나라에는 좋은 기회"라고 믿었다. 특히 독일이나 그 밖의 유럽 여러 나라에 사는 인도인 가운데 일부는 영국의 적국을 도울 방법을 찾고자 베를린에 모였고, 이를 위해 위원회를 조직했다. 독일 정부는 당연히 어떤 도움이든 받고자 열심이었기 때문에 이들 인도의 혁명가들을 환영했다. 쌍방 — 독일 정부와 인도인 위원회(the Indian Committee)는 정식 서면으로 협정을 맺게 되었는데, 그 협정 가운데는 전쟁에서 승리할 경우 독일이 인도의 독립을 주장한다는 조건 아래 전쟁 동안 인도인들이 독일 정부를 돕기로 약속하는 조항이 있었다. 그 뒤 이 인도인 위원회는 전쟁 기간 내내 독일을 위해서 일했다. 그들은 해외에 파견된 인도인 부대를 상대로 선전을 했으며, 그들의 활동은 아프가니스탄과 인도의 북서부 국경에까지 미쳤다. 그러나 기껏해야 영국의 골치를 조금 썩였을 뿐 별다른 성과는 올리지 못했다. 해로를 이용해 본국 인도에 부대를 파견하려는 시도는 영국에게 저지당했다. 결국 독일의 패전은 자동으로 이 위원회의 운명과 희망에 마침표를 찍었다.

인도 국내에서도 몇 가지 혁명적 행동의 예들이 있었다. 모반 사건을 심리하기 위해 특별 재판관이 임명되어 수많은 사람들이 사형을 선고받고, 또한 수많은 사람들이 장기형에 처해졌다. 그 때 형을 선고받은 사람들 가운데 일부는 18년이나 지났는데도 아직 감옥에 있다.

전쟁이 진행됨에 따라 다른 어디나 마찬가지로 극소수의 사람들은 막대한 이익을 손에 넣었다. 그러나 대다수의 사람들은 더욱 절실히 압박을 느끼게 되었고, 불만은 점점 더 심해졌다. 전선에서의 증원 요구는 한층 더 커질 뿐이었으며, 따라서 징병은 더욱더 가혹해졌다. 신병들을 제공하는 자에게는 온갖 유혹의 손길이 뻗쳤고, 일정한 보수도 주어졌다. 자민다르(지주)는 소작인 중에서 일정한 비율을 군대에 내보내야 했다. 특히 펀자브 지방에서는 군대나 노무대의 인원을 모으기 위해 '프레스 갱(press-gang)', 즉 강제 징집 방법이 많이 실시되었다. 군인이나 노무대로 인도에서 각 전선으로 끌려간 사람들의 수는 모두 100만 명 이상이나 되었다. 이러한 수법은 인도인의 엄청난 분노를 일으켰으며, 전후 펀자브에서 일어난 소요의 한 원인이 되었으리라 짐작된다.

펀자브는 또 다른 면에서 영향을 받았다. 전부터 수많은 펀자브인, 특히 시크 교도들이 미국의 캘리포니아와 서부 캐나다의 영국령 콜롬비아에 이주해 있었다. 이민의 물결은 미국과 캐나다 당국이 그것을 막을 때까지 밀물처럼 흘러들어갔다. 이러한 이민을 막기 위해서 캐나다 정부는 배를 갈아타지 않고 처음 출발한 항구에서 직접 캐나다로 오는 이민만을 받아들인다는 규칙을 새로 만들었다. 인도의 이민은 중국이나 일본에서 배를 갈아타고 가는 수밖에 달리 길이 없었기 때문에, 이것은 오로지 인도인 이민을 막기 위한 것이나 다름없었다. 그래서 바바 구르디트 싱(Baba Gurdit Singh)이라는 한 시크 교도가 고마가타 마루(駒形丸)라는 이름의 배 한 척을 통째로 예약해 인도인을 태우고 캘커타에서 캐나다의 밴쿠버로 직행했다. 그는 이렇게 해서 교묘하게 캐나다의 법률을 피했다. 그렇게 했는데 또한 캐나다는 그를 받아들이려 하지 않고, 이주자를 한 사람도 상륙시키지 않았다. 타고 갔던 배가 도로 송환되고, 그들은 알몸뚱이가 되어 분노에 떨면서 인도로 되돌아왔다. 캘커타의

버지버지(Budge Budge)에서는 경찰과 소규모의 전투가 벌어져 수많은 사상자를 냈는데, 그들 가운데 대부분은 시크 교도들이었다. 펀자브 전역에 걸쳐서 이들 시크 교도 대다수가 지속적으로 미행당하고 체포되었다. 이들은 또한 펀자브에서 분노와 불만을 퍼트렸고, 고마가타 마루 사건의 자초지종은 인도 전체의 분노의 대상이 되었다.

전쟁 기간에 있었던 사건들을 모조리 알기는 어렵다. 왜냐하면 검열 제도가 보도를 막고, 그 결과 터무니없는 유언비어가 자꾸만 퍼지기 때문이다. 그러나 싱가포르의 인도인 연대에서 벌어진 큰 반란과 그 밖의 여러 곳에서 일어난 비교적 작은 규모의 폭동들은 잘 알려져 있다.

전쟁에 사람을 동원하거나 또 그 밖의 방법으로 원조하는 외에도, 인도는 또 막대한 돈을 바쳐야 했다. 이것을 인도가 보낸 '선물(gift)'이라고 했다. 한 번은 이런 식으로 1억 파운드를 바친 적도 있고, 그 뒤에도 또 다른 거금이 전해졌다. 가난한 나라에 기부를 강요하면서 이를 '선물'이라고 부르다니, 과연 영국 정부의 유머 감각은 참으로 대단하다.

지금까지 말한 것은 인도가 관련된 전쟁의 결과치고는 크게 중요한 것이라고는 할 수 없는 것들이다. 그러나 전쟁이라는 상황은 훨씬 근본적인 변화를 초래했다. 전쟁 동안 인도의 외국 무역은 다른 나라들처럼 완전히 혼란에 빠졌다. 인도로 수입되던 엄청난 영국 상품 가운데 대부분이 이제 공급이 중단되었다. 독일 잠수함이 지중해와 대서양에서 상선을 격침시키고 있었고, 이런 상황에서는 무역이 이뤄질 수가 없었던 것이다. 따라서 인도는 부족한 것을 스스로 보충하고, 필요한 것을 자급해야만 했다. 또한 정부가 필요로 하는 갖가지 전쟁 물자들도 공급해야 했다. 그 결과 인도의 산업은 급속도로 성장했으며, 이는 직물이나 황마 같은 전통적 산업과 새로운 군수 산업 모두 마찬가지였다. 이전에는 그토록 정부의 냉대를 받아 왔던 타타(Tata)의 철강 공장들이 전쟁 물자를 생산할 수 있게 되면서 크게 중요시되었다. 이 공장들은 다소간 정부의 통제를 받게 되었다.

그 결과 전쟁이 벌어지는 동안 인도의 자본가들은 영국계건 인도계건 성장의 기회를 잡았고, 외국과 벌이는 경쟁도 거의 없었다. 그들은 이 기회를 최대한 활용했고, 가난한 인도 대중의 희생을 바탕으로 많은 이윤을 올렸다. 물가는 폭등하고, 믿을 수 없을 만큼 거액의 배당금이 주주들에게 배당되었다. 그러나 이 배당금과 이윤을 낳는 노동을 하는 노동자들의 비참한 처지는 여전했다. 임금은 약간 올랐지만, 생활 필수품의 가격은 그것보다 훨씬 심하게 폭등해 그들의 실제 지위는 더욱 악화되었다.

그러나 자본가들은 크게 번창해 막대한 이윤을 축적했고, 이를 다시 산업에 재투자하려고 했다. 처음으로 인도의 자본가들은 정부에 압력을 가할 만한 힘을 갖게 되었다. 이런 압력이 없었다손 치더라도 당시 영국 정부는 전시 동안 인도의 산업을 돕지 않을 수 없었다. 인도를 더욱 공업화시키기 위해, 당시 인도에서는 만들지 못했던 많은 기계들이 외국으로부터 수입되었다. 그 결과 영국에서 인도로 수입되던 경공업 제품 대신에 지금은 더 많은 기계들이 수입되고 있다.

이러한 모든 사정들 때문에 영국의 인도 정책에 커다란 전환이 일어났다. 한 세기 동안 실시해 온 낡은 정책은 폐기되고, 그 대신 새로운 정책이 채용되었다. 영국 제국주의는 사태의 변천에 장단을 맞추면서 그 태도를 완전히 바꾸었다. 영국의 인도 통치 초기에 대해 내가 이야기한 것을 너도 기억하고 있을 테지만, 처음에 닥쳐온 것은 막대한 재화를 수탈해서 영국으로 싣고 가는 18세기적 단계였다. 뒤이어 영국의 지배가 깊이 뿌리를 내리자 제2단계로 옮겨가서는 세계 대전이 일어날 때까지 100년 이상이나 지속되었다. 이 단계는 인도를 원료 생산지이자 영국 제품의 시장으로 삼기 위한 것이었다. 온갖 수단으로 대공업을 억압하고, 인도의 경제 발전을 가로막았다. 그런데 바야흐로 전쟁 기간에 제3단계가 시작되어 영국 정부는 인도의 대공업을 장려하기 시작했다. 더구나 이것은 어느 정도 영국 산업과 상충되는 면이 있었는데도 시행되었던 것이다. 예를 들면 인도의 섬유 공업이 성장하면 그만큼 랭커셔가

전시하의 인도

손해를 보게 된다는 것은 명백하다. 왜냐하면 인도는 전부터 랭커셔의 커다란 고객이었기 때문이다. 그렇다면 어째서 영국 정부는 랭커셔나 그 밖의 영국 산업들에 손해를 보게 하면서까지 정책을 바꾸어야 했을까? 이미 앞에서 영국이 전쟁 상황 때문에 어쩔 수 없이 했던 일들에 대해 이야기한 적이 있다만, 이제 그 변화의 이유들을 자세히 살펴보기로 하자.

(1) 전시 수요가 자동으로 이를 강제해 인도의 공업화를 추진시키게 한다.

(2) 이것이 인도의 자본가 계급을 늘리고 강화시킨다. 그 결과 그들은 자신들의 잉여 자금을 투자할 기회를 얻으려고 산업 발달을 위한 더욱 적극적인 정책을 요구한다. 영국은 더 이상 그들을 완전히 무시할 수만은 없는 위치에 있다. 그랬다가는 그들을 소원하게 만들어, 갈수록 강해져 가는 인도 내의 더욱 과격하고 혁명적인 세력을 지지하게 될지도 모르기 때문이다. 따라서 가능하다면 그들에게 성장할 기회를 조금 줌으로써 그들을 영국측에 붙들어 두는 것이 바람직하다.

(3) 또한 영국의 자본가 계급도 더 많은 이익을 남길 수 있기 때문에 후진국에 잉여 자금을 투자할 기회를 노린다. 영국 자신은 고도로 공업화되어 있어서 거기에는 그만큼 유리한 투자 기회가 없다. 이윤도 그다지 많지 않고, 잘 조직된 노동 운동의 힘 때문에 노동 쟁의가 자주 발생한다. 그러나 미개발 지역에서는 노동자의 세력이 약하고, 따라서 임금은 낮고 이윤은 높다. 자연히 영국의 자본가들은 인도처럼 영국이 지배하는 미개발 지역에 대한 투자를 선호한다. 이리하여 영국 자본은 인도로 건너오고, 이는 공업화를 더욱 촉진시킨다.

(4) 전쟁을 겪어 본 경험에 따르면, 고도로 공업화된 나라만이 효과적으로 전쟁을 수행할 수 있다. 제정 러시아는 결국 충분히 공업화되지 못하고 다른 나라에 의존해야만 했기 때문에 무너졌다. 영국은 다음 전쟁이 인도 국경에서 소련과 벌어지는 전쟁이 될지도 모른다고 우려하고 있다. 만약 인도 자체에 대규모 공업이 없다면 영국 정부는 인도 국경에

서의 전쟁을 적절히 수행할 수 없게 될 것이다. 이는 너무나 큰 모험이다. 그러므로 역시 인도는 공업화되어야만 한다.

이와 같은 이유 때문에 불가피하게 영국의 정책은 변경되어 인도의 공업화 방침이 결정되었다. 랭커셔나 그 밖의 몇몇 영국 공업의 희생을 무릅쓰고까지, 영국의 더욱 커다란 제국 정책은 이를 필요로 했던 것이다. 물론 영국은 이런 변화가 인도와 인도인의 행복에 대한 영국 정부의 넘치는 애정에서 나온 것인 듯 행세했다. 이 정책을 결정하고 나서 영국은 곧 인도에서의 신흥 산업의 실제적인 지배권이 여전히 영국 자본가의 손에 있다는 것을 보장하는 조치를 취했다. 친절하게도 인도인 자본가는 중요 부분에서는 아주 하급 동료로서 취급받았을 뿐이다.

전쟁중인 1916년에 '인도 산업 위원회(Indian Industrial Commission)'가 임명되었고, 2년 후 동 위원회는 정부가 산업을 장려하고, 또 농업에도 새로운 공업 방법을 도입할 것을 권고하는 내용의 보고서를 제출했다. 또한 전반적인 초등 교육을 실시할 것도 제안했다. 영국에서 공장이 발달하기 시작한 초기와 마찬가지로, 숙련된 노동자를 양성하기 위해 대중에 대한 초등 교육이 필요하다고 본 것이다.

이 위원회는 전쟁이 끝난 뒤 만들어진 다른 숱한 위원회들의 선구가 되었다. 보고서 가운데는 관세로 인도의 산업을 보호해야 한다는 내용까지 있었다. 이 모든 것들은 인도 산업의 커다란 승리로 여겨졌다. 그리고 어느 정도는 사실이기도 했다. 하지만 좀더 세밀히 살펴보면 그 속에는 흥미 있는 내용들이 담겨져 있었다. 인도에 외국 자본 ─ 결국 영국 자본을 뜻하는데 ─ 의 도입을 장려하자는 제안에 따라 영국 자본이 쏟아져 들어왔다. 단지 많이 들어온 정도가 아니라 압도적이었다. 대기업체 가운데 대다수는 영국 자본으로 운영되었다. 결국 인도에서의 관세와 보호 정책이란 인도에서의 영국 자본에 대한 보호였던 것이다! 결론적으로 영국이 인도에 대한 정책을 크게 전환시킨 것은 영국 자본가들에게는 결코 손해 볼 일이 아니었다. 그들은 사업을 넓히기 위해 잘 보호된 시장을 얻었고, 값싼 노동자들 덕분에 높은 이익을 올릴 수 있었다.

이는 그들에게 또 다른 면에서 이익을 주었다. 즉 그들의 자본을 인도나 중국·이집트 등 임금이 낮은 나라들에 투자하면서, 그들은 본국의 영국인 노동자들에게도 임금을 인하하겠다고 위협했던 것이다. 그들은 그렇게 하지 않고서는 인도나 중국 등의 값싼 노동력으로 만들어 낸 상품과 경쟁할 수 없다고 노동자들에게 주장했다. 그리고 만일 영국의 노동자들이 임금 인하를 받아들이지 않는다면, 자본가들은 유감스럽지만 영국에 있는 공장 문을 닫고 다른 곳에다 자본을 투자할 수밖에 없다고 주장했다.

영국 정부는 인도의 산업을 지배하기 위해 이 밖에도 또 여러 가지 조치를 취했다. 이것은 복잡한 이야기이기 때문에 여기서 말하고 싶지는 않다. 그러나 한 가지는 이야기해야겠다. 대규모 사업은 가끔 신용 거래를 필요로 하기 때문에 오늘날의 산업에서는 은행이 매우 중요한 역할을 한다. 신용 거래의 길이 끊기면 아무리 훌륭한 사업일지라도 눈 깜짝할 사이에 쓰러지고 만다. 은행이 이러한 신용을 주는 것이니까 그것이 얼마나 막대한 힘을 갖고 있는지 상상할 수 있을 것이다. 그들은 한 사업의 운명을 좌우할 수 있다. 전쟁 직후 영국 정부는 인도의 모든 은행 제도를 장악했다. 이런 방식으로, 그리고 통화 조작을 통해 정부는 인도의 산업과 기업들에게 한없는 권력을 행사했다. 나아가 영국의 인도 무역을 촉진시키기 위해 그들은 '제국 특혜(imperial preference)' 라는 것을 만들어 냈다. 이것은 한 마디로 말해서 외국 상품에 매기는 관세를 영국 상품에 대해서는 조금만 매기거나 아예 매기지 않도록 하는 것이다. 이로써 영국 상품들은 다른 나라 상품보다 유리해지는 것이다.

전쟁 동안 힘을 기른 인도의 자본가 계급과 상층 부르주아들은 정치 운동에 나서기 시작했다. 정치는 전쟁 이전, 그리고 전쟁 초기의 소강 상태로부터 벗어나 조금씩 자치 정부 등의 다양한 요구들이 터져 나오기 시작했다. 로카마니아 틸락(Lokamanya Tilak)은 오랜 형기를 마치고 출옥했다. 내가 전에도 이야기했다시피 그 당시 국민회의는 온건파가 지배하고 있었고, 인민과의 접촉이 거의 없는 영향력이 약한 단체였다.

좀더 진보적인 생각을 가진 사람들은 국민회의에 속하지 않고 따로 '자치 연맹(Home Rule Leagues)'을 결성했다. 이런 종류의 연맹이 두 개 창립되었는데, 그 하나는 로카마니아 틸락이, 그리고 또 하나는 애니 베산트(Annie Besant) 여사[4]가 창립한 것이었다. 베산트 여사는 몇 년간 인도의 정치에서 중요한 위치를 차지했는데, 그녀의 훌륭한 웅변과 힘찬 주장은 정치에 대한 관심을 환기하는 데 큰 힘이 되었다. 정부는 그녀의 선전을 매우 위험하다고 보고 그녀를 2명의 다른 동료와 함께 몇 개월 간 구금하기도 했다. 그녀는 국민회의의 캘커타 대회에서 한 분과 회의를 주재했으며, 최초의 여성 의장이 되었다. 몇 년 뒤에는 사로지니 나이두(Sarojini Naidu) 여사[5]가 국민회의의 두 번째 여성 의장이 되었다.

1916년에 국민회의 내부의 두 파벌인 온건파와 급진파 사이에 타협이 이루어져, 두 파 모두가 1916년 12월에 개최된 러크나우 회의에 참석했다. 그러나 이 타협은 얼마 안 가서 끝나고, 2년도 못 되어 분열이 일어났다. 이번에는 온건파 — 지금은 스스로를 자유파(Liberals)라고 부르고 있다 — 가 국민회의를 탈퇴했고, 지금까지도 같은 상태에 있다.

1916년에 열린 러크나우 대회는 국민회의의 부흥에 한 획을 그었다. 그 때부터 국민회의는 세력과 중요성을 얻게 되어, 국민회의 사상 처음으로 명실 상부한 전국적인 부르주아지 또는 중간 계급의 조직이 될 수 있었다. 그들은 일반 대중의 조직은 아니었고, 간디가 출현하기 전까지는 대중에게 관심도 갖지 않았다. 따라서 이른바 온건파나 급진파 그 어느 쪽도 정도 차이만 있을 뿐 같은 계급, 즉 부르주아지를 대표하고 있었다. 온건파는 극소수의 부유층과 하급 말단 관리들을 대표하고 있었

---

[4] 영국인. 일찍이 사회주의자로서 페이비언 협회의 회원이었다. 1893년 인도에 이주한 부인은 '접신학(接神學)'이라 일컫는 신비주의 단체의 지도자로서 고대 인도 사상의 부활을 주창했다. 이 책의 저자 네루도 소년 시절에 부인의 웅변에 매혹되어 그 단체에 가입한 적이 있었다. 나중에 국민회의의 유력한 멤버가 되어 인도 자치에 관한 '회의·연맹 양파의 초안(Congrass-League Scheme)'을 기초했다.

[5] 인도의 여류 시인이자 여성 운동가로서 국제적으로 널리 알려져 있다.

전시하의 인도

다. 급진파는 중간 계급의 대부분과 그들 내부의 수많은 지식인 실업자들의 지지를 받았다. 이들 지식인들(즉 최소한의 교육이나마 받은 사람들까지 포함해서)은 자신의 대열을 강화했고, 또한 혁명의 대오에 새로운 활동가를 공급하기도 했다. 온건파건 급진파건 그 목표나 이상에 큰 차이는 없었다. 그들은 어느 쪽도 영국 제국 내의 자치 정부를 입에 올렸고, 어느 쪽도 당분간은 그 일부분만이라도 받아들이려고 했다. 다만 급진파는 온건파에 비해 더 많이 요구했고, 더 격렬한 말을 사용했을 따름이었다. 극소수에 지나지 않는 혁명파는 물론 전면적인 독립을 요구했지만, 국민회의 지도자 사이에서는 거의 영향력이 없었다. 온건파와 급진파 사이의 본질적인 차이점은 전자가 유산자(Haves)와 그 식객들의 부유한 당파인 데 반해, 후자는 상당수의 무산자(Have-nots)도 포함하는 외에, 더욱 과격한 당파인 만큼, 당연히 강경한 발언이 곧 행동인 듯 생각하는 인도의 청년층을 끌어들였다는 데 있다. 물론 이러한 일반화는 양쪽에 속한 개인들에게까지 들어맞는 말은 아니다. 한 예를 들면 온건파의 유능하고도 헌신적인 지도자인 고팔 크리슈나 고칼레(Gopal Krishna Gokhale)는 분명히 유산 계급 출신은 아니었다. '인도 사회 봉사단(Servants of India Society)' [6]을 창립한 것은 그였다. 그러나 온건파건 급진파[7]건 진짜 '무산자', 즉 노동자와 농민들과는 아무런 관계가 없었다. 단 틸락만은 개인적으로 대중 사이에 신망을 얻고 있었다.

    1916년 러크나우 대회는 또 하나의 화해로 유명하다. 그것은 힌두교도와 이슬람 교도 사이의 화해였다. 국민회의는 언제나 민족적 기반에 서려고 했지만, 힌두 교도가 압도적인 다수를 차지했기 때문에 사실

---

6) 고칼레의 정치 활동에 관해서는 백열아홉 번째 편지를 참조할 것. '인도 사회 봉사단'은 1905년에 그가 창설한 단체로서, "인도에 봉사하기 위한 국민적 선도자를 양성하고 모든 합법 수단을 통해 인도인의 참다운 이익을 증진시키기 위한" 일종의 애국자 단체다.
7) 국민회의 내의 온건파와 급진파는 「몬타구 - 쳄스포드 보고」에 대한 견해 차이로 말미암아 결정적으로 분열됐다. 온건파는 1918년에 개최된 국민회의 대회의 채택에 패배한 뒤 국민회의를 탈퇴해 '민족 자유 연맹(National Liberal Federation)'을 결성하고, 합법 수단으로 자치의 목표에 점진한다는 태도를 분명히 밝혔다.

은 주로 힌두 교도의 조직이었다. 전쟁이 일어나기 몇 년 전에 어느 이슬람 교도 인텔리겐차가 정부의 부추김도 받고 해서 '전 인도 이슬람 교도 연맹(All-India Muslim League)'[8]이라는 독립 단체를 만들었다. 이것은 이슬람 교도를 국민회의에서 따로 떼어 놓을 생각으로 만든 것이었지만, 얼마 지나지 않아서 이것이 국민회의 쪽으로 가까워져 러크나우 대회에서 양자 사이에 장래 인도 헌법에 관한 협약이 성립되었다. 이를 '회의·연맹 양파의 초안(Congress-League Scheme)'이라고 부르는데, 그 중에는 특히 소수파인 이슬람 교도를 위해 일정한 비율의 의석을 보장한다는 내용도 들어 있었다. 이 '회의·연맹 양파의 초안'은 그 뒤로 인도 전체의 요구로 인정된 공동 강령이 되었다. 그것은 당시로서는 정치적으로 자각한 유일한 계급이었던 부르주아지의 견해를 대표하는 것이었다. 이 초안을 바탕으로 하여 여론은 차차 높아졌다.

이슬람 교도의 정치 의식은 더 한층 높아졌고, 투르크와 싸우는 영국에 대한 반감에서 국민회의와 손을 잡았다. 투르크에 대한 동정심을 격렬하게 표현했기 때문에 이슬람 교도의 두 지도자 마울라나 모하마드 알리(Maulana Mohamad Ali)와 샤우카트 알리(Shaukat Ali)가 이미 전쟁 초기에 구금되었다. 마울라나 아불 칼람 아자드(Maulana Abul Kalam Azad)[9]도 그의 저서가 인기를 끌고 있던 아랍 여러 나라와의 관계 때문

---

[8] 국민회의가 이슬람 교도를 흡수하는 것을 방지하려는 영국의 분할 통치 정책의 후원으로 1906년 12월 다카에서 창립되어 아가 칸이 총재가 되었다. 창립 초기에는 봉건적 상층 계급 간의 좁은 기반 위에 선 정치 단체로서 '영국에 대한 충성'을 강령에 내세우고 있었으나, 교도 내의 중간 계급의 대두와 제1차 세계 대전 때 영국의 투르크와 칼리프에 대한 공격으로 말미암아 연맹은 반영적인 방향으로 전환하고, 마침내 국민회의와 결속해 서로 협력하게 되었다. 이 때 연맹의 지도자는 마울라나 모하마드 알리와 샤우카트 알리 형제였다. 또한 1947년 인도의 독립에 즈음해 파키스탄을 분리시킨 추진 세력이 된 이슬람 교도 연맹은 무하마드 알리 진나가 재건한 단체다.

[9] 1888년 출생. 이슬람 교도. 이슬람 신학의 세계적인 권위자로 알려져 있다. 1916년부터 민족 해방 운동에 참가한 그는 국민회의 내 이슬람 교도의 지도자로서 힌두 교도와 이슬람 교도의 통일에 전력을 기울였다. 1923년과 1940년, 두 번에 걸쳐 국민회의 의장에 선임되고, 나중에 인도 연방 교육상을 역임했다.

에 또한 구속되었다. 이러한 일들은 모두 이슬람 교도들을 분노케 하는 원인이 되어, 그들은 점점 더 정부로부터 멀어져만 갔다.

인도의 자치 요구가 높아짐에 따라 영국 정부는 여러 가지 약속[10]을 하게 되었고, 인도 인민들의 관심사에 대한 조사가 시작되었다. 1918년 여름 당시의 인도부 장관과 총독은 공동 보고서 — 그들의 이름을 따서 '몬타구 - 쳄스포드 보고서(Montagu-Chemsford Report)' [11]라고 한다 — 를 제출했는데, 그 보고서에는 인도를 어떻게 개혁하고 변화시킬 것인가에 대한 여러 가지 제안들이 정리되어 있었다. 즉시 이 시안에 대한 대대적인 논쟁이 전국에서 일어났다. 국민회의는 이를 강력히 반대했고, 만족스럽게 여기지도 않았다. 한편 자유파는 이를 환영했고, 그 때문에 그들은 국민회의와 관계를 끊었다.

전쟁이 끝났을 무렵의 인도는 이와 같은 상태에 놓여 있었다. 어디에나 변화에 대한 활발한 기대가 넘쳐 흘렀다. 정치적 척도는 상승하고 있었는데, 부드럽게 달래는 듯하며 뭔가 변명조를 띠고 있는 무능한 온건파의 속삭임은, 더욱 확신에 차고 공격적이며 직접적이고 과격한 급

---

10) 특히 인도상 몬타구는 1917년 8월 20일 영국의 하원에서 "인도 정부와 완전히 보조를 함께 하는 영국 정부는, 대영 제국과 불가분의 관계를 이루고 있는 인도에 점차로 책임 정부를 실현하기 위해 행정의 각 부분에 인도인의 참가를 대폭 늘리고 기구를 확대해서 서서히 자치 정부로 발전시켜 나가야 할 것이다"는 중대한 발언을 하여 각 방면에 충격과 함께 기대감을 갖게 했다.

11) 1919년 영국 정부는 이 보고에 의거해 새로운 '인도 통치 조례'를 가결했다. 이 통치 조례는 인도의 중앙과 각 주의 입법 기관에 예전에 없었던 직접 선거를 통한 대의제를 채택해 각주에 대한 책임 자치 정부를 인정한 것으로 '영국측에서 보면 획기적인 개혁'으로서 대대적으로 선전되었다. 그러나 중앙에 설치된 이원제 의회는 심의권까지 제한을 받는 유명무실한 존재로서, 총독은 전제 군주나 마찬가지로 필요에 따라 수시로 의회의 결의를 무시하거나 새로운 법률을 만들어 마음대로 통치했다. 사실 주에 위임된 것은 영국의 권익에 직접 영향을 끼치지 않는 민정 관계의 사항에 한정시켰으며, 더욱이 토지나 치안 등 중요한 정무는 총독이 임명한 주지사의 권한에 속해 있었다. 또한 나머지 부분에 대해서도 주지사는 이것을 부인할 수 있는 권리를 갖고 있어, '자치'라는 명분에는 전혀 실체가 수반되어 있지 않았다. 게다가 선거 제도에는 힌두·이슬람 양 교파의 대립을 조장하는 세심한 고려가 깃들여 있었다.

진파의 외침에 자리를 내주고 있었다. 그러나 온건파와 급진파 양쪽 모두가 정치와 외형적인 정부 기구에 대한 생각과 이야기에 열중해 있는 동안, 그 배후에서는 영국 제국주의가 인도의 경제 생활에 대한 통제를 조용히 강화해 가고 있었다.

155 *1933년 4월 21일*

유럽의 새로운 판도

우리는 세계 대전의 경과를 간단히 고찰한 다음 화제를 러시아 혁명으로, 그리고 전시하의 인도의 상태로 돌렸다. 이제 다시 전쟁에 결말을 지은 휴전으로 돌아가서 승자들이 어떤 행동을 했는지 알아보기로 하자. 독일은 굴복했다. 카이저는 도망가고, 공화국이 선포되었다. 하지만 휴전 협정 가운데에는 독일군을 확실히 무력화시키기 위해서 많은 가혹한 조건들이 삽입되어 있었다. 독일군은 모든 점령 지역에서뿐만 아니라 알자스 - 로렌과 라인 강에 이르는 독일 영토에서 철수해야만 했다. 연합군은 쾰른 주변의 라인란트도 점령하기로 했다. 또 독일은 수많은 군함과 U보트라고 일컬어지는 모든 잠수함, 몇천 문의 중화기와 비행기·기관차·트럭 그리고 그 밖의 물자를 포기하기로 했다.

휴전 협정을 맺었던 장소인 북프랑스의 콩피에뉴(Compiègne) 숲에는 오늘날 다음과 같은 문장이 새겨진 기념비가 서 있다.

Ici le 11 Novembre, 1918, succomba, le criminel orgueil de
l'Empire Allemand vaincu par les peuples libres qu'il

prétendait asservir

　1918년 11월 11일, 독일 제국의 범죄적인 오만은 자신이 노예로 삼으려 한 자유로운 국민들에 의해 여기서 굴복했노라.

　독일 제국은 정말로, 적어도 표면적으로는 몰락해 버렸고, 프로이센의 군사적 오만함은 꺾이고 말았다. 이보다 먼저 러시아 제국은 종말을 고했고, 로마노프 왕가는 그렇게도 오랫동안 방탕을 일삼았던 무대에서 자취를 감추었다. 또 이 전쟁으로 아직도 세 번째 가는 제국이며 오래된 왕실인 합스부르크가의 오스트리아 - 헝가리 제국에도 종말이 다가왔음을 알게 되었다. 그러나 전승국에 속해 있는 다른 여러 제국은 아직 여전히 존속하고 있고, 승전은 그들의 오만을 누그러뜨리거나, 또는 그들이 노예로 삼고 있던 다른 나라 국민의 권리에 대해 좀더 고려하도록 만들지도 못했다.

　승리한 연합국은 1919년에 파리에서 강화 회의를 개최했다. 파리에서 세계의 장래가 그들의 손을 통해 윤곽이 정해지게 되자, 몇 개월 동안 이 유명한 도시는 세계의 관심 대상이 되었다. 멀고 가까운 곳곳에서 온갖 사람들이 이 도시를 향해 몰려들었다. 그 중에는 무거운 사명을 어깨에 짊어진 정치가 또는 정상배도 있었고, 외교관·전문가·군인·은행가가 있는가 하면 브로커도 있었는데, 그들은 저마다 한 무리의 수행원과 타자수·서기 등을 거느리고 있었다. 물론 당연히 언론인의 대부대도 있었다. 아일랜드인이라든가, 이집트인·아랍인이라든가 또는 이름조차 들어 보지 못한 나라들에서 자유를 위해 싸우는 인민들의 대표들이, 게다가 오스트리아나 투르크 제국 자리에 자신들의 나라를 세우려는 동유럽 사람들도 왔다. 그리고 사기꾼들도 몰려와 있었음은 물론이다. 세계는 바야흐로 새로 분할되려 하고 있었는데, 동물의 시체를 먹어치우려는 독수리들이 이 기회를 놓치려고 하지 않았던 것이다.

　강화 회의에 대한 기대는 컸다. 사람들은 전쟁의 무서운 체험을 뒤로하고 공정하고 영구적인 평화가 이뤄지기를 바랐다. 무서운 내핍 생

오스트리아를 계승한 여러 나라

활은 아직까지도 대중들 사이에서 꼬리를 끌고 있었고, 노동하는 계급 가운데에서는 불만이 높았다. 생활 필수품 가격은 폭등하고, 이것이 인민의 고통을 배가시켰다. 1919년 유럽에는 혁명이 임박했음을 말해 주는 갖가지 징조가 나타났다. 제2의 러시아가 당장이라도 모습을 드러낼 듯이 보였다.

이것이 48년 전 독일 제국이 선포되었던 바로 그 베르사유의 같은 홀에서 소집된 강화 회의 당시의 상황이었다. 대규모 회의가 날마다 열리기는 어려웠기 때문에 수많은 위원회로 나뉘어졌다. 이들 위원회는 비공개로 회합을 열어 깊숙한 베일 뒤에서 흥정도 하고 서로 다투기도 했다. 회의의 주도권은 연합국의 '10개국 이사회(Council of Ten)'가 잡고 있었다. 이것은 나중에 다섯으로 줄어서 '5대국(Big Five)'이라고 부르게 되었는데, 미국·영국·프랑스·이탈리아와 일본이었다. 여기서 일본이 제외되어 '4개국 이사회(Council of Four)'가 되었다가 마지막에는 이탈리아도 빠져 '3대국(Big Three)' ─ 미국·영국·프랑스만 남았

유럽의 새로운 판도

다. 이 세 나라의 대표는 각각 윌슨(Thomas Woodrow Wilson)[12] 대통령, 로이드 조지(Lloyd George) 및 클레망소(Clemenceau)[13]였으며, 새로이 세계를 개조하고 그 끔찍한 상처를 고치는 일이 이들 세 사람의 어깨에 지워졌다. 이것은 초인이거나 신에 버금가는 인물이라야 할 수 있는 일이었는데, 그들 세 사람은 그 어느 쪽과도 거리가 멀었다. 국왕·정치가·장군이라든가 하는 고귀한 사람들은 언론에서 지나치게 보도되고 떠들어지기 때문에 보통 사람들의 눈에는 가끔 위대한 사상가나 실천가로 비친다. 일종의 후광이 그들을 둘러싸고, 아무것도 모르는 우리는 실제로는 있지도 않은 그들의 능력을 있다고 믿어 버린다. 그러나 그들과 조금만 사귀게 된다면 그들 또한 지극히 평범한 인간들임이 드러난다.

---

12) 미국의 제28대 대통령. 프린스턴 대학을 졸업한 뒤 한때 조지아에서 변호사를 개업했으나, 1890년 프린스턴 대학 교수가 되어 정치학자로서 명성을 날렸다. 1902년 동 대학 총장으로서 학제 개혁을 단행했다가 반대에 부딪혀 1910년 동 대학을 떠났다. 이듬해 뉴저지주 지사에 선출되어 부패한 정치의 추방, 산업 재해 보상제, 직접 선거 등 행정 개혁을 단행해 유명해졌다. 1912년 민주당 대통령 후보로 출마해 당선된 그는 '새로운 자유'를 표방하며, 독점 기업의 횡포를 억제하고, 대중 생활을 옹호하려는 이상주의적인 여러 정책 — 관세의 대폭 인하, 반트러스트법 등을 단행해 미국의 금권 정치에 파문을 일으켰다. 외교 정책에서도 커다란 전환을 일으켜 파나마 운하, 멕시코 문제 등에서 국제 협조주의를 추진했고, 제1차 대전 초기에는 중립을 표방했다가 나중에 '세계의 민주주의를 안전하게 하기 위해' 참전했다. '윌슨의 14개조' 원칙에 입각한 전시·전후의 외교에 관해서는 본문에 자세하게 서술되어 있지만, 미국의 막강한 국력을 배경으로 한 개성 있는 이상주의적 외교 정책은 좋든 나쁘든 전후 세계에 대해서 이념상, 또는 사실상 커다란 영향을 주어 그로 하여금 국제 연맹의 창시자가 되게 했다. 그러나 그가 몸소 절충에 나선 국제 연맹을 비롯한 강화 조약은 본국의 상원에서 비준이 거부된 데다가, 국내 정치면에서도 전후의 경제 불황 때문에 노동자와 자본가 양쪽으로부터 지지를 잃게 되어 차기 대통령 선거에 패배한 뒤 실의 속에 만년을 보냈다. 1919년 노벨 평화상을 받았으며, 『연방 의회 제도론』 등 정치학과 국제 정세에 관한 많은 저서가 있다.
13) 프랑스의 정치가. 아카데미 회원. 처음에는 의학에 뜻을 두고 파리로 나왔다가, 1870년 프로이센·프랑스 전쟁 후 몽마르트르 구장(區長)에 천거되어 정계에 들어갔다. 1876년 파리 선출 의원이 되었으며, 급진당 좌파에 속해 독설과 웅변으로 두각을 나타냈다. 공화제 옹호를 위해 투쟁했으며, 공화파의 기회주의를 공격하고, 또 그 부르주아적 식민지 정책을 비난해 여러 번 내각을 무너뜨렸기 때문에 '호랑이'라는 별명이 붙었다. 1893년 파나마 사건으로 낙선, 일시 정계를 물러났으나 드레퓌스 사건 후 재차 정계에 복귀했다. 1902년 상원 의원이 된 그는 1906년 사리앙 내각에 입각해 그 해 스스로 내각을 조직했다. 민주주의

오스트리아의 유명한 한 정치가는 일찍이 "세계는 자신들이 얼마나 빈약한 지능에 의해서 다스려지고 있는지를 알면 크게 놀랄 것이다"라고 말하기도 했다. 그러므로 이 세 사람, 요컨대 '세 거두(Big Three)'도 크게는 보였지만, 그들의 능력은 한정된 것이었으며 국제 사정에 어둡고 지리조차도 잘 몰랐다!

윌슨 대통령은 대단한 명성과 인기를 얻어 왔고, 연설이나 문서에도 미사여구와 이상주의자 같은 문구를 많이 썼기 때문에 사람들은 그를 마치 장차 다가올 새로운 자유의 예언자이기라도 한 것처럼 생각하기 시작했다. 대영 제국의 총리 로이드 조지도 미사여구에는 탁월했으나, 그는 기회주의자라는 평판을 들었다. '호랑이(Tiger)'라는 별명이 붙어 있던 클레망소는 이상이라든가 성직자 냄새가 나는 말은 쓰지 않았다. 그는 오로지 프랑스의 숙적인 독일에 타격을 주는 일에만 전념해 독일이 다시는 머리를 쳐들지 못하도록 온갖 방법으로 그들을 짓밟고 모욕하려고 했다.

그렇게 이들 세 사람은 서로 다투고, 서로 상대방을 자기가 바라는 방향으로 유도하려 했으며, 또 그와 반대로 회의에 참석한 다른 대표들이나 외부의 힘에 의해서 앞으로 끌려가기도 뒤로 밀리기도 했다. 또한 그들 모두의 심중에는 소비에트 러시아가 어두운 그림자를 드리우고 있었다. 러시아는 독일과 마찬가지로 회의에 대표를 보내지 않고 있었다. 그러나 소비에트 러시아는 존재하는 것만으로도 파리에 모인 자본주의 열강 전체에 대해서 끊임없는 위협이 되고 있었다.

클레망소는 로이드 조지의 지원을 받아 결국 승리했다. 윌슨은 자

체제 확립을 선언하고 개혁안을 제출했으나 당시의 정세가 이를 허락하지 않자 급선회해 급진주의자에서 질서 방위자가 되었다. 1909년에 하야했다. 제1차 세계 대전 때 서부 전선이 교착 상태에 빠져 국내에 패전주의 기색이 짙어 갈 무렵, 대통령 푸앵카레의 요청으로 조각을 단행(1917. 11), "나는 싸운다"라고 선언하고 패배주의자들에 대한 탄압과 전쟁 정책을 강행해 프랑스의 승리를 확보했다. 그러나 베르사유 강화 회의에서는 영토·배상 등에 관한 그의 강경한 주장이 충분히 받아들여지지 않아 불만스러운 가운데 서명했다고 한다.

신이 열심히 주장했던 일들 가운데 하나 — 국제 연맹 — 를 달성했고, 이것을 다른 나라로 하여금 동의하게 하기 위해 다른 점에서는 대부분 양보했다. 몇 달 간이나 논의와 토론을 거듭한 끝에 강화 회의에 참석한 연합국은 마침내 하나의 성문 조약에 동의하고 그들 사이에서 합의를 본 다음, 이 조약을 통고하기 위해 독일 대표단을 불렀다. 440개 조항으로 된 방대한 조약 초안이 독일 대표들 앞에 놓이고 그들은 서명할 것을 독촉받았다. 그들과는 아무런 토의도 하지 않았고, 조약에 대한 제안이나 변경의 기회도 전혀 주지 않았다. 바야흐로 평화가 강요되려 하고 있었다. 그리고 그들은 그대로 서명하든가, 아니면 그 결과를 감수해야만 했다. 새로 탄생한 독일 공화국의 대표단은 이에 항의했지만, 마침내 유예 기간 마지막 날 이 '베르사유 조약(Treaty of Versailles)'에 서명했다.

　뒤이어 오스트리아·헝가리·불가리아 그리고 투르크와도 개별적으로 조약을 마련해 서명을 끝냈다. 술탄이 서명했던 투르크와의 조약은 케말 파샤와 용감한 동료들의 훌륭한 저항을 통해 물거품으로 돌아갔지만, 이 사건에 관해서는 나중에 다른 편지를 통해 이야기해 주마.

　이들 조약으로 어떤 변화가 일어났을까? 영토 변경은 대부분 동부 유럽과 서아시아·아프리카에서 이뤄졌다. 아프리카의 독일 식민지들은 전리품으로서 연합국 손에 들어갔는데, 그 중에서도 영국이 가장 좋은 몫을 차지했다. 동부 아프리카의 탕가니카(Tanganyika)와 그 밖의 영토를 더함으로써 영국은 북쪽의 이집트부터 남쪽의 희망봉까지 아프리카를 관통하는 제국을 확보한다는 대망의 꿈을 실현했다.

　유럽에서도 상당한 변화가 일어나, 많은 새로운 국가가 지도상에 나타났다. 그전 지도와 새 지도를 비교해 보면 큰 변화를 한눈에 알 수 있을 것이다. 이런 변화 가운데 일부는 러시아 혁명의 결과였다. 러시아 국경 지방에 살던 비러시아인들은 소비에트에서 떨어져 나와 독립을 선언했다. 소비에트 정부는 그들의 민족 자결권을 인정하고 간섭하지 않았다. 새로운 유럽 지도를 보기로 하자. 하나의 큰 나라였던 오스트리아 - 헝가리는 자취도 없이 사라지고, 그 대신에 흔히 '오스트리아 계승국

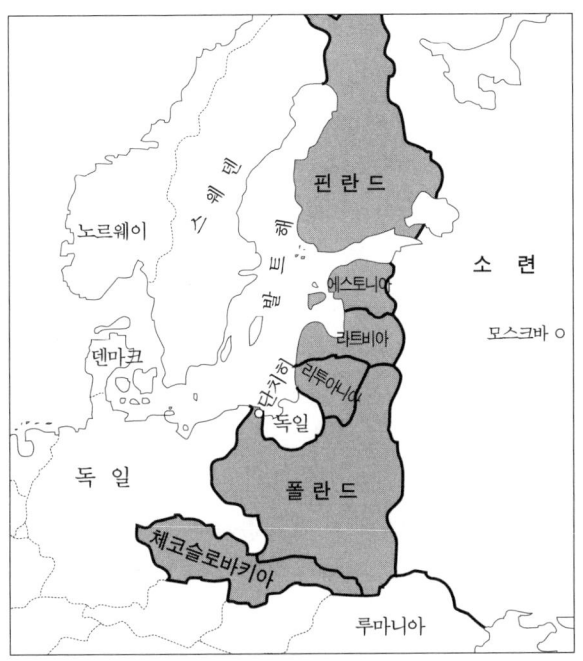

유럽의 새로운 나라들

(the Austrian Succession States)'이라고 표현되는 다음의 몇몇 소국들이 출현했다. 오스트리아는 과거 영토 중에서 아주 작은 한 조각으로 축소되었지만 빈처럼 커다란 도시를 수도로 삼고 있다. 헝가리 또한 크기가 엄청나게 줄어들었다. 체코슬로바키아는 옛 보헤미아를 포함한다. 예로부터 우리가 불쾌한 기억을 가지고 있는 유고슬라비아의 일부인 세르비아는 몰라볼 만큼 커졌다. 그리고 일부 지방은 루마니아와 폴란드, 이탈리아의 영토가 되었다. 그것은 철저한 해체였다.

더 북쪽으로 가면 새로 생겼다기보다 다시 세워진 옛 나라 — 폴란드가 있다. 이것은 프로이센·러시아·오스트리아에서 떼어 낸 영토로 이루어졌다. 폴란드에 바다로 이어지는 길을 열어 주기 위해 매우 특이한 조처가 강구되었다. 독일이라기보다는 프로이센을 두 동강으로 나누어 바다로 통하는 육지의 회랑(corridor)을 폴란드에 내주었던 것이다.

유럽의 새로운 판도

43

그렇기 때문에 프로이센 서부에서 동부로 갈 사람은 이 폴란드의 회랑을 가로질러야만 하게 되었다. 이 회랑 부근에는 유명한 단치히(Danzig) 시가 있다. 이 도시는 자유시(free city)가 되었다 — 다시 말하면 독일의 영토도 아니고, 폴란드에도 속하지 않는다. 그것은 자체로서 하나의 국가를 형성하고 있으며, 국제 연맹이 직접 관리한다.

폴란드의 북쪽에는 리투아니아 · 라트비아 · 에스토니아 · 핀란드 등 발트 해 여러 나라가 있는데, 모두 과거의 차르 제국에서 갈라져 나온 나라들이다. 이 나라들은 작은 국가이기는 하지만 각기 독자적인 언어가 있어서 뚜렷한 문화적 독립성을 가지고 있다. 리투아니아인도 (다른 많은 유럽인들처럼) 아리아인이며, 그들의 국어가 산스크리트어와 매우 비슷하다는 사실을 알면 너도 아마 흥미를 느낄 것이다. 이것은 아마 대부분의 인도 사람들이 생각해 본 적도 없는 일인데, 멀리 떨어져 있는 두 나라의 국민을 연결시키는 유대를 우리의 마음에 느끼게 하는 주목할 만한 사실이다.

유럽에서 그 밖의 주요한 영토 변화는 프랑스에 속하게 된 알자스와 로렌 지방뿐이었다. 그 밖에 다른 변화도 있었지만, 거기까지 네 머리를 번거롭게 하는 것은 그만두자꾸나. 이제 이러한 변화들이 많은 새로운 국가들을 탄생시키는 결과를 가져왔다는 것을 너도 알았으리라 생각한다. 그 대부분은 매우 작은 나라였다. 이제 동유럽은 발칸의 여러 나라와 비슷해졌으며, 강화 조약이 유럽을 '발칸화했다(balkanized)'는 말을 가끔 듣게 된다. 수많은 국경선이 새로 생기고, 이들 작은 나라 사이에서 분쟁이 그칠 날이 없었다. 그들이 얼마나 서로를 미워했는지 모른다. 특히 다뉴브 강 유역에 있는 나라들이 그랬다. 이에 대한 책임의 대부분은, 아주 잘못된 방법으로 유럽을 분할해 문제의 씨앗을 새로 뿌린 연합국에 있다. 많은 소수 민족이 이민족 정부의 압박으로 신음하고 있었다. 원래는 우크라이나 땅이었던 넓은 지역을 폴란드가 차지했다. 그리하여 이 지방의 가난한 우크라이나인들은 그들을 강제로 '폴란드화(Polonize)' 하려고 하는 온갖 종류의 박해로 고통을 받았다. 유고슬라비아와 루마니아 그리고 이탈리아에 속하게 된 소수 민족들도 같은 형편이었다. 한편 오스트리아와 헝가리는 갈기갈기 찢겨서 뼈만 앙상하게 남게 되었고, 수많은 국민들을 잃게 되었다. 외국의 지배를 받게 된 이 모든 지역에서는 자연스레 민족 운동과 끊임없는 분쟁이 일어나게 되었다.

지도를 다시 한 번 보아라. 그러면 일련의 나라들 — 즉 핀란드·에스토니아·라트비아·리투아니아·폴란드·루마니아가 고리를 이루어 러시아를 서유럽으로부터 완전히 갈라놓고 있는 것을 알 수 있을 것이다. 이미 이야기한 바와 같이 이 나라들 가운데 대부분은 베르사유 조약이 아니라 소비에트 혁명의 결과로 생긴 것이다. 그런데도 그 나라들은 비볼셰비키 유럽으로부터 러시아를 격리시키는 줄을 이룬다는 점에서 연합국의 환영을 받았다. 그들은 볼셰비키라는 전염병을 차단하는 데 쓸모가 있는 (전염병을 격리시키기 위한) '교통 차단선(cordon sanitaire)'인 것이다! 이 발트 국가들은 모두 비볼셰비키였다. 그렇지 않았다면 그 나라들은 소비에트 연방에 참가했을 것이다.

서아시아에서는 과거 투르크 제국의 여러 지역이 서구 열강의 구미를 당겼다. 전쟁중 영국은 아라비아·팔레스타인 그리고 시리아에 걸친 아랍의 연합 왕국을 만들어 주겠다는 약속으로 아랍인들로 하여금 투르크에 대항해서 반란을 일으키도록 선동했다. 아랍인들에게 이런 약속을 하고서 동시에 영국은 프랑스와 바로 이 지역을 분할한다는 비밀 조약을 맺고 있었다. 따라서 이 약속은 그다지 신용할 만한 것이 아니며, 영국 총리 램지 맥도널드(Ramsay MacDonald)는 이것을 가리켜 '노골적인 일구이언(crude duplicity)'이라고 불렀다. 단 이런 말을 한 것은 10년 전, 그가 아직 총리가 되기 전이었기 때문에 일찍이 진실을 말한 것일 수도 있었던 것이다.

이 이야기에는 영국 정부가 아랍인에 대한 약속뿐만 아니라 프랑스와 맺은 비밀 조약까지도 깨뜨릴 구상을 했다는 점에서 기괴한 결말이 있다. 그들 앞에는 인도에서 이집트까지 이어지는 하나의 중동 제국

유럽의 새로운 판도

(Middle-Eastern empire), 인도 제국과 광대한 아프리카 영토를 하나로 잇는 방대한 블록을 만들려는 꿈이 떠올랐다. 이것은 유혹적이면서도 엄청난 꿈이었다. 더구나 그것은 당시의 상황으로 볼 때 전혀 실현이 불가능하다고만 생각할 수는 없는 일이었다. 당시 즉 1919년 영국 군대는 이 모든 광대한 지역 — 페르시아 · 이라크 · 팔레스타인 · 아라비아의 여러 지방과 이집트를 지배하고 있었다. 그들은 프랑스가 시리아에 손길을 미치지 못하도록 막으려고 했다. 콘스탄티노플조차 영국의 손아귀에 들어 있었다. 이 몽상은 1920년, 1921년, 1922년 해를 거듭해서 시국이 전개됨에 따라 물거품으로 돌아갔다. 뒤에서는 소비에트, 앞에서는 케말 파샤가 영국 장관들의 야심적인 계획을 분쇄하고 말았기 때문이다.

그러나 영국은 지금도 서아시아에서 적지 않은 것 — 이라크와 팔레스타인을 손아귀에 넣고 있고, 아라비아에서 자기들에게 불리하게 사태가 전개되지 않도록 뇌물이나 그 밖의 수단으로 압력을 가하려 하고 있다. 시리아는 프랑스의 몫이 되었다. 아랍 여러 나라에 일어난 새로운 민족주의와 자유를 향한 그들의 투쟁에 대해서는 다음 기회에 이야기해 주마.

이제 베르사유 조약으로 되돌아가야겠다. 이 조약은 전쟁을 일으킨 책임이 독일측에 있다고 단정했고, 이에 따라 독일인들은 이 조약에 조인함으로써 전쟁에 대한 그들의 죄를 강제로 인정해야만 했다. 이와 같은 강압적인 시인은 별 의미가 없을 뿐더러, 이 경우에서처럼 원한을 낳을 뿐이다.

독일은 또 군대를 해산해야만 했다. 독일은 단지 경찰 임무에 가까운 작은 규모의 군대만을 허락받았고, 함대는 연합국에 넘겨 주어야 했다. 이 독일 함대를 넘겨 주게 되었을 때 그 함대의 장병들은 영국에게 함대를 넘겨 줄 바에는 차라리 그들 자신이 스스로 이 함대를 침몰시키기로 작정했다. 그리하여 1919년 6월 스캐퍼 플로(Scapa Flow : 영국 스코틀랜드 북부 오크니 제도 안에 있는 작은 군항)에서 함대를 인수할 준비를 갖춘 영국인의 눈앞에서, 독일의 모든 함대는 승무원들에 의해 구멍

이 뚫려서 침몰되었다.

독일은 게다가 전쟁 보상금을 지불하면서 전쟁 때 연합국에 끼친 손실과 피해를 보상해야 했다. 이른바 이 같은 '배상금(Reparations)' 이 오랫동안 그림자처럼 유럽을 뒤덮게 되었다. 조약에서는 일정한 금액을 정하지 않았지만, 이 금액을 결정하기 위한 조항이 마련되었다. 연합국이 전쟁에서 입은 손해를 보상한다는 것은 엄청나게 큰 일이었다. 당시 독일은 전쟁에 져서 잿더미만 남은 상태였으며, 국내의 당면한 문제를 해결하기 위해서도 재정 수지를 맞추어야 하는 감당하기 어려운 중대한 문제에 직면하고 있었다. 여기에 더해서 연합국의 무거운 짐을 그 어깨 위에 또 져야 한다는 것은 도저히 이행할 수 없는 불가능한 일이었다. 그러나 독일에 대한 증오와 복수의 일념으로 가득 찬 연합국은 독일의 생살을 베어 내려고 했을 뿐만 아니라, 만신창이가 된 몸뚱이에서 마지막 피 한 방울까지 빨아 내려 했다. 영국에서는 로이드 조지가 "카이저를 교수형에 처하라(Hang the Kaiser!)" 는 슬로건으로 선거에서 승리했고, 프랑스의 감정은 이보다 더 격렬했다.

조약의 이 모든 조항들은 궁극적으로는 온갖 수단을 다해서 독일의 손발을 묶어 다시는 힘을 얻지 못하도록 만드는 것을 목적으로 하고 있었다. 독일은 몇 세대에 걸쳐서 연합국의 경제적 농노로서 해마다 막대한 소작료를 바쳐야만 하게 되었다. 한 강대한 국민을 이런 식으로 오래 묶어 두는 것은 불가능하다는 역사의 명백한 교훈도 베르사유에서 복수를 위한 강화 조약을 기초한 현명한 거물급 정치가들의 마음 속에는 떠오르지 않았다. 그러나 지금에 와서는 그들은 그것을 후회하는 처지가 되었다.

끝으로 나는 윌슨 대통령이 탄생시킨, 베르사유 조약이 세계 앞에 제시한 국제 연맹에 대해 이야기해야겠다. 이것은 자유로운 독립국들의 연맹이어야 하며, 그 목적은 "정의와 명예를 바탕으로 국제 관계를 맺음으로써 장래 일어날 전쟁을 막고, 세계 여러 국민 사이에 물질적·지적 협력을 증진하는" 일이었다. 참으로 찬양할 만한 목적이었다! 연맹의 각 가맹국은 그들 사이의 문제를 평화적으로 해결하기 위해 모든 가능성을 다 동원한 다음, 그러고서도 9개월이 지날 때까지는 절대로 다른 가맹국과 전쟁을 하지 않겠다는 것을 서약했다. 만약 어느 가맹국이 이 서약을 어겼을 경우에는 다른 여러 나라는 그 나라와 재정·경제적 관계를 끊는다는 것도 약속해야만 했다. 표현으로만 본다면 이런 것들은 참으로 좋은 이야기이지만, 사실은 전혀 그렇지 않았다. 더구나 이론상으로도 연맹은 전쟁을 종식시키려고 노력하지 않았기 때문에 이는 아무 가치가 없는 서약이었다. 그것은 다만 시간이 흐르고 화해하도록 노력하는 사이에 전쟁을 일으키고 싶은 감정이 식게 해서 전쟁을 막아 보려고 한 데 지나지 않았다. 또한 전쟁의 원인을 제거하려고 하지도 않았다.

연맹은 모든 가맹국의 대표가 참가하는 총회와, 강대국들이 영구적으로 대표권을 가지고 총회에서 몇 나라를 추가로 선출하는 이사회로 구성되기로 했다. 연맹 본부와 함께 사무국은 너도 알다시피 제네바에 두기로 했다. 그 밖에도 여러 활동 기구들이 있었는데, 즉 노동 문제를 다루는 국제 노동국, 헤이그의 상설 국제 사법 재판소, 그리고 지식 협력 위원회 등이다. 이 기구들 모두가 처음부터 연맹에 있었던 것은 아니고, 그 가운데는 나중에 추가된 것도 있었다.

연맹의 원래 규약은 베르사유 조약 속에 담겨져 있었다. 이것을 '국제 연맹 규약(Covenant of the League of Nations)'[14]이라 한다. 이 규약 속에는 모든 국가의 군비는 국가 안보를 위해 필요한 최소한도까지 축소해야 한다는 규정도 있었다.[15] 독일의 무장 해제(이것은 물론 강요된 것이지만)를 이 목표를 향해 나아가는 길의 첫걸음으로 보고, 다른 나라

---

[14] 베르사유 조약은 15편 440조로 구성되어 있는데, 그 중 첫머리의 제1편 36조가 국제 연맹 규약이다.

[15] 군축 조항(국제 연맹 규약 제8조)
① 연맹국은 평화 유지를 위해서 군비를 국가의 안전과 국제 의무를 수행하는 데 상호 지장이 없는 최저한도까지 축소할 필요가 있다는 점을 승인한다.
② 연맹 이사회는 각국 정부의 심의와 결정에 도움이 되도록 각국의 지리적 위치와 제반 사정을 참작해 군비 축소에 관한 안을 작성할 것(이하 생략).

들도 독일의 뒤를 따르기로 했다. 그 위에 만일 어떤 나라든 다른 나라를 공격했을 경우, 이를 응징하는 일련의 조처를 취한다는 내용도 있었다. 그러나 어떠한 것이 공격을 의미하는지에 대해서는 명백하게 규정된 것이 없었다. 두 민족이, 또는 두 나라가 서로 싸울 때는 반드시 각기 상대방을 비난하고 침략자라고 부르는 법인데 말이다.

연맹에서는 중요한 사항을 결정할 때는 반드시 만장일치여야만 했다. 그러므로 만일 가맹국 가운데 비록 한 나라라도 어떤 제안에 반대한다면 그 제안은 그대로 사장되었다.[16] 이는 즉 다수결로 강제하는 일은 없다는 뜻이며, 나아가 국가의 주권은 여전히 독립적으로 남아 있어서 예전이나 다름없이 거의 책임을 지지 않는다는 것을 뜻했다. 국제 연맹은 결코 각 나라들 위에 서는 초월적 국가가 되지 못했다. 이 조항은 연맹의 힘을 매우 약화시켜, 실제로는 자문 기관으로 전락시켜 버렸다.

독립국이면 어떤 나라라도 연맹에 가입할 수 있었다. 그러나 네 나라는 확실하게 배제되었다. 독일·오스트리아와 투르크 — 즉 패전한 나라들과 볼셰비키가 지배하는 러시아였다. 단 그들도 나중에 일정한 조건하에서는 참가할 수 있게 했다. 인도는 독립 국가만이 가맹국이 될 수 있다는 조항으로 보면 전혀 가입 자격이 없었으나, 이상하게도 처음부터 국제 연맹의 일원이었다. '인도'라는 말은 인도에서의 영국인 정부라는 뜻이었음은 물론이다. 이 교활한 수법으로 영국은 덤으로 대표를 낼 수 있게 되었다. 한편 어떤 면에서 보자면 연맹의 어버이라고도 할 수 있는 미국 정부는 참가를 거부했다. 미국인은 월슨 대통령의 활동과 유럽의 음모와 분쟁에 불만을 나타내고 연맹을 멀리하기로 작정했던 것이다.

대부분의 사람들은 열광적으로 연맹을 극구 칭찬하고, 그것이 우리

---

16) 국제 연맹의 최고 기관인 ① 모든 가맹국 대표자로 구성되는 총회와 ② 상임 이사국(당초에는 영국·프랑스·이탈리아·일본)과 다른 4개 가맹국(나중에 6개국, 또다시 9개국이 되었음)의 대표로 구성되는 이사회는 모든 절차 사항을 제외하고는 원칙적으로 전원 일치의 표결 방식을 취하기로 결정했다(규약 제5조).

유럽의 새로운 판도

현대 세계의 불화를 제거하거나 또는 적어도 이것을 크게 감소시켜 평화와 번영의 시대를 가져올 것이라는 희망을 품었다. 많은 나라에서 국제 연맹에 대한 이해를 증진시키고 사물을 국제적으로 보는 습관을 기른다는 명목으로 국제 연맹 협회들이 설립되었다. 한편 연맹이 강대국의 엉큼한 술책의 연장에 불과한 그럴 듯한 사기라고 단정하는 사람도 많았다. 오늘날 우리는 연맹에 관해 다소 경험을 가지고 있기 때문에 그 당시에 비하면 연맹의 효용을 더 쉽게 판단할 수 있다. 연맹은 1920년 1월 1일부터 활동을 시작했다. 지금까지는 아직 연맹의 생명이 길었다고는 할 수 없지만, 그것이 신임을 완전히 상실한 지는 이미 오래된다. 현대 생활의 갖가지 측면에서 연맹이 좋은 일을 했다는 것은 의심할 여지가 없다. 그것이 여러 나라를, 아니 각 나라의 정부들을 한 자리에 모아서 국제 문제를 토론케 했다는 단순한 사실만으로도 과거의 방법에 비하면 하나의 진보였다. 그러나 그것은 실제 목적인 평화를 유지하는 일에는, 또는 범위를 좁혀 전쟁의 가능성을 감소시키는 일에는 완전히 실패하고 말았다.

월슨 대통령의 본래 의도가 무엇이었든 간에 연맹이 강대국, 특히 영국과 프랑스의 손아귀에서 놀아나는 도구가 되어 버린 것에 대해서는 재론의 여지가 없다. 연맹의 가장 근본적인 기능은 현상, 즉 기존 질서를 유지하는 일이다. 연맹은 각 나라들 사이의 정의와 명예를 논한다. 그러나 연맹은 기존 질서가 과연 정의와 명예에 입각한 것인지 어떤지를 조사하려고는 하지 않는다. 연맹은 각 나라의 '내정(domestic matters)'에는 간섭하지 않는다고 선언하고 있다. 그리고 제국주의 열강에 종속되어 있는 여러 나라에 관한 일은 연맹에게는 내정에 지나지 않는 것이다. 따라서 연맹이 관여하는 범위 내에서는 이들 열강은 영구히 그들의 제국을 지배할 수 있도록 보장받고 있는 것이다. 게다가 독일과 투르크로부터 탈취한 새로운 영토가 '위임 통치(mandates)'[17]라는 명목 아래 연합국에 전리품으로 주어졌다. 이것은 낡은 제국주의적 착취를 듣기 좋은 이름으로 계속하려는 것에 지나지 않으며, 국제 연맹의 성격을 아주 잘 나타내는 말이다. 위임 통치는 위임 통치를 받을 영토의 인민들이 희망하는 바에 따라 위탁하게 되어 있었다. 불행한 인민들 대부분은 이에 대항해 반란까지 일으켰고, 폭탄 세례를 받아 굴종을 강요당할 때까지 피투성이가 되어 투쟁을 계속했다. 이와 같은 방식이 그 나라 인민의 희망을 알아 내는 방법이었던 것이다!

훌륭한 말과 문구가 사용되었다. 제국주의 열강은 위임 통치령 인민의 '수탁자(trustees)'가 되고, 연맹은 위탁 조건이 올바르게 실행되는지 감시하게 되었다. 이것이 사실은 사태를 더욱 악화시켰다. 열강은 제각기 자기 좋은 대로만 해 놓고는 인정이 많아 보이는 것처럼 꾸미고서 조심성 없는 양심을 잠재웠다. 어떤 작은 나라가 무엇이든 위반한 사건이 생기면 연맹은 눈살을 찌푸리고 불쾌한 기색을 나타내면서 위협했다. 그러나 강대국이 위반했을 때는 될 수 있는 한 보고도 못 본 체하든가, 그렇잖으면 열심히 그 위반 행위를 축소시키려고 했다.

강대국들은 이런 식으로 연맹을 조종해서 그것이 자신들의 목적에 유리할 때는 이용하고, 무시하는 것이 편하다고 생각되면 무시했다. 아마도 그것은 연맹의 잘못이라기보다는 연맹 자체의 속성 탓으로 참고

---

17) 위임 통치 조항(연맹 규약 제22조)
  ① 이번 전쟁의 결과, 종전에 지배받던 나라로부터 해방된 식민지 및 영토로서 근대 세계의 격심한 생존 경쟁 상태하에서 아직 자립할 수 없는 인민이 주거하는 곳에 대해서는, 그 인민의 복지와 발달을 꾀함은 문명의 신성한 사명이므로 그 사명을 수행하는 보장은 본 규약 중에 이것을 포용한다는 주의(ism)를 적용한다.
  ② 이 주의를 실현하는 최선의 방법은 그 인민에 대한 후견 임무를 선진국으로 하여금 자원, 경험, 또는 지리적 위치에 따라 이 책임을 지는 데 가장 적절하고 또한 이를 수락하는 나라에 위임하고, 그럼으로써 연맹에 대신해 수임국으로서 위 후견 임무를 행하게 함에 있음.
  ③ 위임의 성질에 관해서는 인민 발달의 정도, 영토의 지리적 조건, 경제 상태, 기타 유사한 사정에 따라 그 차이를 설정할 것을 요함.
  ④ 종전 투르크 제국에 속했던 어느 부족은 독립국으로서 가승인을 받을 수 있는 발달의 정도에 이르렀음. 그러나 자립할 수 있는 시기에 이르기까지 시정(施政)에서 수임국의 조언과 원조를 받아야 할 것임. 수임국의 선정에 관해서는 첫째 해당 부족의 희망을 고려해야 할 것임(이하 생략).

유럽의 새로운 판도

견딜 수밖에 없었던 체제 자체의 문제였다고 해야 할 것이다. 제국주의의 진정한 본질은 열강들 사이의 격렬한 대립과 경쟁이었으며, 그들은 각자 할 수 있는 최대한으로 세계를 착취하는 데 열중했다. 만일 어떤 사회의 구성원들이 끊임없이 서로의 호주머니를 노리고 상대방의 목을 찌르기 위해 칼을 갈고 있다면, 그들 사이에서 협조가 잘 이뤄지거나 또는 그 사회가 눈에 띄게 진보하는 일 따위는 있을 수 없을 것이다. 그러므로 후견인과 보증인이 장사진을 치고 몰려들었는데도 연맹이 침체에 빠진 것은 놀랄 일이 아니다.

베르사유에서 조약을 토의할 당시, 일본 정부가 인종적 평등을 위한 조항을 조약에 넣을 것을 제안한 적이 있다. 이는 받아들여지지 않았다. 그 대신 일본은 중국의 교주를 선물 받고서 서운함을 풀었다. '3대국'은 중국처럼 힘이 없고 초라한 연합국을 희생시킬 때는 선심을 잘 썼다. 이 때문에 중국은 조약에 서명하지 않았다.

바로 이것이 '전쟁을 끝내기 위한 전쟁'을 끝낸 베르사유 조약이었다. 나중에 귀족 작위를 받고 영국 내각의 각료에 올랐던 필립 스노든(Phillip Snowden)[18]은 이 조약을 다음과 같이 평가했다.

> 이 조약은 약탈자 · 제국주의자 그리고 군국주의자를 만족시키는 것이었다. 전쟁의 종결이 평화를 가져올 것이라고 기대한 사람들의 희망에 대해서는 치명적인 타격이다. 그것은 평화 조약이 아니고, 다음 전쟁의 선언이다. 그것은 민주주의와 전사자들에 대한 배신이다. 이 조약이야말로 연합국의 참 목적을 폭로하

---

18) 초등 학교를 졸업하고 독학으로 교양을 쌓아 1886년부터 1893년까지 관리로서 근무한 뒤에 노동당에 입당해 위원장이 되었다. 1906년 하원 의원에 처음으로 당선된 그는 노동당의 재정통으로 알려졌으며, 제1차 세계 대전 때에는 맥도널드와 함께 전쟁 반대의 태도를 견지했다. 제1차, 제2차 노동당 내각의 재무상이 되어 특히 사회 보장과 실업인 구제에 힘을 기울였고, 또한 1929년의 헤이그 배상 회의에 영국 대표로 활약했다. 1931년 노동당과 결별하고 맥도널드의 거국 내각에 재무상으로 입각했으나, 이듬해 자유 무역주의를 고집해 사직했다. 『생활 임금』 『노동당과 국가 재정』 등의 저서가 있다.

는 것이다.

참으로 여러 연합국은 그들의 증오와 교만과 탐욕이 내키는 대로 술책을 부리다가 제 꾀에 넘어간 것이다. 그들은 여러 해가 지나고 나서 자신들이 저지른 어리석은 짓의 결과가 자신들을 위협하게 되었을 때에야 비로소 후회하기 시작했다. 그러나 이미 때가 너무 늦어 있었다.

156 *1933년 4월 26일*

전후의 세계

마침내 나는 긴 여행의 마지막 단계에 접어들었다. 우리는 현재의 어귀에 서 있다. 우리는 전후 세계, 세계 대전 이후의 세계에 대해서 살펴보아야만 한다. 우리는 지금 우리들 자신의 시대, 아니 너의 시대에 발을 들여 놓은 것이다. 그것은 마지막 단계이며, 시간적으로 보면 매우 짧지만 어려운 시대다. 전쟁이 끝나고 나서 아직 14년 반밖에 지나지 않았다. 우리가 더듬어 온 역사의 유구한 발자취에 비하면 얼마나 보잘것없는 시대의 한 조각인가! 그러나 우리는 그 한가운데서 살고 있고, 이와 같이 가까운 거리에서는 사물에 대해 올바른 판단을 내리기가 어렵다. 우리는 지금 일어나는 사건들을 적절히 조망할 수도 없고, 역사가 요구하는 냉정하고 초연한 자세를 견지하기도 어렵다. 또 우리는 많은 사건들에 대해 너무나 흥분을 잘 하며, 작은 일일지라도 크게 느낄 때가 있는가 하면, 또 큰 일도 제대로 평가하지 못할 때도 있다. 자칫하면 나무를 보고도 숲은 보지 못하는 수도 있다.

더구나 사건의 중요성을 잰다는 것 자체가 매우 어려운 일인 것이다. 이 목적을 위해 우리는 어떤 자를 사용하는 것이 좋을까? 우리들의 사물을 보는 방법이 그것을 크게 좌우한다는 것은 지극히 분명한 일이다. 어떤 관점에서 볼 때 매우 중요해 보이는 하나의 사건이, 또 다른 관점에서 보면 하등 중요할 것 없는 하찮은 일로 보일 수도 있다. 내가 써 온 이 편지들 속에서도 어느 정도는 이 문제를 회피해 왔다고 생각된다. 나는 그에 대해서 명확하게 대답하지 않았다. 그러나 지금도 내 사고 방식은 지금까지 내가 썼던 것과 같다. 만약 딴 사람이 내가 쓴 것과 같은 시대나 사건에 대해서 쓴다면 매우 다른 내용이 될 것이다.

그렇지만 나는 지금 여기서 사물에 대한 우리의 사고 방식이 어떤 것이어야 하는가를 문제삼으려는 것이 아니다. 요 몇 년 사이에 나 자신부터가 이 주제에 관해서 퍽 다른 견해를 갖게 되었다. 그리고 마치 내가 이 일에 대해서나 또는 다른 일들에 대해 견해를 바꾼 것처럼, 다른 많은 사람들 또한 견해를 바꾸어 간다. 왜냐하면 전쟁이 모든 사람과 사물에 무서운 충격을 주었기 때문이다. 그것은 낡은 세계를 뿌리부터 철저하게 뒤집어엎어 버렸다. 그 뒤부터 가엾은 낡은 세계는 안간힘을 쓰면서 다시 일어서려 하고 있지만 별로 성공을 거두지는 못했다. 그것은 우리를 길러 내온 여러 가지 관념의 모든 체계를 송두리째 뒤흔들어, 우리로 하여금 현대 사회와 문명의 기초 그 자체를 의심하도록 만들고 있다. 우리는 젊은 생명을 잔혹하게 낭비하는 일과 허위와 폭력과 잔학과 파괴를 두 눈으로 똑똑히 보아 왔다. 그리고 이것이 바로 문명의 종말이 아닐까 하고 생각했다. 러시아에는 소비에트 ― 새로운 사물, 새로운 사회 질서이자 낡은 것에 대한 도전으로서 ― 가 나타났다. 그 밖에도 여러 가지 관념이 대기 중에 떠돌았다. 지금은 분열의 시기이며, 낡은 신념과 습관이 파괴되는 시기이며, 전환과 급격한 변화의 시대에는 언제나 찾아오는 회의와 모색의 시대다.

이 모든 사정들 때문에 전후(post-war)의 연대를 역사로서 고찰하는 것은 좀 어렵다. 우리는 여러 가지 신념(beliefs)이나 관념(ideas)에 대해 논쟁하고 이의를 제기하거나, 단지 낡아 보인다는 이유만으로 그 모든 것들을 받아들이지 않을 수도 있다. 그러나 뭘 해야 할지 알고 싶다면 이를 핑계로 관념의 유희를 즐기거나, 진지하게 고민해야 할 당면 문제를 회피할 수는 없다. 이와 같은 세계사의 전환기야말로 정신과 육체의 활동을 특별히 필요로 한다. 그것은 따분하고 천편일률적인 생활 습관에 생기를 불어넣고 모험심을 돋우어서 우리로 하여금 누구나 새로운 질서를 쌓아올리기 위해 자기 자신의 역할을 가질 수 있도록 만든다. 그리고 이러한 시대에는 반드시 청년이 중요한 역할을 한다. 왜냐하면 그들은 이미 어른이 되어 딱딱하고 낡은 신념에 굳어진 사람들보다는 변화하는 관념이나 조건에 스스로를 훨씬 쉽사리 적응시킬 수 있기 때문이다.

어쩌면 여기서 이 전후 시대를 좀더 깊이 파고들어도 좋겠지만, 이 편지에서는 네가 우선 대체적인 개념을 이해했으면 싶구나. 너는 우리가 나폴레옹 몰락 후의 19세기를 개관한 것을 기억하고 있으리라 생각한다. 이 경우 누구나 1815년의 빈 강화와 그 결과가 생각날 것이며, 이것을 1919년 베르사유 강화와 그 결과와 비교하지 않을 수 없을 것이다. 빈 강화는 성공하지 못했다. 오히려 그것은 유럽에 여러 전쟁의 씨앗을 뿌렸다. 역사의 교훈을 깨닫지 못한 우리의 정치가들은 지난번에 써 보낸 편지의 내용과 같이 훨씬 더 나쁜 '베르사유 평화(the Versailles peace)'를 만들었다. 이른바 평화라는 이름의 이 어두운 그늘은 전후의 시대를 통해서 세계 위에 답답하게 씌워졌던 것이다.

그러면 지난 14년 동안 어떤 주요한 사건이 일어났을까? 그 중요함에서 첫째로 손꼽아야만 하는 가장 충격적인 사건은 소비에트 연방이 출현해 자리를 잡은 일이었다고 나는 생각한다. 소비에트 연방은 '사회주의 소비에트 공화국 연방(The Union of Socialist and Soviet Republics)', 또는 U.S.S.R.이라고 부른다. 소비에트가 생존을 위한 투쟁에서 직면해야 했던 극심한 곤경에 대해서는 이미 이야기한 바 있다. 그런데도 그들이 쟁취한 승리는 확실히 하나의 세기적인 경이다. 소비에트 제도는 옛 차르 제국의 외곽을 구성하고 있던 아시아의 여러 지방, 즉 태평양 연안까지 이르는 시베리아와 인도 국경에서 아주 가까운 중앙 아시아까지 퍼져 나갔다. 하나하나의 소비에트 공화국이 건설되어서는 한데 모여 하나의 연방을 형성했으며, 이것이 지금의 U.S.S.R.이 되었다. 이 연방은 유럽과 아시아에 걸쳐 세계의 총 육지 면적 가운데 약 6분의 1에 해당하는 광대한 지역을 차지하고 있다. 커다란 면적이지만 크기 그 자체는 별 의미가 없으며, 러시아와 특히 시베리아나 중앙 아시아 지방은 매우 낙후되어 있었다. 소비에트가 이룬 제2의 기적은 바로 이 지역의 많은 부분을 엄청난 규모의 계획으로 몰라볼 만큼 개조해 낸 데 있다. 역사가 시작된 이래 이토록 급속하게 인민이 진보한 적은 일찍이 볼 수 없었다. 중앙 아시아 중에서 가장 뒤떨어진 지역조차 우리 인도인들이 정말로 부러워해도 좋을 만큼의 놀라운 속도로 진보를 이룩했다. 특히 주목해야 할 진보는 교육과 산업 방면에서 두드러진다. 러시아의 산업화는 방대한 5개년 계획[19]을 통해 열광적 속도로 추진되어 엄청난 규모의 공장들이 잇따라 건설되었다. 이 모든 일들의 뒷면에는 인민의 막대한 노고가 있었다. 그들은 쉴새없이, 생필품조차 없이 일해야 했으며, 수입 가운데 대부분을 이 최초의 사회주의 국가의 건설에 들여야 했다. 이 가운데 농민의 부담은 특히 더 컸다.

    날로 전진해 나가는 이 소비에트 국가와 끝이 없는 혼란에 고민하는 서유럽 여러 나라와의 대조는 참으로 볼 만한 것이었다. 어려운 난관이 첩첩이 쌓여 있기는 했지만 서유럽은 아직 러시아보다는 부유했다. 다년간 번영했던 시절에 그들은 비계를 두껍게 축적해 두었기 때문에 그것으로 당분간은 연명해 나갈 수가 있었다. 그러나 각국이 짊어진 채무와 베르사유 조약에서 독일이 지불하기로 되어 있던 배상 문제, 또 열강 사이의 크고 작은 여러 가지 대립과 항쟁이 유럽을 가공할 상태로 몰

---

19) 사회주의 사회의 확립과 발전을 위해 국가적인 규모로 수행된 소비에트 연방의 경제 건설 계획. 제1차 5개년 계획은 1928년 11월에 개시되어 계획보다도 빨리 1932년 말에 완료했다. 이어서 제2차, 제3차 계획이 계속 수행되었다.

아넣고 말았다. 그래서 이 난국을 타개하기 위한 회의를 끝없이 개최했으나 타개해 나갈 길은 아무 데에도 없고, 사태는 날로 악화되어 갈 뿐이었다. 오늘날 소비에트 러시아와 서유럽을 비교하는 것은 마치 무거운 짐을 짊어지고 있기는 하지만 생명력과 활력에 넘쳐 있는 청년과, 앞날의 희망도 기력도 없는 채 자부심만을 가지고 머지않아 다가올 현재 상태의 종언을 향해서 걸음을 재촉하는 노인을 비교하는 것과 다름없다.

  전쟁 후 미국은 이 같은 유럽의 병폐에서 벗어난 듯이 보였다. 지난 10년 동안 미국은 눈부신 번영을 구가했다. 전쟁중에 그들은 영국을 밀어 내고 금융계의 총본산이 되었다. 미국은 이제 세계의 채권자였고, 전 세계가 채무자의 신세로 전락했다. 경제적인 면에서 미국은 세계를 지배했고, 어느 정도는 과거의 영국처럼 세계가 바치는 소작료를 받아먹고 안락한 생활을 해 나갔다. 그러나 거기에는 두 가지 난점이 있었다. 채무국들이 불황으로 허덕이고 있어서 채무를 현금으로 지불할 수가 없었다. 이 막대한 금액을 현금으로 지불한다는 것은 그들의 경기가 호황이라고 해도 도저히 불가능한 일이었다. 그들이 그것을 지불하려고 생각할 때, 단 하나의 길은 물건을 만들어 그것을 미국에 보내는 것밖에는 없었다. 그런데 미국은 외국 상품이 미국에 들어오는 것을 좋아하지 않기 때문에 무섭도록 높은 관세의 장벽으로 대부분의 상품 수입을 막아 버렸다. 그렇다면 빚을 진 가련한 여러 나라는 도대체 어떻게 빚을 갚아야 했을까? 근사한 방법이 발견되었다. 그것은 미국에 이자를 낼 수 있도록 이들 나라에게 돈을 더 빌려 주는 것이다! 그러나 이것은 빚을 받아내는 비정상적인 방법이었다. 왜냐하면 채무자가 빚을 갚으면 갚을수록 빚은 늘어날 뿐이었기 때문이다. 대다수의 채무국이 도저히 빚을 다 갚을 수 없다는 것은 명백해졌다. 그래서 미국은 갑자기 대부를 중지했고, 모래성은 여지없이 무너져 내리고 말았다. 그리고 참으로 황당한 일이 또 일어났다. 황금으로 가득한, 저 부유한 미국이 갑작스레 엄청난 수에 이르는 실업자의 나라가 되었고, 산업의 수레바퀴는 움직임을 멈추었으며, 궁핍에 시달리게 되었다.

전후의 세계

부자인 미국이 이렇게 심한 타격을 받았다면, 하물며 유럽의 상태는 짐작하고도 남는 바가 있을 것이다. 각국은 앞을 다투어 고율 관세라든가, 그 밖의 수단들, 국산품 애용 운동 따위를 벌여서 외국 제품이 국내에 들어오는 것을 막으려고 했다. 어느 나라나 팔려고만 했지 사려고는 하지 않았으며, 사더라도 될 수 있는 대로 적게 사려고 했다. 통상이라든가 무역은 교환에 의존하는 것이기 때문에 이런 사태가 오래 계속되면 국제 무역은 무너지고 만다. 이런 정책을 경제적 민족주의라고 하는데, 이는 모든 나라들로 퍼져 나갔고, 다른 형태의 침략적인 민족주의도 이와 함께 퍼져 나갔다. 무역과 산업이 쇠퇴함에 따라 각국의 곤란은 늘어나기만 할 따름이었다. 그래서 제국주의 열강들은 국외에서 제국주의적 착취를 강화하는 한편, 국내에서는 노동자의 임금을 깎아 내려서 계산을 맞추려고 했다. 제국주의 국가들 서로간에 세계 각 지역을 착취하려는 욕심과 시도는 갈수록 분쟁을 일으켰다. 국제 연맹이 점잖게 군축을 논하면서 팔짱만 끼고 있는 동안 전쟁의 요괴는 끊임없이 다가오는 듯했다. 피할 수 없어 보이는 분쟁에 대처하기 위해 열강은 또다시 이합집산을 하기 시작했다.

    우리는 드디어 자본주의 문명이 서유럽과 미국을 휩쓸고, 그 나머지 세계를 지배한 커다란 시대의 막바지에 다가서고 있는 것 같다. 전후 첫 10년 동안 자본주의는 회복되어 아마도 상당한 기간 흔들리지 않을 것처럼 보였다. 그런데 그 다음의 3년 남짓한 동안에 이는 매우 의심스러워졌다. 자본주의 국가들 사이의 경쟁이 위험 수위에 돌입하고 있을 뿐 아니라, 동시에 각국의 내부에는 계급 사이의 갈등이, 즉 노동자들과 정부를 지배하는 자본주의적 소유 계급 사이의 대립이 날로 날카로워져 가고 있다. 이러한 사태가 더욱 악화되면 소유 계급은 일어서는 노동자들을 진압하기 위해 필사적인 마지막 시도를 한다. 이는 파시즘의 형태를 취한다. 파시즘은 계급간의 대립이 심해져서 소유 계급이 그 특권적 지위를 잃어버릴 위험에 처할 때 나타난다.

    파시즘은 전쟁 직후 이탈리아에서 시작되었다. 파시스트가 무솔리니(Mussolini)의 지도 아래 이탈리아를 지배하게 되었을 당시, 노동자는 지배 계급의 손으로는 도저히 감당할 수 없게 되어 있었다. 파시스트들은 그 때부터 지금까지 내내 정권을 장악하고 있다. 파시즘이란 노골적인 독재를 의미한다. 그것은 민주주의의 형식을 공개적으로 경멸한다. 파시스트의 방법은 정도의 차이는 있지만 유럽의 많은 나라들에 퍼져 나갔고, 독재 정치는 그야말로 일상적인 현상이 되었다. 1933년 초에 파시즘은 독일에서 승리를 거두어 1918년에 선포된 신생 공화국은 종말을 고했고, 노동 운동을 말살시키기 위해 가장 야만스러운 방법이 채택되었다.

이리하여 유럽에서 파시즘은 민주주의 및 사회주의 세력과 대립하고 있고, 동시에 자본주의 열강들은 서로 눈을 부라리고 노려보면서 싸울 준비를 하고 있다. 그리고 나아가 자본주의는 풍요와 빈곤이 공존하는 가장 주목할 만한 광경을 드러내고 있다. 식량이 썩어 나서 심지어 버리거나 폐기시키는 한편, 인민은 굶주림에 허덕이고 있는 것이다.

유럽에서 역사가 오랜 나라 가운데 하나인 스페인은 최근 몇 년 동안에 공화국으로 변해 합스부르크 - 부르봉 왕가에 속하는 군주를 추방했다. 이것으로 유럽, 또 더 나아가서는 세계에서 왕이 또 하나 줄어들었다.

나는 이제까지 대전 후 14년 동안 일어난 세 가지 두드러진 사건을 이야기했다. 소비에트 연방의 출현, 및 미국의 경제적 세계 제패와 현재의 위기, 그리고 유럽의 혼란 상태 말이다. 이 시대의 네 번째로 두드러진 사건은 동양의 여러 나라가 완전히 각성해서 독립을 위한 투쟁을 시작한 일이다. 동양은 분명 세계 정치 속으로 들어섰다. 이들 동양 여러 나라는 독립국으로 간주되는 부류와 제국주의 국가의 식민지로서 존립하는 부류 두 가지로 나누어 살펴보는 것이 좋겠다. 아시아와 북아프리카의 이들 모든 나라에서 민족주의가 강력히 성장했고, 독립에 대한 욕구는 끈질기면서도 투쟁적이었다. 모든 곳에서 서양 제국주의에 대항하는 강력한 운동이 일어났고, 어떤 곳에서는 반란까지 일어났다. 이들

전후의 세계

가운데 많은 나라가 소비에트 연방으로부터 직접 원조를 받았고, 더욱 중요한 것은 그들의 투쟁이 고조될 시기에 정신적 지원까지도 받았다.

이미 몰락해 우리의 관심 밖으로 사라진 줄 알았던 민족 중에서 부활한 가장 놀라운 민족은 투르크였다. 그리고 이것을 이야기할 때는, 절망의 구렁텅이에서조차도 굴복하지 않았던 뛰어난 지도자 무스타파 케말 파샤(Mustafa Kemal Pasha)에게 그 공적의 대부분을 돌려야 한다. 그는 조국의 독립을 쟁취했을 뿐만 아니라, 조국을 근대화해 상상을 뛰어넘도록 바꾸어 냈다. 그는 술탄(황제) 제도와 칼리프(종교적 수장) 제도와 여성을 격리시키는 관습, 그 밖에도 많은 낡은 관습들을 폐지했다. 소비에트의 정신적·물질적 원조는 그에게 큰 힘이 되었다. 소비에트는 또한 페르시아에서 영국의 영향력을 몰아 내려고 하는 운동을 후원했다. 이 곳에서도 리자 칸(Riza Khan)이라는 강력한 인물이 나타났는데, 그는 지금 국가의 우두머리가 되었다. 아프가니스탄 또한 이 시기에 완전 독립을 달성했다.

그러나 아라비아를 제외한 아랍 여러 나라는 아직까지도 외국의 지배 아래 있다. 아랍인이 바라는 통일은 아직 이루어지지 않았다. 아라비아는 술탄 이븐 사우드(Ibn Saud)의 지도 아래 대부분의 땅을 되찾고 독립했다. 이라크는 문서상으로는 독립했지만 실제로는 영국 세력의 영향과 지배를 받고 있다. 팔레스타인과 트랜스-요르단(Trans-Jordan)은 영국의 위임 통치령이고, 시리아는 프랑스의 위임 통치령이다. 시리아에서는 프랑스에 대한 반란이 대단히 맹렬하게 일어나 어느 정도 성공을 거두었다. 이집트에서도 몇 번이나 봉기가 있었고, 영국에 대한 길게 이어지는 투쟁이 계속되었다. 이집트가 명목상으로는 독립국이고 영국이 내세운 왕이 다스리고 있다고는 하지만, 지금도 투쟁은 계속되고 있다. 북아프리카의 서쪽 끝에 있는 모로코(Morocco)에서도 아브델 크림(Abdel Krim)이 지도하는 뛰어난 투쟁이 있었다. 그는 스페인인을 쫓아 내는 데는 성공했지만, 그 뒤 프랑스의 무력에 의해 강제로 진압되고 말았다.

아시아와 아프리카에서 일어나는 이 모든 독립 투쟁은 새로운 정신이 서로 멀리 떨어져 있는 동양 여러 나라의 인민들 마음에 얼마나 널리 퍼져 있고 영향을 미치고 있는가를 보여 준다. 그 중에서도 세계적인 의의를 가지는 두 나라가 우뚝 서 있다. 이 두 나라는 중국과 인도다. 이들 두 나라 가운데 어느 한 나라에서든 급격한 변화가 이뤄진다면 세계의 강대국 체제 전반에 큰 영향을 미칠 것이며, 세계 정치에도 커다란 파문을 던질 것이 분명하다. 중국과 인도의 투쟁은 이와 같이 국내 문제를 훨씬 초월하는 의의를 지니고 있다. 중국의 승리는 현재의 세력 균형을 무너뜨리고, 자동으로 제국주의 열강의 중국 착취에 마침표를 찍는 강력한 나라의 출현을 뜻한다. 또한 인도의 승리는 적어도 잠재적으로는 거대한 나라의 탄생을 뜻하며, 필연적으로 영국 제국주의의 종언을 의미하게 될 것이다.

중국은 지난 10년 동안에 여러 가지 고비를 겪었다. 국민당과 중국 공산당의 제휴가 깨진 뒤로 중국은 혼란이 계속되는 것을 바라는 외국 세력의 지원을 받기도 하는 독군이나 그와 비슷한 작은 비적 두목들의 밥이 되고 있다. 최근 2년 동안에는 일본이 중국을 침략해 몇몇 성(省)을 점령했는데, 이 비공식적인 전쟁은 지금도 계속되고 있다. 한편 중국 벽지의 넓은 지역은 공산화되었고, 그 곳에는 일종의 소비에트 정부가 수립되어 있다.

인도에서의 지난 14년은 참으로 다사다난한 세월이었으며, 투쟁적이기는 하지만 평화적인 민족주의가 나타났다. 전쟁 직후 무엇인가 큰 개혁이 있으리라는 기대가 높아졌을 무렵 펀자브 지방에는 계엄이 실시되고, 잘리안왈라 바그(Jallianwala Bagh)의 무서운 학살 사건이 일어났다. 이에 대한 분노에 더해 투르크와 칼리프에 대한 대우 때문에 일어난 이슬람 교도의 분개는 간디가 지도하는 1920~22년의 비협력 운동으로 발전했다. 참으로 간디야말로 1920년 이래 인도 민족주의의 확고 부동한 지위를 차지하고 있는 지도자다. 지금은 확실히 인도에서 간디의 시대다. 그의 평화적 반항은 그 독창성과 효과로 말미암아 세계의 주목을

전후의 세계

끝었다. 비교적 온건한 일련의 활동과 준비를 거친 뒤, 국민회의가 독립을 명확한 목표로 채택함으로써 1930년부터 다시 독립을 위한 투쟁이 시작되었다. 그 이후로 우리는 때때로 '시민 불복종' 운동을 벌이거나 감옥을 만원으로 만들었고, 그 밖에 너도 잘 알고 있을 여러 가지 일을 겪어 왔단다. 그 동안 영국의 정책은 사소한 개혁으로 이간질하려고 하거나, 민족주의 운동을 탄압하는 데 집중되어 있었다.

버마에서는 1931년 굶주린 농민들의 큰 반란이 일어났는데, 이것은 매우 잔인하게 진압되었다. 자바나 네덜란드령 동인도에서도 반란이 있었다. 샴에서도 불온한 공기가 감돌았고, 국왕의 권력을 제한하는 개혁이 실행되었다. 프랑스령 인도차이나에서도 민족주의 운동이 일어났다.

이와 같이 동양 어디서나 민족주의 투쟁은 표면화했는데, 몇몇 지역에서는 약간씩 공산주의 색채를 띠고 있었다. 이 둘 사이에는 제국주의를 증오하는 점 외에는 별로 공통점이 없다. 소비에트 러시아가 그 연방 내에서와 마찬가지로 외부, 즉 동양의 모든 나라들에 대해서 취한 관대하고 현명한 정책은 비공산주의 여러 나라에서까지 많은 친구를 만든 것이다.

그 밖에 최근 몇 년 동안의 두드러진 특징으로는 여성이 그들을 얽매고 있던 법률적·사회적, 그리고 관습의 구속에서 해방된 일을 들 수 있다. 서양에서는 전쟁으로 이 일이 크게 앞당겨졌다. 그리고 동양에서도, 즉 투르크에서부터 인도와 중국에서까지 여성은 궐기해 행동하고 있으며, 민족 운동과 사회 활동에서 용감한 역할을 담당하고 있다.

이것이 바로 지금 우리가 살고 있는 시대다. 날마다 변화와 중요한 사건, 국가 간의 분쟁, 자본주의와 사회주의, 파시즘과 민주주의의 충돌, 빈곤과 결핍의 증대와 같은 소식이 들려 오고, 이 모든 것들 위에 시시각각으로 다가오는 전쟁의 암운이 낮게 드리워져 있다.

지금은 역사의 격동기다. 이 시대에 살고, 이 시대가 부여하는 임무의 한 몫을 짊어진다는 것은 기쁜 일이다. 비록 그 임무의 일부가 데라둔의 감옥에서 고독 속에 가만히 앉아 있는 일에 불과하다 해도 말이다!

157 *1933년 4월 28일*

공화국 수립을 위한 아일랜드의 투쟁

　이제부터는 최근 몇 년 동안 일어난 주요한 사건들을 좀더 자세히 살펴보기로 하자. 그러면 우선 아일랜드부터 시작하기로 하겠다. 세계사적 관점이나 세력 관계에서 볼 때 유럽에서 서쪽 끝의 이 작은 나라는 지금으로 봐서는 하등 중요한 존재가 아니다. 그러나 이 나라는 용감하고 불요불굴한 정신을 가진 나라다. 그래서 영국 제국이 온 힘을 다 기울여도 그 정신을 붕괴시킬 수 없었고, 또 길들여 복종시킬 수도 없었다.
　아일랜드에 대해 쓴 마지막 편지에서 나는 세계 대전이 일어나기 직전에 영국 의회를 통과한 '자치 법안'에 대해 말했다. 이것은 영국의 보수당과 얼스터의 프로테스탄트 지도자들을 몹시 분개하게 만들었고, 이에 대한 공공연한 반란이 조직되었다. 남부 아일랜드도 이제 지지 않고 필요하다면 얼스터와 일전을 벌이기 위한 '국민 의용군'을 조직했다. 아일랜드의 내전은 분명 피할 수 없어 보였다. 바로 그 때 세계 대전이 일어났고, 모든 관심은 벨기에와 북프랑스의 전선으로 쏠리게 되었다. 의회의 아일랜드 지도자들은 전쟁에 협력하겠다고 나섰지만, 아일랜드 인민들은 냉담했고 전혀 내켜하지 않았다. 한편 얼스터의 '반도들(rebels)'이 영국 정부 내의 고위직을 차지하게 되자 아일랜드인들의 불만은 한층 더 높아졌다.
　불만이 쌓여 감에 따라 아일랜드에서는 영국이 벌이는 전쟁에서 희생당해서는 안 된다는 감정도 깊어져 갔다. 아일랜드에도 영국과 마찬가지로 징병을 실시하고, 건장한 청년들을 강제로 군대에 입대시키는 제안이 의회에 제출되자 분노가 폭발해 전국에서 항의가 일어났다. 아일랜드는 필요하다면 무력을 통해서라도 항쟁할 각오를 했다.

1916년 부활절 주간에 더블린에서 봉기가 일어나 아일랜드 공화국이 선포되었다. 며칠 동안의 싸움 끝에 봉기는 곧 영국에게 진압되었고, 아일랜드에서 가장 용감하고 걸출한 청년들 몇몇이 이 잠깐 동안의 반란에 참가했다는 죄로 그 뒤 계엄하에서 총살당했다. 이 반란 — '부활절 봉기(Easter Rising)' 라고 부른다 — 이 영국에 대해서 심각한 위협이 된 것은 아니었다. 그것은 오히려 아일랜드가 아직까지도 공화국의 꿈을 버리지 않고, 영국의 지배에 자진해서 복종하는 것을 거부하고 있다는 것을 세계에 알리는 일종의 용기 있는 표현이었다고 할 수 있다. 봉기를 일으켰던 용감한 청년들은 세계에 이 표현을 알리기 위해, 당장은 실패할 수밖에 없다는 것을 잘 알면서도 언젠가는 그들의 희생이 열매를 맺어 독립을 촉진시킬 것을 기대하며 자진해서 목숨을 내던졌던 것이다.

이 봉기 당시에 독일에서 아일랜드로 무기를 반입하려다가 영국 관헌에 체포된 한 아일랜드인이 있었다. 그는 오랫동안 영국의 영사 업무에 종사하고 있던 로저 케이스먼트 경(Sir Roger Casement)이었다. 케이스먼트는 런던에서 재판을 받고 사형이 선고되었는데, 그는 법정의 피고석에서 아일랜드 혼의 뜨거운 애국심을 적나라하게 보여 주는 대단히 감동적인 명문의 성명서를 낭독했다.

봉기는 실패했다. 그러나 바로 그 실패를 통해 성공했다. 그에 잇따르는 영국 정부의 탄압과 청년 지도자들의 총살은 아일랜드 인민의 가슴에 깊은 인상을 새겨 놓았다. 아일랜드는 겉으로는 가라앉은 듯이 보였다. 그러나 노여움은 깊은 곳으로 번져 갔다가 이윽고 신 페인(Sinn Fein)에서 출구를 발견했다. 신 페인 사상이 급속히 보급되었다. 신 페인에 대해서는 아일랜드에 대한 내 마지막 편지에서 이야기했을 것이다. 그것은 처음에는 별로 성공하지 못했지만, 이제는 요원의 불길처럼 퍼지기 시작했다.

세계 대전 후 런던의 의회에 보낼 국회 의원을 뽑기 위해 영국의 모든 섬에서 총선거가 실시되었다. 아일랜드에서는 영국에 다소 협조적이었던 종래의 민족주의자들 대신 신 페인당원들이 의석의 대다수를 차지했다. 그러나 신 페인주의자는 의회에 참석하기 위해 선거에서 당선된 것은 아니었다. 그들의 정책은 전혀 다른 것, 즉 비협력과 보이콧이었다. 그러므로 선출된 이들 신 페인당원은 런던의 의회에는 나타나지 않고, 그 대신 1919년 더블린에 따로 자신들의 공화국 의회를 창설했다. 그들은 아일랜드 공화국의 수립을 선포하고, 이 의회를 '다일 에어런(Dail Eireann)'이라고 불렀다. 이것은 얼스터를 포함해 아일랜드인 모두의 것이라고 했으나 당연히 얼스터파(Ulsterites)는 참가하지 않았다. 그들은 가톨릭 아일랜드를 좋아하지 않았다. 다일 에어런은 데 발레라(de Valera)[20]를 대통령으로 뽑았고, 아서 그리피스(Arthur Griffith)[21]가 부통령이 되었다. 두 사람 모두 당시 영국의 감옥에 들어가 있었다.

그리하여 완전히 파격적인 투쟁, 지금까지 아일랜드와 영국 사이의 수많은 싸움에서 일찍이 볼 수 없던 독특한 투쟁이 시작되었다. 아주 소수의 남녀 젊은이들이 인민의 지지를 등에 업고 기가 막힌 적을 상대로 싸웠다. 거대하고도 잘 조직된 제국이 그들의 상대였다. 신 페인의 투쟁은 폭력 수단까지 동원한 일종의 비협력 운동이었다. 그들은 영국의 여러 기관에 대한 보이콧을 제창했으며, 가능한 모든 곳에 자신들의 독자적인 기관을, 예를 들면 일반 법정 대신에 중재 재판소(arbitration courts) 같은 것을 세웠다. 지방에서는 주재 경찰에 대한 게릴라전이 추진되었다. 또한 수감된 신 페인당원들은 옥중에서 단식 투쟁을 하여 영국 정부에 자꾸만 애를 먹였다. 아일랜드를 뒤흔들어 놓은 가장 유명한 단식 투

---

20) 뉴욕에서 출생. 1916년 '부활절 봉기'를 지도해 사형이 선고되었다가 종신형으로 감형되고, 특사로 출옥해 1917년 하원 의원이 되었다. 이후 신 페인당의 지도자로 활약했으며, 1919년 신 페인당이 수립한 공화국 의회는 옥중에 있던 그를 대통령으로 추대했다. 1921년 12월 영국 정부의 제안으로 얼스터를 분리해 아일랜드 자유국이 성립되고, 신 페인당의 우익파 다수가 여기에 동조했으나 그는 반대해서 동지와 함께 탈당했다. 1927년 당에 복귀해 1932년에는 자유국 총리가 되었고, 토지 문제 등에서 영국 정부와 집요하게 싸웠다. 1937년에는 신 헌법으로 에이레(Eire) 공화국의 독립을 선언, 총리가 되었으며, 제2차 세계 대전 때에는 중립을 지켰다. 전후에도 두 차례에 걸쳐서 총리를 역임하고 1959년 6월 대통령에 취임했다.

공화국 수립을 위한 아일랜드의 투쟁

쟁은 코크(Cork)시의 시장인 테런스 맥스위니(Terence MacSwiney)의 단식이었다. 투옥되자 그는 살아서든 죽어서든 감옥에는 있지 않겠다고 밝히고는 식사를 거부했다. 75일의 단식 끝에 그는 시체가 되어 감옥을 나섰다.

마이클 콜린스(Michael Collins)[22]는 신 페인 반란의 뛰어난 조직가 가운데 한 사람이었다. 아일랜드의 영국 정부는 신 페인의 전술 때문에 거의 마비 상태에 빠졌고, 도시를 벗어나서는 존재할 수도 없었다. 폭력이 더 큰 폭력을 부르면서 툭하면 보복이 되풀이되었다. 드디어 아일랜드에 주둔할 영국군 특수 부대가 소집되었다. 이 부대는 월급을 많이 주었고, 전쟁에서 돌아와 갓 제대한 군인들 가운데 더욱 난폭하고 지독한 병사들로 구성되어 있었다. 이 부대는 군복 빛깔 때문에 '블랙 앤 탠스(Black and Tans)'로 알려지게 되었다. 이들 블랙 앤 탠스는 살육 작전을 개시해, 때로는 일반 민간인마저 총살했다. 이렇게 하면 신 페인당이 겁을 먹고 항복하리라고 기대했기 때문이다. 그러나 신 페인당은 항복을 거부하고 게릴라전에 나섰다. 그러자 블랙 앤 탠스는 참혹한 보복 행위로 응수해 한 마을을 전부 불사르거나 도시를 거의 파괴하기도 했다. 아일랜드는 양편이 다투어 폭력과 파괴 행위를 벌이는 하나의 거대한 싸움판으로 변했다. 한편의 배후에는 강력하게 조직된 제국의 힘이 있었고, 다른 한편에는 극소수의 사람들이나마 철석 같은 결의가 있었다. 영국과 아일랜드 사이의 이 전쟁은 1919년부터 1920년 10월까지 2년 동안 계속되었다.

이런 가운데 1920년 영국 의회는 서둘러서 새로운 '자치 법안'을 통과시켰다. 대전이 일어나기 직전에 통과되어 얼스터 반란의 원인이

---

21) 신 페인당의 정통파 당원으로서 그 기관지인 『통일 아일랜드』의 주필. 1921년 아일랜드 자유국이 성립되었을 때 신 정부에 참가했지만 얼마 안 되어 사망했다.
22) 아일랜드 독립 운동의 지도자. 민주당원으로서 에이레의 독립을 위해 투쟁했으며, '부활절 봉기'에 가담했다가 체포되어 옥고를 치렀다. 1919년부터 20년까지 신 페인 반란 의용군을 지휘하고 동지들과 함께 에이레의 독립을 선언, 재무상이 되었다. 1922년에 성립된 아일랜드 자유국에 참가해 군사령관이 되었으나 나중에 암살당했다.

될 뻔했던 구법령은 슬그머니 폐지되었다. 새 법안은 아일랜드를 얼스터, 즉 북아일랜드와 그 밖의 지역의 두 부분으로 분할하는 것이었으며, 이들은 각각 따로 의회를 갖게 되어 있었다. 아일랜드는 본래 작은 나라인 데다가, 이렇게 분할됨으로써 양자는 작은 섬 안의 또 작은 구역이 되어 버렸다. 북부의 얼스터에는 의회가 창설되었으나 남부에서는 아무도 이 자치법에 관심을 갖지 않았다. 그들은 모두 신 페인 반란에 열심이었기 때문이다.

1921년 10월 영국 총리 로이드 조지는 신 페인 지도자들에게 협상을 통한 타결 가능성을 검토하기 위해 휴전할 것을 제의했고, 이는 받아들여졌다. 영국의 막대한 자원을 동원한다면 아일랜드에서 신 페인을 유린하고 전국을 황무지로 만들어 버릴 수도 있다는 것은 의심할 여지도 없다. 그러나 아일랜드에 대한 영국의 정책은 미국이나 그 밖의 나라에서 악평을 초래했기 때문에 마음대로 할 수도 없는 처지였다. 미국에 있는 아일랜드인뿐만 아니라 영국의 여러 자치령으로부터도 투쟁을 위한 자금이 아일랜드로 쏟아져 들어왔던 것이다. 동시에 신 페인당 또한 지칠 대로 지쳐 있었다. 그들 또한 어마어마한 부담을 져 왔던 것이다.

영국과 아일랜드 대표는 런던에서 2개월에 걸친 토론과 담판 뒤에 1921년 12월 잠정적인 협정에 서명을 끝냈다. 이 협정은 아일랜드에 공화국을 인정하지는 않았으나, 한두 가지 문제를 제외하고서는 종래 영국의 어느 영토가 지녔던 것보다 훨씬 많은 자유를 주는 것이었다. 아일랜드 대표는 이것조차도 받아들이기를 꺼렸지만, 영국이 그들에게 가공할 전쟁을 즉시 벌이겠다는 협박을 하자 할 수 없이 동의했다.

아일랜드에서는 이 협정을 둘러싸고 격렬한 난투극이 벌어졌다. 어떤 사람은 이를 지지하는가 하면, 또 어떤 사람은 한사코 반대했다. 신 페인당도 이 문제로 둘로 갈라졌다. 다일 에어런은 마침내 이 협정을 받아들였고, 이로써 아일랜드에는 공식적으로는 '사오스타트 에어런(Saorstat Eireann)'이라는 이름의 '아일랜드 자유국(the Irish Free State)'이 성립되었다. 그러나 이를 둘러싸고 신 페인 진영의 옛 동지들 사이에는 일련의 내전이 벌어지게 되었다. 다일 에어런의 대통령인 데 발레라는 영국과의 협정에 반대했고, 그 밖에도 반대하는 사람들이 많았다. 한편 그리피스와 마이클 콜린스, 그리고 그 밖의 사람들은 이것에 찬성했다. 몇 달이나 내전이 계속되었고, 협정과 '자유국'을 지지하는 사람들은 상대방을 쓰러뜨리기 위해 영국의 원조를 받았다. 마이클 콜린스는 공화국파(the republicans)의 저격을 받아 쓰러졌고, 공화국파의 지도자들 또한 마찬가지로 자유국파(the Free State) 사람들 손에 살해당했다. 감옥은 공화국파 사람들로 만원을 이루었다. 이 내전과 상호간의 증오는 자유를 원하는 아일랜드의 용감한 투쟁에서는 무섭고 비극적인 결말이었다. 영국의 정책은 일찍이 그들의 군대도 달성하지 못했던 승리를 거두었다. 아일랜드인은 아일랜드인과 싸웠고, 영국은 어느 정도까지 슬그머니 한쪽 편을 원조하면서 대체로 매우 만족한 채 새로운 사태의 전개를 지켜보고 있었다.

 내전은 차츰 수그러졌으나 공화국파는 자유국을 받아들이려 하지 않았다. 심지어 다일(자유국 의회) 의원에 선출된 공화국파들은 국왕에게 충성을 맹세하는 의식에 반대했기 때문에 의회에 나가기를 거부했다. 그리하여 데 발레라와 그의 당파는 다일을 기피했고, 자유국 대통령 코스그레이브(Cosgrave)[23]가 영도하는 자유국파는 갖은 방법을 다해서 공화국파를 타도하려 했다.

 아일랜드 자유국의 창설은 영국의 제국주의 정책에 심대한 영향을 미쳤다. 아일랜드 협정은 법률상으로 당시의 다른 여러 자치령이 가지고 있었던 것보다 더 많은 자유를 부여했고, 아일랜드가 이것을 쟁취함으로써 동시에 다른 여러 자치령도 자동으로 그것을 누리게 되었기 때문에 자치령의 지위는 일대 변화를 가져오게 되었다. 영국과 자치령들

---

23) 1880년 출생. 1918년 킬케니(Kilkenny) 지구에서 하원 의원에 당선된 뒤 신 페인당에 입당해 독립 운동의 지도자가 되었다. 1922년 아일랜드 자유국 성립 후 그 정부의 수반으로서 데 발레라와 대항해 영국에 대한 협조 정책을 취했다. 1932년의 총선거에서 데 발레라파에 패배해 사직했다.

사이에 개최된 몇 차례의 제국 회의에서는 자치령의 독립을 크게 신장시키는 방향의 변화가 이루어졌다. 강력한 공화국 운동으로 아일랜드는 언제나 완전 독립을 향해 앞장서 나갔다. 보어인(Boer)이 다수를 차지하는 남아프리카 또한 그랬다. 이렇게 해서 자치령의 지위는 끊임없이 변해 영연방(the British Commonwealth of Nations)이라는 테두리 안에서 영국의 자매 국가로 간주될 정도까지 향상되었다. 이것은 듣기에도 좋을 뿐더러, 의심의 여지 없이 평등한 정치적 상태를 향한 점진적인 발전을 뜻하는 것이다. 그러나 그 평등은 실제적인 것이라기보다는 차라리 이론상의 것에 지나지 않았다. 여러 자치령은 경제적으로 영국과 영국 자본에 묶여 있었기 때문에, 그들이 경제적인 압박을 당할 수단은 얼마든지 있었다. 그와 동시에 자치령들이 발전함에 따라 그들의 경제적 이해는 갈수록 영국 본국과 충돌하게 되었고, 이리하여 제국은 차츰 약해지기 시작했다. 영국이 구속을 완화하고 여러 자치령과 대등한 관계를 인정하게 된 것도 제국이 무너질 위험이 임박했기 때문이었다. 시대의 조류를 훨씬 앞선 이와 같은 현명한 방책으로 영국은 많은 것을 지킬 수 있었다. 그러나 영구히 생명을 보존할 수는 없는 일이다. 여러 자치령을 영국으로부터 분리시키는 힘은 여전히 작용하고 있다. 그것은 주로 경제적인 힘이다. 그리고 이 힘들이 끊임없이 제국을 약화시키고 있다. 내가 대영 제국의 쇠망에 대해 말했던 것은 영국이 분명히 퇴락하고 있을 뿐만 아니라, 바로 이 같은 정세 때문이다. 자치령들이 모두 영국과 같은 전통과 문화를 가졌고, 또 같은 인종인데도 더 이상 영국에 매여 있는 것이 어려웠다면, 인도가 계속 영국에 매여 있는 것은 얼마나 더 어려운 일이겠느냐? 인도와 영국의 경제적 이해는 정면으로 충돌해 한쪽이 다른 한쪽을 굴복시켜야만 했는데 말이다. 따라서 독립된 인도는 자신의 경제 정책을 영국의 정책에 맞춰야 하는 이런 관계를 받아들이지 않을 것이다.

영연방은 독립된 자치령을 뜻하며, 가난과는 거리가 멀다. 한편 종속국인 인도는 정치면에서는 이들과 별개다. 하지만 이들 모두는 아직

공화국 수립을 위한 아일랜드의 투쟁

경제면에서 영국 제국에 속해 있다. 아일랜드 협정은 어떤 면에서는 영국 자본이 계속 아일랜드를 착취하겠다는 뜻이며, 이것이 공화국을 원하는 아일랜드인 절규의 배후에 도사리고 있는 문제였다. 데 발레라와 공화국파는 농민과 중간 계급의 하층, 가난한 지식층 등 빈민층을 대표하고 있었다. 코스그레이브와 자유국파는 비교적 부유한 중간 계급과 부농을 대표하고 있었는데, 이들은 영국과의 무역을 원했고 영국 자본도 그들을 원했다.

얼마쯤 지나서 데 발레라는 전술을 바꾸기로 결심했다. 그와 그의 당파는 다일 에어런에 가담해 충성의 서약을 했다. 동시에 그들은 이것이 단지 절차이기 때문에 따른 것일 뿐, 일단 자신들이 다수를 차지하게 되면 당장 이를 폐지할 것이라고 천명했다. 이듬해인 1932년 초에 실시된 선거에서 데 발레라는 자유국 의회내 다수파가 되는 데 성공했고, 곧 그의 계획을 실행하기 시작했다. 공화국 수립을 목표로 한 투쟁은 여전히 계속되었으나, 다만 그 방법이 바뀌었다. 데 발레라는 영국 왕에 대한 충성을 서약하는 의식의 폐지를 발의하는 동시에, 영국 정부에 대해서 더 이상 토지 연금을 지불할 의사가 없음을 통고했다. 이 토지 연금이 어떤 것이었는가에 대해서는 이미 전에 이야기했던 것으로 기억된다. 아일랜드에서 토지 개혁이 실시되었을 때, 토지를 몰수당한 지주들은 자기들의 토지에 대한 보상을 충분히 받았다. 그리고 그 뒤 토지를 분배받은 농민들은 해마다 이 돈을 갚아야 했다. 이 과정은 무려 30년 이상이나 지났는데도 여전히 계속되고 있었다. 데 발레라는 앞으로 더 이상 연금을 지불하지 않겠다고 선언한 것이다.

영국에서는 즉각 반대하는 아우성 소리가 드높았고, 영국 정부와 아일랜드 사이에는 충돌이 일어났다. 그들은 무엇보다도 데 발레라가 충성 서약을 폐지한 일은 1921년 아일랜드 협정을 위반하는 것이라고 항의했다. 이에 대해 데 발레라는 만일 여러 자치령이 선언한 바와 같이 아일랜드와 영국이 자매 국가이며, 각자가 자기 나라의 헌법을 변경할 자유를 갖고 있다면, 분명히 아일랜드는 헌법에서 충성에 대한 서약을 변경하거나 삭제할 수 있을 것이라고 말했다. 그러니 이제 1921년에 맺은 협정은 아무 문제가 되지 않으며, 만일 아일랜드에게 이런 권리가 없다면 그만큼 아일랜드는 영국에 예속되어 있는 것을 의미한다고 했다.

둘째로 영국 정부는 연금 지불의 거부에 대해 더욱더 맹렬히 항의하면서 이것은 계약과 의무를 철저히 위반하는 행위라고 비난했다. 데 발레라가 이를 부인함으로써 법률적인 논쟁이 벌어졌지만, 그것에 대해서까지 밝힐 필요는 없을 것 같다. 연금을 지불할 기한이 되었는데도 이를 지불하지 않자, 영국은 아일랜드를 상대로 새로운 전쟁을 시작했다. 이번에는 경제 전쟁이었다. 농산물을 영국에 수출하고 있던 아일랜드 농민을 파멸시킴으로써 아일랜드 정부의 타협을 강요하기 위해, 아일랜드로부터 영국에 수입되는 상품에 대해서 무거운 관세가 매겨졌다. 여느 때처럼 영국은 상대방을 굴복시키기 위해 몽둥이를 사용하기 시작했는데, 그 같은 방법은 이제 과거처럼 효과를 보지 못했다. 아일랜드 정부도 그에 대한 보복으로 아일랜드로 수출하는 영국 상품에 중과세를 매긴 것이다. 이 경제 전쟁은 두 나라의 농민과 산업에 각기 큰 손실을 주게 되었다. 그러나 불타오르는 민족주의와 국가적 체면은 그들 쌍방이 양보하는 것을 방해했다.

1933년 초 아일랜드에서는 다시 선거가 실시되었다. 영국 정부에게는 몹시 실망스럽게도, 데 발레라는 전번보다 더 큰 승리를 거두어 더 큰 다수를 차지하게 되었다. 이로써 영국의 경제적 탄압은 실패했음이 명백해졌다. 한편 재미있는 점은 영국 정부가 그들에 대해 부채를 갚지 않는 아일랜드를 비난하고 있던 바로 그 때, 그들 자신은 미국에 대해서 부채를 갚으려 하지 않고 있었던 것이다.

이렇게 해서 지금 아일랜드 정부의 수반은 데 발레라이며, 그는 한 걸음 한 걸음씩 그의 나라를 공화국으로 이끌어 가고 있다. 충성을 서약하는 일 따위는 이미 자취를 감추었고, 연금을 지불하는 일도 결국 폐지되었다. 종래에 있던 총독은 없어졌고, 데 발레라는 그의 당원 가운데 한 사람을 지금은 그 중요성을 완전히 상실한 이 지위에 대신 앉혔다. 공화국 수립을 위한 투쟁은 계속되고 있지만 지금은 그 방법이 달라졌다. 몇 세기를 끌어온 영국과 아일랜드의 투쟁은 여전히 계속되고 있기는 하지만 오늘날에는 경제 전쟁의 형태를 취하고 있다.

머지않아 아일랜드는 공화국으로 발전하게 될 것이다. 그러나 그 앞길에는 한 가지 커다란 장애물이 가로놓여 있다. 데 발레라와 그들의 당파가 원한 것은 무엇보다도 통일된 아일랜드, 하나의 공화국, 얼스터를 포함한 아일랜드 섬 전체를 다스리는 하나의 중앙 정부였다. 아일랜드는 두 동강으로 나누기에는 너무나 작은 땅덩어리다. 따라서 어떻게 하면 얼스터를 그 밖의 지역과 하나로 만드느냐 하는 것이 데 발레라의 앞길에 놓인 가장 큰 문제인 것이다. 그것은 힘으로 될 일이 아니다. 1914년에 영국 정부가 그렇게 하려고 했을 때는 자칫하면 내전이 일어날 뻔했지만, 아마 자유국 정부도 얼스터를 강제로 통합할 수는 없을 것이며, 또 그렇게 하려고는 꿈에도 생각하지 않고 있다. 데 발레라는 얼스터의 동의를 얻어 통일을 이룰 수 있게 되기를 바라고 있다. 하지만 이것은 지나치게 낙관적인 생각인 것 같다. 왜냐하면 가톨릭 아일랜드에 대한 프로테스탄트 얼스터의 격심한 증오는 아직도 뿌리가 깊기 때문이다.

☐ 추기(1938년)

두 나라 사이의 경제 전쟁은 몇 년 간 계속되다가 양국 정부가 협정을 맺음으로써 끝났다. 연금과 그 밖의 재정적 의무 문제를 해결한 이 협정은 자유국에 매우 유리한 것이었다. 데 발레라는 공화국 수립을 향해 몇 걸음 더 나아갔고, 여러 방면에서 영국 정부 및 왕실과 관계를 끊었다. 아일랜드는 지금은 에이레(Eire)라고 한다. 에이레 앞에 제시된 근본 문제는 얼스터를 포함한 통일 문제다. 그러나 얼스터는 아직도 여전히 통일을 원치 않고 있다.

158 *1933년 5월 7일*

새로운 투르크가 폐허 속에서 솟아오르다

지난번 편지에서는 공화국 수립을 위한 아일랜드의 용감한 투쟁 이야기를 했다. 아일랜드와 투르크 사이에는 특별한 아무 관련도 없다. 그러나 오늘 갑자기 신생 터키에 대한 일이 마음 속에 떠올랐기 때문에 나는 그 나라에 대해 말해 볼까 한다. 아일랜드와 마찬가지로 투르크는 거대한 적들을 상대로 눈부시게 저항했다. 우리는 이미 세계 대전의 결과로 세 개의 제국이 잇따라 사라져 가는 것을 보아 왔다. 러시아·오스트리아 그리고 독일 제국의 쇠퇴를 말이다. 투르크에서 우리는 거대한 네 번째 제국, 오스만 제국의 몰락을 보게 된다. 오스만과 그 후계자들은 600년 전에 제국의 기초를 닦고 이를 키워 나갔다. 따라서 그들의 왕조는 러시아의 로마노프가라든가 독일의 호엔촐레른가보다도 훨씬 오랜 역사를 갖고 있다. 그들은 13세기의 초기 합스부르크가와 시대를 같이 하며, 전통 깊은 이 두 왕실은 나란히 연륜을 쌓아 나갔다.

세계 대전 당시 투르크는 독일보다 불과 며칠 앞서 무너졌고, 연합국과 독자적인 휴전에 합의했다. 국가는 실제로 몇 조각으로 분열되었고, 제국은 이미 존재하지 않았으며, 정부의 기능도 무너지고 말았다. 이라크와 아랍 국가들이 잘려 나가 대부분 연합국 차지가 되었다. 콘스탄티노플까지 연합국의 지배하에 들어가 이 위대한 도시 앞에 있는 보스포러스 해협 위에는 영국 군함이 승리를 상징하듯 자랑스럽게 정박하고 있었다. 또한 영국·프랑스 및 이탈리아 군대가 곳곳에 진주하고, 영국의 비밀 정보 기관원이 어디든지 돌아다니고 있었다. 투르크의 여러 요새는 철거당했고, 남은 부대들은 무장을 해제당했다. 청년 투르크당의 지도자인 엔웨르 파샤(Enver Pasha)[24]와 탈라아트 베그(Talaat Beg)

등은 외국으로 도망쳐 버리고, 술탄의 의자에는 허수아비 칼리프인 와히드웃딘(Wahid-ud-din : 메메드 6세, 재위 1918~22년)이 앉아 있으면서 그의 나라에 무슨 일이 일어나든지 자기 몸을 파멸에서 구하는 데에만 급급했다. 한편 총리에는 영국 정부와 매우 사이가 좋은 또 한 명의 허수아비가 임명되었고, 투르크 의회는 해산되었다.

 1918년 말부터 1919년 초에 걸친 투르크의 상황은 대략 이와 같았다. 투르크는 완전히 기진맥진한 상태였으며 정신까지 나약했다. 그들이 겪어 와야만 했던 그 가혹한 운명을 되새겨 보려무나. 세계 대전이 일어나기 4년 전에는 발칸 전쟁이 있었고, 그 전에는 이탈리아와 전쟁을 했는데, 이러한 전쟁이 모두 술탄 압둘 하미드(Abdul Hamid)를 폐위하고 의회를 창설했던 청년 투르크당의 혁명 직후에 계속된 것들이었다. 과거 역사를 통해 투르크는 언제나 놀랄 만한 인내력을 보여 줘 왔지만, 거의 8년 가까이 계속되어 온 전쟁은 어느 나라 국민이나 마찬가지로 투르크 국민에게도 견디기 어려운 부담이 되었다. 그래서 그들은 완전히 희망을 잃은 채 운이 나빴다고 단념하고서는 연합국의 처분만을 기다릴 뿐이었다.

 그보다 약 2년 전, 전쟁중에 연합국은 스미르나(Smyrna)와 소아시아(Asia Minor) 서부를 이탈리아에 주기로 약속하는 비밀 협정을 맺은 적이 있었다. 또 이보다 먼저 콘스탄티노플은 문서상으로는 러시아에 주기로 했고, 아랍 여러 나라는 연합국끼리 나누어 갖기로 되어 있었다. 소아시아를 이탈리아에 주기로 한 마지막 비밀 협정은 러시아의 동의를 얻어야 하는 것이었다. 하지만 유감스럽게도 이탈리아가 동의를 얻기 전에 볼셰비키가 정권을 장악했기 때문에 이 협정은 영구히 비준을 받

---

24) 투르크의 군인. 청년 투르크당의 지도자. 1913년 육군상으로서 군부 내의 반대파를 숙청하고 탈라아트 파샤 등과 함께 과두 독재 정치를 행했다. 제1차 세계 대전 때는 친독일파로서 투르크의 참전을 주도했으며, 패전에 이를 때까지 실권을 장악했다. 패전과 함께 독일로 망명한 그는 투르키스탄으로 가서 볼셰비키와 반혁명군 사이의 조정을 시도했으나 반혁명군에 체포되어 나중에 암살당했다.

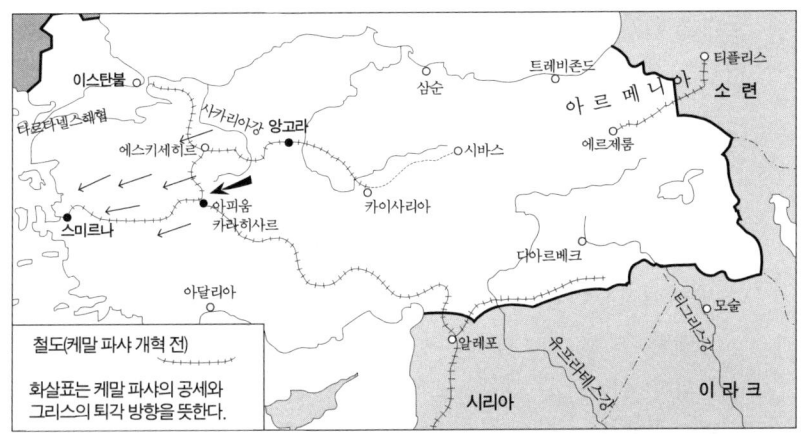

케말 파샤의 투쟁

지 못하게 되었다. 그래서 이탈리아는 연합국에 대해 분노와 원한을 품게 되었다.

상황은 그렇게 지속되었고, 투르크는 겁 많은 술탄의 손아귀에서 완전히 떨어져 나온 듯이 보였다. '유럽의 환자'는 마침내 숨이 끊어졌거나, 또는 적어도 그렇게 보였다. 그러나 겉으로는 아무리 가망 없는 저항으로 보일지라도 운명이나 환경에 굴복할 것을 거부하는 소수의 투르크인이 있었다. 그들은 사실상 연합국이 관리하고 있는 병기고에서 무기와 물자를 모아 흑해를 건너 아나톨리아(Anatolia : 소아시아)의 벽지로 운반하면서 한동안 조용히 남몰래 일을 추진했다. 이 비밀 공작을 한 사람들의 우두머리는 내가 이미 예전 편지들에서 몇 번 말한 적이 있는 무스타파 케말 파샤였다.

영국은 무스타파 케말을 전혀 좋아하지 않았다. 그들은 그에게 어떤 혐의를 뒤집어씌워서라도 체포하려고 했다. 영국이 하라는 대로 하고 있던 술탄 또한 그를 좋아하지 않았다. 하지만 술탄은 케말 파샤를 멀리 떨어진 변방으로 보내는 것이 안전한 방책이라고 생각해 그를 동부 아나톨리아의 군 감찰관으로 임명했다. 그러나 실제로는 감찰할 만한

새로운 투르크가 폐허 속에서 솟아오르다

군대는 없었고, 다만 연합국을 도와서 투르크인 병사들로부터 무기를 거두는 것이 그의 직무였다. 이는 케말에게는 다시없는 좋은 기회였다. 그는 두말 없이 이 직책을 맡아서 즉시 임지로 떠났다. 그에게는 무척 다행한 일이었던 것이다. 왜냐하면 그가 떠난 지 채 몇 시간이 못 되어 술탄의 마음이 변했기 때문이다. 갑자기 그는 케말에 대한 공포에 사로잡혀 한밤중에 영국인에게 사람을 보내 케말을 체포하라고 일렀다. 그러나 새는 이미 날아가고 난 뒤였다.

케말 파샤(Kemal Pasha : 파샤는 투르크나 이집트에서 군사령관, 주지사를 의미한다)와 소수의 투르크인들은 아나톨리아에서 민족적 저항 운동을 조직했다. 그들은 처음에는 조심스럽고 은밀하게 일을 추진해 그곳에 주둔하고 있던 군대의 장교를 자기들 편으로 끌어들이려고 했다. 표면적으로는 술탄의 대리자인 척하면서도 그들은 콘스탄티노플에서 보내 오는 명령에는 조금도 신경을 쓰지 않았다. 다행스럽게도 사태의 추이는 그들에게 유리한 방향으로 전개되고 있었다. 영국은 코카서스에 아르메니아 공화국을 세우고, 그들에게 투르크 동부의 여러 주를 넘겨 주겠다고 약속하고 있었다(아르메니아 공화국은 지금은 소비에트 연방의 한 나라다). 아르메니아인과 투르크인 사이에는 심한 반목이 있어서 옛날부터 서로 학살 사건을 되풀이했다. 투르크인이 지배자의 지위를 차지하고 있는 동안, 특히 압둘 하미드 시대에는 그들은 이 피비린내 나는 승부에서 크게 우세를 떨쳤다. 그러다가 이제 아르메니아인의 지배를 받게 된다는 것은 투르크인들에게는 거의 전멸을 의미했다. 이렇게 된 이상 그들은 싸움을 택했다. 그래서 아나톨리아 동부 여러 주의 투르크인은 케말 파샤의 호소와 지도에 크게 귀를 기울였다.

그 동안 투르크에는 더욱 중요한 사건이 또 하나 일어나려 하고 있었다. 1919년 초에 영국과 프랑스와 비밀 협정을 구체화하지 못한 이탈리아는 그것을 보충하기 위해 소아시아에 군대를 상륙시켰다. 영국과 프랑스는 이에 대해 전혀 좋은 낯을 보이지 않았다. 그들은 이제 와서는 이탈리아의 뒤를 밀어 줄 마음이 조금도 없었던 것이다. 그러나 달리 좋은 방법이 없었기 때문에 그리스군이 이탈리아에 앞서 스미르나를 점령하는 데 동의했다.

왜 이처럼 그리스가 선택된 것일까? 프랑스와 영국군은 전쟁에 싫증이 나서 반항하는 기미마저 나타내고 있었다. 그들은 귀환을 원했고, 하루라도 빨리 고국에 돌아가기를 바라고 있었다. 그리스는 거리상 매우 가까웠고, 그리스 정부는 소아시아와 콘스탄티노플의 양쪽을 병합함으로써 지난날의 비잔틴(동로마) 제국을 부흥시킬 것을 꿈꾸고 있었다. 때마침 당시 영국의 총리이며 연합국 이사회의 거물이기도 한 로이드 조지와 친분이 있는 두 사람의 매우 유능한 그리스인이 있었는데, 그 가운데 한 사람이 그리스의 총리인 베니젤로스(Venizelos)[25]였고, 또 한 사람은 본명은 바실레이오스 자카리아스(Basileios Zacharias)이지만 바실 자하로프 경(Sir Basil Zaharoff)으로 알려져 있는 정체를 알 수 없는 인물이었다. 청년 시절인 1877년에 이미 그는 어느 영국 무기 회사의 발칸 지방 대리인이 되었다. 세계 대전이 끝났을 당시 그는 유럽에서, 아니 어쩌면 세계에서 가장 큰 부자가 되어 있었기 때문에 거물급 정치가들과 각국 정부는 앞을 다투어 그에게 경의를 표했다. 그는 영국으로부터 높은 작위를 받았고, 또 프랑스로부터도 작위를 받았다. 그는 많은 신문을 소유하고 있었고, 막후에서 여러 나라 정부에 상당한 영향력을 미치는 듯이 보였다. 일반 대중들은 그를 잘 알지 못했고, 주목을 받지도 않았다. 그는 정말로 여러 민주주의 국가의 정부를 어느 정도는 조종할 만큼 영향력을 미치면서 활보할 수 있는 현대적 국제 금융업자의 전형이었다. 이러한 나라들에서는 인민을 통치하는 방법에 대해서 말이 많은 법

---

[25] 19세기 이래 반 세기 가까이 변화 무쌍한 정치 생활을 거쳐 여러 차례 그리스 총리의 자리에 올랐다. 대전 전후에 걸친 그의 정책은 시종일관 영국과 프랑스를 배경으로 한 반독일, 반투르크적인 것이었다. 이리하여 그는 그리스의 국제 환경을 유리하게 이끌었지만, 전후 대 그리스주의를 표방하는 소아시아의 스미르나 지방을 영유하려는 기도는 케말 파샤의 반격에 부딪혀 좌절되었다. 국내 정치에서는 일관되게 공화주의자로서 왕정에 반대했다. 1935년 왕정이 부활했을 때 반란을 일으켰다가 실패하고 파리로 망명해 그 곳에서 죽었다.

새로운 투르크가 폐허 속에서 솟아오르다

인데, 그 배후의 보이지 않는 곳에는 진짜 실력자인 국제 금융이 도사리고 있는 것이다.

자하로프는 어떻게 해서 그처럼 큰 부자가 되고 힘을 갖게 되었을까? 그의 직업은 온갖 무기를 판매하는 일이었는데, 이는 특히 발칸에서는 돈벌이가 잘 되는 장사였다. 그러나 많은 사람들은 그가 젊은 시절부터 영국의 비밀 정보 기관의 정보원이었다고 믿고 있었다. 이것이 업무상 또는 정치적으로 큰 힘이 되어 거듭되는 전쟁으로 막대한 돈이 그의 호주머니로 흘러들어가 그를 현대의 신비스러운 거물로 만드는 결과를 낳았다.

이 엄청나게 돈이 많은 신비스러운 인물과 베니젤로스가 로이드 조지로 하여금 그리스의 군대를 소아시아에 파견하는 데 찬성하도록 만들었다. 자하로프는 이 계획의 비용을 마련하는 일을 떠맡았다. 이것은 그로서는 수지가 맞지 않는 투자 가운데 하나였다. 왜냐하면 그는 투르크 전쟁 때 그리스에 제공한 몇억 달러를 거저 날렸기 때문이다.

그리스 군대는 영국 배를 타고 소아시아를 건너가서 1919년 5월 영국·프랑스·미국의 군함이 엄호하는 가운데 스미르나에 상륙했다. 연합국이 투르크에 선물로 보낸 이 군대는 상륙하자마자 대규모의 학살과 폭력을 일삼기 시작했다. 그 곳에서 벌어진 공포는 전쟁에 싫증이 나서 지칠 대로 지친 세계의 양심에마저 충격을 주었다. 투르크 자신만 하더라도 매우 심각한 영향을 받았다. 투르크는 연합국이 그들에게 강요하려는 운명을 똑똑히 보았기 때문이다. 게다가 그들의 적이며 예속자였던 그리스인에게 학살되고 이와 같은 취급을 받다니! 투르크인의 가슴 속에는 분노가 타오르고 민족 운동은 거세어졌다. 이 운동을 지도한 것은 케말 파샤였지만, 그리스의 스미르나 점령이야말로 이 운동을 만들어 낸 근원이었다. 아직 마음을 정하지 못하고 있던 대부분의 투르크 장교들도 이 운동이 술탄에 대한 반항을 뜻한다는 것도 아랑곳하지 않고 참가하기 시작했다. 왜냐하면 술탄은 이미 무스타파 케말을 체포하라는 명령을 내리고 있었기 때문이다.

1919년 9월에 아나톨리아의 시바스(Sivas)에서 선거로 뽑힌 대표자들의 회의가 열렸다. 이 회의에서 새로운 저항 운동이 결정되고, 케말을 의장으로 하는 집행 위원회가 결성되었다. 완전한 독립을 확보한다는, 연합국과의 더 이상 양보할 수 없는 강화 조건을 포함하는 '국민 헌장(National Pact)'도 채택되었다. 콘스탄티노플의 술탄은 이것에 놀랐고 조금은 겁을 먹게 되었다. 그래서 그는 새삼스럽게 의회를 소집할 것을 약속하고, 선거를 실시하라는 명령을 내렸다. 이 선거에서 시바스 회의(the Sivas Congress) 사람들이 대다수의 의석을 차지했다. 케말 파샤는 콘스탄티노플의 인간들을 믿지 않았으며, 그래서 새로 선출된 의원들에게 부임하지 말라고 권유했다. 그러나 그들은 그의 말을 듣지 않고, 라우프 베그(Rauf Beg)의 인솔하에 모두 이스탄불(이후부터 나는 콘스탄티노플을 이 이름으로 부르겠다)로 갔다. 그들이 굳이 그렇게 한 이유 가운데 하나는, 만일 그들이 술탄의 주재 아래 이스탄불에서 회의를 연다면 연합국은 새로 구성된 의회를 승인한다는 의사를 표명했기 때문이다. 자신도 의원이었지만 케말 파샤는 가지 않았다.

　새 의회는 1920년 1월 이스탄불에서 개최되었고, 시바스 회의에서 기초된 '국민 헌장'을 즉시 채택했다. 이스탄불의 연합국 대표들은 이를 전혀 좋아하지 않았고, 또 그 밖에도 의회가 행한 여러 가지 일들을 못마땅해했다. 그래서 그들은 6주일 후에 이집트나 그 밖의 곳에서 흔히 써먹은, 상투적이며 아주 비열한 그들의 전술을 사용하기로 작정했다. 영국의 장군은 이스탄불로 진군해 도시를 점령한 뒤 계엄령을 선포하고, 라우프 베그 이하 40명의 민족주의자 의원들을 체포해 몰타(Molta)로 이송해서 감금해 버린 것이다! 영국의 이 예의 바른 수법은 곧 '국민 헌장'을 연합국이 환영하지 않는다는 것을 천명하는 것에 지나지 않았다.

　투르크는 또다시 커다란 흥분의 소용돌이 속에 휘말려 들어갔다. 술탄이 영국의 손아귀에서 노는 꼭두각시라는 것이 이젠 명백했다. 많은 투르크인 의원들은 앙고라로 탈출해 여기에서 회의를 열고 이를 '투르크 국민 대의회(the Grand National Assembly of Turkey)'라고 일컬었

새로운 투르크가 폐허 속에서 솟아오르다

다. 이 의회는 스스로 투르크 정부임을 자처하는 동시에, 이스탄불에 있는 술탄과 그 정부는 영국이 그 도시를 점령한 날부터 기능을 상실했다고 선언했다.

술탄은 케말 파샤 이하 그들을 반역자로 규정해 파문하고 사형을 선고함으로써 이에 응수했다. 나아가 그는 누구를 막론하고 케말과 그 일당을 죽이는 사람은 거룩한 의무를 수행하는 것이 되며, 이 세상에서 보수를 받을 뿐만 아니라 저승에서도 보답을 받을 것이라고 포고했다. 술탄은 동시에 종교적 수장인 칼리프를 겸하고 있음을 기억해 보거라. 그러므로 이 공공연한 살인 권유는 무서운 뜻을 지니고 있었던 것이다. 케말 파샤는 쫓겨다니는 반역자의 몸이 되었을 뿐만 아니라, 맹신자나 광신자에게 언제 암살될지도 모르는 배교도가 되었다. 술탄은 모든 힘을 다해서 민족주의자들을 없애려고 했다. 그는 그들에게 지하드(Jihad), 즉 '성전'을 선언하고, 그들과 싸우기 위해 비정규군으로 구성된 '칼리프군(Caliph's Army)'을 조직했다. 또한 봉기를 조직하기 위해서 성직자들을 파견했다. 곳곳에서 봉기가 일어나고, 한동안 투르크 전국에 걸쳐 내전이 난무했다. 그것은 도시와 도시, 형과 아우 사이의 참혹한 싸움이었으며, 쌍방이 다같이 가차없는 잔학성을 발휘했다.

이렇게 내란이 벌어지고 있는 동안 스미르나의 그리스군은 영원히 이 나라의 주인이 된 듯이 굴었다. 더구나 그들은 몹시 야만적인 주인이었다. 그들은 산간의 기름진 들을 황무지로 만들었고, 그 때문에 집을 잃은 몇천 명의 투르크인들을 내쫓았다. 그러나 그들은 투르크인으로부터 거의 아무런 저항도 받지 않았다.

민족주의자들에게 이것은 좋지 않은 정세였다 — 안에서는 그들을 토벌하고자 종교가 주도하는 내전이 벌어지고, 외국인 침략자는 그들을 향해 덤벼들었다. 그리고 술탄과 그리스의 배후에는 독일에 이긴 뒤로 세계를 제 세상인 듯 거리낌없이 주물러 대는 연합국 열강이 도사리고 있었다. 그러나 케말 파샤의 슬로건은 '승리냐, 멸망이냐'였다. 어느 미국인이 만일 민족주의자들이 실패하면 어떻게 할 작정이냐 물었을 때 그는 이렇게 대답했다. "살기 위해 마지막 피 한 방울까지 다 바치는 민족은 절대로 패배하지 않는다. 패배는 곧 그 민족의 죽음을 의미한다."

1920년 8월에는 연합국이 가엾은 투르크에 대해서 작성한 조약이 공표되었다. 세브르 조약(the Treaty of Sèvres)이라고 하는 이것은 투르크의 독립이 끝났음을 알리는 것이었으며, 독립국 투르크에 대한 사형선고가 기재되어 있었다. 국토는 갈기갈기 찢겨졌을 뿐만 아니라 이스탄불마저 연합국의 감독관이 주재하면서 지배하게 되어 있었다. 온 나라는 비탄에 싸였고, 전 민족이 참여하는 애도일을 정해 기도와 하르탈(hartal) — 모든 업무를 쉬는 것 — 이 행해졌다. 신문은 검은 테두리가 찍혀 발행되었다. 그런데도 술탄의 대표는 이 조약에 서명했다. 민족주의자들은 물론 이것을 휴지나 마찬가지로 여기고 상대도 하지 않았다. 조약이 공표됨으로써 민족주의자들의 세력은 크게 신장되었고, 투르크의 민심은 자기 나라를 완전한 예속에서 구하기 위해 그들에게 더욱더 쏠리게 되었다.

그러면 이 조약에 반기를 든 투르크인에게 억지로 그 실행을 강요하는 역할은 과연 누가 떠맡게 되었을까? 연합국 자신은 그것을 할 마음이 없었다. 그들은 이미 군대를 철수시켰고, 국내에서는 제대 군인과 노동자들의 험악한 행동에 골치를 앓고 있었다. 서유럽 여러 나라에서는 아직도 혁명의 기운이 감돌고 있었을 뿐만 아니라, 여러 연합국 사이에 전리품의 분배를 둘러싸고 패싸움이 일어나 분열된 채 서로 으르렁거리고 있었다. 동방에서 영국은, 그리고 어느 정도는 프랑스 또한 위험한 상황에 놓여 있었다. 프랑스의 위임 통치 아래 있던 시리아에는 불평 불만이 들끓고 있어, 머지않아 분쟁이 일어날 듯한 형세였다. 이집트는 나중에 영국에게 진압되기는 했지만 이미 반란을 일으키고 있었다. 인도에서는 비록 평화적인 것이기는 했지만 1857년의 반란 이후 처음으로 거대한 저항 운동이 모습을 드러내고 있었다. 즉 간디가 영도하는 비폭력 저항 운동이었는데, 이 운동의 주요 강령(Planks) 가운데 하나는 칼리프

새로운 투르크가 폐허 속에서 솟아오르다

제도 또는 킬라파트(Khilafat)와 투르크에 대한 대우 문제였다.

이로 미루어 볼 때 연합국은 투르크에 대한 그들 자신의 조약을 끝까지 힘으로 밀고 나갈 처지가 아니었음을 알 수 있다. 그렇다고 해서 그들은 투르크 민족주의자들의 조약에 대한 공공연한 모욕을 참을 마음도 없었다. 그들은 그들의 친구인 자하로프와 베니젤로스에게 이 처리를 의뢰했고, 이 두 사람은 그리스를 대표해서 이 역할을 떠맡을 충분한 용의가 있었다. 사기가 엉망이었던 투르크가 문제를 일으키리라고는 아무도 예상하지 못했고, 게다가 소아시아는 몹시 구미가 당기는 전리품이었다. 그리하여 그리스군은 증원되었고, 대대적인 그리스 - 투르크 전쟁이 바야흐로 전개되었다. 1920년 여름과 가을을 통해 승리는 그리스 쪽에 돌아가고, 그들은 투르크군을 모두 몰아 냈다. 케말 파샤와 그의 동지들은 투르크군 패잔병들을 가지고 제대로 전투를 수행할 수 있는 정예부대를 만들어 내기 위해 필사적으로 노력했다. 마침 구원의 손길이, 그것도 매우 때가 알맞은 구원의 손길이, 그들이 그것을 가장 필요로 하고 있을 때 뻗쳐 왔다. 소비에트 러시아가 그들에게 무기와 자금을 제공해 준 것이다. 영국은 그들에게는 공통의 적이었기 때문이다.

케말의 세력이 커짐에 따라 연합국은 투쟁의 결과에 다소 의문을 품기 시작해 종래보다 투르크 측에 유리한 협상 조건을 제시했다. 그러나 이것도 케말주의자들이 만족할 만한 것은 못 되었기 때문에 거절당했다. 그래서 여러 연합국은 그리스 - 투르크 전쟁에서 발을 빼고 중립을 선언했다. 그들은 그리스를 궁지에 빠뜨려 놓고도 그냥 죽게 내버려 둔 채 손을 뗀 것이다. 그 가운데서 프랑스 같은 나라는, 또 이탈리아마저도 어느 정도는, 몰래 투르크와 손을 잡으려고 했다. 영국만이 아직도 비공식적으로 그리스 편을 들고 있었다.

1921년 여름, 그리스군은 투르크의 수도 앙고라를 탈취하는 데 많은 노력을 기울였다. 그들은 도시를 하나씩 점령하면서 앙고라 근방까지 바싹 다가갔지만, 끝내 사카리아(Sakarya) 강에서 저지당했다. 양쪽 군대는 3주일 동안 이 강 부근에서 몇 세기에 걸쳐 쌓이고 쌓인 민족적 반감을 모두 털어 놓고 한치의 땅도 양보하지 않으려고 악착같이 싸웠다. 이 전투는 무서운 인내력의 시금석이 되었다 — 투르크인은 이를 끝내 지켰고, 그리스군은 싸움을 포기하고 후퇴했다. 그리스군은 후퇴하면서 닥치는 대로 모든 것을 불살라, 200마일이나 되는 기름진 평야를 폐허로 만들고 물러갔다.

사카리아 강 전투는 정말로 간신히 거둔 승리였다. 그것은 결코 최종적인 승리를 뜻하지는 않았지만, 그렇다손 치더라도 그것은 최근의 역사 가운데 결정적인 전투 중 하나로 꼽힌다. 또한 그것은 시대 조류의 전환점이 되었으며, 과거 2000년 이상 동안 소아시아의 땅을 한치도 남기지 않고 인간의 피로 물들인 동과 서의 대투쟁사에 한 페이지를 더 첨가하는 것이었다.

양쪽 군대는 모두 기진맥진했기 때문에 부대를 재편성하고 쉬기 위해 전투를 중지했다. 그러나 케말 파샤라는 별은 의심할 여지 없이 떠오르고 있었다. 프랑스 정부는 앙고라와 조약을 맺었고, 앙고라와 소비에트 사이에도 조약이 성립되었다. 프랑스가 앙고라 정부를 승인한 일은 무스타파 케말에게는 커다란 정신적 성과이자 동시에 물질면에서도 이로운 바가 컸다. 이리하여 시리아 전선의 투르크군은 그리스에 대한 전투에서 해방되었다. 영국 정부는 여전히 꼭두각시인 술탄과 힘이 다 빠진 이스탄불 정부를 지지하고 있었다. 그렇기 때문에 프랑스와 조약을 맺은 이 일은 영국 정부에 대해서도 타격이 매우 큰 것이었다.

1922년 8월, 갑작스럽게 그러나 면밀히 준비한 뒤에 투르크군은 그리스군을 총공격해 그들을 단번에 바다로 몰아 냈다. 8일 동안 그리스군은 160마일이나 후퇴했다. 그러나 그런 가운데서도 후퇴하다가 만나는 투르크인을 남자건 여자건, 어린애건 어른이건 닥치는 대로 모두 학살함으로써 분풀이를 했다. 투르크인도 마찬가지로 그리스인을 용서하지 않았다. 그래서 포로가 된 사람이 드물었지만, 그래도 포로들 중에는 그리스의 총사령관과 그의 참모들도 있었다. 그리스군은 대부분 스미르나에서 해로를 통해 탈출했고, 스미르나시 전체는 거의 불에 타 버렸다.

새로운 투르크가 폐허 속에서 솟아오르다

케말 파샤는 승리를 거둔 뒤 때를 놓치지 않고 군대를 이스탄불로 진군시켰다. 이스탄불에서 그다지 멀리 떨어져 있지 않은 차나크(Chanak)에서 영국군이 그를 가로막았고, 1922년 9월의 며칠 동안 투르크와 영국은 회담을 갖게 되었다. 여기서 영국은 투르크의 요구를 거의 모두 받아들여 휴전 협정에 서명을 했으며, 연합국은 아직 트라키아(Thracia)에 남아 있는 그리스군을 모두 투르크에서 철수시키겠다는 약속까지 했다. 새로 탄생한 투르크의 배후에는 언제나 소비에트 러시아의 그림자가 드리워져 있었다. 그래서 연합국은 러시아가 투르크를 원조할 우려가 있는 전쟁이 일어나는 것을 좋아하지 않았던 것이다.

무스타파 케말은 마침내 승리를 거두었고, 그리하여 1919년에는 한줌밖에 되지 않았던 반도들(rebels)이 이제는 여러 열강의 대표들과 대등하게 의견을 교환할 수 있게 되었다. 주변 정세가 이들 용감한 일행에게 힘이 되어 주었다(전후의 반동, 여러 연합국 사이의 반목, 영국이 인도나 이집트 문제에 정신이 팔려 있었던 점, 소비에트 러시아의 원조, 영국이 가한 모욕 등등). 그러나 뭐니뭐니 해도 그들에게 승리를 가져다 준 것은 그들 자신의 철석같이 굳은 결의와 독립을 쟁취하려는 의지였으며, 투르크 농민과 병사들의 참으로 놀랄 만한 전투 능력이었다.

로잔(Lausanne)에서 열린 강화 회의는 몇 달 동안이나 질질 끌며 계속되었다. 영국 대표로 오만하고 위압적인 태도의 커즌 경(Lord Curzon)과, 조용히 웃으면서도 마음에 들지 않는 말에는 귀도 기울이지 않아 상대로 하여금 분해서 발을 구르게 만들기도 하는 말수가 적고 둔해 보이는 이스메트 파샤(Ismet Pasha)[26]가 흥미진진한 대결을 벌였다. 그렇잖

---

26) 터키 공화국의 이스메트 이노뉴(Ismet Inönü) 대통령을 말한다. 투르크 혁명 때 케말 파샤의 가장 충실하고 유능한 협력자였다. 1921년 그리스군의 투르크 침입 때는 군사령관으로서 사카리아 전투에서 적을 격멸시켰다. 그 때 이후 그 승리의 땅 이름을 따서 이노뉴라고 통칭되었다. 1922년에는, 본문에 서술된 바와 같이 투르크 대표로서 외교 수완을 발휘해 투르크의 독립을 확보했다. 1923년 이래 총리 겸 외상으로서 케말 파샤를 도와 터키의 근대화를 성공리에 수행했다. 케말 파샤가 죽은 뒤에는 대통령이 되었다.

아도 매우 거만한 커즌은 인도 총독 시절의 습관이 몸에 배어 소리를 버럭버럭 질러 댔지만, 무슨 말을 해도 묵묵히 미소만 짓고 있는 이스메트에게는 아무런 효과가 없었다. 커즌은 울화통이 터져 자리를 박차고 나가 버렸기 때문에 회의는 결렬되었다. 그 뒤 회의가 다시 열렸으나, 이번에는 커즌 대신에 다른 영국 대표가 왔다. '국민 헌장'에 기술되어 있는 투르크의 요구들이 한 항목만 빼놓고는 그대로 받아들여졌고, 1923년 7월 로잔 조약(Treaty of Lausanne)이 조인되었다. 여기서도 소비에트 러시아의 지지와 연합국 상호간의 반목이 또다시 투르크를 도왔다.

'가지(Ghazi)', 즉 승리의 전사 케말 파샤는 그가 목표로 삼았던 것을 거의 모두 이루었다. 하지만 그는 처음부터 매우 현명하게도 최소한의 요구를 내걸고, 승리의 순간에조차 이것을 굳게 지키고 결코 동요하지 않았다. 그는 아라비아나 이라크, 팔레스타인과 시리아 같은 투르크 이외의 지역에 대한 투르크의 지배라는 관념을 갖지 않았다. 그는 투르크인이 사는 투르크 본토의 해방을 원했다. 그는 투르크인이 다른 국민에게 간섭하는 것을 원하지 않았고, 또한 어떠한 외국이 투르크에 간섭하는 것도 인정하려 들지 않았다. 이리하여 투르크는 하나의 민족 아래 통일 국가가 되었다. 몇 년 뒤에는 그리스 측의 제안에 따라 파격적인 주민 교환이 실시되었다. 아나톨리아에 남아 있던 그리스인은 그리스로 이송되고, 그들과 맞바꾸는 식으로 투르크인이 그리스에서 송환되었다. 이리하여 약 150만의 그리스인이 투르크인과 교환되었다. 이들 가족의 대부분은 몇 세대 또는 몇 세기를 통해서 아나톨리아와 그리스에 정착해 살고 있던 사람들이었다. 이것은 전례가 없던 놀랄 만한 일이었으며, 특히 그리스인이 상업에서 커다란 몫을 차지하고 있었던 관계로 투르크의 경제 생활을 혼란에 빠뜨렸다. 그러나 이것은 투르크를 더욱더 동질적으로 만들었고, 아마 지금 이 나라는 아시아나 유럽에서 가장 동질적인 나라 가운데 하나라고 할 수 있을 것이다.

나는 바로 조금 전 투르크가 로잔 회의에서 한 항목을 빼놓고는 모든 요구를 관철했다고 말했다. 이 한 항목이란 모술 빌라야트(vilayat), 즉

새로운 투르크가 폐허 속에서 솟아오르다

모술주(the province of Mosul)에 관한 일이다. 쌍방은 이에 대해 의견의 일치를 보지 못했기 때문에 국제 연맹으로 이 문제를 넘기게 되었다. 모술은 거기서 생산되는 석유 때문만이 아니라, 그 전략적인 가치 때문에 중요시되었다. 모술의 산악 지방을 장악하는 것은 어떤 점에서는 투르크와 이라크와 페르시아를, 한 걸음 더 나아가서는 러시아의 코카서스까지도 지배하는 것을 의미했다. 투르크에 이것은 분명히 중요한 것이었다. 한편 이것은 영국에게도 인도에 이르는 바다와 육지의 교통로를 보호하기 위해서, 또한 소비에트 러시아에 대한 공격 또는 방위선으로서 또한 중요했다. 지도를 펼쳐 본다면 모술이 얼마나 중요한 위치에 있는지를 너도 알게 될 것이다. 국제 연맹은 이 문제를 놓고 영국에 유리한 결정을 내렸다. 따라서 투르크는 이에 동의하기를 거부했고, 그러자 또 다시 전쟁이 눈앞에 다가왔다. 바로 그 무렵인 1925년 12월에는 새로이 러시아 - 투르크 조약이 체결되었다. 그러나 결국 앙고라 정부가 양보해서 모술은 새로 독립한 이라크의 영토가 되었다. 이라크는 독립국이라고는 하지만 지금까지는 사실상 영국의 보호령이며, 영국의 장교나 고문 따위가 우글거리고 있다.

나는 우리가 약 11년쯤 전에 무스타파 케말이 그리스에 크게 승리했다는 소식을 듣고 덩실덩실 춤추며 기뻐했던 일을 잘 기억하고 있다. 이것은 그가 그리스군 전선을 무너뜨리고 그리스군을 스미르나와 바다 쪽으로 패주케 한 1922년 8월의 아피움 카라히사르(Afium Qarahisar) 전투 때의 일이었다. 당시 우리는 대부분 러크나우주 감옥에 있었는데, 헝겊 나부랭이나 막대기 등을 모을 수 있는 한 한껏 주워 모아 옥사를 장식하고, 저녁때는 빈약하기는 했지만 조명까지 장치해서 투르크의 승리를 축하했다.

159 *1933년 5월 8일*

무스타파 케말, 과거를 청산하다

우리는 투르크가 패망한 암흑의 날부터 승리를 거둔 날까지 그들의 운명을 더듬어 왔다. 그리고 그들을 억압하고 약화시키려 한 연합국, 특히 영국의 여러 가지 조처가 도리어 그들에게 반대 효과를 가져왔고, 실제로 민족주의자들을 강하게 만들고 단련시켜 저항 운동을 한층 강화시킨 것을 보았다. 투르크를 사분 오열 상태로 빠뜨리려고 한 연합국의 온갖 노력, 스미르나에 그리스군을 파견한 일, 1920년 3월에 영국이 일으킨 쿠데타(이 때 민족주의 지도자들은 체포되어 감금당했다), 민족주의자들에 대항하는 그들의 꼭두각시 술탄에 대한 영국의 원조 등등, 이 모든 일들이 쌓이고 쌓여서 투르크인의 분노와 열정에 불을 지르게 되었다. 용감한 민족을 모욕하고 유린하려는 시도는 필연적으로 이러한 결과를 가져올 수밖에 없는 법이다.

무스타파 케말과 그의 동지들은 그들이 쟁취한 승리로 무엇을 했을까? 케말 파샤는 결코 낡은 관습을 소중하게 지켜 나가려는 일이나 할 사람이 아니었다. 그는 투르크를 근본부터 변화시키려고 했다. 그러나 승리를 거둔 다음부터 그에게 찾아온 커다란 명망 때문에 그는 조심스럽게 일을 추진해야만 했다. 오랫동안 전통과 종교에 깊이 뿌리박은 낡은 관습의 궤도로부터 민족 전체를 송두리째 변화시킨다는 것은 그렇게 손쉬운 작업이 아니었기 때문이다. 그는 칼리프와 술탄 제도를 폐지하려고 했다. 그러나 그의 동지들 중에도 이에 찬성하지 않는 사람이 많았다. 일반 투르크인의 감정도 아마 이런 변화에 반대했을 것이 틀림없다. 꼭두각시 술탄인 와히드웃딘의 존속을 바라는 사람은 한 사람도 없었다. 그는 나라를 외국인에게 팔아 넘기려고 한 매국노로서 증오의 대상이었다. 그러나 많은 사람들이 바라는 바는 실권을 국회에 부여하는, 말하자면 입헌 술탄 제도나 칼리프 제도였다. 케말 파샤는 군이 이 같은 타협을 하려고 하지 않고 기회를 엿보고 있었다.

여느 때와 마찬가지로 영국이 또 이 기회를 주었다. 로잔 강화 회의가 열리게 되었을 때 영국 정부는 이스탄불의 술탄에게 강화 조건을 토의하기 위한 대표를 보내라고 초청하고, 그리고 앙고라 정부에게도 이 초청을 전해 달라고 부탁했다. 이처럼 전쟁에 이긴 앙고라 정부를 소홀히 여기는 태도와 꼭두각시 술탄을 또다시 앞에 내세우려 하는 계획적인 의도는 투르크 전역에 분노를 불러일으켰다. 그들은 영국과 속이 검은 술탄 사이에 무엇인가 또 음모가 꾸며지고 있는 것은 아닌가 하는 의혹을 품게 되었다. 무스타파 케말은 즉각 이 기회를 포착했으며, 국회는 1922년 11월 술탄 제도를 폐지했다. 그러나 칼리프 제도는 그대로 남겨두었으며, 오스만가(the House of Othman)가 이를 계승할 수 있게 했다. 전 술탄이었던 와히드웃딘이 대역죄로 고발당한 것은 바로 그 직후였다. 그는 재판을 피하기 위해 영국군의 앰뷸런스로 몰래 탈출해서 영국 군함으로 도망쳤다. 국회는 그의 사촌 동생인 압둘 마지드 에펜디(Abdul Majid Effendi)를 새로운 칼리프로 선출했는데, 이것은 정치 권력을 갖지 않은 채 다만 형식적인 종교상의 수장에 지나지 않는 직위였다.

이듬해인 1923년에 앙고라를 수도로 하는 터키 공화국(Turkish Republic)[27]이 공식적으로 선포되었다. 무스타파 케말은 대통령으로 선출되어 모든 권력을 한 손에 쥔 절대 권력자가 되었고, 국회는 그의 지시를 수행하는 기관이 되었다. 그는 이제 그 밖의 여러 가지 낡은 관습에 도전하기 시작했고, 종교적인 면에서도 사정을 두지 않았다. 그의 독재와 일 처리 방식에 불만을 품은 많은 사람들, 특히 신자들은 점잖고 온건한 인물이었던 새 칼리프 주위에 모여들게 되었다. 케말 파샤는 이것을

---

27) 터키의 공식 국명은 오스만 투르크 제국이 멸망한 뒤 1923년 터키 공화국이 선포되면서 확립되었다. 터키 공화국 선포 이후부터는 터키를 국명으로, 투르크는 형용사로서 종족을 지칭해서 번역한다.

매우 못마땅하게 여겨 새 칼리프에게 아주 쌀쌀하게 대했다. 그리고 다음에 크게 손을 쓸 기회가 오기만 기다렸다.

케말 파샤는 곧 다시 좋은 기회를 맞았고, 더구나 그것은 묘한 일 때문에 찾아온 것이었다. 그는 아가 칸(Aga Khan)[28]과 인도의 전직 판사였던 아미르 알리(Ameer Ali) 두 사람이 서명해 런던에서 보낸 편지를 받았다. 그들은 편지에서 인도의 몇백만 이슬람 교도의 의사를 대표한다고 밝힌 뒤, 그가 칼리프를 너무 푸대접한다고 항의하면서 칼리프의 존엄에 경의를 표시하고 더 나은 대우를 해 줄 것을 요구했다. 그들은 편지의 사본을 이스탄불에서 발간되는 여러 신문사에도 보냈는데, 공교롭게도 본문이 앙고라에 도착하기 전에 신문에 발표되고 말았다. 이 편지에는 도전적인 내용이 아무것도 없었지만, 케말 파샤는 이것을 꼬투리 삼아 세상의 여론이 떠들썩하게 일어나도록 선동했다. 그는 마침내 이 기회를 포착해서 이것을 최대한 이용하려고 했다. 그래서 이 사건은 영국이 또다시 터키를 분할하려고 음모를 꾸미는 것이라고 발표했다. 아가 칸이라는 인물은 영국의 특수 공작원이며, 영국에 살면서 주로 영국의 경마에 열을 올리고, 영국의 정치꾼들과 아주 친하게 지내고 있다는 것이었다. 또 그는 어떤 특정한 종파의 수장이기 때문에 정통적인 이슬람 교도라고 할 수 없다는 말도 퍼졌다. 게다가 또 세계 대전중에 영국은 그를 동방의 술탄 - 칼리프의 대항 세력으로 이용했으며, 선전이나 그 밖의 수단으로 그의 명망을 올려놓고, 인도의 이슬람 교도를 손아귀에 넣기 위해 그를 이슬람 교도의 지도자로 삼으려고 한 적까지 있다는 사실이 낱

---

28) 이슬람교 시아파의 한 종파인 크호자파의 수장. 세계적인 부호로, 이러한 거액의 재산은 신자들이 희사 또는 기증한 것으로 알려져 있다. 인도 특권 계급의 전형적인 인물로서 영국 정부와 영국 지배 계급과 깊은 관련을 맺고 있었다. 1906년에는 '영국에 대한 충성'을 강령으로 내건 인도 이슬람 교도 연맹의 총재로 추대되었으며, 그 뒤 인도의 이슬람 교도가 민족적으로 각성해서 반영적인 경향을 보인 제1차 세계 대전중에도 계속 친영적인 영향력을 이슬람 교도들에게 미쳤다. 사이먼 권고에 따라 제정될 '신인도 통치법'을 토의하기 위해 1930~31년에 개최된 원탁 회의에는 영국 정부의 신임을 얻어 인도인 대표로 참가했다. 그는 또한 유럽 사교계에 이름 높은 스포츠맨으로, 특히 '경마광'으로 알려져 있다.

낱이 들추어졌다. 만일 아가 칸이 그토록 칼리프를 위한다면 전쟁중에 영국에 대해 지하드, 즉 성전을 선포했을 때 어째서 칼리프를 돕지 않았는가? 당시 그는 칼리프에 대항해서 영국 편을 들었던 것이다.

이런 식으로 케말 파샤는 런던에서 막상 편지를 보낸 사람들은 꿈에도 예상하지 못한 중대한 결과를 낳게끔 대단히 큰 소동을 야기해 아가 칸에게 비난이 쏟아지도록 만들었다. 이 편지를 게재한 가엾은 이스탄불의 신문 편집자는 반역자로 낙인이 찍히는 동시에 영국의 앞잡이라고 규탄을 받고 엄벌에 처해졌다. 이처럼 민족적 감성을 격렬하게 선동한 다음 칼리프 제도를 폐지하는 법안을 국회에 제출했는데, 1924년 3월 제출된 그 날로 가결되었다. 역사에서 커다란 역할을 남겼던 낡은 제도는 이리하여 현대의 무대에서 자취를 감추었고, 적어도 터키와 관련된 '신앙의 총수(Commander of the Faithful)'는 지금은 없어졌다. 터키는 이제 세속(世俗)국가가 되었기 때문이다.

이보다 얼마 전, 전쟁 후에 칼리프 제도가 영국에게서 위협을 받았을 때 이것을 둘러싸고 인도의 여론이 크게 들끓은 적이 있었다. 전국에 '킬라파트 위원회(Khilafat Committees)'가 속출했는데, 수많은 힌두 교도들도 영국 정부가 이슬람교에 박해를 가하려고 한다고 생각하고는 이 이슬람 교도의 운동에 참가했다. 그런데 이제는 투르크인 스스로가 칼리프 제도를 폐지했기 때문에 이슬람교는 칼리프 없이 존립하게 되었다. 케말 파샤는 터키가 아랍 여러 나라나 인도와 절대로 종교면에서 분규를 일으켜서는 안 된다고 굳게 믿고 있었다. 그는 터키나 또는 자기 자신이 이슬람교의 지도권을 갖고자 원하지 않았다. 그는 인도와 이집트의 어떤 사람들이 칼리프가 되어 달라고 부탁했을 때 이것을 거절한 적도 있었다. 대신 그는 유럽으로 눈을 돌리고, 터키가 될 수 있는 대로 빨리 서구화하기를 원했다. 그는 범이슬람 사상에 철저하게 반대했다. 그가 지지하는 새로운 이상은 범튜러니어니즘(Pan-Turanianism)이었다. 튜러니언(Turanian: 우랄 알타이어족)이란 투르크 인종을 가리키는 말이다. 즉 그는 이슬람처럼 막막하고 광범한 초국가적 이상을 배제하고, 순수한 민족주의의 엄밀하고 끈끈한 유대를 택했다.

 나는 터키가 지금은 이국적 요소가 거의 섞이지 않은 매우 동질적인 나라가 되었다고 이야기했다. 그러나 이라크나 페르시아 국경 부근의 동부 터키에는 아직 비투르크 인종이 살고 있었다. 이들은 쿠르드족(Kurds)으로서, 고대 이란어를 사용하는 인종이다. 이들이 살고 있는 쿠르디스탄(Kurdistan)은 터키와 페르시아와 이라크와 모술 지역으로 분할되어 있고, 300만 명의 쿠르드족 가운데 반수 이상이 터키 본토에 거주하고 있었다. 1908년 청년 투르크당의 혁명이 있은 직후 이 곳에서도 민족주의 운동이 시작되었다. 베르사유 강화 회의에서도 쿠르드족 대표는 민족적 독립을 요청했다.

 1925년 터키의 쿠르드족 지역에 큰 반란이 일어났다. 이 때는 마침 모술 문제 때문에 영국과 터키 사이에 분쟁이 한창 일어나고 있을 때였다. 모술은 바로 반란이 일어난 터키 영토에 바로 인접해 있는 쿠르드족의 지역이었다. 자연스럽게 터키는 이 반란의 이면에 영국이 있고, 영국의 앞잡이들이 종교적 색채가 더욱더 짙은 쿠르드족을 케말 파샤의 개혁에 반대하게끔 조종한 것이라는 판단을 내렸다. 때마침 터키 내부에서 쿠르드족의 분쟁이 일어난 것을 영국이 환영한 것은 분명하다고 하더라도, 영국의 앞잡이들이 이것에 관계하고 있었는지 어떤지에 대해서 명백하게 단정할 수는 없다. 그러나 종교상의 정통주의가 이 반란에 관계하고 있었던 것만은 확실하고, 또 쿠르드족의 민족주의가 그것과 깊은 관계가 있었던 것 또한 확실하다. 아마 그 동기로서는 민족주의적인 것이 가장 강했을 것이다.

 케말 파샤는 즉시 쿠르드족의 배후에는 영국이 있기 때문에, 투르크 민족은 위기에 놓여 있다고 소리 높여 외쳤다. 그는 연설을 통해서건 인쇄물을 통해서건 종교를 이용해 공공의 감정을 자극하는 것은 반역죄로 간주해 엄벌에 처해야 한다는 것을 규정하는 법률을 국회에서 가결시켰다. 이와 함께 모스크(이슬람교의 사원)에서 공화국에 대한 충성심을 동요시킬 염려가 있는 종교적 교리를 설교하는 것도 금지되었다. 그런 다음 그는 가차없이 쿠르드족을 탄압하고, '독립 법정(Tribunals of Independence)'이라는 특별한 재판소를 설치해 그들을 1000여 명씩 한꺼번에 재판했다. 그리하여 쿠르드족의 지도자인 셰이크 사이드(Sheikh Said), 퍼드(Fuad) 등이 처형당했다. 그들은 저마다 쿠르디스탄의 독립을 외치면서 죽어 갔다.

　　이처럼 바로 얼마 전까지만 해도 그들 자신의 독립을 위해서 싸웠던 투르크인이 이제는 독립을 요구하는 쿠르드족을 탄압했다. 방어적인 민족주의가 공격적인 민족주의로 변하는 것은 참으로 기묘한 일이다. 이리하여 자유를 위한 투쟁은 결국 남을 지배하는 것으로 바뀌고 만다. 1929년에 쿠르드족의 반란이 또다시 일어났지만 순식간에 진압되었다. 그러나 어떤 민족이 끝까지 그들의 자유를 주장하고 그것을 위해 치르는 희생을 마다하지 않는다면, 과연 이것을 영구히 억누를 수 있을까?

　　이제 케말 파샤는 의회 안팎에서 그에게 반항하는 모든 사람들에게 공격의 화살을 겨누었다. 권력을 휘두르고 싶어하는 독재자의 욕망은 그것을 사용함으로써 더욱더 커지는 법이다. 그것은 어떠한 반대도 참을 줄 모른다. 그래서 무스타파 케말도 온갖 반대에 화를 냈고, 몇 명의 광신자가 그를 죽일 계획을 세운 적이 있은 뒤부터 사태는 절정에 이르렀다. '독립 법정'은 이제는 터키 전국에 퍼져서 '가지 파샤(Ghazi Pasha : 케말의 칭호. 가지는 이슬람 전사를 뜻하고, 파샤는 군사령관을 뜻한다)'에 반항하는 자를 닥치는 대로 모조리 재판해 무거운 형벌을 내렸다. 의회에서 중요한 위치를 차지하고 있는 지도자들, 케말과 독립 투쟁을 같이했던 오랜 민족주의 동지마저도 반대하면 용서하지 않았다. 전에 영국에 의해 몰타 섬에 유배되었던 적도 있고, 그 뒤 터키의 총리가 된 라우프 베그도 부재중에 단죄당했다. 또 그 밖에 독립 전쟁 때 함께 싸운 수많은 주요한 지도자와 장군들이 그 지위에서 쫓겨나 벌을 받았고, 어떤 사람은 처형되었다. 그들에 대한 처벌 이유는 그들이 쿠르드족이나 또는 적국인 영국과 공모해 국가의 안전을 위협했다는 것이다.

반대 세력을 모두 일소한 무스타파 케말은 이제는 무적의 독재자가 되었고, 이스메트 파샤는 그의 오른팔이 되었다. 마침내 그는 머리에 가득 차 있던 여러 가지 구상을 실현하는 작업에 착수했다. 그는 먼저 작은 일이지만 전형적인 것부터 손을 댔다. 맨 먼저 옛날부터 터키의 상징인, 그리고 어느 정도는 이슬람 교도의 상징이기도 했던 페즈(fez), 즉 차양이 없는 터키 모자를 대상으로 삼았다. 그는 조심스럽게 군대에서부터 시작했다. 어느 날은 드디어 스스로 보통 모자를 쓰고 공식 석상에 나타나 참석자들을 깜짝 놀라게 했다. 그리고 마침내는 페즈를 쓰는 것을 범죄로 규정해 버렸다! 차양 없는 모자에 관한 일을 그토록 중대한 일인 듯 다루다니, 우리들 생각으로는 좀 바보 같은 짓일지도 모르겠다. 중요한 것은 머릿속에 든 것이지, 머리 위에 얹고 다니는 것이 아니다. 그러나 작은 것이라도 때로는 큰 것의 상징이 되는 경우가 있다. 즉 케말 파샤는 죄도 없는 페즈를 낡은 습관과 정통파적 관행을 공격하는 재료로 써먹었던 것이다. 이 문제를 둘러싸고 곳곳에서 소요가 일어났지만, 모두 진압되고 무거운 벌을 받았다.

이 첫 단계에서 이긴 무스타파 케말은 다음 개혁에 손을 댔다. 그는 모든 수도원과 종교적 시설을 폐쇄, 해산하고 그 재산을 모두 몰수해 국가 재정에 편입시켰다. 이 시설들에서 살고 있던 탁발승들(dervishes)은 스스로 벌어먹도록 명령받았으며, 특별한 옷을 입는 것조차 금지당했다.

이보다 앞서 이슬람 종교적인 학교들은 폐쇄되었고, 그 대신 국립 세속(종교적 색채가 없는) 학교가 개설되었다. 터키에는 많은 외국계 학교와 대학이 있었는데, 이들 또한 종교 과목을 폐지당했고, 이를 거부하는 학교는 폐교 처분을 받았다.

법률에서도 대규모적인 변화가 이루어졌다. 이전의 법률은 많은 문제들에 대해서 샤리아트(Shariat)라는 코란의 가르침에 기초하고 있었다. 이제는 스위스의 민법과 이탈리아의 형법, 독일의 상법이 고스란히 채택되었다. 이에 따라 결혼·상속 등을 규제하는 사생활과 관련된 법률도 완전히 변해 버렸다. 이런 종류의 문제에 관한 재래의 이슬람법은 모두 변경되고, 일부다처제도 폐지되었다.

낡은 종교적 관습에 어긋나는 또 하나의 변화는 인물을 그린 회화와 조각이 장려된 일이었다. 이 시책은 이슬람교계에서는 환영받지 못했지만, 무스타파 케말은 아랑곳하지 않고 이 목적을 위해서 소년 소녀를 위한 예술 학교를 열었다.

터키 여성은 청년 투르크당 시대부터 계속해서 독립 운동에 큰 역할을 해 왔다. 그래서 케말 파샤는 그들을 모든 종류의 속박에서 해방시키기 위해 특히 힘썼다. '여성의 권리를 지키는 회(Society of the Defence of the Rights of Woman)'가 창립되고, 그들이 직업에 종사할 수 있는 길이 활짝 열렸다. 이제까지 그들이 사용하던 베일은 맨 먼저 공격의 대상이 되어 놀랄 만한 속도로 자취를 감추었다. 여자들에게는 오직 이 베일을 찢어 버리는 외에는 다른 기회가 주어지지 않았다. 케말 파샤가 이 기회를 주자 그들은 그렇게 했다. 그는 유럽식 댄스를 크게 장려했다. 그는 스스로 이를 즐겼을 뿐만 아니라, 그것을 통해 그의 마음 속에 지니고 있던 여성 해방과 서구화의 이상을 나타냈다. 모자와 댄스가 진보와 문명의 슬로건이 된 것이다! 서양을 상징하는 것으로는 좀 초라한 편이긴 했지만, 적어도 그것들은 겉으로는 효과가 나타나 터키는 모자와 옷과 생활 방법을 바꾸었다. 종래에 규방에 들어앉아 있던 한 세대의 여성들이 불과 몇 년이 지나는 사이에 갑자기 변호사가 되고, 교사가 되고, 의사가 되고, 또한 판사가 되었다. 이스탄불에서는 여자 경찰관까지 있었다! 어떤 사물이 어떻게 다른 사물에 반응하는가를 보면 재미있다. 터키에서 라틴 글자를 채택하자 타자기의 사용이 갑자기 늘어났고, 이것이 속성 타자수를 속출시키는 결과가 되어 여성 취업의 길은 한층 넓어졌다.

어린이들 또한 여러 방법으로 과거의 종교 학교에서 행하던 주입식 교육 대신, 자주적이고 실력이 있는 시민으로 자라도록 교육을 받게 되었다. 한 가지 주목할 만한 제도가 '아동 주간(Children's Week)'인데, 해마다 1주일 동안 어린이들이 명목상 정부 관리가 되고 국가 전체를 어린이들이 운영한다. 어떻게 해서 이것을 실시하게 되었는지에 대해서는 잘 모르지만 아주 재미있는 아이디어다. 그리고 아무리 바보 같고 경험이 없는 어린이라 할지라도, 점잔을 빼고 근엄하게 보이려는 대부분의 우리 어른 정치가나 관리들만큼 어리석은 짓은 하지 않을 것이 틀림없다고 나는 확신한다.

역시 사소한 일이지만 터키 지도자들의 새로운 견해가 나타나고 있다고 볼 수 있는 것으로 '살라밍(Salaaming : 오른손을 이마에 대고 몸을 구부려서 하는 이슬람 교도의 절)'의 폐지를 들 수 있다. 그들은 인사의 형식으로서 악수가 더 문명화된 형태이기 때문에 앞으로는 전적으로 이것을 사용하겠다는 방침을 분명히 밝혔다.

이어서 케말 파샤는 투르크어 — 라기보다는 그가 투르크어 속의 이국적 요소라고 여기는 것들에 대한 대대적인 공격에 착수했다. 투르크어는 아랍 문자를 썼는데, 케말 파샤는 이것이 어려울 뿐만 아니라 외래의 것이라고 생각했다. 소비에트의 경우에도 중앙 아시아 타르타르 민족들 가운데 대부분이 아랍어나 페르시아어 문자를 사용하고 있었기 때문에 또한 이와 비슷한 문제에 부딪힌 적이 있었다. 1924년에 소비에트는 이 문제를 토의하기 위해 바쿠(Baku)에서 회의를 열었는데, 거기서 중앙 아시아의 여러 가지 타르타르 언어들이 라틴 문자를 채택하기로 결정했다. 이것은 다시 말하자면 말은 바꾸지 않고 그대로 쓰되, 글자는 라틴 문자나 로마 문자를 쓰기로 한다는 것이었다. 그리고 이들 언어에 특유한 발음을 나타내기 위해서 특별한 표시법 체계를 고안해 냈다. 무스타파 케말은 이 체계에 탄복해서 그것을 배웠다. 그는 이것을 투르크어에 적용했으며, 또한 개인적으로 그것을 지지하는 캠페인을 활발하게 전개했다. 2년 가량 선전과 교육을 계속한 뒤 아랍어 문자의 사용을 금지하고, 강제로 라틴 문자를 사용하기 시작할 날짜가 법률로 공포되었다. 신문도 서적도 모든 것이 라틴 문자로 발행되어야만 했다. 16세부터 40세까지의 사람들은 모두 라틴 글자를 배우기 위해 학교에 다녀야 했다. 이것을 모르는 관리는 파면당할 수도 있었다. 형기가 만료되어도 아직 새로운 문자로 읽고 쓰고 할 수 없는 죄수는 풀어 주지도 않았다! 독재자는, 특히 그가 대중적 인기를 얻고 있는 경우에는 아주 철저하게 일을 할 수 있다. 인민의 생활에 이토록 깊이 개입해서 일일이 간섭하는 정부는 좀처럼 없는 법이다.

　이리하여 라틴 문자가 터키에 확립되었다. 그러나 얼마 지나지 않아 이것에 이은 또 하나의 개혁이 있었다. 아랍어와 페르시아어 단어는 이 문자로는 좀처럼 표현하기가 어렵다는 것이 밝혀졌다. 즉 라틴 문자로는 아랍과 페르시아 단어의 특유한 발음이나 뉘앙스를 표현할 수 없었던 것이다. 그러나 순수한 투르크어 단어는 그다지 세련된 것이 아니며, 덜 다듬어졌고 더욱 단순하고 거칠었던 만큼 쉽사리 새로운 문자로 옮길 수 있었다. 그래서 투르크어에서 아랍과 페르시아 단어를 배제하고 순수한 투르크 단어로 이것을 대신하기로 결정했다. 이렇게 결정하게 된 이면에는 말할 나위도 없이 민족주의적인 이유도 있었다. 이미 이야기한 바와 같이 케말 파샤는 될 수 있는 대로 터키를 아라비아나 그 밖의 동방 여러 나라의 영향에서 멀어지게 할 생각이었다. 아랍과 페르시아 단어와 문구가 많이 섞인 종래의 투르크어는 화려하게 장식되어 으리으리한 오스만 제국의 궁정 생활에는 썩 잘 어울리는 것이었는지도 모르지만, 활기에 찬 신흥 공화국인 터키에는 어울리지 않는다고 여겨졌다. 그래서 미사여구는 폐지되고, 박식한 교수나 그 밖의 사람들이 여러 마을로 농민들의 말을 배우러 나가서 오래된 투르크어의 유산을 수집했다. 이 변화는 지금도 계속되고 있다. 이러한 변화를 우리 북부 인도와 대조해 본다면 우리가 우리의 화려한, 또는 차라리 기교적인 러크나우나 델리의 힌두스탄어 — 옛날 궁정 생활의 잔재 — 를 상당히 많이 버리고, 그 대신 촌락의 소박한 간바루(ganvaru: 시골) 말을 채택하는 것에 비길 수 있을 것이다.

　이와 같은 언어상의 변화는 지명이나 인명의 개칭을 수반했다. 너도 알다시피 이제 콘스탄티노플은 이스탄불(Istanbul), 앙고라는 앙카라(Ankara), 또 스미르나는 이스미르(Ismir)가 되었다. 터키의 인명은 아랍어로 짓는 것이 보통이었다 — 무스타파 케말도 아랍어 이름이었다. 요즘은 순수한 터키식 이름을 짓는 경향으로 흐르고 있다.

분쟁을 일으킨 개혁 가운데 하나는 이슬람의 기도와 아잔(azan : 기도를 할 때의 신호) 또한 투르크어로 고쳐야만 한다는 법률이었다. 이슬람 교도들은 기도를 할 때 언제나 고유의 아랍어로 낭송했으며, 지금도 인도에서는 그렇게 하고 있다. 그러므로 이것은 대부분의 모울비(moulvis: 이슬람 교도 학자)나 모스크 관계자들에게는 온당치 못한 개혁으로 받아들여졌으며, 그래서 그들은 여전히 아랍어로 기도를 올렸다. 이후 이 문제를 둘러싼 소요가 자주 일어났으며, 지금도 이따금씩 일어나곤 한다. 그러나 케말 파샤가 영도하는 터키 정부는 다른 모든 반항에 대해서와 마찬가지로 이것도 분쇄하고 말았다.

과거 10년 이래 행해진 이들 모든 대규모적인 사회 변혁은 인민의 생활을 뿌리부터 철저히 변화시켰으며, 낡은 관습이나 종교 관념으로부터 단절된 새로운 세대가 성장하고 있다. 이들 변화는 중대한 것이기는 하지만 국가의 경제 생활에는 별로 큰 영향을 미치지 못했다. 상층부는 약간 개혁이 되긴 했지만 토대는 여전한 상태였다. 케말 파샤는 경제 전문가도 아니고, 또한 소비에트 러시아에 일어난 것 같은 급격한 변혁을 지지하는 사람도 아니었다. 따라서 그는 정치면에서는 소련과 긴밀한 관계를 맺고 있지만, 경제면에서는 공산주의를 배척하고 있다. 그의 정치·사회 사상은 프랑스 대혁명을 연구한 데에서 비롯된 것 같다.

터키에는 전문직에 종사하는 계급을 **빼놓고는** 아직 강력한 중간 계급이 없다. 그리스인과 그 밖의 외국 세력들을 몰아 낸 일은 상업 활동을 약화시켰다. 그러나 터키 정부는 경제적 독립을 상실할 바에는 차라리 민족적 빈곤과 공업 발달이 지연되는 것을 참는 편이 훨씬 낫다고 생각하고 있다. 그리고 외국 자본이 터키에 대규모로 흘러들어오면, 그것은 당연히 경제적 독립의 상실을 의미할 뿐만 아니라 외국인이 나라를 착취하게 될 것이라는 두려움 때문에 외국 기업이 진출하는 것을 애써 억제하고 있다. 그래서 외국 상품에는 무거운 세금을 매겼고, 또한 대부분

무스타파 케말, 과거를 청산하다

의 산업도 국유화했다. 다시 말하면 정부가 인민을 대신해서 이들 산업을 소유하고 운영하게 되었다는 것이다. 철도 건설은 순조롭게 진척되고 있다.

케말 파샤는 농민이 국가와 군대의 뼈대라는 관점에서 농업에 많은 관심을 기울였다. 모범 농장이 설립되었고, 트랙터가 도입되었으며, 농민 협동 조합이 장려되었다.

터키는 세계의 다른 나라들과 마찬가지로 공황의 물결에 휩쓸려들어서 수지 균형을 맞추느라 고심하고 있다. 그러나 터키는 최고 지도자이자 독재자인 무스타파 케말 아래서 느리지만 착실히 발전하고 있다. 그는 아타튀르크(Atatürk : 국부)라는 칭호를 받게 되었고, 지금은 이 이름으로 일컬어지고 있다.

160 1933년 5월 11일

간디가 인도를 지도하다

오늘은 최근에 일어난 인도의 국내 사정에 대해 이야기해야겠다. 우리는 당연히 외국의 사건들보다 국내 문제에 훨씬 더 큰 관심을 갖고 있다. 그래서 나는 너무 세밀하게 파고들지 않도록 주의하려고 한다. 오늘날 인도는 우리들의 개인적인 관심사일 뿐만 아니라 이미 말했다시피 중요한 세계 문제 가운데 하나이기도 하다. 인도는 제국주의자의 지배를 받고 있는 전형적이고도 고전적인 나라다. 영국 제국의 모든 구조는 인도 위에 뿌리박고 있으며, 다른 나라들도 영국의 성공에 현혹되어 제국주의적 모험의 길을 걷고 있다.

지난번 편지에서 나는 세계 대전 당시 인도에서 일어났던 변화에 대해 이야기했다. 즉 인도 자본가 계급의 성장과 인도 산업에 대한 영국의 정책 전환이 있었다. 영국이 인도로부터 받는 산업적·통상적 압력이 커져 가고, 정치적 압력 또한 증대하고 있었다. 그리고 동양 전체가 정치면에서 각성하기 시작했고, 세계 대전 후 전세계는 소요와 함께 침체 상태에 빠져 있었다. 인도에서는 때때로 폭력적인 혁명적 행동의 조짐들이 나타났다. 사람들의 기대는 높아 가고 있었다. 영국 정부 또한 무슨 대책을 마련해야겠다고 생각했고, 정치 분야에서 몬타구-쳄스포드 보고서가 제시하고 있는, 일련의 변화를 위한 제안에 따라 조사가 이루어졌다. 또한 경제 분야에서는 신중히 권력과 착취의 헤게모니를 공고히 하는 한편, 성장하는 부르주아지에게도 많은 양보를 던져 주었다.

전후 잠시 동안은 무역이 번창하고, 특히 벵골의 황마 공업 등이 막대한 이익을 올리는 동안은 상당한 호경기를 보였다. 배당금은 가끔 100%를 넘기도 했다. 물가가 올랐고, 그에 비하면 상대적으로 적기는 하지만, 임금 또한 어느 정도 인상되었다. 물론 소작인들이 자민다르에게 바치는 소작료도 올랐다. 이윽고 불경기가 닥쳐와 무역은 쇠퇴하기 시작했다. 노동자와 농민의 상태가 악화되어 불만이 순식간에 커졌다. 공장에서는 자주 파업이 일어났고, 탈루콰다리(Taluqadari : 주로 아그라-오우드 연합주에 특유한 지주) 제도 아래 소작 조건이 불리한 오우드(Oudh)주에서는 거의 자연 발생적으로 강력한 농민 운동이 일어났다. 교육받은 하층 중간 계급에서는 실업자가 증가해 많은 고통이 따랐다.

이것이 전후 초기의 경제적 배경이지만, 이것을 기억해 두면 정치적인 문제의 전개를 이해하는 데 도움이 될 것이다. 온 나라에 걸쳐서 호전적 분위기가 갖가지 방식으로 나타났다. 공업 노동자는 스스로를 조직해 노동 조합을 만들고 있었으며, 나중에 이들이 연합해 '전 인도 노동 조합 협의회(All-India Trade Union Congress)'를 결성했다. 소자민다르나 자작농들은 정부에 불만을 갖고 정치 행동을 선호하게 되었으며, 소작농까지도 속담에 있는 것처럼 궁한 쥐가 고양이를 물려는 형세에 이르렀다. 그리고 중간 계급, 특히 실업자층에서는 정치에 참여해 그들 가운데 일부는 혁명적 행동에 가담했다. 경제적 조건은 종교적인 차이와는 상관 없이 작용하기 때문에 힌두교・이슬람교・시크교 그리고 그 밖의 어떤 종교의 신도를 막론하고 이러한 조건에 영향을 받았다. 게다가 이슬람 교도는 영국의 터키에 대한 전쟁과 영국 정부가 소위 자지라트 울 아랍(jazirat-ul-Arab) ― 즉 아라비아의 섬들이라 일컬어지는 메카・메디나 그리고 예루살렘(예루살렘은 유태인・기독교도 그리고 이슬람 교도의 성지였다)을 점령하려고 한다는 우려 때문에 크게 자극받았다.

그리하여 전후의 인도는 노도와 같은 투쟁 의욕에 들끓어, 별로 큰 희망이 보이지는 않았지만 어떤 기대를 갖고 있었던 것만은 사실이었다. 몇 달이 지나지 않아 그토록 기대했던 새로운 영국 정책의 결실은 혁명 운동을 단속하기 위한 특별법들을 통과시키려는 제안의 형태로 나타났다. 자유는커녕 탄압을 강화하려는 것이었다. 이들 법안은 한 위원회의 보고에 기초하고 있었는데, 로울라트 법안(Rowlatt Bills)이라고 알려졌다. 그러나 사람들은 이 법안을 '암흑 법안(Black Bills)'이라고 불렀으며, 가장 온건한 사람들까지 포함한 모든 인도인의 비난을 받았다. 그 내용은 정부가 달갑게 여기지 않거나 또는 의심스러운 사람을 마음대로 체포해 재판을 거치지 않고 투옥시킬 수 있는 권한을 갖는 것이었다. 당시 이 법안에 대한 유명한 표현이 '변호 불능, 상고 불가, 증거 불요(na vakil, na appeal, na dalil)'라는 것이었다. 이 법안에 대한 비난의 소리가 높아져 가면서 한 가지 새로운 요소가, 조그마한 구름이 정치적 지평선 위에 나타나서는 점점 크게 퍼져 인도의 하늘을 뒤덮게 되었다.

이 새로운 요소가 다름 아닌 모한다스 카람찬드 간디(Mohandas Karamchand Gandhi)였다. 그는 전쟁중에 남아프리카에서 인도로 돌아와 사바르마티(Sabarmati)의 한 아슈람(ashram: 힌두교의 종교적 은거지)에 자기 일행과 함께 거처를 정했다. 그는 정치에는 관여하지 않았고, 정부를 도와서 전쟁을 위한 모병에 협력까지 한 적이 있었다. 그는 물론 남아프리카에서의 사티아그라하(satyagraha: 진리의 힘, 영혼의 힘이라는 뜻으로, 악과 부당한 것에 저항하는 비폭력 운동을 지칭) 투쟁 이래 인도에 널리 알려진 인물이었다. 1917년 그는 비하르주 참파란(Champaran)의 유럽인 농장에서 비참하게 학대받는 소작농을 옹호하는 활동으로 명성을 얻었다. 그 뒤 그는 구자라트에서 카이라(Kaira)의 농민을 위해 변호하기도 했다. 1919년 초 그는 중병에 걸렸는데, 로울라트 법안에 대한 반대의 소리가 전국에서 메아리칠 때 겨우 회복되었다. 그리고 그 또한 전국을 진동하는 이 소리에 호응했다.

그러나 간디의 목소리는 약간 특이하게 들렸다. 그것은 조용하고 낮은 음성이었지만, 대중의 절규보다 더 효과가 있었다. 그것은 부드럽고 온유했지만, 그 속에는 어딘가 강철이 숨어 있는 것 같았다. 또 그것은 겸손하고 호소로 가득한 것이었지만, 무언가 엄격하고 위압적인 것이 있었다. 그가 쓰는 모든 말에는 다 의미가 있었고, 지극한 진지함을 담은 듯이 보였다. 평화와 우호를 주장하는 말 뒤에는 힘이 있고 은은한 행동의 그림자가 비쳤으며, 악에 대해 절대로 굴복하지 않는 결의가 엿보였다. 이제 우리는 이 목소리에 친숙해졌다. 최근 14년 동안 우리는 수도 없이 이 목소리를 들어왔지만, 1919년 2월에서 3월 사이에는 우리에게 생소한 것이었다. 우리는 그것을 어떻게 받아들여야 할지 알지 못했지만 어쨌든 가슴이 두근거렸다. 그것은 함부로 규탄만 할 뿐인 우리의 소란스러운 정책이나, 아무도 곧이듣지 않는 무의미하고 무익한 결의로 끝장을 보게 마련인 긴 연설과는 전혀 색채가 다른 것이었다. 그것은 행동의 정책이지 입으로만 떠들어대는 이론이 아니었다.

마하트마 간디는 자진해서 법률을 어기고 감옥에 들어가려는 결의를 한 사람들의 모임인 사티아그라하 사바(Satyagraha Sabha : 진리 수양단)를 조직했다. 그것은 당시에는 전혀 새로운 착상이었다. 우리들 가운데는 용기를 가지고 이에 참가하는 자도 적지 않았지만, 뒤로 물러서는 사람도 많았다. 오늘에 와서는 그것이 일상화되어 우리의 대다수는 생활의 일부가 되었다.

간디는 여느 때와 마찬가지로 총독에게 정중한 경고의 호소문을 발송했다. 전 인도가 하나로 뭉쳐 반대하고 있는데도 영국 정부가 법안을 통과시키려는 것을 보고, 그는 그 법안이 법률이 된 첫 일요일을 전 인도 애도의 날로 설정해 하르탈, 즉 모든 업무를 중지하고 집회를 개최할 것을 호소했다. 그것은 사티아그라하 운동[29]의 막을 여는 것이었으며, 그리하여 1919년 4월 6일 일요일에 도시와 시골을 막론하고 인도 전역에서 사티아그라하의 날(Satyagraha Day)이 지켜졌다. 이런 종류의 전국적인 시위는 인도에서 처음 있는 일이었지만, 그것은 각계 각층의 사람들과 단체가 참가한 굉장히 인상적인 시위였다. 이 하르탈 때문에 분주했던 우리들도 그 성공에 놀랐다. 지금까지 우리가 접촉할 수 있었던 사람들의 범위는 도회지의 주민에 불과했다. 하지만 이제 새로운 정신이 세상에 가득해지고, 그 내용은 이 거대한 나라의 벽촌에까지 미치게 되었다. 이 때 처음으로 농민들은 도시의 노동자들과 함께 대규모 정치 시위에 참가했던 것이다.

뉴델리에서는 날짜를 착각해서 4월 6일보다 일 주일 앞선 3월 31일 일요일에 하르탈이 행해졌다. 이 날은 델리의 힌두 교도와 이슬람 교도 사이의 놀라운 우정과 친선의 날이었으며, 유명한 자메 마스지드(Jame Masjid : 사원)에서는 아리아 사마지의 대지도자인 스와미 슈라드다난드(Swami Shraddhanand)가 엄청난 청중 앞에서 연설하는 기록할 만한 장

---

[29] 간디의 지도에 의한, 간디의 방식에 따른 인도의 민족 해방 운동을 흔히 사티아그라하 운동이라 부른다. 사티아그라하는 어의상 '진리의 파악, 진리의 힘'을 뜻하며, '브라마차리아(Bramacharya : 자기 정화, 금욕)' 및 '아힘사(Ahimsa : 불살생, 비폭력)'와 더불어 간디 사상의 근본 개념을 이루고 있다. 사티아그라하는 단순한 진리의 관조적인 인식이 아니라 브라마차리아와 아힘사를 불가결한 전제로 하는 생활·실천적인 의미로 해석된다. 이러한 사티아그라하가 개인적인 생활 규율의 범주를 넘어서 스와라지(자치)를 목적으로 하는 민족 해방 운동에 결부되는 것이 간디 사상의 특징이며, 인도 민족 해방 운동의 특징이다. 저자는 다른 곳에서 간디 사상에 대해 그 교의 자체는 인간의 사상과 함께 오래된 것이지만, 이것을 대중적인 규모로 정치·사회적 운동에 적용한 것은 간디가 처음이었다고 설명하고 있다. 또한 이 편지의 끝부분에서 간디적인 비폭력·비협력의 투쟁 방식이 단순히 도덕적인 관심에서만 그 어떤 의미를 지닌 것이 아니라 인도가 처해 있는 현실적인 모든 조건 아래서는 "가장 효과적인 방법이고 평화적인 반란이며, 가장 세련된 전쟁 형식"이었다고 술회하고 있는 점이 주목된다.

면도 있었다. 3월 31일, 경찰과 군대는 거리를 메운 군중들을 해산시키려고 그들에게 발포해 몇 사람을 살해했다. 큰 키에 위엄 있는 산야신(sanyasin) 복장을 하고 가슴을 드러내 놓은 슈라드다난드는 찬드니 초우크(Chandni Chowk)의 구르카족(Gurkhas) 총검을 조금도 두려워하지 않았다. 그는 살아남았고, 이 일은 인도를 감동시켰다. 그러나 그 뒤 8년이 채 지나기도 전에 그는 비통하게도 한 이슬람교 광신도에게 찔려서 병상에서 죽었다.

4월 6일 사티아그라하의 날 이래 사태는 급속도로 진전되었다. 4월 10일 암리차르에서는 무기도 갖지 않은 군중들이 자신들의 지도자 키칠루(Kitchlew) 박사와 사티아팔(Satyapal)의 체포에 항의하고 있을 때 군대가 발포해 많은 사람들이 죽는 사건이 벌어졌다. 이에 대한 복수로 이와는 무관한 영국인 5, 6명이 집무중에 피살되고 그들의 은행 건물이 불탔다. 그리고 그 뒤로 펀자브에는 마치 커튼이 쳐진 듯했다. 엄격한 검열이 실시되어 인도의 다른 지방과의 연락이 단절되었다. 어떤 뉴스도 거의 전해지지 않았고, 사람들이 펀자브주를 오고 가는 것도 매우 어려웠다. 계엄령이 선포되어 심한 고통이 여러 달 동안 계속되었다. 고통스러운 긴장의 나날이 지난 뒤, 서서히 장막이 걷히고 공포의 진상이 알려졌다.

나는 계엄 기간에 벌어졌던 펀자브의 공포에 대해서는 말하지 않겠다. 4월 13일 암리차르의 잘리안왈라 바그 광장에서, 빠져나갈 길도 없는 죽음의 함정에서 몇천 명의 사람들이 죽고 다친 대학살에 대해서는 전세계가 알고 있다. '암리차르' 라는 말은 학살의 대명사가 되었다. 이것도 끔찍했지만 펀자브 어디에서나 그만한 일은 있었고, 심지어 그보다 더 끔찍한 일들까지도 있었다.

그 뒤 여러 해가 지난 오늘에서도 그 야만성과 무시무시한 광경은 용서하기 힘들다. 그러나 그 의미를 이해하는 것은 어려운 일이 아니다. 인도에 살고 있는 영국인들은 언제나 화산의 가장자리에 사는 듯한 기분을 느껴 왔던 것이다. 그들은 인도 또는 인도인의 심정을 거의 이해하지 못했으며, 또 이해하려고 하지도 않았다. 그들은 거대하고도 복잡한 조직과 그 배후에 있는 무력에 의존하면서 인도인과는 별개의 생활을 해 왔다. 인도를 1세기 반이나 통치해 온 오늘날에도 그들에게는 여전히 미지의 나라다. 1857년의 반란에 대한 기억은 지금도 그들의 가슴 속에 생생하게 남아 있는 것이다. 그리하여 그들은 언제 피습을 당해 가정이 파괴되고 그들의 몸뚱이가 산산조각으로 찢겨지게 될지 모르는 지극히 적의에 찬 이국 땅에 살고 있다는 생각을 버리지 못하고 있었다. 그들의 일반적인 마음은 이와 같았다. 그리고 그들에게 항거하는 큰 운동이 이 나라에서 계속 일어나고 있는 것을 보고 그들은 점점 두려워하게 되었다. 4월 10일 암리차르에서 발생한 유혈 사건에 관한 소식이 라호르의 펀자브 고관들에게 들려 왔을 때, 그들은 당황해 어쩔 줄을 몰랐다. 그들은 마치 피비린내 나는 1857년의 반란이 재현된 것처럼 생각했으며, 영국인들의 목숨은 위험에 빠졌다. 그들은 눈이 뒤집혀서 테러를 감행하기로 결정했다. 잘리안왈라 바그의 학살과 계엄령, 그리고 잇따른 사건들도 모두 그 결정의 결과였다.

한 인간이 당황해서 야만 행위를 감행하는 것은 그가 느낀 두려움에 그만한 이유가 없는 경우라 하더라도 이해할 수는 있다. 그런데 이보다도 인도인들을 아연실색하게 하고 격분하게 한 것은, 몇 달이 지나 그 암리차르 발포 사건의 책임자인 디에르(Dyer) 장군[30]의 모욕적인 변명과 몇천 명에 이르는 부상자에 대한 냉대였다. "그 일은 내가 알 바 아니다"고 그는 말했다. 영국 정부와 몇몇 사람들은 점잖게 그를 비판했지만, 영국 지배 계급의 일반적 태도는, 이 사건이 영국 상원에서 토의될 때 그에게 쏟아진 박수갈채 속에 잘 드러나 있다. 이 모든 일로 인도에서는 분노의 불길이 타올랐다. 펀자브 사태에 대한 원성이 전 인도에 들끓었다. 정

---

30) 영국의 군인으로 인도군에 전속되어 암리차르 여단장으로 재임 당시 '학살 사건'을 일으켰다. 이 사건으로 그는 견책 처분을 받고 퇴직했는데, 그 때 『모닝 포스트』지의 지국을 통해 그의 지지자들로부터 2만 1000파운드의 '위로금'이 보내졌다.

부와 국민회의 쌍방으로부터 이 사건의 진상을 밝히는 조사단이 임명되어 전국에서 그들의 보고를 기다리고 있었다.

그 때부터 4월 13일은 인도의 기념일이 되고, 4월 6일부터 4월 13일까지 일 주일 동안은 국민 계몽 기간이 되는 동시에 잘리안왈라 바그는 정치의 성지가 되었다. 그 곳은 이제 아름다운 공원이 되어 옛날의 공포는 찾아볼 길이 없지만, 기억만은 언제나 사람들의 가슴 속에 남아 있다.

그 해, 즉 1919년 12월 이상한 인연으로 국민회의의 대회는 암리차르에서 열렸다. 조사단의 보고를 기다리고 있던 참이어서 별로 중요한 결의 사항은 채택되지 않았지만, 국민회의가 변했다는 것은 분명한 사실이었다. 국민회의는 이제 대중적 성격을 띠게 되었고, 몇몇 오랜 국민회의 조직원들에게는 조금 어색했겠지만 활력이 넘쳤다. 결코 굴복할 줄 모르던 틸락에게는 이번이 마지막으로 참석한 회의였는데, 그는 다음 대회가 개최되기 전에 세상을 떠났기 때문이다. 또한 그 대회에는 대중의 신임이 두터운 간디도 참석했다. 그는 바야흐로 장기간에 걸친 간디 시대를 개막하려는 참이었다. 그 밖에 계엄령하의 흉악한 음모 사건에 관련되어 장기형을 받았다가 특사로 감옥에서 직행한 많은 지도자들도 합석했다. 유명한 알리(Ali) 형제도 오랜 형기를 마치고 석방되어 참석했다.

이듬해 국민회의는 비약적인 발전을 이루어 간디의 비협력 강령을 채택했다. 이 강령은 캘커타에서 열린 특별 회의에서 채택되어, 뒤에 나그푸르(Nagpur)에서 열린 정기 회의에서 추인되었다. 그 투쟁 방법은 완전히 평화적인 것으로 흔히 말하는 비폭력에 의존했고, 인도에 대한 정부의 착취와 지배를 조금도 돕지 않는다는 데 토대를 두고 있었다. 이는 우선 외국 정부로부터 수여된 갖가지 작위의 거부, 관직과 기타 이와 유사한 직위의 거부, 그리고 변호사와 소송 당사자들의 재판 거부, 관립 대학의 거부, 또한 몬타구 - 쳄스포드 개혁으로 신설된 입법 참사회의 거부 등으로 시작되었다. 이어서 공무와 병역, 나아가서는 납세에 이르기까지 모든 것을 보이콧했다. 산업면에서는 물레의 사용과 베틀을 통한 옷감 짜기, 그리고 법정에 대치한 조정 심판소의 설립 등이 있었다. 그 밖에 두 가지 중요한 사항으로서는 힌두와 이슬람 두 교파의 통일과, 힌두교도 내의 천민 멸시의 배제였다.

한편 국민회의는 규약을 개정해 실제로 행동할 수 있는 단체가 되는 동시에, 대중에게 문호를 개방했다.

이리하여 채택된 방침은 국민회의가 여태까지 일해 온 것과는 전혀 다른 면모를 보여 주는 동시에, 세계적으로 특이한 내용이었다. 이에 비하자면 남아프리카에서의 무저항 항쟁은 극히 제한된 범위에서 이루어졌던 것이다. 이에 따라 자신들의 일을 포기해야 했던 변호사나, 관립 대학을 거부해야 했던 학생들 같은 사람들은 당장에 커다란 희생을 각오해야 했다. 어느 정도의 희생이었는가는 비교할 대상이 없었기 때문에 측정할 수도 없었다. 늙고 경험 많은 국민회의 지도자들은 망설이고 의문을 품게 되었다. 그들 가운데 가장 위대한 지도자였던 틸락은 그 얼마 앞서 세상을 떠났다. 그 밖의 지도자들 가운데는 오직 한 사람, 모티랄 네루(저자 네루의 부친)만이 처음부터 간디를 지지했다. 그러나 국민회의의 일반 당원이나 대중들은 아무런 의심도 품지 않았다. 간디는 그들의 마음을 사로잡아 거의 그들을 무아의 경지에까지 이끌어 갔다. 그리하여 그들은 "마하트마 간디 키 자이(Mahatma Gandhi ki jai : 거룩한 간디 만세!)"를 소리 높여 외치며, 비폭력과 비협력을 모토로 한 새로운 복음에 대한 자신들의 감격을 행동으로 표시했다. 이슬람 교도 또한 이를 환

---

31) 제1차 세계 대전에 즈음해, 영국의 투르크에 대한 선전 포고와 전후 연합국측의 투르크에 대한 가혹한 처우는 투르크의 칼리프에게 정신적인 충성을 바치고 있던 인도의 이슬람 교도에게 커다란 심적 충격을 주었다. 따라서 그 정치적 경향은 초기 인도 이슬람 교도 연맹 시대의 친영적 태도에서 벗어나 반영적으로 기울어졌다. 이러한 정세를 배경으로 하여 인도 각지에 킬라파트 위원회(칼리프 제도 옹호 위원회)가 결성되었으며, 이것이 인도 이슬람 교도를 대표하는 주요한 조직으로서 간디가 지도하는 국민회의와 사이에 긴밀한 유대를 갖고 적극적인 활동을 벌였다. 이 때 이슬람 교도의 지도자는 마울라나 알리와 쇼카트 알리 형제였다.

영했다. 알리 형제가 지도하는 킬라파트 위원회(Khilafat Committee)[31]는 국민회의보다도 한 걸음 앞서 이 강령을 채택했다. 이윽고 대중의 감정이 앙양되고 초기 운동이 성공하자, 대부분의 구 국민회의 지도자들도 이에 합류케 되었다.

편지로는 이 특이한 운동과 그 밑바탕을 이루고 있는 철학의 장점과 결점을 상세히 이야기할 수 없다. 그것은 너무나 심오한 문제로, 아마도 이 운동의 창시자인 간디밖에는 아무도 그것을 충분히 설명할 수 없을 것이다. 그러나 우리는 제3자의 관점에 서서 그것을 관찰하고, 그것이 그토록 급속하게 성공리에 확대된 까닭을 생각해 보기로 하자.

외국의 착취로 말미암은 대중에 대한 경제적인 압박과 이에 따르는 사태의 악화, 중간 계급 내부에서 발생하게 된 실업자의 증가에 대해서는 이미 이야기했다. 이것을 구제하는 수단은 무엇이었겠느냐? 민족주의의 성장은 민심을 정치적 독립으로 쏠리게 했다. 독립이 필요한 이유는 종속과 노예화가 불명예스러워서이기도 하지만, 틸락이 지적했다시피 우리들의 타고난 권리이며, 가져야만 하는 것일 뿐더러, 또한 우리 국민의 어깨를 누르고 있는 빈곤의 짐을 덜기 위해서도 필요한 것이었다. 독립은 어떻게 이루어질까? 물론 점잖게 팔짱을 끼고 기다린다고 저절로 굴러 들어오는 것은 아니다. 그리고 국민회의가 그토록 열심히 추진해 온 항의나 청원의 방법은 한 민족으로서의 품위를 떨어뜨릴 뿐만 아니라 효과도 적고 무익하다는 것 또한 분명하다. 일찍이 역사상에 이러한 방법이 성공해서 지배 계급이나 특권 계급으로부터 그 권익을 나누어 받은 적은 없다. 실로 역사는 노예화된 민족이나 계급이 폭력적인 반란과 봉기를 통해서만 자유를 획득했다는 사실을 보여 주고 있다.

무장 반란은 인도 인민에게는 불가능하게 보였다. 우리는 무기를 빼앗겼고, 무기의 사용법도 모르고 있었다. 뿐만 아니라 폭력으로 겨루자면 영국 정부의, 또는 그 어느 정부의 조직된 힘도 도저히 감당할 수가 없었다. 군대라면 반란이라도 일으킬 수 있겠지만, 무기를 갖지 않은 국민들은 감당할 수가 없는 것이다. 그렇다고 개인적인 테러, 즉 요인을 폭탄이나 권총으로 살해하는 것은 무법자들이나 하는 짓이다. 그것은 민족의 도의심을 송두리째 무너뜨리는 것이며, 또 그것이 설령 개개인을 공포에 몰아넣을 수 있을지도 모르지만, 그로써 강력히 조직된 정부를 넘어뜨린다는 것은 얼토당토않은 이야기다. 전에 말했다시피 러시아의 혁명가들도 일찍이 이런 종류의 개인적인 폭력을 포기한 바 있다.

그러면 남은 길은 무엇이겠느냐? 러시아는 혁명에 성공해 노동자의 공화국을 세웠는데, 그들의 방법은 군사적으로 뒷받침된 대중의 행동이었다. 하지만 러시아에서조차도 소비에트는 국가와 낡은 정부가 전쟁의 결과로 산산조각 난 틈을 이용해 성공했을 뿐이다. 그리고 당시에는 그들에 저항하는 세력들도 거의 남아 있지 않았다. 이에 비해 당시 인도에서는 러시아나 마르크스주의에 대해 아는 사람도 찾아보기 힘들었을 뿐더러, 심지어 노동자나 농민의 관점에서 생각하는 사람조차 없었다.

따라서 이 모든 방법들은 무의미했고, 참을 수 없는 굴욕적 예속의 상태에서 벗어날 수 있는 길은 보이지 않았다. 조금이라도 감각이 있는 사람들은 모두 낙담과 절망에 빠져야 했다. 바로 이 순간 간디가 자신의 비협력 강령을 제시했던 것이다. 그 강령은 아일랜드의 신 페인처럼 우리로 하여금 자신의 힘에 의지하고 자신의 힘을 기르도록 가르쳤다. 그리고 그것은 분명 정부 당국에 압력을 가하는 매우 유효한 방법이었다. 정부는 자발적이건 아니건 인도인들 스스로의 협조에 크게 의존하고 있었기 때문에, 만일 이 협조가 없어지고 보이콧이 단행된다면 이론상으로는 정부의 전체 구조를 무너뜨릴 수도 있는 일이었다. 비록 비협력 운동이 거기까지는 가지 못하더라도, 그것이 정부에 대해 놀라운 압력을 주는 동시에 인민의 힘을 강화할 수 있는 것만은 틀림없는 사실이었다. 그것은 철저하게 평화적이었지만, 그렇다고 단순한 무저항은 아니었다. 사티아그라하는 비폭력적이기는 했지만 악에 대해 하나의 엄연한 저항이었다. 그러므로 그것은 사실상 평화적인 반란이며 가장 세련된 전쟁으로, 국가의 안정을 위협하는 것이었다. 또한 대중을 움직이는 가장 적절한 방법으로서 인도의 국민성에도 적합한 것이었다. 우리는 가장 바람직하게 처신한 반면, 상대편은 잘못에 빠져들었다. 이 운동은 우리를 억누르고 있던 두려움을 일소해, 우리는 비로소 사람들을 똑바로 쳐다보고 마음먹은 것을 솔직히 이야기하기 시작했다. 마음을 짓누르던 무게가 사라지고, 이 새로운 말과 행동의 자유가 우리들에게 힘과 자신감을 갖게 했던 것이다. 끝으로 이 평화적인 방법은 종래의 이러한 투쟁에 마땅히 따라다니게 마련이었던 인종·민족적 증오심을 배제함으로써 궁극적인 문제 해결을 쉽게 했다.

그러므로 이 비협력 강령이 간디의 뛰어난 인격과 더불어 인도에 꿈과 희망을 준 것은 전혀 놀라운 일이 아니다. 그것이 전파되는 곳마다 퇴폐의 풍조는 사라졌다. 신 국민회의는 모든 인도의 활기찬 요소들을 끌어들여 날로 세력과 신망이 높아만 갔다.

이 동안에 몬타구-쳄스포드 개혁안에 따라 중앙과 지방을 통해 양원제의 새로운 의회가 생겼다. 지금은 자유주의자로 일컬어지는 온건파는 이를 환영해 각료를 비롯한 그 밖의 관직을 받게 되었다. 그들은 사실상 정부와 하나가 되었고, 아무런 대중 기반도 없었다. 국민회의가 이 입법 기관을 보이콧했기 때문에 누구도 그들에게 관심을 갖는 사람이 없었다. 그리하여 백성들의 눈은 방방곡곡 마을이나 거리에서 일어나는 참된 투쟁에 쏠리게 되었다. 이 때 비로소 많은 국민회의 운동가들이 각 마을에 침투해 지부를 결성하고, 마을 사람들의 정치적 자각을 촉구했다.

사태는 절정에 이르러 1921년 12월, 마침내 충돌이 벌어졌다. 사건의 발단은 황태자 웨일스(Wales)[32]의 인도 방문에 대한 국민회의의 보이콧이었다. 인도 전국에 걸쳐 대대적인 검거가 시작되어 감옥이라는 감옥은 모두 몇천 명의 '정치범'으로 가득 찼다. 우리들 대다수는 그 때

---

32) 당시의 영국 황태자. 1936년에 즉위해 에드워드 8세가 되었으나 곧이어 결혼 문제 때문에 퇴위했다. 그 뒤 윈저 공으로 일컬어진다.

비로소 처음으로 형무소 맛을 보았던 것이다. 의장에 선출된 데시반두 치타란잔 다스(Deshbandhu Chittaranjan Das)[33]까지도 체포되어 하킴 아지말 칸(Hakim Ajmal Khan)이 의장을 대신했다. 그러나 다행히 간디는 아직 체포되지 않았기 때문에 운동은 날로 발전해, 체포되어 가는 자의 수보다도 체포를 무릅쓰고 자진해서 관헌 앞에 나선 자의 수가 언제나 훨씬 더 많았다. 저명한 지도자나 운동가들이 계속해서 투옥되자, 경험이 없거나 심지어는 믿을 수 없는 사람들이 (그리고 때로는 심지어 비밀 경찰의 앞잡이까지도) 뒤를 물려받음으로써, 조직은 혼란을 일으키고 다소의 폭력 행위까지 있었다. 1922년 초에 고라크푸르(Gorakhpur) 근처의 차우리 차우라(Chauri Chaura)에서는 농민과 경찰 사이에 충돌이 일어나, 농민들은 몇 사람의 경찰관을 가둔 채 지서를 불태워 버렸다. 이 밖에도 운동과 조직이 파탄에 이르고, 폭력화된 몇몇 사건 때문에 간디는 큰 충격을 받고, 그의 제안에 따라 국민회의 집행부는 비협력 운동의 범법 행위를 금지했다. 그 직후 간디 자신이 체포되어 6년의 징역을 언도받았다. 이 때가 1922년 3월이었고, 이렇게 비협력 운동의 제1단계는 막을 내렸다.

---

33) 젊어서부터 '벵골 스와라지' 당수로서 독립 운동을 지도했으며, 1918년 간디의 비협력 운동에 참가해 국민회의 의장에 뽑혔다. 1922년 모티랄 네루 등과 함께 간디의 입법 기관 보이콧 방침에 반대, 의회 활동을 통해 자치를 획득하려는 스와라지당을 결성하고 그 지도자가 되었다. 1924년 캘커타 시장에 뽑혔으나 곧 병으로 죽었다. 그는 명문과 웅변으로 유명했으며, 『인도인을 위한 인도』 등 많은 저서가 있다. 데시반두는 '국민의 벗' 이라는 뜻으로 그에게 바쳐진 존칭이다.

161 *1933년 5월 14일*

1920년대의 인도

비협력 운동의 제1기는 1922년, 시민 불복종이 중지되었을 때 끝났다. 그러나 대부분의 국민회의 당원은 이 중지에 불만이 많았다. 이미 인도는 큰 각성을 경험했고, 약 3만 명의 시민 저항가들이 감옥에 들어가 있었다. 도대체 이만큼 일이 벌어져 있는 사태를 평가하지도 않은 채, 단순히 일부의 가난한 농민이 흥분한 나머지 폭력을 휘둘렀다고 해서, 아직 목표도 달성하기 전에 지금 한창 벌어지고 있는 운동을 느닷없이 중지해도 좋다는 말인가? 독립은 아직도 아득히 먼 곳에 있고, 영국 정부는 여전히 굴러가고 있었다. 델리와 각 주에는 입법 참사회(Legislative Councils)가 있었으나 실제로는 아무런 실권도 없었다. 국민회의는 그것들을 보이콧하고 있었으며, 간디는 옥중에 있었다.

국민회의 당원들 사이에는 다음 단계의 대책에 대해서 제각기 논의가 분분했다. 그래서 국민회의의 정책 변경을 이끌어 내기 위해 스와라지당(Swaraj Party)이라는 당이 결성되었다. 그들은 비협력 강령은 굳게 지켜야 하지만, 한 가지는 바꾸어야 한다고 주장했다. 입법 참사회를 보이콧하는 것만은 그만두어야 한다는 것이었다. 이 때문에 국민회의에서는 분열이 생겼고, 결국 스와라지당은 독자적인 행동을 취했다.

국민회의 당원은 입법 참사회에 들어가 용감한 연설을 하기도 하고, 추가 예산을 거부하기도 했다. 그러나 그들의 결의는 정부로부터 무시되고, 총독은 의회가 부결한 예산안을 재가했다. 입법부에서의 국민회의 당원의 이러한 활동은 잠시 동안은 좋은 선전이 되기는 했지만, 그것은 운동의 기세를 떨어뜨리는 것이었다. 그들은 대중으로부터 유리되어 반동 그룹과 꼴사나운 타협을 해야만 하는 처지가 되었다.

1919년에서 20년에 이르는 이 시기에 작용하고 있던 여러 가지 힘과 운동 가운데 몇 가지에 대해서 한번 살펴보기로 하자. 다른 모든 것을 거의 좌우했던 중요한 문제는 힌두 - 이슬람 교도 관계였다. 마찰은 심해지고 있었으며, 북부 인도에서는 모스크 앞에서 음악을 연주하는 권리 따위와 같은 사소한 문제를 둘러싸고 곳곳에서 소요가 일어났다. 이것은 비협력 운동을 벌이던 시절의 눈부신 행동 통일을 생각해 볼 때 확실히 이해할 수 없는 돌연한 변화였다. 어떻게 이런 일이 벌어졌으며, 과거의 행동 통일의 기반은 무엇이었을까?

민족 운동의 근거는 주로 경제 불황과 실업이었다. 이것이 모든 그룹에 공통적인 반영 감정과 함께 스와라지 또는 독립에 대한 막연한 욕망을 불러일으켰다. 이 적대 감정이 공통적인 자극이 되어 공동 행동을 일으킨 것이었지만, 여러 그룹의 동기 또한 가지각색이었다. 스와라지는 각 그룹에 따라 저마다 다른 뜻 — 실업 상태인 중간 계급은 취직을 희망했고, 농민은 지주에게 지고 있는 여러 가지 부담에서 구제해 줄 것을 기대하는 등의 뜻을 갖고 있었다. 이 문제를 종교 집단의 시각에서 보자면, 이슬람 교도가 한 덩어리가 되어서 운동에 참가한 것은 주로 킬라파트 때문이었다. 그것은 이슬람 교도에게만 관계가 있는 순전히 종교적인 문제였으며, 비이슬람 교도에게는 관계가 없는 일이었다. 그러나 간디는 동포가 고통을 받고 있을 때는 도와 주는 것을 의무라고 생각했기 때문에 이를 채택했고, 다른 사람들에게도 그렇게 하기를 권했다. 그는 또한 그와 같은 방법으로 힌두 교도와 이슬람 교도가 한층 더 가까워지기를 바랐다. 일반 이슬람 교도의 사고 방식은 이슬람 민족주의나 이슬람 국제주의이지, 참된 의미의 민족주의에서 유래한 것은 아니었다. 그러므로 그들 양자 사이의 모순이 표면에 나타나지 않은 것은 아주 잠시 동안이었다.

한편 민족주의에 대한 힌두적 관념은 철저한 힌두 민족주의였다. 이 경우에(이슬람 민족주의의 경우에서처럼) 힌두 민족주의와 진정한 민족주의 사이에는 명확하게 선을 긋는다는 것은 쉽지 않았다. 인도는 힌두 교도의 유일한 고국이며, 거기서 그들은 대다수를 차지하고 있기 때문에 양자는 서로 일치하는 부분이 있었다. 어느 쪽이든 각자가 독자적인 자기 식의 민족주의를 목표로 삼은 것이기는 했으나, 이슬람 교도보다는 힌두 교도들이 순수하게 혈연적인 민족주의의 형태를 취하기가 쉬웠던 것이다.

세 번째로, 현실적인 민족주의 또는 인도 민족주의라고 해도 좋을 만한 것이 있었다. 그것은 두 종교적·사회적 변형과는 전혀 다른 어떤 것이며, 엄격히 말하자면 근대적인 의미에서의 민족주의라고 부를 수 있는 유일한 형태였다. 이 제3그룹 속에는 물론 힌두 교도도 있고 이슬람 교도도 있으며, 또한 다른 무리들도 섞여 있었다. 저마다 다른 이 세 가지 민족주의가 1920년부터 22년까지의 비협력 운동 기간을 통해 우연히 하나가 되었다. 길은 각각 달랐지만 그들은 가끔 평행을 이루어 나아갔던 것이다.

영국 정부는 1921년의 대중 운동에 몹시 놀라 어떻게 해야 할 바를 몰랐다. 전부터 오랫동안 주의를 게을리 하지 않았는데도 그들은 몹시 당황하고 있었다. 체포나 처벌 같은 평소의 직접적인 수단은 이미 소용이 없었다. 그것이야말로 국민회의가 바랐던 바였기 때문이다. 그래서 그들의 첩보 기관은 국민회의를 내부로부터 무너뜨리는 방법을 썼다. 경찰의 스파이와 첩보 기관원이 국민회의 속에 파고들어서 폭력 행위를 도발해 사건을 일으켰다. 채택된 또 다른 방법은 첩보 기관의 앞잡이를 사두(sadhus : 힌두교의 행자)나 파퀴르(faqirs : 이슬람교의 행자)로 들여보내 두 교파 사이에 분쟁을 일으키는 방법이었다.

인민의 의사를 억누르는 정부들은 언제나 비슷한 방법을 쓰기 마련이다. 그것들은 제국주의 열강의 상투적인 수단이다. 이러한 방법들이 성공을 거둔다는 사실은, 해당 정부가 악랄하다는 것을 보여 준다기보다는, 오히려 인민의 힘이 미약하고 후진적이라는 사실을 보여 주는 것이다. 다른 사람들을 분열시키고 서로 싸우게 함으로써 그들을 약하게 만들고 착취할 수 있다는 것은 그 자체가 우월한 조직을 가지고 있다는 증거다. 이러한 정책은 상대편에 틈이 있고 균열이 있을 때에만 효과를 거둘 수 있다. 영국 정부가 인도에서 힌두와 이슬람 교도 문제를 처음 만들어 냈다고 한다면 그것은 분명히 틀린 말이다. 그러나 그 문제를 존속시켜서 두 공동체가 서로 하나가 되는 것을 방해하려는 그들의 끊임없는 노력을 무시한다는 것 또한 잘못된 일이다.

    1922년 비협력 운동이 중지된 뒤에는 이러한 책동에 꼭 알맞은 상황이 전개되고 있었다. 거기에는 뚜렷한 성과를 올리지도 못하고 갑자기 중지되었던 격렬한 투쟁 후에 반작용이 있었던 것이다. 서로 평행을 유지해 오던 세 갈래의 길은 분리되어 제각기 다른 방향을 취하기 시작했다. 킬라파트 문제는 구석에 처박혀 버렸다. 비협력 운동 시절의 대중의 열기에 짓눌렸던 힌두와 이슬람 양쪽의 지도자들은 다시 머리를 치켜들고 사회에 영향력을 발휘하기 시작했다. 실업 상태인 중간 계급의 이슬람 교도들은 힌두 교도가 모든 일자리를 독점하고 그들의 앞길을 막고 있다고 느꼈다. 그 때문에 그들은 무슨 일에서나 별도의 몫과 별도의 조치를 요구했다. 정치적으로 말하면 힌두 - 이슬람 교도 문제는 본질적으로 중간 계급의 문제이며, 일자리를 둘러싼 다툼이었다. 그러나 그 효과는 대중들에게 파급되었다.

    힌두 교도는 전체적으로 생활이 부유한 공동체 사회였다. 일찍부터 영국식 교육을 받은 그들은 정부 하급 관직(jobs)의 대부분을 독점하고 있었기 때문에 이슬람 교도에 비하면 넉넉한 편이었다. 마을의 금융업자나 은행가는 소규모의 자작농과 소작인을 착취해 그들을 차츰 거지로 만들어 버리고, 그 땅을 손아귀에 넣는 바니아(bania : 고리 대금업자)였다. 바니아는 힌두 교도건 이슬람 교도건 가리지 않고 자작농과 소작인을 착취했지만, 이슬람 교도에 대한 착취는, 특히 농민의 대부분이 주로 이슬람 교도인 지방에서는 공동 사회적인(communal) 성향을 띠었다. 아마 기계로 만든 상품의 보급도 힌두 교도보다는 이슬람 교도에게 훨씬 큰 타격을 주었을 것이다. 이슬람 교도 사이에는 상대적으로 수공업자가 많았기 때문이다. 이 모든 요인들이 서로 합쳐져서 인도의 주요한 두 공동체 사회(community) 간의 반목을 격화시키고, 나라보다도 공동체 사회를 중요시하는 이슬람 민족주의를 강화시켰다.

이슬람 공동 사회 지도자들의 요구는 인도에서 참된 민족적 통일을 이루려는 모든 희망을 바닥에서부터 뒤흔드는 것들이었다. 그들의 독자적인 종교적 방향에 대항해서 힌두 공동 사회도 조직의 형태를 갖추게 되었다. 겉으로는 진정한 민족주의를 표방하면서도 그들은 서로 뒤질세라 지극히 파벌적이었으며 편협했다.

하나의 단체로서 국민회의는 공동 사회 조직을 초월해 있었지만, 개개의 국민회의 당원은 대부분 그 풍조에 물들어 있었다. 현실적인 민족주의자들은 공동 사회의 광란을 진정시키려고 했지만 별로 성과를 거두지 못하는 가운데 큰 소요가 잇따라 일어났다.

이러한 혼란에 덧붙여서 제3의 민족주의 — 시크교 민족주의가 대두했다. 과거에는 시크 교도와 힌두 교도를 나누는 선이 상당히 막연했다. 또한 민족적 각성은 강건한 시크 교도들의 마음을 뒤흔들어, 그들은 한층 명확하게 구별되는 존재를 위해 일하기 시작했다. 그들 가운데 많은 수가 퇴역 군인이었는데, 이들은 인도의 다른 대부분의 그룹들과는 달리 말보다 행동에 익숙한, 규모는 작지만 고도로 조직된 공동체 사회를 강화하는 데 큰 도움이 되었다. 그들은 대부분이 펀자브 지방의 자작농이어서 도시의 고리 대금업자나 그 밖의 도시 세력에 위협을 느끼고 있었다. 이것이 그들의 배후에서 그들 자신의 독자적인 그룹의 승인을 요구하게 한 진정한 동기였다. 처음에, 시크 교도 중에서도 활동적이고 전투적인 그룹이 아칼리파(the Akalis)였기 때문에 그렇게 부르게 된 아칼리 운동은 종교 문제를 둘러싸고서, 또는 오히려 사원에 소속된 재산의 소유권을 둘러싸고서 일어난 것이었다. 그들은 이 문제로 정부와 충돌했고, 암리차르 부근의 구루 카 바그(Guru-ka-bagh)에서는 용기와 인내를 보여 주는 놀라운 광경을 연출했다. 아칼리 자타(jathas : 교단)는 경찰에게 야만적인 대접을 받았지만 한 발도 물러서려 하지 않았고, 더구나 경찰을 상대로 폭력을 휘두르려고는 생각지도 않았다. 그리하여 아칼리파 교도는 마침내 승리를 거두고 사원의 소유권을 확보했다. 그들은 그 다음에 공격의 화살을 정치 분야로 돌려서 다른 공동 사회 그룹 못지않게 자신을 위한 과격한 요구를 내걸었다.

이처럼 서로 다른 공동체 사회 사이의 편협한 공동 사회 감정, 전에 내가 불렀던 대로 하자면, 또는 집단적 민족주의는 참으로 불행한 일이었다. 하지만 아주 자연스러운 감정이기도 했다. 비협력 운동은 인도를 뿌리째 뒤흔들어 놓았는데, 이 격동 속에서 첫 번째로 생겨난 것이 이러한 집단적 각성이었으며, 힌두교·이슬람교·시크교의 민족주의였던 것이다. 또한 그 밖에도 자신에 대해 각성하기 시작한 많은 소그룹들이 있었는데, 특히 이른바 '천민 계급들(Depressed Classes)'도 있었다. 오랫동안 상층 힌두 교도 때문에 억압당해 온 이 사람들은 주로 농경지에서 일하는 농업 노동자였다. 그들이 일단 자의식을 확립한 이상 자신들에게 가해졌던 온갖 차별 대우를 물리치려는 욕구와, 몇 세기에 걸쳐서 그들을 압박해 온 이들 힌두 교도에 대한 분노가 그들을 사로잡은 것은 당연한 추세였다.

이렇게 눈을 뜨게 된 각 그룹은 자신들의 이해와 관련해서 민족주의와 애국심을 바라보았다. 공동체 사회나 국가에 속하는 개인은 이타적인 관점을 가질 수도 있겠지만, 하나의 그룹이나 하나의 공동체 사회는 하나의 국가가 이기적인 것처럼 언제나 이기적이게 마련이다. 그 때문에 각 그룹은 자기 몫보다 훨씬 많은 것을 요구했고, 당연히 충돌이 일어났다. 공동체 사이의 대립이 치열해짐에 따라 각 그룹마다 더욱 극단적인 지도자들이 전면에 나서게 되었다. 왜냐하면 감정이 격앙된 상태에서는, 각 그룹은 자기 그룹의 이해를 가장 과격하게 강조하고 다른 그룹을 최대한 배척하는 사람을 대표자로 뽑는 법이기 때문이다. 영국 정부는 여러 가지 수법으로 그 같은 대립을 선동했으며, 특히 더욱 극단적인 공동 사회 지도자들을 부추겼다. 이리하여 독은 계속 전염되어 갔고, 우리는 빠져나갈 길 없는 구렁텅이 속에 빠진 것처럼 보였다.

이들 여러 세력과 분열의 조짐들이 인도에서 구체화되고 있는 동안, 간디는 야르바다(Yarvada) 감옥에서 중병에 걸려 수술을 받아야만 했다. 그는 1924년 초 감옥에서 석방되었다. 그는 공동 사회의 분쟁에 몹시 낙심했고, 몇 달 뒤 큰 소요가 일어났을 때에는 그 충격 때문에 21일 동안이나 단식을 했을 정도였다. 평화를 달성하기 위해 자주 '통일(unity)' 회의가 열렸으나 성과는 나타나지 않았다.

이들 공동 사회의 논쟁이나 집단 민족주의는 입법 참사회 안의 스와라지당은 물론이고 국민회의의 세력도 약화시켰다. 대다수의 사람들이 자기가 속하는 그룹의 관점에서 사물을 생각하고 또 발언했기 때문에 스와라지의 이상은 저만큼 뒤로 후퇴하고 말았다. 어느 한 그룹에 치우치는 것을 가능한 한 피하려고 한 국민회의는 모든 방면의 공동체주의자들(communalists)로부터 일제히 공격을 받았다. 이 시기에 국민회의의 주요한 활동은 묵묵히 조직 활동을 하거나 농촌의 가내 공업(카다르)을 추진시키는 일 등이었는데, 이런 일들은 국민회의가 농민 대중과 접촉을 유지하는 데 도움이 되었다.

공동 사회의 분쟁은 1920년대 우리 나라 정치 생활에 중요한 구실을 했기 때문에 나는 그것에 대해서 상당히 자세히 썼다. 하지만 그것들을 너무 과장해서 생각하면 안 된다. 그것들은 그것들이 실제로 갖는 의의보다 훨씬 크게 취급되는 경향이 있다. 힌두 교도인 소년과 이슬람 교도인 소년이 싸웠다는 것이 곧 공동 사회의 싸움으로 간주되고, 또 아주 사소한 말다툼까지도 과장되어 알려지기도 한다. 인도는 대단히 큰 나라로서 몇만이나 되는 도시들과 마을들이 있지만, 거기서 힌두 교도와 이슬람 교도는 사이좋게 지내고 있고, 그들 사이에는 아무런 공동 사회의 분쟁도 없다는 것을 우리는 언제나 기억해야 한다. 때로는 분쟁이 촌락에까지 확대되는 일도 있었지만, 일반적으로 이런 분쟁은 대개 일정한 수의 도시에 한정되어 있었다. 또한 기억해야 할 것은 공동 사회의 문제는 본질면에서 인도의 중간 계급 문제인데, 우리 정치 — 국민회의에서, 입법 참사회에서, 신문에서, 거의 모든 형태의 활동 속에서 — 가 대부분 중간 계급에게 좌우되고 있기 때문에 그것이 부당하게 크게 취급

1920년대의 인도

되고 있을 뿐이다. 농민은 아직 뚜렷한 방향을 가지고 있지 않다. 그들은 극히 최근에 이르러서야 국민회의의 촌락 위원회라든가, 또는 예를 들자면 키산 사바스(Kisan Sabhas : 농민 조합) 따위를 통해 정치적인 활동을 겨우 시작했을 따름이다. 도시의 노동자들, 특히 대공장에서는 농민에 비해 약간 크게 각성하고 있는 형편이라 그들 나름의 노동 조합이 조직되어 있었다. 그러나 이 공업 노동자들마저 — 그런데 하물며 농민은 어떻겠느냐 — 중간 계급에서 뽑힌 지도자를 바라고 있는 실정이었다. 이제 이 기간 동안의 대중, 즉 농민이나 공업 노동자의 상태를 고찰해 보기로 하자.

전쟁이 가져온 인도 공업의 급격한 성장은 세계 대전 후에도 몇 년 동안은 계속되었다. 영국 자본은 물밀듯이 인도에 흘러들어와 엄청나게 많은 회사가 새로 등록되어 새로운 공장, 새로운 산업들이 조업을 시작했다. 그 중에서도 비교적 큰 공업 콘체른이나 공장은 외국 자본으로 자금을 조달했기 때문에, 규모가 큰 산업은 사실상 영국 자본가에게 지배되었다. 몇 년 전의 통계에 따르면 인도에서 움직이고 있는 회사들의 자본 가운데 87%는 영국계라고 되어 있는데, 아마 이 통계는 실제보다는 적은 계산일 것이다. 이리하여 인도에 대한 영국의 현실적인 경제 장악력은 강화되었다. 촌락이 아닌 작은 도시의 희생으로 큰 도시가 발달했다. 특히 섬유 공업의 발달이 현저했고, 광업 또한 눈부시게 발전했다.

공업화의 진전에 따라 새롭게 대두하는 여러 문제를 검토하기 위해서 정부는 많은 위원회와 위원회 위원들을 임명했다. 그들은 외국 자본의 도입을 촉진할 것을 권고했는데, 대개는 인도에서 영국 산업에 이익이 가도록 활동했다. 이들은 인도의 여러 산업을 보호하기 위해 관세국을 설치했다. 그러나 이 보호는 전에도 이야기했던 것처럼, 대부분의 경우 인도 내 영국 자본을 보호하는 것에 지나지 않았다. 관세로 보호받은 이들 물건의 가격은 폭등하고 그것이 생계비를 더욱 상승시켰다. 그 결과 부담은 대중 또는 이들 상품의 소비자에게 돌아가고, 공장주들은 경쟁이 없거나 아니면 경감되어 보호된 시장에서 재미를 톡톡히 보게 되었다.

공장이 발달함에 따라 공장에서 임금을 받아 생활하는 임금 노동자의 수도 많이 늘게 되었다. 정부는 1922년 인도의 공장 노동자 수가 이미 2000만 명이나 된다고 추산하고 있었다. 토지가 없는 농촌의 실업자는 도시로 흘러들어와 공장 노동자가 되었으며, 그리고 그들은 모욕적인 여러 가지 착취를 참고 견디어야만 했다. 100년 전에 영국에 존재하고 있던 것 같은 조건 — 무섭도록 긴 작업 시간, 형편없이 낮은 임금, 생명을 좀먹어 들어가는 비위생적인 생활 환경 등을 인도에서 볼 수 있었다. 공장주가 염두에 두고 있는 것은 다만 한 가지, 이윤을 축적시킴으로써 최대의 호황을 누리는 것이었다. 그리고 그들은 몇 년 동안 큰 성공을 거두었으며, 노동자가 비참한 상태에 놓여 있는 동안에도 거액의 이윤을 챙기고 있었다. 노동자들은 자신이 만들어 낸 이와 같이 엄청난 수익의 분배에는 조금도 참여하지 못했다. 더구나 호황기가 지나고 뒤이어 불황이 계속되어 무역이 위축되었을 때는, 더 한층 낮은 임금을 지불받는 것으로 이 공동의 불운을 분담할 것을 요청받았다.

노동자 조직, 즉 노동 조합이 성장함에 따라 노동 시간의 단축과 임금 인상을 비롯한 노동 조건을 개선하라는 요구도 함께 일어나게 되었다. 이러한 요구, 또 어떤 점에서는 세계 공통의 노동자의 처우 개선 요청에 영향을 받아, 정부는 공장 노동자의 처지를 개선하기 위해 많은 법률을 통과시켰다. 공장법이 통과된 것에 대해서는 요전에 써 보낸 편지에서도 이야기했지만, 12~15세까지의 아동은 하루에 6시간 이상 일을 시키면 안 된다는 조문을 포함하고 있다. 또한 여자와 아동의 야간 노동도 금지되었다. 성인 남녀에 대해서는 하루에 최고 11시간, 1주일에 60시간(노동 시간상으로는 1주일은 6일로 되어 있다)으로 고정되었다. 이 공장법은 약간 수정되어 오늘에 이르고 있다.

1923년에는 광산, 주로 지하의 탄갱에서 일해야 하는 불행한 노동자에게 약간의 보호 조처를 취하게 한 '인도 광산 조례(Indian Mines

Act)'가 가결되었다. 13세 이하인 아동은 지하에서 일하는 것이 금지되었지만 여성은 여전히 일을 했고, 더구나 이들은 광산 노동자 총수의 절반 가까이를 차지하고 있었다. 성년에 관한 최대 노동 시간은 1주일당 지상 노동 60시간, 지하 노동 54시간으로 고정되었다. 그리고 하루의 최대 노동 시간은 아마 12시간이었다고 생각된다. 내가 여기에 이와 같이 노동 시간의 숫자를 일일이 드는 까닭은 네가 노동 조건이라는 것에 대해 어느 정도라도 개념을 파악하기를 바라기 때문이다. 물론 이런 숫자를 봐도 아주 부분적인 개념밖에 파악되지 않는다. 왜냐하면 진정한 개념을 파악하려면, 이 밖에도 우선 임금의 액수라든가 생활 환경 따위를 아울러서 고려해야 하기 때문이다. 여기서는 거기까지 깊이 파고들어 이야기할 수는 없다. 그러나 어린 소년 소녀를 비롯한 노동자가 겨우 목숨을 연명할 정도의 몇 푼 안 되는 임금을 받으면서, 하루에 11시간 동안이나 일해야 하는 광경은 다시 한 번 생각해 봐야 할 일이다. 그들이 공장에서 해야 하는 단조로운 작업은 체력을 몹시 소모시키는 일이다. 그리고 나서 지칠 대로 지친 그들이 집에 돌아가면 위생 시설은 아무것도 없는, 흙으로 지은 조그마한 오두막집 안에서 가족 전체가 무릎을 맞대고 기다리고 있는 것이 보통이다.

이 밖에도 노동자에게 도움이 될 만한 법률이 통과되었다. 예를 들면 사고가 났을 경우 상해를 입은 노동자에게 얼마간의 보상금을 지불해야 한다고 규정한 1923년의 '노동자 보상 조례(Workmen's Compensation Act)'가 있고, 또 노동 조합의 결성과 인가에 관련 있는 1926년의 '노동 조합 조례(Trade Union Act)'가 있다. 봄베이를 비롯한 인도 각지의 노동 조합은 최근 상당히 빨리 성장하고 있다. 또한 전 인도 노동 조합 회의(All-India Trade Union Congress)도 결성되었는데, 몇 년 후에는 두 그룹으로 분열되었다. 전쟁과 러시아 혁명이 있은 이후, 세계의 노동계는 서로 다른 두 방향으로 나아가고 있다. 한편에서는 제2인터내셔널(이것은 이미 이야기했다)에 소속된 옛 정통파 온건 노동 조합이 있고, 다른 한편에는 소비에트 러시아와 제3인터내셔널의 강력한 견인력이 있다. 그런 까닭에 비교적 생활 형편이 나은 편인 온건파 공장 노동자는 대개 안전과 제2인터내셔널을 선택했고, 한층 혁명적인 경향이 있는 공장 노동자는 제3인터내셔널 쪽으로 기울고 있다. 이러한 견인력은 인도에도 작용해 1929년 말에는 분열이 일어났다. 그 이후 인도의 노동 운동의 힘은 약화되어 갔다.

농민에 대해서는 나는 그 전에 써 보낸 편지에서 이미 밝혔던 이상의 것을 여기에 추가할 여유가 없다. 그들의 상태는 한층 더 악화되어 마침내 고리 대금업자에게 진 빚의 포로라는 절망적인 상태에 빠져들고 있다. 소지주·자작농·소작인 모두가 고리 대금업자·바니아·사후카르(sahukar : 은행가)의 손아귀에 꽉 쥐어 있다. 빌린 돈을 갚을 수 없기 때문에 땅은 차차 고리 대금업자의 손으로 넘어가고, 소작인은 지주와 사후카르에 대해 이중의 의미로 농노가 된다. 이들 바니아 지주는 보통 도시에 거주하며, 그와 소작인 사이에는 어떤 직접적인 접촉도 오가지 않는다. 그는 늘 굶주린 농민으로부터 어떻게 하면 더 많은 돈을 짜낼 수 있을까를 궁리하고 있다. 자기의 소작인들 한가운데에서 살고 있던 옛날의 자민다르 같으면 때로는 자비심을 나타내는 적도 있었을 것이다. 그러나 도시에 살며 빌려 준 돈을 거둬들이기 위해 대리인을 보내는 은행가 자민다르에 이르러서는 일찍이 그와 같은 인정은 찾아볼 수가 없다.

정부의 위원회는 농민 계층의 빚에 대해서 여러 가지 공식 통계를 작성하고 있다. 1930년에는 인도 전체(버마도 포함해서) 농민의 부채 총액은 80억 3000만 루피라는 막대한 금액으로 추산되고 있다. 이것은 지주와 경작자 쌍방의 부채를 합한 것이다. 이 숫자는 경제적 불황기와 그 뒤에 더욱 많이 늘어났다.

이리하여 농민 계급, 즉 소자민다르와 소작인은 한결같이 점점 더 깊이 수렁에 빠지게 되었고, 현재의 토지 제도를 근본부터 개혁하는 과감한 방법을 취하는 것 외에는 거기서 벗어날 길이 없다. 조세 제도는 가장 가난하고 부담 능력이 없는 사람에게 가장 많이 과세하도록 되어 있다. 예산은 대부분 대중이 그 혜택을 입지 못하는 군사비·행정비 그리고 그 밖의 영국의 경비로 돌아간다. 교육비는 영국에서는 1인당 2파운드 15실링인 데 비해, 인도에서는 1인당 9펜스가 될까 말까 한다. 그러므로 영국의 교육비 비율은 인도의 73.3배에 해당하는 셈이다.

과거에도 몇 차례 인도의 1인당 국민 소득을 추산해 보려는 시도가 많았다. 그러나 이것은 어려운 일이며, 한다 하더라도 대략적인 추산에 지나지 않는다. 다다바이 나오로지(Dadabhai Naoroji)[34]는 1870년에 1인당 20루피라고 추산했는데, 최근의 추산액은 67루피까지 올라가 있다. 어떤 영국인들이 가장 넉넉하게 잡은 추산 액수도 116루피를 넘지 않는다. 이것을 다른 나라들과 비교해 보면 매우 흥미가 있다. 미국의 국민 소득액을 인도 돈으로 환산하면 1925루피인데, 지금은 훨씬 많아졌다. 영국은 1인당 1000루피다.*

---

34) 초기 국민회의의 지도자. 국민회의 제2회 대회 이래 세 번에 걸쳐 의장으로 선출되었다. 저서에 『인도의 빈곤과 비영국 통치』가 있다.

* 현재(1933년)의 교환 비율로 1루피는 1실링 6펜스에 해당한다.

162 *1933년 5월 17일*

인도의 평화적인 반란

　나는 너에게 인도와 그 과거의 역사에 관한 편지를 많이 써 보냈다 — 다른 어느 나라보다도 훨씬 많이 말이다. 그러나 과거는 바야흐로 현재 속에 용해되고 있다. 그리고 내가 쓰기 시작하려고 하는 이 편지는 이야기의 줄거리를 오늘의 인도에 접맥시키게 되리라 생각한다. 또한 우리의 마음 속에 선명하게 그림자를 남겨 놓고 있는 최근에 일어난 몇몇 사건까지 설명할 것이다. 지금은 이야기가 이제 겨우 중간까지밖에 접어들지 못했기 때문에 아직 그것들에 대해 말할 때가 아니다. 그러나 모든 역사는 어떤 경우에도 현재까지 오면, 이야기의 나머지 페이지는 아직 미래 속에 숨겨진 채로 있기 때문에 그 면면한 흐름이 갑자기 단절되는 법이다. 그리고 역사는 한없이 계속되는 것이기 때문에 사실 이 이야기에는 끝이 없다.

　1927년 말쯤 영국 정부는 장래 인도 정부의 기구 개혁에 대비해서 조사 위원회를 파견한다는 성명을 발표했다. 이 성명이 발표되자 전 인도의 정계는 맹렬한 비난을 퍼부었다. 국민회의는, 인도가 자치할 능력을 지니고 있는지 여부를 주기적으로 조사 평가해야 한다는 수법에 분노해 강경하게 항의했다. 그것은 가능한 한 오랫동안 이 나라를 지배하려는 속셈을 위장한 비열한 계획에 지나지 않았다. 국민회의는 일찍부터 세계 대전중에 여러 연합국이 그렇게도 자신 있게 장담했던 이 나라의 자치권에 대한 보장을 요구함과 동시에, 영국 의회가 인도에 내리는 명령이나 그들만이 인도의 미래에 대한 최종 결정권을 쥐고 있다는 식의 태도를 인정하지 않고 있었다. 이 같은 이유 때문에 국민회의는 영국 의회가 파견하는 새로운 명목의 위원회에 반대했다. 그것은 영국인만으로 구성된 위원회였다. 반대하는 이유는 제각기 다르지만, 가장 온건한 그룹을 포함해 인도의 거의 모든 그룹이 이 위원회를 비난하고 그것의 보이콧을 주장했다.

1927년 12월, 국민회의는 마드라스에서 정기 대회를 개최해 자신들의 목표가 인도의 민족 독립에 있다는 것을 결의했다. 국민회의가 독립을 선언한 것은 이것이 처음이었다. 2년 후 라호르에서 개최된 정기 대회에서는 독립은 결정적으로 국민회의의 신조가 되었다. 마드라스 대회는 또한 전 당파 회의(All-Parties Conference)[35]를 실현시켰으며, 이것은 비록 짧은 기간의 회의였으나 괄목할 만한 성과를 올렸다.

이듬해인 1928년에 영국은 위원회의 인도 파견을 실행했다. 그러나 이미 말한 바와 같이 그것은 전국에서 보이콧을 당했고, 가는 곳마다 반대하는 데모가 크게 일어났다. 그 위원회는 단장의 이름을 따서 '사이먼 위원회(Simon Commission)'[36]라 부르는 것이었는데 "사이먼은 돌아가라(Simon go back!)"는 말은 인도 전역에서 누구나 입에 오르내리는 상투어가 되었다. 경찰은 기를 쓰고 라티(lathi : 기마 경찰대가 철고리를 씌운 경찰봉을 휘둘러 진압하는 것) 습격을 자행했고, 라호르에서는 랄라 라지파트 라이(Lala Lajpat Rai)가 경찰에게 구타당했다. 랄라는 몇 개월 뒤에 죽었는데, 의사는 경찰에게 당한 구타가 그의 죽음에 치명적이었다는 진단을 내렸다. 이 사건이 전국에 굉장한 흥분과 분노를 불러일으

---

35) 사이먼 위원회 파견에 반대하는 모든 당파의 회의. 국민회의의 주도에 따라 각 당파는 이에 부응해, 1928년 2월(델리), 5월(봄베이), 8월(라호르)에 회의가 개최되었다. 회의의 주목적은 사이먼 위원회에 대항해 각 당파를 모두 만족시킬 만한 헌법안을 작성하는 데 있었다. 모티랄 네루는 기초 위원회를 주재하고 단기간에 힌두 - 이슬람 양 교도간의 선거구 할당을 비롯한 여러 문제에 관해 각 당파의 의견 조정에 성공해 보고서를 제출, 채택되었다. 이른바 「네루 보고서」가 이것인데, 결론은 아직도 자치령으로서의 독립을 목표로 하는 데에 머무르고 있었다.
36) 1927년 인도 통치의 실정을 조사하기 위해 영국 의회가 설치한 법정 위원회. 인도 민족 운동의 진전에 따라 1919년에 제정되었던 인도 통치법의 개정을 위해, 자유당 의원 사이먼(John Alendee Simon)을 위원장으로 하여 보수당 의원 4명, 노동당 의원 2명 을 비롯한 7명으로 구성되었다. 그러나 이 위원회에는 인도인은 한 사람도 들어 있지 않았기 때문에, 온건

켰음은 말할 나위도 없다.

그 동안 전 당파 회의는 헌법을 기안하고 공동 사회의 분쟁을 해결할 길을 모색하고 있었다. 이것은 헌법과 공동 사회 문제에 관한 여러 제안을 내용으로 하는 보고서로서 열매를 맺었다. 이 보고서는 판디트 모티랄 네루(Pandit Motilal Nehru)가 기초 위원회의 위원장이었기 때문에 「네루 보고서(Nehru Report)」로 알려져 있다.

이 해에 일어난 또 하나의 주목할 만한 사건은 정부가 세입을 증액시킨 것에 반대해 구자라트의 바르돌리(Bardoli)에서 일어난 대규모 농민 투쟁이었다. 구자라트는 연합주에서 볼 수 있는 대자민다르 제도가 없고, 자작농이 우세한 지방이었다. 사르다르 발라브바이 파텔(Sardar Vallabhbhai Patel)[37]의 지도 아래 농민들은 놀라울 정도로 과감한 투쟁을 전개해 큰 승리를 거두었다.

1928년 12월의 캘커타 국민회의 대회는 영국의 여러 자치령의 헌법과 비슷한 헌법을 제시한 「네루 보고서」를 채택했다. 그러나 국민회의는 가채택 형식을 취했고, 1년의 유예 기간을 두었다. 만일 1년 이내에 이것을 토대로 영국 정부와 사이에 아무런 협정에 도달하지 못할 경우 국민회의는 '독립'의 원칙으로 되돌아가기로 했다. 이와 같이 하여 국민회의와 인도는 바야흐로 불가피하게 하나의 위급한 사태에 직면하게 되었다.

노동계에서 또한 매우 완강한 태도를 보였고, 몇몇 대공업 중심지

한 자유주의자를 포함한 인도인 전체의 격분을 불러일으켰다. 이에 국민회의를 비롯한 각 당파는 위원회를 보이콧하고, 인도인이 자신이 헌법을 작성하기로 결의했다. 위원회는 1929년 10월 의회에 보고서를 제출하고, 통치법 개정을 의논하기 위해 인도인 대표가 참가하는 원탁 회의의 개최를 권고했다. 위원장 사이먼은 영국 자유당의 영수로서 검찰 총장·내무상 등을 역임했고, 1931년의 맥도널드 거국 내각에 자유당을 대표해 외무상으로 입각했다.

37) 원래 아흐메다바드의 변호사. 그 지방의 비협력 운동을 지도하고 그 뒤 국민회의에 참가해 투사로서의 오랜 경험을 갖고 있다. 사르다르는 간디로부터 주어진 '지도자'라는 의미의 칭호. 1931년 국민회의 카라치 대회의 의장. 독립 후 저자인 네루 총리 아래서 부총리·내무상·정보상·번왕국상을 겸임했다.

에서는 임금 인하가 강행되었기 때문에 투쟁의 기운이 더욱 앙양되었다. 특히 봄베이에서는 조직이 정비되어 10만 명 이상이나 되는 노동자가 참가한 큰 파업이 일어났다. 사회주의적, 그리고 어느 정도는 공산주의적 사상이 노동자 사이에 유포되기 시작해 사태가 혁명적인 분위기로까지 발전하게 되자, 이러한 노동자의 단결된 힘에 당황한 정부는 1929년 초에 느닷없이 32명의 노동 운동 지도자들을 체포하고, 그들에 대한 대규모적인 모반 사건을 날조해 재판을 시작했다. 이 사건은 '메이러트 사건'으로 세계에 널리 알려져 있다. 4년 가까이나 재판을 계속한 뒤 거의 모든 피고에게 터무니없는 장기형을 언도했다. 이 사건에서 이해하기 힘든 점은 그들 가운데 누구도 적극적인 반란 행위라든가 치안 방해라든가로 고발된 사람이 없었다는 점이다. 그들의 죄목은 어떤 일정한 이념을 깊이 품고, 그것을 널리 퍼뜨리려는 의도를 갖고 있었다는 점이다. 그들에 대한 재판 결과는 큰 반향을 불러일으켰다.

활활 타오르지 않고 깊숙한 곳에서 연기만 내고 있으면서도 때때로 표면에 나타난 또 하나의 활동 형태는 폭력적인 방법으로 혁명을 달성하려는 것이었다. 이러한 형태는 벵골을 비롯해 펀자브, 또한 얼마 안 되지만 연합주에서도 볼 수 있었다. 영국 정부는 여러 가지 수단을 써서 이것을 탄압하려 힘썼고, 엄청나게 많은 모반 사건에 대한 재판이 있었다. '벵골 총독령(Bengal Ordinance)'이라고 일컬어지는 특별 법령이 공포되어, 그들이 혐의를 둔 사람은 누구든지 체포해서 재판도 하지 않고 투옥시킬 수 있게 되었다. 이 법령 때문에 몇백 몇천 명이나 되는 벵골 청년들이 체포되어 투옥되었다. 이들은 데트뉴(detenus : 유치인)라 일컬어졌고, 구류 기간은 무기한이었다. 이 궤도를 벗어난 총독령이 공포되었을 때 영국에서는 노동당 정부가 집권하고 있었기 때문에, 노동당이 이 사태의 책임자였다는 사실은 꼭 기억해 두어야 할 일이다.

이들 혁명가들이 테러 행위를 한 사례는 엄청나게 많았는데 대부분은 벵골에서 일어났다. 그 중에서도 특히 주목을 끈 사건이 세 가지 있었다. 그 중 하나는 사이먼 위원회 반대 데모를 했을 때 랄라 라지파트 라

이를 구타했다고 하는 경찰관을 저격한 사건이었다. 둘째는 바가트 싱(Bhagat Singh)[38]과 바투케슈와라 두트(Batukeshwara Dutt)가 델리의 국회 의사당 안에 폭탄을 던진 사건이었다. 이 폭탄 사건은 거의 피해를 주지는 않고 다만 큰 혼란을 일으켰는데, 국민의 관심을 집중시키는 것이 애초의 목적이었던 것 같다. 셋째 사건은 때마침 시민 불복종 운동이 시작되려 하던 치타공(Chittagong)에서 일어난 것이었다. 그것은 불시에 병기고를 습격한 대담하고도 규모가 큰 사건이었는데, 상당한 성공을 거두었다. 정부는 이 운동을 진압하기 위해 온갖 수단과 방법을 가리지 않았다. 스파이와 밀고자가 출몰하고, 엄청나게 많은 사람들이 체포되어 모반 사건으로 재판을 받고, 데트뉴(때로는 재판장에서 석방된 사람들이 즉시 총독령을 통해서 재검거되고 데트뉴로서 구금된 적도 있었다)가 되었다. 동부 벵골의 여러 지방은 군대의 점령하에 놓이게 되었고, 주민은 허가 없이는 이동하거나 자전거도 탈 수 없었으며, 옷조차 아무것이나 마음대로 입을 수 없었다. 또한 경찰에 정보를 제공하지 않은 이유로 무거운 벌금이 도시와 마을들에 부과되기도 했다.

1929년에 라호르에서 열린 모반 사건 공판에서는 체포된 사람 가운데 한 사람인 자틴드라나트 다스(Jatindranath Das)[39]가 감옥의 처우에 항의하기 위해 단식 투쟁을 했다. 이 학생은 마지막 숨을 거둘 때까지 먹는 것을 끝내 거부하다가 61일째 되는 날에 죽었다. 자틴드라나트 다스

---

38) 펀자브 지방의 청년 지도자.
39) 캘커타 대학의 학생. 캘커타 지방의 청년·학생 운동의 지도자. 저자는 때마침 라호르의 형무소에서 단식 투쟁을 하고 있던 바가트 싱과 자틴드라나트 다스를 찾아볼 기회를 가졌는데, 자서전 『자유를 향하여』속에서 그 때 만난 그들의 인상을 다음과 같이 기술하고 있다. "그들은 모두 지칠 대로 지쳐서 마룻바닥에 누워 있었다. 그들과는 너무 오랫동안 이야기를 나눌 수 없었다. 싱은 매력적이고 지적이며 놀랄 만큼 냉정해, 평화로운 얼굴을 하고 있었다. 거기에는 이미 분노의 감정 같은 것은 보이지 않았다. 그는 매우 부드러운 태도로 말하고 있었는데, 한 달이나 단식을 하게 되면 누구나 정신적으로 되어 잔잔하게 보이는 것이 아닌가 생각된다. 자틴드라나트 다스는 더 한층 부드러워 마치 소녀처럼 유순하고 조용한 느낌을 주었다. 그는 내가 만났을 때 이미 상태가 상당히 좋지 않았다. 그는 그 뒤, 단식 투쟁 61일만에 공복으로 허기져 죽었다."

의 희생적인 행위는 인도 전체를 깊이 감동시켰으며, 모든 인도인들에게 충격을 주고 깊은 슬픔에 잠기게 했다. 1931년 초에 집행된 바가트 싱의 처형 또한 인도 전체에 파문을 던졌다.

여기서 다시 이야기를 국민회의 정책으로 되돌려야겠다. 캘커타 대회에서 결정된 1년의 유예 기간은 거의 만기가 되어 가고 있었다. 1929년 말쯤 영국 정부는 어렴풋이 예감하고 있던 중대한 사태를 미리 방지하기 위해서 인도 장래의 발전에 관한 막연한 선언을 발표했다. 이 때에도 국민회의는 일정한 조건을 붙여 협력하겠다고 제의했다.[40] 이들 조건들이 받아들여지지 않았기 때문에 1929년 12월 라호르 대회는 독립을 주장하고, 독립을 쟁취하기 위한 투쟁을 지지하는 결의를 하게 되었다.

이리하여 1930년은 머지않아 닥쳐올 사건의 어두운 그늘을 드리운 채 암울한 분위기 속에서 시작되었다. 시민 불복종 운동이 준비되었고, 국민회의 의원은 의회와 입법 참사회를 또다시 거부하고 여기에서 탈퇴했다. 1월 26일 전국의 도시와 농촌에서 열린 수많은 집회에서 특별히 독립에 대한 맹세를 했는데, 해마다 이 날을 기념일로 삼아 '독립 기념일(Independence Day)' 로 경축하고 있다. 3월에는 단디(Dandi) 해안을 따라, 제염 금지법(the salt law)을 깨뜨리려는 간디의 유명한 행진이 펼쳐졌다. 간디는 소금세가 가난한 사람들에게 무거운 부담이 되는 악세 중에서도 악세였기 때문에 이것을 투쟁의 실마리로 삼은 것이었다.

1930년 4월 중순에는 시민 불복종 운동이 절정에 도달했다. 제염 금지법뿐만 아니라 그 밖의 법률도 위반되었다. 전국은 평화적인 반란으로 가득 찼고, 이것을 탄압하는 법률과 긴급 명령이 잇따라 생겨났다.

---

40) 1929년 10월 30일 영국에서 귀국한 총독 어윈(Irwin)은 사이먼의 제안에 따른 원탁 회의의 개최에 관한 성명을 발표하고, 인도에 자치령의 지위를 부여할 것처럼 떠벌렸다. 이에 대해 인도 측에서는 다음과 같은 조건으로 영국 정부의 노력에 협력할 것을 간디 이하 주요 지도자들의 연명으로 성명했다. ① 제안된 회의에서의 모든 토의는 인도가 완전한 자치령으로서의 자격을 부여받는다는 기초 위에 행해질 것. ② 회의에서는 국민회의의 당원이 대표자의 대부분을 차지해야 할 것. ③ 정치범을 일제히 석방할 것. ④ 앞으로 인도의 통치는 가능한 한 자치령 통치의 선에 따라 행해질 것.

그러나 이렇게 공표된 긴급 명령 자체가 또다시 시민 불복종 운동의 대상이 되었다. 대량 검거 선풍이 일고 라티 습격이 일상화되었으며, 무장하지 않은 군중에 대한 발포, 국민회의 위원회의 비합법화, 신문의 검열과 보도 금지, 구타 사건, 감옥에서의 학대 등등의 사건이 꼬리에 꼬리를 물고 일어났다. 한쪽에서 긴급 명령을 내리면 다른 쪽은 단호하고도 조직적으로 명령 위반을 했고, 또한 외국산 직물이나 영국 상품을 보이콧하는 것으로 이에 응했다. 10만 명 가까운 사람들이 투옥되었으며, 이러한 인도의 평화적이고도 열렬한 투쟁의 모습들은 한동안 세계의 주목을 끌었다.

나는 세 가지 사실에 대해서 너의 주의를 환기시켜 두고 싶다. 첫째는 서북 국경 주(North-West Frontier Province)의 눈부신 정치적 각성이다. 1930년 4월에 투쟁이 시작되자마자 페샤와르에서는 대규모로 비무장 군중을 사살한 사건이 일어났다. 그 해 내내 국경 지방의 우리 인민은 불요 불굴의 기상을 보이면서 거듭되는 잔인 무도한 만행을 견뎌 냈다. 이것은 정말 주목할 만한 일이었다. 왜냐하면 국경 지방의 사람들은 평화적인 것과는 거리가 먼 기질을 가졌고, 사소한 일에도 흥분하는 사람들이었기 때문이다. 그런데도 그들은 평화적인 방법을 택했던 것이다. 국경주의 파탄족(Pathans)[41]처럼 정치적 무대를 처음으로 밟은 사람들이 바로 전면에 나서서 이와 같이 용감한 역할을 한 것은 놀라운 일이며, 칭찬할 만한 일이기도 했다.

둘째는 이 위대한 해의 가장 주목할 가치가 있는 사실인데, 인도 여성들의 의식이 놀랄 만큼 성장했다는 것이다. 수많은 여성들이 자신들의 베일을 벗어 버리고 굳게 닫힌 가정의 울타리에서 거리나 광장으로 뛰어나와, 투쟁하는 그들의 형제들과 손을 마주 잡고 운동에 참여했다. 때로는 그런 것을 본 적이 없는 남자들로 하여금 눈이 휘둥그래지게까지 만드는 행동도 서슴지 않았다.

---

41) 인도의 서북 국경에 거주하는 아프간인과 동일한 계통의 종족.

인도의 평화적인 반란

셋째로 주목을 끄는 일은 운동이 진전됨에 따라 이러한 정치적 운동이 농민의 경제 문제와 직접적으로 결합되었다는 점이다. 1930년이라는 해는 세계 대공황의 첫 해에 해당하는 해여서 농산물 가격이 폭락했다. 농민의 수입은 농산물 판매에 의존하는 것이었기 때문에 그들은 공황으로 말미암아 큰 타격을 받았다. 따라서 과세 불납 운동은 궁핍에 허덕이는 그들에게 아주 적합해, 스와라지는 그들에게 그저 먼 정치적 목표에 불과한 것이 아니라, 눈앞에 놓인 가장 중요한 경제 문제의 목표가 되었다. 그리하여 과세 불납 운동은 그들에겐 새롭고 더욱 가까운 의미를 가지게 되어, 지주와 소작인의 관계에서 볼 수 있는 계급 투쟁의 요소를 띠기 시작했다. 이것은 특히 연합주와 서부 인도에서 두드러지게 나타난 현상이었다.

시민 불복종 운동이 인도에서 한창 벌어지고 있을 무렵, 바다 건너 런던에서는 대대적인 선전 아래 영국 정부 주최로 하나의 원탁 회의가 개최되고 있었다. 국민회의는 여기에 관여하지 않았다. 인도인으로 이 회의에 참가한 사람은 모두 정부의 지명을 받은 사람들이었다. 그들은 참된 투쟁이 인도에서 전개되고 있다는 사실을 잘 알면서도 마치 꼭두각시나 실체가 없는 그림자처럼 런던의 무대에서 둥실둥실 춤을 추었다. 정부는 인도의 약점을 과시하기 위해 고의로 공동 사회 문제를 앞에 내세워 토의의 대상으로 삼았다. 그들은 어떤 타결에 도달할 기회를 주지 않기 위해 미리 가장 극단적인 공동체주의자와 반동들을 지명해서 회의에 참가시키는 준비를 게을리 하지 않았다.

1931년 3월 델리에서 국민회의와 정부 사이에 토의의 속행을 가능하게 하는 타협 내지는 가협정이 성립되었는데, 이것은 '간디 - 어윈 협정(Gandhi-Irwin Pact)'[42]이라고 일컬어진다. 이에 따라 시민 불복종 운

---

42) 간디 - 어윈 협정의 요지는 다음과 같다.
    국민회의를 대표해 마하트마 간디는 다음 사항을 동의함. ① 일반 불복종 운동을 정지할 것. ② 연방 조직, 책임, 인도의 이익에 필요한 조정 및 안전 보장을 기반으로 하는 인도 헌법의 기초를 위해 개최되는 원탁 회의의 토론에 참가할 것. ③ 인도 각지 경찰의 잔학 행위

동은 중지되고, 몇만 명의 시민 불복종 운동에 관련한 정치범이 즉각 석방되었으며, 총독령은 철회되었다.

    1931년에는 또 국민회의 대표로서 간디가 런던에서 열리는 제2차 원탁 회의에 참석하게 되었다. 이 때 인도 내부에서는 중요한 세 가지 문제가 발생해서 국민회의와 정부의 주의를 끌었다. 첫째는 벵골 문제인데 정부는 이 지방에서 테러를 진압한다는 핑계로 정치 운동을 하는 사람들에게 격렬한 탄압을 가했다. 전보다 훨씬 엄중한 법령이 새로 공포되어 벵골은 델리 협정(the Delhi settlement : 간디 - 어윈 협정)에도 불구하고 휴전을 할 겨를이 없었다.

    둘째 문제는 국경주 문제였는데, 사람들은 정치적 각성을 통해 아직도 행동하고 있었다. 칸 압둘 가파르 칸(Khan Abdul Ghaffar Khan)의 지도 아래 대규모적이고 잘 훈련되고 평화적인 조직이 뻗어나고 있었다. 그들은 '쿠다이 키드마트가르(Khudai Khidmatgar : 신의 종이라는 뜻)'라고 일컬어졌으며, 또한 붉은 유니폼(사회주의자나 공산주의자와 관련이 있었던 것은 아니다)을 입고 있었기 때문에 때때로 '붉은 셔츠 부대(Red-shirts)'라고도 일컬어졌다. 정부는 처음부터 이 운동에 대해서 호감을 가지고 있을 리가 없었다. 정부는 파탄족 투사들의 뛰어난 용맹을 잘 알고 있었기 때문에 이들을 두려워했다.

    셋째 문제는 연합주에서 일어났다. 가난한 소작인들은 세계적인 불경기와 농산물 가격 폭락으로 큰 타격을 받았다. 그들은 소작료를 낼 수가 없었다. 약간 면제되기도 했으나 그들은 그것으로 충분하다고는 생각지 않았다. 국민회의는 그들을 위해 조정에 나섰으나 별다른 효과

에 대한 조사의 요구를 철회할 것.
    영국 정부를 대표해 총독은 다음의 사항에 동의함. ① 불복종 운동에 연루되어 투옥된 모든 정치범을 즉시 석방할 것. ② 정부가 몰수한 재산과 토지 가운데 아직도 매각 또는 경매에 붙이지 아니한 것은 소유자에게 반환할 것. ③ 긴급 조령을 철폐할 것. ④ 해안으로부터 일정한 거리 이내에 거주하는 자는 비과세로 소금을 채취 생산할 수 있을 것. ⑤ 술, 아편, 외국제 의류점에 대한 평화적 감시를 인정할 것. 또한 외국제 의류점에 관한 감시는 영국제 상품에 대한 차별 대우가 아닌 국산품 장려 운동의 조장을 위한 것으로 간주할 것.

는 없었다. 1931년 11월 소작료를 거둬들이는 기한이 닥쳐왔을 때 사태는 급박해졌다. 국민회의는 알라하바드 지구를 비롯한 기타 지역에서 소작인과 자민다르에게 소작료 면제에 관한 문제는 일단 뒤로 미루고, 또 소작료와 토지에 과하는 수익세의 지불을 보류할 것도 요청했다. 정부는 곧 연합주에 대해 한 법령을 발표해 이에 대응했다. 이것은 지방 관리에게 모든 종류의 활동을 탄압하고 개인의 이동마저 금지시킬 수 있는 거의 완전한 권한을 부여하는 것으로서, 참으로 강력하고도 적용 범위가 넓은 법령이었다.

뒤이어 정부는 국경주에 대해서 참으로 어이없는 두 가지 법령을 발표했다. 국경 지방의 주에서도 연합주와 마찬가지로 국민회의 지도자들은 잇따라 체포되었다.

간디가 그 해 마지막 주에 런던에서 아무런 성과 없이 돌아왔을 때, 세 주(아그라 · 오우드 · 연합주 · 국경주)는 법령의 지배 아래 놓이게 되었고, 그의 동지 가운데 어떤 사람은 이미 감옥에 들어가 있는 상황에 직면했다. 1주일 안으로 국민회의는 또다시 시민 불복종 운동을 전개할 것을 선언했고, 정부측에서는 수많은 국민회의 위원회와 이에 관련이 있는 엄청나게 많은 조직을 비합법화했다.

이 투쟁은 1930년의 투쟁에 비해 훨씬 더 고통스러운 것이었다. 정부는 이전의 경험을 활용해 신중하게 준비를 갖추고 있었다. 이제는 합법성의 허울을 쓴다던가 법률상의 형식 같은 것은 뒷전으로 밀려나고, 모두를 일괄적으로 단속하는 법령 아래 문관들로 구성된 일종의 군법회의가 전국을 지배하게 되었다. 제국주의 국가 본연의 권력이 노골적으로 본성을 드러냈다. 이것은 자연스러운 추세였다. 왜냐하면 민족주의 운동이 더욱 강력해져서, 외국 통치 세력의 근간이 위협을 당하면 당할수록 운동 세력에 대한 탄압도 또한 극렬해지기 때문이다. 신의니 선의니 하는 점잖은 말은 사라져 버리고, 몽둥이와 총칼이 국가의 참된 유지 수단으로 등장했다. 법률은 총독의 단순한 명령일 뿐 아니라, 상관이 자신을 지지해 주리라는 것을 믿고 제 마음대로 행동하는 하급 관료의 의지(will)였다. 특히 첩보 기관과 C.I.D.(Criminal Intelligence Department : 범죄 수사부, 백열세 번째 편지 참조)가 차르 시대의 러시아처럼 곳곳에서 제멋대로 날뛰며 권력을 남용했지만 아무도 이를 가로막을 수 없었다. 그리고 권력에 대한 욕망은 그것을 사용하면 할수록 무한정으로 증대되기 마련이다. 어떤 정부가 주로 비밀 기관에 의지해 통치되고, 어떤 민족이 감시 체제하에서 시달리게 되면 사회의 윤리 의식은 피폐해진다. 왜냐하면 비밀 기관이라는 것은 어느 사회에서나 음모·스파이·공갈·테러·도발·날조·거짓말 따위가 판을 치는 그러한 분위기 속에서 성장하고 활동하기 때문이다. 최근 3년 동안 인도에서는 관료와 경찰과 C.I.D.에 주어진 지나친 권력과 그 권력의 발동이 이들 기관으로 하여금 더 한층 야수화하고 악질화하게 했다. 그들이 목표로 삼은 것은 이른바 공포 정치였다.

    이야기를 좀더 세세한 부분으로 진행시켜 가야겠다. 이러한 시대에 정부가 수행하는 정책 가운데 한 특징은 단체와 개인의 가옥, 자동차, 은행 예금 등 광범위한 재산의 몰수였다. 이것은 중간 계급 출신의 국민 회의 지지자들에게 타격을 줄 의도에서 나온 것이다. 총독령의 조항 가운데 부차적이기는 하지만 인상적인 조항 하나는, 어린이나 미성년자가 범죄를 저지르면 그 양친과 후견인까지 처벌을 받았다는 것이다!

    이러한 일들이 한창 벌어지고 있는 동안에 영국의 선전 기관은 인도의 실정을 장미 빛깔로 덧칠하느라고 바빴다. 인도 자체의 내부에서는 나중에 화가 미칠 것이 두려워 진상을 싣는 신문이 없었다 — 체포된 사람들의 이름을 싣는 것조차 범법 행위였다.

    그러나 뭐니뭐니 해도 영국의 인도에 대한 정책의 특징을 가장 잘 나타낸 것은 인도에서 가장 반동적인 세력과 동맹 관계를 맺으려는 시도였다. 오늘날의 영국 제국은 진보 세력과 싸우면서, 봉건 세력과 그 밖의 극단적인 반동 세력에 의존하면서 존립하고 있다. 그들은 인도에서 영국의 권위가 손상당할 경우 사회 혁명이 일어날 우려도 있다는 것을 넌지시 비침으로써, '특권 세력(vested interests)'을 자신들을 옹호하기 위한 세력으로 결집시키려고 했다. 봉건 왕후는 이 방위전의 제1선에 위치하고, 대자민다르가 제2선이었다. 그리고 재빨리 손을 써서 극단적인 공동체주의자를 앞에 내세움으로써 소수 그룹 문제를 인도의 독립을 가로막는 장애물이 되게 만들었다. 최근에는 영국 정부가 사원 입장 문제(the temple entry question)와 관련해, 힌두 교도 가운데 극단적인 종교적 반동주의자들에 대해서 온갖 동정과 친밀한 태도를 보이는 등 색다른 광경을 연출하고 있다. 영국은 곳곳에서 반동과 편협한 완고함과 그릇된 이기주의를 추구하고 있는 그들로부터 지지를 구하고 있다.

대중 투쟁은 하나의 커다란 진보를 가져왔다. 대중들에게 정치 교육을 시키기 위해서는, 그것이 가시밭길이기는 하지만 가장 좋은 방법이며, 또한 가장 빠른 길이기도 하다. 왜냐하면 대중들은 '커다란 사건을 통한 훈련(schooling of big events)' 이 필요하기 때문이다. 민주적인 국가의 선거와 같은 평상적인 정치 활동은 때때로 보통 사람들을 혼란스럽게 만든다. 연설은 범람하고, 모든 후보자가 온갖 달콤한 공약을 늘어놓기 때문에 농촌이나 공장이나 상점에서 일하는 사람들은 정확한 판단을 하지 못해 망설이게 된다. 그들은 한 당파와 다른 당파를 구분하는 경계를 확실하게 구별할 수가 없다. 그런데 대중 투쟁이 전개되는 경우나 혁명의 시대에는 현실 상황이 마치 조명 불빛을 받은 것처럼 선명하게 보인다. 이와 같은 절박한 상황에서는 당파도 계급도 개인도 그들의 참된 감정이나 본질을 숨길 수가 없다. 진실은 밝혀지는 것이다. 혁명은 성격과 용기와 인내와 몰아심의 시금석일 뿐만 아니라, 그 때까지는 애매한 미사여구로 꾸며져 있던 각기 다른 계급과 당파 사이의 진정한 차이를 폭로한다.

인도의 시민 불복종 운동은 원래 하나의 민족 투쟁의 양상을 띠어 왔다. 그것은 확실히 계급 투쟁이 아니었다. 그것은 어디까지나 배후에서 농민이 지지해 주는 중간 계급의 운동이었다. 따라서 그것은 계급 운동의 경우처럼 그 계급들을 분리시킬 수는 없는 것이다. 그런데도 이러한 민족 운동에서조차 어느 정도는 여러 계급의 동맹이 있었다. 그 중의 어떤 것, 예를 들면 봉건 제후와 탈루크다르와 대자민다르는 완전히 정부의 견해를 지지했으며, 민족 자주 독립의 이익보다도 자신들의 계급적 이해를 중요시했다.

국민회의의 지도 아래 민족 운동이 성장함에 따라 농민 대중은 국민회의와 같은 길을 걷게 되었고, 국민회의를 통해서 그들의 어깨에 겹겹이 지워진 무거운 짐에서 구제되기를 기대했다. 이것은 국민회의 세력을 현저하게 강화시키는 동시에, 국민회의에 대중적인 경향을 부여했다. 지도 세력은 여전히 중간 계급이었으나, 그 색채는 밑에서 올라오는 압력 때문에 엷어지고, 농민 문제나 사회 문제가 더욱더 국민회의의 관심을 끌게 되었다. 사회주의에도 점진적으로 접근하는 경향이 눈에 띄게 되었다. 이것은 1931년에 개최된 카라치 대회(Karachi Congress)에서 채택된 기본권과 경제 강령에 관한 중요한 결의를 통해서 입증되었다. 이 결의는, 헌법은 사람들이 당연하게 생각하는 일정한 민주주의적 권리들과 여러 가지 자유, 그리고 소수 민족의 권리를 보장해야 한다는 것을 골자로 한 것이었다. 덧붙여 기간 산업과 중요한 공공 업무는 국가가 관리해야 한다는 것을 명확히 했다. 독립을 위한 투쟁은 정치적 자유보다 훨씬 더 중요한 그 무엇을 의미하기 시작했으며, 그리고 여기에 사회적인 문제에 관한 내용이 첨가되었다. 진정한 문제는 대중의 빈곤과 착취를 없애는 일이었기 때문에, 독립은 이 궁극의 목적을 위한 수단으로 삼게 되었다.

인도에서 시민 불복종 운동이 벌어져서 엄청난 수의 정치 운동가가 감옥을 메우고 있는 동안에, 영국 정부는 자신들에게 유리한 헌법 개혁안을 제출했다. 이 안에는 주 자치제에 대한 제한적인 형식, 그리고 봉건 왕후가 지배적인 발언권을 갖게 되는 연방 제도가 제안되어 있었다. 정부는 무릇 인간의 두뇌로 궁리할 수 있는 최대한의 지혜를 짜서 자신들의 이익을 장악할 뿐만 아니라, 자신들의 3중의 ― 군사적인 · 시민적인 · 상업적인 인도 점령을 강화하기 위한 온갖 단서 조항을 들고 나왔다. 모든 특권 세력은 완전히 보호받았고, 그 중에서도 영국인, 특히 특권층은 효과적으로 보호를 받았다. 다만 3억 5000만 명이 넘는 인도 인민의 이익만은 잊어버리고 있었다. 이 제안은 인도에서 맹렬한 반대에 부딪히게 되었다.

나는 버마에 대해서 이야기를 하지 않았는데 여기서 좀 언급해야겠다. 버마인은 1930년과 32년에 벌인 시민 불복종 운동에는 참가하지 않았다. 그러나 1930년과 31년의 경제 공황이 원인이 되어 북부 버마에 큰 농민 반란이 일어났다. 영국 정부는 이 반란을 야만적인 수단으로 진압했다. 지금은, 가령 인도가 자유를 획득한 뒤에도 버마는 여전히 착취할 수 있는 대상으로 남을 수 있도록 하기 위해 인도에서 버마를 정치적으로 분리하려고 기도하고 있다. 버마는 석유와 주석 등 광물 자원이 풍부하기 때문에 상당한 중요성을 갖고 있다.

☐ 추기(1938년 10월)

5년 반 전에 형무소 안에서 이 편지를 쓴 뒤 인도는 많이 변했다. 그 당시에는 다소 퇴조의 기운이 있기는 했으나 여전히 시민 불복종 운동이 진행중이었고, 수많은 국민회의 당원이 감옥에 갇혀 있었다. 국민회의 자체는 수많은 위원회와 부속 기관을 포함해 비합법화되고 있었다. 1934년에 국민회의는 시민 불복종 운동을 중지했고, 정부는 국민회의에 대한 금지령을 철회했다. 국민회의는 입법 기관을 보이콧했던 과거의 정책을 변경했고, 중앙 국회(Central Assembly)의 의원 선거가 상당히 성공적으로 치러졌다.

1935년, 오랫동안 논의한 끝에 영국의 의회는 인도의 국가 조직을 새로 규정한 '인도 통치 조례'를 가결했다. 이에 따라 수없이 많은 조건이 붙어 주 자치제가 인정되었고, 또한 각 주와 인도의 번방 여러 나라 사이에는 연방 제도가 마련되게 되어 있었다. 이 법률이 인도에서 광범위한 반대에 부딪혔으며, 국민회의는 이것을 거부했다. 총독 겸 부왕이 손아귀에 쥐게 되는 유보 사항과 '특수 권한(special powers)'은 특히 주 자치제를 실속이 없는 것으로 만든다고 공격을 받았다. 연방 문제는 더욱 거센 반대에 부딪혔다. 이것은 번방 여러 나라 안의 독재 체제를 영구화하고, 봉건적이고 독재적인 정치 단위와 반(半)민주적인 여러 주와 괴이하고도 실행할 수 없는 연합을 가져오는 것이기 때문이다. 그것은 인도의 정치·사회적 진보를 방해하고, 직접 또는 봉건 왕후를 통해서 영국 제국주의 세력을 강화하는 것으로 간주되었다. 이 조례에는 공동 사회에 대한 배려도 포함되어 있어 수많은 분리 선거의 모체가 설정되어 있다. 이로 인해 어느 정도 이익을 누릴 수 있는 소수파 그룹은 이를 환영했으나, 국민회의에서는 또한 비민주적일 뿐만 아니라 진보에 장애가 된다는 이유로 이를 배격했다.

'인도 통치 조례'의 주 자치제에 관한 부분은 1937년에 시행되어 이에 따라 인도 전역에서 총선거가 실시되었다. 국민회의는 이 법률을 거부했는데도 선거에는 참여하기로 결정했으며, 매우 활발하고 광범위한 선거전이 전개되었다. 국민회의는 대다수의 주에서 압도적인 승리를 거두었으며, 대부분의 새 입법 기관에서는 국민회의 당원이 다수파를 형성하게 되었다. 그들이 주 정부 내각에 참여할 것이냐 아니냐 하는 것은 논란의 대상이 되었다. 결국 국민회의는 각료의 지위를 맡기로 했으나, 그와 동시에 여전히 독립이라는 목표와 정책은 존속하고, 그 정책을 촉진시키고 독립을 목표로 삼은 투쟁을 위해 나라를 강하게 만들 목적으로 관직을 받아들여야 한다는 것을 분명히 밝혔다. 게다가 다시는 총독이 유보 사항을 발동해서는 안 된다는 결의를 했다.

이렇게 결정한 결과 봄베이·연합주·비하르·중앙주·오리사·마드라스 그리고 서북 국경주의 일곱 주에서 국민회의 내각이 구성되었다. 그리고 얼마 뒤에 아샘에서도 국민회의가 연립 내각을 구성했다. 국민회의 내각이 없는 대표적인 주는 벵골과 펀자브였다. 국민회의 내각이 구성된 결과 이들 지역에서의 정치범의 석방과 시민의 자유에 대한 제한의 철폐가 이루어졌다. 대중은 이러한 변화를 환영했고, 그들의 생활 상태가 빨리 개선되기를 바랐다. 국민의 정치적 자각은 순식간에 높아져서 농민·노동자의 운동 역량이 축적되어 파업이 자주 일어났다.

각 주의 내각은 즉시 농민의 부담을 가볍게 해 주기 위해 토지와 채무에 관한 입법에 착수했고, 또한 공업 노동자의 생활 조건도 개선하려고 했다. 어느 정도 실현된 것도 있으나 그 당시의 환경으로는, 그리고 바로 그 인도 통치 조례 아래서는 광범위한 사회 변화는 기대할 수 없었다.

국민회의 각료와 총독 사이에는 가끔 분쟁이 일어나 국민회의 각료는 두 번이나 사의를 표명했다. 사표를 받아들여 이 각료들이 사직했다면 당연히 국민회의와 정부는 정면으로 충돌하게 되었을 것이다. 그러나 이것은 정부가 바라는 바가 아니었기 때문에 각료들의 의견이 관철되었다. 그러나 정세가 근본부터 불안정했기 때문에 분쟁을 피할 수는 없었다. 국민회의로서는 이것은 과도 정부에 불과하고, 목표는 여전히 독립에 있는 것이다.

가장 큰 충돌은 영국 정부가 연방 제도를 강요하려고 할 때 일어날 것 같다. 반대하는 목소리가 너무나 강렬하기 때문에 지금까지는 보류하고 있다. 국민회의의 세력은 국민회의가 탄생한 이래 어느 때보다도 강화되어 있기 때문에 그들을 무시할 수는 없다. 국민회의가 요구하는 바는 유권자들이 뽑은 국회 의원으로 구성되는 의회를 소집해서 독립된 인도를 위한 헌법을 제정하는 것이다.

공동 사회 문제는 또다시 인도의 중요한 문제가 되어 마찰을 일으키고 있다. 그러나 경제·사회적 문제가 초점으로 떠올라서 사람들의 주의가 공동 사회적·종교적 대립으로부터는 멀어져 가는 경향이 있다.

인도 대중의 각성은 인도의 번방 여러 나라에까지 파급되어 대부분의 번방에서 정부 수립을 요구하는 강력한 운동이 일어나고 있다. 중요한 번방 중에서는 마이소르·카슈미르 그리고 트라방코르에서 두드러진 양상을 볼 수 있다. 특히 최근 트라방코르에서는 인민의 요구에 대해 번방 당국이 잔혹한 탄압과 폭력으로 대응하고 있다. 이들 반(半)봉건적인 번방에서는(예를 들면 카슈미르처럼) 행정이 영국인 관리에 의해 좌우되고 있다.

최근 몇 해 동안에 인도는 점점 더 국제 정세에 깊은 관심을 갖게 되어 세계의 문제 속에서 자신의 문제를 발견하려고 노력하고 있다. 아비시니아·에스파냐·중국·체코슬로바키아 그리고 팔레스타인의 사태는 인도 인민의 마음을 깊이 뒤흔들어 놓았으며, 국민회의는 새로운 외교 정책을 수립하려 하고 있다. 그것은 평화적이고, 또한 민주주의를 옹호하는 정책으로서, 제국주의와 파시즘에는 한결같이 반대한다.

버마는 1937년 인도에서 분리되었다. 인도의 주 의회와 비슷한 입법 의회가 버마에도 수립되었다.

163 *1933년 5월 20일*

이집트의 독립 투쟁

이번에는 이집트로 가서 성장하고 있는 민족주의 세력의 제국주의 세력에 대한 투쟁의 발자취를 더듬어 보자. 인도와 마찬가지로 이집트에서도 권력을 쥐고 있는 것은 영국이다. 이집트는 여러 가지 면에서 인도와 매우 다르며, 영국이 거기에 뿌리를 내린 것도 단기간에 지나지 않지만, 그러나 이 두 나라 사이에는 수많은 유사한 점과 공통적인 특징이 있다. 인도와 이집트의 민족주의 운동은 채용한 방식은 다르지만, 기본적으로는 민족의 자주 독립에 대한 욕구와 목적이 같다. 그리고 이들 민족주의 운동을 억압하려고 하는 제국주의가 작용하는 방법 또한 너무나 똑같다. 그러므로 인도인과 이집트인은 서로가 상대방이 겪은 경험에서 배울 바가 많다. 특히 우리들에게는 이집트의 실례를 통해서 영국이 용인하는 '자유(freedom)'라는 것이 어느 정도의 것인지, 그리고 그 전도가 어떻게 되는지를 알 수 있기 때문에 좋은 공부가 된다.

모든 아랍 국가들(아라비아 · 이라크 · 시리아 · 팔레스타인) 가운데 이집트는 가장 발달한 나라다. 이집트는 동양과 서양의 길목에 있어, 수에즈 운하가 건설된 뒤로는 선박이 왕래하는 큰 통상로 역할을 해 왔다. 이집트는 19세기의 새로운 유럽과는 서아시아의 어느 나라보다도 접촉이 많았다. 다른 아랍 국가들과는 뚜렷이 구별되는 매우 분명한 민족 단위를 이루고 있는데, 그들은 모두 같은 언어와 전통과 종교를 가지고 있기 때문에 문화면에서 유대가 매우 긴밀하다. 카이로의 일간 신문은 모든 아랍 국가들에 보급되어 큰 영향력을 가지고 있다. 이 국가들 가운데 민족 운동이 이집트에서 맨 먼저 일어났기 때문에 이집트인의 민족주의가 다른 아랍 국가들의 모범이 된 것은 당연한 일이었다.

　　나는 이집트에 대해서 마지막으로 쓴 편지(백마흔한 번째 편지)에서 아라비 파샤(Arabi Pasha)가 지도한 1881~82년의 민족주의 운동이 영국에게 어떻게 진압되었는지를 이야기했다. 또한 나는 초기의 개혁가들, 즉 자말웃딘 아프가니(Jemal-ud-din-Afghani)에 대해, 그리고 서양에서 들어온 새로운 사상이 정통 이슬람교에 준 충격 등에 대해서 이야기했다. 이들 개혁가들은 옛날의 교리로 거슬러 올라가서, 종교상의 여러 가지 부착물, 몇 세기 동안에 덧붙여진 많은 군더더기를 모두 털어 냄으로써 이슬람교를 현대의 진보와 조화시키려고 했다. 진보적인 사람들이 그 다음에 손을 댄 것은 사회적인 여러 제도에서 종교를 분리시키는 일이었다. 오래된 종교는 우리들의 일상 생활에 깊이 침투해 우리들 하루하루의 생활의 모든 면을 뒤덮고 규정하는 성질이 있다. 힌두교나 이슬람교도 순수한 종교적인 가르침과는 전혀 관계도 없는 결혼 · 상속 · 민법 · 형법 그리고 정치 조직에 이르기까지, 실로 인간과 사회의 거의 모든 부분에 걸쳐 규칙이나 법도를 마련했다. 달리 말하면 그것들은 사회 구조 전체를 규정하고, 더구나 거기에 종교적인 재가(裁可)와 권위를 부여함으로써 그것을 영구화하려고 한다. 이런 점에서 힌두교는 엄격한 카스트 제도를 통해 다른 종교보다 그러한 경향이 훨씬 더 심하다. 사회 구조의 이러한 종교적 영속화는 변화를 어렵게 만든다. 그리하여 이집트에서, 또한 어디에서나 진보적인 사람들은 사회의 구조나 제도로부터 종교를 분리하려고 했다. 그들이 내세우는 근거는 과거에 종교나 관습이 인민에게 강요해 온 낡은 여러 가지 제도는 분명히 성서(Scriptures) 시대를 지배하고 있었던 여러 상황에는 맞는 것이었으나, 과거의 낡은 제도들이 오늘날의 여러 조건에는 맞지 않게 되었다는 것이다. 상식적으로 소달구지를 위해서 만들어진 규칙은 자동차나 기차에는 맞지 않는다는 것이다.

이들 진보주의자들이나 개혁가들이 사용한 논증은 대략 이와 같은 것이었다. 이것이 국가와 여러 사회 제도의 세속화에 박차를 가했다 — 말하자면 그것들은 종교에서 분리되었다. 이 과정은 이미 본 바와 같이 터키에서 가장 철저하게 진행되었다. 터키 공화국 대통령은 취임식을 거행할 때조차 신의 이름으로 하지 않고, 자신의 명예로 선서를 한다. 아직 거기까지는 발전하지 않았지만, 이집트와 그 밖의 이슬람 여러 나라에서도 같은 경향이 작용하고 있다. 투르크인·이집트인·시리아인·페르시아인 등은 오늘날 낡은 투의 종교적 언어로 말하는 것보다는 훨씬 많이 새로운 민족주의 언어로 말한다. 아마 인도의 이슬람 교도는 세계의 어느 이슬람 교도 집단보다도 민족주의화 과정에 저항이 심했다. 그리고 다른 여느 이슬람 국가의 교도들에 비해 훨씬 보수적이고, 또한 종교심이 강하다고 생각된다. 이것은 약간 놀랍고도 이상한 사실이다. 새로운 민족주의는 일반적으로 부르주아, 즉 자본주의적 경제 체제 하의 중간 계급의 발달과 보조를 맞추어 발달한다. 인도의 이슬람 교도는 이러한 부르주아의 발달이라는 점에서 뒤떨어져 있으며, 이 결함이 그들이 민족주의로 전진하는 것을 방해하고 있는지도 모른다. 또한 인도에서 소수 집단이라는 사실이 그들의 두려움을 자극하며, 그들을 더욱 보수적으로 만들고, 옛 전통에 집착하게 하고, 새로운 견해나 사상에 의혹을 품도록 작용했다고 할 수도 있다. 거의 1000년 전에 초기 이슬람교의 침략이 시작되었을 때, 힌두 교도를 그들의 껍질 속에 들어앉게 만들고, 몹시 답답한 카스트 제도에 얽매인 공동체 사회를 만들게 한 것도 확실히 이와 비슷한 심리였음에 틀림없다.
 이집트에서는 19세기 후반의 4반세기와 그 뒤에 걸쳐 외국 무역이 발달함에 따라 새로운 중간 계급이 성장했다. 사드 자글룰(Sad Zaghlul) 도 농민 집안 출신으로서 이 계급의 일원이 되었다. 1881~82년에 아라비 파샤가 영국에 도전했을 때 그는 한 청년으로서 아라비 밑에서 일했다. 그 때부터 1927년 죽을 때까지 55년 동안 그는 계속해서 이집트의 자주 독립을 위해 온몸을 바쳐 독립 운동의 지도자가 되었다. 그는 자신의 출신 계급이었던 농민 계급으로부터는 사랑을 받았고, 자신이 속해 있던 중간 계급으로부터는 숭배받았던 이집트의 의심할 여지 없는 지도자였다. 그러나 귀족 계급, 즉 낡은 봉건 지주 계급은 그를 달가워하지 않았다. 그들은 이 나라에서 자신들의 우월한 지위를 위협하는 중간 계급에 대해 호감을 갖지 않았다. 자글룰은 그들의 눈에는 갑자기 나타난 폭도로 비쳤으며, 자기 계급의 지도자 또는 대표자로서 그들과 싸워야 했다. 인도의 경우와 마찬가지로 영국은 이 봉건 지주 계급에게서 그들 자신을 위한 지지자를 찾으려 했다. 이 계급은 사실 이집트인이라기보다는 투르크계로서 구 지배 귀족 계급을 대표하고 있었다.
 이처럼 이집트에서 영국은 제국주의의 상투적인 낡은 수법으로 일부 사회 그룹 또는 정치 분파를 자기 편으로 만들고, 한 계급 또는 분파를 다른 계급과 대립하게 함으로써 단일 민족으로 발전하지 못하게 하려고 했다. 이집트에서는 기독교계의 콥트 교도(Copts)가 소수 교파를 형성하고 있었기 때문에 그들은 인도의 경우와 마찬가지로 소수 민족 문제를 들고 나왔으나 이것은 실패했다. 또한 이것도 제국주의가 잘 써먹는 수법이지만, 철두철미하게 남을 위하는 척하며 자기 실속을 차리는 말을 늘어놓고는 마치 그것이 상대방에게 이익을 주기 위해서 하는 일이기라도 한 것처럼 생색을 내곤 했다. 영국은 스스로를 '묵묵히 말이 없는 대중(dumb millions)'의 '후견인(trustees)'이라 자처했으며, '나라에 견실하게 뿌리를 내리지 못한(no stake in the country)' '선동가(agitators)'나 그와 비슷한 패거리가 말썽만 일으키지 않으면 모든 것이 원만하게 잘 처리될 것이라고 입버릇처럼 말했다. 말이 난 김에 덧붙여 말하겠는데, 상대방에게 이익을 주는 이 과정은 가끔 이익을 누리고 있는 수많은 사람들을 쏘아 죽이는 것으로 귀착되었다. 아마 이런 경우에 그들은 지옥 같은 이 세상의 고통에서 벗어나 빨리 천국에 가게 해 주는 것이라고 말할지도 모른다!

이집트는 전쟁중에, 그리고 전쟁이 끝난 뒤에도 오랫동안 계속해서 계엄령하에 있었다. 전시에 우선 '무장 해제법'이 통과되고, '징병법'이 가결되었다. 온 나라는 영국 군대로 가득 찼으며, 개전과 동시에 영국은 이집트를 보호령으로 귀속시킨다고 선언했다.

1918년에 평화가 회복됨과 동시에 이집트의 민족주의자들은 또다시 활발한 활동을 펼치고, 파리 강화 회의와 영국 정부에 제출하기 위한 독립 청원서를 작성했다. 당시 이집트에는 본격적인 정당이 없었다. 다만 하나 존재하고 있던 것은 와타니스트(Watanists)라고 하는 민족주의 정당인데, 당원은 얼마 되지 않았다. 사드 자글룰 파샤를 단장으로 하는 규모가 큰 대표단을 런던과 파리에 파견해 이집트의 독립을 주장하게 한다는 제안이 나왔으며, 이 대표단을 강력한 배경을 가진 거족적인 것으로 만들기 위해 광범위한 조직체가 수립되었다. 이것이 이집트 와프드(Wafd)당의 시초다. '와프드'는 대표라는 뜻이다. 영국은 이 대표단의 런던 입국 허가를 거부하고, 1919년 3월에 자글룰과 다른 지도자를 모두 체포했다.

이것이 피로 물든 혁명의 도화선이 되었다. 몇 명의 영국인이 살해되고, 카이로시와 그 밖의 중심지는 혁명 위원회의 손에 들어왔다. 민족주의자 치안 유지 위원회(Nationalist Committees of Public Safety)가 곳곳에서 결성되었다. 이 반란에서 대학생들은 큰 역할을 했다. 그러나 처음 단계의 승리에도 불구하고 여기저기서 영국의 관리가 살해되기는 했지만 반란은 대체로 진압되었다. 그러나 행동적인 봉기는 진압되었지만, 운동 자체는 결코 소멸된 것이 아니었다. 그것은 전술을 바꾸어 제2단계 — 소극적 저항 단계로 옮겨갔다. 이것은 상당히 성공을 거두었고,

영국 정부는 할 수 없이 이집트의 요구를 받아들이는 모종의 조처를 취해야만 했다. 알프레드 밀너 경(Lord Alfred Milner)[43]을 위원장으로 하는 위원회가 영국에서 파견되었다. 이집트의 민족주의자들은 이 위원회를 거부하기로 결정하고, 성공리에 그것을 실행했다. 밀너 위원회를 보이콧할 때에 또한 대학생이 중요한 역할을 했다. 위원회는 이 민족적 저항에 깊은 인상을 받아 상당히 광범위하고 진지한 권고서를 정부에게 제출했다. 그러나 영국 정부는 그것을 묵살했고, 투쟁은 1919년부터 22년 초까지 3년 간 계속되었다. 이집트인은 완전한 독립 — 이스티크랄 엘 탐(istiqlal el-tam) — 을 주장하면서 한치도 양보하지 않았다.

자글룰 파샤는 1919년 체포된 지 얼마 지나지 않아서 석방되었다. 1921년 12월 그는 다시 체포되어 몰타 섬으로 유배되었다. 그러나 이것도 영국측에 유리하게 사태를 호전시키지 못했으며, 그들은 이집트인을 달래기 위해서 어떤 조처를 취하지 않을 수 없게 되었다. 자글룰은 결코 비타협적인 극단론자가 아니었는데도 절충을 위한 모든 시도는 실패로 끝났다. 사실 그가 영국에 대해 저자세로 타협을 함으로써 나라를 배반했다고 규탄하는 사람들이 그를 암살하려고 한 일조차 있었다. 그러나 그 때 영국 정부와 이집트 민족주의자들이 의견이 일치하는 데 실패한 참된 이유는 그 당시부터 지금에 이르기까지 근본적인 것이다. 그것은 인도에서 절충을 방해하고 있는 이유와 비슷하다. 이집트의 민족주의자들은 이집트에서의 영국의 모든 이익을 무시하려고 하는 것은 아니었다. 그들은 이것들을 토의하고, 또한 영국의 제국 무역이라든가 전략 루트라든가 그 밖의 문제에 관한 영국의 특수한 이익을 인정할 용의를 충분히 가지고 있었다. 다만 그들은 그들의 완전한 독립이 승인된 다음에 그 독립의 권리에 저촉되지 않는 범위에서 이것들을 토의하려고 했다. 이에 대해서 영국은 어느 정도의 자유를 주어야 하는가를 분명히 표명

---

43) 영국의 노련한 식민지 관리. 아프리카 문제의 권위자인 그는 일찍이 이집트에서 재무 관리로 재임한 적도 있었다. 로이드 조지의 전시 내각 때 입각했으며, 전후 밀너 위원회가 이집트에 파견되었을 당시에는 식민상이었다.

하는 일은 그들 자신의 권한에 속하는 일이며, 이 자유는 우선 확보해 놓아야 할 그들 자신의 이익에 비하면 차후 문제인 것이었다.

따라서 의견 일치를 위한 공통의 지반은 존재하지 않았다. 그러나 영국 정부는 하여간 곧 어떻게 해야만 하겠다고 생각하고, 1922년 2월 28일 성명서를 발표했다. 여기서 그들은 장래에 이집트를 '독립 주권 국가(independent sovereign State)'로서 승인할 것을 약속했다. 그러나 다음 네 항목에 관해서는 추후에 고려할 문제로서 유보한다는 중대한 단서 조항을 덧붙였다. 그 네 항목이란 다음과 같다.

(1) 이집트에서 영국 제국의 안전한 통신
(2) 직접·간접적인 외국의 모든 침략과 간섭에 대한 이집트의 방위
(3) 이집트에서 외국 권익의 보호 및 소수 그룹의 보호
(4) 수단(Sudan)의 장래에 관한 문제

이 유보 조항들은 인도에 있는 그 사촌뻘 되는 것들과 혈연적으로 매우 유사한 점을 보여 주고 있다. 우리들은 이를 '유보 조항들(safeguards)'이라고 부르고 있으며, 그 종류는 여기에 훨씬 더 많다. 이 유보 조항은 단순하고 순수한 것처럼 보이지만, 실은 대내적으로나 대외적으로 실질적인 독립을 허용하지 않는 것이었기 때문에 받아들여질 수 없었다. 그래서 1922년 2월 28일의 독립 선언은 이집트 측에서는 승인하지 않는, 영국 정부의 일방적인 행위가 되었다. 영국을 위한 유보 조항이나 보호 조항이 달린 독립이 도대체 어떤 의미를 갖는 것인가 하는 것은 그 뒤 여러 해 동안 이집트에서 상세하게 증명되었다.

이러한 '독립'에도 불구하고 영국 장교가 관장하는 계엄령은 여전히 1년 반 넘게 계속되었고, 이집트 정부가 '면책법(Act of Indemnity)' ― 한 마디로 말하면 계엄 기간중 모든 관리들이 범한 불법 행위에 대한 책임을 모두 면제하는 법률을 가결한 뒤에야 겨우 정지되었다.

새로 '독립한' 이집트에게는 국왕 ― 가엾은 이집트인에게 억지로

떠맡겨진 푸아드(Fuad) 왕의 손에 광범위한 권력이 부여되는 가장 반동적인 헌법이 주어지게 되었다. 국왕 푸아드와 영국 관리는 서로 매우 사이좋게 지냈다. 그들은 양쪽 다 민족주의자들을 싫어했고, 인민을 위한 자유라는 사상이나 또는 진정한 의회 정치조차 반대했다. 푸아드는 자기 자신이 곧 정부인 줄 알고 제멋대로 행동하면서 의회를 해산하고, 자기를 결코 저버리지 않는 영국의 총칼에 의존해서 독재자로서 군림했다.

이집트의 독립을 선언한 뒤 영국이 맨 처음에 보인 이타적인 행위는 새 정부가 들어섬에 따라 퇴직하게 된 관리에게 지불할 거액의 퇴직수당을 청구한 일이었다. 국왕 푸아드는 두말 없이 이집트 정부의 이름으로 이것을 승낙하고 650만 파운드나 되는 많은 액수의 돈을 지불했다 — 어떤 고관은 혼자서 8500파운드나 받았다. 재미있는 일은 이렇게 후한 퇴직금을 받은 관리들 가운데 어떤 사람은 곧 특별 계약 아래 다시 복직했다는 사실이다. 이집트는 큰 나라가 아니고, 인구는 연합주 인구의 3분의 1도 안 된다는 것을 기억하는 것이 좋겠다.

이집트 헌법에는 "모든 권력은 국민으로부터 나온다"고 훌륭하게 규정되어 있다. 그런데 사실상 이 헌법이 발효된 이후 이집트 의회는 아주 단기간의 회기밖에 갖지 못했다. 내가 아는 한 정상적으로 회기를 완료한 의회는 한 번도 없었다. 의회는, 몇 차례에 걸쳐 헌법을 정지시키고 전제 군주로서 군림한 국왕 푸아드에 의해 갑자기 압살당하곤 했다.

새 의회를 구성하기 위한 첫 선거가 1923년에 실시되었다. 자글룰 파샤와 지금은 와프드당이라고 일컬어지고 있는 그의 당은 전국을 석권했다. 그들은 투표자 수의 90%의 지지율과 214석의 의석 가운데 177석을 차지했다. 한 번은 영국과 의견 일치를 위해 자글룰이 런던에 간 적이 있다. 두 나라의 주장은 끝내 조정될 수가 없었고, 몇몇 문제 때문에 교섭이 결렬되었는데, 수단 문제도 그 중의 하나였다. 수단은 이집트의 남쪽에 있는 나라로서 이집트와 사정이 매우 다르다. 민족도 다르고 언어도 달랐다. 나일 강은 수단의 영토를 지나서 흐르고 있다. 나일 강은 유사 이래 — 즉 7000~8000년 동안이나 이집트의 생명 줄기였다. 이집트의 농업과 생활 전체는, 해마다 아비시니아 고지대의 기름진 흙을 가져와서 사막을 비옥하고 생산적인 땅으로 변하게 하는 나일 강의 범람을 통해 운행되어 왔다. 밀너 경(바로 그 보이콧당한 위원회의 단장)은 나일 강에 대해 다음과 같이 썼다.

> 이 큰 강을 통해 규칙적으로 공급되는 물은 이집트에게 편의나 번영의 문제가 아니라 삶의 문제이며, 이 강의 상류가 이집트의 지배 아래 있지 않는 한, 이집트는 언제나 어떤 위협에 노출되어야만 한다는 것은 마음 편치 않은 걱정거리다.

나일 강의 상류는 수단에 있다. 그러므로 수단은 이집트에게는 사활을 좌우하는 중요성을 가지고 있다.

과거에 수단은 영국과 이집트가 공동으로 지배하고 있었다. 그래서 영국 - 이집트령 수단이라고들 한다. 영국은 이집트마저 지배하고 있었기 때문에 나일 강 상류 문제에 관해서 이해의 충돌이 거의 일어나지 않았으며, 거액의 이집트 돈이 수단에서 소비되고 있었다. 사실 1924년에 커즌 경은 영국 의회에서 이집트가 재정면에서 지원해 주지 않으면 수단은 파산 상태에 놓이게 될 것이라고 천명했을 정도였다. 영국이 마침내 이집트에서 철수하는 문제에 직면하게 되었을 때, 영국측은 수단을 계속 장악하려고 했다. 한편 이집트는 자신의 존재가 수단에 있는 나일 강 상류 수자원(waters)의 지배와 밀접한 관계가 있다는 것을 느꼈다. 그리하여 이해 관계의 충돌이 일어났다.

1924년에 수단 문제가 사드 자글룰과 영국 정부 사이에 한창 토의되고 있을 때, 수단 사람들은 여러 가지 방법으로 그들이 이집트에 대해서 애착을 가지고 있음을 보여 주었다. 이것 때문에 수단은 영국에게 엄하게 응징당했다. 즉 영국은 이집트에 많은 부담을 지우고 있던 공동 관리의 형식을 무시하고 이집트 정부와 의논도 하지 않고 마음대로 수단 문제를 처리했던 것이다.

영국이 이른바 이집트의 독립을 선언할 때 내건 또 다른 유보 조항은 외국 권익의 보호라는 것이었다. 이 외국 권익이란 무엇을 가리키는 것이었을까? 나는 예전의 편지에서도 이 문제에 대해 어느 정도 언급을 했다. 투르크 제국이 쇠퇴의 기미를 보였을 때 열강은 자기 나라의 국민이 투르크 영토 안에서 특별 대우를 받을 수 있도록 투르크에 여러 가지 규칙을 강요했다. 이들 유럽계 외국인은 어떤 범죄를 저질러도 투르크 법률에 적용을 받거나 법정에서 재판을 받지 않고, 자기 나라의 영사나 외교 대표 또는 외국인으로 구성되는 특별 법정에서 재판을 받게 되어 있었다. 그들은 그 밖에도 많은 종류의 면세 특권을 부여받았다. 외국인의 이러한 특별하고도 매우 값비싼 특권은 '무조건 항복하다(capitulate)', 즉 '성을 넘겨 주다(surrender)' 라는 뜻의 말에서 온 '캐피튤레이션(capitulations : 옛날 투르크 황제가 거류 외국인에게 인정한 치외법권 등에 관한 각종 협정)' 라고 불렸다. 그것은 어느 정도까지는 국가의 주권을 다른 나라에 양도하는 것임에 틀림없었기 때문이다. 투르크가 이것을 감수하지 않을 수 없게 된 이상 투르크 영토였던 각 지역도 이것을 허용해야만 했다. 영국의 완전한 지배 아래 있었고, 투르크가 명목상의 권한조차 가질 수 없었던 이집트는 이런 점에서 투르크 제국의 일부로서 캐피튤레이션을 강요당하는 고통을 감내하지 않을 수 없었다. 이처럼 더할 나위 없이 좋은 조건의 혜택을 받아 외국 사업가와 외국 자본가들의 거류지가 각 도시에 발달했다. 외국인들이, 지금까지 그들을 모든 방면으로 보호해 주었고, 세금조차 내지 않게 해 줌으로써 그들을 부유하게 하고 번영하게 해 준 이 제도를 폐지하는 것에 반대한 것은 당연한 일이었다. 이것들이 영국이 보호하려고 한 외국의 기득권이었다. 이집트로서는 주권을 침범당할 뿐만 아니라 막대한 국고 세입의 손실을 가져오는 이 같은 제도에 찬성할 수는 없었다. 만일 가장 부유한 사람들이 세금을 면제받았다면, 사회적 상태를 개선하는 데에서 뭔가 규모가 큰 일을 한다는 것은 도저히 불가능했다. 영국은 오랫동안 직접 통치를 하면서도 초등 교육이나 위생 시설 그리고 농촌 상태의 개선을 위해 실제로 무엇 하나 해 놓은 것이 없었다.

　마침 그 때 캐피튤레이션의 최초 원인이었던 투르크에서 케말 파샤가 승리를 거둔 뒤 이것을 폐지해 버린 일이 일어났다. 나는 이 기회에 중국 또한 아직까지 이 캐피튤레이션과 비슷한 것과 싸우고 있다는 사실을 덧붙여서 깨우쳐 두고 싶다. 일본 또한 19세기에 들어와서 얼마 동안 이것이 있었지만, 일본은 강대해지자 곧 이것을 무효화해 버렸다.[44]

　그리하여 외국의 기득권 문제는 영국과 이집트 사이의 문제를 해결하는 데 또 다른 장애가 되었다. 기득권은 어느 경우에도 자유의 앞길을 막는 법이다.

　영국은 또 여느 때처럼 관대함을 발휘해 소수 그룹의 이익을 보호하기로 결심하게 되었고, 이것이 또한 1922년 2월 독립 선언의 유보 조항이 되었다. 중요한 소수 그룹은 콥트 교도(Copt)였다. 이 사람들은 고대 이집트인의 자손이라고 일컬어지고 있을 만큼 이집트에서는 가장 오래된 종족이었다. 그들은 기독교가 유럽에 전파되기 훨씬 전부터 오늘날에 이르기까지 기독교를 믿고 있다. 콥트 교도는 영국 정부의 소수 그룹에 대한 친절한 배려에 감사하기는커녕. 오히려 영국 정부에게 쓸데없는 참견을 하지 말라고 거절했을 정도로 은혜를 몰랐다. 1922년 2월 영국 정부가 이집트의 독립을 선언한 바로 뒤에 콥트 교도는 큰 집회를 열고, 그들은 "민족 단위의 이익을 위해, 또한 민족 목표의 달성을 위해 모든 소수 그룹 대표 제도와 소수 그룹 보호 조처를 포기한다"는 것을 결의했다. 콥트 교도의 이 결의는 영국측으로부터 매우 어리석은 결의라고 비판받았다! 그러나 어리석건 영리하건 그 결의는 그들을 보호하

---

44) 이러한 현상은 이집트·중국·일본뿐만 아니라 동유럽·아시아·아프리카 등지의 여러 후진국에서도 흔히 있는 일이었다. 일본은 충실하게 국력을 신장시킴으로써 그것을 극복한 예이지만, 그 중에는 그 뒤 병합되어 식민지화한 나라도 많다. 많은 외국이 중국에서 영사 재판권 등, 이러한 부류의 특권을 획득한 과정에 관해서는 백열네 번째 편지를 참조하기 바람. 중국에서는 이집트와 함께 이러한 '치외 법권' 이 제2차 세계 대전 때까지 존속해서 중국의 완전한 독립과 발전을 방해했다. 일본은 1899년 '조약 개정' 에 성공한 뒤, 이제는 중국이나 코리아에 대해 '캐피튤레이션' 을 강요하는 위치에 섰다.

이집트의 독립 투쟁

겠다는 영국의 주장을 막아 버려 소수 그룹 문제에 대한 토의는 중단되었다. 사실 콥트 교도는 자주 독립을 위한 민족 투쟁에 크게 이바지했으며, 자글룰 파샤가 가장 신임하는 와프드당 내의 동지 가운데 몇 사람은 콥트 교도였다.

이와 같이 상반되는 견해와 현실적인 이해의 충돌 때문에 사드 자글룰과 그의 동지들에 의해 대표되는 이집트와 영국의 교섭은 1924년 결렬되고 말았다. 이렇게 되자 영국 정부는 몹시 불쾌해 했다. 그들은 이집트에서 언제나 자신들의 의견을 밀고 나가서 강제로 관철시키는 데 익숙해져 있었다. 그래서 카이로에서 새로 구성된 의회와 그 중에서도 와프드당 지도자들이 완강한 태도를 보이는 것에 특히 초조감을 느꼈다. 그들은 자기들의 장기인 제국주의적 수법을 써서 와프드당과 이집트 의회에 호된 훈계를 해야겠다고 결심했다. 얼마 안 가서 기회가 왔다. 그들이 이 기회를 이용해 이익을 획득해 낸, 상식을 초월한 수법에 대해서는 다음 편지에서 이야기하기로 하자꾸나. 현대 제국주의의 생태를 거울을 들여다보듯 환하게 알 수 있는 이 사건에 대해서는 따로 한 통의 편지를 쓸 가치가 충분히 있으니까 말이다.

164 *1933년 5월 22일*

영국군 주둔하의 독립은 무엇을 의미하는가

지난번 편지에서는 1924년 민족주의자에 의해 대표되는 이집트 정부와 영국의 교섭의 실패, 그리고 이에 대한 영국 정부의 분노에 관해서 이야기했다. 그것에 뒤이어 벌어진 놀라운 사태 발전을 이야기하기에 앞서 나는 이집트가 이른바 독립 국가였는데도, 영국 군대의 점령 아래 있었다는 사실을 분명히 해 두고 싶다. 이집트에는 영국 군대가 주둔하고 있었을 뿐만 아니라, 이집트 군대 또한 영국의 통제를 받았으며, 한 명의 영국인이 이집트 군대의 군사령관(Sirdar) 직함을 갖고 전 군을 통솔하고 있었다. 경찰 총수 또한 영국인이었으며, 게다가 영국 정부는 이집트 내의 외국인을 보호한다는 구실 아래 재무·법무·내무의 여러 부문까지도 지휘하고 있었다. 말하자면 그들은 이집트 정부의 모든 주요 부서를 장악하고 있었다. 처음부터 이집트인들은 영국 정부가 이러한 지배를 포기할 것을 주장하고 있었다.

  1924년 11월 19일 이집트군의 군사령관과 수단 총독을 겸하고 있던 리 스택 경(Sir Lee Stack)이 몇 명의 이집트인들에게 살해당했다. 당연히 이 사건은 이집트와 영국에 사는 영국인에게 큰 충격을 주었다. 아마도 이집트 민족주의 정당, 즉 와프드당의 지도자들이 받은 충격은 훨씬 더 컸을 것이다. 왜냐하면 그들은 이 사건으로 인해 그들에 대한 공격이 즉각 가해지리라는 것을 알고 있었기 때문이다. 예상했던 대로 공격은 순식간에 들이닥쳤다. 미처 사흘도 지나기 전인 11월 22일 이집트의 영국 고등 판무관 알렌비 경(Lord Allenby)[45]은 이집트 정부에 최후 통첩을 보내고, 다음 사항을 즉각 실행해 줄 것을 요구했다.

  (1) 정중한 사과.
  (2) 범인들의 처벌.
  (3) 정치적 시위의 금지.
  (4) 50만 파운드의 배상금 지불.
  (5) 24시간 내에 수단에서 모든 이집트 군대를 철수시킬 것.
  (6) 이집트의 이익을 위해 수단에 관개 시설된 지역에 부과되었

---

45) 제1차 세계 대전 때 투르크와 중동 방면에서 활약했다. 1919년부터 29년까지 이집트의 총독과 고등 판무관 역임. 꼭두각시 국왕인 푸아드를 내세워 이집트에 독립을 부여한 일은 그의 '공적'에 속한다.

영국군 주둔하의 독립은 무엇을 의미하는가

던 제한을 철폐할 것.

(7) 차후 이집트에 거주하는 모든 외국인을 보호하는 권리의 독점에 대한 모든 반대 운동을 철회할 것. 이 사항은 특히 재무부·법무부 그리고 내무부에 근무하는 영국인 관리의 유임과 관련하는 것임.

이 일곱 가지 요구는 주목할 만한 가치가 있다. 몇 사람이 리 스택 경을 살해했다고 해서 영국 정부는 전혀 조사할 여유도 주지 않은 채 이집트 전체, 즉 이집트 전 국민을 살인 사건에 관련된 죄인처럼 취급했던 것이다. 게다가 그들은 이 사건을 통해 상당한 재정적인 이익을 얻었으며, 그 중에서도 가장 중요한 점은 이미 몇 개월 전에 런던에서 결렬되었던 이집트 정부와의 쟁점을 이 사건을 계기로 강제로 해결하는 기회로 삼은 것이었다. 더구나 이것만으로는 아직 부족하다는 듯 그들은 모든 정치적 시위의 금지를 추가로 요구함으로써 이 나라의 공공 생활을 차단했다.

그러므로 이러한 영국 정부의 모든 처사는 살인 사건의 뒤처리로서는 매우 정상적인 궤도를 벗어난 것으로서, 일개 살인 사건을 통해 이처럼 많은 이익이 영국인에게 돌아가는 계기가 되도록 마무리하기 위해서는, 일종의 활발하고도 넘쳐 흐르는 상상력이 총동원되어야 했다. 게다가 그보다 더 해괴하기 짝이 없는 것은 범죄나 폭행 사건의 단속에 특별한 책임이 있다고 보이는 카이로의 경시 총감과 치안부의 유럽인 부장은 명목상으로는 이집트 정부에 속해 있지만 모두 영국인이라는 사실이었다. 그러나 그 누구도 그들에게 살인 사건의 책임을 묻지 않았으며, 오히려 사건 후 즉각 깊은 애도와 유감의 뜻을 표명한 무기력한 이집트 정부측이, 영국 정부의 심각하면서도 냉정하게 계산된 분노를 샀음은 말할 것도 없다.

이집트 정부는 그저 허리를 굽히고 머리를 숙였다. 자글룰 파샤는 최후 통첩의 거의 모든 조건을 받아들여 24시간 내에 50만 파운드의 배상금을 지불하기까지 했다. 단 수단에 관해서만은 이집트 정부는 권리를 포기할 수 없다는 것을 주장했다. 이처럼 무릎을 꿇고 정중한 사과를 했는데도, 알렌비 경은 만족하지 않고 수단과 관련된 요구가 받아들여지지 않았음을 이유로 영국 정부를 대표해 알렉산드리아의 세관을 강제 압류한 뒤 세관 수입을 자신들의 관리하에 두었다. 또한 그는 이집트의 항의를 무시한 채 자신의 요구를 수단에 강제로 관철시켜 수단을 영국의 식민지로 만들어 버렸다. 이 때 수단에서는 이집트 군대의 반란이 있었으나 극단적이고도 가혹하게 진압되었다.

자글룰 파샤와 그의 정부는 영국의 조처에 대한 항의로서 즉각 사퇴했고, 같은 해인 1924년 국왕 푸아드는 의회를 해산시켰다. 이렇게 하여 영국은 자글룰과 와프드당을 축출함으로써 한때이기는 하지만 의회를 폐지시키는 일에 성공했다. 그들은 또한 이미 수단을 병합해서 어느 때고 수단 지방을 흘러가는 나일 강의 물길을 마음대로 조절함으로써 이집트의 목덜미를 조여 댈 수 있는 태세를 갖추었다.

불행한 이집트 의회는 "일개 비극적 우발 사건이 제국주의적 목적에 이용되었음"을 국제 연맹에 호소했으나, 국제 연맹이라는 것은 원래가 강대국에 대한 불평은 보지도 않고 듣지도 않기로 결정하고 있었기 때문에 호소가 아무런 소용도 없으리라는 것은 뻔한 노릇이었다.

이 때부터 이집트에서는 사실상 전 민족을 대표하는 와프드당이, 외국 세력이나 궁정의 추종자를 배후로 하는 국왕 푸아드와 영국의 고등 판무관의 연합 세력을 상대하는 싸움이 계속되었다. 그 동안 국가는 헌법을 무시하고 전제 군주로서 군림하는 국왕 푸아드의 독재하에서 통치되었다. 의회의 구성이 승인되기만 하면 거의 모든 국민이 와프드당을 지지하고 있다는 사실이 입증되었기 때문에 의회는 구성되는 즉시 해산되었다. 만약 영국인과 그들의 지배 아래 있는 군대와 경찰의 후원이 없었더라면 국왕 푸아드는 이처럼 날뛰지는 못했을 것이다. 이와 같이 '독립국' 이집트는 배후에서 줄을 잡고 조정하는 진짜 권력자인 영국의 파견 관리를 상전으로 모시는 등 다소 인도와 비슷한 상황에 있었다.

영국군 주둔하의 독립은 무엇을 의미하는가

1924년 11월에 의회가 해산되고, 1925년 3월에는 새로운 의회가 소집되었다. 와프드당이 의석의 대다수를 차지하고 다시 자글룰 파샤가 하원 의장에 뽑혔다. 영국인도 푸아드 왕도 이것을 달갑지 않게 여겨, 바로 그 날로 갓 생겨난 의회는 해산되고 말았다. 그로부터 만 1년 간은 헌법 규정이 있었는데도 의회가 구성되지 않은 채 진정한 실권자인 영국 고등 판무관을 등에 업은 푸아드 왕의 독재 정치가 계속되었다. 그러나 이에 대해서 전국에서 반발이 일어났기 때문에 사드 자글룰은 국왕 푸아드와 영국의 야합에 반대하는 모든 그룹의 통일 전선 결성에 성공했다. 1925년 11월에는 정부의 금지에도 불구하고 의회가 소집되는 단계에까지 이르렀다. 의사당 건물이 군대에게 점령되었기 때문에 의원들은 따로 장소를 마련해 회합해야 했다.

그 때 푸아드는 단지 자기의 궁전에서 한 통의 포고령을 내리는 것만으로 헌법을 송두리째 개정해 버렸다. 그의 목적은 앞으로 의회를 통제하기 쉽게 만들어, 자글룰 측근을 모조리 축출해 낼 수 있도록 헌법을 더욱 보수적으로 개정하는 것이다. 그러나 이에 반대하는 여론이 들끓어 새 제도에 의거한 선거가 완전히 보이콧당할 지경에 이른 것은 사태의 필연적인 귀결이었다. 그러자 국왕 푸아드는 이를 단념했고 구제도대로 선거가 행해졌다. 그 결과는 자글룰의 당이 200 대 14로 압승을 거두는 것으로 나타났다. 자글룰에 대한 국민의 신뢰도와 이집트가 무엇을 요구하고 있는가에 대한 이 이상의 뚜렷한 증명은 없었다. 그런데도 인도 주지사 출신 영국의 고등 판무관 로이드 경은 자글룰의 총리 취임에 반대 의사를 표명했고, 따라서 다른 사람이 총리에 지명되었다. 과연 영국이 이러한 일에 간섭할 수 있는 어떤 권한을 가지고 있는지에 대해서는 쉽게 이해가 가지 않는다. 그러나 새 정부는 대체로 자글룰 당으로부터 조정되는 상태였으며, 그리하여 극단적으로 거만하고도 강압적인 인물로서 때때로 영국 군함을 위협의 도구로 사용하는 로이드 경과 여러 차례 충돌을 일으켰다.

1927년에 또 한 차례 영국과의 협정이 시도되었으나 푸아드 왕 휘하의 무능하고 나약한 총리마저도 영국이 제시한 안에는 대경실색하지 않을 수 없었다. 그 제안은 겉으로는 독립이라는 가면을 쓰고는 있었으나 사실상 영국의 보호령을 의미하는 것이다. 그래서 교섭은 실패로 끝났다.

이 교섭이 계속되는 동안 이집트의 위대한 지도자 사드 자글룰 파샤는 1927년 8월 23일, 70세의 고령으로 별세했다. 비록 그는 죽었지만 그의 모습은 빛나는, 그리고 귀중한 유산으로서 이집트에 계속 살아 남아 이집트인들에게 커다란 힘의 원천이 되고 있다. 그의 부인 사피아 자글룰(Safia Zaghlul)은 현재 생존해 있으며, 전 국민의 존경과 사랑을 한 몸에 받아 '인민의 어머니'라고 일컬어지고 있다. 그리고 또한 그의 저택은 '인민 회관(People's House)'이라 일컬어졌는데, 그 이후 오랫동안 이집트 민족주의의 본거지가 되어 왔다.

무스타파 나하스 파샤(Mustafa Nahas Pasha)가 와프드당의 지도자로서 자글룰의 지위를 계승해 1928년 총리가 되었다. 그는 시민적 자유와 국민의 무기 소유권에 관한 서너 가지의 간단한 국내법 개혁을 시도했다. 이들 권리는 영국이 선포한 계엄령 기간에 박탈당하고 있던 것들이었다. 이집트 의회가 이 문제를 토의하자마자 영국측으로부터 이를 허용할 수 없다는 전갈이 왔다. 이처럼 영국이 이집트 국내 문제에 개입하는 것은 상식을 벗어난 처사라고 여겨지지만, 그러나 로이드 경은 과거에 수시로 사용했던 수법대로 최후 통첩을 들이대고, 영국 군함은 몰타 섬을 출발해 위세를 부리며 알렉산드리아 부두에 들이닥쳤다. 나하스 파샤는 일단 양보해 몇 개월 후의 차기 회기까지 이 조처에 관한 토의를 연기하기로 했다.

하지만 차기 회기는 보류되었다. 반동과 제국주의의 우두머리인 국왕과 영국 고등 판무관은 의회가 더 이상 눈에 거슬리는 행동을 할 기회를 주지 않으려고 했다. 새로운 수법의 음모가 꾸며졌다. 나하스 파샤는 고매하고 청렴한 성격으로 특히 알려진 사람이었다. 갑자기 한 통의 편지(나중에 허위로 판명된)를 근거로 하여 나하스 파샤와 와프드당의 콥

영국군 주둔하의 독립은 무엇을 의미하는가

트의 한 지도자의 독직을 고발하는 사건이 일어났다. 궁정파와 영국인은 이것을 기화로 일대 선전 공세를 폈다. 영국의 해외 파견 기관이나 신문은 이 날조된 고발을 이집트뿐만 아니라 외국에까지 떠들어댔다. 이 사건을 이용해서 푸아드 왕은 나하스 파샤에게 사직할 것을 종용했다. 그는 이것을 거부했는데, 그러자 즉시 푸아드에 의해 파면되었다. 그런 다음 또다시 로이드와 푸아드의 제2의 음모가 시작되었다. 친위 쿠데타를 배후에서 조정하면서 국왕은 포고령으로 의회의 기능을 정지시키고 헌법을 개정했다. 보도의 자유와 그 밖의 자유에 관한 헌법 조항은 폐지되고, 독재 정치가 선언되었다. 영국의 신문이나 이집트에 거류하는 유럽인은 이 조치에 갈채를 보냈다.

의회는 독재 정치를 무시한 채 회의를 소집하고 새 정부의 불법성을 선언했다. 그러나 로이드나 푸아드는 이러한 사태에 대해 눈 하나 깜짝하지 않았다. '법과 질서(law and order)'의 기능은 반동과 제국주의를 지지하는 도구는 될지언정 반대파들이 그것들에 대항하는 무기로서 사용될 성질의 것은 아니었다.

정부가 제기한 나하스 파샤에 대한 소송은 정부의 압력이 있었는데도 기각되었다. 그에 대한 고발은 정당한 이유가 없는 것으로 판결 났다. 그러나 정부는 이 공명 정대하고 꿋꿋하며 의기에 찬 판결 내용을 신문에 게재하는 것을 금지했다. 그러나 뉴스는 순식간에 퍼져 곳곳에서 커다란 환성이 터졌다.

로이드와 영국의 무력에 의해 지켜진 독재 정치는 이집트 민족주의를 구현하려는 와프드당을 수단과 방법을 가리지 않고 유린하고 타도하려 했다. 공공연한 테러와 철저한 신문 검열이 행해졌다. 그런데도 커다란 민족적 시위가 벌어지고, 그 중에서도 여성들이 특별한 역할을 했다. 법조인들이 참가한 1주일 간의 파업도 있었으나 신문은 이것마저도 보도할 수가 없었다.

이처럼 1928년은 질풍과 노도 속에서 흘러갔다. 이 해의 끝 무렵 영국의 정치 정세에 변화가 왔으며, 이것은 이집트에 즉각적으로 영향을 끼쳤다. 노동당 정부가 정권을 장악하자 그 첫 조치의 하나로 영국 정부에서조차 마땅찮은 존재가 된 로이드 경을 소환했다. 로이드의 파면은 얼마 동안은 푸아드와 영국 사이의 유착 관계를 단절시켰다. 영국의 후원 없이는 종래의 태도를 견지할 수 없었던 푸아드는 1928년 12월 새로운 선거의 실시를 허가했다. 와프드당은 거듭 거의 모든 의석을 차지했다.

영국 노동당 정부는 또다시 이집트와 교섭을 재개했고, 나하스 파샤는 1929년 이 협상을 위해 런던으로 건너갔다. 노동당 정부는 이번에는 전임자보다는 얼마간 융통성을 보여, 요구 조항 가운데 세 항목에 대해서는 나하스 파샤의 주장을 받아들였다. 그러나 제4항 수단에 관해서는 난항을 거듭하다가 결국은 교섭이 결렬되었다. 어쨌든 이전보다는 월등히 광범위한 협상이 이루어져, 쌍방은 우호 관계를 단절시키지 않은 채 재차 토의할 것을 약속했다. 이것은 대체로 나하스 파샤와 와프드당의 승리였는데, 이집트에 거주하는 영국인이나 기타 외국인 사업가 또는 금융업자들로서는 꿈에도 생각지 못했던 일이었으며, 국왕 푸아드에게도 상상 밖의 결과였다. 몇 개월 뒤인 1930년 6월 국왕과 의회 사이에 충돌이 일어나 나하스 파샤가 총리 자리에서 물러났다.

푸아드는 또다시 재위중 세 번째의 독재 정치를 펴기 시작했다. 의회는 해산되고 와프드당 기관지는 폐간되었으며, 모든 면에 걸쳐 독재 정치가 철권을 휘두르기 시작했다. 하원과 상원의 모든 의원은 궁정의 유력자들 정부(Palace Government)를 부인하고 의사당에 몰려들어 토의를 진행했다. 1930년 6월 23일 그들은 엄숙히 헌법에 대한 충성을 서약하고 전력을 기울여 이를 수호할 것을 다짐했다. 격렬한 데모가 국내 곳곳에서 일어났으나 이들은 군대의 무력 탄압을 받고 많은 피를 흘리게 되었으며, 나하스 파샤 자신도 부상을 당했다. 이렇게 하여 영국군 장교가 인솔하는 군대와 경찰은, 국왕과 밀착되어 있는 극소수의 귀족과 부호들을 제외한 온 국민의 분노의 표적인 독재 정치를 유지하는 수호자 역할을 했다. 와프드당 이외의 사람들, 즉 인도에서도 볼 수 있는 것처럼

영국군 주둔하의 독립은 무엇을 의미하는가

강경 수단에 반대하고 있던 온건파나 자유주의자들까지 독재 정치에는 반기를 들었다.

같은 해인 1930년 후반에 국왕은 포고령을 발표해 의회의 권한을 제한하고 자신의 권력을 확장하는 헌법을 공포했다. 국왕은 이러한 중대사도 밥먹듯이 쉽게 해치울 수 있는 사람이었다. 새 헌법은 공포된 순간부터 곧 실행에 옮겨졌다. 국왕의 배후에는 발톱을 감춘 제국주의 강대국이 도사리고 있었기 때문이다.

나는 1922년부터 30년에 이르는 이 9년 동안의 사태의 양상에 대해 꽤 자세히 이야기했다. 이것은 좀처럼 자주 들을 수 있는 이야기가 아닌 것으로 생각되었기 때문이다. 1922년 이집트의 '독립국' 지위를 규정한 영국의 선언 이후의 몇 년은 바로 이런 식이었다. 이집트 국민이 무엇을 원하고 있는가 하는 따위의 일은 안중에도 없었다. 기회가 주어질 때마다 국민들은 이슬람 교도나 콥트 교도 할 것 없이 와프드당원을 지지했다. 그들이 진정으로 바라는 것은 외국인, 특히 영국인들의 착취와 내정 간섭을 배제하는 데에 있었다. 그러나 이들 외세는 모두가 가능한 한의 모든 수단 — 무력과 폭력, 그리고 사기와 음모 등을 써서 자기들에 반대하는 이집트 국민들을 탄압하는 동시에 자기네들의 의도대로 꼭두각시 국왕을 조정했다.

와프드 운동은 순수한 부르주아 민족주의 운동이었다. 이 운동은 민족의 독립을 위해 싸우는 것에 그칠 뿐 사회 문제에까지 개입하지는 않았다. 의회가 기능을 발휘하고 있을 때는 반드시 교육 또는 기타 부문에서 무언가 훌륭한 업적을 남겼다. 민족 투쟁이 절정에 이르러 있던 이 단기간에 의회가 이룩한 것은 종래의 영국 통치 40년의 실적을 능가하는 것이었다. 농민들 사이에서의 와프드당의 인기는 선거나 대규모 시위를 통해 증명되었다. 그런데 이 운동은 본질적으로 중간 계급의 것이었기 때문에 사회적 변화를 목표로 하는 운동만큼 대중을 움직이게 할 수는 없었다.

이 편지를 끝맺기 전에 여성 운동에 관해서 언급해 두고 싶다. 아라비아를 제외한 모든 아랍 국가들에서 여성들의 눈부신 각성이 있었다. 이집트는 다른 많은 문제들과 마찬가지로 이 문제에서도 이라크나 시리아나 팔레스타인에 비해 한 걸음 앞서 있었다. 이들 여러 나라에서는 각 국마다 조직적인 여성 운동이 일어나 1930년 7월에는 다마스커스에서 제1회 아랍 여성 회의(Arab Women's Congress)가 개최되었다. 그들은 정치적인 문제보다는 문화·사회적인 진보에 중점을 두었다. 그러나 이집트의 여성들은 더욱더 정치적인 경향을 나타내 정치적 데모에도 일익을 담당했으며, 강력한 여성 참정권 동맹(Woman Suffrage Union)을 결성했다. 그들은 그들 자신에게 유리하도록 혼인법을 개정할 것을 주장하기도 하고, 또한 취업 여성의 남성과의 기회 균등을 주장하기도 했다. 이슬람 교도와 기독교도는 서로 긴밀히 제휴했다. 베일로 얼굴을 가리는 습관은 곳곳에서 퇴조를 보이고 있고, 특히 이집트에서는 그러한 경향이 아주 현저했다. 베일은 터키의 경우처럼 완전히 소멸하는 데까지는 이르지 않았지만 어쨌든 현저한 퇴조 현상을 보였다.

□ 추기(1938년 10월)

1930년 이후 이집트는 국정의 유력자들로부터 조종되는 독재 정부 치하에 있었다. 이론상 그것은 '주권 독립 국가'였지만, 실제로는 카이로와 알렉산드리아에 수비대를 주둔시키고 수에즈 운하와 수단을 지배하는 대영 제국의 한 식민지나 다름없었다. 이 시기는 전세계에 걸친 극심한 경제 불황기에 해당하며, 이집트는 면화의 가격 하락 때문에 허덕이고 있었다.

1935년에 파시스트 이탈리아가 아비시니아를 침략했다. 이 침략은 이집트는 물론 나일 강 하류 유역의 영국의 이해에도 위협적인 것이었다. 따라서 이 새로운 위협은 이집트와 영국 사이의 관계에 변화를 가져왔다. 이집트와 영국은 이제는 서로 다툴 만한 겨를이 없었다. 이집트의 지도자들은 영국을 손이 미치는 곳에 있는 가까운 친구로 보게끔 되었다. 와프드당은 선거에서 승리해 나하스 파샤가 총리가 되었다. 이탈리아의 아비시니아에 대한 침략의 결과 아비시니아 · 이집트 그리고 영국 사이에는 새로운 분위기가 조성되었다. 이러한 새로운 분위기는 상호간에 협상의 길을 열게 하여 1936년 8월에 하나의 조약이 서명되었다. 이집트는 협정을 성립시키기 위해 종전의 주장에서 많이 후퇴해서 수단의 현상 유지와 영국의 수에즈 운하 방위권을 승인했다. 나아가 이집트의 외교 정책은 영국에 동조하게 되었다. 한편 영국은 카이로와 알렉산드리아에서 군대를 철수시키고, 양국인으로 구성되는 혼성 재판소(Mixed Courts)와 치외 법권의 철폐, 그리고 이집트의 국제 연맹 가입에 협력할 것을 약속했다.

이 해결안은 절찬리에 성공적인 것으로 받아들여졌다. 그러나 그들은 다소 이른 감이 없지 않았다. 궁정의 유력자들은 국왕이 바뀌었는데도 여전히 와프드당을 눈엣가시처럼 여겨 그에 대한 책동을 멈추지 않았다. 무대 뒤의 영국 제국주의의 준동도 아직 계속되고 있었다. 이집트의 토지 가운데 태반은 극소수 사람들이 소유하고 있었으며, 왕실 자체도 광대한 토지를 소유하고 있었다. 이들 지주와 귀족들은 진보적인 입법과 인민의 대두에 강력히 반대하고 있었다. 그러한 까닭에 거기에는 마찰이 끊이지 않았으며, 결국 국왕은 나하스 파샤를 파면시키고 의회를 해산했다.

잠시 동안 궁정의 유력자들 정부가 정권을 잡은 뒤 선거가 또다시 실시되었는데, 그 누구도 예측하지 못한 기막힌 일은 와프드당이 대패배의 쓴잔을 마신 것이다. 후일 이 선거가 엄청나게 날조된 부정 선거였다는 사실이 밝혀졌다. 와프드당은 나하스 파샤의 지도 아래 예전과 다름없이 굉장한 신망을 받고 있다. 그러나 오늘날의 정부는 영국 정부의 후원을 받는 궁정의 벌족에 의해 움직여지고 있다.

165 *1933년 5월 25일*

서아시아가 세계 정치 무대로 복귀하다

이집트와 아프리카는 서아시아와 아주 작은 바다인 홍해를 사이에 두고 매우 가까운 관계에 놓여 있다. 우리들은 수에즈 운하를 건너 아라비아·팔레스타인·시리아·이라크 — 모든 아랍 국가들 — 를 방문한 다음, 이들 지역의 건너편에 이웃하고 있는 페르시아를 보기로 하자. 이미 보아 온 바와 같이 서아시아는 역사상 커다란 역할을 하여 자주 전세계의 중심축이 되기도 했던 지역이다. 그 뒤 몇 세기에 걸쳐 정치면에서 이 지역이 역사의 무대 뒤로 물러난 시대가 있었다. 이 지역은 역사의 후미가 되어 역사적 변화의 조류는 그들 생활의 수면에 파문을 일으키는 일도 없이 주변을 스쳐 지나갔을 뿐이다. 그러나 이제 다시 우리들은 이 중동 여러 나라들도 어쩔 수 없이 세계의 모든 사물의 흐름 속에 말려들 수밖에 없는 변화를 눈앞에 두고 있는 것을 본다. 또다시 전세계적인 교류의 통로는 이들 여러 나라를 통과하게 되었다. 이 변화는 주목할 만한 일이다.

나는 서아시아에 생각이 미칠 때면 언제나 자칫 과거 일에 마음을 빼앗기는 수가 많다. 지난날의 잡다한 영상이 주마등처럼 내 마음 속을 지나가 까닭 모를 사색과 방황에 빠져든다. 나는 이 유혹에 끌려들지 않도록 다짐해 보곤 한다. 그러나 나는 — 네가 망각하고 있어서는 안 되니까! — 역사가 시작된 이래 몇천 년에 걸쳐 이 지역이 갖는 역사적 중요성에 관해서 너의 기억을 환기시켜 두려 한다. 옛 칼데아(Chaldea)[46]는 7000년 전의 역사에 희미한 그림자를 남겨 두고 있다(이 곳은 오늘날의 이라크에 해당한다). 그리고 이것이 바빌론의 시대로 넘어가며, 바빌로니아인의 다음에는 니네베에 수도를 두고 있던 잔인한 아시리아인의 시대로 이어진다. 얼마 뒤 역사는 돌고 돌아 이번에는 아시리아가 물러나고, 페르시아에서 온 새로운 왕조와 민족이 인도 국경으로부터 이집트에 이르는 중동 전 지역을 완전히 장악했다. 이것이 페르세폴리스에 도읍을 둔 페르시아의 아케메네스 왕조(Achaemenids)였다. 그들은 조그마한 그리스를 위협하기는 했지만 정복하는 데에는 끝내 실패한 키로스·다리우스·크세르크세스 등의 '대왕(Great Kings)'을 낳았다. 그들은 그리스의 후예가 아니라 오히려 마케도니아의 후예인 알렉산더에게 멸망당했다. 알렉산더 시대에 이 아시아와 유럽의 교차 지점에서 두 대륙의 '결혼'이라 일컬어지는 보기 드문 사건이 있었다. 알렉산더 자신이 이미 여러 명의 처를 거느리고 있었는데도 페르시아 국왕의 공주와 결혼했고, 또한 그의 부하인 몇천 명의 장병들도 페르시아의 처녀들을 아내로 맞아들였던 것이다.

알렉산더 이후 몇 세기 동안에 걸쳐 그리스 문화가 중동을 휩쓸었다. 이 시대에 등장한 로마 세력이 아시아를 향해 밀려들었으나 새로운 페르시아 제국 — 즉 사산 왕조(Sassanids)의 장벽에 부딪혔다. 로마 제국 자체가 동서 두 개의 로마로 분열되고, 콘스탄티노플은 동로마의 수도가 되었다. 옛날의 동방과 서방의 다툼은 이 서아시아의 여러 평원에서 행해졌는데, 싸움의 주역은 주로 비잔틴(동로마) 제국과 페르시아의 사산 제국이었다. 그리고 이 시대를 통해서 사람들은 큰 대상(隊商)을 이루어 낙타 등에 상품을 싣고, 이들 평원을 동에서 서로, 서에서 동으로 가로질러 다녔다. 중동은 당시 전세계의 대로였던 것이다.

---

46) 『구약 성서』에 나오는 '칼데아인의 땅'이다. 티그리스 강과 유프라테스 강의 하류 지역에 있던 것으로 전해진다. 여기에 가장 오래된 문명을 쌓아올린 종족을 수메르인이라고 한다. 그 뒤의 바빌로니아·아시리아·신바빌로니아 등의 문화는 이 수메르인의 문화에 그 근원을 갖는다. 일반적으로 칼데아인이라고들 일컫는 것은 네부카드네자르(Nebuchadnezzar) 왕이나 바벨탑을 쌓은 신바빌로니아의 셈족 계통의 종족이다. 이들은 모두 지금으로부터 25세기 이전에 존재했다.

세 개의 큰 종교 — 유태교(Judaism: 유태인의 종교)[47]·조로아스터교(지금 파시인의 종교) 그리고 기독교 — 가 이들 서아시아 여러 나라에서 처음으로 햇볕을 보았다. 그런데 이번에는 네 번째의 종교(이슬람교)가 아라비아 사막에 출현해 앞의 세 종교를 압도했다. 이어 바그다드의 아랍 제국이 일어나자 옛날의 동과 서의 투쟁처럼 아랍 대 비잔틴이라는 새로운 투쟁의 형태가 생겨났다. 오랜 세월 동안의 빛나는 역사를 뒤에 남겨 두고 아랍 문명은 셀주크 투르크인의 침범으로 쇠퇴의 길을 걸었으며, 칭기즈 칸의 후예인 몽고인에게 마지막으로 멸망당했다.

　그러나 몽고인이 서진해 오기 이전에 이미 아시아의 서해안에서는 서쪽의 기독교도와 동쪽 이슬람 교도 사이에 격렬한 항쟁이 시작되고 있었다. 이것이 13세기 중엽 무렵까지 거의 250년 동안 단속적으로 계속된 십자군 전쟁이었다. 이 십자군 전쟁은 종교 전쟁으로 간주되어 왔으며, 또한 그것이 사실임에 틀림없지만, 그러나 종교는 전쟁의 원인이라기보다는 구실이었다. 이 시대의 유럽인은 동방에 비해 뒤떨어져 있었다. 유럽의 암흑 시대(the Dark Ages of Europe)라는 것은 바로 이 시대를 일컫는 말이다. 그러나 유럽은 이제 막 눈을 뜨려는 참이었기 때문에 더욱 문화가 뛰어난 동방은 자석처럼 유럽을 끌어당기고 있었다. 이와 같은 동방의 견인력은 여러 가지 형태를 취했는데, 그 중에서도 가장 중요한 것이 십자군이었던 셈이다. 이러한 여러 전쟁의 결과, 유럽은 서아시아 여러 나라에게 많은 것을 배웠다. 유럽은 이들로부터 미술과 공예와 화려한 생활 습관을 배웠으며, 그것보다 더 중요한 것은 과학적인 작업 방식과 사고 방법의 습득이었다.

　몽고인이 파괴를 거듭하면서 대거 서진했을 때는 십자군은 이미 떠

---

47) 기독교의 모체가 된 종교. 아직도 전세계에 산재해 있는 유태인에게는 독실한 신앙의 대상이 되어 있다. 기독교와 마찬가지로 유일신교이지만 민족 종교로서의 성격이 농후하고, 유태 민족의 고난에 찬 역사의 발자취가 새겨져 있으며, 따라서 영광에 빛나는 미래에 대한 기대도 강하게 나타나 있다. 또한 모세의 율법을 중심으로 한 복잡한 의식 계율을 요구하는 점에서도 특색 있는 종교다.

서아시아가 세계 정치 무대로 복귀하다

났거나 막 떠나려던 참이었다. 그렇다고 해서 우리들이 몽고인을 단순히 파괴자로만 보아서는 안 된다. 중국으로부터 러시아에 이르는 그들의 대원정은 멀리 떨어져 있던 여러 민족을 접촉시켜 무역이나 상호 교섭을 촉진시켰다. 그들의 대제국 덕택으로 오랫동안 존재했던 대상로가 안전하게 여행할 수 있는 도로가 되자, 상인이나 외교 사절뿐만 아니라 종교 전도단이나 기타 여러 부류의 사람들이 자주 여행하며 이들 도로를 왕래하게 되었다. 중동 지방은 문자 그대로 이들 옛 세계의 대로를 장악하는 중요한 위치에 있어 아시아와 유럽을 연결하는 다리가 되었다.

아마 너도 기억하겠지만, 이 때는 마르코 폴로가 자기의 출생지인 베네치아에서 아시아를 돌아 중국에 다다른 시대였다. 마침 그가 저술했다기보다는 구술한 여행기가 지금도 남아 있으며, 그것이 우리들로 하여금 그를 기억하게 하는 이유이기도 하다. 그러나 이 밖에도 여행기를 쓰지는 않았지만 이런 종류의 대여행을 계획했던 사람들은 많이 있었음에 틀림없다. 설령 그들이 기록을 남겼다 할지라도 그 무렵은 사본(인쇄하지 않고 원고를 손으로 베낀 책)의 시대였기 때문에 망실된 것도 있었을지 모른다. 대상은 끊임없이 나라와 나라 사이를 왕래했고, 그들의 주목적은 무역에 있었지만 행운이나 모험을 바라는 패거리들이 수없이 끼어 있었다.

마르코 폴로에 필적하는 대여행가가 또 한 사람 있었다. 그 사람은 14세기 초 모로코의 탕헤르(Tangher)에서 태어난 이븐 바투타(Ibn Battuta)다. 따라서 그는 마르코 폴로보다는 한 시대 뒤의 사람이다. 21세라는 젊은 나이로 뛰어난 재치와 무슬림 콰지(Muslim Qazi : 종교적인 심판자가 되기 위해 받는 교육)만 믿고 그는 대여행의 장도에 올랐다. 그는 모로코에서 똑바로 아프리카를 횡단해 이집트·아라비아·시리아·페르시아를 여행했다. 그리고 그는 아나톨리아(투르크), 남러시아(황금의 유목민인 몽고인 칸이 지배하고 있었다), 콘스탄티노플(그 무렵은 아직 비잔틴의 수도였다), 중앙 아시아를 거쳐 인도에도 왔다. 인도를 북에서 남으로 종단한 그는 실론과 중국에도 갔다. 돌아오는 길에는 아프리카를 순회하고 사하라 사막까지 횡단했다. 그것은 여러 종류의 교통 기관이 발달한 오늘날에도 좀처럼 보기 드문 여행의 기록이다. 하물며 14세기 전반의 일이었고 보면 그가 얼마나 놀라운 사람이었던가를 짐작할 수 있으며, 또한 이 시대에 여행이 얼마만큼 일반에 널리 보급되어 있었던가를 알 수 있다. 아무튼 이븐 바투타는 고금을 통한 대여행가로 손꼽힐 것이다.

이븐 바투타의 여행기에는 그가 방문한 여러 나라와 사람들에 관한 재미있는 관찰이 기록되어 있다. 이집트는 당시 인도와 유럽의 교역 통로로서 모든 교역품들이 이 곳을 통과했기 때문에, 거기에서 막대한 이익을 얻어 크게 부를 떨치고 있었다. 이 이익은 카이로를 대도시로 만들고 수많은 기념비로 거리를 장식할 수 있게 해 주었다. 이븐 바투타는 인도의 카스트 제도와 사티(Sati), 그리고 판 수파리(pan-supari)의 공양에 관한 풍습도 기록하고 있다! 우리들은 그 무렵 인도의 상인이 외국의 항구에서 활발한 거래를 벌이고 있었으며, 인도의 상선들은 대양을 항해하고 있었다는 것을 그를 통해 알게 된다. 특히 그가 방문한 나라의 미인들에 세심한 주의를 기울여 그들의 의상·향수·장신구 등에 관해 상세히 기록하고 있다. 또한 그는 델리를 '인도의 대도시, 미와 힘을 겸비한 거대하고 우아한 도시'라고 묘사하고 있다. 이 때가 바로 술탄 무하마드 투글루크가 통치한 때였는데 그는 한때의 분노 때문에 수도를 델리에서 남쪽의 다울라타바드로 옮겨, 이 '거대하고 장려한 도시'를 극소수의 주민을 제외하고는 아무도 살지 않는 유령 도시로 만들고, 이들 주민마저 나중에 몰래 다른 곳으로 옮겨갔다고 한다.

나는 이븐 바투타에게 흠뻑 빠져들어 간 꼴이 되었지만, 먼 옛날의 이 여행 이야기는 언제나 내 마음을 사로잡는다.

자, 이렇게 해서 우리들은 14세기에 이르기까지 중동 또는 서아시아가 세계의 역사에 커다란 역할을 했으며, 동서를 잇는 거대한 교량이었음을 알 수 있게 되었다. 그 다음의 100년 동안에 다시 한 번 변화가 있었다. 오스만 투르크인이 콘스탄티노플을 점령하고, 이집트를 포함한

서아시아가 세계 정치 무대로 복귀하다

중동 지방을 차례로 장악했다. 그들은 대륙 무역을 진흥시키려 들지 않았다. 그 까닭의 하나는 이러한 부류의 교역이 지중해에 있는 그들의 경쟁자인 베네치아인이나 제노바인의 손안에 있다는 데에 있었다. 교역은 새로운 길을 통해 계속되었다. 새로운 해양 항로가 열려서 이것이 원래의 육상의 대상로를 대체했기 때문이다. 때문에 몇천 년 동안 중요한 역할을 해 온 서아시아를 관통하는 실크 로드는 이제 아무도 거들떠보지 않게 되었고, 따라서 그 연변에 있는 여러 나라는 점차로 시들해지거나 또는 소멸되었다.

    16세기에서 19세기에 이르는 약 400년 동안에 해로는 아주 중요했으며, 특히 철도가 없는 육로를 압도했다. 그러한 연유로 서아시아의 어느 곳에도 철도가 부설되지 않았다. 세계 대전이 일어나기 조금 전에 독일 정부의 후원 아래 콘스탄티노플과 바그다드를 연결하는 철도 건설의 제안이 있었다. 그것은 중동에서 독일의 영향력 증대를 초래하는 일이었기 때문에 다른 열강은 독일 정부가 그 일을 하는 것을 매우 달갑지 않게 여겼다. 이 충돌은 세계 대전으로 인해 중단되었다.

    1918년 대전이 끝나자 영국은 서아시아에서의 우위를 자랑했으며, 영국의 정치가들은 앞서 말한 것처럼 얼마 동안 중동에서 인도에 이르는 대제국 건설의 꿈에 부풀어 있었다. 그러나 이 꿈은 끝내 이루어지지 못했다. 볼셰비키의 러시아와 케말 파샤의 터키, 그리고 그 밖의 여러 요인이 그 꿈의 실현을 방해했다. 그런데도 영국은 상당한 이익을 거둬들였다. 이라크와 팔레스타인은 먼 뒷날까지 영국의 영향 내지 지배하에 있었다. 따라서 영국은 그들의 엉뚱한 야심을 채울 수는 없었으나 종래와 마찬가지로 인도로 가는 통로와 문호를 지배하는 정책을 유지할 수는 있었다. 전쟁중 영국군이 메소포타미아와 팔레스타인에서 아랍인의 투르크에 대한 반란을 도운 것은 이러한 목적을 위한 것이었다. 전후 모술 문제를 둘러싸고 영국과 투르크의 사이에 커다란 분쟁이 일어난 것도 그 때문이었다. 이것은 또한 영국과 소비에트 러시아 사이에 불화를 부른 한 원인이기도 했다. 왜냐하면 영국은 소련과 같은 대국이 자기 뜻

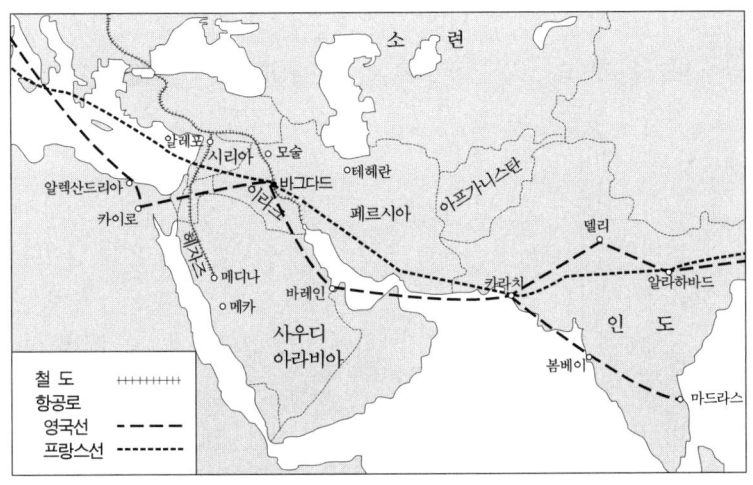

서아시아의 각성

의 울타리 위에서 인도를 통한 통로를 내려다보고 있다는 사실을 생각만 해도 싫었기 때문이다.

전쟁 전에는 이론이 분분했던 두 개의 철도인 바그다드 철도와 헤자즈(Hejaz) 철도가 지금은 이미 개통되어 있다. 바그다드 철도는 바그다드와 지중해 및 유럽을 연결하고, 헤자즈 철도는 아라비아의 메디나(Medina)를 알레포(Aleppo)에서 바그다드 철도에 접속시킨다(헤자즈는 이슬람교의 성도인 메카와 메디나가 있는 아라비아의 가장 중요한 부분이다). 따라서 오늘날 서아시아의 대부분의 주요 도시는 이미 철도망으로 유럽이나 이집트에 연결되어 있어 쉽게 연락을 취할 수 있다. 알레포시는 세 대륙의 철도망, 즉 유럽에서 오는 선, 아시아에서 바그다드를 거쳐 오는 선, 그리고 카이로를 거쳐 아프리카에서 오는 선이 모여 중요한 철도 분기점이 되었다. 영국의 정책은 오래 전부터 아시아·아프리카의 주요 철도와 철도망을 지배하는 것을 하나의 목표로 삼고 있었다. 아시아 루트는 바그다드에서 연장해서 인도에 도달시켜도 되는 것이다. 아프리카 루트는 카이로에서 아프리카 대륙을 종단해 멀리 케이프타운에까지 뻗칠 수 있다. 카이로에서 케이프타운까지 붉은색으로 이어지는 하나의 선은 영국 제국주의자들의 오랜 꿈이었는데 이제 그 실현이 눈앞에 다가온 것이다. '붉은 선으로 이어진다(all-red)'는 것은 루트가 지나는 전역이 영국령이라는 사실을 의미한다. 지도상의 붉은색은 대영제국의 전용색이기 때문이다.

그러나 철도는 오늘날 자동차·비행기 등의 강적을 가지고 있기 때문에 그 지위가 미래까지 지속될 수 있을지의 여부는 알 수 없는 일이다. 어쨌든 서아시아의 두 철도, 즉 바그다드 철도와 헤자즈 철도가 주로 영국의 지배하에 있으며, 그들의 지배하에 있는 인도로 새로운 지름길을 개척하려는 영국의 정책에 도움이 되고 있다는 것은 유의해 둘 만한 일이다. 바그다드 철도의 한 구간은 프랑스의 지배하에 있는 시리아를 통과하고 있는데, 이것을 달갑지 않게 여기는 영국은 이것에 대체되는, 팔레스타인을 경유하는 새로운 철도의 건설을 생각하고 있다. 이 밖에 홍해의 제다(Zeddah) 항과 메카를 잇는 소구간 철도가 건설되고 있다. 이것은 해마다 메카에 참배하러 오는 헤아릴 수 없이 많은 순례자들에게 매우 편리한 것이 될 것이다.

서아시아 제국을 세계 앞에 개방하려는 철도망에 대해서는 이쯤 해두기로 하자. 그런데 철도상에서의 우위를 완전히 장악하기도 전에 이미 그 중요성이 얼마간 빛을 잃고 있는 것처럼 보이는데, 그것은 철도가 자동차나 비행기의 발달에 압도당할 것 같은 형세에 놓여 있기 때문이다. 자동차는 급속히 사막에 알맞은 성능을 갖추고 몇천 년 동안 낙타가 쉬지 않고 참을성 있게 걸어 다녔던 대상로의 연도를 따라 질주하고 있다. 철도는 거대한 액수의 경비를 필요로 하고, 또한 그 건설에도 많은 시간을 요한다. 그러나 자동차는 값도 싸고 필요할 때는 언제라도 도움이 된다. 그렇지만 자동차나 트럭은 보통은 장거리 운행에는 쓰지 않고 기껏해야 100마일 정도의 비교적 짧은 구간을 왕래한다.

장거리용으로는 말할 필요도 없이 철도보다는 싸고 게다가 훨씬 빠른 비행기가 있다. 운송을 위한 비행기의 사용이 더욱더 활발해지리라는 것은 의심할 여지가 없다. 이미 그것은 굉장한 진보를 이루어 정기적으로 대형 비행기가 대륙에서 대륙으로 비행하고 있다. 서아시아는 이런 항공로의 분야에서 또한 요충지가 되어 있으며, 특히 바그다드가 그 중심 지점이다. 런던에서 인도와 호주로 통하는 영국 제국의 항공선은 바그다드를 경유한다. 또한 암스테르담과 바타비아(Batavia) 사이의 K.L.M. 네덜란드 항공선과, 파리와 인도차이나 사이의 프랑스선 — 프랑스 항공(Air France)도 마찬가지다. 모스크바와 이란도 항공로로 바그다드와 연결되어 있다. 중국이나 극동 지방을 비행하는 여행자는 반드시 바그다드를 경유해야만 한다. 바그다드에서는 또한 카이로까지도 비행기가 왕래하며 아프리카선을 통해 케이프타운에도 연결된다.

이들 항공 노선은 채산은 맞지 않지만, 항공력은 오늘날의 여러 제국에게는 사활이 걸린 중요한 문제이기 때문에 자기 나라 정부로부터 거액의 보조를 받고 있다. 항공기의 발달에 따라 선박의 중요도는 많이 감소되었다. 그처럼 강대한 해군과 외부의 공격에서 안전을 과시하고 있던 영국도 이제는 국방의 차원에서 볼 때 안전 지대로는 볼 수 없게 되었다. 그러므로 열강은 모두가 공중에서 힘을 겨루게 되어, 종래의 바다에서의 대립은 공중에서의 대립에 그 자리를 양보하게 되었다. 여객용 항공편은 전시에 써먹을 수 있는 숙련 비행사의 비행 훈련의 기초를 닦아 주는 것이기 때문에 평상시부터 나라마다 이것을 장려해 보조해 주고 있다. 민간 항공의 발달은 공군력의 발달을 돕는다. 그러므로 민간 항공이 급속한 발달을 보이고 있는 것이며, 유럽이나 미국에서는 몇백이 넘는 항공로가 생겨났다. 현재 가장 현저한 진보를 보이고 있는 나라는 아마도 미국일 것이다. 소비에트 연방에서도 눈부신 발달을 보여 항공로는 그 광대한 영토를 종횡으로 누비고 있다.

이 항공 시대에 즈음해 수많은 장거리 항로가 통과하는 서아시아는 새로이 그 중요성을 더해 가고 있는 중이다. 서아시아는 다시 세계 정치의 무대에 등장해 대륙 상호간 문제의 회전축이 되었다. 이것은 곧 이 땅이 강대국간의 마찰과 상쟁의 무대로 변하게 된 것을 의미한다. 그들의 야심이 충돌해 서로가 상대편보다 우위를 점하려고 다투기 때문이다.

서아시아가 세계 정치 무대로 복귀하다

이 점에 유의한다면 중동 또는 기타 지방에서 영국이나 그 밖의 여러 나라들이 비슷비슷한 정책을 시행하는 이유를 이해할 수가 있을 것이다.

모술은 인도로 통하는 새로운 대로 위에 위치할 뿐만 아니라 석유도 부존되어 있다. 또는 석유는 항공 시대인 오늘날에는 더욱 그 중요성을 더해 가고 있다. 이라크에는 중요한 유전 지대가 있기 때문에 이미 우리들이 보아 온 바와 같이 대륙을 연결하는 항공로의 요충을 이루고 있다. 그러므로 이라크의 지배는 영국에게는 지극히 중대한 문제. 페르시아도 광대한 유전을 가지고 있는데 이것은 오랫동안 그 일부가 영국 정부의 소유인 앵글로-페르시아 석유 회사에 의해 개발되고 있었다. 석유의 중요성은 날이 갈수록 증대되고 있으며, 여러 나라의 제국주의 정책에 영향을 미쳐, 현대 제국주의는 흔히 '석유 제국주의(oil imperialism)'라 일컬어질 정도다.

나는 이 편지에서 중동 지방에 새로운 중요성을 부여하고, 이 지방을 재차 세계 정치의 소용돌이 속에 내던진 몇 가지 요인을 고찰했다. 그러나 이러한 모든 사건들을 통해 아시아 전체의 각성이 은연중에 이루어지고 있다.

166 *1933년 5월 28일*

아랍 국가들 —— 시리아

우리들은 민족주의가 일상 생활에서 공통의 언어를 사용하고 공통의 전통을 이어받은 인민의 집단을 단결시키고 강화하는 데에 얼마나 강력한 힘으로 작용해 왔는가를 보아 왔다. 이 민족주의라는 것은 하나의 집단을 단결시키고 구별시켜 종전보다도 한층 더 크게 다른 집단에 대해 배타적인 작용을 하도록 만든다. 민족주의는 이런 식으로 프랑스인들을 굳건히 뭉치게 하여 그들로 하여금 그 이외의 세계를 무언가 이질적인 것으로 보게 하는 견고한 민족 단위로 만들었고, 또한 다양한 독일 국민으로 하여금 강대한 하나의 독일 민족이 되게 했다. 그러나 프랑스와 독일을 응결시킨 힘은 한편으로는 이 두 민족을 서로 가로막는 힘이기도 했던 것이다.

몇 개의 상이한 민족 집단을 포함하고 있는 하나의 국가에서는 민족주의가 왕왕 국민들을 한 곳으로 단결시키는 구심력이 되기보다는 오히려 그러한 구심적 단결을 약화시키고 해체시키는 경향을 보인다. 세계 대전 전 오스트리아 - 헝가리 제국은 독일계 오스트리아인과 헝가리인이 지배적 다수를 차지하고 그 밖에 종속적인 관계에 있는 몇몇 민족을 포함하고 있었는데 바로 위의 경우에 해당하는 나라였다. 따라서 민족주의는 신선한 생명력을 각각의 민족에게 개별적으로 주입시킴으로써 그 나라의 단결력을 약화시키고 동시에 자유를 요구하는 소리가 높아지게 했다. 전쟁은 사태를 한층 더 악화시켜 패전이 다가오자 각각의 민족이 따로따로 국가를 수립해 오스트리아 - 헝가리 제국은 산산조각이 나 버렸다(이 분할은 서로 만족할 수 있거나 논리적인 것으로 볼 수는 없지만 여기서는 그 점에 대해서 말하지 않겠다). 한편 독일은 쓰라린 패전에도 불구하고 분리되지 않고 단결을 공고히 하여 난국을 헤쳐 나갈 수 있었다.

대전 전의 투르크도 오스트리아 - 헝가리와 마찬가지로 여러 종류의 민족이 통합되어 있었다. 발칸계 여러 인종 외에 아랍인과 아르메니아인, 그 밖의 여러 인종들이 포함되어 있었다. 그런데 민족주의는 이 나라에서도 국가를 분열시키는 힘으로 작용했다. 발칸계 여러 민족이 가장 먼저 그 영향을 받아, 19세기를 통해 투르크는 그리스를 시초로 하여 발칸 여러 인종의 항쟁에 시달려야만 했다. 열강, 특히 차르의 러시아는 이 민족주의를 이용하려고 흥정을 벌였다. 그들은 또한 오스만 투르크

아랍 국가들 — 시리아

제국을 분열시키기 위해 아르메니아인들을 충동질했다. 투르크 정부와 아르메니아인들 간에 거듭해 피비린내 나는 학살 사건을 야기한 충돌이 일어난 것도 이 때문이었다. 이들 아르메니아인은 열강에 의해 선전의 도구로 이용되었으나 더 이상 쓸모가 없게 된 세계 대전 뒤에는 버림받은 신세가 되었다. 그 뒤 흑해를 끼고 터키의 동쪽에 가로누운 아르메니아는 소비에트 공화국이 되어 소비에트 러시아 연방에 참가했다.

아랍인과 투르크인은 사이가 좋지 않았는데도 투르크령의 아랍인들이 민족주의에 눈을 뜨는 데에는 훨씬 더 시간이 걸렸다. 맨 먼저 나타난 것은 일종의 문화적 각성으로 아랍어 및 아랍 문화의 르네상스였다. 이는 1860년대부터 이미 시리아에서 비롯되어 이집트와 기타 아랍어 사용국으로 퍼졌다. 정치적인 운동은 1908년의 투르크 혁명과 술탄 압둘 하미드의 몰락 후에 시작되었다. 민족주의는 이슬람 교도와 기독교도를 불문하고 아랍인들 사이에 널리 퍼져 나가, 아랍 국가들을 투르크로부터 해방시켜서 이들을 하나의 국가로 통일하려는 생각이 대두되었다. 이집트도 아랍어를 사용하는 나라이기는 했지만 아라비아·시리아·팔레스타인, 그리고 이라크를 포함하는 통일 아랍 국가의 건설이라는 현안에는 이견을 보이고 있었다. 따라서 이집트는 통일 아랍 국가의 건설 대상에서 제외되었다. 아랍인들은 또한 칼리프의 지위를 오스만 술탄으로부터 아랍 왕족에게 이양시킴으로써 이슬람교의 종교적 지도권을 되찾으려고 했다. 이러한 움직임은 종교적이라기보다는 오히려 아랍인의 지위와 명예를 고양시키려는 민족적인 운동으로 파악되었고, 시리아의 기독교도 아랍인까지도 이 운동을 지지했다.

영국은 세계 대전 전부터 이 아랍 민족주의 운동을 모략의 미끼로 이용하기 시작했다. 전쟁 동안 통일 아랍 왕국에 관한 갖가지 약속이 남발되어, 메카의 세리프 후세인(Sherif Hussein)은 통일 아랍 왕국의 대군주와 칼리프의 지위를 노리고 영국측에 가담해 투르크에 대한 아랍인의 반란을 주도했다. 수많은 시리아의 아랍인들은 이슬람 교도든 기독교도든 후세인의 반란을 지지하다가 투트크의 형장에 끌려가 죽어 갔다. 5월

6일은 다마스커스나 베이루트 등지에서 반란군에 대한 처형이 행해진 날로서, 시리아에서는 아직도 이 순국자들을 기념하는 제사를 드리고 있다.

영국이 배후에서 선동한 이 반란은 특히 영국군 특수 부대 대령이며 괴짜라고 소문난 로렌스(Lawrence)[48]라는 베일에 가려진 비밀 요원의 도움으로 성공했다. 전쟁이 끝나자 투르크의 아랍인 지구는 대부분 영국의 지배하에 들어갔다. 투르크 제국은 붕괴되고 제국의 영토는 분할되었다. 나는 네게, 무스타파 케말이 그의 투르크 독립 전쟁을 통해(크루디스탄의 일부를 제외하고는) 결코 비 투르크인 지역의 점령을 계획하지 않았다는 것을 말한 적이 있다. 그는 매우 현명하게도 투르크 본토 외에는 손을 뻗치지 않았다.

이러한 사정이 있었기 때문에 이들 아랍 국가들의 장래는 전후에 결정지어야 할 문제였다. 전승 연합국이라기보다는 오히려 개별적 관점에서 영국과 프랑스 정부는 이들 아랍 국가들에 관해 아주 점잖은 태도로 자신들의 목표가 "오랫동안 투르크인으로부터 압박을 받아 온 여러 민족의 완전하고도 종국적인 해방과, 주민의 자발적이고도 자유스러운 선택을 통한 국민적 통치와 행정에 있다"고 선전했다. 영국과 프랑스 정부는 이들 아랍 지역의 대부분을 서로 나눠 갖는 것으로 이 숭고한 목적의 실현을 꾀했다. 위임 통치령, 즉 국제 연맹의 보증서가 붙은 제국주의 국가들에 의한 영토 획득의 새로운 방법으로 프랑스와 영국에 할당되었다. 프랑스는 시리아를 차지하고, 영국은 팔레스타인과 이라크를 수중에 넣었다. 아라비아의 가장 중요한 부분인 헤자즈는 영국의

---

48) 영국의 군인. 옥스퍼드 대학 동양어학과 졸업. '아라비아의 로렌스'로 일컬어진다. 학생 시절에 십자군 연구를 위해 시리아·팔레스티나를 여행했으며, 1910년 히타이트의 유적 발굴에 참가, 아라비아인을 매우 좋아했다. 제1차 세계 대전 때에는 영국 정보 장교로서 카이로에 파견되어 알렘비 원수의 작전을 돕기 위해 아랍인 사이에 반투르크 세력을 조직했다. 아랍 여러 나라의 독립 운동은 그 초기에는 어떠한 형태로든 그로부터 많은 영향을 받고 있었다. 전후에도 아라비아인의 독립을 위해 노력했다. 그의 저서 『지혜의 일곱 기둥』은 아라비아 민족 반란의 문헌으로 널리 알려져 있다.

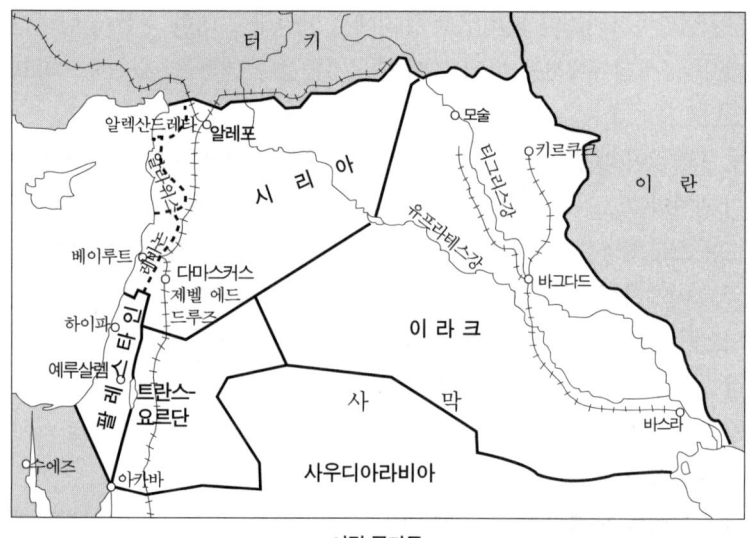

아랍 국가들

피보호자(protégé), 즉 메카의 세리프 후세인의 지배하에 놓였다. 이렇게 하여 단일 아랍 국가 수립의 약속은 물거품이 되고, 이들 아랍인 지역은 각양각색의 위임 통치령, 그리고 실제로는 영국의 지배를 받았지만 표면상 유일한 독립 국가로 되어 있는 헤자즈로 분할되었다. 아랍인은 이 분할에 매우 실망해서 이것을 최종적인 사실로 받아들이기를 거부했다. 그러나 아랍인들을 더욱더 격앙시키고 실망시킬 일은 따로 감추어져 있었다. 그것은 더욱 쉽게 통치하기 위해 각 위임 통치령 안에서까지도 분열을 획책하는 정책이었으며, 이것은 매우 수월하게 진행되었다. 이제는 이 여러 나라들을 개별적으로 고찰하는 일이 여태까지보다 더 쉬울 것 같다. 그러므로 나는 먼저 프랑스령 시리아부터 시작해 보기로 하겠다.

1920년 초 시리아에서는 영국의 원조를 받아 에미르 파이살(Emir Feisal : 헤자즈 국왕 후세인의 아들) 휘하에 아랍인 정부가 수립되었다. 시리아 민족 회의(Syrian National Congress)라는 일종의 의회가 소집되어 통일된 시리아를 위한 민주 헌법을 채택했다. 그러나 이것들은 모두 몇 개월 동안의 구경거리에 불과했다. 1920년 여름에 프랑스가 국제 연맹에서 발부받은 시리아 통치의 위임장을 호주머니 속에 넣고 와서 파이살을 추방하고 이 나라를 강제로 점령해 버렸다. 시리아는 인구 300만이 안 되는 조그마한 나라다. 그러나 이것은 프랑스에게는 마치 벌집과 같은 것이었다. 왜냐하면 이미 독립을 결의해 버린 시리아 아랍인들, 즉 이슬람 교도와 기독교도 모두가 호락호락 다른 나라의 지배에 복종하려 들지 않았기 때문이다. 끊임없는 항쟁이 계속되고 지방마다 꼬리를 물고 봉기가 일어났다. 그래서 프랑스의 시리아 통치에는 엄청난 수의 군대가 필요했다. 프랑스 정부는 마침내 제국주의의 상투적인 전술을 쓰기 시작했다. 시리아를 한층 더 작은 여러 국가로 분할해 종교적인 상이점과 소수 집단간의 차별을 강조함으로써 시리아 민족주의의 힘을 약화시키려 했다. '분할하고 통치한다'는 것은 거의 수학 공식이나 다름없는 식민지 지배 정책의 정석이었다.

그렇지 않아도 원래가 소국인 시리아는 5개의 나라로 분할되었다. 서해안에 연해 있는 레바논 산맥 부근에는 레바논(Lebanon)이 수립되었다. 그 인구의 대다수는 마론파 교도(Maronites: 주로 레바논에 거주하며, 동방 의식을 채용하고 있는 가톨릭 교회의 일파)라 일컬어지는 기독교도로 구성되었는데, 프랑스는 그들을 자기편으로 끌어들여 시리아의 여타 아랍인들과 다투게 하기 위해 그들에게 특수한 지위를 부여했다.

레바논의 북쪽에는 해안에 연해 약간의 아랍인이 살고 있었는데 이곳에 알라위스(Alawis)라고 일컬어지는 조그마한 나라가 또 하나 만들어졌다. 좀더 북쪽으로 올라간 곳에는 세 번째의 국가인 알렉산드레타(Alexandretta)가 수립되었다. 이 나라는 터키에 인접해 있고 주로 투르크어를 사용하는 종족이 살고 있었다.

그 나머지의 시리아 본토는 가장 메마른 토지일 뿐만 아니라 더욱 나쁜 조건은 바다로부터 완전히 차단되어 있다는 점이었다. 시리아는 몇천 년 동안에 걸쳐 지중해의 대국 가운데 하나였는데, 이제는 그 옛날의 영광은 온데간데없고 황량한 사막에 면한 소국으로 전락하고 말았다. 이러한 시리아에서 또다시 드루즈족(Druzes)이 사는 한 조각의 산악 지역이 잘려 나가 이것이 제벨 에드 드루즈(Jebel ed Druz)라는 분국이 되었다.

시리아인은 애당초부터 프랑스의 위임 통치에 반감을 갖고 있었다. 소규모의 저항이나 아랍 여성들도 참가한 대규모의 시위가 꼬리를 물고 일어나자 프랑스는 이에 엄청난 탄압을 가했다. 영토의 분할과 소수 종족 문제를 제기하려는 계획적인 기도는 사태를 더욱 악화시켜 불평 불만이 높아 갔다. 이것을 억누르기 위해 프랑스는 인도에서 영국이 취한 행동과 똑같이 개인적 자유와 정치적 자유를 억압하고 이 나라에 그들의 첩자나 특수 기관원을 배치했다. 그들은 시리아인들을 '정치적 성숙과 독립을 감당할 수 있도록 교육하는 것'을 자기들의 의무라고 생각하고 있었다 — 이러한 변명은 인도에서도 밤낮으로 들어온 이야기다!

특히 제벨 에드 드루즈의 전투적이고 다소 원시적인 주민(우리 인도의 서북 국경의 부족과 비슷한)[49]에게서 긴박한 사태가 벌어졌다. 프랑스의 총독은 이들 드루즈족의 지도자들에게 구역질 나는 속임수를 쓰기 시작했다. 총독은 그들을 초대해서 초대에 응한 드루즈족의 지도자들을 모두 투옥시켜 인질로 삼았다. 1925년 여름에 이 일이 일어나자 즉각 제벨 에드 드루즈에서 소요 사태가 일어났다. 이 지방 봉기는 전국에 파급되어 시리아의 독립과 통일을 주장하는 대반란이 되었다.

시리아 독립 전쟁은 주목할 만한 사건이었다. 인도의 서너 개 주의 크기밖에 안 되는 이 작은 나라는 그 무렵 세계 최대의 육군 보유국이던 프랑스와 전쟁을 시작했다. 물론 시리아인들은 막강한 장비를 갖춘 프

---

49) 드루즈인의 인종적 계통은 분명하지 않으나 아랍인을 주축으로 하는 몇몇 다른 혈통의 혼합으로 이루어진 종족인 듯하다. 그들은 아랍어를 쓰지만, 아랍인과는 다른 특수한 문화와 풍습, 그리고 종교를 가지고 있다. 특히 그들의 종교는 이슬람교와 유태교의 요소를 합친 독특한 일신교다. 인구는 약 1만 5000명으로서 투르크 제국 시대에는 그 압제에 항거하기도 했다. 또한 인도의 서북 국경 부족이란, 간디가 비협력 운동을 벌였던 시대에 영국에 맹렬한 저항을 보인 파탄인과 그 밖의 여러 종족을 가리키는 듯하다.

랑스군과 정면에서 부딪칠 수는 없었다. 그러나 그들은 농촌 지역 프랑스군의 경비를 곤란하게 만들었다. 큰 도시만이 프랑스군의 수중에 있었을 뿐이며, 그 곳마저도 때로는 시리아인의 공격을 받아야 했다. 프랑스는 총력을 다해 수많은 인민을 살육하고 촌락을 불태움으로써 반란을 진압하려 했다. 유명한 옛 도시 다마스커스마저 1925년 10월 폭격을 당해 굉장한 피해를 입었고, 시리아 전체가 하나의 병영 같은 상태로 되었다. 이처럼 극단적인 탄압을 받고도 반란은 2년 동안이나 계속되었다. 막강한 프랑스의 군사력에 유린당하기는 했으나 시리아인들이 지불한 커다란 희생은 무위로 끝나지는 않았다. 마침내 그들은 독립을 확약받았고, 전세계는 시리아인의 강한 독립 정신을 알게 되었다.

프랑스가 반란을 종교적인 색채로 채색해 드루즈족과 벌인 전투에 기독교도를 끌어들이려고 하자, 시리아인들은 그들이 종교적인 목적을 위해서가 아니라 민족의 자유를 위해 싸우고 있다는 것을 분명히 한 것은 특기할 만하다. 반란이 시작되자 즉각 드루즈 지방에 임시 정부가 수립되었다. 이 임시 정부는 독립 전쟁에 참가할 것과 "하나임과 동시에 불가분한 시리아의 완전 독립, …… 헌법 기초를 위한 국회, 외국 점령군의 철수, 그리고 나라의 안전을 보장하고 프랑스 혁명의 원칙과 인권을 보장하기 위한 국민군의 창설"을 호소하는 선언을 발표했다. 프랑스 정부와 프랑스군은 프랑스 혁명의 여러 원칙과 그것이 천명한 권리를 위해 일어선 인민을 탄압하려 했던 것이다!

1928년 초에 계엄령이 해제되었다. 신문 검열 제도도 이와 함께 폐지되고, 수많은 정치범이 석방되었다. 민족주의자들의 요구에 응해 헌법 기초를 위한 의회가 소집되었다. 그러나 프랑스는 개별적인 종교적 선거 단위를 만들어(이것이 현재 인도에서도 행해지고 있다) 분쟁의 씨를 뿌렸다. 이슬람 교도, 그리스 가톨릭 교도, 그리스 정교 교도, 그리고 유태인으로 분리 선거구가 만들어져 각 투표자는 자기 종파에 속하는 후보에게 투표하도록 강요당했다. 상황을 분명하게 밝혀 주는 기이한 사태가 다마스커스에서 발생했다. 민족주의 지도자는 프로테스탄트였다.

프로테스탄트였기 때문에 그는 어느 선거 단위에도 해당되지 않았다. 그리하여 그는 다마스커스에서 가장 신망 있는 사람 중의 하나였는데도 낙선되고 말았다. 10석을 차지한 이슬람 교도는 프로테스탄트에게도 의석이 돌아갈 수 있도록 한 자리의 의석을 양보하겠다고 신청했다. 그러나 프랑스 정부는 이에 동의하지 않았다.

이와 같은 프랑스의 갖가지의 책동이 있었는데도 민족주의자들은 의회를 석권해 독립 주권 국가를 위한 헌법을 기초했다. 시리아는 장차 인민을 모든 권력의 원천으로 하는 공화국이 될 것임을 못박았다. 이 헌법 초안의 어디에도 프랑스의 위임 통치 등에 관한 언급이 없었다. 프랑스는 이에 항의했으나 의회 또한 한치도 양보하지 않았기 때문에 몇 개월 동안 대립이 계속되었다. 결국 프랑스의 고등 판무관은 위임 통치 계속 기간중에 프랑스가 해야 할 의무에 저촉될 만한 헌법 조항은 그 적용을 보류한다는 내용의 유보 조항을 삽입시키는 조건으로 이 헌법 초안을 채택할 뜻을 비쳤다. 이것은 매우 모호한 것이기는 하지만 프랑스로서는 커다란 양보였다. 국회는 그것마저 동의하려 하지 않았다. 마침내 프랑스 정부는 1930년 5월 의회를 해산함과 동시에 의회가 기초한 헌법 초안에 유보 조항을 삽입시켜서 공포했다.

이리하여 시리아 본국은 자신들의 요구 사항 가운데 단 하나도 양보하지 않았으며, 타협마저도 거부하는 단호한 태도를 보였을 뿐만 아니라 원래 의도했던 바를 관철하는 데 어느 정도 성공할 수 있었다. 두 개의 문제가 남았다. 그 때까지 유보 조항의 효력이 살아 있을 위임 통치의 종료가 그 하나다. 다음 더욱 큰 문제는 시리아의 통일이었다. 그 밖에 헌법 그 자체는 진보적인 것이었기 때문에 완전한 자유 국가의 헌법을 제정하는 것이다. 시리아인들은 이번 투쟁을 통해 자신이 용감하고 확고한 결의에 불타는 민족임을 보여 주었고, 그 뒤에는 교섭 상대로서도 완전 독립을 요구하며 한치도 양보하지 않음으로써 한결같이 결연하고 또한 참을성 많은 성질의 소유자임을 대외에 과시했다.

1933년 프랑스는 시리아의 하원에 어떤 조약의 비준을 요구해 왔다. 이 하원에는 프랑스 정부에 호의적인 온건파가 다수를 차지하고 있었다. 그런데도 그 조약은 하원에서 거부되었다. 이것은 프랑스가 시리아를 5개의 분국으로 분할할 것과 시리아 내에 군 주둔지와 병영, 그리고 비행기와 군대를 유지할 것을 고집했기 때문이었다.

☐ 추기(1938년 10월)
체코슬로바키아에서의 나치의 승리, 독일의 유럽 제패 확대와 식민지의 요구는 전세계를 새로운 정세 속으로 몰아넣었다. 프랑스는 2등 국가로 전락했고, 따라서 광대한 해외 식민지를 유지할 힘을 거의 잃어 가고 있었다. 한편 팔레스타인에서의 어려운 상황으로 인해 시리아 · 팔레스타인 그리고 트란스 - 요르단은 아랍 연방으로 통일되기를 바라는 움직임을 보이고 있었다.

167 1933년 5월 29일

팔레스타인과 트란스 - 요르단

영국이 국제 연맹으로부터 위임 통치권을 부여받은 팔레스타인은 시리아의 이웃 나라다. 인구는 100만에도 채 미치지 못하는 더욱 작은 나라이지만, 오랜 역사와 문화를 지니고 있는 주목할 만한 나라다. 그것은 이 나라가 유태인과 기독교도, 또한 어느 정도는 이슬람 교도에게도 성지가 되어 있기 때문이다. 주민은 이슬람 교도 아랍인이 대다수를 차지하고 있으며, 그들은 독립을 요구함과 동시에 시리아의 신앙을 같이 하는 아랍인과 통일하기를 바라고 있다. 그런데 영국의 정책은 여기에도 소수 민족 문제 — 유태인 문제를 일으켜, 유태인들이 영국 편에 서서 팔레스타인의 독립을 반대하게 했다. 그들은 팔레스타인의 독립이 곧바로 아랍국에 의한 지배로 이어지는 결과가 올 것을 두려워하고 있다. 두 파는 각기 상이한 목표를 설정하고 있기 때문에 충돌이 불가피하다. 아랍인측은 사람 수가 많은 반면 유태인들에게는 막대한 재력과 세계적인 조직이 있다. 영국은 유태인의 종교적 민족주의를 아랍인에게 대항시키는 방법을 통해, 이러한 충돌을 방지하고 양자를 조정해 평화를 유지하기 위해서는 영국의 개입이 불가피한 것처럼 정세를 꾸며댄다. 이것은 제국주의의 지배하에 있는 다른 여러 나라에서도 마찬가지로 흔하게 볼 수 있는 상투적 수법에 지나지 않는다.

유태인이란 놀라운 민족이다. 원래 그들은 팔레스타인의 소부족이었으며, 그것도 몇 개의 지파로 나뉘어져 있었다는 것이 올바른 판단일 것이다. 그들의 건국 설화는 『구약 성서』에 기록되어 있다. 그들은 스스로를 세계의 선민(세계를 이끌어 가는 사명을 지닌 선택된 민족)이라고 자부하고 있다. 그러나 이런 종류의 자부심은 세계의 어느 민족이나 모두 갖고 있는 법이다. 그들은 계속해서 다른 민족에게 정복당하고 억압당하고 노예화했다. 영역된 성서 가운데 실려 있는 유태인의 노래나 시가는 영어로 쓰인 것으로는 가장 아름답고 감동적인 시가류에 들 것이다. 헤브루어의 원전으로 읽어도 마찬가지로 아름다울 것이다. 아니, 어쩌면 더 뛰어난 것일지도 모르겠다. 여기서는 「시편」의 하나 가운데 몇 행만을 옮겨 네게 보여 주기로 한다.

> 바빌론 강기슭에 앉아 시온의 추억에 젖어 눈물 흘리네.
> 그 언덕 버드나무 가지 위에 우리의 하프 걸어 놓고서
> 우리를 잡아 온 그 사람들이 그 곳에서 노래하라 청했지만,
> 우리를 끌어온 그 사람들이 기뻐하라고 졸라대면서
> 한 가락 시온 노래 부르라고 했지만
> 우리 어찌 남의 나라 낯선 땅에서 야훼의 노래를 부르랴?

예루살렘아, 내가 너를 잊는다면 내 오른손이 말라 버릴 것이다.
네 생각 내 기억에서 잊혀진다면
내 만일 너보다 더 좋아하는 다른 것이 있다면
내 혀가 입천장에 붙을 것이다.

유태인들은 마침내 전세계로 흩어져 버렸다. 그들은 가는 곳마다 불청객으로 달갑지 않은 이방인 취급을 받았다. 도회지에서는 다른 사람에게 누를 끼치는 일이 없게 하기 위해 유태인들의 거주 지역을 따로 만들었다. 이러한 유태인 거주 지역은 '게토(ghettos)'라고 일컬어졌다. 때로는 그들에게 눈에 띄는 특별한 옷이 입혀지기도 했다. 그들은 모욕 당하고 시달림을 받고 학살당했다. '유태인(Jew)'이라는 말 그 자체가 경멸의 뜻을 담고 있어 수전노나 욕심 많은 고리 대금업자의 대명사로 쓰이는 지경이였다. 그러나 놀랍게도 이 민족은 그러한 모든 모멸을 감내했을 뿐만 아니라, 그들의 인종·문화적 성격을 고스란히 유지해 수많은 뛰어난 인물을 배출했다. 오늘날 그들 중 어떤 사람들은 과학자·정치가·문학가·금융업자·실업가로서 지도적인 지위를 차지했으며, 가장 위대한 사회주의자나 공산주의자까지도 배출했다. 그들의 대다수는 아직도 유복하지는 않다. 그들은 동유럽의 여러 도시에 집단으로 거주하며 때때로 '인종 학살(Pogroms)'을 당하기도 했다. 고국을 갖지 못한 이 민족은, 특히 그 중에서도 가난한 사람들일수록 과거에 실제로 있었던 것보다도 훨씬 더 과장된, 위대하고도 장엄한 고대 예루살렘에 대한 환상을 가지고 있었다. 그들은 예루살렘을 일종의 약속된, 즉 장차 자신들의 손으로 돌아올 땅이라 하여 시온(Zion)이라고 불러 왔고, 시오니즘(Zionism)이란 그들에게는 예루살렘과 팔레스타인이라는 환상으로 스스로의 마음을 달래는, 즉 과거의 영광이 그들을 부르는 소리를 뜻한다.

19세기 후반 이래 시오니즘 운동은 점차 팔레스타인 귀환 운동의 형태를 취하기 시작해, 정착을 목적으로 한 많은 유태인들이 팔레스타인으로 옮겨갔으며, 또한 헤브루어도 부활되었다. 세계 대전 중 영국군은 팔레스타인에 침입해 1917년 11월 예루살렘을 향해 진군하던 중에 이른바 '발포아 선언(Balfour Declaration)'이라는 것을 발표했다. 이 선언에 따르면 그들의 목표는 팔레스타인에 '유태 민족 정착지(Jewish National Home)'를 건설하는 데에 있었다. 이 선언은 세계 각국에 흩어져 있는 유태인들의 호감을 사려고 발표된 것으로서, 돈 많은 유태인들의 지원을 얻는 데에는 매우 효과적인 것이었다. 아무튼 이 성명은 유태인에게 환영을 받았다. 그렇지만 그 성명은 가장 중요한 문제를 간과하고 있었다. 왜냐하면 팔레스타인은 미개척지도, 사람이 살지 않는 공간도 아니었다. 이미 이 곳을 조국으로 삼고 있는 사람들이 따로 있었다. 그러므로 영국 정부의 이 너그러운 제스처는 사실상 당시 팔레스타인에 살고 있던 사람들의 희생을 전제로 한 것이었다. 따라서 아랍인 · 비아랍인 · 이슬람 교도 · 기독교도 할 것 없이 유태인이 아닌 모든 사람들은 일제히 이 선언에 항의했다. 이것은 본질면에서 하나의 경제 문제였다. 그들은 유태인들이 모든 방면에서 자기들과 경쟁하게 될 것이며, 배후에 거느린 거대한 부의 힘을 빌려 이 나라의 경제를 좌지우지할 수 있는 지위에 올라서리라고 생각했다. 그들은 유태인이 그들의 생활 수단을 빼앗고 농민으로부터는 토지를 수탈해 갈 것을 걱정했다.

　　이 때 이래로 팔레스타인 문제는 아랍인 대 유태인의 투쟁이 되었고, 그 중간에 있던 영국 정부는 경우에 따라서는 간에도 붙고 쓸개에도 붙었지만 대개는 유태인 편을 들었다. 팔레스타인은 자치 정부도 없이 영국의 일개 식민지 대접을 받았다. 때문에 기독교도나 그 밖의 비유태인들로부터 지지를 받는 아랍인들은 민족 자결과 완전 독립을 요구했다. 그들은 위임 통치는 물론, 더 이상 인구를 받아들일 여지가 없다는 이유로 유태인의 이주에 강력히 반대했다. 유태인 이주민이 흘러들어옴에 따라 그들의 불안과 걱정은 점점 더 높아 갔다. 그들 아랍인은 "시오니즘은 영국 제국주의의 공범자이며, 강력한 '유태 민족 정착지'의 존재가 아랍인의 민족적 여망에 대한 반대 세력이 됨으로써, 시오니즘의 책임 있는 지도자들은 영국과 인도 사이의 통로를 방위함에 큰 몫을 차지하고 있음을 끊임없이 주장하고 있다"는 성명을 발표했다. 인도는 왜 이렇게 여기저기 끌려 들어가 성명서에나 오르내리는 그런 대상이 되는 것일까!

아랍 회의(Arab Congress)는 영국 정부에 대한 비협조와 영국인이 설립하려 하고 있던 입법 기관의 선거를 거부하기로 결정했다. 이 일종의 비협력 운동은 몇 년 동안 계속되었지만, 결국 그 세력은 후퇴하고 어떤 그룹은 영국에 대해 부분적이나마 협력하기까지 했다. 그런데도 영국은 선거를 통한 의회를 구성할 수 없었기 때문에 영국 고등 판무관이 술탄처럼 전제 정치를 펴 나갈 수밖에 없었다.

1928년에는 여러 갈래로 갈라져 있던 아랍인 그룹들이 아랍 회의에 통합되어, 민주 의회 정치 제도를 '정당한 제도'로서 요구했다. 그들은 또한 성명을 통해 "팔레스타인 인민은 현행 식민 통치 제도를 절대로 용인할 수 없으며, 또한 용인하지도 않을 것"이라는 점을 명백히 했다. 아랍 민족주의가 새로이 제기한 문제 중에서 가장 흥미 있는 것은 경제 문제에 중점을 두고 있는 일이었다. 이것은 아랍인들이 문제의 핵심을 정확히 파악하고 있다는 것을 보여 주는 징후로 해석할 수 있다.

1929년 8월 아랍인과 유태인 사이에 조그만 충돌이 있었다. 이 충돌의 원인은 유태인의 재력과 정착민의 증대에 대한 아랍인의 불만과 공포, 그리고 아랍인의 독립 요구에 대한 유태인의 반대라는 복잡한 것이었다. 그러나 더욱 직접적인 원인이 된 것은 이른바 '통곡의 벽(Wailing Wall)'을 둘러싼 분쟁이었다. 이것은 옛날 헤롯왕의 사원에 둘러쳐진 벽의 일부를 이루고 있으며, 따라서 유태인들은 이것을 지난날 자신들이 위대한 민족이었던 당시의 기념물로서 신성시하는 물건이었다. 그 뒤 같은 장소에 모스크(이슬람교의 사원)가 건립되어 이 벽도 그 경내의 일부로 편입되었다. 유태인은 이 벽의 부근에서 기도를 드리는데, 특히 여기서 그들의 비탄을 큰 소리로 호소했다 — 그러한 까닭에 '통곡의 벽'이라는 이름이 생겨났다. 이슬람 교도들은 자신들의 유서 깊은 사원의 하나인 이 사원 부근에서 이러한 의식을 올리는 것에 반대했다.

이 소요가 진압된 뒤에도 충돌은 여러 가지 형태로 계속되었다. 그러나 이상한 일은 아랍인이 팔레스타인의 모든 기독교의 전폭적인 지지를 받고 있었다는 점이다. 이슬람 교도든 기독교도든 모두가 하나로 뭉쳐 파업이나 시위 운동에 참가했고, 여성들도 중요한 역할을 담당했다. 이것은 곧 근본적인 쟁점이 종교 문제에 있는 것이 아니라, 새로 이주해 온 자와 예전부터 살아왔던 거주자 사이의 경제권을 둘러싼 충돌이다는 것을 말해 준다. 국제 연맹은 당시 위임 통치를 성실히 수행하지 못했고, 특히 앞에서 말한 1929년의 충돌을 미리 방지하지 못한 영국 정부를 엄중히 비판했다.

위에서 설명된 바와 같은 이유로 하여 팔레스타인은 사실상의 영국 식민지였으며, 어떤 의미로는 완전한 식민지보다도 훨씬 못한 상태에 있었다. 또한 영국은 아랍인과 유태인을 계속 충돌시킴으로써 이러한 사태를 지속시키고자 했다. 팔레스타인에는 영국 관리가 상주하면서 그들이 모든 현직을 독점하고 있었다. 아랍인들의 강력한 요구가 있었는데도 영국의 속령에 대한 관례에 따라 교육을 위해서는 거의 아무런 배려도 하지 않았다. 이에 비해 풍부한 재력을 가진 유태인들은 훌륭한 학교와 대학을 갖추고 있었다. 유태인의 수는 이슬람 교도 수에 비해 이미 4분의 1에 이르고 있으며, 그들의 경제력은 후자보다 훨씬 앞서고 있었다. 얼마 안 되어 그들이 팔레스타인을 완전히 장악하는 날이 오리라고 스스로 확신하고 있는 듯했다. 아랍인들은 민족 독립 투쟁을 위해 유태인들의 협력을 얻으려 했으나 그들은 그 제안에 응하지 않았다. 그들은 외국의 지배 세력 쪽에 가담함으로써 팔레스타인 인민들이 자유를 획득하는 것을 방해하고 있었다. 아랍인을 비롯해 기독교도까지도 포함하는 대다수가 유태인의 이러한 태도에 격렬한 분노를 품고 있는 것은 당연한 일이다.

□ 트란스 - 요르단

　요르단 강을 사이에 두고 팔레스타인의 맞은편 강기슭에는 영국의 전후의 또 하나의 작품이라 할 조그마한 나라가 있다. 이것을 트란스 - 요르단이라 부른다. 이 곳은 사막에 접경해 시리아와 아라비아 사이에 가로누워 있는 좁은 지역이다. 이 나라의 총인구는 30만 명으로, 그저 중간 정도 크기의 도시라면 알맞을 정도다. 영국 정부가 이것을 팔레스타인에 병합시키려고 마음만 먹는다면 쉽게 이루어질 수 있는 일이다. 그러나 제국주의 정책은 통합보다는 오히려 분할의 길을 택한다. 이 나라는 인도를 향한 육로와 항공로상의 디딤돌 역할을 하는 중요한 지역이다. 또한 사막과 서쪽의 바다에 이르는 비옥한 토지를 연결하는 요충지로서의 역할도 하고 있다.

　국가로서는 작았지만 인접한 큰 나라에서처럼 비슷한 사건들이 발생했다. 트란스 - 요르단인들은 의회제 국가를 요구했으나 영국 정부로부터 거부당했다. 시위에 대한 탄압이 거듭되고, 검열이 일상화되었으며, 지도자에 대한 유형 등의 행위가 잇따르자, 정부 시책에 대한 거부가 심심치 않게 일어나고 있었다. 영악한 영국은 토후인 압둘라(Abdullah : 헤자즈 국왕 후세인의 아들로 파이살의 형)를 군주로 앉혔다. 그는 완전히 영국의 손안에서 놀아난 허수아비 군주로서 인민들의 눈을 현혹시켜 영국에 대한 불만의 완충기 구실을 하는 데에 크게 쓸모가 있었다. 그는 사건이 터질 때마다 비난을 받아 매우 평판이 나빴다. 압둘라 지배하의 트란스 - 요르단은 실제로 우리 인도의 많은 번국과 비슷한 점이 있다.

　트란스 - 요르단은 명목상으로는 독립국이지만 1928년 압둘라와 영국 사이에 체결된 조약에 따라 군 작전권과 모든 행정권 일반을 영국이 대행하고 있어 사실상 영국의 일부가 되어 있다. 이것은 규모는 작지만, 영국의 영향력 아래 산재해 있는 많은 독립 국가들 가운데 새로운 형식의 또 하나의 실례다. 앞서의 조약도 그렇지만, 일반적으로 이러한 사태는 이슬람 교도 기독교도 할 것 없이 모든 인민의 심한 분노를 샀다. 조약 반대 운동이 탄압을 받았고 조약의 반대를 지지하는 신문까지도 발행이 금지되었으며, 앞에서 말한 바처럼 지도자는 유형에 처해졌다. 그러나 이 조처에 반대하는 세력들도 한데 뭉쳐 일종의 의회를 소집해서 국가 강령을 채택하고 조약을 부인했다. 한편 정부는 새로운 선거를 위한 선거인 명부를 준비하려 했으나 인민의 압도적 다수에게 거부되었다. 그러자 압둘라와 영국은 조약의 비준을 위한 체제를 정비하기 위해 어렵지 않게 소수의 지지자를 긁어모았다.

1929년의 팔레스타인 분쟁 당시에는 트란스 - 요르단에서도 영국 및 발포아 선언에 반대하는 큰 데모가 일어났다.

나는 다소 두서없이 여러 나라들에서 일어난 일들을 써 나가고 있는데도 똑같은 이야기를 되풀이하고 있는 꼴이 된 것 같다. 내가 이렇게 한 것은 우리들이 그 누구나 각기 그 나라에 관해서 상상하고 있는 민족적 특성이라는 것을 중요시할 것이 아니라, 오히려 세계를 움직이는 힘 또는 전 동양인의 민족주의에 대한 각성과 이것과 맞부딪치는 제국주의의 일반적인 수법이 어디서나 마찬가지라는 것을 네게 알려 주고 싶었던 것이다. 민족주의가 개발되고 발전됨에 따라 제국주의의 전술도 약간 변화되어 형식상으로는 타협과 양보를 시도하려는 것처럼 보인다. 한편 민족 해방 투쟁이 진행되는 동시에 사회적 투쟁, 즉 서로 다른 계급 간의 투쟁 또한 치열해지면서, 봉건적인 또는 어느 정도 유산 계급이라 할 수 있는 계급은 날이 갈수록 제국주의 진영에 편입되어 감을 이야기하지 않을 수 없구나.

□ 추기(1938년 10월)

팔레스타인의 아랍 민족주의와 유태 시오니즘, 그리고 영국 제국주의 사이의 삼각 투쟁은 날이 갈수록 치열해져서 끝장을 보고야 말겠다는 식으로 계속되었다. 독일에서 나치가 승리한 결과, 헤아릴 수 없이 많은 수의 유태인들이 중부 유럽에서 추방되자 팔레스타인에 대한 유태인들의 압력은 점점 더 심해졌다. 그러자 자칫하면 유태인 이주민의 홍수에 휘말려, 팔레스타인이 유태인들에게 장악당해 버리지나 않을까 하는 아랍인의 우려가 심화되어 갔다. 아랍인들 중에는 이런 사태에 대항하기 위해 테러 활동에 가담하는 자도 생겼다. 그러자 시오니스트 중의 극렬 분자들이 같은 수단으로 이에 보복하기도 했다.

    1936년 4월 팔레스타인 아랍인들이 총파업을 단행하자 영국 관헌들은 군사력으로 보복 행위를 해 그 진압에 전력을 기울였다. 그러나 그것은 6개월 가까이나 계속되었다. 주지하는 바와 같은 나치 방식의 거대한 집단 수용소가 만들어졌다. 그러나 이러한 모든 종류의 노력이 실패로 돌아가자 영국 정부는 팔레스타인 문제를 조사할 왕립 위원회(Royal Commission)를 구성하기에 이르렀다. 이 위원회는 위임 통치에 실패했음을 솔직히 인정하고 그것을 포기하도록 보고했다. 그리고 팔레스타인을 세 지역, 즉 아랍인 지배하의 넓은 지역과 유태인 지배하의 바다에 면한 지역, 그리고 영국의 직접 지배하에 두는 예루살렘 등으로 분할할 것을 건의했다. 이 분할안은 아랍인·유태인 할 것 없이 거의 모든 사람들의 반대에 부딪혔으나 유태인 가운데에는 이에 협력할 뜻을 표명한 자들도 적지 않았다. 그러나 아랍인들은 전혀 별개의 행동을 취해 그들의 민족적 저항을 강화시켰다. 최근의 몇 개월 동안 그것은 영국에 대해 격렬한 적의를 품는 거대한 민족 운동의 형태로 발전되었으며, 팔레스타인 국내의 대부분 지역에서 이미 영국의 통치는 사실상 끝장나고 아랍인 민족주의자들이 지배하게 되었다. 이에 대해 영국 정부는 이 나라를 재차 점령하기 위해 원기 왕성한 새로운 군대를 증파시키고, 팔레스타인에 공포 분위기를 조성했다.

    불행하게도 아랍인들은 격렬한 테러 행위에 열중했다. 유태인들도 아랍인들에 대해 어느 정도까지는 같은 보복을 가했다. 또한 영국 정부는 독립을 목표로 하는 민족 운동을 무산시키기 위해 가차없는 파괴와 학살을 자행했으며, 현재도 그러하고 있다. 팔레스타인에서는 현재 과거 아일랜드의 '블랙 앤 탠스' 이상의 흉폭한 테러가 행해지고 있으나 엄격한 검열 제도로 외부 세계에 자기들의 죄악을 감추고 있다. 나는 철의 감옥이라고 일컬어지는 철조망 속으로 영국 군대가 내던진 아랍인

'용의자(suspects)'에 관한 기사를 이제 막 읽고 난 참이다. 이 '감옥(cages)'은 한 곳에 50명에서 400명까지의 죄수를 수용할 수 있을 만큼 큰 것인데, 그들은 연고자들로부터 문자 그대로 우리 속의 짐승이 먹이를 받듯이 음식을 차입받고 있다고 한다.

이러는 동안 아랍 세계는 온통 분노에 타올라 이슬람 교도건 비이슬람 교도건 간에 유색 인종들은 모두가 이 인민의 자유를 위한 투쟁을 압살하려는 잔인한 처사에 심한 충격을 받았다. 이들도 많은 흉악한 행위를 하기는 했지만, 그러나 그들은 본질면에서 민족의 자유를 위해 싸우고 있고, 또한 그들이 영국 제국주의의 무력으로 얼마나 잔혹한 탄압을 받아 왔는가 하는 사실을 잊어서는 안 될 것이다.

두 피압박 민족 – 아랍인과 유태인이 서로 다퉈야만 한다는 사실은 참으로 비극이라 하겠다. 유태인들은 유럽의 그 어느 나라에서도 환영받지 못했으며, 의지할 고국마저도 없는 이들이 부지기수였다. 유태인이 극복해 온 이 무서운 시련에는 누구나 동정심을 느껴야 옳을 것이다. 그들이 팔레스타인에 희망을 거는 것도 충분히 이해가 간다. 또한 유태인 이주민들이 이 나라를 개간하고 공업을 도입해 생활 수준을 향상시킨 것도 사실이다. 그러나 우리들은 또한 팔레스타인이 본디 아랍인의 나라이며 장차도 그러할 것이 틀림없을진대, 아랍인이 그들 자신의 조국에서 짓밟히고 학대받는 일이 있어서는 안 된다는 사실 또한 잊지 말아야 한다. 팔레스타인이 해방되면 두 민족은 상호간에 서로의 이익을 손상시키는 일 없이 충분히 협력해 나아갈 수도 있을 것이며, 또 발전된 국가 건설에 서로 협력할 수도 있을 것이다.

불행하게도 팔레스타인은 영국이 계획하고 있는 제국의 요충에 위치하고 있어, 유태인과 아랍인은 모두 이 계획을 추진하고 있는 영국에게 이용당하고 있다. 장차의 일을 확실하게 알 수는 없다. 그러나 종래의 분할 계획은 아무래도 실패로 돌아갈 것 같다. 그리고 유태인 자치 구역을 포함해서 더욱 큰 아랍 연방을 만들려는 조짐이 농후하다. 어쨌든 팔레스타인에서 아랍 민족주의는 결코 타도될 수 있는 성질의 것이 아니라는 점과, 아랍인과 유태인이 서로 협력해 제국주의 세력을 축출하고 이 나라는 비로소 안정된 기반을 세울 수 있으리라는 점만은 확실하다.

168 *1933년 6월 3일*

아라비아 —— 중세로부터의 비약

나는 아랍 나라들의 이야기를 하고 있었는데도 아랍어와 아랍 문화의 본산지이며 이슬람교가 탄생한 땅인 아라비아에 대해서는 아직껏 이야기한 적이 없구나. 아랍 문명권이란 아라비아를 포함해 이웃의 이집트 · 시리아 · 팔레스타인 · 이라크 정도에 불과하고, 아랍 문화란 현대 문명에 비추어 볼 때 지극히 낙후된 중세적인 것으로서 현대의 문명에는 훨씬 못 미치고 있으며, 오늘날에도 그러하다. 아라비아는 광대한 나라로서 면적은 대략 인도의 3분의 2에 이른다. 그러나 인구는 기껏해야 4000~5000만 정도로 인도 인구의 7분의 1 아니면 8분의 1쯤 되는 셈이다. 이것으로 인구 밀도가 얼마나 희박한가를 알 수 있다. 또한 그 광대한 땅이 종래의 탐욕스러운 사기꾼들의 눈을 피해, 변천하는 세계의 소용돌이 속에서 철도 · 전신 · 전화 등 어느 것도 없는 중세 문화의 유물로 그치고 있는 것은 국토의 대부분이 실제로는 사막인 까닭이다. 거기에 살던 사람들은 대개가 유목민 — 그들은 베두인(Bedouins), 즉 사막의 주민이라 일컬어진다 — 으로 그들은 '사막의 배(ships of the desert)'라 할 수 있는 발이 빠른 낙타, 또는 온 세계에 그 이름이 널리 알려져 있는 유명한 아랍 말 등에 몸을 싣고 사막의 모래 위에 먼지를 일으키며 여행을 하곤 했던 것이다. 그렇게 하여 그들은 1000년 동안이나 거의 변화

없는 유목 생활을 영위하고 있었다. 그러나 많은 것을 변화시킨 세계 대전이 이러한 아랍을 그냥 놓아 둘 리가 없었다. 아랍은 세계 대전 이후 놀랍게 달라졌다.

지도를 보면 아라비아 반도는 홍해와 페르시아 만 사이에 끼여 있음을 알 수 있을 것이다. 남쪽에는 아라비아 해가 있고, 북부에는 팔레스타인과 트란스-요르단 그리고 시리아 사막이 가로놓여 있으며, 북동부에는 이라크의 비옥한 푸른 계곡이 연속해 있다. 서해안 쪽으로 홍해와 면한 곳에 이슬람교의 요람인 헤자즈 지방이 있는데, 성도 메카와 메디나는 물론 해마다 엄청난 수의 순례자들이 메카에 참배하기 위해 상륙하는 제다(Jeddah) 항도 그 속에 포함되어 있다. 아라비아 중앙부에, 동으로 페르시아 만이 보이는 곳에 네지드(Nejd)가 있다. 헤자즈와 네지드는 아라비아의 주요한 행정 구획이다. 대개의 지역이 메마른 불모지인 데 비해 서남부는 비옥한 땅으로서 좋은 대조를 이루고 있으며, 고대 로마 시대부터 '아라비아 펠릭스(Arabia Felix : 축복받은 아라비아)'로 알려져 있는 예멘(Yemen)이 있다. 이 곳은 다른 불모의 사막 지대에 비해 비옥하기 때문에 누구나 다 상상할 수 있는 바와 같이 인구 밀도가 조밀하다. 아라비아의 남단 가까운 곳에는 동서로 왕래하는 배의 기항지인 아덴(Aden)이라는 영국 영토가 있다.

세계 대전 전에는 이 나라의 거의 대부분이 투르크의 지배하에 있었다고 말해도 좋을 만큼 투르크의 영향력이 강하게 작용하고 있었다. 그러나 네지드의 토후인 이븐 사우드(Ibn Saud)가 서서히 두각을 나타내 독립 군주가 되었고, 계속된 정복을 통해 그의 영토는 페르시아 만까지 확대되었다. 이것은 세계 대전이 있기 몇 년 전의 일이었다. 이븐 사우드는 18세기에 압둘 와하브(Abdule Wahab)[50]가 기반을 닦은 한 이슬람교 종파의 우두머리였다. 이 종파는 기독교에서의 청교도 운동과 같은 이

---

50) 이슬람교의 개혁자. 그 운동은 '마호메트에게로 돌아오라!'는 것을 내걸고 진행되었다. 와하비파는 복고의 형태를 취하면서도 더욱 합리적인 정신으로 이븐 사우드의 개혁에 결부되어 있어, 이슬람교의 현재와 장래에 가장 주목할 만한 현상의 하나다.

슬람교의 개혁 운동이었다. 와하비파(Wahabis)는 이슬람 교도 사이에서는 이미 일반화되어 있는 종파였다. 이 파는 여러 가지 의식이나 분묘 또는 성자의 유적 같은 것에 대해 숭배하기를 거부했다. 그들은 마치 유럽의 청교도가 성자의 상이나 유적에 예배하는 로마 가톨릭 교도들을 우상 숭배의 무리라고 부른 것과 마찬가지로, 또한 그러한 일들을 우상 숭배라고 단정했다. 이러한 까닭에 와하비파와 아랍의 다른 이슬람 종파 사이에는 정치적인 대립과는 별도로 종교적인 원한이 있었다.

세계 대전중 아라비아는 영국의 음모의 온상이 되어, 영국은 물론 인도의 재산이 가지각색의 아라비아인 족장을 달래고 꾀어 내는 데에 물 쓰듯 쓰였다. 여러 가지 그럴 듯한 구실을 붙여서 그들을 투르크에 대한 반란에 앞장세웠다. 때로는 서로 전쟁중인 두 명의 족장이 둘 다 똑같이 영국의 원조를 받은 적도 있었다. 영국은 메카의 세리프 후세인(Sherif Hussein)을 앞세워 아랍인 반란의 기를 올리게 하는 데에 쉽게 성공했다. 후세인은 예언자 마호메트의 혈통을 이어받았다는 사실로 하여 널리 존경을 받고 있었다. 그는 영국으로부터 통일 아라비아 왕국의 왕위를 약속받았다.

이븐 사우드는 그보다 훨씬 더 현명했다. 그는 월 7만 루피라는 대단치 않은 돈을 영국으로부터 받았으며, 자기 자신을 군주로 승인시켜 놓고 중립을 유지할 것을 약속했다. 이렇게 함으로써 다른 족장들이 서로 다투고 있는 동안에 그는 영국으로부터 약간의 원조를 받으면서 자신의 지위를 굳혀 갔다. 세리프 후세인은 당시 칼리프를 겸하고 있던 투르크의 술탄에게 도전한 까닭에 인도를 포함한 이슬람 국가들 사이에서 평판이 좋지 않았다. 그러나 이븐 사우드는 조용히 중립을 유지하면서 정세의 변화를 충분히 이용해 서서히 이슬람교계의 거물로서의 신망을 쌓아올렸다.

한편 남쪽에 있는 예멘의 이맘(Imam : 이슬람 국가의 종교적 수장의 칭호) 또는 통치자는 전쟁 기간을 통해 투르크에 충성을 바쳤다. 그러나 그는 직접적인 활동 무대에서는 떠나 있었기 때문에 이렇다 할 만한 일

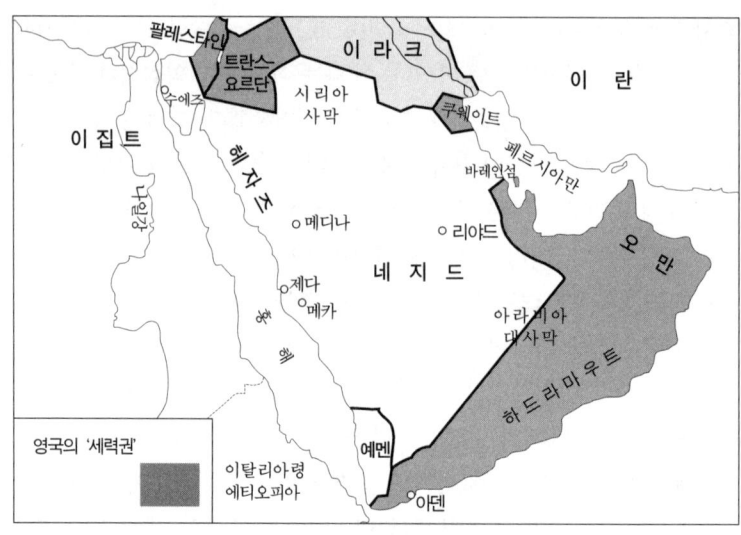

이븐 사우드의 아라비아

    은 하지 못했다. 투르크의 패배 이후 예멘은 독립했고 지금도 독립 국가를 유지하고 있다.

    전쟁이 끝나자 영국이 아라비아를 지배하고 있었다는 사실이 드러났다. 영국은 후세인과 이븐 사우드를 이용하려 했으나 호락호락 이용당하기에는 이븐 사우드는 너무나 현명했다. 그러나 후세인 일족은 영국 세력을 등에 업고 갑자기 위세를 부리기 시작했으며, 후세인은 스스로 헤자즈의 왕위에 올랐다. 그의 아들 가운데 하나인 파이살은 시리아의 군주가 되었고, 또 한 아들인 압둘라는 영국의 사주로 트란스 - 요르단의 군주 자리를 차지했다. 이러한 융성도 순식간의 일에 불과했다. 이미 보아 온 바와 같이 파이살은 프랑스인에 의해 시리아에서 쫓겨났고, 후세인의 왕위도 이븐 사우드의 와하비파의 공세 앞에 무릎을 꿇고 말았다. 빈털터리가 되어 돌아온 파이살은 영국으로부터 이라크의 통치권을 받아 그의 후원자들, 즉 영국인의 도움으로 왕위에 올랐다.

    이처럼 단기간에 그친 것이기는 했지만, 후세인이 헤자즈의 왕위에 재위중이던 1924년 앙카라의 터키 정부는 칼리프 제도를 폐지했다. 칼리프가 없어지자 후세인은 일대 결심을 하고 이 알맹이 없는 의자에 덤벼들어 스스로 이슬람교의 칼리프가 될 것을 선언했다. 이 때 이븐 사우드는 마침내 때가 왔음을 깨닫고 아랍 민족주의와 이슬람 국제주의의 쌍방에 호소해 반후세인 세력을 규합했다. 그는 야심적인 칼리프 찬탈자에 대항하는 이슬람교의 지도자로서 두각을 나타내고 조심스러운 선전을 통해 다른 나라의 이슬람 교도들에게도 인심을 얻었다. 인도의 '킬라파트 위원회'도 그에게 성원을 보냈다. 사태의 동향을 짐작한 영국은 이제까지 돈을 건 말이 승산이 없을 것으로 보고 몰래 후세인에게서 손을 떼고 보조금 지불을 중지했다. 이렇게 하여 그토록 푸짐한 약속을 받았던 후세인은 다가오는 강력한 적을 앞에 두고 도와 주는 자 하나 없이 고립되고 말았다.

몇 개월 뒤인 1924년 10월 와하비파는 메카에 입성했고, 그들의 청교도적 신앙에 따라 몇 개의 분묘를 파괴했다. 이 파괴 행위는 이슬람 교도 나라들에 적지 않은 파문을 던졌고, 인도에서도 의논이 분분했다. 이듬해에 메디나와 제다가 이븐 사우드의 수중에 들어갔고, 후세인과 그의 일족은 헤자즈에서 쫓겨났다. 1926년 초 이븐 사우드는 헤자즈 국왕임을 자칭하고 나섰다. 그는 자신의 새로운 지위를 굳히고 국외의 이슬람 교도의 환심을 사기 위해 1926년 6월 메카에서 이슬람 세계 회의(Islamic World Congress)를 개최, 여러 외국의 이슬람교 대표자들을 초청했다. 그가 칼리프가 되려는 야심을 품고 있지 않았다는 것은 분명했다. 설령 되고자 했더라도 와하비주의자인 그로서는 아무래도 다수 이슬람 교도의 승인을 얻어 낼 수 있을 것 같지는 않았다. 그의 반민족주의적인 압제의 기록은 이미 검토한 바 있다. 지난 편지에서 이야기했듯이 이집트 국왕 푸아드는 칼리프가 되고자 몸이 달았으나 그 자신의 나라인 이집트에서조차 그 누구도 그에게 희망을 걸지는 않았다. 후세인은 패배 후 말할 것도 없이 스스로 올랐던 칼리프의 지위에서 쫓겨났다.

메카의 이슬람 세계 회의는 이렇다 할 아무런 중요한 결정도 내리지 못했으며, 처음부터 그러한 의도에서 열린 회의도 아니다. 그것은

아라비아 — 중세로부터의 비약

이븐 사우드가 특히 외국 세력에 대해 자기의 지위를 강화하기 위해 이용한 수단에 지나지 않았던 것이다. 인도의 '킬라파트 위원회' 대표인 마울라나 모하마드 알리는 이븐 사우드에게 실망을 느끼고 화를 내면서 귀국해 버렸다. 그러나 이븐 사우드 쪽에서 본다면 그것은 아무런 상관도 없는 일이었다. 그는 가장 필요한 때에 인도의 '킬라파트 위원회'를 이용하는 데에 성공했으므로 이제는 그들의 환심을 사지 않아도 무방했다.

이븐 사우드는 얼마 안 가서 아라비아 반도 거의 전역의 주인이 되었다. 단지 예멘만은 예외로서, 여전히 종래의 이맘이 다스리는 독립 국가로 있었다. 이 서남쪽의 한 귀퉁이를 제외하고는 그는 네지드 왕이라는 칭호를 받아 헤자즈와 네지드의 이중 국왕이 되었다. 외국 열강은 그의 독립을 인정했다. 그러나 그는 외국인에 대해 현재 이집트에서 볼 수 있는 것과 같은 특권을 인정하지 않았다. 외국인들도 술이나 알코올 음료를 마실 수 없을 정도였다.

이븐 사우드는 군인이나 전사로서는 성공했다. 그러나 그는 훨씬 더 어려운, 그의 국가를 현대의 여러 조건에 적응시키는 일에 직면하고 있었다. 그것은 부족 생활의 단계에서 일거에 현대 세계로 비약하려고 하는 것이다. 이븐 사우드는 이 일에도 어느 정도의 성공을 거두어, 그가 탁월한 식견을 지닌 정치가임을 전세계에 증명해 보였다.

이븐 사우드가 맨 처음 성공을 거둔 것은 국내의 치안을 안정시킨 일이었다. 대상이나 순례자들이 다니는 길은 즉각 완전한 안전 지대가 되었다. 이것은 커다란 승리였다. 이제까지 공로상에서 자주 도적 떼를 만나야만 했던 수많은 순례자들로부터 열렬한 환영을 받은 것이다.

더욱 눈부신 성공은 유목민인 베두인을 정주시킨 일이었다. 이븐 사우드는 헤자즈 정복 이전부터 이미 이 정착 사업에 착수했고, 그리하여 근대 국가로서의 기초를 다진 것이다. 언제나 한 곳에 머무는 일 없이 떠돌이로 돌아다니는 자유를 사랑하는 베두인들을 정착시키는 일이란 그다지 쉽지 않았으나 그는 현저한 성과를 거두었다. 국가의 행정 체계가 여러 방면에서 개량되었으며, 비행기나 자동차·전신 등 현대 문명의 상징들이 차례로 도입되었다. 서서히 그러나 확실히 헤자즈는 근대화해 갔다. 그렇지만 중세에서 현대로까지 단번에 비약하는 것은 그다지 쉬운 일은 아니며, 최대의 난점은 사람들의 사고 방식을 개조하는 일이었다. 이러한 새로운 진보와 변화는 많은 아랍인들의 취향에 맞지 않았다. 그들에게는 서양의 신식 기계인 엔진·모터·비행기 등이 악마의 발명품처럼 보였다. 그들은 이러한 변화에 견디다 못해 1929년 이븐 사우드에 대한 반란을 일으켰다. 이븐 사우드는 그들을 납득시키려 했고, 그들의 대부분은 납득했다. 그러나 여전히 반란을 계속한 무리들은 이븐 사우드에게 무참히 진압되었다.

이어 이븐 사우드는 또 다른 새로운 장애에 부딪혔다. 그러나 이 문제는 이븐 사우드뿐만 아니라 온 세계가 공통으로 당면하고 있던 문제였다. 1930년 이래 세계 곳곳에서 무역은 심한 정체 현상을 보였다. 서양의 공업 국가들에게 이것은 엄청난 타격이었고, 따라서 지금도 이에 대한 싸움에 모든 정력을 기울이고 있다. 아라비아는 세계 무역과는 별로 관계가 없었지만, 그러나 그것은 다른 방면에서 영향을 미쳐 왔다. 이븐 사우드의 주요 재원은 원래가 해마다 메카에 참배하러 오는 순례자들이 뿌리고 가는 돈이었다. 해마다 약 10만을 헤아리는 외국인 순례자들이 메카에 참배하러 다녀갔는데, 1930년에는 갑자기 4만 명으로 격감되었고 이러한 저하 추세는 몇 년 간 계속되었다. 따라서 이 나라의 재정 구조는 뿌리째 흔들리게 되었고 빈곤에 빠졌다. 재정 궁핍은 여러 면에서 이븐 사우드에게 제약을 가해 그의 개혁안은 대부분 중지되었다. 그는 외국인에게 국내 자원을 이용토록 제공하는 것은 곧 외국의 영향력을 강화시키는 결과가 되고, 따라서 외국의 간섭과 자국의 독립성의 약화를 초래하는 것을 두려워한 나머지 국내 개발에 외국인의 참여를 전혀 허용하지 않았다. 식민지적 관계에 있는 여러 나라가 받은 갖가지 해독은 대부분이 외국의 착취에서 비롯했음을 생각할 때 그의 이러한 우려는 당연한 것이었다. 이븐 사우드는 독립을 희생시키는 대

아라비아 — 중세로부터의 비약

가로 어느 정도의 진보와 부를 얻기보다는 오히려 빈곤과 자유 속의 독립을 선택했다.

그렇지만 불황에서 오는 압력은 이븐 사우드에게도 자기의 정책을 얼마간 바꾸지 않을 수 없게 만들어 불가피하게 다소의 이권을 외국인에게 허용하기 시작했다. 그러나 그러한 경우에도 그는 자국의 독립성을 잃지 않는 범위에서 까다로운 조건을 붙였다. 말하자면 현재로서는 이 나라의 이권에 개입할 수 있는 대상은 외국인 이슬람 교도로 한정되어 있다. 이렇게 하여 인도의 이슬람 교도 자본가에게 최초로 제다 항과 메카를 연결하는 철도 부설권을 허용했다. 이 철도는 메카 순례에 일대 혁신을 가져오는 것으로서 아라비아로 말하자면 파격적인 계획인 셈이다. 그것은 또한 순례자들에게 편의를 제공할 뿐만 아니라, 아랍인들의 사고 방식의 근대화에도 커다란 역할을 하게 되는 것이다.

오늘날 아라비아에 있는 단 하나의 철도 — 메디나를 시리아의 알레포에서 바그다드와 연결하는 철도에 관해서는 앞서의 편지에서도 쓴 바 있다.

나는 이 편지의 첫머리 부분에서 서남부의 예멘이 아라비아 펠릭스라고 일컬어지고 있던 것을 이야기했다. 이 명칭은 실은 거의 페르시아 만에 가까운 지역까지 펼쳐진 아라비아 반도 남부의 대부분에도 적용되는 말이다. 그러나 그 지방은 황량한 사막의 벌판이기 때문에 이 명칭은 실은 그다지 잘 어울리지는 않는다. 아마도 옛날에는 이런 사실이 충분히 알려져 있지 않았기 때문에 그러한 착오가 생겼을 것이다. 극히 최근에 이르기까지도 이 지역은 미지의 나라이며, 아직 지도에조차 올라 있지 않은 몇몇 나라들 가운데 하나였다.

169 1933년 6월 7일

이라크와 공중 폭격의 장점

　이제 고찰해야만 할 아랍 국가가 아직 하나 더 남아 있다. 티그리스 강과 유프라테스 강 사이에 낀 풍요롭고 비옥한 땅 이라크, 즉 메소포타미아가 그것이다. 이라크는 또한 옛 전설 가운데에 나오는 나라이고, 바그다드의 나라이며, 하룬 알 라쉬드와 『아라비안 나이트』의 나라이기도 하다. 남부의 페르시아 만에서 강을 약간 거슬러 올라간 곳에 바스라(Basra)라는 중요한 항구가 있다. 이라크와 터키는 쿠르드인의 거주 지역인 쿠르디스탄을 사이에 두고 접해 있다. 이들 쿠르드인의 대부분은 지금 터키에 살고 있으며, 그들의 터키에 대한 독립 투쟁에 관해서는 앞에서 이미 이야기했다. 그러나 이라크에도 많은 쿠르드인이 살고 있으며, 그들은 이 곳의 주요한 소수 민족 가운데 하나다. 오랫동안 터키와 영국간의 분쟁의 불씨였던 모술은 지금은 이라크 북부의 쿠르드인 지역에 있다. 말하자면 영국의 지배하에 있다는 이야기다. 모술 부근에는 아시리아인의 고도 니네베의 유적이 있다.
　이라크는 영국이 국제 연맹에서 '위임 통치권(mandate)'을 부여받은 나라들 중의 하나다. '위임 통치권'이란 국제 연맹의 그럴 듯한 표현에 따르면, 연맹을 대신해서 맡은 '신성한 위탁물(sacred trust)'이라는 뜻이다. 이 사고 방식에 따르자면 위임 통치를 받는 땅의 주민은 아직도 자치 능력이 불충분해 자기의 이익을 스스로 처리할 능력이 부족하기 때문에 대국의 조력을 받아야 된다는 것이다. 말하자면 소나 사슴의 이익을 지키기 위해 호랑이의 힘을 빌리는 격이다. 위임 통치권은 해당 국민의 희망에 따라 결정되는 것으로 되어 있었다. 투르크에서 해방된 여러 나라의 위임 통치권은 영국과 프랑스에 분배되었다. 이 두 나라 정부는 언젠가도 이야기했지만, 자신의 목적은 오로지 "모든 국민의 완전하고도 종국적인 해방, …… 그리고 전 국민의 뜻과 자유로운 선택에 따라 결정된 민족적 통치와 행정의 확립"에 있음을 선언했다. 이 10여 년 간에 이처럼 숭고한 목적을 달성하기 위해 어떠한 조처가 취해졌던 것일까? 우리들은 이제까지 시리아와 팔레스타인 그리고 트란스 - 요르단에 관해 대강 훑어보았다. 그 곳에서는 주민들의 방해나 비협력과 보이콧 등이 거듭되었다. 이에 대해 주민의 사살, 지도자의 유형, 신문의 폐간, 도시와 농촌의 소각, 그 밖에 가끔 계엄령의 선포 등을 했으면서도 '전 국민의 뜻과 자유로운 선택'을 내세웠다. 이러한 일들이 새삼스러운 것은 아니다. 제국주의 세력이란 유사 이래 폭력과 파괴와 테러를 다반사로 알면서 이룩된 것이기 때문이다. 근대적인 제국주의가 가진 특징이 있다면 그것은 '위탁 제도' '대중의 복지' '후진 민족의 자치를 위한 훈련' 등의 미사여구로 자기들의 테러와 착취를 눈가림하는 것이다. 그들은 사살되는 사람들의 복지를 위해서만 발포하고 죽이고 파괴하는 것이다. 이러한 위선은 진보의 징후라고 해야 할는지도 모른다. 왜냐하면 위선은 미덕에 바쳐지는 제물이며, 또한 진상이 밝혀지는 것을 꺼리기 때문에 이런 유의 듣기 좋은 현혹하는 말로 감싸고 감추는 것이라는 사실을 말해 주고 있기 때문이다. 그러나 아무래도 이 뻔뻔스러운 위선이란 놈은 알몸의 진실보다는 훨씬 야비한 녀석이 아닌가 생각된다.

그러면 이라크에서는 어떻게 하여 주민들의 희망이 관철되었으며, 어떤 방법으로 그들이 영국의 위임 통치하에서 독립을 지향해 나아갔는가를 보기로 하자. 전쟁중에 영국은 이라크, 즉 그 당시의 일반적인 호칭으로는 메소포타미아를 투르크에 대한 그들의 작전 기지로 삼고 이 나라에 영국인 부대와 인도인 부대를 주둔시켰다. 그들은 1916년 4월 투르크에 대패했고, 이 때 타운센드(Townshend) 장군이 인솔하는 영국군은 어쩔 수 없이 투르크에 항복하고 말았다. 메소포타미아 작전 전체에서 중대한 실책과 낭비가 발견되었으나 그 책임은 인도 정부에 전가되었다. 인도 정부가 기민성을 잃고 무능하게 굴었기 때문에 그에 대한 비난이 없을 수 없었다. 그러나 지구전이 계속되어 결국은 영국의 재력 앞에 무릎을 꿇은 투르크군은 바그다드를 내어 준 채 북방으로 쫓겨갔고, 영국군은 곧이어 모술에 육박했다. 전쟁이 끝났을 때에는 이라크 전체가 영국군 점령하에 놓여 있었다.

이라크의 위임 통치권을 부여받은 영국에 대한 최초의 반응은 1920년 초에 나타났다. 위임 통치에 대한 강경한 항의가 있었고, 항의는 소요 사태로 발전했으며, 소요는 반란이 되어 전국으로 퍼져 갔다. 이 1920년도 초반에 투르크·이집트·시리아·팔레스타인·이라크 그리고 페르시아에서 거의 동시에 일제히 소요가 일어난 것은 우연이라면 우연이랄 수도 있지만 아무튼 대단히 흥미로운 일이다. 인도에서도 그 무렵에 비협력 운동의 징조가 보이고 있었다. 이라크의 반란은 결국 주로 인도에서 파견된 군대의 협력을 통해 진압되었다. 인도 군대의 기능은 진작부터 영국 제국주의의 추악한 앞잡이 노릇을 하는 데에 적잖이 기여하고 있다. 그리고 이 때문에 인도는 중동(대략 서아시아와 그 일대를 가리킴) 지역에서는 평판이 좋지 않다.

이라크의 반란은 무력과 장래의 독립 보장이라는 양날의 칼을 통해 진압되었다. 영국은 아랍인의 임시 정부 수립을 허가했으나 이 정부의 각료직 하나하나에 진짜 실권자인 영국인 고문이 딸려 있었다. 이들 임시 정부 각료로 지명된 사람들마저도 영국의 관점으로는 또한 지나치게 투쟁적인 사람들이었다. 영국이 꾀하는 바는 이라크에게 완전한 굴종을 강요하는 일이었는데, 몇 명의 각료들은 이 음모에 참여하기를 거부했다. 그래서 영국은 1921년 4월 그 각료들 중에서 가장 유능한 인물이며 거물이었던 사이드 탈리브 샤(Sayyid Talib Shah)를 체포해 추방했다. 그리고 영국은 이라크를 위한다는 명분 아래 1921년 여름 헤자즈의 후세인 아들 파이살을 데려와서 장래의 국왕 자리에 앉혔다. 파이살은 주지하는 바와 같이 마침 그 무렵 시리아에서 한바탕 일을 벌이려다가 프랑스에게 얻어맞고 쫓겨난 뒤 무료하게 놀고 있던 참이었다. 그는 영국과

이라크와 공중 폭격의 장점

는 친밀한 관계를 유지해 세계 대전중 투르크에 대한 아랍인 반란시에 지도적인 역할을 한 바 있다. 그는 이제까지의 다른 지도자에 비해 영국의 계획에는 훨씬 적격일 것 같았다. '명사(notable)'라고 일컬어지는 부유한 계급이나 그들 중의 지도적 인물들은 민주적인 의회를 갖는 입헌정부를 조건으로 파이살을 국왕으로 추대하는 데 동의했다. 그들은 그렇게 할 수밖에 없었다. 그들이 갖고 싶은 것은 진정한 의회였다. 그리고 파이살은 어차피 국왕 자리에 앉을 것 같은 낌새였기 때문에 그들은 이처럼 의회를 파이살 왕을 승인하는 조건으로 삼은 것이었다. 일반 국민들의 의견은 묻지도 않았다. 이리하여 파이살은 1921년 8월에 국왕이 되었다.

그러나 이것으로 문제가 해결된 것은 아니었다. 이라크 국민들은 영국의 위임 통치에는 한사코 반대했다. 그들은 완전 독립을 한 다음에 아랍 여러 나라와 통일하기를 바라고 있었기 때문이었다. 여론에 호소하는 일이나 시위 운동이 끊임없이 계속되어 1922년 8월에 사태는 막다른 골목에 다다랐다. 영국 관헌은 이라크인들에게 또 하나의 독립에 관한 교훈을 주었다. 영국 고등 판무관 퍼시 콕스 경(Sir Percy Cox)은 파이살(당시 그는 병으로 누워 있었다)과 내각 그리고 이라크 의회에 주어졌던 권한을 모두 정지시키고 정부를 완전히 자기의 감독하에 두었다. 사실상 그는 절대적인 독재자가 되어 이라크에 자신의 의사를 강요하고 영국의 무력 특히 공군력을 빌려 소요 사태를 진압했다. 인도·이집트·시리아 등지에서 다소의 차이는 있지만 각본대로 연출이 되풀이되었다. 민족주의계 신문은 폐간되었고 정당은 해산되었으며, 지도자들은 추방당했다. 폭탄을 품에 안은 영국 비행기는 영국의 권위를 시위하며 날아다녔다.

그러나 이것 또한 문제를 해결해 주지는 못했다. 몇 개월 뒤에 퍼시 콕스는 표면적으로 국왕과 내각의 기능을 부활시키고, 그들로 하여금 영국과 사이에 하나의 조약을 체결하는 데에 동의하도록 했다. 영국은 이라크의 독립을 돕고, 또한 국제 연맹 가맹국이 되도록 밀어 주겠다고 재차 약속했다. 이러한 허울 좋은 약속의 이면에는 이라크 정부가 영국 정부의 관리 내지는 그들의 후원을 받는 사람들의 관여하에서만 행정 전반을 운영하게 하겠다는 의도가 숨겨져 있었다. 1922년 10월에 맺은 이 조약은 국민들의 의사가 무시된 채 체결된 것이기 때문에 엄청난 비난을 피할 수 없었다. 명목상으로만 아랍인의 정부일 뿐이었고, 사실상의 실권은 영국인이 장악하고 있음이 드러났다. 지도자들은 장차의 헌법 기초를 위해 소집된 제헌 의회 의원 선거를 보이콧하기로 결정했다. 이 비협력 운동이 성공해서 의회는 구성되지 못했다. 세금 징수에 대해서도 마찬가지의 소요와 방해가 있었다.

1923년을 통해 거의 1년 이상이나 이러한 분쟁이 계속된 나머지 조약은 이라크에 유리하도록 약간 수정되었지만, 몇 명의 민족주의 지도자들은 국외로 추방당했다. 여론은 가라앉았고 1924년 초에는 제헌 의회 의원 선거가 실시되었다. 이렇게 하여 이루어진 의회 또한 앞서 말한 영국과의 조약에 반대했다. 당연히 이 반대를 억누르기 위해 영국측으로부터 강력한 압력이 가해졌다. 결국 조약은 의원의 대다수가 출석조차도 하지 않았던 의회에서 3분의 1을 겨우 넘는 수로 비준되었다.

또한 제헌 의회는 이라크의 새 헌법을 기초했다. 이라크가 입헌 세습 군주제와 의원 내각제를 채택한 독립국임과 자유 국가임을 규정한 이 헌법은 문서상으로는 공정한 것처럼 보였다. 그러나 양원 가운데 상원은 국왕에 의한 임명제였다. 따라서 국왕은 커다란 권한을 갖게 되었고, 국왕의 배후에는 영국인 관리가 도사리고 앉아 요직을 장악하고 있었다. 이 헌법은 1925년 3월부터 효력을 발생해 이후 몇 년 간 새로운 의회가 활동을 계속했다. 그러나 위임 통치에 대한 국민들의 반대는 계속되었다. 모술에 대한 영국과 터키 사이의 논쟁은, 이라크까지도 이 지방에 대한 영유권을 주장하고 있었던 관계로 커다란 관심거리가 되었다. 이 분쟁은 결국 영국·터키·이라크 공동 조약을 통해 해결되었다. 모술은 이라크의 소유로 돌아왔으나 이라크는 영국 제국주의의 산하에 있었기 때문에 결국 영국의 이익이 지켜진 셈이다.

이라크와 공중 폭격의 장점

1930년 6월에는 영국과 이라크 사이에 새로운 동맹 조약이 맺어졌다. 또다시 이라크의 국내·국외 문제에 관한 완전 독립이 인정되었다. 그러나 유보 조항과 예외 조항은 이 독립국을 위장 보호령으로 여전히 못박아 놓았다. 인도로 가는 길목을 방위하기 위해 그 조약에도 있는 바와 같이 이라크는 항공 기지라는, 영국에게는 대단히 중요한 거점을 제공했다. 영국은 모술을 비롯한 여러 지방에 군대를 주둔시켰다. 이라크는 영국의 군사 교관을 고용해 이라크군의 고문역을 맡겼으며, 병기·탄약·항공기 등은 영국에서 구입하기로 했다. 한편 전시에는 영국군은 군사 작전을 위해 이 지역에서 모든 편의를 제공받기로 되었다. 그리하여 영국은 터키나 페르시아·아제르바이잔을 통해 소련을 공격할 수 있는 태세를 갖추게 되었다.

이 조약에 이어 1931년에는 재판 협정이 영국과 이라크 사이에 맺어졌다. 이에 따라 이라크는 영국인 재판 고문 1명, 고등 법원장 1명, 바그다드·바스라·모술 그리고 기타의 지방에 영국인 지방 장관 각 1명씩을 초빙할 것을 약속했다.

그 밖에 규정에 있는 것 외에도 영국인 관리들은 많은 현직을 차지하고 있다. 따라서 이 '독립국'은 사실상 영국의 보호령이며, 이를 확정한 1930년의 동맹 조약은 25년 간 유효하다고 되어 있다.

1925년의 새 헌법 채택 후 새로운 의회가 활동을 계속했다고는 하지만 결코 국민들이 만족하고 있던 것은 아니어서, 변경 지방에서는 그 뒤로도 때때로 소요가 일어났다. 특히 쿠르드인 지역에서는 소요가 심하고 폭동이 잇따라 일어났는데, 그 때마다 영국 공군기의 폭격이나 마을 전체의 파괴라는 수단으로 진압되었다. 1930년의 조약 후 이라크를 영국의 비호 아래 국제 연맹에 가맹시키는 문제가 대두되었다. 그러나 이 나라는 그 때까지도 평온한 상태가 아니라 소요가 계속되고 있었다. 이것은 위임 통치국인 영국에게나 또한 당시 국왕 파이살의 정부에게나 모두 명예스러운 사태는 아니었다. 왜냐하면 이러한 반란이란, 영국에 의해 조정되고 있는 정부에 대해 국민들이 만족하고 있지 않다는 뚜렷한 증거였기 때문이다. 만약 이러한 사건이 국제 연맹에라도 상정되는 날이면 매우 달갑지 않은 결과를 가져오리라고 여겨졌던 것이다. 그러한 까닭에 그야말로 이들 소요를 무력이나 테러의 방법으로 근절시키려는 각별한 노력이 뒤따랐다. 이 목적을 위해 영국 공군이 투입되었으며, 평화와 질서 회복을 위한 노력의 진상을 영국의 한 고관의 입을 통해서 어느 정도 엿볼 수 있다. 1932년 6월 8일 아놀드 윌슨(Arnold Wilson) 중령은 런던 왕립 아시아 협의회(Royal Asian Society) 기념 강연에서 다음과 같이 언급했다.

> (제네바의 여러 협정에도 불구하고) R.A.F.(Royal Air Force: 영국 공군)가 10년 동안, 특히 최근의 6개월 동안 쿠르드인에게 폭격해 온 집요함. 황무지가 된 촌락, 도살된 가축, 불구가 된 부녀자는 『타임즈』지의 한 특파원의 말을 빌리면 문명이 보급되는 일률적 형식을 증명한다.

비행기가 접근하면 마을의 주민들은 모두 도망쳐 몸을 숨긴다. 그들이 모두 몸을 감추었다 싶으면 신형 시한 폭탄이 사용되었다. 이 폭탄은 지상에 떨어져도 폭발하지 않고 있다가 일정한 시간이 지난 뒤에 폭발하도록 장치된 것이었다. 이 악랄한 장치는 마을 사람들의 눈을 속여, 비행기가 떠나간 뒤에 그들이 안심하고 집으로 돌아가는 도중에 폭발해 그들을 살상하도록 만들어진 것이었다. 죽은 사람은 차라리 다행한 편이었다. 손발이 떨어져 나가거나 그 밖에 중상을 입은 사람들은 의료 시설도 없는 이 시골 구석에서 더욱 비참한 꼴을 당했다.

이렇게 하여 평화와 질서가 회복되자 이라크 정부는 영국의 비호 아래 국제 연맹에 대표를 보내고 가맹국으로 승인받았다. 이라크가 '폭탄의 힘'으로 국제 연맹에 들어갔다는 항간의 말은 옳은 이야기였다.

이라크가 국제 연맹에 가맹하자 영국의 위임 통치는 자연히 폐지되었다. 그러나 영국의 지배는 이 나라에 대한 영국의 효과적인 지배를 보장한 1930년의 조약으로 계속 가능했다. 이라크 국민들은 완전 독립과 아랍의 여러 민족의 통합을 원하고 있었기 때문에 이러한 상황에 대한 그들의 불만은 끊이지 않았다. 국제 연맹 가맹국의 지위 같은 것은 그다지 그들의 관심을 끄는 것이 못 되었다. 그들은 동양의 대다수 다른 피압박 민족들이 생각하고 있는 것과 마찬가지로, 국제 연맹은 유럽 열강이 그들 자신의 식민지나 기타의 목적 추진에 도움을 주는 도구에 불과하다고 생각했다.*

우리들은 아랍 여러 나라 국민들의 현황을 살펴보는 일을 이제 겨우 끝마쳤다. 너는 이들 여러 나라가 대전 후 빠짐없이 인도나 기타의 동양 여러 나라와 함께 얼마나 세차게 민족주의의 물결에 휩쓸렸던가를 인식했으리라 믿는다. 그것은 마치 전류와도 같이 일시에 그들을 뒤흔들고 지나갔다. 이제 주목해야 할 점은 그들의 투쟁 방법의 유사성이다. 이 여러 나라에서는 대개 먼저 대중 봉기나 폭동이 일어났고, 그것이 점차로 비협조와 보이콧에 의존하는 경향으로 나타났다. 이 저항의 새로운 형식은 국민회의가 마하트마 간디의 지도하에 있을 무렵의 인도에서 비롯된 것임에 틀림없다. 비협력 운동과 입법 기관 보이콧이라는 저항 형태는 인도에서 다른 동양 여러 나라로 파급되었으며, 민족 독립 투쟁에서 가장 많이 알려지고, 가장 자주 사용된 방법의 하나가 되었다.

제국주의적 지배 방법에서는 영국과 프랑스 사이에 매우 현저한 차이점이 있는데, 이것은 주목할 만한 가치가 있다. 영국은 어느 식민지에서나 봉건적 지주 계급, 즉 가장 뒤떨어진 보수 계급과 동맹을 맺었다. 인도에서도 이집트에서도 그 밖의 다른 여러 나라들에서도 우리들은 그것을 보아 왔다. 영국은 자신들의 모든 식민지에 봉건적인, 즉 땅을 소유하고 있으며 보수적이고도 가장 뒤떨어진 계급과 동맹을 맺으려고 했다. 우리는 인도 · 이집트 그리고 곳곳에서 이것을 보아 왔다. 영국은 자

---

*국왕 파이살은 1933년 9월에 죽어 아들 가지(Gazi)가 왕위를 계승했다. 그러나 그마저 1939년 교통 사고로 사망하자 4살밖에 안 된 아들이 그를 계승했다.

신들의 식민지에 불안정한 왕좌를 만들어 놓고, 자신들을 지지할 것으로 잘 알려진 반동적인 통치자를 그 자리에 앉혔다. 그래서 영국은 이집트에는 푸아드, 이라크에는 파이살, 트란스 - 요르단에는 압둘라, 헤자즈에는 후세인을 각각 왕위에 앉혔다. 이에 비해 그 자체가 전형적인 부르주아 국가인 프랑스는 식민지 여러 나라에서도 부르주아 계급, 즉 신흥 중산 계급의 지지를 획득하려고 했다. 이를테면 프랑스는 시리아에서 기독교도 중간 계급의 지지에 의존했던 것이다. 영국이나 프랑스 모두 그들이 지배하는 식민지 여러 나라에서 주로 분열과 소수 민족 문제, 그리고 인종·종교적 문제점들을 제기함으로써 그들에게 대항하는 민족주의 세력을 약화시키는 정책을 썼다. 그러나 민족주의는 동양 전역에 걸쳐 점차 이러한 얄팍한 책략을 극복할 수 있게끔 되었다. 또한 모든 종파들이 민족 공동의 이상 앞에 개개 종파의 이익을 뒤로 미루었던 아랍 여러 나라는 추측컨대 어떤 나라보다도 그러한 경향이 현저했다고 할 수 있다.

나는 이라크에서 R.A.F.의 활약에 관해 이야기한 바 있다. 이 10년 남짓 되는 동안에 그들의 준속령 국가들에서 이른바 '치안 유지 업무(police work)'를 위해 비행기를 사용하는 일은 영국의 뚜렷한 정책이 되었다. 특히 그것은 자유화의 조치가 취해지고 행정이 거의 그 지방 주민의 손에 맡겨진 곳에서 더욱 현저했다. 이런 부류의 나라들에서는 영국 점령군이 이미 철수했거나 아니면 현저하게 감축되어 있었다. 한편 이런 정책에는 실로 많은 이익이 뒤따랐다. 거액의 경비를 절약할 수 있고, 또한 한 나라를 노골적으로 군대가 점령하고 있다는 비난도 피할 수 있으며, 한편으로는 비행기나 폭탄으로 완전히 정세를 지배할 수가 있는 것이다. 이러한 이유에서 자치 지역에서는 비행기로 폭격하는 전술이 많이 쓰이게 되었다. 그 중에서도 영국은 다른 어느 나라보다도 이러한 방법을 많이 쓰는 나라라 할 수 있다. 나는 이라크에 대한 폭격에 대해 이야기했지만, 이런 식의 공중 폭격이 다반사가 되어 있는 인도의 서북 국경에서도 사정은 다를 바 없다.

이라크와 공중 폭격의 장점

이 방법은 군대를 파견하는 종래의 방법에 비해 훨씬 쉽기도 하려니와 신속하다는 강점도 있다. 그러나 이것은 등골이 오싹할 만큼 잔인하고도 혹독한 방법이다. 이 마을 저 마을에 폭탄, 특히 시한 폭탄을 투하해 죄의 유무를 가리지 않고 모조리 쓸어 버리는 이러한 행위만큼 가증스럽고 야만스러운 짓은 정말 아무나 할 수 있는 일이 아닐 것이다. 또한 이러한 방법을 취하면 다른 나라에 대한 침략이 매우 용이해지게 마련이다. 그리하여 이러한 행위에 대한 반대의 소리가 높아지지 않을 수 없었고, 제네바 국제 연맹에서는 민간인에 대한 공중 폭격의 야만성을 규탄하는 발언들이 그치지 않았다. 미국을 포함한 모든 나라가 공중 폭격의 전면 금지를 지지하고 나섰으나, 유독 영국만은 식민지에 대한 '치안 유지 목적'을 위한 항공기 사용 권리를 주장하면서 양보하지 않았다. 영국의 이러한 태도는 바로 국제 연맹 및 1933년에 개최된 군비 축소 회의에서의 협정 성립을 방해했던 것이다.

170 *1933년 6월 8일*

아프가니스탄과 그 밖의 아시아 국가들

이라크의 동쪽에는 이란 곧 페르시아가 있고, 페르시아의 동쪽에는 아프가니스탄이 있다. 페르시아도 아프가니스탄도 모두가 인도의 이웃 나라다. 페르시아의 국경은 몇백 마일에 걸쳐 발루치스탄(Baluchistan)을 끼고 인도에 접해 있으며, 아프가니스탄과는 발루치스탄의 최북단에서 힌두 쿠시 산맥 북쪽의 연봉까지 대략 1000마일을 경계선으로 하고 있다. 인도는 이 곳 힌두 쿠시(Hindu Kush) 산맥의 눈 덮인 정상에서 소비에트령을 내려다보고 있다. 이 세 나라는 서로 이웃하고 있을 뿐만 아니라 인종도 비슷하다. 옛날 아리아인의 피가 이 세 나라 인종 모두에게 흐르고 있기 때문이다. 과거에는 문화면에서도 많은 공통점이 있었다는 것은 이미 우리들이 보아 온 바와 같다. 극히 최근까지도 페르시아어는 북인도에서는 지식인의 언어였으며, 특히 이슬람 교도 사이에서는 아직도 널리 쓰이고 있다. 아프가니스탄에서는 민간 언어가 파쉬투어(Pashtu)[51]이지만 궁정에서는 지금도 페르시아어가 쓰이고 있다.

    페르시아에 관해서는 이전의 편지에 쓴 것 이상은 덧붙이지 않겠으나, 최근의 아프가니스탄의 사태에 대해서는 간단히 써 둘 필요가 있겠다. 아프가니스탄의 역사는 인도 역사의 일부라고 해도 좋을 정도다. 그러나 이 나라가 인도로부터 분리되고부터, 특히 최근의 100년 남짓한 동안에 이 나라는 러시아와 영국 두 제국의 완충 지대 역할을 하고 있다. 러시아 제국은 몰락하고 소비에트 연방이 새로이 등장했지만, 아프가니스탄은 지금도 여전히 완충 지대 역할을 하고 있으며, 영국과 러시아는 이 곳에서 서로 패권을 다투면서 갖은 음모를 꾸미고 있다. 19세기에는 이런 부류의 음모가 영국과 아프가니스탄의 전쟁으로까지 발전해 영국은 여러 면에서 골탕을 먹었지만, 결국은 아프가니스탄에서 우위를 확보했다. 지금도 북인도에는 옛날 아프간 왕실의 일족에 속하는 아프간인 정치범들이 흩어져 살고 있어, 우리들에게 영국의 아프가니스탄에 대한 간섭을 상기시켜 준다. 영국에 우호적인 왕들이 정권을 장악하고 있기 때문에 아프가니스탄의 외교 정책은 결정적으로 영국에 좌우되지 않을 수 없게 되었다. 그러나 이 왕들이 제 아무리 영국에 우호적이라 할지라도 절대적으로 신뢰할 수 있는 것은 아니었기 때문에, 그들에게 정기적으로 거액의 돈이 보조금이라는 형식으로 뿌려졌다. 1901년 그 종말을 고할 때까지 장기간 집권했던 토후인 압두르 라만(Abdur Rahman)

---

51) 페르시아어와 마찬가지로 인도 - 이란어파에 속하는 언어.

아프가니스탄

도 그런 부류의 사람이었다. 그에 이어 또한 영국측에 호감을 품고 있던 토후 하비불라(Habibullah)가 왕이 되었다.

아프가니스탄이 인도의 영국인들에게 종속당하는 이유 가운데 하나는 이 나라의 위치 때문이다. 지도를 보면 이 나라는 발루치스탄을 통해 바다로부터 격리되어 있음을 알 수 있다. 이것은 마치 다른 사람의 땅을 밟지 않고는 큰길로 나갈 수 없는 집과 같은 것으로서 대단히 골치 아픈 일이었다. 외부 세계와 연락하는 가장 쉬운 방법은 인도를 지나는 길이 있을 뿐, 그 무렵에는 아프가니스탄의 북쪽에서 러시아로 빠지는 쪽에는 길다운 길이 없었다. 하지만 최근에는 소비에트 정부가 철도나 항공로나 도로를 개설해 아프가니스탄과 사이에 연락 통로를 만든 것으로 알고 있다. 아무튼 인도는 아프가니스탄의 외부 세계로 통하는 창구 역할을 하고 있었고, 영국은 이 사실을 이용할 수 있는 지위에 있었다. 바다에서 격리되어 있다는 사실은 오늘날에도 이 나라가 직면하고 있는 가장 곤란한 문제 중의 하나다.

1919년 초에 아프가니스탄 궁정내의 음모와 대립이 표면화되어 두 차례에 걸쳐 궁정 반란이 잇따라 일어났다. 그러나 나는 그 무대 뒤의 사건이나 그 책임자가 누구인지 정확하게는 알지 못한다. 하비불라가 암살되고 그의 아우인 나스룰라(Nasrullah)가 왕위에 올랐다. 그러나 얼마 안 가서 나스룰라는 폐위되고 하비불라의 젊은 아들 중의 하나인 아마눌라(Amanullah)가 그 뒤를 계승했다. 그는 그 직후인 1919년 5월 인도에 대해 소규모의 침입을 개시했다. 그 침입의 직접적인 동기가 무엇이었으며, 누가 주도권을 장악하고 있었는지는 나도 잘 모른다. 아마도 아마눌라는 영국에 의존하기를 거부하고 아프가니스탄의 완전 독립을 확립시키려 했을지도 모른다. 또 아마도 그는 정세가 자기편에 유리하다고 판단했을지도 모른다. 이것은 주지하는 바와 같이 펀자브 지방의 계엄 기간에 해당되며, 인도 전체에 불만의 기운이 높아져 있었고, 킬라파트 위원회에 대한 여론이 이슬람 교도들 사이에 들끓고 있던 시기였다. 이유나 동기야 어쨌든 영국과 사이에 재차 아프간 전쟁이 일어나게 되었다. 그런데 이 전쟁은 극히 단기간에 전투다운 전투도 없이 끝나 버렸다. 군사적인 의미에서 인도의 영국 세력은 아마눌라보다는 월등히 강대했지만, 그들에게는 전의가 부족했기 때문에 사소한 사건에도 아프가니스탄의 협상에 곧 응했다. 마침내 아프가니스탄은 완전한 독립을 인정받아 다른 나라와 사이의 외교 관계도 스스로 처리할 수 있게 되었다. 이렇게 하여 아마눌라는 자신의 목적을 달성하고 유럽을 비롯한 아시아의 곳곳에 명성을 떨쳤다. 물론 그는 영국에서는 호감을 사지 못했다.

아마눌라가 국내에서 수행한 정책은 한층 더 큰 주목을 끌었다. 그것은 서구식 방법으로 급격히 개혁하려는 것으로서 아프가니스탄의 '서구화(westernization)'라고 일컬어지고 있다. 이 일을 추진하는 데에는 아마눌라의 아내인 왕비 수리야(Souriyah)가 그를 위해 커다란 힘이 되어 주었다. 그녀는 교육의 반을 유럽에서 받았기 때문에 베일로 얼굴을 가리는 여성들의 격리 생활에는 신물이 나 있었던 것이다. 멀리 외딴 곳에 잊혀져 있던 이 나라를 급격히 개혁함으로써 아프간인들을 낡은 궤도에서 새로운 길로 끌어내는 비상한 노력이 시작되었다. 무스타파 케말 파샤가 아마눌라의 본보기가 된 것은 확실하다. 아마눌라는 여러 방면에서 케말 파샤가 했던 대로 아프간인에게 양복을 입게 하고, 유럽식 모자를 쓰게 했으며, 수염을 깎도록 했다. 그러나 아마눌라는 무스타파 케말 파샤만큼의 배짱과 수완은 없었다. 케말 파샤는 철저한 개혁을 시작하기에 앞서, 국제적으로나 국내적으로 확고한 기반을 닦아 두고 있었다. 그는 정예 부대를 거느리고 있었으며, 또한 전국민으로부터 두터운 신망을 받고 있었다. 아마눌라는 이러한 준비가 전혀 없이 개혁을 시작했고, 게다가 아프간인은 터키에 비해 훨씬 뒤떨어져 있었기 때문에 그의 개혁은 여간 힘드는 일이 아니었다.

  그러나 다른 사람이 한 일에 대해서 뒷말을 하기란 퍽 쉬운 노릇이다. 집권 초기에 아마눌라는 개혁에 장애가 되는 것이면 무엇이든 모조리 쓸어 버릴 듯한 기세였다. 그는 수많은 아프간인 소년 소녀들을 교육시키기 위해 유럽에 보냈다. 그는 행정면에서도 여러 가지 개혁에 착수했으며, 또한 이웃 나라 터키와 조약을 체결해 자신의 국제적 지위를 강화하고자 했다. 소비에트는 중국을 비롯한 동양 전체의 여러 나라에 관대하고 우호적인 정책을 취하고 있었는데, 이러한 소비에트의 우호적인 태도와 원조는 터키나 페르시아가 외국의 지배에서 벗어나는 데 커다란 힘이 되었다. 아마눌라가 1919년 영국과의 단기간의 전쟁에서 쉽사리 자신의 목적을 달성할 수 있었던 것도 소비에트가 하나의 커다란 요인으로 작용했음이 틀림없다. 그로부터 몇 년 간에 걸쳐 러시아 · 페르시아 · 터키 그리고 아프가니스탄의 4개국간에는 실로 수많은 조약이 맺어졌다. 4개국이 공동으로 조약을 체결하는 것이 아니라 각국이 단독으로 대략 비슷한 내용의 조약을 다른 3개국과 맺은 것이다. 이렇게 하여 중동 지방에서는 이들 모든 나라의 지위를 강화하는 조약망이 이루어졌다. 이들 조약과 그 날짜의 일람표만을 여기에 언급해 둔다.

(1) 터키 · 아프가니스탄 조약　　(1921년　2월 19일)
(2) 소비에트 · 터키 조약　　　　(1925년 12월 17일)
(3) 터키 · 페르시아 조약　　　　(1926년　4월 22일)
(4) 소비에트 · 아프가니스탄 조약 (1926년　8월 31일)
(5) 소비에트 · 페르시아 조약　　(1927년 10월　1일)
(6) 페르시아 · 아프가니스탄 조약 (1927년 11월 28일)

　　이들 여러 조약은 소비에트 외교의 승리인 동시에 중동 지방의 영국 세력에게는 커다란 타격이었다. 때문에 영국 정부는 이것을 강력히 비난했으며, 특히 아마눌라의 소비에트 러시아에 대한 우호 친선 정책을 달갑게 여기지 않았음은 말할 나위도 없다.
　　1928년 초에 아마눌라와 왕비 수리야는 아프가니스탄을 출발해서 유럽을 향해 여행길에 올랐다. 그들은 로마 · 파리 · 런던 · 베를린 · 모스크바와 그 밖의 유럽 여러 나라의 수도를 방문해 성대한 환영을 받았다. 이들 모든 나라는 무역이나 기타 정치적인 목적을 위해 아마눌라의 호감을 사는 데 열중했다. 그는 값비싼 선물까지 받았다. 그러나 그는 외교가답게 처신해 꼬리를 밟힐 만한 일은 결코 하지 않았다. 귀로에 그는 터키와 페르시아도 방문했다.
　　아마눌라의 긴 여행은 커다란 주목을 끌어 자신의 이름을 전세계에 떨쳤고, 아프가니스탄의 지위를 크게 향상시켰다. 반면 아프가니스탄 자체에 대해서는 결코 좋은 결과를 가져오지는 못했다. 왜냐하면 아마눌라는 낡은 생활 습관을 일거에 뒤엎는 대변혁이 한창 진행되고 있을 때 나라를 비우는 커다란 모험을 했기 때문이다. 장기간에 걸친 그의 부재중에 그에게 반대하는 반동적인 그룹과 세력이 서서히 대두하기 시작

아프가니스탄과 그 밖의 아시아 국가들

했다. 모든 음모가 동원되었고, 그의 신망을 떨어뜨리려는 유언비어가 널리 퍼졌다. 출처를 알 수 없는 정체 불명의 돈이 아마눌라에 대한 반대 선전을 위해 뿌려졌으며, 수많은 성직자들이 보수를 받고 이 일에 종사하면서 아마눌라를 신앙의 적으로 몰아세웠다. 유럽 스타일의 이브닝 드레스나 이상야릇한 네글리제(négligé) 같은 것을 입고 있는 여왕 수리야의 우스꽝스러운 모습을 그린 그림이 전국 방방곡곡에 나붙었다 — 이것은 평소에 얼마나 눈꼴사나운 복장을 하고 있었는가를 보이기 위한 것이었다.

엄청난 돈을 들여 가면서 선전을 한 사람은 도대체 누구일까? 아프간인들은 돈도 없었을 뿐더러 그러한 훈련도 되어 있지 않았다. 그들은 단지 이용하기에 적당한 존재일 뿐이었다. 중동이나 유럽에서는 이 선전의 배후에는 영국의 첩보 기관이 있다고 믿어지고 있었으며, 또 그렇게 알려졌다. 이런 일은 좀처럼 증거가 드러나는 법이 아니기 때문에 아프가니스탄인 반도들이 영국제 라이플 총으로 무장되어 있다는 말이 떠돌고는 있었지만, 그렇다고 해서 그것이 영국의 개입을 뚜렷이 증명해 주는 것은 아니었다. 그러나 아프가니스탄에서의 아마눌라 세력의 약화가 영국의 이익이 된다는 사실만은 분명했다.

아프가니스탄에서 아마눌라의 거점이 허물어져 가고 있는 동안 그는 유럽 여러 나라의 수도에서 호화판 잔치를 즐기고 있었다. 그는 개혁을 향한 정열과 새로운 구상에 가슴이 부풀어 있었고 앙카라에서 이제 막 만난 케말 파샤로부터 이제까지 느낀 이상의 감명을 받고 귀국했다. 그는 귀국 즉시 사회 개혁에 박차를 가했다. 귀족 칭호를 폐지하고, 종교상의 수장의 권력을 제한하려고 했다. 그는 내각을 구성해서 책임 정치를 구현하고자 했으며, 자진해서 자기 자신의 권력을 제한하기까지 했다. 여성들의 해방도 서서히 추진되었다.

1928년 말쯤에 대대적인 반란이 일어났다. 무명의 일개 음료수 운반인인 바차 이 사콰오(Bacha-i-Saqao)가 이끄는 반란은 계속 확대되어 1929년에는 정부군을 무찌르고 승리를 거두었다. 아마눌라와 왕비는 도주하고 바챠 이 사콰오가 왕이 되었다. 그러나 그는 5개월 만에 아마눌라 집권시의 한 부대장이며 장관이었던 나디르 칸(Nadir Khan)에 의해 왕좌에서 쫓겨났다. 나디르 칸은 승리와 동시에 군주의 지위를 빼앗고, 스스로를 나디르 샤(Nadir Shah)라고 칭했다. 반란과 소요가 잇따라 일어났으나 나디르 샤는 영국에 우호적이었기 때문에 영국의 원조를 받아 자신의 왕좌를 계속 지켜 나갈 수 있었다. 영국은 그에게 거액의 돈을 무이자로 대부해 주고 라이플과 다른 병기도 공급해 주었다. 아프가니스탄에서 해결되지 않은 문제들은 대부분 두 강력한 라이벌 사이의 완충 지대라는 점에서 오는 것이다.*

이것으로서 나는 아프가니스탄과 서아시아 및 남아시아에 대한 이야기를 다한 셈이다. 끝으로 나는 아시아의 동남쪽 변두리에서 최근에 일어난 일을 간단히 이야기하고서 이 편지를 끝맺고자 한다.

버마의 동쪽에는 동남 아시아에서 유일하게 독립을 유지해 온 샴(Siam)이라는 나라가 영국령인 버마와 프랑스령인 인도차이나의 중간 지점에 자리잡고 있다. 이 나라에는 고대 인도 유적이 많이 남아 있으며 그 전통·문화·의식 속에는 아직도 고대 인도의 흔적이 엿보인다. 얼마 전까지만 해도 이 나라는 전제 군주국으로서 사회 상태는 대체로 봉건적이었고, 조금이기는 하지만 중산 계급도 있었으며, 그들은 발전 도상에 있었다. 국왕의 칭호에는 흔히 라마(Rama)라는 이름이 쓰여졌던 것으로 알고 있는데, 이것 또한 인도를 생각하게 하는 말이다. 즉 그들은 라마 1세라든가 라마 2세 등으로 일컬어졌다. 세계 대전중에 샴은 연합국의 일원이었으며, 전후에는 국제 연맹의 가맹국이 되었다.

1932년 6월 샴의 수도 방콕에서 쿠데타가 일어나 전제 정치가 폐지되고 샴 인민당(Siam People's Party)의 지도하에 민주주의 제도로 바뀌었다. 변호사 루앙 프라디트(Luang Pradit)가 이끄는 샴군 청년 장교의

---

* 1933년 11월 나디르 샤는 암살되고, 그의 어린 아들이 왕위를 계승해 자히르 샤(Zahir Shah)라 칭했다.

일부 그룹은 국왕 일족과 총리를 체포하고, 강제로 국왕 프라자디포크 (Prajadhipok)로 하여금 새 헌법에 동의하게 했다. 국왕의 권력은 제한되고 '인민 국회(People's Assembly)'가 구성되었다. 이 정변은 폭넓은 지지를 받기는 했지만 대중적 봉기에 따른 것은 아니었으며, 술탄 압둘 하미드의 전제 정치를 폐지시킨 청년 투르크당의 비상 수단과 비슷한 것이었다. 국왕이 깨끗이 굴복했기 때문에 위기는 사라졌다. 그러나 그가 이 개혁에 응락한 것은 그의 본심에서 우러나온 것은 아니었다. 1933년 4월 그는 갑자기 국회를 해산하고 루앙 프라디트를 추방했다. 2개월 뒤에 다시 쿠데타가 일어났고 국회는 부활되었다. 샴의 새 정부는 영국과는 아무런 긴밀한 접촉도 없었고, 오히려 일본 쪽에 기울어 있다.**

민족주의는 또한 샴의 동쪽에 있는 프랑스령 인도차이나에서도 세력을 떨치고 있는 중이다. 민족주의 운동을 탄압하기 위해 프랑스 정부는 가끔 모반 사건을 조작하고, 그 재판 과정을 통해 많은 민족주의자들에게 장기형을 선고했다. 1933년 3월 제네바에서 개최된 군비 축소 회의(Disarmament Conference)[52] 석상에서 행한 프랑스 대표의 발언은 그간의 사정을 대변해 주고 있다. 대표인 알버트 사로(Albert Sarraut)[53]는 프랑스령 인도차이나의 총독을 지낸 적이 있는 사람이었는데 '매우 처리하기 곤란한 식민지 속령의 민족주의의 발흥'에 관해서 설명했다. 그는 프랑스령 인도차이나를 예로 들어 자신의 총독 재임시에 질서 유지를 위해 필요한 인원이 1500명이었는데 비해, 현재는 1만 명에 이른다고

** 1933년 10월에 우익의 폭동이 있었으나 진압되고, 루앙 프라디트는 계속 정부를 이끌고 있다.

52) 국제 연맹의 군비 축소 조항에 근거해 10년 간의 논의 끝에 비로소 개최된 군비 축소 회의. 회기중(1933년 재개 이후)에 독일의 본회의와 연맹 탈퇴 등으로 성과는커녕 오히려 국제 대립을 격화시키는 결과를 가져왔다. 상세한 내용은 백아흔한 번째 편지 참조.

53) 프랑스 급진 사회당 소속의 정치가. 1902년 이래 하원 의원, 상원 의원 역임. 1906년 내무 차관으로 관계에 진출해 문교상 · 식민지상 · 내무상 등을 역임했다. 특히 1911~14년, 1916~19년에 2차에 걸쳐 인도차이나 총독에 재임해 식민지 문제의 권위자가 되었다. 1933년, 1936년에는 총리를 지냈다.

말하고 있다.

끝으로 자바에 대해 말하겠다. 여기는 사탕과 고무를 재배하는 농장에서 가공할 만한 착취가 보통으로 자행되고 있는 것으로 알려져 있다. 인도의 경우와 마찬가지로 여기서도 민족주의의 성장은 약간의 개혁과 대량의 탄압을 수반했다. 자바인의 대다수는 이슬람 교도였는데 최근의 서아시아 사태에서 자극을 받고 있다. 광동에서 일어난 중국 혁명 운동의 발전도 그들에게 커다란 영향을 끼쳤고, 또한 그들은 인도의 비협력 운동에도 관심을 두고 있다. 1916년 자바인들은 네덜란드 정부로부터 헌법상의 개혁을 약속받았으며, 국민 의회(People's Council)가 바타비아(Batavia)에 구성되었다. 그러나 이것은 주로 임명제를 통한 것이었고 또한 권한도 아주 제한되어 있기 때문에, 이에 대한 반대 운동이 계속되었다. 1925년에 새 헌법이 제정되었으나 그것은 기존의 것과 거의 다를 바가 없는 것이었기 때문에 자바인들을 만족시킬 수는 없었다. 자바와 수마트라에서 동맹 파업과 봉기가 잇달았고, 마침내 1927년에는 네덜란드 정부에 대한 반란이 일어났으나 이것은 극히 무자비한 방법으로 진압되었다. 그러나 민족주의 운동은 계속 진행되어 건설적인 측면에서 수많은 초등 학교가 네덜란드 정부와는 관계없이 설립되었고, 또한 인도와 마찬가지로 농가 수공업과 수공예를 장려했다. 자바의 사탕수수 산업은 독립의 쟁취를 위한 투쟁이 계속되고 있는 데다 세계적 경제 불황과 과중한 보호 관세 때문에 상당한 고통을 겪고 있다.

1933년 초에 자바의 동쪽 해상에서는 네덜란드의 한 군함 승무원들이 봉급 인하에 항의해 군함을 탈취해 도망친 괴이한 사건이 일어났다. 그들은 결코 군함에 손상을 입히지는 않고 단지 그들 자신의 급여 조건을 지키고자 했을 따름이었다고 설명했다. 이 사건은 말하자면 일종의 격렬한 동맹 파업이었다. 그러나 네덜란드는 비행기로 이 군함을 폭격해 수많은 승무원을 죽인 다음 그 배를 다시 탈환했다.

이제 우리들은 민족주의와 제국주의 사이에 쉴새없이 충돌이 되풀이되고 있는 아시아와 이별하고 유럽으로 눈을 돌리기도 하자. 유럽이 우리들의 주의를 끄는 것은 우리들이 아직 전후의 유럽을 고찰하지 않았다는 점과, 또한 유럽의 정세는 아직도 세계 정세의 열쇠가 되어 있다는 점을 유의해야만 하기 때문이다. 따라서 이제부터의 몇 통의 편지는 유럽에 관한 것이 될 것이다.

그리고 보니 아시아에서도 아직 언급하지 않은 지역이 두 군데나 남아 있구나. 두 광대한 지역, 즉 중국과 그 북방의 소비에트가 그것이다. 우리들은 얼마간 시간이 지난 뒤에 다시 되돌아와서 그것들에 대한 이야기를 나누도록 하자.

171 *1933년 6월 13일*

혁명의 좌절

영국의 유명한 작가인 체스터톤(Chesterton)[54]은 어딘가에서 19세기 영국 최대의 사건은 혁명이 일어나지 않았다는 것이다라고 말한 적이 있다. 너도 알다시피 19세기에 영국은 여러 번 수시로 혁명 직전까지 갔는데, 이것은 소부르주아와 노동자가 야기한 사회 혁명이었다. 그러나 마지막 순간에 다다르면 귀족 계급은 반드시 한 발 양보해, 선거권을 확장시켜 약간의 의석을 그들에게 주거나 해외의 제국주의적 착취에서 얻은 이익의 일부를 나누어 줌으로써 임박한 혁명을 가라앉히곤 했다. 영국 제국은 팽창 일로를 치달아 식민지로부터 많은 돈을 빨아들였기

---

[54] 현대 영국의 작가·비평가·저널리스트. 사람의 의표를 찌르는 역설적인 스타일로 널리 알려져 있다.

때문에 그들에게는 그만한 여유가 있었던 것이다. 따라서 영국에서 혁명은 일어나지 않았지만, 혁명의 어두운 그림자는 가끔 이 나라를 휩쓸어 공포의 분위기가 사태의 방향을 결정짓곤 했다. 그래서 실제로는 일어나지 않았던 그 사태가 지난 세기 최대의 사건이라고 일컬어졌다.

이러한 의미에서 아마 전후 서유럽 최대의 사건은 실현되지 못한 혁명이었다고 해도 좋을 것이다. 러시아에서 볼셰비키 혁명이 일어날 수 있었던 것과 똑같은 여러 조건들이, 정도는 더욱 낮았다 하더라도, 중부 유럽과 서유럽 국가들에도 또한 있었다. 러시아와 공업화된 서구의 여러 나라 — 영국·독일·프랑스 등 — 사이의 주요한 차이는 러시아에는 강력한 부르주아지가 존재하지 않았다는 점이다. 실제로 마르크스주의 이론에 따르면 노동자 혁명은 후진국 러시아가 아니라 고도로 발달한 여러 공업국에서 먼저 폭발할 것이라고 예상되었다. 그러나 세계 대전이 녹슬고 낡아빠진 제정 러시아의 기구를 파산시켰고, 서구식 의회를 통해 정치를 담당할 만한 강력한 중간 계급이 러시아에는 존재하지 않았다는 바로 그 이유 때문에 노동자 소비에트가 등장해 정권을 장악했다. 신기하게도 러시아의 후진성이라는 바로 그 약점이 더욱 선진적인 나라들 이상으로 크게 한 발 앞서 나아갈 수 있게 만든 요인이 된 것이다.

레닌이 이끄는 볼셰비키는 진보를 위한 개혁을 단행했지만, 결코 환상을 품고 있지는 않았다. 그들은 러시아의 후진성을 알고 있었으며, 선진국을 따라가려면 많은 시간이 필요하다는 것도 잘 알고 있었다. 그들은 자신들의 노동자 공화국 수립이, 다른 유럽 여러 나라 노동자들이 기존 체제에 대항해 반란을 일으키는 데 자극제가 될 것이라고 예상했다. 그들은 전 유럽에 걸친 사회 혁명에 생존의 모든 희망을 걸었다. 왜냐하면 만약 그렇지 않으면 이 나이 어린 러시아의 소비에트 정부는 자본주의 세계에게 압살될 것 같았기 때문이다.

혁명 초기에 그들의 호소를 전세계의 노동자를 향해 방송을 한 것은 이러한 희망과 신념이 있었기 때문이다. 볼셰비키들은 영토를 병합하려는 모든 제국주의적 기도를 비난했다. 그들은 차르의 러시아와 영국·프랑스 사이에 체결된 비밀 조약을 근거로 무엇 하나 요구할 의사가 없다고 말했다. 즉 성명을 통해 콘스탄티노플은 투르크의 영토임을 분명히 했다. 그들은 동양 여러 나라들과 차르 제국의 압제하에 있던 여러 나라 민족들에 대해서도 관대한 조건을 내세웠다. 그리고 그들은 국제 노동자 계급의 기수가 되어 세계 방방곡곡의 노동자들에게 자신들이 했던 것처럼 사회주의 공화국을 수립할 것을 호소했다. 세계에서 역사상 처음으로 노동자 정부를 수립했다는 점을 제외하고, 민족주의와 국가로서의 러시아는 그들에게는 별 의미가 없었다.

볼셰비키의 호소는 독일 정부나 연합국의 여러 정부로부터는 묵살 당했으나 어느 새 각 방면의 전선이나 공장 지대에 침투해 들어갔다. 그것은 어디서나 꽤 반응이 좋았고, 특히 프랑스 군대 안에서는 현저한 분열이 표면화되기 시작했다. 독일의 군대와 노동자들은 훨씬 더 심한 동요를 보였다. 독일이나 오스트리아 그리고 헝가리 ― 패전 국가들 ― 에서는 봉기와 폭동마저 일어나 몇 개월 동안 유럽은 그야말로 강력한 사회 혁명의 위기에 처한 형세였다. 전승 연합국들은 패전 국가들에 비해 얼마간 여유가 있었다. 왜냐하면 승리는 그들의 기분을 북돋워 주었고, 패전국의 희생을 바탕으로 그들의 손실을 얼마간이라도 메울 수 있다는 희망(그 뒤의 진행 사항에 비추어 보면 그것은 전혀 허망한 환상에 지나지 않았지만)을 안겨 주었기 때문이다.

그렇다고 여러 연합국에서 혁명의 기운이 없었던 것은 아니었다. 사실상 전 유럽과 아시아에 걸쳐 무거운 불만의 기운이 일기 시작해 혁명의 불길은 심층으로 깊숙이 숨어들기도 하고, 때로는 당장 폭발할 듯한 기세를 보이기도 했다. 그러나 불만의 유형과 혁명을 일으킬 것 같은 조짐을 보인 계급은 아시아와 유럽에서 각기 다르다. 아시아에서 서구 제국주의에 반항하는 민족 봉기를 주도한 것은 중간 계급이었다. 그러나 유럽에서는 노동자 계급이 현존하는 부르주아지의 자본주의적 사회 질서를 전복시켜 중간 계급으로부터 권력을 탈취하려고 했다.

이와 같이 불평 불만이 고조되고 혁명적인 조짐이 보였는데도 중부 유럽이나 서유럽에서는 러시아 혁명과 같은 혁명은 일어나지 않았다. 구래의 사회 구조는 세찬 공격을 받았으나 저력 있는 저항을 보였다. 그러나 끊임없는 공세는 기존 세력의 힘을 약화시켜 소비에트 러시아의 존속을 허용할 수밖에 없었다. 만약 이러한 배후로부터의 강력한 지원이 없었다면 소비에트 러시아는 1919년 아니면 1920년에 제국주의 열강에게 와해되고 말았을 것이다.

세계 대전이 끝나고 시간이 경과함에 따라 정세는 점차 안정되어 가는 것처럼 보였다. 혁명 세력은 반동적 보수주의자와 왕정주의자 그리고 봉건적 지주 계급을 한편으로 하고, 온건 사회주의자 내지는 사회 민주주의자들을 다른 한편으로 하는 기묘한 동맹 관계에 의해 진압되었다. 이것은 참으로 이상한 동맹 관계였다. 왜냐하면 사회 민주주의자들이 마르크스주의와 노동자 정부의 수립을 공언하고 있었기 때문이다. 그들의 이상은 지금 말한 바와 같이 언뜻 보면 소비에트나 공산주의자의 이상과 같은 것처럼 보였다. 그런데도 이들 사회 민주주의자들은 자본가 이상으로 공산주의를 두려워했으며, 자본가와 결탁해서 공산주의를 타도하려 들었다. 그들은 너무나도 자본가를 두려워한 나머지 그들 자본가에게 대항할 용기가 없었는지도 모른다. 그들은 평화적이고 의회적인 수단을 통해 자신들의 지위를 굳히고 나서 점진적으로 사회주의를 도입하려고 했다. 그들의 동기가 무엇이었든 간에 그들은 반혁명 세력이 혁명 정신을 압살하는 데 조력했고, 이리하여 실제로 유럽의 많은 나라에서 반혁명을 성취시킬 수 있었다. 그러는 한편 이번에는 반혁명 세력이 여러 사회주의 정당을 타도해서 새롭고 전투적인 반사회주의 세력이 권력의 지위에 올랐다. 세계 대전이 계속되는 몇 년 동안 유럽에서 사태는 대개 이러한 방향으로 형성되어 가고 있었다.

그러나 대립이 완전히 해소된 것은 아니어서 두 적대 세력 — 사회주의와 자본주의의 투쟁은 계속되었다. 양자 사이에 일시적인 협정이나 협약이 있었지만, 또 앞으로 있을지도 모르지만 항구적인 타협 같은 것

혁명의 좌절

은 있을 수 없었다. 러시아와 공산주의가 한쪽 끝에 서 있으며, 다른 한쪽 끝에는 서유럽의 거대한 자본주의 국가와 미국이 이들과 대치하고 있다. 양자 사이에 존재하는 자유주의자나 온건파 및 중도파 정당들은 어디에서나 영락의 길을 걷고 있다. 대립과 불만의 원인은 실은 경제의 근본적인 혼란과 전세계에 퍼져 있는 빈곤의 증대에 기인하고 있다. 어떤 일정한 균형이 잡힐 때까지 이 싸움은 계속될 것이 뻔하다.

전후 잇따라 일어났다가 실패로 끝난 혁명 가운데 독일 혁명은 그 중에서도 가장 흥미롭고 교훈적인 것이다. 그래서 나는 그것에 대해서 약간 이야기하려고 한다. 유럽 여러 나라의 사회주의자들이 전쟁이 일어났을 때 자신들의 이상과 공약에 따라 행동하지 못했던 점에 관해서는 앞에서 이미 이야기했다. 그들은 각국의 격렬한 민족주의에 압도되고 전쟁의 광기에 말려들어 사회주의의 국제적 이상을 망각했다. 1914년 6월 30일 전쟁 발발 직전에 독일 사회 민주당(German Social Democratic Party) 지도자들은 합스부르크가(그 무렵에는 오스트리아의 제위 계승자 프란츠 페르디난트 대공의 암살을 둘러싸고 오스트리아와 세르비아 사이에 분쟁이 격화되고 있었다)의 제국주의적 기도를 위해서는 '어떤 독일 병사의 피든지 한 방울'도 희생시킬 수 없다고 단언했다. 그러나 5일이 지나자 독일 사회 민주당은 전쟁을 지지하고 나섰으며, 다른 나라의 유사 정당들도 전쟁을 지지하고 나섰다. 그뿐 아니라 오스트리아의 사회주의 지도자들은 폴란드와 세르비아를 오스트리아 제국에 통합시키는 문제를 실질적으로 논의했는데, 이것이 '합병'은 아니라고 우겼다!

1918년 초 볼셰비키가 행한 유럽 노동자에 대한 호소는 독일 노동자들에게 커다란 영향을 끼쳐 여러 병기 공장에서 대규모 동맹 파업이 잇따라 일어났다. 이것은 당시 독일 제국 정부에 아주 심각한 사태를 야기시켰으며, 파국을 초래할 정도의 사태였다. 그래서 사회주의 지도자들은 동맹 파업 위원회에 참가해 그 내부에서 동맹 파업을 깨뜨림으로써 이 사태를 모면했다.

1918년 11월 4일에는 북부 독일의 킬(Kiel)에서 해군 반란이 일어났다. 독일 해군의 군함은 해상 출동 명령을 받았으나 수병들과 화부들이 이를 거부했다. 뿐만 아니라 그들을 진압하기 위해 투입된 군대도 반란군측에 가담해 그들과 행동을 같이했다. 장교들은 직위 해제당하거나 억류당했으며, 노동자와 병사들의 평의회(소비에트)가 결성되었다. 그것은 흡사 러시아 소비에트 혁명의 개시를 상기시켰으며, 독일 전체에 파급될 기세를 보였다. 그런데 갑자기 사회 민주당의 지도자들이 킬에 나타나 수병들과 노동자들의 주의를 다른 데로 돌리는 데 성공했다. 그러자 수병들은 자신들의 무기를 휴대하고 킬을 떠나 방방곡곡으로 흩어져서 반란의 씨앗을 퍼뜨리고 다녔다.

그리하여 혁명 운동은 다시 확대일로를 걷게 되었다. 바이에른(Bayern: 남부 독일)에서는 공화국이 선포되었다. 아직까지 카이저는 왕좌를 지키고 있었다. 11월 9일에는 베를린에서 총파업이 시작되었다. 모든 작업은 정지되고, 이 도시의 수비대도 전원 파업자측에 가담했기 때문에 폭력 사태는 거의 발생하지 않았다. 낡은 질서는 차례차례 허물어져 갔으며, 문제는 무엇으로 구질서에 대체하느냐 하는 것이었다. 몇몇 공산당 지도자들이 소비에트 내지는 공화국을 선포하려고 했는데, 사회 민주당의 한 지도자가 그들보다 먼저 선수를 쳐서 의회주의적인 공화국을 선포했다.[55]

---

55) 1918년 10월 이래 카를 리프크네히트와 로자 룩셈부르크가 지도하는 스파르타쿠스단(Spartacusbund: 독일 공산당의 전신)을 주축으로 그 밖의 좌익 사회주의자 사이에서 혁명 계획이 조직적으로 진행되어 11월 9일이 베를린 봉기의 날로 정해졌다. 사회 민주당 간부들은 혁명의 불가피함을 예견하고 이에 참가함으로써 혁명의 지도권을 장악하려는 전술을 채택하는 동시에, 그 목적을 수행하기 위해 샤이데만은 황제 퇴위의 주장이 관철되지 않았음을 이유로 혁명 당일인 9일 막시밀리안 내각의 무임소 장관 자리를 사임했다. 9일 혁명의 베를린을 배경으로 에베르트·샤이데만 등 사회 민주당 간부들은 막시밀리안 총리와 교섭해 정권을 이양받았다. 그 직후 샤이데만은 재빨리 국회의 베란다에서 군중을 향해 공화제 수립을 선언해서 자신들의 주도권을 대중적 지지 위에 올려놓는 데 성공했다. 이리하여 카이저는 어쩔 수 없이 퇴위에 동의했다. 곧이어 에베르트 임시 정부가 성립되고, '형식만을 갖춘 공화국'이 탄생되었다.

이렇게 하여 독일 공화국이 수립되었다. 그러나 그것은 이름뿐인 공화국이었고, 실제로는 무엇 하나 변한 것이 없었다. 정세를 좌우할 수 있는 지위에 있던 사회 민주주의자들은 거의 모든 것을 종전 그대로 방치했다. 그들 가운데 몇 명은 높은 관직에 올라 각료직 등을 차지했으나 군·관·사법 할 것 없이 모든 것이 카이저 시대 그대로 행정 체제를 답습했다. 이리하여 최근의 어떤 책의 제목처럼 "카이저는 떠나고 장군들은 남았다(The Kaiser Goes : The Generals Remain)." 이런 상태로는 혁명이 일어나지도 않을 뿐더러 결코 그 기반을 굳힐 수도 없는 것이다. 진정한 혁명은 정치·사회·경제적 구조를 변혁시키는 것이라야 한다. 권력을 적의 수중에 남겨 둔 채 혁명이 존속되리라고 기대하는 것은 그야말로 바보스러운 짓이다. 그런데도 독일 사회 민주주의자들은 혁명을 일으킴으로써 반혁명 세력이 혁명을 진압하는 데 필요한 준비와 조직을 갖추기에 충분한 기회를 주었다. 그리하여 재래의 군국주의자가 여전히 독일을 지배하게 되었다.

새로운 사회 민주당 정부는 킬의 수병들이 전국을 누비며 혁명 사상을 퍼뜨리는 것을 달갑지 않게 여겼다. 그들은 베를린에서 활약하고 있던 이들 수병을 탄압하려고 했는데, 1919년 1월 초에는 폭력적인 충돌이 일어났다. 그러자 독일의 공산주의자들은 소비에트 정부를 수립하기 위해 시민 대중에게 호소해서 그 지지를 촉구했다. 그들은 꽤 많은 인민의 지지를 얻어 정부 관청 건물을 점령했다. 1월 중 한 주 동안 — 베를린에서 '붉은 주간(Red Week)'으로 알려진 — 은 그들이 이 도시의 권력을 장악한 것처럼 보였다. 그러나 대중으로부터 반응은 충분하지 못했다. 인민의 대다수는 주저하며 어찌할 바를 모르는 형편이었다. 베를린의 정규군 또한 주저하며 중립을 지켰다. 이들 정규군에 기대할 수 없다고 본 사회 민주주의자들은 그 목적을 위해 특별한 의용군을 모집하고, 그 힘을 빌려 공산주의자의 봉기를 진압했다. 전투는 인정사정없는 잔혹한 것이었다. 전투가 끝난 며칠 뒤에는 두 사람의 공산주의 지도자인 카를 리프크네히트(Karl Liebknecht)와 로자 룩셈부르크(Rosa Luxembrug)가 자신들의 피신처에서 발각되어 잔인한 방법으로 학살되었다. 이 학살과 그것에 뒤이은 사건 책임자의 석방은 공산주의자와 사회 민주주의자 사이에 심각한 증오감을 빚게 했다. 카를 리프크네히트는 내가 전에 보냈던 편지에 나왔던 19세기의 저명한 사회주의 투사인 빌헬름 리프크네히트의 아들이었고, 로자 룩셈부르크도 옛날부터 투사로서 레닌과도 친교가 있었다. 역설적이지만 그 두 사람은 모두 그들을 함께 죽음으로 몰아넣은 공산주의자의 봉기에 반대했다.

공산주의자는 이미 사회 민주 공화국에 압도되어 있었고, 그로부터 얼마 안 있어 바이마르에서 공화국 헌법이 기초되었다. 그런 연유로 이 헌법은 '바이마르 헌법(Weimar Constitution)'이라 일컬어지고 있다. 3개월도 채 되기 전에 이번에는 다른 방향에서 새로운 정세 변화가 생겨 공화국을 위협했다. 반동주의자들이 공화국에 대항해 반혁명 음모를 꾸몄으며, 퇴역 장군 패거리들이 들고일어난 것이다. 이 반란은 '카프 푸치(Kapp Putsch)'로 알려져 있다. '카프'는 지도자의 이름이고, '푸치'는 독일어로 이런 종류의 봉기를 의미한다. 그러자 사회 민주당 정부는 베를린을 포기하고 도망쳐 버린 데 반해, 베를린의 노동자들은 총파업을 단행하고 모든 작업을 포기해, 이 대도시의 기능을 마비시킴으로써 '푸치'의 숨통을 틀어막았다. 그리하여 카프와 그 일당은 조직 노동자의 위력 앞에 맥을 못 추고 베를린에서 도망쳐 나가고, 사회 민주당 지도자들이 다시 베를린으로 돌아와 통치권을 행사했다. 정부는 공산주의자에 대한 보복과는 아주 딴판으로 카프 반란군을 매우 관대하게 대했다. 그들 가운데는 연금을 받고 있는 예전의 장교들도 많이 끼어 있었는데, 반란 행위를 했는데도 연금은 종전대로 계속 지급되었다.

바이에른에서도 이와 비슷한 반혁명적인 푸치, 또는 봉기가 조직되었다. 이것은 실패로 끝났지만, 그 중에서 흥미를 끄는 것은 그 조직자가 당시 오스트리아의 퇴역 하사관이었으며, 오늘날 독일의 독재자인 히틀러(Hitler)였다는 사실이다.

이러한 사정을 종합해 본 결과로 알 수 있는 것은 "독일 공화국은 이름만은 존속하고 있으며, 날이 갈수록 약체화되어 가고 있다"는 사실이다. 사회주의자간의 분열, 즉 사회주의자와 공산주의자 사이의 분열은 양쪽 세력을 동시에 약화시켰고, 공공연히 공화국을 비난하는 반동주의자들이 날이 갈수록 조직적이고 공격적으로 되어 갔다. 대지주들 — 독일에서는 '융커(Junkers)'라고 부른다 — 과 대산업가들은 정부 각 부처에 실오라기 만큼씩 남아 있던 사회주의적 요소를 서서히 제거해 나갔다. 베르사유 강화 조약은 독일 국민에게 커다란 충격을 주었으나 반동주의자들은 이것까지도 자신의 이익을 위해 이용했다. 이 조약에 따르면 독일은 군비를 축소하고 군대를 감축해야만 했다. 독일은 겨우 10만에 지나지 않는 수의 군대를 유지하도록 허락받았을 따름이다. 그 결과 겉으로는 군비 축소가 이루어졌으나 실제로는 대량의 무기가 숨겨지게 되었다. 거대한 '민병(private armies)', 즉 각 당파에 소속하는 의용군이 조직되었다. 보수적인 민족주의자 의용군은 '철모단(steel helmets)'이라 일컬어졌고, 공산주의자의 노동자 의용군은 '적색 전선(Red Front)'이라고 일컬어졌다. 또한 그 뒤에 히틀러의 일파가 '나치(Nazi)' 군단을 결성했다.

    나는 전쟁 직후 몇 년 동안의 독일에 관해 꽤 자세히 이야기했다. 어떻게 혁명이 부침했으며, 반혁명과 얼마나 치열하게 투쟁했던가 하는 것을 이야기하자면 아직도 한이 없다. 독일의 그 밖의 지방인 바이에른이나 작센에서 또한 봉기가 있었다. 강화 조약에 따라 옛날 영토를 분할당해 손바닥만한 나라가 되어 버린 오스트리아 또한 똑같은 조건 속에 있었다. 빈이라는 커다란 수도를 지닌 이 조그마한 나라는 언어나 문화면에서 완전히 독일권에 속했다. 이 나라는 1918년 11월 12일, 곧 휴전 바로 다음날 공화국이 되었다. 오스트리아는 독일의 한 부분이 되기를 희망했지만, 연합국은 그것이 자연스러운 길이었는데도 이를 금지시켰다. 이 오스트리아와 독일의 신청을 통한 병합을 독일어로 '안쉴루스

---

  * 이 안쉴루스는 1938년 3월에 이루어졌다.

(anschluss : 합방)'*라고 한다.

오스트리아에서도 독일의 경우와 마찬가지로 처음에는 사회 민주당이 정권을 장악하고 있었다. 그러다가 점차 자신을 잃어 가면서 그들은 부르주아 정당들의 타협 정책을 추종했다. 그 결과 사회 민주당 세력은 크게 축소되고, 정권은 다른 사람들의 손으로 넘어갔다. 독일과 마찬가지로 민병이 조직되고 마지막에 가서는 반동적 독재 정권이 세워졌다. 오랫동안 사회주의자의 도시 빈과 지방의 보수적인 농민층과 사이의 투쟁이 끊이지 않았다. 사회주의자의 도시 빈의 시 당국은 노동 계급을 위한 좋은 주택 시설이나 그 밖의 사회주의적 계획으로 유명해졌다.

헝가리에서는 전쟁이 끝나기 5주일 전인 1918년 10월 3일에 이미 혁명이 일어났고, 11월에는 공화국이 선포되었다. 그로부터 4개월이 지난 1919년 3월에는 제2차 혁명이 일어났다. 이것은 지난날 레닌과 협력한 바 있는 공산주의 지도자 벨라 쿤(Bela Kun)[56]이 지도하는 소비에트 혁명이었다. 소비에트 정부가 세워지고 이것이 몇 개월 간 정권을 장악했다. 이에 대해 이 나라의 보수 반동 세력은 도움을 요청해 루마니아군을 끌어들였다. 루마니아군은 쌍수를 들어 이것을 수락하고 벨라 쿤 정부 타도에 힘을 빌려 준 다음 헝가리를 집어삼키기 위해 이 나라에 진을 치고 앉아 물러나지 않았다. 루마니아는 그들에 대해 행동을 개시하겠다는 연합국의 위협에 부딪히자 어쩔 수 없이 철수했다. 루마니아군이 철수하자 헝가리의 보수파는 다시는 혁명이 일어나지 못하도록 나라 전체의 자유주의적이며 진보적인 세력에 대한 테러를 감행하기 위해 민병 내지는 의용군을 조직했다. 이렇게 하여 1919년 '전후 역사상 가장 피비

---

56) 헝가리의 혁명적 독재자. 제1차 세계 대전 때 오스트리아군 장교로 출정했다가 갈리치아 전선에서 러시아군의 포로가 되었으며, 1917의 러시아 혁명을 체험하고 열렬한 볼셰비즘의 숭배자가 되었다. 휴전 직후에 수립된 카롤리 임시 정부가 전후 처리에 실패해 정권을 포기하자, 1919년 3월 사회당·공산당 연합의 독재 정권을 수립하고 프롤레타리아 지배의 소비에트 체제를 채택해, 토지 개혁과 기업 국유화 등을 단행했다. 그러나 연합군의 지원하에 루마니아군의 침입으로 실각해서 빈을 거쳐 소비에트 러시아로 망명했다.

린내 나는 페이지'로 손꼽히는 헝가리의 이른바 '백색 테러(White Terror)'가 시작되었다. 헝가리는 여전히 봉건성이 남아 있었는데, 이 봉건적 지주들이 전시에 크게 한몫을 본 대산업가들과 결탁해서 공산주의자뿐만 아니라 일반 노동자·사회 민주주의자·자유주의자·평화주의자 그리고 유태인에 이르기까지 학살과 테러의 범위를 넓혀 갔다. 이후 헝가리는 반동적 독재 정치의 압제하에 놓여 있다. 형식만을 갖춘 의회가 있기는 하지만 선거는 기명 투표로 행해지고 — 즉 의원 선출을 위한 투표는 공개되었으며, 경찰이나 군대가 독재 정치에 바람직한 인물만이 당선되도록 감시하고 있었다. 또 정치 문제에 관한 공개 집회는 허락되지 않았다.

나는 이 편지 가운데 전후 중부 유럽에서 일어난 일들과 이들 여러 나라에서의 전쟁과 패전 그리고 러시아 혁명에 대한 반응을 고찰했다. 전쟁이 몰고 온 놀랄 만한 경제상의 여러 변화와 그러한 일들이 자본주의를 오늘날과 같은 비참한 지경으로 몰아세운 상황에 관해서는 따로 논의해야만 할 것으로 생각된다. 내가 이 편지에서 말한 최종 결론은 전후의 몇 년 동안에 걸쳐 유럽에서는 사회 혁명이 곧 닥쳐올 것 같은 정황을 보여 주고 있었다는 점이다. 이 사실은 소비에트 러시아에게 크게 도움이 되었다. 왜냐하면 제국주의 열강이 자기 나라 노동 계급의 반발을 두려워한 나머지 혁명의 원천인 소련에 공격을 가하는 것을 삼가했기 때문이다. 어쨌든 약간의 예외를 제외하고는 혁명은 성취되지 못한 채 끝났다. 사회 민주주의자는 그들의 당이 사회 혁명 이론에 기초를 두고 있었는데도 사회 혁명의 탄압과 회피에 괄목할 만한 역할을 했다. 이들 사회 민주주의자는 자본주의가 자연적으로 사멸할 것이라고 믿고 또한 바라고 있었기 때문에 자본주의를 격렬하게 공격하기보다는 오히려 당분간 그것을 존립시키기 위해 도왔다고 볼 수도 있을 것이다. 또는 그들의 거대하고 유복한 당 기구가 아주 안락한 것이어서, 사회적 격동의 위험을 조장하기에는 너무나도 기존 질서 속에 깊숙이 안주하고 있었기 때문인지도 모른다. 그들은 될 수 있으면 중도적 태도를 취하려고 했기 때문에 그들의 임무 수행은 완전히 실패로 돌아가고, 그들이 본래 지니고 있던 것마저도 상실해 버렸다. 최근 독일에서 일어난 일들이 이것을 뚜렷이 말해 주고 있다고 생각된다.

전후 몇 년 동안을 지배하는 또 다른 요소는 폭력 정신의 성장이었다. 인도에서 비폭력 복음이 창도되고 있는 동안에 괴이하게도 세계의 거의 모든 나라에서는 노골적이고도 몰염치한 폭력이 활개를 쳤고 또 찬사를 받았다. 이것은 전쟁과 그 뒤에 몰려온 각 계급간 이해의 충돌에 커다란 책임이 있다. 이 충돌이 한층 더 격렬해지고 날카로워짐에 따라 폭력 또한 난무했다. 자유주의는 거의 소멸 상태에 빠지고, 19세기적 민주주의는 악평으로 끝을 맺었다. 독재자들이 드디어 머리를 들고 눈앞에 나타났다.

나는 이 편지에서 패전국들을 이야기했다. 영국이나 프랑스는 중부 유럽에서와 같은 봉기나 격동을 면했지만, 여러 전승국은 비슷한 분규를 겪었다. 이탈리아에서는 커다란 변동이 일어나자 지극히 비정상적인 결말을 초래하고 말았다. 이것은 편지를 달리해 따로 검토할 만한 가치가 있는 일이라고 본다.

172   *1933년 6월 15일*

묵은 채무를 지불하는 새로운 방법

　　세계 대전 후 유럽은, 어느 정도까지는 세계 전체가 그랬지만 마치 가마솥에서 물이 끓는 듯한 상태였다. 베르사유 강화 조약과 기타 여러 조약도 사태를 조금도 개선시키지는 못했다. 유럽의 새로운 지도는 폴란드인과 체코인 그리고 발트 해 연안의 여러 민족을 해방시킴으로써 몇몇 민족 문제를 안정시켰다. 그러나 동시에 오스트리아인의 티롤(Tyrol) 지방의 일부를 이탈리아에, 그리고 우크라이나의 일부를 폴란드에 병합시키고, 동유럽에서 서투르게 영토를 분할함으로써 새로운 민족 문제를 빚어 냈다. 그 중에서도 특히 사람들의 감정을 자극한 것은 폴란드 회랑(Polish Corridor)과 단치히의 기묘한 처리였다. 중부와 동부 유럽은 수많은 소국가로 분할됨에 따라 '발칸화(balkanized)'했다. 이러한 분할은 국경선의 수를 늘려 더욱더 견고한 문화적 장벽을 쌓게 함으로써 상호간의 증오감을 더욱 심화시킨 것에 지나지 않았다.

　　1919년의 베르사유 조약에도 불구하고 루마니아는 남러시아에 속했던 베사라비아(Bessarabia)를 영유해 버렸다. 이것은 이제까지 소비에트와 루마니아 사이에 쟁점이 되어 왔던 문제였으며, 베사라비아는 '드네프르 강가의 알자스 - 로렌(Alsace-Larraine on the Dnieper)'이라고 일컬어지고 있었다.

　　영토의 변화보다 훨씬 중요했던 문제는 배상금, 즉 패전국 독일이 전쟁으로 인한 경비와 손해의 배상을 위해 전승 연합국에 지불하기로 된 금액의 문제였다. 베르사유 조약에서는 확실한 액수를 정하지 않았으나, 그 뒤의 여러 회의에서 배상금 총액을 66억 파운드로 결정하고 이것을 해마다 분할해 지불시키도록 결정을 보았다. 이만한 거금을 지불한다는 것은 세계 어느 나라도 힘에 겨운 일이다. 하물며 패전으로 지칠 대로 지친 독일의 경우에 그것이 가능할 리 만무했다. 독일은 이에 항의했으나 효과는 없었다. 그래서 하는 수 없이 미국에서 돈을 꾸어 서너 번 배상금을 지불했다. 독일로서는 우선 발등의 불부터 끈 다음에 차후의 문제는 더욱 근본적으로 해결하고자 생각하고 있었다. 독일이 도저히 이런 막대한 금액의 지불을 계속하지 못하리라는 것은 독일뿐만 아니라 그 밖의 많은 나라들도 쉽게 알 수 있는 일이었다.

곧바로 독일의 재정 기구는 붕괴되었고, 배상금과 같은 대외 채무뿐 아니라 국내 채무를 변제할 만한 돈마저 말라 버렸다. 외국에 대한 지불은 금이 아니면 안 되었다. 지불 기일을 넘기면 결국 지불 불이행에 따른 불이익을 감수해야만 했다. 그런데 국내 채무는 독일 지폐로 지불할 수 있었기 때문에 정부는 무턱대고 지폐를 찍어 내는 방법을 택했다. 종이에 금액 표시를 찍는다고 해서 바로 돈이 되는 것은 아니다. 지폐가 창출하는 가치는 신용에 지나지 않는다. 사람들이 지폐를 사용하는 것은 필요할 때는 언제든지 그것을 금이나 은으로 바꿀 수 있다는 것을 알고 있기 때문이다. 다시 말하면 지폐를 발행할 때에는 반드시 그에 상당하는 양의 금을 은행에 비축해 둠으로써 그 지폐의 가치를 보증해 주어야 하는 것이다. 따라서 지폐는 금화나 은화의 사용에서 오는 불편을 제거하고 지불 준비금으로 액면 가치를 보증해 주는 매우 편리한 것이다.

그렇지만 만약 어떤 정부가 은행의 지불 준비금을 고려하지 않고 무턱대고 종이돈을 찍어 낸다면 이 돈의 가치는 떨어지지 않을 수 없게 된다. 여분으로 찍어 내면 찍어 낼수록 그 가치는 점점 더 떨어지고, 신용의 기능을 발휘하지 못하게 된다. 이 과정을 인플레이션이라고 한다. 이러한 사태가 바로 1922~23년에 걸쳐 독일에서 일어났던 것이다. 각종 경비를 조달하기 위해 돈이 필요했던 독일 정부는 필요한 만큼의 지폐를 찍어 내기 시작했다. 그 결과 물가는 폭등하고, 파운드·달러·프랑 등에 비해 독일 마르크는 상대적으로 가치의 폭락이 계속되었다. 그래서 독일 정부는 더욱더 많은 돈은 찍어 내지 않을 수 없게 되었고, 이

묵은 채무를 지불하는 새로운 방법

에 따라 마르크의 폭락도 그 도를 더해 갔다. 이러한 과정이 자꾸만 겹치다 보니 끝에 가서는 1파운드나 1달러가 몇억 마르크에 해당되는 꿈 같은 상태에 다다랐다. 마르크 지폐는 실제로 그 가치가 거의 제로 상태였다 해도 과언이 아니다. 한 통의 편지를 부치는 데도 100만 마르크 상당의 우표를 사야만 했다! 그 밖의 다른 물가도 이것과 같은 형편이었고, 끊임없이 변동하고 있었다.

이러한 독일의 인플레이션과 마르크의 대폭락은 자연 발생적으로 일어난 현상이 아니었다. 이것은 독일 정부가 자신들의 재정적인 난국을 타개하기 위해 고의로 한 일이었으며, 사실 그것은 상당히 쓸모가 있었다. 왜냐하면 정부나 자치 단체 또는 그 밖의 채무자들이 가치도 없는 마르크 지폐로 쉽사리 자신들의 국내 채무를 변제해 버릴 수 있었기 때문이다. 물론 이것과 똑같은 수법으로 대외 채무를 지불할 수는 없었다. 세계의 그 어떤 나라도 아무런 가치가 없는 이 마르크를 받으려 들지 않았기 때문이다. 그러나 독일 국내에서는 법률로서 통용을 강제할 수 있었다. 이런 식으로 정부와 모든 채무자는 그 골치 아픈 부채를 해결할 수는 있었지만, 이와 동시에 또 다른 엄청난 재난을 끌어들인 결과가 되었다. 인플레이션 기간에 모든 사람들이 누구나 할 것 없이 고통을 당했지만 그 중에서도 가장 심했던 것은 중간 계급이었다. 이 계급에 속하는 사람들은 대부분 고정 봉급을 받거나 또는 고정 수입을 올리는 사람들이었다. 물론 마르크가 하락함에 따라 이들의 봉급도 오르기는 했지만 도저히 마르크의 하락 추세를 만회할 수는 없었다. 이 인플레이션 때문에 하층 중간 계급은 거의 전멸 상태에 빠졌다. 이 점은 그 뒤의 몇 년 동안 독일에서 일어난 주목할 만한 사항 하나를 고찰할 때 우리들이 언제나 염두에 두어야 할 문제다. 왜냐하면 이들 실의에 빠진 낙오자인 중간 계급이 이제까지는 혁명적인 가능성을 갖고 있었는데, 이제는 불평 분자로 구성된 강력한 군대를 조직하기에 이르렀기 때문이다. 그들은 이 무렵 날이 갈수록 확대되어 가던 각 정당의 사병 조직에 흡수되었다. 특히 히틀러의 신당인 국가 사회당(National Socialists) 또는 나치스(Nazis)에 흡수된 자들이 많았다.

얼마 안 있어 이제는 전혀 소용에 닿지 않게 된 종래 마르크의 통용이 금지되고 새로 '렌텐마르크(rentenmark)'라는 새 화폐가 발행되어 이것으로 인플레이션은 일단 수습되었다. 그것은 그 액면에 해당하는 금과 똑같은 가치를 가진 것이었다. 이렇게 하여 독일은 하층 중간 계급이 일소된 연후에야 겨우 안정된 통화 제도로 되돌아갔다.

독일의 재정적 혼란은 국제적으로 중대한 결과를 가져왔다. 연합국에 대한 배상금 지불이 불이행된 것이었다. 이 배상금은 연합국 간에 분배되고 있었는데, 그 중에서도 프랑스로 가는 몫이 가장 컸다. 러시아는 배상금을 한푼도 받지 않았다. 러시아는 배상금에 대한 자기들의 권리를 주장할 수도 있었으나 그것을 완전히 포기했던 것이다. 독일이 배상금을 지불하지 못하게 되자 프랑스와 벨기에는 독일의 루르(Ruhr) 지방을 자기들의 군사 점령하에 두었다. 연합국은 베르사유 조약에 따라 라인란트(Rhineland)를 점령하고 있었다. 1923년 1월에 프랑스군과 벨기에군의 점령 지역이 추가된 셈이다(영국은 루르 지방 점령에 참가하기를 거부했다). 이 지방은 라인란트에 인접해 있으며, 풍부한 탄전과 공장이 많은 고장이다. 프랑스는 석탄이나 기타 산물의 차압으로 채무를 변제받을 속셈이었다. 그런데 골치 아픈 일이 생겼다. 독일 정부가 수동적인 저항 방법으로 프랑스에 대항하기로 결정을 내리고, 루르 지방의 광산주나 노동자에게 조업을 중지하고 프랑스인에게 전혀 협력하지 말도록 요청했던 것이다. 더구나 독일 정부는 몇백만 마르크의 보상금을 풀어 조업 중단으로 인한 광산주나 기업가들의 손실을 보상해 주었던 것이다. 프랑스와 독일 쌍방에 모두 적잖은 손실을 가져온 9개월 내지 10개월이 경과한 뒤 독일 정부는 수동적인 저항을 철회하고, 이 지역의 광산과 공장 운영에 관해 프랑스에 협력하기 시작했다. 1925년 프랑스와 벨기에는 루르 지방에서 철수했다.

독일의 루르 지방에서의 수동적 저항은 좌절되었지만, 이것은 배상 문제가 재검토되어 더욱 적절한 지불액을 결정하도록 하는 데 하나의

묵은 채무를 지불하는 새로운 방법

좋은 계기가 되었다. 그 결과 회의나 위원회가 계속 소집되면서 새로운 구상이 자주 발표되었다. 1924년에는 도즈안(Dawes Plan)이 통과되었고, 5년 뒤인 1929년에는 영안(Young Plan)이 이를 이었으며, 또한 3년 뒤인 1932년에는 이 이상의 배상금 지불이 불가능하다는 것이 관계국들 사이에서 사실상 합의가 이루어짐으로써 배상금 청구에 대한 구상 자체는 모조리 원점으로 돌아갔다.[57]

1924년부터 몇 년 동안은 독일도 배상금을 규정대로 지불했다. 그런데 한푼도 없는 알거지인 독일이 어떻게 그런 일을 해낼 수가 있었을까? 그것은 다름이 아니라 미국에서 꾸어다 지불했던 것이다. 독일은 여러 연합국에 대해 배상이라는 형식으로 돈을 지불할 의무가 있었다. 그래서 미국은 독일에 돈을 빌려 주고, 독일은 그것으로 연합국에 배상금을 지불했다. 그럼으로써 연합국은 또한 연합국대로 미국에 대한 부채를 갚을 수 있었다. 이것은 꽤 좋은 방법이어서 모든 일이 순조로운 것처럼 보였다! 실제로는 이런 방법이 아니고는 따로 지불할 도리가 없었다. 물론 이 대차 관계의 회전은 전적으로 미국이 계속해서 독일에 돈을 빌려 준다는 사실에 의존하고 있었다. 만약 이것이 중지되는 날이면 이 구조는 송두리째 허물어질 판이었다.

이 돈의 대차는 현금으로 거래된 것이 아니라 모두 장부상으로 행해졌다. 미국이 독일에 대해 어떤 액수의 대부를 기입해 주면 독일은 이것을 여러 연합국 장부에 옮겨 적어 주고, 여러 연합국은 이것으로 다시 미국에 대한 셈을 치렀다. 실제로 돈이 오가는 것이 아니라 단지 장부상에 몇 줄인가의 글자가 기입될 뿐이었다. 무엇 때문에 미국은 지난날의

---

57) 도즈안은 독일의 지급 능력을 감안하고 독일의 재정 균형 및 통화 안정을 유지케 하면서 배상을 계속시키자는 데 그 의의가 있었다. 이 안은 5년 간 충실하게 그리고 정확하게 실시되었으나 지급 연액(25억 마르크)만을 정하고 기한이나 배상 총액을 확정하지 않았으며, 가중되는 독일 경제의 불안, 궁극적으로 미국으로부터의 외자에 의존하는 배상 지급의 불안정성, 유럽 경제의 불황 심화 등으로 말미암아 그 수정이 불가피하게 되었다. 이에 따라 1929년에는 영안이 성립되어 배상금 총액을 1139억 503만 라이히스 마르크로 정하고 지급 연수를 59년으로 확정하는 한편, 배상 연차금을 대폭 줄이고 배상 재원으로 재정 잉여와 철도 수

빚에 대한 이자마저 내지 못하는 여러 가난뱅이 나라에 계속 돈을 빌려주고 있었던 것일까? 미국은 그들이 파산지경에 이르지 않고 어렵게나마 꾸려 나갈 수 있도록 그들을 도왔다. 유럽이 붕괴되면 여러 가지 골치 아픈 문제가 일어나리라는 것은 둘째로 치고라도 미국에 대한 채무의 일체가 회수 불능이 될 것을 염려했기 때문이다. 그런 까닭에 마치 약삭빠른 채권자처럼 미국은 채무국의 숨이 끊어지지 않는 범위 안에서만 그들을 도운 것이다. 그러나 몇 해가 지나자 미국도 이제는 이 대여를 계속하는 정책에 지쳐 이것을 중지했다. 그로 인해 갑자기 배상과 채무 관계의 체제가 무너지고 지불이 이행되지 않자 유럽과 미국의 여러 국민은 도탄에 빠져들게 되었다.

이와 같이 배상 문제는 전후 10여 년에 걸쳐 유럽을 먹구름 속에 몰아넣은 가장 큰 문제였다. 이 밖에도 전쟁 채무 — 즉 독일보다도 연합국 상호간의 채무 문제가 복잡하게 얽혀 있었다. 세계 대전을 다룬 이야기를 한 편지에서 말한 바와 같이 전쟁 초기에 영국이나 프랑스는 자기들과 동맹을 맺은 소국에 돈을 융통해 주었다. 그러나 얼마 안 가서 프랑스는 자금이 달려 더 이상의 대부를 못하게 되었으나, 영국은 그래도 계속 융통해 줄 수 있었다. 나중에는 영국의 재정도 바닥이 나서 그 이상의 대부가 불가능하게 되었고, 오로지 미국만이 계속해서 융통해 줄 수 있었다. 미국은 자기들의 이익이 되는 일이기도 하기 때문에 영국이나 프랑스, 기타 여러 연합국에 서슴지 않고 대부를 해 주었다. 때문에 전쟁이 끝났을 때 몇몇 나라는 프랑스에, 그리고 많은 나라들이 영국에 빚을 지고 있었으며, 미국에 대해서는 거의 모든 연합국이 거액의 채무를 지고

익을 지정하고, 국제 결제 은행으로 하여금 독일 배상을 관리하도록 했다. 그러나 1929년 가을부터 시작된 심각한 세계 경제 불황에 직면해서 1931년에는 미국의 후버 대통령에 의해 배상금 및 전쟁 채무의 1년 간 채무 지급 유예가 제안 실시된 데 이어, 1932년 6월에 개최된 로잔 회의에서는 배상금이라는 명목을 폐지하는 대신, 독일이 유럽 경제 회복 자금의 명목으로 30억 마르크를 부담하도록 협정했다. 이로써 독일의 배상 문제는 흐지부지되기에 이르렀다.

묵은 채무를 지불하는 새로운 방법

있었다. 미국은 다른 나라에 채무가 없는 유일한 나라였다. 그리하여 마침내 미국은 이제 대채권국이 되어 그 옛날의 영국을 대신해서 세계의 채권국으로 등장했다. 수치를 들어서 설명하면 한결 더 쉽게 이해할 수 있을 것이다. 세계 대전 전 미국은 다른 나라들에게 30억 달러에 이르는 채무를 지고 있는 채무국이었다. 전쟁이 끝날 무렵에는 이 채무는 완전히 일소되고 오히려 미국은 대부해 주는 측에 서 있었다. 1926년에는 미국은 대채권국으로서 그 총액은 25억 달러에 이르렀다.

대전중에 발행한 전시 공채는 모두 정부가 지불 보증을 책임지는 국채의 형식을 취하고 있었기 때문에 영국·프랑스·이탈리아 등의 여러 나라에는 매우 무거운 짐이 되었다. 그들은 미국에 유리한 조건을 내걸어 약간의 양보를 받기는 했지만 그래도 또한 무거운 짐임에는 변함이 없었다. 독일이 배상금을 지불하는 한(사실상 미국의 독일에 대한 장부상의 신용 대부에 지나지 않았지만) 이들 지불금은 다시 미국으로 되돌아왔다. 그러나 배상금이 규정대로 지불되지 않거나 두절되면 채무 이행 또한 어려움에 봉착하게 되었다. 유럽의 채무국들은 고의적으로 배상과 전시 공채를 한데 묶어 연결지으려 했다. "양자는 하나로 간주해야 한다. 만약 한쪽이 정지되면 다른 한쪽도 또한 자동으로 정지될 수밖에 없다"는 것이 그들의 변명이었다. 그러나 미국은 "두 가지를 한데 연관지을 수는 없다. 미국이 대여한 돈은 독일이 변제해야 할 배상금과는 성질이 다른 것이므로 그것과는 별개로 회수해야 한다"고 말했다. 이러한 미국의 태도는 유럽의 분노를 사서 맹렬한 비난을 받았다. 심지어 "미국은 샤일록과 같다. 가슴팍의 살점까지 도려 내려 한다"는 비난이 일기도 했다. 특히 프랑스에서는 미국에서 차입한 돈은 전쟁이라는 공동의 의무 수행을 목적으로 사용된 것이니 만큼 보통의 채무와 동일시될 성질의 것이 아니라고까지 논의되었다.

한편 미국 쪽에서는 전후 유럽에서 자주 일어나고 있던 대립이나 책략에 싫증이 나 있었다. 그들은 영국이나 프랑스·이탈리아 등이 여전히 군대의 유지에 막대한 비용을 들이고 있을 뿐만 아니라, 몇몇 소국에 대해서는 군비 확장을 돕기 위해 돈을 빌려 주기도 한다는 것을 알고 있었다. 미국으로서는 유럽 각국이 군비를 위해 그만한 돈을 지출할 수 있다면 구태여 그들에 대한 채권을 포기해야 할 이유가 없다고 생각했던 것이다. 만약 그렇게 해 주는 날이면 면제해 주는 만큼의 돈은 또한 군비에 투입될 것이라고 생각한 미국은 채권에 관한 그들의 주장을 양보하지 않았다.

아무튼 배상과 마찬가지로 전쟁 채무의 지불이라는 것도 꽤 까다로운 문제였다. 국가 간의 채무는 금이나 상품 또는 서비스(육상이나 해상 운송 그리고 여러 가지 용역)로 지불되야 한다. 그러나 이만한 거액을 금으로 지불하기란 불가능한 일이었다. 그만한 금은 도저히 손에 들어올 것 같지가 않았다. 또한 미국이나 유럽 여러 나라는 높은 관세 장벽을 쌓아 외국 상품의 유입을 극력 억제하고 있는 판국이었기 때문에 배상이나 전쟁 채무의 상환을 상품이나 서비스로 지불한다는 것도 거의 불가능에 가까운 노릇이었다. 이러한 사정이야말로 사태를 해결하는 데 가장 큰 장애였던 것이다. 그런데도 관세 장벽을 완화해 상품을 받는 것으로 채권에 대신하고자 하는 나라는 없었다. 외국 상품을 받아들이는 것은 바로 자기 나라의 산업에 나쁜 영향을 미치는 결과를 초래하기 때문이다. 이것은 기묘한 악순환이었다.

미국에서 돈을 빌려 쓴 것은 유럽 국가들뿐이 아니었다. 미국의 은행가나 사업가들은 거액의 돈을 캐나다나 라틴 아메리카(즉 남아메리카와 중앙 아메리카 그리고 멕시코)에 투자하고 있었다. 세계 대전중 근대 공업과 기계의 위력을 통감한 이들 라틴 아메리카 국가들은 공업 발전에 전력을 기울이고 있었다. 그래서 미국의 자금이 대거 라틴 아메리카로 흘러들어갔다. 그들은 이자를 지불하기에도 벅찰 만한 거액의 돈을 차입해 갔다. 곳곳에서 독재자가 대두하게 되었고, 유럽에서와 마찬가지로 이 지역에 대한 자금의 대부가 계속되는 동안에는 모든 것이 순조롭게 진행되었으나 자금의 대부가 끊어지자마자 파탄이 오고야 말았다.

미국의 라틴 아메리카에 대한 투자가 얼마나 급속히 증대해 갔는가를 더욱 알기 쉽게 설명하기 위해서 두 가지 숫자를 열거하고자 한다. 1926년에는 총 투자액이 42억 5000만 달러였던 것이 3년 뒤인 1929년에는 55억 달러에 이르렀다.

이상에서 알 수 있는 것처럼 종전 이후 미국은 급속히 팽창한 부로 인해 전세계의 은행 역할을 하기 시작했다. 미국은 세계를 주름잡게 되었고, 그 국민들은 유럽을 얕보기 시작했으며, 더구나 아시아에 대해서는 쉴새없이 분쟁이 계속되는 늙고 초라한 대륙으로 규정해 경멸의 눈초리를 던지고 있었다. 번영이 절정에 이르렀던 1920년대의 미국의 부를 잠깐 살펴보기로 하자. 1912년부터 27년까지의 15년 동안 미국의 국부 총액은 1872억 3900만 달러에서 4천억 달러로 뛰어올랐다. 1927년의 인구는 대략 1억 1700만이었으므로 1인당 3428달러가 되는 셈이다. 더구나 이들 수치는 눈이 돌 만큼 빠른 속도로 상승 가도를 달리고 있었다. 언젠가 편지에서 인도의 국민 소득과 다른 나라의 국민 소득을 비교할 때 내가 제시한 미국에 관한 숫자는 대단히 과소 평가된 숫자였다. 여기서 든 숫자는 1926년 11월에 미국 대통령 쿨리지가 언명한 것을 근거로 한 것이다.

더욱 너의 흥미를 끌 만한 몇 개의 숫자가 있는데, 이것은 모두 1927년의 통계다. 미국의 세대수는 2700만 호였는데, 그 중 1592만 3000호가 전등을 사용하고, 또 1778만 대의 전화가 있다. 자동차는 1923만 7171대로서 이 숫자는 세계 총대수의 81%에 해당된다. 미국의 자동차 생산은 세계 총생산량의 87%, 석유는 71%, 석탄은 43%를 각각 차지하고 있었다. 그러나 미국의 인구는 세계 총인구의 6%에 불과했다. 따라서 일반적으로 생활 수준이 대단히 높은 것은 사실이지만, 대부분의 부가 극소수의 재벌들 수중에 집중되어 있기 때문에 계산상의 그것처럼 높지는 않다. 이 '대기업(Big Business)'이 미국을 지배하는 것이다. 대통령 선거나 법률의 개폐를 비롯한 국정 전반에 걸쳐 이 대기업들이 깊숙이 개입하고 있었다. 이들 대기업의 부패는 상상외로 대단한 것이었으나, 미국 국민들은 번영이 계속되고 있는 동안은 거기에 관심을 두지 않았다.

내가 1920년대의 미국의 번영에 관한 숫자를 여기에 나열한 것은 첫째로 인도나 중국 같은 후진 비공업국에 비해 그들의 공업 수준이 얼마나 높은 것인가를 보여 주기 위함이고, 둘째로는 나중에 설명할 미국의 공황과 붕괴를 앞서의 번영과 분명하게 대조하기 위함이다.

이 공황은 아직 도래하지 않았다. 1920년까지 미국은 유럽이나 아시아가 겪은 그러한 재난을 모면한 것처럼 보였다. 패전 국가들의 상태는 정말 심각했다. 독일의 빈곤 상태는 대략 이야기했지만 중부 유럽 군소 국가의 대다수, 특히 오스트리아는 훨씬 더 심각한 상태에 있었다. 오스트리아는 또한 인플레이션에 시달리고 있었고 폴란드도 마찬가지였으며, 이 두 나라는 모두 통화를 변경해야만 했다.

그러나 이러한 재난은 패전국에만 한한 것이 아니고 전승국도 점차로 곤란한 지경에 빠져들었다. 옛날부터 채무자가 되는 것은 좋은 일이 아니라는 게 우리네 상식이다. 그런데 채권자가 되는 것도 좋은 일이 아니다라는 새롭고도 기묘한 현실이 닥쳐온 것이다! 왜냐하면 독일로부터 배상금을 받아야 할 위치에 있었던 전승국이 그 배상금으로 인해 매우 곤란한 처지에 빠져들었고, 배상을 받는다는 그 자체가 한층 더 커다란 재난을 몰고 왔기 때문이다. 이것에 관해서는 다음 편지에 이야기할 것이다.

173 *1933년 6월 16일*

화폐의 이상한 작용

전후의 가장 큰 특징은 화폐(money)의 이상한 작용이었다. 전쟁 전

각국의 화폐는 대체로 안정된 가치를 지니고 있었다. 각국은 인도의 루피, 영국의 파운드, 미국의 달러, 프랑스의 프랑, 독일의 마르크, 러시아의 루블, 이탈리아의 리라 등과 같이 각기 자기 나라의 통화(currency)를 가졌으며, 이들 통화는 서로 안정된 관계를 유지하고 있었다. 이들은 상호간에 이른바 국제 금본위 제도를 통해 연결되어 있었다 — 말하자면 각국의 통화는 일정한 금의 가치를 대표하고 있었던 셈이다. 각국의 국경 안에서는 각자의 통화로써 충분했지만 일단 국경을 벗어나면 그럴 수는 없는 일이었다. 두 개의 통화를 연결시키는 고리는 금이다. 그리고 국제적인 지불이나 결제는 반드시 금으로 행해졌다. 통화가 금의 고정된 가치를 갖는 동안, 금은 가치에 관한 한 꽤 안정된 금속이기 때문에 그 가치가 크게 변동하는 일은 있을 수 없었다.

그러나 전시에 교전국 여러 정부는 필요에 따라 금본위 제도를 폐지했기 때문에 각국의 통화 가치는 떨어졌다. 그 결과 어느 정도의 인플레이션이 일어난 것이다. 이것은 기업 운영을 위해서는 편리했지만 통화 상호간의 국제 관계를 해치는 결과를 빚었다. 전시중 전세계는 시종 연합국 대 독일의 양진영으로 나뉘어 있었고, 각 진영의 내부에서는 협력과 제휴를 통해 모든 것을 전쟁을 위해 바쳤다. 전쟁이 끝나자 각 국가 간에 분규가 일어나기 시작했고, 변화하는 경제적 여러 조건과 국가 간의 상호 불화는 각종 통화의 비정상적인 작용으로서 나타났다. 오늘날 모든 화폐 제도는 대부분 신용을 기초로 성립되고 있다. 즉 지폐나 수표는 모두 장래의 지불을 약속함으로써 신용할 수 있는 화폐로서 통용된다. 신용은 신뢰감을 바탕으로 하는 것이기 때문에 신뢰가 없어지면 신용 또한 자취를 감춘다. 전후 유럽의 분규가 모든 신뢰감을 송두리째 흔들어 버린 시기에 화폐 제도가 그처럼 문란의 극에 이른 까닭의 하나가 바로 여기에 있었던 것이다. 현대의 세계는 서로 의존하면서 살지 않을 수 없으며, 각 부문은 다른 부문과 긴밀히 결부되어 있어 유기적인 관계 속에 국제적인 활동이 영위되고 있다. 이것은 곧 한 나라의 혼란이 즉각 다른 여러 나라에 영향을 미치는 것을 뜻한다. 예컨대 독일의 마르크가 하락하거나 은행이 파산하게 되면 런던이나 파리나 뉴욕의 시민이 여러 면에서 손해를 볼지도 모른다.

앞에서 이야기한 이유 말고 또 다른 원인이 겹쳐서 세계의 거의 모든 나라가 통화나 화폐의 혼란을 겪지 않을 수 없었다. 공업이 발달된 나라일수록 그 혼란은 더 심했다. 왜냐하면 공업적 진보는 고도로 복잡하고 정밀한 국제적 구조를 낳기 때문이다. 예를 들면 티베트처럼 뒤떨어지고 고립된 지역은 마르크나 파운드 등의 동요에 전혀 영향을 받지 않으리라는 것은 명백한 일이다. 그러나 달러의 가치 하락은 순식간에 일본을 송두리째 흔들어 버릴 수도 있다.

반면에 각 공업 국가들에는 여러 그룹이 있어서 그들은 제각기 이해를 달리하고 있다. 어떤 사람들은 화폐 가치의 하락과 인플레이션(물론 독일에서 일어난 것 같은 무한정한 인플레이션은 아니지만)을 환영하는가 하면, 전혀 그와 반대로 디플레이션 즉 화폐 가치의 상승을 희망하는 측도 있었다. 이를테면 채권자나 은행업자는 화폐를 대부하고 있었기 때문에 화폐 가치의 상승을 바라는 편에 섰다. 그러나 채무자는 말할 것도 없이 그 채무를 변제하기 위해 화폐 가치의 하락을 바랐던 것이다. 기업가나 제조업자는 화폐 가치 하락의 지지자였다. 그들은 대개 은행에서 돈을 빌려쓰는 채무자였으며, 또한 더욱 중요한 것은 화폐 가치의 하락이 그들 제품의 국제 경쟁력을 강화시킬 수 있었기 때문이다. 영국 화폐의 가치가 떨어진다는 것은 외국 시장에서 독일이나 미국의 외국 제품에 비해 영국 제품의 가격이 낮다는 것을 뜻하기 때문에 이것은 곧 영국 기업가의 이익이 될 뿐만 아니라 그들 제품의 판로를 넓혀 주는 것으로 귀착된다. 이것은 결국 은행가와 기업가의 싸움이라는 점을 너도 알아차렸으리라. 나는 이러한 사정을 될 수 있으면 간단히 설명하고자 하지만, 거기에는 사실 수많은 요인들이 복합적으로 작용하고 있다.

프랑스와 이탈리아에서도 인플레이션이 일어나 프랑과 리라의 가치가 하락했다. 프랑의 기존 가치는 약 25프랑이 1파운드였다. 이것이 1파운드당 275프랑까지 떨어졌다가 그 뒤 약 120프랑 선에서 고정되었다.

전후 미국이 영국에 대한 원조를 중지하자 때맞추어 파운드의 시세가 약간 하락하고, 영국은 난관에 봉착하게 되었다. 영국은 파운드의 자연적 하락을 달게 받아들여서 파운드의 가치를 새로운 가격에 고정시킬지의 여부를 망설이고 있었다. 파운드를 평가 절하하면 상품 가격이 낮아지게 되므로 각종 제조업에는 이익이 되겠지만 은행가나 채권자에게는 손해를 끼치는 결과가 된다. 더 한층 중요한 것은 세계 금융의 총본산으로서의 런던의 지위를 박탈당하는 결과를 초래하게 되는 것이다. 그렇게 되면 뉴욕이 이를 대신하게 되어 돈을 빌려쓰고 싶은 자는 런던이 아니라 뉴욕으로 가게 될 것이다. 그렇다면 억지로라도 파운드의 평가 절하를 막아야 하는데, 이렇게 되면 파운드와 런던의 신용을 굳히고 금융계의 지도권을 유지할 수는 있겠지만, 한편으로 제조업은 피해가 있게 되고, 또한 다른 여러 가지 달갑지 않은 일들이 발생할 것이다.

1925년 영국 정부는 제2의 길을 택해 평가 절하를 단행하지 않기로 결정했다. 그리하여 그들은 은행가를 위해 산업을 희생시켰다. 영국이 그런 결정을 내린 데에는 훨씬 더 중대한 문제, 즉 대영 제국의 사활이 걸려 있었기 때문이었다. 만약 런던이 세계 금융의 총본산으로서의 지위를 잃는다면 제국의 각 구성 부분은 금융상의 지원이나 지도를 바랄 수 없게 되고, 따라서 제국은 점차 소멸의 길을 걷게 될 것이다. 따라서 이 문제는 제국 정책의 문제로 부각되었으며, 그리하여 영국의 산업과 목전의 국내적인 여러 이익을 억누르고 한층 더 광범위한 제국주의적 이익을 따르기로 결정했던 것이다. 영국이 이러한 제국주의적인 고려에서 랭커셔나 영국 산업의 다소의 손실을 무시하면서까지 감히 전후 인도의 공업화를 촉진시킨 것도 이와 마찬가지의 사정에서 이루어진 것임을 너도 느낄 수 있을 것이다.

이렇게 하여 영국은 세계 금융계의 지도권과 제국을 유지하기 위한 대담한 조처를 취했으나 얼마 안 가서 이것이 매우 값비싼 시도였다는 사실을 깨닫게 되었다. 그것은 당초부터 실패로 돌아갈 운명에 놓여 있었던 것이다. 영국이건 그 어느 정부이건 간에 경제의 불가피한 상황을 마음대로 좌우할 수는 없는 일이었다. 파운드는 얼마 동안 옛날의 위세를 돌이켰지만 그 대신 산업은 날이 갈수록 마비 상태에 빠져들어 갔다. 실업자는 날로 늘어났으며, 특히 석탄 산업은 심각한 타격을 받았다. 이것은 주로 파운드 디플레이션(이 파운드의 금 가치 인상 조치는 이렇게 일컬어졌다)에 원인이 있었던 것이다. 하기야 이유는 다른 데에도 있었다. 배상금의 지불 대신 독일 석탄이 영국에 유입됨으로써 그만큼 영국 석탄의 수요를 감소시켰고, 이로 인해 탄광 지대의 실업은 한층 더 심각해졌다. 이에 따라 채권국과 여러 전승국은 패전국으로부터 이런 식의 선물을 받는 것을 결코 덮어놓고 고맙다고만 여길 것이 아니라는 교훈을 얻었다. 게다가 영국의 석탄 산업은 그 조직력이 아주 약했다. 그것은 몇백 개의 소기업으로 분열되어 있어 유럽 대륙이나 미국의 더욱 크고 좋은 조직을 가진 그룹과는 처음부터 경쟁이 될 수가 없었다.

 석탄 산업의 상태가 점차 악화됨에 따라 탄광 소유자들은 노동자들의 임금을 인하할 것을 결정했다. 이것이 탄광 노동자들의 분노를 사게 되었고, 다른 산업 부문의 노동자들도 그들에게 지지를 표명했다. 영국의 모든 노동 운동 세력은 총력을 기울여 탄광 노동자를 위한 투쟁을 준비하는 한편 '행동 협의회(Council of Action)'가 결성되었다. 또한 이보다 앞서 조직과 훈련을 쌓은 몇백만의 노동자를 거느린 광산·철도·운수의 3대 노동 조합의 강력한 '3자 동맹(triple alliance)'이 이미 구성되어 있었다. 노동자 계급의 공세는 정부를 당황하게 만들어 광산 소유자들이 차후 1년간 종전과 같은 임금을 줄 수 있도록 보조금을 교부함으로써 당장의 위기를 미봉했다. 조사 위원회가 임명되었으나 아무런 성과도 거두지 못했고, 이듬해인 1926년에는 탄광 소유자들이 마침내 임금 인하를 단행하려고 하자 위기는 또다시 들이닥쳤다. 이번에는 정부도 노동자와 대결하기 위해 충분한 준비를 갖추고 있었다. 그들은 몇 개월 동안 차곡차곡 준비를 갖추고 있었던 것이다.

 탄광 소유자측은 노동자들이 인하 조치에 동의하지 않는다는 이유로 그들을 해고할 것을 결정했다. 이에 자극받은 '노동 조합 회의(Trade

Union Congress)'[58]는 영국 전역에 총파업을 호소했다. 이 호소는 굉장한 반향을 불러일으켜 영국 전체의 거의 모든 노동자가 작업을 포기했고, 따라서 국내의 모든 부문이 일시에 활동을 멈추었다. 철도도 움직이지 않았고, 신문마저 발행되지 않아 하나부터 열까지 모두 중단된 상태에 놓였다. 정부는 의용대의 힘을 빌려 필요 불가결한 업무만을 어렵사리 꾸려 나갔다. '총파업(General Strike)'은 1926년 5월 3일과 4일 밤부터 개시되었다. 이런 식의 혁명적인 총파업을 달갑지 않게 여긴 온건파 '노동 조합 회의' 지도자들은 그들에게 주어진 모호한 약속을 구실 삼아 10일 후에 갑자기 파업을 철회했다. 버림받은 탄광 노동자들은 궁지에 몰렸으나 그래도 고통스러운 몇 달 동안을 계속 싸웠다. 그들은 굶주림에 못 견뎌 결국은 패배하고 말았다. 이것은 단지 탄광 노동자의 패배에 그치는 것이 아니라 영국 노동자 전체의 결정적인 패배였다. 곳곳에서 임금 인하 조처가 취해지고, 어떤 산업 부문에서는 노동 시간이 연장되기까지 하여 노동자 계급의 생활 수준은 극도로 나빠졌다. 정부는 승리의 여세를 몰아 노동자의 힘을 약화시켰으며, 특히 장차 총파업이 다시 일어나지 않도록 그 방지책에 관한 법률을 통과시켰다. 1926년의 총파업은 노동자 지도층의 결단성 결여와 배짱이 없었던 것, 그리고 준비 부족 때문에 실패하고 말았다. 그들의 목적은 가급적이면 총파업을 회피하는 데에 있었으며, 그것이 불가능할 경우에는 애당초 이를 중지하는 데에 있었던 것이다. 이에 반해 정부측은 충분한 사전 준비를 했으며, 또한 중간 계급의 지지를 얻고 있었던 것이다.

영국의 총파업과 장기간에 걸친 탄광 폐쇄는 소비에트 러시아에 커다란 관심을 불러일으켰고, 러시아 노동 조합은 영국의 파업 노동자를 위해 러시아 노동자들이 모금한 상당한 액수의 돈을 송금하기도 했다.

얼마 동안 영국 노동자는 숨을 죽이고 있었으나 이것으로 산업의 침체와 실업자 문제가 해결된 것은 아니다. 실업은 당사자들의 빈곤뿐

---

58) 영국 노동 조합의 전국 조직. 1867년에 조직되었다.

만 아니라 당시 많은 나라에서는 실업 보험 제도가 발달해 있었기 때문에 국가에게도 커다란 부담을 뜻하는 것이었다. 자기 자신의 과실이 아닌, 타의로 실업 상태에 있는 자들을 부양하는 것은 국가의 의무로 인식되고 있었다. 따라서 등록된 실업자에 대해서는 어느 정도의 보조금이 제공되었으며, 이로 인해 정부나 지방 자치 단체의 지출이 크게 늘어났다.

왜 이런 일이 일어났을까? 무엇 때문에 산업은 부진하고, 무역이 감퇴하며, 실업자가 늘어나고, 더구나 영국뿐만 아니라 거의 모든 나라의 상태가 악화일로를 걷게 되었는가? 날마다 회의가 열리고 정치가나 당국자들은 타개책을 마련하기 위해 안간힘을 썼지만 사태는 조금도 호전되지 않았다. 그것은 이를테면 지진·홍수·한발과 같은 천재로 인한 불가항력적인 경우와는 상황이 다른 것이었다. 전세계는 종전과 다름없이 꾸준히 부를 쌓아 가고 있었다. 식량 생산은 늘어나고, 더욱 많은 공장이 세워져서 무엇이건 필요한 물건은 옛날보다 훨씬 쉽게 손에 넣을 수 있게 되었는데도 세계는 더욱 심각한 궁핍 상태에 놓이게 되었다. 이러한 대조적인 결과를 빚어 낸 이면에는 무엇인가 심히 잘못된 점이 있음에 틀림없다. 사회주의자나 공산주의자는 그것을 모두 몰락의 지경에 다다른 자본주의의 결함 때문이라고 주장했다. 그들은 러시아를 예로 들어 거기에는 많은 혼란과 궁핍이 있었는데도 이제는 적어도 실업자만은 존재하지 않는다는 점을 지적했다.

이러한 문제는 무척 까다로운 것이어서 인류의 질환에 대한 처방은 전문가나 학자 간에 커다란 이견이 있기는 하지만, 아무튼 우리들도 이 문제를 추적해 거기서 나타나는 몇 가지 특징을 검토해 보기로 하자.

오늘날의 세계는 하나의 단위로 통합되고 있는 중이며, 이미 어느 정도는 일체화되고 있다. 바꾸어 말하면 생활·활동·생산·분배·소비 등등이 세계적 규모를 갖는 경향이 있고, 또한 이러한 경향은 점차 깊이를 더해 가고 있다. 무역, 산업, 화폐 제도 등도 국제화되고 있다. 각 국가 간에는 매우 긴밀한 유대와 상호 의존 관계가 맺어져 있어 어느 한 나라에 사건이 발생하면 당장 다른 나라에도 반응을 불러일으킨다. 이처럼 국제주의적 경향이 발달하고 있는데도 각국 정부의 정책은 여전히 편협한 민족주의 관점을 고수하고 있다. 확실히 이 편협한 민족주의는 세계 대전 발발 직전부터 한결 더 격화되고 투쟁적이 되어 오늘날에는 세계 정세를 좌우하는 커다란 요인이 되고 있다. 그 결과 현실적으로 일어나고 있는 국제적 사건들은 끊임없이 각국 정부의 민족주의적 정책과 충돌하고 있다. 세계의 국제적인 여러 활동을 바다를 향해 흐르는 강물이라고 한다면, 각국의 국가 정책은 이것을 가로막아 옆으로 방향을 돌리거나 또는 역류시키려고까지 하는 시도라고도 말할 수 있을 것이다. 강물이 역류하지 않을 것은 물론이려니와 멎지도 않을 것은 뻔한 일이다. 때에 따라서는 물길을 약간 돌릴 수도 있겠지만 물길을 막은 둑이 터지는 일이 생길지도 모른다. 오늘날의 이러한 민족주의는 이런 식으로 강물의 물길에마저 손을 대서 범람하게 만들거나 웅덩이를 만들고 있는 것이다. 그렇지만 그로 인해 강물의 흐름이 결코 막히지는 않는다.

　　무역이나 경제 분야에서도 '경제적 민족주의(economic nationalism)'라 일컬어지는 것이 있다. 이것은 어떤 국가가 수입보다는 수출을 늘리고, 소비하는 것보다 더 많은 생산을 하려고 하는 것을 말한다. 어떤 나라를 막론하고 자기들의 제품을 더욱더 많이 팔기를 원한다. 그렇다면 도대체 그 누가 외국 제품을 수입하려 들 것인가? 물건을 팔고자 할 때는 반드시 살 사람이 있어야 하는 법이다. 파는 사람만의 세계를 갖는다는 것은 아주 불합리한 일이다. 그런데 이것이 경제적 민족주의의 기초다. 각국은 제각기 외국 제품을 막기 위해 관세의 장벽을 높이 쌓아올린다. 그렇게 하면서도 자기 나라 제품의 수출을 진흥시키려고 한다. 이 관세 장벽은 현대 세계의 기반인 국제 무역을 방해하고 질식시킨다. 무역량이 감소함에 따라 산업은 부진해지고 실업자가 늘어난다. 그 결과 국내 산업을 저해한다고 간주되는 외국 제품을 배제하려는 의도가 날이 갈수록 격화되어 더 한층 관세 장벽이 높아진다. 마침내 국제 무역은 길이 막히고 악순환만 계속되게 된다.

근대 공업의 세계는 사실상 이미 민족주의의 단계를 넘어서 전진하고 있기 때문에 제품 생산과 분배의 모든 기구는 정부나 국가의 민족주의적 구조와는 어울리지 않는다. 외피는 내부에서 성장하는 것 때문에 너무 작아져서 쉽게 부서진다.

이들 관세나 무역상의 장애는 각국의 소수 제조업자를 제외하고는 모두에게 해가 된다. 그러나 이들이 사실상 그 나라를 지배하는 계급이기 때문에 그들이 국가의 정책을 수립한다. 이렇게 하여 각국은 각기 다른 나라에 선수를 치려 들고, 결국은 모든 나라가 일률적으로 피해를 입게 되며, 마침내 국가 간의 대립과 증오가 격화된다. 서로간의 이해를 조정하려고 자주 회의가 열리고 정치가들은 계속해서 그럴 듯한 명분을 내세우지만 별다른 성과를 거두지는 못했다. 너는 이 이야기를 들으면서 인도에서 자주 교파 문제, 즉 힌두교·이슬람교·시크교 문제를 조정하기 위한 시도가 되풀이된 것에 생각이 미칠지도 모르겠다. 추측컨대 그 모든 것이 실패로 돌아간 것은 그릇된 가정과 전제 그리고 그릇된 목표에 원인이 있는 것 같다.

관세나 장려금, 보조금, 특별 철도 운임 등등 경제적 민족주의를 조장하는 여러 가지 방법과 관세를 통해 이익을 보는 계급은 이런 식의 국내 시장의 보호를 통해 혜택을 받는 제조업자 계급이었다. 이렇게 하여 보호와 관세 아래 기득권이 형성되고, 기득권을 가진 자들의 상투 수단으로 그들은 자기들에게 손해를 끼칠 만한 모든 변화에 반대했다. 한 번 설정된 관세가 언제까지나 계속되어 누구나 다 그것이 전체에게 해로운 길임을 믿고 있었는데도, 경제적 민족주의가 계속 세계를 지배할 수 있었던 것은 그 때문이기도 했다. 한 번 굳어진 기득권을 말살하기란 결코 쉬운 일이 아니며, 게다가 어느 나라를 막론하고 이러한 일에 자기 나라가 먼저 손을 댄다는 것은 더욱 어려운 노릇이었다. 만약 모든 나라가 한꺼번에 공동 행동을 취해 관세를 철폐하거나 대폭 감세한다면 아마 그것이 가능할지도 모른다. 그러한 경우에도 공업면에서 뒤진 후진국은 여러 선진국과 동일한 조건에서는 경쟁이 되지 않기 때문에 손실을 입

는다는 난점이 남을 것이다. 새로운 산업은 보호 관세의 비호 아래 수립
되는 수가 많다.

　경제적 민족주의는 국가 간의 무역을 방해하고 감소시킨다. 때문
에 세계 시장은 축소되고, 각국은 보호된 시장을 갖는 독점 지역이 되어
내부에서도 또한 독점이 발달하며, 자유롭고 공개적인 시장은 쇠퇴의
길을 걷는다. 대기업 연합체, 대공장, 대점포가 중소 기업가나 소매업자
를 압도하고 이렇게 하여 경쟁이 배제된다. 미국이나 영국 · 독일 · 일
본 그리고 다른 여러 공업국에서 이러한 국내 독점 기업이 놀랄 만한 속
도로 성장했고, 따라서 권력은 극소수의 손에 집중되었다. 석유 · 비
누 · 화학 제품 · 병기 · 강철 · 은행 · 기타 여러 가지 업종이 독점되었
다. 이러한 산업의 독점화는 기묘한 결과를 빚어 낸다. 독점화는 과학의
발달과 자본주의 발전의 필연적인 귀결이지만, 한편으로 자본주의 자체
의 뿌리를 절단하는 일인 것이다. 왜냐하면 자본주의는 세계 시장 및 자
유 시장과 함께 시작된 것이기 때문이다. 자유 경쟁이야말로 자본주의
발전의 생명력이다. 만약 세계 시장이 없어지고 또 국내 경쟁과 자유 시
장도 사라진다면, 재래의 자본주의적 사회 구조는 밑바닥부터 뒤집히게
될 것이다. 무엇이 그것을 대신해 줄 것인가는 별문제다. 아무튼 이러한
모순을 내포하고 있는 낡은 질서가 더 이상 지속되리라고는 생각되지
않는다.

　과학과 산업의 진보는 이미 현존 사회 제도를 훨씬 앞질러 선행하
고 있다. 그것들은 많은 식량과 유용한 생활 물자를 폐기하거나 생산을
억제하는 데 힘을 기울이기도 한다. 이렇게 하여 풍요와 궁핍의 병존이
라는 진기한 현상을 나타낸다. 만약 자본주의가 현대 과학이나 기술에
적합하지 않은 것이라면 무언가 다른 체제가 과학과 보조를 맞추기 위
해 생겨나야만 한다. 만약 그 밖의 어떤 길을 택하고자 한다면 과학을 억
제해서 그 이상의 전진을 못하도록 막는 길밖에 없다. 그러나 그것은 매
우 어리석은 일일 뿐만 아니라 도저히 상상조차 할 수 없는 일이다.

　경제적 민족주의와 독점 그리고 국가 간의 대립 격화, 그 밖에 몰락

과정에 있는 자본주의의 여러 가지 부산물과 더불어 전세계가 온통 혼란에 빠져들어 간다 해도 놀랄 것은 없다. 현대 제국주의 그 자체가 자본주의의 한 형태인 것이다. 각 열강은 다른 나라 국민을 착취함으로써 자기 나라 문제를 해결하려고 하기 때문이다. 이것이 또다시 제국주의 열강 간의 대립과 충돌을 초래한다. 오늘날의 전도된 세상에서는 모든 것이 대립으로 치닫고 있다는 느낌을 받는다!

나는 전후의 시기에 접어든 이래 화폐가 비정상적인 움직임을 보인 대목부터 이 편지를 쓰기 시작했다. 세상 모든 일이 제 궤도를 벗어난 거동을 하고 있다고 생각되는 이 시기에 우리들은 유독 화폐에만 그 책임을 돌릴 수 있을까?

174 *1933년 6월 18일*

책략과 대응 책략

최근에 보낸 두 통의 편지는 경제와 통화에 관한 문제를 다룬 것이었다. 이 주제는 매우 신비스럽고 불가사의한 것이어서 이해하기 어렵다는 것이 통념이다. 그러한 문제들은 간단한 것이 아니며, 열심히 연구할 필요가 있다는 것도 사실이다. 그러나 그렇게 난해하기만 한 문제는 아니다. 이들 주제가 신비스러운 분위기에 잠겨 있는 것은 경제학자나 전문가에게 책임이 있다. 과거에는 성직자가 모든 신비를 독점하다시피 했다. 그들은 여러 가지 의식이나 의례를 통해서 그 누구도 해득 못할 야릇한 언사를 사용해, 눈에 보이지 않는 영역과 교분이 있는 듯한 표시를 하여 무지한 대중에게 자기의 독선적인 의사를 강요했던 것이다. 오늘날 성직(priestcraft)의 권위는 현저하게 줄어들었고, 공업국에서는 거의 자취조차 없어졌다 해도 과언이 아니다. 성직자 대신 이번에는 경제 전문가나 은행가 족속이 머리를 쳐들기 시작했다. 이 작자들은 문외한에게는 잘 이해가 안 가는 전문 용어로 신비적인 언사를 써 가며 이야기한다. 때문에 보통 사람은 이러한 문제의 결정을 전문가에게 맡기지 않을 수 없다. 그런데 이들 전문가들은 가끔 의식적인지 무의식적인지는 몰라도 지배 계급에 붙어 그들의 이익을 위해 봉사한다. 하기야 전문가에도 여러 층이 있기는 하지만.

따라서 우리들 모두는 오늘날 정치나 기타 모든 일을 좌우하고 있는 것처럼 보이는 이들 경제 문제를 다소라도 이해하려고 노력하는 것이 좋을 것이다. 그룹이나 계급으로 인간을 분류하는 방법이 여러 가지가 있겠지만 다음과 같은 두 종류로 나누는 것도 한 방법일 것이다. 즉 자기의 의사라는 것을 별로 지니지 못하고 물위로 떠도는 지푸라기처럼 이리저리 떠밀리는 대로 살아가는 하루살이 인생과, 생활 속에서 효과적인 역할을 수행하며 주위 환경에 영향을 미치려고 노력하는 사람들로 분류하는 것이다. 후자의 부류에게는 반드시 지식과 이해가 필요하다. 왜냐하면 효과적인 행동에는 반드시 이러한 것들이 바탕이 되어야 하기 때문이다. 선이나 믿음이 깊은 희망만으로는 충분하지가 못하다. 우리들은 흔히 천재·질병·한발 그리고 기타 재앙이 닥치면, 인도뿐만 아니라 유럽에서도 마찬가지지만 구원을 바라고 기도를 드리는 사람들을 목격할 수 있다. 기도가 그들의 심정을 가라앉히고 신념과 용기를 주는 것이라면 그것은 좋은 일이므로 조금도 반대할 필요는 없다. 그렇지만 기도를 하면 병이 전염되지 않으리라는 사고 방식은 위생이나 기타의 수단을 통해서만 병의 근본적인 원인이 제거될 수 있다는 과학적 사고 방식으로 바꾸어야만 한다. 공장의 기계에 고장이 생기거나 자동차의 타이어가 터지거나 했을 때, 그 앞에 엎드려 제발 고장난 곳이 고쳐지고 타이어가 원상태로 되게 해 달라고 기도를 올렸다는 이야기는 들은 적이 없다. 그들은 재빨리 부속품이나 수리 도구를 준비한 다음 일을 시작해서 기계나 타이어를 수리한다. 그러면 기계는 곧 또다시 움직이기 시작하고, 자동차는 길을 달리기 시작한다.

인간의 기계나 사회의 기계도 이와 마찬가지여서 선의(good will) 외에 그 작용과 가능성에 관한 올바른 지식을 필요로 한다. 이 지식은 인간의 희망 · 의욕 · 편견 · 욕망과 같은 막연한 것에 관계되는 것이기 때문에 좀처럼 정확성을 기할 수는 없다. 하물며 집단을 이룬 인간이나 사회 전체 및 인간의 다양한 계급의 문제에 이르면 이러한 것들은 한층 더 막연한 것이 된다. 그렇지만 연구와 경험과 관찰은 이러한 막연함 속에서 하나의 질서를 발견할 수 있으며, 거기에서 지식이 발생하고, 그와 더불어 우리들의 환경을 처리하는 능력도 확대되는 것이다.

그래서 나는 전후 유럽의 정치 상황에 관해 약간 이야기해 두고자 한다. 무엇보다도 눈을 끄는 것은 유럽 대륙이 세 가지 범주로 구분되어 있다는 것이다. 전승국과 패전국 그리고 소비에트 러시아가 그것이다. 노르웨이나 스웨덴 · 네덜란드 · 스위스 등처럼 앞서의 세 가지 구분에 해당되지 않는 작은 나라들도 있었지만, 이것들은 대국적인 정치적 관점에서 본다면 중요한 것이 아니다. 물론 소비에트 러시아는 자신들의 노동자 정부를 스스로 지켜 내기는 했지만, 전승 열강에게는 분노와 두통거리의 끊임없는 근원이었다. 열강의 소비에트 러시아에 대한 분노는 다른 나라의 노동자를 혁명으로 몰아넣는 그 제도에 기인한 것이었을 뿐만 아니라, 소련이 열강의 동양에 대한 여러 가지 음모에 방해물로 다가오기도 했기 때문이었다. 나는 지나간 편지에서 대다수의 전승국들이 참가해 소련을 타도하려 했던 1919년 및 1920년의 간섭 전쟁에 관해 이야기한 적이 있다. 소비에트 러시아는 이를 이겨 냈고, 유럽 열강은 결국 그 존재를 인정하지 않을 수 없게 되었지만 될 수 있으면 선의나 호의를 보이지 않으려고 애썼다. 특히 제정 시대에 시작된 영국과 소련의 대립 관계는 여전히 지속되었으며, 때로는 곧 전쟁이 터질 것 같은 사태가 일어나기도 했다. 소련은 영국이 끊임없이 그들에 대해 음모를 꾸미고, 유럽에서 반소 블록(anti-Soviet bloc)을 결성하려는 것으로 믿고 있었으며,

몇 차례인가는 전쟁이 터질 것만 같은 일촉즉발의 분위기가 조성되기도 했다.

　서유럽과 중부 유럽에서는 전승국과 패전국 사이에 현저한 차이가 있었는데, 특히 프랑스가 전승국의 분위기를 대표하고 있었다. 패전국들은 물론 강화 조약의 내용에 커다란 불만을 품고 있었지만 그에 대항할 만한 힘이 없었기 때문에 장차의 정세 변화를 꿈꾸고 있었다. 오스트리아와 헝가리는 중병에 걸린 것처럼 보였고, 그들의 상태는 더욱 악화되어 가는 듯이 생각되었다. 한편 세르비아가 팽창해 이룩된 유고슬라비아는 서로 융화되지 않는 여러 요소와 민족의 혼합으로 이루어져 있었는데, 몇 해 안 가서 각 부분을 묶어 주는 감정이 냉각됨에 따라 분열의 조짐을 보이기 시작했다. (지금은 유고슬라비아의 한 주인) 크로아티아(Croatia)에서 격렬한 분리 독립 운동이 일어났으나 이것은 세르비아인 정부에게 혹심한 탄압을 받았다. 폴란드는 지금도 상당히 큰 나라인데, 이 나라의 제국주의자들은 남방의 흑해에까지 손을 뻗쳐 1772년의 옛 폴란드 국경[59]을 재현하려는 엉뚱한 야심을 품고 있다. 폴란드는 소련의 우크라이나 지방 일부를 영유하고 있었지만, 이것은 고문·사형, 기타 갖가지 야만적인 형벌을 비롯한 테러를 자행함으로써 '평정되어 (pacified)' '폴란드화(polonized)' 했고, 또 폴란드화하고 있다.

　정치면에서, 또한 군사적 의미에서 전후 유럽의 지배자였던 프랑스는 영토에 대해서는 형식상의 약속뿐이었다 할지라도 배상금에서는 대략 희망한 만큼을 손에 넣었다. 그러나 태평 세월을 구가하기에는 너무나도 먼 거리에 있었다. 하나의 커다란 공포, 즉 독일이 또다시 강대해져서 프랑스의 적이 되고, 그리하여 자기들을 침략하지나 않을까 하는 두려움을 가지고 있었던 것이다. 이 두려움의 주된 이유는 독일의 인구가 훨씬 더 많다는 데에 있었다. 프랑스는 확실히 면적으로는 독일보다 넓

---

59) 1772년은 제정 러시아와 프로이센 그리고 오스트리아 사이에 제1차 폴란드 분할이 행해진 해에 해당한다. 따라서 '1772년의 폴란드 국경'이란 '분할 이전의 국경'을 말하는 것으로 볼 수 있다.

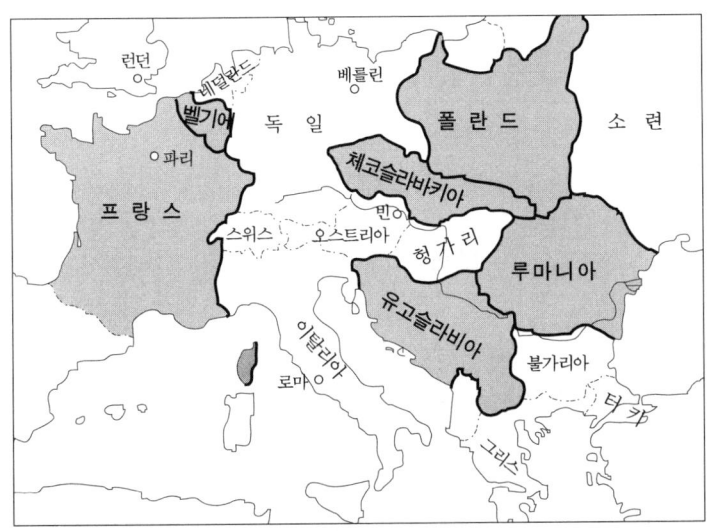

유럽에서의 프랑스 세력권

고 어쩌면 독일보다 더 비옥하다고 볼 수도 있다. 그런데 프랑스의 인구는 4100만에 미치지 못하고 있었으며, 그나마 더 이상 불어날 조짐을 보이지도 않고 있었다. 이에 반해 독일의 인구는 이미 6200만을 넘어섰고, 더구나 계속해 증가하고 있었다. 게다가 독일은 침략적이고도 호전적인 국민으로 평판이 나 있었으며, 아직도 기억에 생생한 것만을 들어도 이미 두 차례나 프랑스를 침입한 적이 있었다.[60]

프랑스는 독일이 보복해 오리라는 공포를 떨쳐 버릴 수 없었고, 그것이 정책 전체의 기초가 되어 '안전(security)', 즉 프랑스가 이미 획득한 것을 유지하고 보존하기 위한 안전에 모든 정책 결정의 초점을 맞추었다. 베르사유 강화 조약에 실망한 모든 나라들의 불만을 제압할 수 있었던 것은 프랑스의 군사력이 우세했기 때문이었다. 프랑스가 다른 나라의 반발을 무시한 것은 이 강화 조약의 유지가 프랑스의 안전을 위해

---

60) 두 번에 걸친 독일의 침략이란 1870년의 비스마르크의 침략(프로이센 - 프랑스 전쟁)과 1914년의 카이저 빌헬름의 침략(제1차 세계 대전)을 가리킨다.

필요하다고 생각되었기 때문이다. 게다가 자국의 지위를 강화시키기 위해 프랑스는 베르사유 조약을 유지함으로써 이익을 얻는 국가의 블록을 구성했다. 이 블록에는 벨기에 · 폴란드 · 체코슬로바키아 · 루마니아 그리고 유고슬라비아가 포함되어 있었다.

이렇게 하여 프랑스는 유럽의 헤게모니(hegemony) 또는 지도권을 확립했다. 영국은 이것을 달갑지 않게 여기고 있었다. 영국은 자기 자신 이외의 그 어떤 나라도 유럽에서 우위를 차지하는 것을 바라지 않았기 때문이다. 영국이 연합국 프랑스에 대해 진작부터 품고 있던 친선과 우호의 감정은 식어 버렸다. 즉 영국 신문은 프랑스의 이기주의와 냉혹성을 비난했으며, 오히려 옛날의 적국이었던 독일 쪽에 더욱더 우호적이었다. 영국 국민은 독일에 대해 "우리들은 옛날 원한을 씻고, 또 용서해야만 한다"고 말했다. 그리고 평상시에까지 전쟁 당시의 기억에 지배되는 일이 있어서는 안 될 것이라고도 했다. 이탈리아의 정치가 스포르자 백작(Count Sforza)은 영국에 정치적 이익을 가져다 줄 만하거나 영국 정부가 취하고자 하는 외교 정책이라면, 그것이 어떤 것이건 간에 모든 계층이 이것을 변호하기 위해 최고의 도덕적 이유를 갖다 붙이는 것에 대해서 이것이 바로 '신의 은총을 통해 영국 국민에게 부여된 귀중한 선물'이라고 예전에 말한 적이 있다.

1922년 초 이래 영국과 프랑스 사이의 마찰은 유럽 정치에서 하나의 만성적인 특징이었다. 겉으로는 미소와 정중한 언사가 오가고 쌍방의 총리나 정치가들은 자주 회합하며 함께 사진을 찍기도 하지만, 양국 정부는 제각기 다른 방향으로 나아가고 있었다. 독일이 1922년 배상금 지불을 이행하지 않았을 때에도 영국은 연합국의 루르 지방 점령을 찬성하지 않았지만 프랑스는 영국에 아랑곳없이 자기네의 의사를 관철시켰다. 그러나 영국은 그 점령에 참가하지 않았다.

또 하나의 구연합국인 이탈리아도 프랑스와 사이가 틀어져 양국 사이에는 마찰이 끊이지 않았다. 그 이유는 1922년 무솔리니가 정권을 장악하고 나서 그의 제국주의적 야심이 프랑스로부터 방해받았기 때문이다. 무솔리니와 파시즘에 관해서는 다음 편지에서 이야기하자.

전후에는 영국 제국에서도 일종의 분열 경향이 표면화되기 시작했다. 이 문제의 몇몇 측면에 관해서는 기회 있을 때마다 이제까지의 편지 속에서 말해 왔다. 따라서 여기서는 하나의 측면만 언급하는 것으로 그치려 한다. 호주와 캐나다는 모두가 날이 갈수록 미국의 문화·경제적 영향 속으로 끌려들어 가고 있었다. 이들 3국, 즉 캐나다·호주·미국이 공통적으로 싫어한 것 중의 하나는 일본인, 특히 일본인의 이민이었다. 호주는 사람이 살지 않는 광대한 지역을 가지고 있음에 비해 일본이 그다지 멀지 않은 곳에 과잉 인구를 거느리고 있었기 때문에, 특히 일본에 대해 위험을 느끼고 있었다. 이들 두 영국 자치령도 그랬지만 미국 또한 영국이 일본과 맺은 동맹을 달갑지 않게 여겼다. 영국은 미국이 채권국이며, 또한 세계를 움직일 만한 힘을 지닌 나라라는 견지에서 미국에 아부할 필요가 있었을 뿐만 아니라, 한편 캐나다와 호주도 포함한 그들의 제국을 될 수 있으면 오래 유지하기를 원했다. 이에 따라 영국은 1922년의 워싱턴 회의(Washington Conference)에서 영일 동맹을 포기했다. 이 회의에 관해서는 중국에 관한 나의 최근의 편지에서 이야기했다. '4개국 협정'이나 '9개국 조약'이 체결된 것도 이 회의에서였다. 이들 조약은 중국과 태평양 연안에 관한 것이었는데, 이 지역에 중대한 이해 관계를 갖고 있는 소비에트 러시아의 항의가 있었는데도 그들은 워싱턴 회의에 초청받지 못했다.

이 워싱턴 회의는 영국의 동방 정책의 방향 전환에 하나의 전기가 되었다. 종래의 영국은 극동이나 또한 필요에 따라서는 인도에 대해서도 일본에 원조를 의뢰하고 있었다. 그런데 극동은 이제 세계 정세의 극히 중요한 요충으로서 열강의 이해가 충돌하는 곳이 되어 가고 있었다. 중국은 서서히 오랜 잠에서 깨어나는 중이었다. 일본과 미국의 대립은 날이 갈수록 심각해지고 있었다. 많은 사람들이 태평양이야말로 다음 전쟁의 주전장이 되리라고 생각했다. 일본과 미국의 관계에서 영국은 미국 쪽으로 기울어져 갔다. 더 정확하게 말하자면 일본 쪽으로부터 떨어져 나간 것이다. 이러한 정책은 종속적인 관계를 피하면서도 부유하고 강대한 미국과의 우호 관계를 유지하려 한 것임이 분명하다. 일본과 맺은 동맹을 청산해 버린 다음, 영국은 언젠가는 일어날지도 모를 극동 전쟁에 대비하기 위해 싱가포르에 거액의 경비를 들여 대규모 도크(선박 수리 시설)를 건설하고 그 곳을 해군 대기지로 삼았다. 영국은 이것을 거점으로 인도양과 태평양을 잇는 해상 통로를 지배할 수 있으며, 한편으로는 인도와 버마를, 또 한편으로는 프랑스나 네덜란드의 식민지에 압력을 가할 수 있게 되었다. 더욱 중요한 것은 일본이나 또 다른 세력이 태평양에서 분쟁을 일으켰을 때 영국이 효과적으로 관여할 수 있게 된 점이다.

1922년의 워싱턴 회의에서 영일 동맹이 폐기되자 일본은 점차 고립되어 갔다. 일본은 하는 수 없이 소련 쪽으로 방향을 돌려 소련과 더욱 우호적인 관계를 맺고자 했다. 3년 뒤인 1925년 1월에는 일본과 소련 사이에 일·소 기본 조약이 체결되었다.

전후 독일은 당초에는 여러 전승국으로부터 푸대접을 받고 있었다. 이들 열강의 호의를 획득할 수 없었던 독일은 약간은 그들을 놀라게 할 의도로써 소련으로 눈을 돌려 1922년 4월 소련과 라팔로 조약(Treaty of Rapallo)[61]을 체결했다. 이 조약을 위한 교섭은 비밀리에 진행되었기 때문에 그것이 공표되자 여러 연합국은 대단한 충격을 받았다. 영국의 지배층은 소비에트 정부를 매우 중오하고 있었기 때문에 특히 영국 정부로서는 심히 충격적인 일이다. 영국이 독일에 대한 정책을 변경하지 않을 수 없었던 것은 독일을 우대하고 회유하지 않는 한 독일이 소련 진영에 가담할지도 모른다는 우려 때문이었다. 그들은 갑자기 독일의 곤경에 대해 동정적이 되었고, 갖가지 비공식의 우호적인 제안을 내놓았다. 그래서 그들은 '루르의 모험(Ruhr adventure : 루르 지방의 점령)'에는

---

[61] 1922년 4월 16일 독일과 소비에트 사이에 체결되었다. 주요한 내용은 '상호 배상의 폐지, 외교 관계의 재개, 상호 통상의 증진' 등을 들 수 있다.

관여하지 않았다. 이러한 일은 모두가 갑작스럽게 독일에 대한 애정이 솟아나서 그런 것이 아니라, 독일을 소련으로부터 멀리해 반소비에트 국가 그룹으로 묶어 두고자 하는 희망에서 나온 정책이었다. 이것이 몇 년 간은 영국 정책의 중심을 이루고 있었으며, 1925년 로카르노(Locarno)에서 그들은 드디어 첫 성과를 올렸다. 로카르노에서 열린 국제 회의에서 세계 대전 이래 처음으로 서너 가지 점에 관해 전승국과 독일 사이에 진정한 의미의 협정이 성립되었고, 이것이 하나의 조약으로 마무리되었다. 이것은 완전한 조약이라고 할 수는 없었으며, 배상이라는 거창한 문제와 기타 몇 가지 문제는 그대로 남겨졌다. 그러나 밝은 전망의 실마리가 풀려 많은 상호 확약과 보장이 이루어졌다. 독일은 서부 프랑스 국경을 베르사유 조약이 규정한 대로 받아들였다. 동부의 바다에 이르는 폴란드 회랑과의 국경에 관해서는 독일은 이것을 최종적인 관건으로서 승인하기를 거부했지만, 아무튼 이것을 변경하기 위해서는 오로지 평화적인 수단 이외의 다른 방법을 사용하지 않기로 약속했다. 만약 조약 당사국 가운데 어떤 나라가 이 협정을 위반할 경우에는 다른 당사국은 힘을 합쳐 여기에 대처하기로 결정했다.

로카르노 회의는 영국 정책의 승리였다. 이에 따라 영국은 어느 정도 프랑스와 독일 사이의 조정자 위치에 서게 되었고, 독일은 소련권에서 떨어져 나왔다. 로카르노 회의가 갖는 최대의 의의는 실로 그것이 서유럽 여러 나라를 반소 블록으로 집결시켰다는 점에 있었다. 소련은 이러한 사실에 자극을 받아 몇 개월 뒤 터키와 동맹을 맺음으로써 이에 응수했다. 이 러시아 · 터키 조약은 1925년 12월, 너도 기억하고 있으리라 생각되지만 모술 문제에 관해 국제 연맹이 터키의 견해와 반대되는 결의를 채택한 2일 후에 서명되었다. 1926년에는 독일이 국제 연맹에 가맹했고, 독일 대표가 회의장에 도착하자 다정한 악수와 포옹이 오갔으며, 연맹국 회원들 간에는 미소와 화제의 꽃이 만발했다.

이런 식의 책략과 대응 책략은 때로는 각국의 국내 정치에 영향을 미치면서 유럽 여러 나라 사이에 계속 교환되어 왔다. 1923년 12월 영국에서 총선거가 실시된 결과 보수당이 패배하고, 비록 압도적 다수표를 획득한 것은 아니지만 비로소 노동당이 집권당이 되었고 램지 맥도날드(Ramsay MacDonald)가 총리가 되었다. 이 정부는 겨우 9개월 반의 단명에 그쳤지만, 그 동안 소비에트 러시아와 협정을 체결해 양국 간에 외교 및 통상 관계가 확립되었다. 보수당은 소비에트의 승인에는 절대 반대의 태도를 취했기 때문에, 지난번 선거 후 겨우 1년도 채 못 되어 행해진 영국의 차기 총선거에서는 러시아 문제가 선거의 최대 이슈가 되었다. 이것은 일반적으로 '지노비에프 서한(Zinoviev Letter)'이라 일컬어지는 어떤 편지가 보수당에 의해 이 선거전에서 전가의 보도처럼 이용되었기 때문이다. 이 편지에 따르면 영국의 공산당원은 혁명을 일으키기 위해 비밀 공작을 요청받고 있었다는 것이다. 지노비에프(G.E. Zinoviev)[62]는 소비에트 정부 내의 볼셰비키 지도자 가운데 한 사람이었는데 그는 이러한 편지를 쓴 사실이 없으며, 이것은 위조 문서임에 틀림없다고 주장했다. 그러나 보수당원은 이 편지를 충분히 활용했고, 어느 면에서는 그것이 원인이 되어 선거에 승리했다. 이번에는 스탠리 볼드윈(Stanley Baldwin)[63]을 총리로 하는 보수당 정부가 조직되었다. 이 정부는 누차 '지노비에프 서한'의 진위에 대한 조사를 요청받았으나 그것을 거부했다. 얼마 뒤 베를린에서 폭로된 바에 따르면 그것은 한 사람의 '백계(white)' 러시아인 — 즉 반소비에트 망명 러시아인의 날조에 따른 것임이 밝혀졌다. 그러나 이 위조 문서는 이미 영국에서 그 임무를 다해 하나의 정부를 무너뜨리고 새로운 정부를 수립시킨 뒤였다. 이러한 사소한

---

62) 러시아의 고참 볼셰비키. 제1차 세계 대전이 일어나기 전과 전쟁중에는 국외에서 레닌을 도와 활동했다. 레닌과 함께 귀국해 혁명에 참가했다. 페트로그라드 지구 소비에트 의장 및 국제 공산당 집행 위원회 의장에 선출되었으나, 1925년 '신 경제 정책'에 반대해 물러난 뒤 얼마 안 있어 공산당에서 제명당했다. 그 뒤 트로츠키주의자 음모 사건(합동 본부 사건)의 주모자로서 반소비에트·반혁명 행위로 문책받아 1936년 8월 총살당했다.
63) 영국 보수당 소속의 정치가. 전후 1923~24년, 1924~29년, 1935~37년의 3회에 걸쳐 총리가 되어 그 동안 공황 대책, 산업 구제 등 전후 문제의 처리에 노력하는 한편, 대영 제국의 블록화를 추진했다.

사건에도 국제 문제는 영향을 받게 된다!

    그 뒤 같은 해에 이번에는 극동에서 새로운 사태가 발생해서 영국을 몹시 초조하게 만들었다. 중국에 갑자기 통일 국민 정부가 출현한 것이다. 더구나 이것은 소비에트와 긴밀한 관계를 유지하고 있는 것 같았다. 몇 달 동안 영국은 중국에서 심한 곤경에 빠졌고, 그들은 체면을 손상시켜 가면서까지 자기들이 바라지 않는 일을 이것저것 해야만 했다. 그러나 이윽고 중국의 통일 정부 운동은 잠깐 동안의 결속을 보였을 뿐 지리멸렬 상태에 빠졌다. 장군 패거리들은 학살을 감행해서 이 운동의 급진 분자들을 추방하고, 상해의 외국 은행의 지지를 얻으려는 방침을 취했다. 이에 따라 러시아는 제국주의적인 각축전에서 참패를 당했으며, 중국 등지에서 신망이 땅에 떨어졌다. 영국측에서 본다면 이것은 하나의 승리로서, 영국은 이 기회를 이용해 소련에게 철저한 패배 의식을 심어 주려고 했다. 또다시 반소비에트 블록의 결성과 러시아를 봉쇄하고자 하는 기도가 획책되었다.

    1927년 중엽 세계 곳곳에서 반소비에트 운동이 일어났다. 1927년 4월에는 북경의 소비에트 대사관과 상해의 영사관이 같은 날에 습격당했다. 이들 지역을 지배하고 있던 것은 각기 다른 두 개의 중국 정부였다. 그런데도 이러한 행동에 대해서는 두 정부가 공동 보조를 취했다. 대사관이 습격당하고 대사가 모욕당하는 사례는 좀처럼 없는 일이었다. 그러한 행동이 전쟁의 불씨가 된다는 것은 두말 할 여지가 없다. 러시아는 영국이나 기타 반소비에트 노선을 취한 여러 나라들이 중국의 두 정부를 조종해 이처럼 러시아에게 전쟁을 강요하고 있다고 믿었다. 그러나 러시아는 전쟁을 일으키지 않았다. 1개월 뒤인 1927년 5월에는 런던의 러시아 통상 대표부가 습격당했다. 러시아의 국영 무역 상사 이름이 아르코스(Arcos)였기 때문에 여기에는 '아르코스 사건'이라는 이름이 붙었다. 이것 또한 도저히 묵과할 수 없는 상대국에 대한 모욕이었다. 양국간의 외교와 통상 관계는 즉시 단절되었다. 다음 달인 6월에는 소비에트의 폴란드 파견 대표가 바르샤바에서 암살당했다(몇 년 전에도 로마 주재 소비에트 대표가 로잔에서 암살당한 적이 있었다). 꼬리를 물고 일어난 이러한 사건들은 러시아 국민의 신경을 자극했고, 그들은 언제라도 곧 제국주의 열강들이 한 덩어리가 되어 러시아에 쳐들어올지도 모른다는 위기 의식에 사로잡혔다. 러시아는 온통 전쟁 분위기에 휩싸였고, 서유럽 각국의 노동자들은 러시아를 지지해 곧 터질 것 같은 전쟁에 반대하는 시위 운동을 벌였다. 그러나 얼마 안 가서 전쟁 분위기는 사라지고 전쟁은 일어나지 않았다.

때마침 같은 해인 1927년 소비에트 러시아는 혁명 10주년 기념 행사를 성대히 거행했다. 영국이나 프랑스는 그 무렵 러시아와 매우 험악한 관계에 있었으나, 페르시아·터키·아프가니스탄 그리고 몽고 대표들이 이 축하 행사에 참석함으로써 소비에트 러시아와 동방 여러 나라와 사이의 우호 관계를 여실히 보여 주었다.

이처럼 유럽과 기타 지역의 정세가 위급한 상태에 놓여 전쟁 준비가 한창일 때 한편에서는 활발하게 군비 축소가 논의되고 있었다. 국제 연맹의 규약에는 "가맹국은 평화 유지를 위해, 국가의 안전과 협정에 대한 국제적 의무의 이행에 지장이 없는 범위 내에서 최저한도까지 그 군비를 축소할 필요가 있음을 승인한다"고 명시되어 있다. 이 지당하고도 그럴 듯한 원칙을 정해 놓고, 연맹은 당장 이 조항에 필요한 조처를 취할 것을 이사회에 요청한 것 외에는 아무런 일도 하지 않았다. 독일과 여타의 여러 패전국은 강화 조약에 따라 이미 군비를 축소했음은 말할 필요도 없다. 여러 전승국도 이에 따르기 시작했지만 몇 차에 걸쳐 회의를 거듭해 보아도 구체적인 성과를 거두는 데까지는 이르지 못했다. 각국은 제각기 다른 나라에 대한 상대적인 우위를 최종적으로 확보하는 선에서 군비를 축소하려고 했기 때문에 그럴 수밖에 없는 일이었다. 이러한 것을 다른 나라가 동의하지 않을 것은 당연한 일이었다. 프랑스는 시종일관 군비 축소에 앞서 자기들의 안전 보장 요구를 고집하며 양보하지 않았다.

강대국 가운데 미국이나 소비에트 연방은 국제 연맹 가맹국이 아니었다. 소비에트와 같은 나라는 연맹을 소비에트 연방에 반감을 가진 자본주의국들의 집단이며 적대 의사를 품은 시위 기관이라고 간주하고 있었을 정도다. 소비에트 연방은 (마치 영국 제국에 관해서 때로 이와 똑같이 말해지고 있는 것처럼) 그 자체가 수많은 공화국이 연합해 형성된 하나의 국제 연맹으로 자부하고 있었던 것이다. 동양의 여러 나라 또한 국제 연맹을 의아한 눈으로 바라보았고, 이것을 제국주의 열강의 도구인 것처럼 생각하고 있었다. 그렇지만 군비 축소를 토의하는 국제 연맹의 회의에는 미국과 러시아를 포함해 거의 모든 나라들이 참가했다. 1925년 국제 연맹은 대규모 세계 군비 축소 회의의 기초를 준비하기 위한 준비 위원회를 구성했다. 이 위원회는 휴회 기간을 합쳐 7년 간이나 지속되었으며, 여러 가지 계획을 검토했으나 결국 아무런 성과도 없이 끝을 맺었다. 1932년에는 제네바 군축 회의라는 세계 회의가 열려 몇 달 동안 쓸데없는 의논으로 시간을 보내다가 결국은 유야무야되고 말았다.

미국은 이들 군축 회의에도 참가했을 뿐만 아니라, 세계 경제에서 지배적인 지위를 차지함에 따라 유럽과 유럽의 여러 문제에 대한 이해도 깊어졌다. 전 유럽이 미국의 채무자 처지에 있었기 때문에 미국은 유럽 각국이 서로의 목에 칼을 들이대는 그러한 사태를 방지하는 데에 관심을 기울였다. 왜냐하면 유럽에 대한 고매한 배려는 차치하고라도, 만약 그렇게 되는 날이면 미국의 채권이나 무역이 맞이하게 될 결과를 생각하지 않을 수 없었기 때문이다. 군축 토의가 좀처럼 뚜렷한 성과를 올리지 못하고 있던 1928년, 프랑스와 미국 두 정부가 회의를 개최한 결과 평화 유지를 촉진하는 새로운 제안이 이루어졌다. 이것은 전쟁을 '비합법화(outlaw)' 한다는 결단성 있는 제안이었다. 애당초는 프랑스와 미국 사이의 협정에 이 조항을 삽입시키기로 되어 있었던 것에 불과했으나, 이것이 발전해 드디어 전세계의 거의 모든 나라들이 참가하게 되었다. 1928년 8월, 이 조약이 파리에서 서명되었다. 그래서 이 조약은 1928년의 '파리 조약(Paris Pact)' 이라고 일컬어지며, '켈로그 - 브리앙 조약(Kellogg-Briand Pact)' 또는 단순히 '켈로그 조약' 이라고도 한다. 켈로

그[64]는 이 문제에 앞장선 미국 국무 장관이었고, 아리스티드 브리앙[65]은 프랑스의 외상이었다. 이 조약은 국제 분쟁의 해결 수단을 전쟁에 호소하는 것을 비난하고, 서명국 상호간의 관계에서 전쟁을 국책 수행의 도구로 삼지 않을 것을 약속하는 극히 짧은 문서였다. 이 조약의 내용은 매우 듣기 좋은 고상한 것으로서 만약 이것이 진지한 동기에서 나온 것이라면 전쟁은 없어져야 마땅할 것이었다. 그러나 각국이 이 조약의 준수에 얼마나 불성실했는가 하는 것이 곧 드러났다. 프랑스도 영국도, 그 중에서도 특히 영국은 여기에 서명하기에 앞서 여러 가지 유보 조항을 붙였기 때문에 그들에게 이 조약은 있으나마나 한 것이었다. 영국 정부는 이 조약에서 그들의 제국에 관련해서 그들이 장차 일으켜야만 할지도 모르는 유사 전쟁 행위를 제외시켰다. 이것은 사실상 영국은 어느 때고 마음이 내킬 때는 전쟁을 할 수 있다는 것과 다름이 없었다. 영국은 그 지배와 세력이 미치는 지역에 대해서 일종의 '먼로 독트린(Monroe Doctrine)'을 선언한 셈이다.

이렇게 하여 공식적으로는 전쟁이 '비합법화'하고 있는 동안인 1928년에 체결된 '영국 - 프랑스 비밀 해군 협약(secret Anglo-French Naval Compromise)'이 새 나가자 미국이나 유럽에 큰 충격을 주었다. 이것은 무대 뒤의 진상을 드러내고도 남는 것이었다.

소비에트 연방은 켈로그 조약을 받아들여 이것에 서명했다. 소련

---

64) 미국의 법률가, 외교관. 상원 의원, 주영 대사를 거쳐 1925~29년까지 국무 장관을 지냈다. 1928년의 파리 조약 주창자로서 1929년 노벨 평화상을 받았다.
65) 프랑스의 정치가. 1902년 하원 의원에 선출되었으나 일찍부터 사회주의에 공명해 1905의 정교 분리 운동에는 급진파의 지도자로서 활약했다. 1906년 이래 문교 장관, 법무 장관, 외무 장관을 역임했고, 1906~29년 사이에 11회에 걸쳐 총리가 되었다. 제1차 세계 대전 후의 활약은 더욱 현저해 전후의 경제 위기와 새로운 국제 관계에 대처, 독일의 배상과 안전 보장 문제 해결에 진력했다. 국제 분쟁의 평화적 해결을 희구하고, 1922년 워싱턴 군축 회의에서 큰 역할을 했으며, 1925년에는 유명한 로카르노 조약을 체결했다. 나아가 1928년에는 파리에서 미국 국무 장관 켈로그와 부전 조약(不戰條約)을 제안해 각국 간에 조인케 하고, 분쟁 해결을 위한 전쟁을 폐기할 것을 선서시켰다. 1926년 노벨 평화상을 받았다.

의 참된 서명 동기는 그것을 통해 적어도 어느 정도까지는 소비에트를 공격할 가능성이 있는 반소비에트 블록의 형성을 방지하기 위해서였다. 영국이 조약에 붙인 유보 조건은 특히 소비에트를 노린 것이라고 알려졌다. 조약의 서명에 즈음해서 러시아는 영국과 프랑스의 이런 유보 조건에 강경하게 항의했다.

러시아는 전쟁을 피하기 위해 전력을 다했고, 또한 그 밖에 예방 수단으로서 인접 여러 나라 — 폴란드·루마니아·에스토니아·라트비아·터키 그리고 페르시아와 사이에 각기 따로 평화 조약을 체결했다. 이것은 '리트비노프 조약(Litvinov Pact)' 이라 일컬어지는 것으로서, 1929년 2월에 서명되어 켈로그 조약보다 6개월 앞서 국제법화되었다.

이처럼 세계 열강들은 표면상의 조약 따위로 심층부에 있는 병의 원인을 치유할 수 있다는 듯, 서로 다투어 가며 와해되어 가는 세계를 굳게 다지기 위한 궁여지책으로서 조약이나 동맹 따위를 자주 체결했다. 이것은 유럽 여러 나라에서 사회주의자나 사회 민주주의자가 번번이 정부의 요직에 앉았던 1920년대의 어느 시기와 유사하다. 관직이나 권력의 맛을 보면 볼수록 그들은 자본주의 기구에 깊숙이 빠져들어 갔다. 그들은 실로 자본주의의 최상의 수호자가 되었고, 때로는 예전의 보수주의자들에 비해 조금도 손색없는 '완고한' 제국주의자가 되었다. 어수선한 전후의 초기를 경과한 뒤로 유럽은 일단 안정을 되찾고 있었다. 자본주의는 얼마 동안은 새로운 여러 조건에 적응하는 방도를 발견하게 되었고, 따라서 혁명적인 변화의 조짐은 당분간 그 어디에서도 눈에 띄지 않는 그러한 정세였다.

1929년 유럽의 상황은 이러한 것이었다.

175 1933년 6월 21일

무솔리니와 이탈리아의 파시즘

나는 유럽에 관한 우리 이야기의 큰 줄거리를 1929년에까지 끌고 왔다. 다만 지금까지의 이야기에서 한 가지 중요한 내용을 빠뜨렸는데, 나는 조금만 되돌아가서 그것을 마저 이야기해야겠다. 그것은 전후의 이탈리아 사태에 관한 것이다. 이 사건들이 단순히 이탈리아에서 일어 났다는 것을 우리에게 가르쳐 주기 때문에 중요한 것이 아니라, 그것이 새로운 유형에 속하는 것이며 세계적인 사건이나 분쟁에서 이제까지 볼 수 없었던 양상을 제시하고 있다는 의미에서 중요한 것이다. 이처럼 이 사건들은 일개 민족에 국한된 사건으로서의 의의를 훨씬 넘는 것이어서 나도 그것을 하나의 독립된 편지에 쓰기 위해 따로 남겨 놓았던 것이다. 그런 뜻에서 이 편지에서는 오늘날 두드러진 인물의 하나인 무솔리니와 이탈리아에서의 파시즘의 대두에 관해 이야기하기로 하겠다.

세계 대전(제1차)이 일어나기 이전부터 이탈리아는 심각한 경제적 혼란에 빠져 있었다. 1911~12년에 투르크와 벌어진 전쟁은 이탈리아 의 승리로 돌아가서 북아프리카의 트리폴리(Tripoli)를 병합함으로써 이 나라의 제국주의자들을 크게 만족시켰다. 그렇지만 이 작은 전쟁은 국 내적으로는 그다지 좋은 결과를 가져오지 못해, 자국의 경제 상태를 개 선하는 데에는 보탬이 되지 못했다. 사태는 날로 악화되어 세계 대전 전 야인 1914년에 이탈리아는 바로 혁명의 갈림길에 선 듯한 느낌을 주었 다. 여러 공장에서 대대적인 파업이 발생했고, 노동자들은 이들의 파업 을 진정시키는 데 성공한 노동자의 온건과 사회주의 지도자들로부터 겨 우 행동을 저지당하고 있는 형편이었다. 그러다가 드디어 전쟁이 터졌 다. 이탈리아는 동맹 관계에 있던 독일측에 합류할 것을 거부하고, 중립적 위치를 이용해 쌍방으로부터 유리한 양보를 얻어 내려 하고 있었다. 이처럼 가장 비싸게 값을 매기는 입찰자(bidder)에게는 서비스를 제공한 다는 태도는 그다지 칭찬받을 일이 못 된다. 그러나 국가라는 것은 아주 파렴치해서 보통 사람이라면 얼굴 붉힐 짓도 서슴지 않고 저지른다. 연합국, 즉 영국과 프랑스는 즉각 현금과 영토 확장의 약속이라는 두 가지 조건을 상대국측보다도 큰 뇌물로 제공할 수 있었다. 그리하여 이탈리아는 1915년 5월에 연합국측에 붙어 참전했다. 나는 바로 그 뒤에 스미르나와 소아시아의 한 지역을 이탈리아에 할양하기로 하고 체결된 비밀 조약에 대해 이야기한 적이 있다. 이 조약이 비준되기 전에 러시아에서는 볼셰비키 혁명이 일어나 이 조그마한 흥정은 파기되고 말았다. 이것은 이탈리아의 불평거리의 하나가 되었으며, 또한 파리 강화 조약에도 이탈리아의 마음에 들지 않는 데가 있어 이탈리아는 자신들의 '권리(rights)'가 무시되었다는 감정을 품게 되었다.[66] 그리하여 이탈리아의 제국주의자들이나 부르주아지는 새로운 식민지 영토를 병합하고 착취해 국내의 경제적 긴장을 완화하려 했다.

왜냐하면 전후 이탈리아의 경제 상태는 대단히 나빠서 다른 어느 연합국보다도 피폐해 있었기 때문이다. 경제 기구는 당장이라도 붕괴할 것처럼 보였으며, 사회주의와 공산주의의 지지자는 날로 증대해 가고 있었다. 그들에게는 러시아 볼셰비키라는 본보기가 있었다. 한편에는 악화된 경제 상태 때문에 고통받고 있는 공장 노동자들이 있었으며, 다

---

66) 이탈리아가 1915년 연합국으로 참전했을 때 영토 확장에 관한 구체적인 규정을 포함한, 이른바 '런던 비밀 조약'을 조건으로 내세웠던 것은 백마흔아홉 번째 편지에서 말한 바와 같다. 그러나 베르사유 강화 회의에서 런던 비밀 조약에 관여하지 않았던 미국의 반대, 새로운 국가 유고슬라비아의 출현 등 새로운 사태로 인해 이 비밀 조약에 의거해 이탈리아가 요구한 옛 오스트리아·헝가리의 영토였던 북부 달마치아(Dalmatia)의 병합 등 일련의 요구는 받아들여지지 않았다. 또한 옛 독일령 식민지에서도 영국과 프랑스에 비해 이탈리아가 얻은 것은 극히 적었다. 그 때문에 이탈리아는 제국주의 국가들 중에서도 가장 불만이 많은 나라였다. 그 뒤의 파시즘 이탈리아의 국제 정책은 이러한 국민 감정을 유효하게 이용한 것이었다.

른 한편에는 제대는 했으나 전혀 직장을 얻지 못한 많은 제대병들이 있었다. 혼란은 더욱 심각해져서 중간 계급의 지도자들은 이 군인들을 조직해 강해져 가는 노동자 세력에 대항하려고 했다. 1920년 여름에 이르러서는 사태가 더욱 심각해졌다. 50만 명의 조합원을 가진 거대한 금속 노동자 조합(Metal Workers' Union)은 임금 인상을 요구했으나 거부당했다. 이에 대항해서 노동자들은 '직장 파업(striking on the job)'이라 일컬어지는 잘 알려져 있지 않던 방법으로 파업을 단행했다. 이것은 노동자가 직장에 나가기는 하지만 작업을 포기하고, 나아가 시설의 파괴까지도 서슴지 않는다는 것이었다. 이것은 오래 전에 프랑스 노동자들이 지지했던 생디칼리스트가 취한 적이 있던 방법이었다. 공장주들은 이러한 의사 진행 방해자적인(obstructionist) 파업을 몰아 내기 위해 공장 폐쇄로써 응수했다. 이에 맞서 노동자들은 전격적으로 공장을 점거하고 사회주의적인 원칙에 따라 공장을 운영하려고 했다.

　　노동자측의 이러한 행동은 분명히 혁명이어서 이것을 강행해 나가면 사회 혁명의 성공이냐, 그렇지 않으면 실패냐로 귀결될 것이 불가피해졌다. 오랫동안 중간적인 관점은 생각할 수조차 없었다. 당시 이탈리아에서 사회당(Socialist Party)은 매우 강대한 세력을 가지고 있었다. 그들은 노동 조합을 통제하고 있었으며, 3000개에 이르는 지방 자치 단체를 지배하고, 의원 총수의 3분의 1에 해당하는 150명을 국회에 진출시키고 있었다. 재산을 소유하고 국가의 많은 공직을 보유함으로써 강력한 기반을 굳힌 정당이 혁명적이었던 적은 거의 없다. 그러나 이 정당은 온건파를 포용하면서도 노동자의 공장 점거를 지지했다. 하지만 그 이상의 것은 아무것도 취하지 못했다. 현상에서 후퇴를 바라지는 않았지만, 그렇다고 해서 전진할 용기도 없어 최소한의 저항이라는 안일한 길을 택해 아무것도 얻지 못한 채 파업은 그냥 와해되고 말았다. 노동자 지도자와 급진적인 정당들의 망설임 때문에 노동자들의 공장 점거도 실패로 돌아가고 말았다.

　　이러한 일들이 소유자 계급의 사기를 높여 주었다. 노동자 계급과

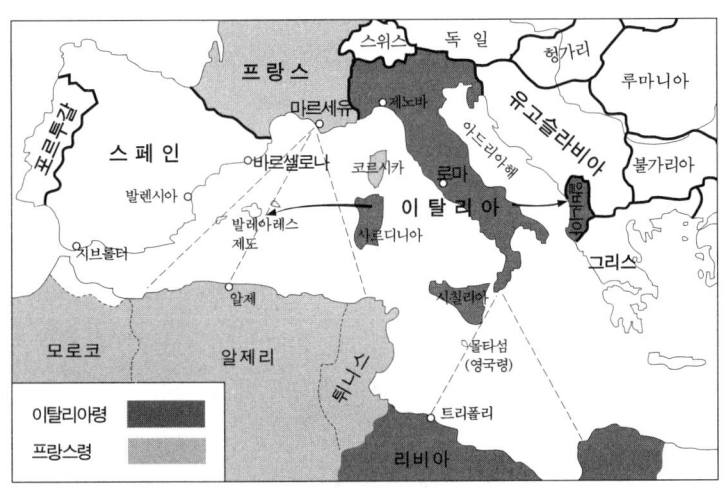

이탈리아와 지중해

그 지도자의 역량이 생각했던 것보다 대단치 않다는 것을 알게 된 그들은 노동 운동과 사회당을 궤멸시키려고 복수의 칼날을 갈았다. 특히 그들은 1919년에 베니토 무솔리니(Benito Mussolini)가 결성한, 제대병으로 구성된 일단의 의용병을 이용했다. '파시 디 콤바티멘티(Fasci di combattimenti : 전투자 동맹)', 즉 '전투대(fighting groups)'로 일컬어진 이들의 주된 역할은 기회만 있으면 사회주의자나 급진파, 그리고 그들의 시설을 습격하는 일이었다. 그들은 주로 사회주의 계통의 신문사 윤전기를 파괴하거나 사회당 내지는 급진파의 지배 아래 있던 지방 자체 단체나 협력 단체를 습격하고 돌아다녔다. 대기업가나 상층 부르주아지는 한결같이 이들 '전투대'를 후원하고, 노동자나 사회주의자들과 벌이는 투쟁에 자금을 지원하기 시작했다. 정부마저도 사회당 세력이 꺾이는 것을 바랐기 때문에 그들을 관대하게 취급을 했다.

이 전투대, 즉 파시 디 콤바티멘티, 간단히 말해 파시스트를 조직한 베니토 무솔리니란 도대체 어떤 인물이었을까? 그는 그 무렵 아직 청년(그는 1883년생으로, 올해가 1933년이니까 꼭 50세가 된다)이었는데도 이미 여러 가지로 모험적인 경력을 갖고 있었다. 대장장이였던 그의 아버지가 사회주의자였기 때문에 베니토도 사회주의적인 환경 밑에서 자라난 셈이다. 젊었을 때부터 그는 맹렬한 선동 연설가가 되었으며, 자신의 혁명적인 선전 때문에 스위스의 여러 주에서 추방 처분을 받기도 했다. 그는 온건파 사회주의 지도자의 미미한 태도를 격렬히 공박하고, 국가 기관에 대한 폭탄 세례나 그 밖에 새로운 테러리즘의 사용을 공공연히 주창했다. 이탈리아가 투르크와 전쟁하는 동안에 대다수의 사회주의 지도자들은 전쟁을 지지했다. 그러나 무솔리니만은 전쟁에 반대했고, 어떤 폭력 행위에 관련되어 몇 달 동안 투옥당하기까지 했다. 그는 온건파 사회주의 지도자의 전쟁 지지를 통박하고 그들을 사회당에서 추방했다. 그는 밀라노의 사회주의 일간 신문 『아반티(Avanti : 전진이라는 뜻)』의 편집자가 되어 날마다 노동자들에게 '폭력에는 폭력으로' 대할 것을 강조했다. 이러한 폭력에 대한 사주에 온건파 마르크스주의 지도자들은 강력히 반대했다.

그럴 즈음 세계 대전이 시작되었다. 처음 몇 달 동안은 무솔리니도 전쟁에 반대하고 이탈리아의 중립을 옹호했다. 그런데 그는 매우 돌발적으로 자신의 견해 또는 주장을 바꾸었다. 그는 사회주의 신문을 그만두고 새로운 정책을 제창하는 새로운 신문을 편집하기 시작했다. 그는 사회당에서 제명당했다. 그 뒤 그는 지원해서 일개 사병으로서 이탈리아군에 종군, 전선에 출동했으며 부상까지 당했다.

전쟁이 끝난 뒤에 무솔리니는 스스로 사회주의자로 자처하던 것을 중지했다. 그는 예전에 소속되어 있던 당으로부터는 미움을 받았으며, 노동자 계급에게는 아무런 영향력도 행사하지 못하는 어중간한 상태에 놓이게 되었다. 그는 평화주의나 사회주의, 그리고 부르주아 국가까지도 한꺼번에 비난하기 시작했다. 그는 자신의 저서를 통해 모든 종류의 국가를 비난하고, 스스로를 '개인주의자(individualist)'로 자칭했으며, 무정부 상태를 격찬했다. 실제 행동면에서는 1919년 3월에 파시스모(Fascismo), 즉 파시즘의 기초를 세우고 제대한 병사들을 모아서 그의 전투대에 수용했다. 폭력을 이 단체의 신조로 삼았는데도 정부가 조금도 이를 간섭하지 않았기 때문에 그들은 폭력적인 행동을 더욱 서슴지 않았다. 도시에서는 노동자 계급이 조직적인 투쟁을 전개해 그들을 내쫓은 적이 여러 번 있었다. 그러나 사회주의 지도자들은 이러한 노동자들의 투쟁 정신에 반대하고, 참을성 있게 파시스트의 테러에 평화적으로 대응하라고 그들을 설득했다. 그들은 그렇게 하면 파시즘이 자연적으로 소멸될 것이라고 믿었던 것이다. 그러나 파시스트들은 부유한 사람들로부터 자금 원조를 받는 한편, 정부가 이에 간섭하는 것마저도 거부함으로써 대중이 지난날에 가졌던 저항 정신을 모조리 상실한 틈을 타 세력을 더욱 확대해 나갔다. 파시스트의 폭력에 대해 노동자들은 그들의 무기인 파업으로 맞서는 일마저도 시도해 보지 못했다.

무솔리니 지도하의 파시스트들은 두 가지 상반되는 호소(appeals)를 교묘하게 연결시켜 나갔다. 무엇보다도 먼저 그들은 자신들이 사회주의와 공산주의의 적이라는 사실로서 유산 계급의 지지를 획득했다. 그러나 지난날의 사회주의 선동가이며 혁명적이었던 무솔리니는 다분히 대중적이며 반자본가적인 슬로건을 내걸고 있었기 때문에 최하층에 속하는 많은 사람들에게 높이 평가받았다. 그는 또 이러한 일들에 관해 전문가들인 공산주의자들로부터 선동의 기술에 대해 배운 바가 많았다. 이상과 같은 의미에서 파시즘은 일종의 잡다한 것의 혼합물이었으며, 해석하기에 따라서는 여러 가지로 해석될 수도 있었다. 본질면에서는 자본주의 운동이면서도 자본주의에 대한 갖가지 위험한 슬로건을 내걸었다. 이리하여 그들은 잡다한 군중을 울타리 안으로 끌어들였다. 그 배경을 이룬 것은 중간 계급, 특히 하층 중간 계급 중의 실업자층이었다. 이러한 세력이 조직되어 감에 따라 실업자나 노동 조합의 조직에 가입하지 못한 미숙련 노동자들이 그 속에 끼어들기 시작했다. 파시스트들은 폭력적으로 가게 주인들로 하여금 판매 가격을 인하하게 함으로써 더욱 빈민층의 호감을 샀다. 사기꾼 나부랭이들이 파시스트들의 깃발 아래 모여들었다는 사실은 두말 할 나위도 없다. 이러한 제반 사정에도 불구하고 파시즘은 여전히 소수 세력에 불과했다.

그러나 사회주의 지도자들이 서로 믿지 못하고 주저하며 싸우고, 사회당이 분열 소동을 빚고 있는 동안 파시스트의 세력은 크게 증대했다. 정규군은 파시즘에 호의적이었으며, 무솔리니는 군의 장성들을 동지로 끌어들였다. 이와 같이 상반되고 서로 모순되는 요소들을 모아서 자기편으로 끌어들이고, 그 진영 내부의 각 그룹에게 파시즘이 그들을 위해 존재하는 것처럼 느끼게 한 것은 무솔리니의 특출한 재능이었다. 부유한 파시스트들은 그를 자기들 재산의 보호자로 여겼으며, 그의 반자본주의적인 연설이나 슬로건은 대중의 눈을 기만하기 위해 꾸며진 공허한 미사여구로 생각했다. 반면에 가난한 파시스트들은 이러한 반자본주의적 요소야말로 파시즘의 진수이며, 그 밖의 것들은 부유한 사람들의 비위를 맞추기 위해 꾸며진 것들에 불과하다고 믿었다. 이렇게 무솔리니는 이편저편을 자유 자재로 조종하면서 어떤 날에는 부자들에게 듣기 좋은 소리를 하는가 하면, 어떤 날에는 빈민의 친구라도 된 듯한 연설을 뇌까리기도 했다. 그러나 본질면에서 그는 자신에게 자금을 공급해준, 오래도록 유산 계급을 위협해 왔던 노동자와 사회주의 세력을 타도하려고 하는 유산 계급의 우두머리였던 것이다.

그러던 끝에 1922년 10월 정규군의 장군들이 지휘하는 일단의 파시스트들이 로마를 향해 진군했다. 그 때까지 파시스트의 활동을 용인하고 있던 총리 니티(Nitti)는 사태가 여기까지 이르자 비로소 계엄령을 선포했다. 하지만 이미 때는 늦어 국왕까지도 파시스트 측에 동조하고 있었다. 오히려 그는 계엄 포고령을 거부하고 니티에게 총리직 사임을 권고하는 한편, 무솔리니에게 차기 총리직을 위촉해 내각을 구성시켰다. 파시스트군은 1922년 10월 30일 로마에 도착하고, 같은 날 무솔리니는 총리로 취임하기 위해 밀라노에서 기차로 달려왔다.

파시스트들은 승리의 개가를 올리고 무솔리니는 정권을 잡았다. 그러나 그는 무엇을 대표하고 있었을까? 그의 강령과 정책은 또 무엇이었을까? 거대한 운동이라는 것은 확고 부동한 원칙을 기초로 생성되어 뚜렷한 목표와 프로그램을 가지며, 명료한 이데올로기를 중심으로 하여 확립되는 것이다. 파시즘의 특징은 확고 부동한 원칙이 없고, 사회주의와 공산주의 그리고 자유주의에 대한 단순한 반대를 철학으로 할 뿐, 그 배후에는 이데올로기도 철학도 없었다. 파시스트 그룹이 형성된 지 1년 뒤인 1920년, 무솔리니는 파시스트에 관해 다음과 같이 선언했다.

> 어떠한 고정된 원칙에 속박됨이 없이, 그들(파시스트)은 장래의 이탈리아 국민의 행복이 되는 하나의 목표를 향해 끊임없이 전진한다.

물론 이러한 것은 뚜렷한 정책이라고는 할 수 없다. 왜냐하면 국민의 행복을 위해서 모든 노력을 다할 것이라는 말은 누구라도 할 수 있기 때문이다. 1922년에 로마로 진군하기 꼭 한 달 전에 무솔리니는 다음과 같이 말했다. "우리의 강령은 매우 단순하다. 우리는 이탈리아를 지배하기를 바란다"고.

무솔리니는 이탈리아의 어느 백과 사전에서 파시즘의 기원을 서술한 항목에서 이를 더욱 명확하게 했다. 그 항목에서 그는 로마 진군에 나섰을 때 장래에 대한 명확한 계획을 갖고 있지 않았다고 말했다. 그는 정치 위기에 대처하는 결정적인 행동을 하고 싶어하는 충동과 과거에 자신이 사회주의자로서 훈련받은 바에 이끌려 다소 충동적으로 거사를 감행했던 것이다. 파시즘과 공산주의는 서로 격심하게 상충되기는 하지만 행동적인 면에서는 공통된 점이 있다. 그러나 원리 원칙과 이데올로기에 관한 한 이들 둘 만큼 상반되는 것도 없다. 왜냐하면 파시즘은 지금까지 살펴본 것처럼 근본 원칙 같은 것은 아무것도 없는 무에서 출발한 데 비해, 공산주의 또는 마르크스주의는 고도의 지적 훈련을 필요로 할 만큼 복잡한 경제 이론과 역사 해석에 기초를 두고 있기 때문이다.

파시즘에 원칙이나 이상이 없다고 해도 거기에는 폭력 또는 테러리즘이라는 명백한 전술이 있고, 또 과거에 대한 나름대로의 견해가 있어서 우리는 어느 정도는 파시즘을 이해할 수가 있다. 그들의 상징으로 쓰인 것은 지난날 로마 제국의 황제나 행정관들 앞에 걸려 있던 고대 로마 제국의 휘장이었다. 그 휘장은 도끼를 중심으로 해서 묶어진 지팡이 (그것들은 Fasces라 일컬어졌다. Fascismo라는 명칭도 거기에서 유래한다)였다. 파시즘의 조직 또한 고대 로마를 모방한 것이었으며 그 이름도 옛날 그대로였다. '파시스타(fascista)'로 일컬어지는 파시스트의 경례는 팔을 밖으로 뻗어 거수하는 고대 로마 시대의 경례 방식이었다. 이와 같이 파시스트들은 영감(inspiration)을 얻기 위해 로마 제국 시대로 거슬러 올라가 생각했다. 즉 그들은 제국주의적 견해를 가지고 있었다. 그들의 모토는 '토론은 없다(No discussion) — 오직 복종뿐(only obedience)'이라는 것이었다. 이것은 민주주의와는 합치될 수 없는 것이었다. 그들의 지도자 무솔리니는 일 두체(il Duce), 즉 독재자였다. 그들은 검은 셔츠를 제복으로 입고 있었기 때문에 '검은 셔츠단(Black-shirts)'으로 알려졌다.

    파시스트들의 유일하고도 적극적인 계획은 권력 획득이었기 때문에 무솔리니가 총리가 되자 이 계획은 성취되었다. 그 뒤 무솔리니는 반대자를 제거함으로써 자신의 지위를 강화하는 데 전념했다. 그리하여 정상적인 궤도를 벗어난 폭력과 테러리즘의 미치광이 짓이 난무했다. 폭력은 역사상 흔히 볼 수 있었던 현상이지만, 보통 그것은 필요악으로 간주되어 변명이나 주석이 붙게 마련이다. 그런데 파시즘은 폭력에 대해 어떤 변명하는 태도도 취하지 않았다. 그들은 폭력을 시인하고 공공연히 찬양하며 자신들에 대한 저항이 없는 곳에까지도 폭력을 행사했다. 국회의 반대당 의원을 구타해 겁먹게 하고, 새로운 선거법과 헌법의 근본적인 수정이 강행되었다. 이렇게 해서 무솔리니를 지지하는 압도적 다수가 권력을 획득하게 되었다.

    파시스트들이 실질적으로 권력을 장악해 경찰과 국가 기구를 지휘하는 위치에 있었으면서도 계속 비합법적인 폭력을 행사한다는 것은 참으로 이상한 일이었다. 그들은 지금도 폭력을 휘두르고 있으며, 국가 경찰이 이에 간섭하지 않음으로 해서 더욱 마음대로 날뛰고 있다. 살인·고문·구타, 상당한 가치가 있는 물건들의 파괴 등이 속출했는데, 그 중에서도 파시스트들이 즐겨 애용한 방법은 자신들의 정책에 반대하는 자에게 다량의 피마자 기름을 먹이는 것이었다.

1924년에 유럽은 국회 의원이었으며 지도적 사회주의자였던 지아코모 마테오티(Giacomo Matteoti)의 암살에 큰 충격을 받았다. 그는 국회에서 연설하면서 바로 전에 실시되었던 선거 기간중에 자행된 파시스트들의 행위를 비판했는데, 그로부터 며칠이 채 지나기도 전에 그는 피살되었던 것이다. 하수인들은 극히 형식적인 재판을 받았고, 실제로는 처벌도 받지 않은 채 석방되어 버렸다. 자유당의 온건파 간부 아멘돌라(Amendola)는 구타가 원인이 되어 죽었으며, 또 자유당의 전총리 니티는 이탈리아를 간신히 탈출했으나 자신의 집은 완전히 파괴당했다. 이것들은 세계의 주목을 끈 아주 작은 예일 뿐이며, 폭력 행위는 여전히 광범위하게 자행되고 있었다. 이러한 폭력은 합법적인 탄압과는 별도로 행사된 것이지, 절대로 우발적으로 폭력배가 행한 폭력은 아니었다. 이것은 사회주의나 공산주의뿐만 아니라 평화적이며 매우 온건한 자유주의자까지 포함한 모든 반대자를 겨냥한 계획적이고도 조직적인 폭력이었다. 무솔리니의 지령은 자기의 반대자에 대해 '생활을 곤란하게 하거나 불가능하게' 하라는 것이었다. 그것은 충실히 실행되었다. 모든 것이 파시스트가 아니면 안 되었으며, 그 밖의 어떠한 정당도 조직도 시설도 허용되지 않았다. 그리고 모든 공직도 파시스트만의 것이었다.

무솔리니는 이탈리아에서 전능한 독재자가 되었다. 그는 총리일 뿐 아니라 외무상·내무상·식민상·육군상·해군상 또 공군상까지도 겸하고, 게다가 노동상이기도 했다! 사실상 그는 내각 전체였다. 가련한 국왕은 완전히 뒷전으로 물러나 좀처럼 소문에조차 오르는 일도 없어졌다. 의회는 차츰 필요 없게 되어 그 자체가 색이 바랜 그림처럼 되어 버렸다. 반면에 파시스트 대평의회(Fascist Grand Council)가 득세하게 되

었고, 무솔리니가 파시스트 대평의회를 주재했다.[67]

초기에 있었던 외교 문제에 관한 무솔리니의 연설들은 유럽에 커다란 충격과 경악을 안겨 주었다. 그것들은 정상을 벗어난 연설이었다 — 과장되고, 협박으로 가득 찼으며, 전반적으로 외교적인 언사로서는 어울리지 않은 연설이었다. 그는 싸움을 하고 싶어 안달이 난 사람 같았다. 이탈리아의 제국적 숙명이니, 하늘을 뒤덮는 수많은 이탈리아 군용기니 운운하면서 가끔은 맞대 놓고 프랑스를 위협하기도 했다. 프랑스는 물론 이탈리아보다 강대했으나 싸울 생각이 없었기 때문에 무솔리니의 무례도 묵인하는 형편이었다. 국제 연맹에는 이탈리아도 가맹되어 있었는데도 무솔리니의 야유와 경멸의 특별난 표적이 되었고, 어떤 때는 몹시 고압적인 태도로 국제 연맹에 도전했다. 그래도 국제 연맹이나 여러 나라들은 그것을 참고 견뎠다. 이탈리아에서는 여러 가지로 외면적인 변화가 일어나 여행객은 곳곳에서 모여 전시하기 위한 규율과 질서를 구경하고는 좋은 인상을 받았다. 수도인 로마는 아름답게 꾸며지고, 그 밖에도 여러 가지 야심적인 개혁이 계획되었다. 무솔리니의 뇌리는 새로운 로마 제국의 건설이라는 환상으로 가득 차 있었다.

1929년에는 예전부터 계속되었던 교황과 이탈리아 정부의 분쟁이 무솔리니와 교황청 대표 사이에 이루어진 협정으로 종결되었다. 지난 1871년 이탈리아 왕국이 로마를 수도로 정한 이래 교황은 이것을 승인하는 문제 내지는 로마에 대한 주권을 포기하는 것을 거부하고 있었다. 따라서 교황들은 선출되자마자 성 베드로 사원(St. Peter's)을 포함한 광대한 로마의 바티칸 궁정 구역(Vatican area)에 은거하면서 절대로 이탈

---

67) 파시스트의 로마 진군(1922년) 이래 모든 권한이 정부 수반에게 집중되었으며, 작위적인 선거법 개정(전국 1구 선거제하에 4분의 1 이상의 표를 획득한 정당은 의석 총수의 3분의 2를 준다!) (1923년), 파시스트 당 이외의 모든 정당 해산(1926년) 등등의 반민주주의적인 입법을 통해 이탈리아 의회는 유명무실해졌고, 1931년 1월을 마지막으로 폐지됐다. 이미 1928년 12월에 헌법상의 국가 기관으로 인정받고 있던 '파시스트 대평의회'는 이리하여 파시스트 당과 국가의 일체화를 구현하는 최고 기관으로서 그 지위를 확립했다.

리아 영토에 모습을 나타내려 하지 않았다. 그들은 스스로 갇힌 몸이 되었다. 1929년에 협정이 타결됨에 따라 이 로마 속의 작은 바티칸 구역은 독립된 주권 국가로 인정받게 되었다. 교황은 이 나라의 절대 군주이며, 바티칸 시민의 총수는 약 500명이다. 이 국가는 그들 자신의 법정, 화폐, 우표, 행정 관청을 갖고 있으며, 또 세계에서 가장 사치스러운 짧은 구간의 철도도 있다. 교황은 이제 더 이상 갇힌 몸이 아니며 가끔은 바티칸에서 나오기도 한다. 이 바티칸과의 협정을 통해 무솔리니는 가톨릭 신자들 사이에서 인기가 높아졌다. 파시스트 폭력의 비합법적인 면은 더욱 여러 가지 형태로 1년쯤 계속되었으며, 또 어느 한도 안에서는 1926년까지 계속되었다. 1926년에는 정치적 반대자의 처우를 법제화한 '특별법'이 통과되고, 이 법에 따라 국가는 대폭적인 권한을 부여받게 되었기 때문에 더 이상의 비합법적인 활동이 필요하지 않게 되었다. 이것은 우리가 인도에서 다반사로 보아 오고 있는 포고령(ordinances)이나 포고령에 기초한 법률과 거의 비슷한 것이었다. 이 '특별법' 아래 사람들은 여전히 대량으로 처벌되어 투옥되고 유형에 처해졌다. 정부가 발표한 숫자에 따르면 1926년 11월부터 32년 10월까지 사이에 1만 44명에 이르는 사람들이 이 특별 법정에서 재판을 받았다. 유형자를 위한 유형지로 특별히 세 섬 — 폰자(Ponza) · 벤토레네(Ventolene) 그리고 트레미티(Tremiti)가 선정되었으며, 그 곳의 조건은 매우 나빴다.

 대대적인 탄압과 체포가 계속되고 수단과 방법을 가리지 않는 억압에도 불구하고, 이 나라에 혁명적인 반대 세력이 비밀스럽게 존재한다는 것이 외부에도 확실하게 알려졌다. 국민의 재정적인 부담은 가중되었고, 나라의 경제적인 여러 조건은 여전히 악화일로를 치닫고 있었다.

176 *1933년 6월 22일*

민주주의와 독재

스스로 독재자의 지위에 오른 무솔리니의 실례는 유럽에서 매력 있는 본보기로 비쳤던 모양이다. 그는 "유럽의 모든 나라들에게" 하고 말을 이었다. "수완과 역량이 있는 자가 자리를 메우기를 고대하고 있는 빈 왕좌가 있다." 많은 나라에서 독재 정치가 속출해서 국회가 해산되는 등 모든 면에서 독재자의 마음대로 요리되었다. 그 중에서도 특히 주목할 만한 나라는 스페인이다.

스페인은 세계 대전에 휩쓸려들지 않고, 여러 교전국들에게 물자를 팔아 많은 돈을 벌었다. 그러나 당시 스페인은 국내 문제가 대단히 복잡하고 공업은 매우 뒤떨어진 상태에 있었다. 아메리카와 동방의 재화가 이 나라에 수없이 흘러들어 그 영예를 유럽에 떨친 것은 먼 옛날의 이야기로, 오늘날 스페인은 유럽의 강대국 축에도 끼지 못하고 있다. 거기에는 코르테스라고 하는 허약한 국회가 있었지만 실제로는 로마 교회가 세도를 부리고 있었다. 그리고 유럽의 다른 후진 국가들과 마찬가지로 독일이나 영국의 견실한 마르크스주의나 온건한 사회주의보다는 생디칼리즘과 무정부주의가 널리 퍼져 있었다. 러시아에서 볼셰비키가 권력을 노리고 투쟁을 전개하던 1917년에 스페인의 노동자나 급진주의자들은 동맹 파업을 통해 민주 공화국을 수립하려고 했다. 이러한 움직임은 국왕과 군대에게 진압되었는데, 그 결과 이 나라에서는 군부가 득세하게 되었다. 따라서 군부에 의존하고 있던 국왕은 과거보다 훨씬 더 마음대로 전제적인 행동을 할 수 있게 되었다.

전부터 모로코는 프랑스와 스페인의 두 나라 세력권으로 갈라져 있었는데, 1921년에 모로코 북부 산악 지대의 리프족(Riff) 가운데서 유능한 지도자인 아브델 크림(Abdel Krim)이 나타나 스페인의 지배에 반항했다. 그는 위대한 재능과 용맹성을 발휘해서 스페인군을 계속해서 무찔렀다. 이것은 결국 스페인의 위기를 자아냈고, 국왕이나 군부의 고위층은 헌법과 국회를 폐지하고 독재 정부를 수립하려고 했다. 그런데 이 점에 대해서는 의견이 일치했지만 막상 누가 독재자가 되느냐 하는 데는 의견이 엇갈렸다. 국왕은 자기가 독재자 또는 절대 군주가 되려고 했으며, 군의 간부들은 군사 독재를 원하고 있었다. 드디어 1923년 9월 군부에서 반란을 일으켜 프리모 데 리베라(Primo de Rivera) 장군이 독재자가 되었다. 그는 강제로 코르테스(의회)를 해산하고 노골적인 무력 — 즉 군부에 기초를 두고 나라를 통치했다. 그러나 모로코의 리프족에 대한 토벌은 성공하지 못했으며, 아브델 크림은 여전히 스페인군에 적극적으로 도전해 오고 있었다. 스페인 정부는 하는 수 없이 그에게 유리한 조건을 제시하는 데까지 양보했지만, 아브델 크림은 완전 독립을 주장하면서 이를 거부했다. 스페인 정부는 혼자의 힘만으로는 그를 진압할 수 없었던 것 같다. 1925년에는 모로코에 커다란 이해 관계를 갖고 있던 프랑스가 아브델 크림을 제압하기 위해 막대한 자금을 투입하면서 직접 무력을 동원했다. 1926년 중반에 아브델 크림은 무참하게 패배하고, 오랫동안에 걸친 피맺힌 항쟁은 프랑스군에 짓밟혀 막을 내렸다.

스페인에서는 이 기간에 프리모 데 리베라의 독재가 군대를 통한 무력과 탄압, 검열 제도, 그리고 때때로 계엄령을 남발하면서 간신히 지속되었다. 여기서 주의해야 할 것은 이러한 독재 정치가 주로 군부에 기반을 둔 것일 뿐 무솔리니의 경우처럼 국민들의 몇몇 계층에 뿌리박은 것이 아니라는 점이다. 그러므로 군부가 등을 돌리게 되자 프리모 데 리베라는 발붙일 데가 없게 되었다. 1930년 국왕은 프리모를 파면시켰다. 바로 그 해에 혁명이 일어나 진압되기는 했으나 공화주의적이고 혁명적인 정서가 전국에 널리 퍼져 억압할 수가 없게 되었다. 1931년 지방 선거에서는 공화파가 크게 득세하자 국왕 알폰소(Alfonso)는 일찌감치 자리에서 물러나 국외로 망명했다. 곧바로 임시 정부가 수립되어 유럽에

민주주의와 독재

서 전제 군주 정치와 교회의 낡아빠진 지배의 상징이었던 스페인은 유럽에서 가장 젊은 공화국이 됐으며, 전 국왕 알폰소를 추방하는 동시에 교회 세력에 맞서서 열렬한 투쟁을 벌였다.

그런데 나는 지금 독재자에 대한 이야기를 하고 있는 중이다. 이탈리아와 스페인 이외에 민주 제도를 폐기하고 독재 체제를 굳힌 나라로는 폴란드 · 유고슬라비아 · 그리스 · 불가리아 · 포르투갈 · 헝가리 · 오스트리아가 있다. 폴란드에서는 옛날 차르(폴란드의 대부분이 제정 러시아의 영토였다) 시대의 사회주의자 피우수트스키(Pilsudski)가 군에 대한 통제력에 의지해 독재자가 되었다. 그는 폴란드 의회의 의원들에게 놀라우리 만큼 고압적인 언사를 퍼부었으며, 그들 가운데는 체포되어 투옥된 사람도 있었다. 유고슬라비아에서는 국왕 알렉산더(Alexander)가 스스로 독재자가 되었다. 이 나라의 여러 가지 상황은 훨씬 더 악화되어 투르크가 지배하던 때보다 더욱 심한 압제를 받고 있었다.

내가 지금 이야기하는 나라가 줄곧 공공연한 독재 정치하에 있었던 것은 아니다. 때로는 국회가 한동안 그 기능을 발휘하도록 허용되기도 하고, 때로는 최근 불가리아에서 보는 바와 같이 권력을 장악한 정부가 공산당원 출신 의원들만 체포해 이들을 강제로 국회에서 추방하고 나머지 의원들로 하여금 국회를 운영하도록 한 예도 있다. 하지만 국민들은 언제나 독재 정치나 독재 정치에 직면해 살아왔다. 이렇게 무력에 의존하는 개인이나 소수 집단이 지배하는 정부는 반드시 탄압 · 학살 · 투옥 그리고 엄중한 검열 제도와 광범위한 스파이망의 힘을 빌리지 않을 수 없었다.

독재 정치는 유럽 이외의 여러 나라에도 출현했다. 남아메리카에도 많은 독재자가 나타났는데, 이 지역은 별로 우리의 관심을 끌지 못한다. 왜냐하면 이 곳 여러 나라에서는 일찍이 진정한 민주주의를 실시한 적이 없었기 때문이다.

나는 지금 언급한 독재 정치의 리스트에 소비에트 연맹을 포함시키지 않았다. 왜냐하면 그 독재 정치도 다른 어떤 독재 정치와 마찬가지로 가혹한 것이지만 다른 형의 독재 정치이기 때문이다. 그것은 개인이나 소수 집단의 독재 정치가 아니라, 특히 노동자들에게 그 자체의 기초를 두고 있는 잘 조직된 정치 정당의 독재 정치다. 그들은 그것을 '프롤레타리아 독재(dictatorship of the proletariat)'라고 말한다. 그러므로 독재 정치는 세 가지 형태 — 공산주의 독재, 파시스트 독재 그리고 군부 독재가 있다. 이 가운데 군부 독재는 옛날부터 전해 내려오는 것으로 새로울 것이 없지만, 공산주의형과 파시스트형은 새로 우리 시대에 나타난 특수한 산물이다.

무엇보다도 특기할 만한 것은 이들 독재 정치나 그와 유사한 정치는 모두가 민주주의와 의회 제도를 반대한다는 사실이다. 너는 내가 전에 19세기는 민주주의의 세기이며, 프랑스 혁명에서 대두되었던 인간의 여러 가지 권리와 개인적인 자유의 쟁취가 큰 목표였던 세기라고 말한 것이 기억날 것이다. 의회 제도는 거기서 출발해 정도의 차이는 있지만 유럽 여러 나라들에서 실시되어 왔으며, 이것이 경제적 측면에서는 자유 방임주의 사상을 낳았다. 그런데 20세기, 아니 세계 대전 이후에는 19세기의 민주주의적 전통은 형식화되었고, 지금은 이 형식적인 민주주의 사상에 경의를 표명하는 사람이 날이 갈수록 적어지는 형편이다. 형식적인 민주주의의 몰락에 따라 이른바 자유주의자 집단도 곳곳에서 같은 운명에 놓이게 되었고, 이미 맥을 못 추게 되었다.

공산주의와 파시즘은 제각기 다른 이유로 민주주의에 반대했고 이를 비판했다. 공산주의나 파시즘 사회가 아닌 나라에서도 민주주의는 전보다 훨씬 퇴조하고 있다. 의회는 옛날 모습을 상실해서 별반 중요시되고 있지 않은 실정이다. 그리하여 행정 부문의 각 장관들은 자신들이 필요하다면 의회와 의논하지 않고도 일을 처리할 수 있는 대폭적인 권한을 누리고 있다. 이것은 어떤 면에서 보면 우리가 살고 있는 위기의 시대에 기인하는 것이다. 이러한 시대에는 신속한 행동이 요구되는데 대의제 회의체라는 것은 언제나 신속하게 행동할 수가 없다. 독일에서는 최근 의회를 완전히 일축하고, 지금은 파시스트들이 지배하는 양상을 보여 주고 있다. 미국에서는 처음부터 대통령에게 커다란 권한이 부여되어 있었는데, 최근에는 그러한 경향이 한층 더 두드러졌다. 영국과 프랑스는 표면적으로는 아직도 의회가 옛날 그대로의 기능을 발휘하고 있으며, 그들의 파시스트적 행위는 단지 속령이나 식민지에서만 찾아볼 수 있다 – 인도에서는 영국의 파시즘이 성행하고 있으며, 인도차이나에서는 프랑스의 파시즘이 치안을 담당하고 있다. 그런데 시간이 흐름에 따라 런던과 파리에서도 의회는 허수아비가 되어 가고 있다. 영국의 지도적인 위치에 있는 자유당원 한 사람은 다음과 같이 말했다.

> 우리의 대의 국회는 불완전하고도 기능이 조악한 선거 기구를 통해 선출된, 강력한 발언권을 갖는 지방 정치 간부 회의의 지령에 따라 움직이는 한낱 선거인 등록 기구로 변해 가고 있다.

19세기 민주주의와 의회는 그리하여 곳곳에서 발판(ground)을 잃어 가고 있다. 어떤 나라에서는 공공연하게 완전히 배제되고, 어떤 나라에서는 참된 기능을 상실해 하나의 '엄숙하고 공허한 허식'에 불과한 형편이다. 어떤 역사가는 이러한 의회 제도의 퇴조를 19세기 군주 제도의 몰락과 비교한 적도 있다. 마치 영국이나 그 밖의 나라의 국왕이 실권을 잃어버린 입헌 군주가 되어 한낱 구경거리의 대상으로 전락한 것처럼, 의회 정치도 겉보기에는 그럴 듯하지만 공연히 의젓한 척하는 한낱 상징적인 존재가 되어 버렸다는 것이다.

어찌하여 이렇게 되었겠느냐? 한 세기 이상이나 수많은 사람들의 이상이요 영감의 원천이 되어 그 때문에 목숨을 던진 사람들도 몇천, 몇만을 헤아리는 민주주의가 어찌하여 지금은 사면초가에 처했느냐 말이다. 이러한 변화에는 상당한 이유가 있어야 하는 법이다. 그것은 결코 일시적인 사상의 비약에서 오는 것이 아니라, 아마도 현대의 여러 가지 생활 조건이 필연적으로 19세기의 형식적인 민주주의에 적합하지 않은 무엇이 있을 것이다. 이 문제는 복잡하지만 흥미로운 것이다. 나는 여기서 그것에 대해 자세하게 이야기할 수는 없지만 다만 한두 가지 문제를 지적함으로써 너에게 참고가 되도록 하려고 한다.

나는 앞에서 민주주의에 대해 '형식적(formal)'이라는 말을 사용했다. 공산주의자들은 부르주아 민주주의는 참된 민주주의가 아니라 한 계급이 다른 계급을 지배한다는 사실을 은폐하기 위한 민주주의의 빈 껍질에 지나지 않는다고 말하고 있다. 그들에 따르면 민주주의는 자본가 계급의 독재를 감추는 베일이자 금권 정치이고, 부유한 자들의 통치일 뿐이라는 것이다. 도매금으로 대중에게 부여한 투표권은 4년이나 5년에 한 번 정도 특정한 인물을 선출할 기회를 주는데, 그 인물이 X이건 Y이건 결국 대중들은 지배 계급으로부터 착취를 받게 마련이라고 한다. 그러므로 진정한 민주주의는 계급 지배와 착취가 종말을 고하고, 오직 하나의 계급만이 존재하게 되었을 때에 비로소 이루어진다는 것이다. 그런데 사회주의 국가를 건설하려면 인민들 사이에 모든 자본주의적·부르주아적 요소를 억제하고, 노동자 국가에 대한 자본가나 부르주아의 음모를 막기 위해 프롤레타리아의 독재가 필요하다고 한다. 러시아에서는 노동자·농민, 그 밖의 '열성(active)' 분자를 대표하는 소비에트가 독재를 하고 있다. 그들은 말하기를 이러한 독재는 90% 내지 95%가 나머지 10% 내지 5%에 대한 독재라고 한다. 하지만 이것은 이론이고 실제로는 공산당이 소비에트를 좌우하며 그 지배적인 일파가 당을 마음대로 움직이고 있다. 따라서 이 독재는 검열 제도나 사상과 행동의 자유에 관해 다른 어떤 독재 못지않게 엄중하다. 그러나 그것은 노동자들의 선의(good will)에 근거하고 있기 때문에, 노동자와 함께 해야 한다. 그리하여 마침내 거기에는 노동자나 어떤 계급도 다른 이익을 위해 착취하지 않는다. 거기에서는 착취 계급이 사라진다. 만약 착취가 있다면, 그것은 국가가 모든 사람을 위해 행하는 것이다. 러시아는, 이것은 기억해 둘 만한 가치가 있는 것인데, 일찍이 한 번도 민주 정치를 해 본 적이 없었다. 러시아는 1917년에 전제 정치에서 공산주의로 비약했던 것이다.

파시스트의 태도는 이와는 전혀 다르다. 전에 보낸 편지에서도 말했지만 그들은 일정한 원칙이 없기 때문에 어느 것이 파시스트의 원칙인지 지적하기가 쉽지 않다. 그러나 그들이 민주주의에 반대하는 것만은 사실이다. 그 이유는 공산주의자처럼 지금까지의 민주주의는 진짜가 아니고 가짜라는 데 있지 않다. 파시스트들은 민주주의 사상을 밑받침하는 원리 전체를 반대해 민주주의를 매도한다. 무솔리니는 민주주의를 '썩어 문드러지고 있는 시체(putrefying corpse)'라고 했다! 개인의 자유에 대한 사상도 파시스트들은 똑같이 싫어한다(공산주의자 또한 개인의 자유에 많은 가치를 부여하지 않는다). 그들에게는 국가가 전부였으며, 개인은 안중에도 없었다. 가엾은 19세기의 민주주의적 자유주의의 예언자 마치니(Mazzini)가 같은 나라 사람인 무솔리니의 말을 들었으면 어떻게 생각했겠느냐!

공산주의자나 파시스트뿐만 아니라 현시대의 갈등을 염려하는 많은 사람들이 투표권을 주고 그것을 민주주의라고 부르는 낡은 사고 방식에 만족을 느끼지 못하고 있다. 민주주의란 평등을 의미하며, 민주주의는 평등한 사회에서만 번창할 수가 있다. 모든 사람에게 투표권을 준다고 해서 평등한 사회가 만들어지는 것이 아니라는 것은 분명한 사실이다. 오늘날 성년 선거권이나 그와 비슷한 것이 부여되었는데도 엄청난 불평등이 존재한다. 그러므로 민주주의를 실시할 기회를 가지려면 평등한 사회가 이루어져야 한다. 이러한 논법이 그들에게 여러 가지 이상이나 방법을 추구하게 한다. 아무튼 오늘날 일시적인 사상의 비약을 통해서가 아니라, 현재의 여러 가지 생활 조건 속에서 19세기의 형식적인 민주주의 의회가 여러 가지 난제들을 원만히 처리하기에는 불충분하다는 견해는 이들의 일치되는 주장이다.

이제 파시즘을 좀더 깊이 파고들어 그 본질을 생각해 보자. 파시즘은 폭력을 찬양하고 평화주의를 증오한다. 무솔리니는 『이탈리아 백과사전(Enciclopedia Italiana)』에서 다음과 같이 서술했다.

파시즘은 영원한 평화의 필요성 또는 그 유용성을 믿지 않는다. 따라서 희생이 두려워 투쟁을 회피하고, 비겁한 타성이 깊이 뿌리박고 있는 평화주의를 배격한다. 전쟁이야말로, 아니 전쟁만이 인간의 활동력을 최대한으로 높여, 그것을 받아들이는 용기 있는 사람들을 고결하게 한다. 그 밖의 모든 시련은 다만 부수적인 것이다. 그들은 삶과 죽음의 선택 앞에서도 개체(individual)를 문제삼지 않는다.

공산주의가 국제적인 데 비해 파시즘은 상당히 국가적이다. 그것은 국제주의에 반대하고 국가를 신성시하며, 그 제단(altar)에는 개인의 자유도 권리도 모두 희생시켜야 한다. 그러므로 다른 나라는 모두 이질적인 것이고, 유태인은 외국적인 요소라 하여 배척한다. 반자본주의적 슬로건과 혁명적 기법에도 불구하고 그들은 유산 계급 및 반동 세력과 손을 잡고 있다.

파시즘은 몇 개의 기이한 양상을 띠고 있다. 그 밑바탕이 되고 있는 철학, 만약 그것이 어떤 철학을 갖고 있다면, 그것을 파악하기란 쉽지가 않다. 그것은 이미 보았듯이 단지 권력에 대한 욕구에서 비롯된 것이었다. 그들은 성공을 거두자 그 주변에 철학을 세우려는 시도를 했다. 그의 이름은 조반니 젠틸레(Giovanni Gentile)인데, 그는 파시즘의 공인된 철학자로 인정받고 있다. 그는 또한 파시스트 정부의 각료를 지낸 적도 있다. 그는 "사람들이 민주주의에서처럼 그들의 인격 또는 개인적 자아를 통해서가 아니라, 파시즘에 따르면 세계의 자기 의식(그것이 무엇을 의미하든 — 그것은 완전히 나를 초월한 것이다)으로서의 선험적 자아(ego : 인간의 경험을 초월해 존재하는 자아)의 행위를 통해 자기 실현을 해야 한다"고 했다. 이 견해에 따르면 개인의 자유나 인격을 받아들일 여지가 없다. 왜냐하면 개인의 참된 현실과 자유는 자기 이외의 어떤 것 — 즉 국가 속에 자기를 몰입시킴으로써 얻게 되기 때문이다.

나의 인격은 억압되는 것이 아니라 오히려 가정 · 국가 · 정신의 그것(인격)에 융합되고 반환됨으로써 높아지고 강화되고 확대된다. …… 모든 힘은, 논증에 적용되는 것이 무엇이든 간에, 설득이나 몽둥이나 가릴 것 없이 의지에 영향을 미칠 수 있는 한 도덕적인 힘이다.

그리하여 지금 우리는 인도에서 영국 정부가 라티(몽둥이) 습격을 감행할 때마다 얼마나 많은 도덕적인 힘을 낭비했는가 알 수 있다!
이들은 모두 이미 일어났던 일들을 나중에 설명해서 변호하려고 한다. 또한 파시즘은 '조합 국가(Corporative State)'를 목표로 하고 있다고 한다. 필경 거기서는 사람들이 공통된 이익을 위해 힘을 모을 것이라고 나는 생각한다. 그러나 현재로는 이탈리아나 그 밖의 다른 어디서도 그런 국가를 찾아볼 수 없다. 자본주의는 이탈리아에서도 대체로 다른 국가에서와 같은 기능을 발휘하고 있다.
파시즘이 다른 나라로 확대되어 감에 따라, 그것은 이탈리아에서만 볼 수 있는 특별한 현상이 아니라 어느 나라에서나 일정한 사회·경제적 여러 조건이 조성되면 나타난다는 것을 알게 되었다. 노동자의 세력이 강력해져 자본주의 국가를 위협하게 되면, 자본가 계급은 당연히 보신책을 강구하게 된다. 일반적으로 이러한 노동자측의 위협은 심각한 경제 위기에 직면해 일어난다. 만약 소유자 계급인 통치 계급이 경찰이나 군대의 사용을 통한 민주적 방법으로 정상적인 노동자를 억누를 수 없게 되면 파시즘의 방법을 취하게 된다. 파시즘은 자본가 계급을 옹호하려는 의도에서 대중에게 호소하는 어떤 슬로건을 내걸고 대중 운동을 대대적으로 일으킨다. 이 운동의 핵심체는 그 대다수가 실업으로 고생하는 하층 중간 계급으로 형성되며, 정치면에서 뒤떨어진 비조직 노동자나 농민들도 그 슬로건이 자신들의 생활을 개선하리라는 희망을 갖고 이에 가담하게 된다. 이러한 운동은 재정면에서는, 그로 말미암아 이득을 얻으려는 대부르주아의 도움을 받는다. 파시즘은 폭력을 신조로 하고 있는데도 자본가 정부는 그 공통된 적 ― 사회주의 노동자와 싸우기 때문에 이를 묵인한다. 그런데 파시스트들이 정권을 획득해서 정부를 구성했을 경우에는 본격적으로 노동자의 조직을 억압하고 모든 적대자들에게 무자비하게 테러를 휘두른다.

이와 같이 파시즘은 공세로 나오는 사회주의와 수세를 취하는 자본주의 사이의 계급 투쟁이 격심해졌을 때 출현한다. 이러한 사회적인 전쟁은 오해에서 오는 것이 아니라, 우리들의 현대 사회에 깃들여 있는 이해 관계의 충돌과 차이에서 비롯되는 것이다. 이러한 점을 간과해서는 문제가 결코 해결되지 않는다. 오늘날 제도 때문에 괴로움을 당하고 있는 사람들이 그 차이를 더욱더 이해하면 할수록 자신들의 몫이라고 생각되는 것이 자기에게 돌아오지 않는 데 대한 분노는 더욱더 고양된다. 소유자 계급은 한 번 손에 넣은 것을 절대로 놓치려고 하지 않기 때문에 충돌은 더욱 격화된다. 자본주의가 권력을 유지해 민주주의적인 제도로서 노동자를 억압할 수 있는 한 민주주의는 번영을 누릴 여지가 있다. 그러나 그것이 불가능해지면 자본주의는 민주주의를 버리고 공공연히 파시스트의 폭력과 테러를 일삼게 된다.

파시즘은 정도의 차이는 있지만, 추측컨대 러시아를 제외하고는 유럽의 어느 나라에서나 찾아볼 수 있다. 파시스트들의 최근의 승리는 독일에서 이루어졌다. 영국에서도 파시스트 사상이 지배 계급 사이에 전파되고 있으며, 그것이 때때로 인도에서 응용되고 있는 것은 우리 눈으로 보는 바와 같다. 오늘날 세계적 국면에서, 자본주의의 마지막 수단인 파시즘은 공산주의와 정면으로 대립하고 있다.

그런데 파시즘의 다른 측면은 논외로 치더라도 세계를 괴롭히는 경제적 난관을 해결하는 데에도 결코 도움이 되지 않는다. 그 폭발적이고 침략적인 민족주의가 자본주의의 쇠퇴로 조성된 여러 가지 문제를 더욱 격심하게 만들고, 가끔은 전쟁의 도화선이 될 수도 있는 국가 간의 마찰을 부채질한다.

177 *1933년 6월 26일*

중국에서의 혁명과 반혁명

그러면 우리는 분쟁으로 꽉 차 있는 유럽과는 일단 이별하고, 그 이상으로 성가신 문제로 괴로움을 당하고 있는 또 하나의 지역 — 극동, 중국과 일본으로 눈을 돌려 보기로 하자. 중국에 대해서 쓴 나의 지난번 편지에서 나는 이 세계에서 가장 오래되고 게다가 생명력이 왕성한 하나의 문화 위에 접목된 젊은 공화국이 당면한 많은 어려운 문제들에 대해 이야기한 적이 있었다. 그 나라는 토막토막 분리되어 버리는가 싶은 생각이 들기도 했다. 파렴치한 군벌(war-lords), 즉 독군이나 총독 따위들이 고개를 들기 시작했다. 중국이 약화되어 통일이 되지 못한 것을 다행으로 생각하고 있던 제국주의 열강들이 그들의 후원자가 되어 응원한 적도 있었다. 독군들에게는 원칙이 없었다. 개개인의 독군들은 다만 자신의 세력 확장만을 생각했고, 끊임없이 일어나는 내란의 와중에서 자신이 편리한 대로 저쪽 진영에 붙었다가, 또 이쪽 진영으로 옮기거나 했다. 그 동안 그들과 그들의 군대는 불행한 농민에 의지해 생계를 지탱하고 있었다. 나는 또 자신의 한평생을 중국의 자유를 위해 몸바쳐 온 위대한 지도자 손문 박사와 그가 조직한 광동 남부의 국민 정부에 대해서도 얼마쯤 이야기한 적이 있다.

제국주의 여러 나라들은 상해나 홍콩 같은 큰 항구 도시에 자리잡고 있으면서 중국의 대외 무역을 모두 장악하고 있었다. 그리고 이들 여러 나라의 경제적 이해가 중국 전체를 지배하고 있었다. 중국은 경제면에서는 이 나라들의 완전한 식민지였다. 손문 박사가 전에 말한 사실은 결코 틀리지 않았다. 한 사람의 상전을 모신다는 것은 원래 달갑지 않은 일이다. 하물며 몇 사람의 상전을 갖는다는 것은 그 이상으로 달갑지 않은 좋지 못한 일이었다. 손문은 외국의 도움을 빌려 나라를 산업면에서 발전시켜 개혁하려고 했다. 그 중에서도 그는 미국과 영국의 원조를 기대했다. 하지만 누구도, 또 제국주의 열강들 가운데 어느 하나도 힘을 빌려 주는 자는 없었다. 그들은 모두 중국을 착취하는 데 흥미를 느끼기는 했어도, 중국의 행복이나 중국이 강해지는 일에는 전혀 관심을 갖지 않았다. 그리하여 손문 박사는 1924년에 이르러 소비에트 러시아로 눈을 돌렸다.

공산주의는 은밀하면서도 급속히 중국의 학생이나 지식 계층 사이에 퍼져 나가고 있었다. 1920년에는 이미 공산당이 조직되었으나 어느 정부도 그들의 공공연한 활동을 허용하지 않았기 때문에 비밀 결사로서 활동하고 있었다. 손문은 물론 공산주의자라고 할 수 없다. 그의 잘 알려진 '삼민주의(三民主義)'[68]에도 나타나 있듯이 그는 온건한 사회주의자였다. 하지만 그는 중국이나 그 밖의 다른 동양 여러 나라에 대한 소비에트의 관대하고 솔직한 태도에 깊은 감명을 받았다. 그리하여 손문은 그들과 우호 관계를 발전시켜 나갔다. 그는 몇 명의 러시아인을 고문으로 채용했는데, 그 중 가장 유명한 사람이 보로딘(Borodin)으로, 그는 유능한 볼셰비키였다. 보로딘은 광동 국민당의 구심이 되어 대중의 지지를 받는 강력한 국민당 조직을 구축했다. 그는 모든 일을 공산주의자

---

[68] 손문의 혁명 사상 체계. 그것은 민족적 평등을 주장하는 '민족주의'와 정치적 평등을 주장하는 '민권주의', 사회적 평등을 주장하는 '민생주의'로 구성되지만, 그것들이 불가분의 일체라는 의미에서 '삼민주의'라는 이름으로 총괄된다. '삼민주의'라는 명칭은 손문의 정치 활동 초기부터 일컬어졌으며, 중국 혁명의 목표를 나타내는 말로 많이 사용되었다. 또한 국민당이 중국 공산당과 합작 정책을 취했던 그의 만년에는 한층 구체적이고 체계적으로 전개되었다. 손문은 처음에 부르주아 민주주의의 이상에서 출발해 삼민주의 관점에서 민족 독립을 위해 생애를 바쳤다. 그는 중국 혁명의 초기를 대표하는 지도자였기 때문에 그 사상에 있어 사회주의적인 요소도 포함된 독자적인 형태를 취하고 있지만, 노동자 계급의 계급적 관점을 대표하고 있지는 않다는 의미에서 총체적으로 사회주의는 아니다. 그러나 그 독자성은 우연적인 결합이 아니고 중국 혁명의 앞길에 놓여 있던 현실적인 제반 조건에 대한 정확한 파악에 기초했던 것이기 때문에 손문과는 계급적으로 관점을 달리하는 중국 공산당이 지도하는 혁명의 '신민주주의' 단계에서도 계승되고 발전될 수 있었다.

중국에서의 혁명과 반혁명

의 노선에 따라 행동하려고는 하지 않았다. 그는 당의 민족적인 기반을 유지하려고 했다. 공산주의자들은 이 때부터 국민당에 입당하는 것을 인정받게 되었다. 그리하여 민족주의적인 국민당과 공산당의 비공식적인 연합이 이룩되었다. 국민당의 보수적인 부유층에 속하는 멤버들, 그 중에서도 지주층은 공산주의자들과의 연합을 달갑게 받아들이지 않았다. 한편 많은 공산주의자들 또한 그것을 기껍게 생각하지는 않았다. 왜냐하면 그것은 그들의 강령을 유화시키는 것을 의미했으며, 그들이 추진하려던 많은 계획을 뒤로 미루지 않을 수 없었기 때문이다. 이러한 연합은 내부적으로도 견고한 것이라고 할 수 없었다. 그래서 나중에 다시 언급하겠지만 중요한 고비에서 무너지고 말았다. 이것이 중국에 불행을 초래했다. 서로의 이익이 상충되는 두 개 또는 그 이상의 계급을 하나의 진영으로 묶는 일은 어떤 경우든 어려운 일이 아닐 수 없다. 하지만 이 연합은 계속되고 있는 동안만큼은 순조롭게 성장해 갔다. 빈농의 조직은 활발해지고 급속히 확대되었으며, 노동자의 노동 조합도 마찬가지였다. 광동의 국민당이 진정한 실력을 갖게 된 것은 이 같은 대중의 지지 때문이었다. 또한 지주층의 지도자들을 공포에 떨게 하고, 마지막 단계에서 그들이 당을 분열시킨 것도 바로 이러한 대중의 지지 여하에 따라서였다.

    중국의 상태는 인도와 근본적으로 다른 점도 있었지만 유사한 점도 많았다. 중국은 본질면에서 수많은 농민을 주축으로 하는 농업국이었다. 중국의 공업은 주로 5~6개의 도시에 집중되어 있었는데 모두 외국인이 지배하고 있었다. 한편 몇천만에 이르는 농민이나 빈농은 무서운 빚더미(고리채)에 짓눌려 있었다. 지대 또한 몹시 높았고, 인도의 경우처럼 농민은 긴긴 세월 동안 밭에 나가 봐야 할 일이 없었기 때문에 게으름만 피우도록 강요당했다. 그리하여 그들은 남은 시간을 때우고, 수입을 벌충하기 위해 가내 공업이 필요했다. 사실 이런 종류의 가내 공업은 대단히 많이 있다. 큼직한 농지의 수는 매우 적었다. 새로이 농지가 생기면 곧 상속을 통해 세분되어 분할되고 말았다. 농민의 절반 가량이 자기 땅을 가지고 있었으나 나머지 절반은 지주의 땅에 예속되어 있었다. 그래서 중국은 수많은 소농의 나라이기도 했다. 몇백 년 동안 중국 농민은 좁은 땅에서 최대한의 수확을 올리는 재능이 있다는 평판이 나 있다. 그들은 자기들이 가진 땅이 몹시 좁아서 그렇게 수확이라도 많이 올리는 것 외에는 달리 길이 없었기 때문이다. 그리하여 그들은 놀랄 만큼 피땀 흘려 일했다. 그들은 근대 농업에서 개발된, 농토를 경작하는 새로운 기술과 수단을 갖지 못했다. 그 때문에 같은 수확을 올리기 위해서도 필요 이상으로 노동해야 했다.

이렇게 훌륭히, 게다가 이렇게 피땀을 짜서 일해도 중국 농민들의 반수 가까이는 그들이 노동한 대가를 얻지 못해, 대다수 인도 농민이 그러하듯 그들의 짧은 일생을 통해서 제대로 먹지도 못하고 굶주림에 허덕이다가 결국에는 굶어 죽을 것 같은 형편이었다. 이렇게 그들이 밥먹듯이 굶주려 가면서 어렵사리 살아가는 동안 한발이나 홍수와 같은 재난이 한 번 닥쳐오면 한꺼번에 몇백만이라는 인명을 빼앗기기도 하는 것이었다. 손문 박사의 정부는 보로딘의 제안에 따라 농민과 노동자를 구제할 법령을 제정했다. 지대는 25%로 인하되었으며, 노동자를 위해서는 8시간 노동제와 최저 임금제가 정해지고, 또 농민 조합도 설립되었다. 이러한 개혁이 대중에게 환영받고, 그들을 열광시킨 것은 두말 할 나위도 없다. 그들은 새로운 조합 밑에 속속 모여들었으며 결속해서 광동 정부를 지지했다.

이리하여 광동 정부의 지반은 굳어지고, 북방의 독군들과 사이의 결전 준비가 갖추어졌다. 군관 학교가 설립되고, 군대도 창설되었다. 종교적인 권위가 세속적인 권위로 대체되는 과정은 광동뿐만 아니라 중국 전체의 흥미로운 발전이었으며, 어느 정도 동양 전체의 발전이기도 했다. 물론 중국은 좁은 의미에서의 종교적인 나라였던 적이 없었다. 그러나 이제는 더욱 세속적인 나라가 되었다. 종교적인 색채를 띠는 것이 보통이었던 교육도 세속화되었다. 이러한 과정은 현재 많은 불교의 사찰들이 무엇에 사용되고 있는지를 살펴보면 곧 알 수 있다. 광동의 어느 유

중국 혁명

명한 사찰은 현재 경찰 훈련소로 사용되고 있다! 다른 곳에서는 절이 청과물 시장으로 개조되기도 했다.

 손문 박사는 1925년 3월에 죽었지만, 광동 정부는 보로딘을 고문으로 하여 더욱더 견고한 세력을 구축해 갔다. 그리고 또 얼마 안 가서 외국 제국주의자, 특히 영국인에 대한 중국 인민의 분노를 폭발시킨 몇 가지의 사건이 일어났다. 1925년 5월에 상해의 방적 공장에서 파업이 일어났는데 한 명의 노동자가 데모 도중에 피살되었다. 그를 위해 성대한 장례식이 거행되고, 이것이 학생들이나 노동자들의 반제국주의 시위의 도화선이 되었다. 한 영국인 경찰 간부가 부하인 시크인(Sikh) 경관에게 시위 군중을 향해 발포를 명령했다 — 명령은 '쏴 죽여(Shoot to kill!)'였다. 그리고 몇 명의 학생이 사살되었다. 영국인에 대한 분노는 전국에 불타올랐다. 그 뒤를 이어 1925년 6월에는 광동의 외국인 거류지(沙門) 지역이라고 일컬어진다)에서 크나큰 사건이 일어났다. 중국인 군중, 주로 학생들이 기관총 총격을 받고 52명이나 사망하고, 그 밖의 많은 사람들이 부상당한 사건이었다. '사문 학살'로서 널리 알려진 이 사건의 주요한 책임자는 영국인이라고 간주되었다. 광동에서는 영국 상품에 대한 정치적인 보이콧이 선언되었다. 그 뒤 홍콩의 무역은 몇 달 동안이나 휴업 상태에 빠져 영국 상사나 정부는 큰 손해가 있었다. 홍콩은, 아마 너도 알고 있는 것처럼 남부 중국에 있는 영국의 영토다. 그 도시는 광동 바로 가까이에 있어서 거액의 거래가 행해지고 있다.

손문 박사의 서거 후 광동 정부내에서는 보수적인 우파와 진보적인 좌파 사이에 격심한 투쟁이 되풀이되었다. 한편이 이겼는가 하면 곧 이어 다른 편이 실권을 잡았다. 1926년 중반 무렵 우파인 장개석(蔣介石)이 총사령관이 되어 공산주의자들을 색출했다. 이로써 양파는 이미 서로 신뢰하지는 않게 되었지만 그래도 어느 정도는 협력했다. 그런 상황에서 광동군(廣東軍)의 북벌이 시작되었다. 그것은 수많은 독군들과 싸워 그들을 내쫓고 전국에 하나의 민족 정부를 수립하기 위한 것이었다. 이 북벌은 미중유의 사건으로서 얼마 뒤에 전세계의 이목을 집중시키게 되었다. 대개의 경우는 실제의 교전도 없이 광동군이 파죽지세로 진군을 계속했다. 이 파죽지세의 진군은 북방의 군벌이 통일이 되어 있지 않았다는 이유도 있었으나, 남방의 광동 정부가 농민과 노동자들의 압도적인 인기를 모으고 있었다는 데에 그 원인이 있다. 먼저 선전 선동을 위한 소부대가 군대의 선두에 나서서 농민이나 노동자의 조합을 조직해서 그들이 광동 정부 밑에서 누릴 수 있는 권익에 대한 이야기를 들려 준다. 그러면 도시나 농촌 할 것 없이 진격해 오는 군대를 환영하고 모든 수단을 동원해서 그들을 도왔다. 광동군을 맞아 싸우던 군대는 거의 제대로 싸움 한 번 하지 않고 투항하고 말았다. 광동군은 1926년이 채 지나기 전에 중국의 반을 점령하고 양자강에 면한 한구(漢口)도 손에 넣었다. 그들은 수도를 광동에서 한구로 옮기고 한구의 이름을 무한(武漢 : 한구·무창·한양의 세 도시의 총칭)으로 고쳤다. 북방의 군벌들은 격파되고 내

쫓기기도 했다. 이에 제국주의 열강은 새롭고도 적극성을 띤 민족주의 중국이 평등을 주장하며 굴복을 거부하고 나선 사실을 알아차리고 새삼스레 몹시 불쾌하게 생각했다.

　　1927년 초에 중국측이 한구의 영국 조계(租界)를 접수하려던 것이 계기가 되어 또 한 번 분쟁이 일어났다. 지금까지의 관례에 따르면 이같이 중국측이 공격적인 태도로 나오면 곧 전쟁으로 발전하게 되고, 그래서 영국 정부는 그들에게 타격을 주고 결국 무리한 배상을 강요해서 새로운 이익을 인정시키는 것으로 낙찰될 터였다. 그것이 우리가 이미 보아 온 1840년의 아편 전쟁 이래 하나의 불문율처럼 되어 왔다. 그러나 시대는 바뀌었다. 갑자기 어제와는 다른 중국이 그들 앞에 나타난 것이다. 그리하여 처음으로 영국 정부의 중국에 대한 정책은 변화를 겪어야 했으며, 이후로는 새로운 중국에 대해 회유적으로 되었다. 한구의 조계 사건은 작은 문제여서 쉽게 해결되었다. 그러나 중국에서 가장 번영을 과시하고 있던 대항구인 상해도 민족주의자들의 진군을 맞아, 그다지 머지 않은 장래에 제국주의 세력이 몰락될 운명에 놓이게 되었다. 거대한 외국 권익의 존망은 상해의 운명에 걸려 있었다. 도시라기보다는 거류지인 상해는 외국인에게 지배되어 사실상 중국의 통치에서 벗어나 있었다. 그래서 상해에 거주하는 외국인이나 그들의 정부는 국민군이 가까이 진군해 옴에 따라 불안에 휩싸이기 시작했다. 군함과 군대가 이 항구를 향해 파견되었다. 그 중에서 영국 정부는 가장 큰 규모의 원정군을 보냈는데, 그 일부는 인도인 군대로 이루어졌다. 그것은 1927년의 새해가 밝은 직후의 일이었다.

　　이 때 이미 한구 또는 무한에는 민족주의 정부가 수립되어 있었는데, 그 정부는 하나의 어려운 문제 — 앞으로 나아갈 것인가, 아니면 멈출 것인가. 상해를 점령하는 편이 좋은가, 포기하는 편이 좋은가 하는 문제에 직면하게 되었다. 그들은 여기까지 승승장구해서 진격해 왔기 때문에 그만큼 자부심도 컸고, 상해는 군침이 도는 대상이기도 했다. 그러나 한편 그들은 500마일 이상의 길을 진군에 진군만을 거듭해 왔기 때문에 아직 충분히 그들 정부의 기초가 다져져 있지 않았다. 상해를 공격하면 외국과 사이에 필연적으로 마찰이 생길 가능성이 있었으며, 그렇게 되면 이제까지 쌓아올린 성공이 물거품으로 돌아갈 위험이 없지 않았다. 보로딘은 견고히 기반을 굳힐 것을 권고했다. 그는 민족주의자들에게 상해에는 접근하지 말고, 이미 그들의 지배하에 들어온 중국의 남반부에서 확실한 기반을 구축하는 일과, 북방에 대해서도 선전을 통한 지배를 확대하는 일이 급선무라는 의견을 제시했다. 그는 1년 정도면 중국 전체가 민족주의자의 진격을 환영할 소지를 마련할 수 있으리라고 예상했다. 혁명가 보로딘은 일정한 정세 속에 전개되는 갖가지 요인에 대한 판단 경험이 풍부했기 때문에 이와 같은 신중한 충고를 한 것이었다. 그런데 국민당의 우파 지도자들, 특히 장개석 총사령관은 상해 진격을 고집하고 양보하지 않았다. 그가 상해 점령을 의도한 참된 동기는 나중에 국민당이 둘로 갈라졌을 때 명백해졌다. 이들의 우파 지도자들은 빈농의 조합이나 노동자의 조합 세력이 확대되는 것을 바라지 않았다. 장군들 대부분은 그들 자신이 대지주였다. 따라서 그들은 당이 분열되고 민족주의자의 명분이 약화되더라도, 어떠한 희생을 치르고서라도 이 조합들을 분쇄해야 한다고 결심했던 것이다. 상해는 중국 대부르주아들의 아성이었기 때문에 우파 장군들은 당의 급진 세력, 특히 공산주의자와 벌이는 싸움에 자금 원조와 그 밖의 면에서 원조를 받을 수 있을 것이라는 전망을 세우고 있었다. 뿐만 아니라 그들은 이러한 싸움에서 또한 상해의 외국 은행가나 실업가들의 지원을 받을 수 있으리라는 것을 미리 알고 있었다.

그리하여 우파 지도자들은 상해로 진군해서 1927년 3월 22일 중국인 거주지를 손에 넣었는데, 외국인 조계에는 손도 대지 않았다. 이 상해 함락 또한 교전다운 교전도 없이 이룩되었다. 민족주의자들은 자기편으로 넘어오는 적군과 민족주의자들에게 호감을 갖고 있는 도시 노동자의 총파업 덕분에 상해의 구 정부를 완전히 타도했다. 2일 뒤에는 남경(南京)도 민족주의자의 군대에게 점령되었다. 그러나 이번에는 국민당 내부의 좌파와 우파 세력 사이에 분열이 일어났다. 이것이 민족주의자의 승리에 마침표를 찍는 화근이 되기도 했다. 혁명은 끝났다. 그리고 반혁명이 시작되었다.

장개석의 상해 진격은 한구 정부의 다수 멤버의 의사에 반해 추진된 것이었다. 양파는 서로 중상 모략하기 시작했다. 한구 인민은 군대 안에서 장개석의 세력을 일소하고 그를 추방하려 했다. 장개석은 남경에서 정부(남경 정부)를 수립했다. 이것은 모두 상해를 점령한 지 며칠이 채 지나기도 전에 일어난 사건이었다. 장개석은 자신이 속해 있던 한구 정부에 반기를 들고 이제까지 날뛰고 있던 공산주의자, 좌파들, 노동 조합주의 노동자들에게 도전했다. 이 노동자들이야말로 상해 점령시 사전 공작으로 장개석을 환호 속에 맞았던 바로 수훈의 동지들이었는데도, 이제는 그들이 체포되고 짓밟힐 처지에 놓이게 된 것이다. 많은 사람들이 총살되고 교수형에 처해졌으며, 또는 구류·투옥되는 자가 몇천 명에 이르렀다. 민족주의자들이 가져다 줄 것으로 믿어졌던 자유는커녕, 상해는 순식간에 아비규환의 피비린내 나는 공포의 도가니로 변해 버렸다.

북경의 소비에트 대사관과 상해의 소비에트 영사관 습격은 다같이 1927년 4월, 그것도 같은 날에 일어난 사건이었다. 항간에는 장개석은 당시 북방의 군벌 장작림(張作霖)[69]과 교전 중이었다는 소문이 유포되고 있었으나, 그 사건은 그의 지령에 따라 행동한 흔적이 역력했다. 북경에서도 상해의 경우와 마찬가지로 공산주의자와 진보적인 노동자의 대대적인 '숙청(clean-up)'이 자행되었다. 제국주의 열강은 물론 이러한 사태의 경과에 만족하고 있었다. 그들은 사태가 중국 민족주의자의 전열을 약화, 분열시키는 것을 보고 박수 갈채를 보냈다. 장개석은 상해의 열강 대표들과도 교섭을 가지려 했다. 이미 알다시피 영국 정부가 런던 주재 소비에트 공관의 아르코스(Arcos : 통상 대표부) 습격을 단행해

---

[69] 동북 봉계(奉系) 군벌의 통령. 일본의 꼭두각시 노릇을 하다가 관동군에 암살당했다.

서 이로 인해 러시아와 관계가 단절된 것도 마침 이 무렵인 1927년 5월에 해당된다.

　이리하여 한두 달 사이에 상황은 완전히 변해 버렸다. 한때는 국민당이 중국 민족을 대표하는 빛나는 연합체이며 승리의 물결을 타고 여러 외국과도 정면으로 맞서 본 적이 있었으나, 이제는 분열 상쟁하는 하나의 파벌로 바뀌어 버리고 말았다. 그들의 생명이며 원동력이기도 했던 노동자와 농민은 이제는 박해받으며 토벌되고 있었다. 상해의 외국 세력은 유유히 되살아나고 있었으며, 자기편에게 상대방과의 싸움에 손을 빌려 주기도 했다. 특히 노동자를 탄압하거나 박해하는 일은 그들이 즐기는 바가 되었다. 상해(그리고 중국 전체)의 공장 노동자들은 기업가들에게 지독하게 착취당해 그들의 생활 정도나 조건은 몹시 비참했다. 노동 조합주의는 그들의 입장을 강화시켜 벌써 기업가들에게 싫더라도 임금을 올리지 않을 수 없도록 촉구하고 있었다. 그래서 노동 조합은 유럽인이나 일본인, 그리고 또 중국인 공장 소유주들로부터 미움받고 있었다.

　중국의 정세 변화와 함께 보로딘은 모스크바로부터 호되게 비판받았으며, 1927년 6월에는 본국으로 소환되고 말았다. 그가 없어지자 한구의 국민당 좌파는 뿔뿔이 흩어지고 말았다. 남경 정부는 그리하여 국민당을 완전히 지배하는 한편 공산주의자들을 비롯한 모든 좌익이나 노동 운동 지도자들과의 투쟁은 여전히 계속하고 있었다. 이 시기에 중국을 떠났다기보다는 중국에서 추방당한 사람들 가운데 위대한 지도자 손문 선생의 미망인으로 사람들의 존경을 받아 오던 송경령(宋慶齡) 여사[70]도

---

70) 장개석의 부인인 송미령(宋美齡)의 언니로, 웨슬리(Wesley) 대학을 졸업하고 1912년 민국(民國) 혁명에 즈음해 손문이 임시 대총통에 취임했을 때 그의 비서로 있다가, 제2차 혁명에 실패하고 1914년 손문과 함께 일본에 망명중 결혼했다. 손문이 죽은 뒤 국민당 좌파의 중심으로 장개석과 대립했고, 그 뒤 중화 인민 공화국에 가담해 1951년에 이른바 부녀 연합회 명예 회장, 1954년 이후에 중소(中蘇) 협회장, 인민 대표 대회 상임 위원회 부회장 등을 역임했으며, 1959년 국가 부주석이 되었다.

끼여 있었다. 그녀는 중국의 자유를 위한 남편의 위대한 사업이 군국주의자와 그 밖의 무리들에게 배신당했다고 선언하면서 이러한 사실을 슬퍼해 마지않았다. 그런데 이런 군국주의자들은 아직까지도 뻔뻔스럽게 손문의 유명한 3원칙 — 민족주의 · 민주주의 · 민생주의의 간판을 내걸고 있다.

다시 중국은 군벌들과 장군들의 끝없는 투쟁의 도가니가 되었다. 광동은 남경 정부에서 떨어져 나와 남방에 독립된 새 정부를 세웠다. 1928년에 북경이 함락되어 남경 정부의 손에 넘어갔고, 북경은 북평(北平)으로 고쳐졌다. 북경이라는 말은 '북방의 수도(Northern Capital)' 라는 뜻이고, 북평은 '북방의 평화(Northern Peace)' 라는 의미였다. 북경은 이미 수도가 아니었다.

북경, 현재의 이름으로 북평은 이미 함락되었으나 국내의 곳곳에서는 여전히 내란이 계속되었다. 광동은 분리 정부를 세웠고, 북방에서는 많은 군벌들이 제멋대로 설치면서 분쟁을 되풀이하다가 또 때로는 잠정적으로 화해하기도 했다. 이론상으로는 이른바 남경의 '국민(National)' 정부가 광동을 제외한 중국 전역을 통치하고 있었다. 그러나 그 지배가 미치지 못하는 지역도 많았으며, 더욱 오지의 대지역이 공산주의자 정부의 세력권내에 있었다는 사실을 잊어서는 안 된다. 남경 정부는 주로 상해에서 재정 지원을 받고 있었다. 지방 군벌의 대군대가 무거운 짐이 되어 농민들의 어깨 위에 지워졌다. 그 위에 수많은 실직 군인들이 새 일자리를 찾아 각 지방을 설쳤으나, 아무 데도 일자리가 없자 그들은 비적이 될 수밖에 없었다.

남경 정부와 소비에트 러시아의 관계는 1927년 12월에 중단되었다. 남경 정부는 제국주의 열강의 후원을 믿고 도발적인 반소비에트 정책을 취했다. 그 때문에 1927년에 전쟁이 일어날 뻔했으나 러시아는 참을성 있게 전쟁으로 번지는 것을 피했다. 1929년에 또다시 중국측은 이번에는 만주에서 공세에 나섰다. 소비에트 영사관이 습격당하고, 동지(東支) 철도(Chines Eastern Railway)의 러시아인 직원은 파면당했다. 이 철도의 대부분은 러시아의 재산이어서 소비에트 정부는 즉시 중국에 대해 행동을 개시했다. 전쟁은 몇 달이 채 걸리기도 전에 끝나고, 중국 정부는 종래의 조건을 부활시키라는 소비에트 측의 요구를 승인하지 않을 수 없었다.

만주를 종단하는 철도는 각국의 이해, 특히 중국·일본·러시아의 이해가 복잡하게 얽혀 있어서 여러 번 국제 분쟁의 화근이 되기도 했다. 최근 2년 간에는 일본이 진출해 온 세계의 불만을 사면서도 사실상 만주 지방을 완전히 장악하는 데에 성공했다. 이 점에 대해서는 다음 편지에서 이야기하기로 하겠다.

나는 앞서 중국의 어느 지역에서 공산주의자의 정부가 생겼다고 말했는데, 1927년 11월 광동성의 해풍(海豊)에 수립된 것이 최초의 공산주의자 정부였던 것 같다.[71] 이 정부는 많은 농민 조합이 발전해서 된 것으로서 '해풍 소비에트 정부(Haifeng Soviet Republic)'라고 한다. 소비에트 지구는 1932년 중반까지는 대충 중국 본토의 6분의 1, 즉 25만 제곱마일에 퍼져서 500만의 인구를 포용했다. 이 같은 지구는 공산당의 절대적인 지배하에 있는 지구로 규율이 잘 지켜지고 있었다. 그들은 40만 명의 정규 군대를 편성하는 한편 청년 남녀로 조직된 보조 부대도 있었다. 남경 정부나 광동 정부도 힘을 다해서 이들의 중국 소비에트를 타도하기 위해 노력했고, 특히 장개석은 계속해서 원정군을 보냈지만 별 성공은 거두지 못했다. 각 지구의 소비에트는 때로는 후퇴하기도 했지만, 또 다시 곧 오지의 다른 장소로 옮겨가서 그 곳에 기반을 구축했다.*

---

71) 중국 혁명에 중대한 단계를 획정한 지방 농촌 지구 소비에트 정권으로서 최초로 조직된 것은 1927년 모택동의 지휘하에 강서성(江西省) 남부의 정강산(井崗山) 지구에 수립된 '호남·강서 변방 지구 노동 정부'였다는 사실은 오늘날 널리 알려져 있다.

*장개석과 중국 소비에트 사이의 충돌, 일본의 공격에 대한 그들의 연합 전선, 그리고 일본의 중국 침략과 그에 연이은 전쟁에 대해서는 이 책 끝부분의 '후기'에서 다룬다.

178 1933년 6월 29일

세계에 도전하는 일본

우리는 중국이 분열하는 어둡고 비참하고 끔찍한 이야기의 자취를 더듬어 왔다. 혁명은 승리한 것처럼 보이기도 했으나 점차로 붕괴해서 흉포한 반혁명에 휩쓸리고 말았다. 그러나 이야기는 그것으로 끝나는 것이 아니라 아직도 더 많이 남아 있다. 혁명은 민족주의의 결합력에 비해 의식적인 계급 대립의 성격이 더 강했기 때문에 실패로 돌아갔다. 지주나 그 밖의 부유층은 농민이나 노동자 대중의 지배를 감수하는 위험보다는 오히려 민족 운동과의 관계를 단절하는 길을 택했던 것이다.

국내적인 분규 외에 중국은 이번에는 대담한 공격에 직면하게 되었다. 즉 중국의 약화와 다른 열강의 관심이 뜸해진 것을 이용한 일본이 바로 그것이다.

일본은 근대적 공업 문화와 중세적 봉건주의, 또 의회주의와 전제 정치 그리고 군부 지배의 이례적인 혼합물이었다. 지주이자 군부인 통치 계급은 계획적으로 번벌(藩閥) 체제를 기반으로, 또 그들 자신을 근간으로 하여 천황을 최고의 우두머리로 받드는 국가를 수립하려 했다. 종교도 교육도 모든 것이 이 과정을 촉진하기 위해서 총체적으로 운영되고 있었다. 종교는 정부의 지시를 받는 부분으로서 신사(神社)나 사찰은 직접 관의 통제 아래 놓여 있었고, 승려가 관직을 갖고 있었다. 이처럼 사찰이나 학교를 통해 운영되는 거대한 선전 기관은 끊임없이 인민에게 애국 정신뿐만 아니라, 또 살아 있는 신으로 떠받들어지는 천왕의 뜻에 무조건 복종할 것을 주입했다. 기사도에 해당하는 일본 명칭을 '무사도(武士道)'라 하는데, 이것은 번(藩 : 봉건 영주, 즉 다이묘의 지배 체제)에 대한 일종의 충절의 도덕이었다. 이러한 사상이 전국에 보급되고 확장되어 권력의 정점에 위치하는 천황에게 직결되었다. 사실 천황은 대토지를 소유하고 있는 군부 지배 계급이 권력을 휘두르기 위한 하나의 상징이었다. 공업화의 과정은 일본에 부르주아지를 발달시켰지만, 대산업가는 예전의 지주 계급 가문에서만 나왔으며, 아직까지는 순수한 부르주아지에게 권력이 이양되지는 않았다. 사실 일본에서는 몇 안 되는 강력한 가문이 독점해서 산업과 국가의 정책을 좌우하고 있는 상태다.

불교는 예로부터 일본에서 일반화된 신앙이었지만, 조상 숭배에 중점을 두는 신도(神道)는 오히려 국가 종교의 색채가 짙다. 이런 숭배의 대상에는 역대의 천황이나 국가적 영웅들, 특히 전장에서 목숨을 바친 영웅들이 포함되어 있다. 이렇게 해서 그것은 조국애나 당대의 천황에 대한 복종 사상을 보급하는 데에 강력하고도 효과적인 방법이 된다. 일본인은 철저한 애국주의와 조국에 대한 희생 정신으로서 널리 알려져 있다. 그러나 그 애국주의는 몹시 침략적인 것이었으며, 세계 제국을 꿈꾸는 것이라는 사실은 그다지 잘 알려지지 않았다. 1915년에 새로운 종파가 일본에서 창시되었다. 이것은 '오모토쿄(大本教)'라고 일컬어지는 것으로서 급속히 전국에 보급되었다. 이 일파의 주요한 교리는 천황을 원수로 받드는 일본은 전세계의 지배자가 되어야 한다는 것이었다. 이 종교의 교지에는 다음과 같은 말이 적혀 있다.

> 대일본국의 천황 폐하는 유구한 태고부터 영계(靈界)의 조신(祖神)의 영통(靈統)을 이어 오셨다. 이 분만이 세계의 대왕이실 한 분 어른이시므로 모든 신민들은 한결같이 천황 폐하께옵서 세계의 제왕으로 군림하실 수 있도록 더욱 노력해야만 한다.

이미 보아 왔던 세계 대전중에 일본은 그 '21개조의 요구'를 통해서 중국을 괴롭히려고 했다. 일본은 미국이나 유럽 여론의 반발 때문에 뜻대로 소망했던 바를 이루지는 못했지만 그래도 큼직한 것을 손에 넣을 수 있었다. 전후 차르 제국의 붕괴를 일본은 아시아에서의 세력 확장을 위한 절호의 기회로 이용했다. 일본군은 시베리아에 침입하고, 그 특무 기관을 중앙 아시아의 사마르칸트나 부하라에까지 설치했다. 이런 불장난은 소비에트 러시아의 회복, 그리고 미국의 반대와 불신 때문에 실패로 끝났다. 이 점에 대해서는 일본과 미국 간의 이상한 기류를 언제나 염두에 둬야만 한다. 그들은 서로 심각하게 증오했으며, 태평양을 사이에 두고 서로 적대시하고 있었다. 1922년의 워싱턴 회의는 일본에게는 대타격이었던 데 반해 미국 외교로서는 일대 승리였다. 이 회의에서는 일본을 포함한 9개국이 중국의 영토 보전을 서약했는데, 이것은 일본이 중국에 대한 모든 세력 확장의 야망을 포기해야만 한다는 것을 의미했다. 이 회의는 또 영일 동맹을 폐기해서 일본은 극동에서 고립되게 되었다. 영국 정부는 싱가포르에 강력한 해군 기지를 건설하기 시작했는데, 이것 또한 분명히 일본에 대한 큰 위협이 되었다. 1924년 미국은 일본인 노동자의 유입을 막기 위해 반일본인 이민법을 제정했다. 이런 인종 차별은 일본, 또 어느 정도까지는 동양 전체에 크나큰 분노를 불러일으켰다. 하지만 일본은 미국에 대해 아무것도 할 수 없었다. 적의를 띤 포위자들에 둘러싸여 고립감에 빠졌던 일본은 러시아로 눈을 돌려 1925년 1월 러시아와 사이의 조약(일·소 기본 조약)에 서명했다.

나는 여기에서 이 시기에 일본을 덮쳐 그 힘을 크게 약화시킨 재해에 대해 이야기를 해야겠다. 그것은 1925년 9월 1일에 일어났던 대지진인데, 연이어 해일이 닥쳐왔고, 수도 도쿄에는 대화재가 일어났다. 이 거대한 도시와 또 요코하마 항구는 10만 이상의 사상자와 막대한 재산 피해를 내고 폐허가 되었다. 일본인은 용기와 비장한 결의로 이 재해에 맞서 옛 도쿄의 폐허 속에서 새로운 도시를 건설했다.

일본은 궁지에 빠졌기 때문에 러시아와 협상을 했지만 그렇다고 해서 일본이 공산주의를 지지한 것은 결코 아니었다. 공산주의는 천황 숭배와 봉건주의, 그리고 지배 계급을 위한 대중의 착취를 비롯한, 실로 기존 질서가 지지하는 모든 것에 대한 폐기를 의미하고 있었다. 이런 공산주의가 일본에서는 강대한 산업 세력에게 더 큰 착취를 당하고 있던 대중의 빈곤 때문에 널리 퍼지려 하고 있었다. 인구는 날로 증가해 가고 있었는데, 미국에도 캐나다에도 호주의 황무지에마저도 이주시킬 수가 없었다. 문호가 굳게 닫혀 있었기 때문이다. 중국은 가까이에 있었지만 이미 과잉 인구 상태였다. 코리아와 만주에는 얼마간의 이민이 건너갔다. 일본은 자신들의 특유한 곤란과 여러 가지 문제 외에도, 전세계가 겪고 있던 공업화의 공통적인 난관과 무역 불황에 직면해야만 했다. 국내 정세가 더욱 위기를 맞게 됨에 따라 공산주의자와 아울러 모든 진보 사상에 대한 극심한 탄압이 시작되었다. 1925년에는 '치안 유지법'이 제정되었는데, 그 조문이 무척 재미있어서 이 법률의 제1조를 너한테 보여주겠다. 그것은 다음과 같다.

> 국체를 변혁할 것을 목적으로 하여 결사를 조직하는 자는 …… 사형이나 무기 또는 5년 이상의 징역에 처한다. …… 그 정(情)을 알면서 결사에 가입한 자는 …… 2년 이상의 유기 징역 또는 금고에 처한다.
> 사유 재산 제도를 부인할 목적으로 하여 결사를 조직한 자와 결사에 가입한 자 …… 는 10년 이하의 징역 또는 금고에 처한다.

공산주의자뿐만 아니라 모든 형태의 사회주의적·급진적 내지는 입헌적인 개혁을 봉쇄하는 이런 법률의 극단적인 엄격함은 일본 정부의 공산주의에 대한 두려움의 정도를 나타내는 것이었다.

그러나 공산주의는 사회적 조건들에 기인하는 광범위한 빈곤의 표현이며, 이 조건들이 개선되지 않는 한 단지 탄압을 가하는 것만으로는 어떻게도 할 수 없는 것이다. 현재 일본에는 무서운 빈곤이 존재한다. 농민은 중국이나 인도처럼 막대한 빚(고리채)의 무거운 짐에 짓눌려 있다. 세금은 특히 엄청난 군사비, 즉 전쟁 경비의 지출 때문에 매우 무겁다. 초근목피로 연명하는 사람들이나 자기의 자식까지 인신 매매하는 사실들이 보고되고 있다. 중간 계급도 실업에 허덕이며 자살하는 자가 늘어나고 있는 실정이다.

    1928년에는 대규모적인 공산주의 탄압이 개시되어 하룻밤 사이에 1000명 이상이 검거되었지만, 신문은 1개월 이상이나 이 같은 사실을 보도할 수 없었다. 해마다 경찰의 습격과 대량 검거가 자행되었다. 최대의 습격 사건 가운데 하나는 1932년 10월에 있었던 것으로서 2250명이 체포되었다. 이들의 대부분은 노동자가 아니라 학생 또는 교사들이었다. 그 중에는 몇백 명의 대학 졸업생과 여성들도 끼어 있었다. 일본에서는 유복한 환경에서 자란 청년들이 공산주의에 끌리고 있다는 것은 신기한 현상이다. 이 나라에서는 인도나 다른 나라들처럼 진보적 사상가들은 일반 범죄자 이상으로 위험시되며, 인도의 메이러트 사건과 비슷한 일본 공산당 사건의 재판이 몇 년 동안 계속되고 있다.

    나는 앞으로 말하려는 일본의 만주 침략 배경에 네가 얼마쯤 개념을 파악할 수 있었으면 하는 마음에서 일본의 상태에 대해 이제까지 이야기를 해 온 것이다.

    일본은 먼저 코리아를 손아귀에 넣고, 이어서 만주를 장악함으로써 아시아 대륙으로 진출할 수 있는 발판을 얻으려고 집요한 노력을 기울여 왔다는 것은 지금까지의 편지에서 읽었을 것으로 믿는다. 1894년의 청일 전쟁과 10년 후의 러일 전쟁은 어느 것이나 이런 유의 목적을 염두에 두고 싸운 전쟁이었다. 일본은 그 때마다 성공을 거두고 한 걸음 한 걸음씩 전진했다. 코리아는 합병되어서 일본 제국의 일부에 지나지 않게 되어 버렸다. 중국의 동부 3성의 통칭에 불과한 만주에서는 여순(旅順) 항 주변의 러시아 조차지와 권익이 일본에 양도되었다. 러시아가 건설한 만주를 관통하는 동청(東淸) 철도 또한 일본이 관리하게 되어 남만주 철도라고 일컬어지게 되었다. 이처럼 많은 변화에도 불구하고 만주는 전체적으로는 아직도 중국 정부의 지배하에 있어 철도를 통해서 많은 중국인 이민이 흘러들고 있었다. 정말로 이 동부 3성을 향한 이민은 세계사상 최대의 인구 이동의 하나로 꼽힐 수 있는 것으로, 1923년부터 29년까지의 7년 간 250만 명 이상의 중국인이 이주했다. 만주의 인

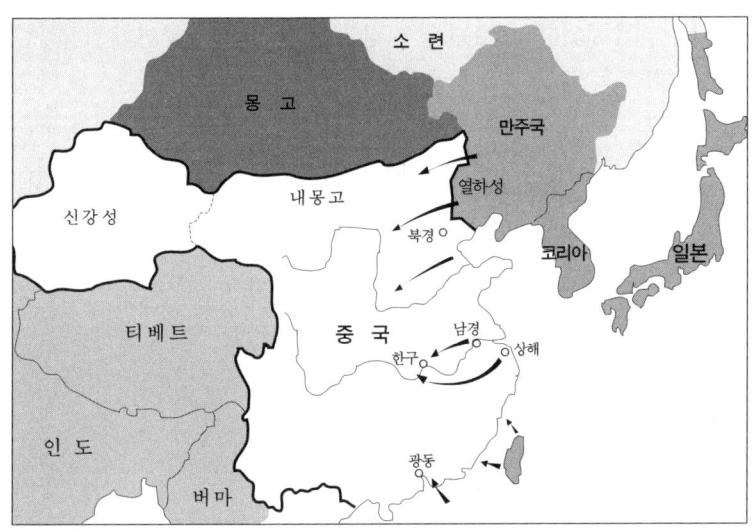
중국에 대한 일본의 전쟁

구는 지금은 3000만 명을 헤아리지만, 그 중 95%가 중국인이고, 러시아인·몽고 유목 민족·코리아인 그리고 일본인 등은 나머지 5%에 지나지 않는다. 따라서 동부 3성은 완전히 중국인의 소유인 것이다. 재래의 만주족은 중국인에게 흡수되어 지금은 그들의 언어마저 잊혀져 가고 있는 실정이다.

너는 1922년의 워싱턴 회의에서 9개국 조약이 서명되었다는 사실을 기억하고 있겠지. 이것은 서구 열강의 의사에 따라, 특히 일본의 중국에 대한 침략 기도를 억제할 목적에서 맺어진 것이었다. 9개국(일본도 그 한 나라로서 참가했다)은 명백히 '중국의 주권, 독립과 영토·행정적 보존을 존중할 것'을 약속했다.

몇 년 간은 일본도 겉으로는 수수방관만 하고 있었다. 그러나 무대 뒤에서 일본은 중국의 군벌 내지는 독군 가운데 한 사람에게 자금이나 무기 등을 원조해 주어 내전을 계속시키고, 그것을 통해서 중국의 힘을 약하게 하려 했다. 그 중에서도 일본은 만주를 지배하고 있었으며, 남부의 민족주의자들이 승리를 얻기 전까지는 북경을 차지하고 있던 장작림의 뒤를 밀어 주었다. 1931년 일본 정부는 만주에서 공공연히 침략적인 태도를 취했다. 극심한 경제 공황에 빠진 그들이 국민들의 관심을 밖으로 돌리고 아울러 국내의 긴장을 완화시키기 위해서는 국외에서 무슨 짓을 저지르지 않을 수 없을 것이다. 또는 정부의 실권을 장악했기 때문인지, 아니면 또 다른 열강이 모두 자국의 문제나 무역 불황에 정신이 없어 간섭해 오지 않을 것을 예상했기 때문인지도 모른다. 어쨌든 이들 모든 이유가 한 덩어리가 되어서 일본 정부는 그와 같은 중대한 발걸음을 한 발짝 내딛게 된 것 같다. 이러한 조치가 중대했다는 것은 그것이 1922년의 9개국 조약에 명백히 위반되었기 때문이다. 그것은 또 국제 연맹 규약을 위반한 것이기도 했다. 중국도 일본도 모두 국제 연맹의 가맹국이었으며, 가맹국인 이상은 국제 연맹에 통고하지 않고서는 서로 공격할 수 없었다. 그리고 끝으로 그것은 전쟁을 추방하기 위해서 체결된 1928년의 파리(또는 켈로그) 조약을 명백히 위반한 것이기도 했다. 중국에 대해 전쟁과 유사한 작전을 수행함으로써 일본은 계획적으로 이들 조약이나 협정을 깨뜨리고 세계에 도전했던 것이다.

물론 일본은 그렇게는 말하지 않았다. 그들은 만주 비적들과의 하찮은 사건을 빌미로, 질서의 유지와 자국의 권익 보호를 위해서 부득이 군대를 파견하지 않을 수 없게 되었다는 근거 없는 구실을 내걸었다. 공식적인 선전 포고는 전혀 없었지만 일본은 만주를 침략하고 있었다. 중국 인민은 이에 분노했다. 중국 정부는 국제 연맹이나 열강에 사정을 호소하고 항의했지만 아무도 이 문제에 주의를 기울이지 않았다. 각국은 자국의 위태로운 상황을 타개하기에 바쁜 나머지 일본에 반대해서 또 하나의 마음 내키지 않는 일을 추가하고 싶어하지는 않았다. 영국과 일본 사이에는 비밀리에 묵계가 교환된 것 같기도 했다. 중국의 비정규군[便衣隊]은 만주에서 자주 일본군을 괴롭혔다. 그러나 아직 양국 간에는 전쟁은 없었다! 일본으로서 더욱 곤란했던 것은 중국에서 일본 상품에 대한 보이콧이 대대적으로 전개된 것이었다.

1932년 1월 일본군은 갑자기 상해 일대를 공격해 현대의 일로서는 가장 전율할 만한 끔찍한 학살 행위를 자행했다. 그들은 서구 열강을 자극하는 것을 고려해서 외국의 조계 지역은 피하고 인구가 밀집되어 있는 중국인 지구를 공격했다. 상해 부근의 광대한 지역(그 곳은 閘北이라는 곳이었다고 기억된다)은 폭격을 당해 철저히 파괴되었다. 몇천 몇만의 사람이 죽고 부지기수의 사람들이 집을 잃었다. 이것은 분명히 군대를 상대로 한 전투가 아니었다는 사실을 알아야 한다. 그것은 무고한 인민에 대한 폭격이었다. 이러한 무모한 작전을 지휘했던 해군 제독은 기자들의 질문에 답하면서 "일본군은 특별한 온정을 가지고, 인민에 대한 무차별 폭격은 앞으로 2일 이상 더 계속하지 않기로 결정했다"고 언명했다! 친일적인 런던 『타임스』의 상해 특파원마저도, 이 일본인의 중국에 대한 말을 빌려 '대규모의 살육(wholesale massacre)'에는 충격을 받았다고 한다. 하물며 중국인이 그 사건에 대해 어떤 느낌을 받았는지는 상상하고도 남음이 있다 하겠다. 공포와 분노의 물결이 휩쓸었고, 중국 내의 모든 군벌과 정부도 이런 야만적인 외국의 침략에 직면하자 또한 그들도 상호 적대 감정을 잊거나, 아니면 적어도 잊은 듯이 보였다. 일본에 대한 통일 전선 결성의 기운이 일어났으나, 오지에 있던 공산당 정부와 장개석은 분명히 전진해 오고 있는 일본군의 손으로부터 상해를 지킬 움직임을 보이지 않았다. 남경 정부가 한 것으로는 국제 연맹에 항의를 제출하는 정도가 고작이었을 뿐, 일본에 대해서 통일적인 저항의 움직임조차 보이지 않았다. 그들은 입으로만 허세를 부렸고, 게다가 나라 전체에서 분노가 들끓었는데도 전혀 저항할 의욕조차 없는 듯한 형편이었다.

그런데 거기에 남방에서 급히 편성된 군사가 달려왔다. 그들은 '19로군(十九路軍)'이라고 일컬어졌다. 이것은 광동인으로 구성된 부대였으나, 남경 정부나 광동 정부의 지휘하에 있는 것이 아니었다. 그들은 변변한 장비도 구경이 큰 총포도 없었으며, 겨울철 중국의 혹한으로부터 몸을 지킬 만한 군복도 없는 초라한 차림새에 결함투성이의 군대였다. 복무하는 병사 중에는 14세에서 16세쯤의 소년이 많았고, 나이가 좀 들었다 해도 겨우 20세 정도밖에 안 되었다. 이런 불완전한 군대가 장개석의 명령을 무시하고 일본군과 싸워서 그들의 침략을 막아 냈다. 1932년의 1월과 2월의 2주 간에 걸쳐서 그들은 남경 정부로부터 아무 원조도 받지 못했지만, 훨씬 강대하고 장비가 우세한 일본군을 전혀 예기치 않았던 궁지에 몰아넣을 만큼 눈부시고도 영웅적인 정신을 발휘해서 싸웠다. 일본인뿐만 아니라 외국의 열강이나 중국인 자신들까지도 모두 깜짝 놀랐다. 모든 사람들의 칭찬 속에서 이들의 고군 분투가 2주 간이나 계속된 뒤에야 비로소 장개석은 예하의 몇 개 부대를 투입했다.

19로군은 어느 사학자의 말처럼 역사를 만들어 내고 세계에 이름을 빛냈다. 그들의 방어전이 일본의 계획을 뒤엎었을 뿐만 아니라 서구 열강도 상해에서의 자신들의 권익에 관한 불안에 빠지게 되는 등 사태가 심각해지자, 일본군은 서서히 상해 지구에서 물러나 배를 타고 철수해 버렸다. 이들 서구 열강은 몇천 몇만의 중국인이 학살된 갑북 사건 같은 대만행이라든가 또는 엄중한 조약이나 국제 규약에 대한 위반 행위에 대한 관심보다도, 자신들의 경제적인 또 그 밖의 수지에 훨씬 더 많은 관심을 기울였다는 사실을 우리 모두 기억해야 할 일이다. 국제 연맹은 몇 번이나 이 사건에 개입할 듯했으나 그 때마다 행동을 연기하는 구실을 찾아 냈다. 이 사건에서는 공식적인 선전 포고가 없었기 때문에 진짜 전쟁이 아니라고 했다! 국제 연맹의 명성과 위신은 이러한 저자세와 거의 계획적으로 자행된 범죄에 대한 묵인으로 크게 실추되었다. 이에 대한 책임이 몇몇 강대국에 있었던 것은 더 말할 필요도 없다. 특히 영국은 국제 연맹 내에서 친일적인 태도를 취했다. 결국 국제 연맹은 리튼 경(Lord Lytton)[72]을 단장으로 하는 조사단을 임명해서 만주에 파견했다. 이것은 어떠한 결정을 몇 달 동안 연기하는 것을 의미했기 때문에 여러 강대국 간에 쉽게 승인되었다. 만주는 아주 먼 곳에 있어서 조사단

---

72) 인도 태생의 영국 관리. 해군 차관과 인도 사무 차관을 거쳐 벵골 주지사(1922~27년)와 인도 총독 사무 취급관을 역임했다. 1932년 국제 연맹 일본 - 중국 분쟁 조사 위원장으로 중국과 일본을 방문했다.

이 거기까지 가서 현지 조사 보고서를 제출하려면 긴 시일이 걸리게 되기 때문에, 아마 그 때까지는 사건은 이미 끝나 있을 것이라고 생각했을지도 모른다.

일본은 상해에서 철수했지만, 그들은 만주에 이전보다 한층 더 많은 관심을 집중했다. 그들은 그 곳에 괴뢰 정부를 세우고 만주는 자결의 권리를 행사한다고 선언했다. 이 새로운 괴뢰 국가는 '만주국(滿洲國)'이라 일컬어졌고, 청나라의 후예에 해당하는 그다지 풍채도 좋지 않은 청년이 새 국가의 군주로 추대되었다. 말할 나위도 없이 모든 것은 형식적인 것에 불과했고, 만주의 현실적인 통치자는 일본이었다. 만약 일본군이 철수라도 한다면 만주국은 하룻밤 사이에 전복되어 버릴 것이라는 사실은 누구나 다 아는 일이었다.

일본은 만주에서 몹시 시달림을 당했다. 중국의 의용병단이 끊임없이 그들에게 전투를 걸어 왔기 때문이다. 이들 의용병단을 일본인은 '비적(bandit)'이라 불렀다. 만주 지방의 중국인으로 구성된 만주국 군대는 일본인으로부터 훈련받고 장비를 공급받았다. '비적' 토벌에 차출당하면 그들은 재빨리 신식 장비를 가지고 비적과 합류했다! 만주는 이런 끊임없는 전쟁으로 인해 격심한 피해를 입어 대두(soybean) 무역은 거의 정지된 상태였다.

한편 만주 문제를 조사하기 위해 파견된 리튼 조사단은 조사에 몇 달을 소비한 뒤 국제 연맹에 보고서를 제출했다. 이 보고서는 조심스럽고 온건하며 공정한 용어로 작성된 문서이기는 했지만, 일본에게는 결정적으로 불리한 내용이었다. 지금까지 일본을 옹호해 왔던 영국 정부는 이 보고서에 접하자 매우 당황했다. 사건의 심의는 또다시 몇 개월 간 연기되었다. 그러나 마지막에는 국제 연맹도 이 문제를 어떻게든 해결해야만 했다. 미국의 태도는 영국과는 매우 달라서 일본의 처사에 훨씬 강력하게 반대하고 나섰다. 미국은 이미 "만주와 그 밖의 지역에서 일본에 의해 강제로 이루어졌던 어떠한 변화도 승인하지 않는다"는 성명을 냈다. 이같이 강경한 미국의 태도가 있었는데도 영국을 비롯해서, 또 어

세계에 도전하는 일본

느 정도까지는 프랑스·이탈리아·독일도 일본을 지지하고 있었다.

국제 연맹이 될 수 있으면 결정을 회피하려고 노력하고 있는 동안 일본은 새로운 조치를 취했다. 1933년 정초 설날을 틈타 일본군은 갑자기 중국 본토에 진격해 만리장성의 중국 쪽에 있는 산해관(山海關)을 공격했다. 대구경포나 구축함으로부터의 포격과 비행기로부터의 폭격이 자행되었다. 이것은 완전히 현대적인 공격이어서 산해관은 '잿더미(smoking ruin)' 가 되고, 수많은 비무장 주민이 죽거나 중상을 입었다. 드디어 일본군은 열하성(熱河省)으로 진군해서 북경 부근까지 육박해 들어갔다. 비적들이 열하성을 만주국 공격의 본거지로 삼아 왔다는 것, 그리고 열하성은 만주국의 일부라는 것이 그들의 침략 구실이었다!

이런 새로운 수법의 공격과 정초 설날의 학살 사건은 국제 연맹을 놀라게 했고, 비교적 작은 강대국들의 주장을 통해서 국제 연맹은 리튼 보고서를 채택하고 일본을 비난하는 결의안을 통과시켰다. 일본은 이에 개의치 않고(그 이유는 영국을 포함한 몇몇 강대국이 몰래 일본을 후원했던 것을 알고 있었기 때문이 아니었을까?) 국제 연맹에서 자진 탈퇴해 버렸다. 국제 연맹을 탈퇴한 일본은 묵묵히 북경을 목표로 진격해 가고 있었다. 별다른 저항도 받지 않고 일본군이 북경의 성문에 도달한 1933년 5월, 중국과 일본의 휴전이 발표되었다. 일본의 공격에 대해 비루한 모습을 보인 이래, 남경 정부와 현재의 국민당이 중국에서 현저히 인기를 잃은 것도 무리는 아니다.

나는 꽤 오랫동안 만주 문제에 대해서 이야기했다. 그것은 중국의 장래를 좌우하는 문제이기 때문에 중요한 것이다. 그러나 그것을 더욱 중요하게 한 것은 그것이 눈앞에서 벌어지고 있는 국제적 범죄에 대한 국제 연맹의 무력함과 무능을 여지없이 폭로한 것이기 때문이다. 그것은 또한 유럽 여러 강대국의 이중성과 그들의 음모를 동시에 폭로했다. 이 특별한 문제에 관해 미국(국제 연맹 가맹국이 아님)은 일본에 대해서 강경한 태도를 보였는데, 한때는 일본과 전쟁을 벌일 듯한 험악한 분위기에까지 이르렀다. 그러나 그 때 영국이나 그 밖의 열강이 일본에 몰래 보낸 지원 때문에 이런 미국의 태도는 무위로 돌아갔으며, 혼자만 일본에 반대하는 처지에 빠질 것을 겁낸 미국은 종전보다는 조심성 있는 태도를 취하게 되었다. 국제 연맹은 의례적으로만 일본을 비난했을 뿐 그 이상의 조치는 아무것도 취하지 않았다. 괴뢰 국가 만주국은 국제 연맹 가맹 신청에 대한 승인을 받지는 못했지만, 이 승인 거부는 익살스런 광대극과 별로 다를 바가 없었다.

국제 연맹이 일본을 비난하는 결의를 했는데도 영국의 각료나 대사들은 꾸준히 일본의 행동을 두둔하는 데 노력을 아끼지 않았다. 이것은 영국이 러시아에 대해서 취한 행동과는 매우 대조를 이루는 것이었다. 1933년 4월에는 몇 명의 영국인 기술자들이 러시아에서 스파이 활동을 했다는 이유로 재판에 회부되었다. 무죄가 된 자도 있었으나 그 가운데 두 명은 가벼운 금고형을 선고받았다. 이에 항의하는 소리가 높아지자 영국 정부는 즉시 러시아 상품에 대한 수입 금지 조치를 취했다. 러시아도 영국 상품의 수입 금지로 이에 맞섰다.*

그런데 중국은 만주를 잃은 뒤 그 밖에도 많은 지역을 빼앗겼는데, 일본은 중국의 나머지 지역까지 계속 위협하고 있었다. 티베트는 독립을 했고, 몽고는 러시아의 소비에트 연방에 참가하는 소비에트 국가가 되었다. 중국은 그 위에 또 하나의 광대한 성, 즉 티베트와 시베리아의 중간에 걸친 신강성(新疆省) 또는 중국령 투르키스탄에서도 난관에 봉착했다. 이 성의 야르칸드와 카슈가르에는 카슈미르의 스리나가르(Srinagar)에서 라다크 초원(Leh in Ladakh)을 거쳐 정기적으로 대상들(caravans)이 다니고 있다. 그 주민의 대부분은 이슬람 교도 투르크인이었으나, 그들은 사고 방식이나 문화적인 면에서 또 이름까지도 중국식이다. 하지만 그들은 중국의 중심부에서 너무나 멀리 떨어져 있고, 게다가 고비 사막이 그 사이에 끼여 있어서 교통 기관은 매우 원시적이다. 그

---

* 영국과 러시아 사이의 이러한 무역 전쟁은 그 뒤 두 나라 사이에 협정이 성립됨으로써 막을 내렸다.

들을 중국과 결합시키는 유대는 강하지 않았으며, 투르크인으로서의 민족주의적 감정이 내재해 있어서 이것이 가끔 폭발하곤 했다. 이 광대한 지역은 세계 대전 이래 국제적 음모의 무대였다. 영국과 러시아와 일본이 서로간에 스파이전을 벌이는 동시에 중국 정부에 대해 음모를 꾸미거나 지방의 서로 대립하는 호족들의 뒤를 밀어 주기도 하고 있다.

1933년 초에 신강 지역에서 투르크인의 반란이 일어나 야르칸드와 카슈가르가 함락되고 공화국이 선포되었다. 영국은 소비에트가 이 반란을 지원하고 있다고 비난했으며, 소비에트는 공공연히 중국과 러시아 사이에 만주국과 비슷한 완충국을 만들 목적으로 이것을 선동한 것은 영국이라고 하면서 신강 지역의 반란을 조직한 영국군 장교의 이름까지 거명하고 있다.

☐ 추기

신강 지역의 반란은 중국 정부의 옹호자들로부터 진압되었다. 이것은 분명히 소비에트 관헌들로부터의 어떠한 비공식의 원조가 있었던 것 같다. 그 결과 중앙 아시아에서의 소비에트의 위신은 올라갔지만 영국의 위신은 땅에 떨어졌다.

179 *1933년 7월 7일*

사회주의 소비에트 공화국 연방

이번에는 소비에트의 나라, 러시아로 돌아가서 일단 중단되었던 이야기의 실마리를 찾아 더듬어 보기로 하자. 우리는 벌써 혁명의 지도자

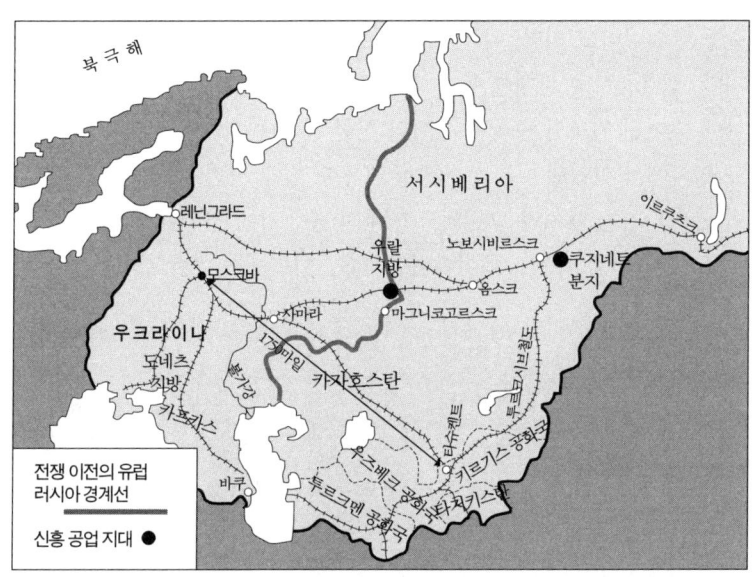

소련의 중앙 아시아 개발

이며 원동력이기도 했던 레닌이 죽은 1924년에까지 다다르고 있다. 그 이후 계속해서 썼던 다른 나라들에 관한 많은 편지에서도 나는 여러 번 러시아에 대해서 언급했다. 유럽 문제, 인도 국경, 중동 여러 나라 즉 터키와 페르시아, 극동 즉 중국과 일본을 고찰하는 동안에도 러시아에 관해서 몇 번이나 잠깐씩 이야기했다. 한 나라의 정치와 경제를 다른 나라의 그것과 따로따로 분리해서 이야기하기란 매우 어려울 뿐만 아니라 불가능하다는 사실이 너에게도 더욱더 분명해졌으리라 믿어진다. 여러 나라의 상호 관계와 상호 의존은 최근 몇 년 간에 급격히 깊어져서 세계는 여러 가지 의미에서 단일한 단위로 통합되고 있다. 역사는 국제적이고 세계적인 역사가 되어, 그 중의 한 나라와 관련된 문제를 이해하는 데에도 전체로서의 세계에 눈을 돌려야만 했다.

유럽과 아시아에 걸쳐 있는 소비에트 연방에 속하는 광대한 지역은 자본주의 세계와는 별개인 듯이 보이지만, 그래도 곳곳에서 접촉이나 충돌이 일어나고 있다. 나는 이전의 편지에서, 이것이 갑자기 중단되었지만, 소비에트의 관대한 동방 정책, 즉 터키와 페르시아와 아프가니스탄에 주어진 원조와 중국과 사이의 친선 관계에 대해서 이야기를 했다. 또 영국에서 있었던 아르코스(통상 대표부) 습격 사건, 위조 문서였던 것이 판명되기는 했지만 그런데도 영국의 총선거에 영향을 끼친 '지노비에프 서한'에 대해서도 이야기했다. 나는 이번에는 너를 소비에트 러시아의 한복판으로 데리고 가서 거기서 벌어지고 있는 주목할 만한 사회적 실험을 검토해 보고자 한다.

1917년부터 21년에 이르는 혁명 후의 최초의 4년 간은 혁명을 수많은 적으로부터 방위하는 전쟁의 시기였다. 이것은 대중의 십자군적 열광과 이상을 지키기 위해 나타난 영웅적인 행위를 통해 빛나는, 전쟁과 반란과 내전과 기아와 죽음이 교차되는 숨막힐 듯한 시기였다. 당장의 수확으로 무엇 하나 얻어진 것 없이 끝나 버렸지만, 커다란 희망과 약속이 사람들의 마음을 충족시켜 그들로 하여금 그들의 무서운 고통을 견뎌 내게 했고, 한참 동안은 그들의 텅 빈 뱃속의 허기까지 잊게 했던 것이다.

또한 레닌이 1921년에 신 경제 정책, 즉 네프(NEP)를 채용하고부터 사소한 약간의 이완이 있었다. 이것은 공산주의로부터의 후퇴이며, 국내의 부르주아적 요소와의 타협이기도 했다. 하지만 이것은 볼셰비키 지도자들이 자신들의 목표를 변경해 버린 것은 아니었다. 그것은 나중에 더욱 큰 전진을 하기 위한 일보 후퇴로서, 휴식을 취하고 기운을 회복하기 위한 것이었다. 이리하여 소비에트는 태반이 파괴되어 황폐된 폐허 위에서 본격적으로 국가 재건이라는 방대한 사업에 몰두하게 되었다. 건설 사업을 수행하기 위해서는, 이를테면 기관차·차량·트럭·트랙터, 공장 시설 따위의 기계와 재료가 필요했다. 그들은 이들 물자를 외국에서 사들여야 했는데 그러자니 돈이 없었다. 이를 위해서 그들은 자신들이 사들인 물자를 적당한 분할 불입으로 상환할 수 있도록 거래선인 외국 여러 나라에 신용 대부를 요청했다. 이것은 관계국이 상호 협상할 수 있는 관계에 있을 때 얻을 수 있는 것이며, 또한 쌍방이 상호간에 공식적으로 승인한 관계가 아니고서는 협상은 성립될 수 없는 것이다. 그리하여 소비에트 러시아는 다른 국가의 승인을 얻고 그들과 외교와 통상 관계를 수립하는 데 매우 열성적이었다. 그러나 제국주의 열강들은 볼셰비키와 그들의 혁명 사업 모두를 증오하고 있었다. 그들에게 공산주의는 그대로 방치해 두어서는 안 될 해악이었다. 사실 그들은 간섭 전쟁 기간에 이 세력을 타도하기 위해서 전력을 기울였으나 결국은 실패로 돌아갔다. 그들은 가능한 한 소비에트와 교섭하지 않으려 했다. 그러나 세계의 6분의 1을 지배하게 된 정부를 무시하기는 어려웠다. 하물며 값비싼 기계를 대량으로 사들이겠다는 좋은 고객을 소홀히 대접하기란 더욱 어려운 일이었다. 러시아와 같은 농업국과 독일·영국·미국과 같은 여러 공업국 간의 무역은 러시아가 기계를 필요로 하면서 원료나 식량을 값싸게 공급할 수 있었기 때문에 쌍방은 서로 편리할 수밖에 없었다.

돈에 대한 매력은 궁극적으로는 공산주의에 대한 증오보다도 컸기 때문에, 거의 모든 나라들이 소비에트 정부를 승인했고, 그 중에는 이들과 조약을 체결하는 나라도 많았다. 소비에트의 승인을 완강히 거부한 유일한 강대국은 미국이었다. 그러나 러시아와 미국 간에 무역 거래는 계속되고 있었다.*

이렇게 해서 소비에트는 대부분의 자본주의 내지 제국주의 국가들과 국교를 수립했으며, 1922년에 패전국 독일과도 라팔로 조약(Rappallo Treaty)을 체결했던 것처럼 어느 정도까지는 당시의 이들 열강의 대립과 항쟁의 정세를 이용했다. 그러나 이런 타협은 매우 불안정한 것이어서 두 체제 — 자본주의와 공산주의 사이에는 근본적으로 양립할 수 없는 점이 있었다. 볼셰비키는 끊임없이 식민지 여러 나라의 종속 민족이나 공장 노동자처럼 억압받고 착취당하고 있는 인민을 향해 그들의 압박자

---

* 1933년에 미국은 소련을 승인했으며, 두 나라 사이에 외교 관계도 수립되었다.

에 대해 반항하도록 촉구했다. 그들은 공식적으로는 그런 일을 하지 않았지만 코민테른, 즉 공산주의 제3인터내셔널을 통해서 그렇게 했다. 한편 제국주의 열강, 특히 영국은 소비에트의 존재 그 자체에 대한 모략을 계속하고 있었다. 그리하여 필경 분쟁을 피할 수 없게 되었고, 여러 번 충돌이 일어나서 외교 관계의 단절을 초래하는 등의 전쟁 위기를 조성했다. 내가 1927년의 아르코스 습격 사건이 원인이 되어 취해진 영국과 사이의 단교에 관해 이야기를 한 것을 아직 기억하고 있으리라 믿는다. 이러한 마찰은 영국이 제국주의 열강의 기수인 데 반해, 소비에트 러시아는 모든 제국주의의 이론적 근거를 부정하는 사상을 대변하고 있다고 생각하면 쉽게 이해될 수 있을 것이다. 그러나 이 두 나라의 적대 관계에는 그것보다 더욱 심각한, 제정 러시아와 영국 간의 몇십 년에 걸친 길고 오래된 전통적인 적대감이 개재되어 있는 듯하다.

오늘날 영국이나 다른 자본주의 여러 나라의 공포는 소비에트의 군대에 대한 것이라기보다는 매우 막연하지만 무언가 더욱 강대하고 위험스럽게 느껴지는 것, 즉 소비에트의 사상과 공산주의자의 선전에 대한 것이었다. 이에 대항하기 위해 대개는 조작된 반러시아적인 선전이 부단히 진행되고 있다. 소비에트의 잔학상을 전하는 터무니없는 이야기가 자주 유포되고, 영국의 정치가들은 전시중에 적국에 대해서가 아니면 절대로 쓰지 않을 노골적인 비난들을 함부로 소비에트의 지도자들에게 퍼붓고 있다. 버큰헤드 경(Lord Birkenhead)[73]은 두 나라가 평화적 관계에 있었으며 상호 외교 관계를 지속하고 있던 당시에, 소비에트의 정치가들을 가리켜 '암살자 음모단(junta of assassins)'이니 '부풀어오른 개구리의 무리들(junta of swollen frogs)'이라고 한 적이 있었다. 이런 상태에서는 소비에트와 제국주의 열강의 사이에 진정한 우호 관계가 성립될 수 없었다. 그들 사이의 차이점은 근본적인 것이었다. 세계 전쟁의 승자

---

73) 영국의 정치가이자 법률가. 대법원장(1915~19년)과 대법관(1919~22년)을 거쳐 1924년부터 28년까지는 인도 사무상으로 재임했다.

와 패자는 서로 손을 잡을 수가 있어도 공산주의와 자본주의가 악수할 수는 없었다. 이 양자 사이의 평화는 일시적일 수밖에 없으며, 그것은 전투를 중지한 휴전에 불과하다.

소비에트 러시아와 자본주의 열강 간에 벌어지는 논쟁의 이유로 흔히 듣는 것 가운데 하나는, 소비에트가 대외 채무의 지불을 거절했다는 것이다. 이것은 지금 와서는 실질적인 논점이 될 수가 없다. 왜냐하면 요즘과 같이 어려운 시기에는 어떤 나라든 거의 예외 없이 채무의 지불을 이행하고 있지 않기 때문이다. 그래도 이 문제는 아직도 이따금씩 제기되고 있다. 볼셰비키는 권력을 잡자마자 외국에 대해 제정 러시아가 져 왔던 채무의 지불을 거부했다. 이런 정책은 1905년에 실패로 끝난 혁명 때부터 이미 선언된 것이었다. 당시 그들이 주장한 그러한 원칙에 따라 소비에트 또한 중국 등 동양 여러 나라에 대해 그들이 가졌던 같은 종류의 권리를 포기했다. 더욱이 또 그들은 배상에 대해서도 아무런 분배도 주장하지 않았다. 1922년 연합국 정부들은 제정 러시아와의 채무 문제에 관해서 소비에트에 각서를 제출했다. 이에 대해 소비에트는 이들 여러 나라에게 과거에 얼마나 많은 자본주의 국가들이 채무나 계약의 이행을 거부함으로써 외국인의 재산을 몰수했는가를 상기시키는 회답을 보냈다. "혁명을 통해 구성된 정부나 조직은 타도된 정부의 계약을 존중할 의무를 지니지 않는다." 특히 소비에트 정부는 연합국에 대해, 그들 중 한 나라인 프랑스가 프랑스 대혁명 때 무슨 짓을 했는가를 상기시켰다.

프랑스가 스스로를 진정한 계승자라고 주장한, 프랑스 국민 공회는 1792년 12월 22일 '인민의 주권은 압제자가 맺은 조약들에 구속되지 않는다'고 선언했다. 이 선언에 따라 혁명 프랑스는 구 정권이 여러 외국 정부와 체결한 정치적 조약들을 파기했을 뿐만 아니라 국가적 채무의 이행도 거부했다.

이와 같이 지불 거부의 정당한 이유를 주장하면서도 다른 강대국들과 사이의 협상에 여념이 없던 소비에트 정부는 그들과 채무 문제를 토의할 충분한 의향을 보이기도 했다. 그러나 소비에트 정부는 그와 같은 토의를 개시하려면 그에 선행해서 외국 정부의 소비에트 정권에 대한 무조건적인 승인을 조건으로 하는 자세를 취했다. 사실 소비에트는 영국·프랑스 그리고 미국에 대한 여러 가지 채무 지불에 대해 갖가지 보장을 주기도 했으나, 자본주의 열강측에서는 러시아와 사이의 협상에 그다지 성의를 보이지 않았다.

영국의 권리 주장에 대응하는 것으로서 소비에트는 한 가지 재미있는 반대 요구를 제출했다. 영국의 러시아에 대한 요구는 정부 채무, 전쟁 채무, 철도 채권, 상업 투자를 합쳐서 총계가 약 8억 4000만 파운드에 이르렀다. 이에 대해 볼셰비키는 러시아의 내전(Civil War) 기간에 영국과 영국군이 소비에트의 적들을 원조함으로써 생긴 손해에 대해 영국의 보상을 요구했다. 이 손해의 총액은 40억 6722만 6000파운드로 계상되어 있었고, 그 중 영국이 지불해야 할 액수는 약 20억 파운드라 했다. 그리하여 소비에트의 반대 요구액은 영국의 요구액에 비해서 2배 반이나 많았던 것이다.

이러한 볼셰비키의 반대 요구는 그렇게 근거가 빈약한 것은 아니었다. 그들은 잘 알려진 순양함 앨라배마(Alabama)의 전례를 들었다. 이 순양함은 1860년대 미국의 남북 전쟁 시대에 남부를 위해 영국에서 건조된 것이었다. 이 군함은 남북 전쟁이 개시된 뒤 리버풀을 출항해 대서양에서 활약함으로써 미국 북부의 해운과 무역에 막대한 손해를 입혔다. 영국과 미국은 전쟁 일보 직전까지 갔다. 미국 정부는 영국이 전시중에 남부에 순양함을 양도할 권리가 없다고 주장하면서 그로 인해 생긴 손실의 전액 보상을 요구했다. 사건은 국제 조정에 붙여져서, 결국 영국은 미국에 대해 302만 9166파운드의 손해 보상을 지불해야 했다.

러시아의 내전에서 영국이 한 역할은 이처럼 무거운 손해 보상을 지불해야만 했던 일개 순양함의 제공보다는 훨씬 중요한 것이었으며 실제로 손해도 훨씬 컸다. 소비에트가 공식적으로 발표한 바에 따르면 외국 간섭 전쟁 기간중에 러시아의 인명 피해는 무려 135만 명에 이르렀다.

이러한 러시아의 옛날 채무 문제는 이제까지 겨우 일부가 해결되었을 뿐이었다. 그러나 그것은 벌써 너무 오랜 시간이 지났기 때문에 전혀 무의미했다. 한편 잘 알다시피 영국 · 프랑스 · 독일 · 이탈리아와 같은 대자본주의 내지 제국주의 국가들은 러시아의 경우와 같이 기를 쓰고 그 같은 짓을 하고 있었다. 분명히 그들은 그들의 채무 지불을 거부하거나 자본주의 제도의 근본 원칙에 반대하거나 하지는 않았다. 그러나 그들은 오로지 채무 이행을 태만하게 하고 지불을 안 했을 뿐이었다.

소비에트의 대외 정책은 어떠한 희생을 치르더라도 평화를 유지하려는 것이었다. 왜냐하면 그들은 회복을 위한 시간 여유가 필요했고, 사회주의 노선에 입각한 거대한 새 국가의 건설만이 관심의 대상이었기 때문이다. 가까운 장래에는 다른 나라들에도 사회 혁명이 일어나리라는 전망에서 더욱 그러한 태도를 취했다. 그러나 '세계 혁명(World revolution)'이라는 이상은 시간이 갈수록 가능성이 희박해졌다. 러시아는 동양 여러 나라에 대해서만, 그들 국가들이 자본주의 제도하에 지배되고 있는데도 우호와 협력 정책을 전개했다. 언젠가 나는 러시아와 터키 · 페르시아 · 아프가니스탄 사이의 각 조약망에 대해 이야기한 적이 있었다. 강대한 제국주의 열강에 대해 공통으로 느끼는 공포와 증오가 그들을 일치 단결시키는 계기가 되었다.

레닌이 1921년에 채택한 신 경제 정책은 중농층을 사회주의화하려는 것이었다. 부농 — 그들은 쿨라크(Kulak)라고 일컬어졌는데, 이 말은 주먹을 의미한다 — 은 소규모의 자본가이며 사회주의화 과정을 저해하는 존재였기 때문에 우대받지 못했다. 레닌은 또 농촌 지역의 대대적인 전기화 계획에 착수해서 거대한 발전 시설이 몇 개나 건설되었다. 이것은 여러 가지 점에서 농민의 이익을 도모하고 국가의 공업화를 촉진하기 위한 것이었다. 이것은 특히 농민층 사이에 공업에 대한 심성을 양성해서 그들을 도시 노동자, 즉 프롤레타리아트에 가까운 수준으로 끌어

올리려는 것이었다. 농민들은 마을마다 밝은 전등이 켜지고 많은 농경 시설이 전력으로 가동됨에 따라, 낡은 관습이나 미신에서 벗어나 새로운 노선에 따라 사고하는 힘을 갖추게 되었다. 도시와 농촌, 도시민과 농민 사이에는 반드시 이해의 충돌이 있기 마련이다. 도시의 노동자는 농촌에서 산출되는 식량과 원료는 싼값에 얻고자 한 반면에, 자신들이 만든 공업 제품은 비싼 값으로 팔기를 원했다. 한편 농민들은 도시에서 생산되는 도구나 공업 제품을 값싸게 손에 넣기를 바라면서 자신들이 생산하는 식량이나 원료는 비싸게 팔고자 했다. 러시아에서의 이런 다툼은 4년에 걸친 전시 공산주의(militant communism)의 결과로서, 더욱더 첨예화되려 하고 있었다. 신 경제 정책이 채용되어 농민들에게 개인적인 상업을 영위하는 편의가 주어진 것은 주로 이 같은 사정 때문이며, 그러한 긴장을 완화시키려는 것이었다.

레닌은 자신의 전기화 계획에 매우 열성을 가지고 일했으며, 그 계획을 추진하기 위해 그가 나중에 자주 입에 올리게 되었던 어떤 공식을 쓸 정도였다. 그는 '전기+소비에트=사회주의(electricity plus soviets equals socialism)'라고 말했다. 레닌이 죽은 뒤에도 이런 전기화 사업은 놀랄 만한 속도로 진척되었다. 농민에게 영향력을 주고 영농 방법을 개량하는 또 하나의 방법은 이랑 만들기나 그 밖의 목적을 위해 대량의 트랙터를 응용하는 것이었다. 트랙터의 공급은 미국의 포드 회사가 맡았다. 게다가 소비에트는 연산 10만 대 규모의 거대한 자동차 공장을 건설하기 위해서 포드 회사와 대규모 계약을 맺었다. 이 공장은 주로 트랙터를 제조하기 위한 것이었다.

또 하나 소비에트를 외국의 이해 관계와 충돌하게 한 사업은 석유의 생산과 국외 수출이었다. 카프카스(Kavkaz)의 아제르바이잔(Azerbaidzhan)과 그루지야(Gruziya)에는 우수한 유전 지대가 있다. 아마 이것은 페르시아·모술 그리고 이라크로 뻗어 있는 가장 광범위한 유전 지대의 일부일 것이다. 카스피 해에 면한 바쿠(Baku)는 남러시아의 큰 석유 도시다. 소비에트는 여러 나라의 큰 석유 회사가 매긴 것보다 훨씬 싼값으로 자기들의 석유를 수출하기 시작했다. 미국의 스탠다드 석유 회사(Standard Oil Co.), 그리고 앵글로 - 페르시안 회사(Anglo-Persian), 로열 더치 셸 회사(Royal Dutch Shell Co.) 등등의 석유 회사는 굉장히 큰 것이어서 사실상 세계 석유 공급의 거의 대부분을 지배하고 있었다. 소비에트가 석유를 염가 판매한 것은 그들에게 큰 손해를 입혀 그들의 격렬한 분노를 샀다. 그들은 소비에트 석유에 대한 불매 운동을 전개하고 카프카스의 유정(油井)이 그 옛날의 자본가 소유주한테서 소비에트가 몰수한 것이라는 이유로 '장물 석유(stolen oil)' 취급을 했다. 그렇지만 얼마 뒤에 그들은 '장물 석유'와 협상을 시작했다.

나는 이제까지 이 편지나 또 다른 편지에서 언제나 '소비에트(Soviet)'라는 이름을 쓰거나 또는 '소비에츠(Soviets)'란 복수형의 호칭을 쓰기도 했다. 또 '러시아(Russia)'라고도 했다. 나는 이 용어들을 모두 같은 의미를 지닌 것으로 표현하기 위해 제멋대로 써 왔다. 그래서 나는 이것이 도대체 무엇인가를 너에게 설명해 두어야겠다. 소비에트 공화국이 1917년 11월 페트로그라드에서 선언되었던 것은 물론 너도 알고 있는 바와 같다. 제정 러시아는 강력한 통일체를 형성한 단일 민족 국가는 아니었다. 러시아 본국은 유럽과 아시아의 두 대륙에 걸친 수많은 소수 민족을 지배하고 있었다. 이런 소수 민족은 종류가 200 가까이나 되어 제각기 서로 큰 차이점을 가지고 있었다. 차르 시대에는 그들은 종속 민족으로 취급받아, 그들의 언어나 문화는 정도의 차이는 있지만 모두 억압당했다. 중앙 아시아의 후진 민족들을 계발시키는 일에는 사실상 전혀 손도 대지 못하고 있었다. 유태인들은 이른바 그들 자신의 고국을 갖지 못했는데, 어쨌든 가장 심한 대우를 받은 소수 민족 사회에서도 포그롬(pogroms), 즉 유태인 사냥은 누구 하나 모르는 이가 없을 정도였다. 이 때문에 그들의 주된 관심은 민족 혁명이지 사회 혁명은 아니었는데도, 억압받는 이들 여러 민족 중에서 러시아 혁명 운동에 참가하는 자가 많이 나타났다. 1917년 2월 혁명 후의 임시 정부는 이들 민족들에게 여러 가지 약속은 해 주었지만 사실상 아무것도 실행하지는 않았다. 그런데 레닌은 혁명 훨씬 이전 볼셰비키 당의 초기 시대부터 각 민족에 대해 완전한 분리와 독립을 포함한 충분한 자결권을 부여해야 할 것을 주장하고 있었고, 이것이 예전부터 볼셰비키 강령의 일부를 이루고 있었다. 혁명이 달성되자 볼셰비키는 즉각 이 자결 원칙의 신념을 재확인했다.

내전중 제정 러시아는 산산조각이 나고, 한참 동안은 소비에트 공화국도 모스크바와 레닌그라드 주변의 소지역을 지배하는 데에 불과한 형편이었다. 서구 열강의 지원을 받은 발트 해에 접한 몇 민족 — 핀란드·에스토니아·라트비아 그리고 리투아니아는 독립 국가가 되었다. 폴란드도 물론 독립했다. 러시아의 소비에트가 내전에서 승리를 거두고 외국 군대가 철수하자 개별적인 독립 소비에트 정부가 시베리아나 중앙아시아에 속속 수립되었다. 공통의 목적을 가진 이들 정부는 당연히 서로 긴밀하게 제휴했다. 1923년에 그들은 합류해서 소비에트 연방 또는 정식 호칭으로 '소비에트 사회주의 공화국 연방(The Union of Socialist Soviet Republic)'을 결성했다. 이 명칭은 흔히 그 머릿글자를 따서 U.S.S.R.로도 일컬어진다.

1923년 이래 한두 차례 하나의 공화국이 둘로 갈라지면서 연방에 속하는 공화국의 수에 다소의 변화가 있었다. 현재로는 연방내의 공화국에는 다음의 7개가 있다.

      (1) 러시아 사회주의 연방 소비에트 공화국
      (2) 백러시아 사회주의 소비에트 공화국
      (3) 우크라이나 사회주의 소비에트 공화국
      (4) 트란스-카프카스 사회주의 연방 소비에트 공화국
      (5) 투르크메니스탄 또는 투르크멘 사회주의 소비에트 공화국
      (6) 우즈베크 사회주의 소비에트 공화국
      (7) 타지키스탄 또는 타지크 사회주의 소비에트 공화국

몽고 또한 소비에트 연방과 어떤 종류의 동맹 관계에 있다.

소비에트 러시아는 따라서 몇 개의 공화국으로 구성되는 연방이다. 이들 연방 공화국 가운데 어떤 것은 그 자체로서 또 연방을 구성하고 있다. 예컨대 러시아 사회주의 연방 소비에트 공화국은 아제르바이잔 사회주의 소비에트 공화국과 그루지야 사회주의 소비에트 공화국과 아르메니아 사회주의 소비에트 공화국의 세 공화국의 집합체다. 이들 각 공화국의 내부에는 또 수많은 '민족(national)'과 '자치(autonomous)' 구역이 있다. 이렇게 곳곳에 많은 자치구를 설정한 목적은 각 민족이 제각기 고유한 문화와 언어를 가지고 되도록 많은 자유를 누리게 하기 위해서다. 하나의 민족 또는 인종 집단이 다른 집단을 지배하는 것은 가능한 한 회피하게끔 되어 있다. 소비에트의 이 같은 소수 민족 문제의 해결 방식은 소수 민족 문제의 어려움에 당면하고 있는 우리의 큰 관심을 끈다. 소비에트 민족 문제의 복잡성은 우리 인도 이상의 것이다. 그들은 182종이나 되는 이민족을 처리해야 하기 때문이다. 그들의 방식은 대단한 성공을 거두고 있다. 그들은 최대한도로 개개의 민족들을 존중하고 그들이 그들 고유의 언어를 써서 그들의 일을 처리하며 교육을 받도록 배려하고 있다. 이것은 단순히 여러 가지 잡다한 민족들의 분리 경향에 영합하려는 것이 아니라, 참된 교육과 문화의 진보는 그 지역 고유의 언어가 사용될 경우에만 실효를 거둘 수 있다는 것을 느꼈기 때문이다. 그리고 벌써 그 성과에는 주목할 만한 것이 있다.

이처럼 연방내에 통일을 저해하는 듯한 경향이 있는데도 각 지역은 그들이 차르의 중앙 집권 정부 밑에 있을 때보다는 훨씬 긴밀히 결속되어 가고 있는 것처럼 보인다. 그 이유는 그들이 공통의 이상을 가지고 모두가 함께 공동의 사업을 위해 협력하고 있기 때문이다. 각 연방 공화국은 이론상 언제든지 희망할 때는 연방에서 탈퇴할 권리를 가지고 있다. 그러나 적대적인 자본주의 세계에 둘러싸여 있는 현상을 볼 때 사회주의 공화국들이 연합하는 편이 더 큰 이익이 되기 때문에 그런 일이 일어날 가능성은 매우 희박하다.

연방내의 주된 공화국은 말할 나위 없이 러시아 공화국(R.S.F.S.R.)이다. 이 공화국은 레닌그라드에서 시베리아에 걸쳐 있다. 백러시아 사회주의 소비에트 공화국은 폴란드와 국경을 접하고 있고 우크라이나 남부에서 흑해에 면하고 있으며, 러시아의 곡창 지대다. 트란스 - 카프카스는 그 이름이 가리키듯이 카스피 해와 흑해의 중간에 있는 카프카스 산맥을 가로질러 있다. 오랫동안 투르크인과 아르메니아인 사이의 무서운 살육의 무대가 되었던 아르메니아는 트란스 - 카프카스 공화국 가운데 한 나라이며, 지금은 소비에트 공화국으로서 평화로운 생활을 누리고 있는 것 같다. 카스피 해의 다른 해안에는 세 개의 중앙 아시아 공화국 — 투르크메니스탄(Turkmenistan), 유명한 부하라와 사마르칸트라는 도시가 있는 우즈베키스탄(Uzbekistan), 그리고 타지키스탄(Tadjikistan)이 있다. 타지키스탄은 아프가니스탄 북방에 가로놓여 있으며, 인도에서 가장 가까운 소비에트 영토다.

우리는 중앙 아시아와는 먼 옛날부터 접촉이 있었기 때문에 이들 중앙 아시아 여러 공화국은 우리에게는 특히 깊은 이해 관계가 있는 나라들이다. 그들이 그 이상으로 우리의 관심을 끄는 것은 그들이 과거 몇 년 간에 눈부실 만큼 진보를 이룩한 사실 때문이다. 차르의 지배 아래 그들은 거의 교육다운 교육도 받지 못하고, 여성들은 대부분 베일을 쓰고 있었는 데서도 알 수 있듯이 매우 뒤떨어진 미신적인 나라들이었다. 그러나 오늘날 여러 가지 점에서 인도를 능가하고 있다.

180 *1933년 7월 9일*

피아틸레트카, 또는 러시아의 5개년 계획

레닌은 생존해 있는 동안 소비에트 러시아에서 비견할 자가 없는 지도자였다. 그가 최후의 답안을 내리면 누구나 그의 의견에 따랐다. 분쟁이 생기면 그의 말은 법이 되어, 서로 다투는 분파를 하나의 공산당으로 다시 통합시켰다. 그가 죽자 불가피하게 분규가 일어나서 서로 적대하는 집단이나 세력이 주도권을 놓고 다투었다. 외부 세계에서의 평가라든가, 또 어느 정도까지는 러시아 국내에서도 트로츠키는 볼셰비키 중에서 레닌 다음 가는 인물이었다. 10월 혁명에서 지도적 역할을 한 것은 트로츠키였으며, 극심한 고난 속에서 내전과 외국의 간섭을 극복했던 적군을 창설한 이도 그였다. 그러나 트로츠키는 초창기의 볼셰비키들에 비해서는 신참자였다. 레닌 외에는 그다지 그를 경애하거나 신뢰하는 자가 없었다. 그리하여 고참 볼셰비키의 한 사람인 스탈린이 서기장이 되었으며, 그는 러시아에서 가장 중요하고 권력 있는 조직을 지배하고 있다. 트로츠키와 스탈린은 원래부터 사이가 좋지 않았다. 그들은 서로 증오했고, 그들의 인물됨 또한 서로 너무나 달랐다. 트로츠키는 굉장한 문필가이자 웅변가였으며, 또 자신이 위대한 조직가이며 영웅적인 실천가임을 입증했다. 그는 혁명 이론을 발전시키는, 그리고 채찍이나 전갈같이 찌르는 듯한 날카로운 말로써 자기의 반대자를 맹렬히 공격하는 예리하고도 번득이는 지식인이었다. 그에 비해 스탈린(Stalin)은 과묵하고 두드러지지 않은, 도무지 훌륭한 면이라곤 조금도 없는 인물로 여겨졌다. 그러나 그 또한 훌륭한 조직가였으며, 위대한 영웅적인 투사로서 강철 같은 의지의 소유자였다. 실제로 그는 '강철 인간(man of steel)'이라고 알려져 있을 정도였다. 트로츠키는 칭찬을 받았지만, 그에 반해서 신념을 불어넣은 것은 스탈린이었다. 그는 그루지야의 농민 출신으로 대중 속에서 두각을 나타냈다. 그러나 공산당 내에는 이렇게 빼어난 개성(towering personalities)을 지닌 이들 두 사람 모두를 위한 방(room)은 없었다.

　스탈린과 트로츠키의 대립은 개인적인 것이었으나 실은 개인적인 문제 이상의 것이기도 했다. 그들은 각기 상이한 정책을 대변하고, 상반되는 혁명의 전개 방식을 대표하고 있었던 것이다. 트로츠키는 혁명이 일어나기 훨씬 이전부터 '영구 혁명(Permanent Revolution)의 이론'을 제창하고 있었다. 이 이론에 따르면, 아무리 혁명에 좋은 조건이라 하더라도 단일 국가가 완전한 사회주의를 수립할 수는 없다. 농민은 세계 혁명을 거쳐야 비로소 사회주의화되기 때문에 진정한 사회주의는 세계 혁명을 거친 뒤에 비로소 실현된다는 것이었다. 사회주의는 경제 발전 단계상으로 볼 때 자본주의의 다음 단계에 도래하는 더욱 높은 단계로 간주되었다. 현재 세계의 더욱 많은 지역에서 우리가 보아 오고 있듯이 자본주의는 국제적이 됨에 따라 붕괴하기 마련이다. 오직 사회주의만이 이러한 국제적인 구조를 이롭게 할 수 있으며, 여기에 사회주의의 필연성이 있다. 마르크스주의 이론은 바로 이것이었다. 그러나 만약 어떤 나라 — 즉 국제적이 아니라 국가적으로 — 가 사회주의를 추진하려고 한다면 그것은 경제면에서 더욱 낮은 단계로 역행하는 데에 지나지 않을 것이다. 국제주의는 사회주의적 진보마저도 포함해서 모든 진보에 필요 불가결한 기초를 이루는 것으로, 거기서 후퇴하는 것은 가능하지도 않고 또 바람직한 일도 아니다. 그러므로 트로츠키에 따르면 소비에트 연방과 같은 큰 나라도 어쨌든 고립된 한 나라만으로 사회주의를 건설한다는 것은 경제적인 관점에서 볼 때 불가능한 일이었다. 소비에트가 자립하기 위해서는 서유럽의 여러 공업국에 의존해야 할 경우가 수없이 많았다. 그것은 말하자면 도시, 농촌 또는 지방과 사이의 상호 의존 관계와도 같은 것이었다. 공업이 진척된 서유럽을 도시로 친다면 러시아는 한 마디로 지방이었다. 정치면에서도 또한 고립된 사회주의 국가는 자본주의적 환경 속에서 오랫동안 생명을 유지해 갈 수 없다는 것이 트로츠키의 견해였다. 이 둘 — 우리가 그 예를 얼마든지 볼 수 있듯이 — 은 양립할 수 없는 것이었다. 여러 자본주의 나라가 사회주의 국가를 타도해서 없애거나, 아니면 곳곳의 자본주의 나라들에 혁명이 일어나 사회주의가 실현되거나 어느 하나의 길밖에는 없을 것이다. 물론 잠시 동안은 양자가 불안정한 균형을 유지하면서 공존한다 하더라도 말이다.

　대체로 이것은 혁명 전후의 모든 볼셰비키 지도자들이 품었던 견해였던 듯하다. 그들은 세계 혁명, 그렇지 않으면 적어도 유럽에서만은 혁명이 일어날 것을 이젠가 저젠가 하고 기다리고 있었다. 몇 달 동안은 유럽의 하늘에서 뇌성이 울렸지만, 폭풍우는 결국 몰아치지 않고 사라져 버렸다. 러시아는 신 경제 정책을 여전히 수행해 나갔지만 매우 평범하고 단조로운 과정을 밟고 있었다. 그래서 트로츠키는 이에 대해 경고하면서 세계 혁명을 목표로 하는 더욱 전투적인 정책을 취하지 않는 한 혁명은 위기에 처할 것이라고 지적했다. 이런 힐난이 스탈린과 트로츠키 사이의 심각한 대립으로 발전해서 여러 해에 걸쳐서 공산당을 진동시킨 대립을 불러일으켰다. 이 대립은 주로 스탈린이 당 기구를 장악하고 있었기 때문에 스탈린의 완전한 승리로 돌아갔다. 트로츠키와 그의 지지자들은 혁명의 적으로 간주되어 당에서 제명당했다. 트로츠키는 처음에는 시베리아로 보내졌다가 얼마 뒤 국외로 추방당했다.

　스탈린과 트로츠키 사이의 대립의 불씨가 된 것은 스탈린이 농민을 혁명의 주체로 끌어들이기 위해 어떤 농업 정책을 강행할 것을 제안한 데에 있었다. 이것은 여러 외국의 정서와 상관없이 러시아에 일국 사회주의를 건설하는 것을 기도한 것이었다. 트로츠키는 이에 반대해서 자신이 제시한 '영구 혁명'의 이론을 고집하고 양보하지 않았는데, 이것을 전제로 하지 않는 한 농민은 완전히 사회주의화할 수 없다는 주장이었다. 실제로 스탈린은 트로츠키의 이론에서 배운 바 적지 않았으나, 그는 그것을 트로츠키의 방식이 아닌 자기의 방식대로, 자신의 손으로 실행

피아틸레트카, 또는 러시아의 5개년 계획

했다. 이 일과 관련해서 트로츠키는 자신의 자서전에서 "그러나 정치에서 결정적인 것은 단지 '무엇을(what)' 이 아니라, '어떻게(how)' 또 '누가(who)' 라는 것"이라고 쓰고 있다.

이리하여 이 두 거두 간의 대립은 종말을 짓고, 트로츠키는 지난날 그 자신이 그렇게도 과감하고 빛나는 역할을 보여 주었던 무대에서 쫓겨났다. 그는 소비에트 연방의 주요한 건설자의 한 사람이었지만, 소비에트 연방을 떠나야만 했다. 거의 모든 자본주의 나라들은 이 역동성이 뛰어난 인물을 겁내 그를 받아들이려 하지 않았다. 영국을 비롯한 대다수 유럽 나라들은 그의 입국을 거부했다. 결국 그는 터키의 이스탄불 앞바다의 작은 섬 프린키포(Prinkipo)를 임시의 피난처로 하여 저작에만 몰두한 끝에 주목할 만한 대작 『러시아 혁명사(History of the Russian Revolution)』를 저술했다. 스탈린에 대한 증오는 아직껏 그의 마음을 가득 메우고 있어서 그는 신랄한 어조로 스탈린을 비판하고 공격의 화살을 퍼부었다. 정식의 트로츠키주의 정당이 전세계의 곳곳에 결성되자, 이들은 소비에트 정부와 코민테른의 공인된 공산주의에 맞서기 시작했다.

트로츠키를 추방해서 제거한 스탈린은 다른 데에는 전혀 신경쓰지 않고 놀랄 만큼 적극적으로 오직 자신의 농업 정책만을 꾸준히 추진해 나갔다. 그러나 그는 어려운 사태에 직면해야 했다. 지식층 사이에는 궁핍과 실업이 생기고, 때로는 노동자의 파업마저 일어났다. 그는 쿨라크, 즉 부농에 중세를 과해 이 돈을 농촌의 집단 농장 — 즉 수많은 농민이 공동으로 노동해서 그 이익을 분배하는 농장을 건설하는 비용으로 사용했다. 쿨라크와 비교적 부유한 농민들은 이런 정책에 분개해서 소비에트 정부에 대해 신랄한 반감을 품게 되었다. 그들은 자신들의 가축이나 농기구가 근처의 가장 가난한 농민들의 것과 똑같이 징발되지나 않을까 하는 걱정에서 자신들의 가축류를 일부러 잡아먹는 자까지 있을 정도였다. 이것은 그 뒤 몇 년 간 식료품이나 육류, 그 밖의 축산품의 급격한 부족을 초래할 만큼 대규모인 가축의 도살이었다.

이것은 스탈린으로서는 예상치 못한 타격이었지만, 그는 끄덕도 하지 않고 자신의 계획을 추진했다. 뿐만 아니라 그는 그것을 확대해 모든 소비에트의 농업과 공업 양쪽을 모두 그 산하에 통제하는 하나의 거대한 계획으로 만들었다. 농민들은 광대한 국영 모범 농장이나 집단 농장을 통해서 공업과 가까워졌으며, 거대한 공장이나 수력 발전 시설, 광산 개발 등등의 건설에 따라 온 나라의 공업화가 추진되었다. 교육·과학에 관한 많은 사업이나 구매·판매 협동 조합, 몇백만 노동자들을 위한 주택 건설과 아울러 일반적인 생활 수준의 향상도 이것과 서로 병행해서 추진될 수 있도록 계획되었다. 이것이 유명한 '5개년 계획'으로 러시아말로는 '피아틸레트카(Piatiletka)'라고 한다. 그것은 경제면에서 부유하고 발전한 선진국에서도 이것을 달성하기는 힘겨울 것 같은, 야심적이고 무서우리만큼 방대한 계획이었다. 낙후되고 빈곤한 러시아에서 이런 것을 계획하다니 더없이 어리석은 짓이라 여겨졌다.

그러나 이 5개년 계획은 매우 면밀한 배려와 숙고 끝에 수립된 것이었다. 전국의 과학자나 기술자들이 미리 조사한 것을 기초로 하여 수많은 전문가가 계획의 각 부문을 다른 부문에도 즉시 적용하는 문제를 토의했다. 진정한 어려움은 이것을 적용하는 데에 있었기 때문이다. 원료가 없는 곳에 덮어놓고 큰 공장만 세우는 것은 무리이며, 가령 연료를 입수한다 해도 그것을 공장까지 운반해야 하는 문제가 따른다. 그리하여 수송 문제가 진지하게 다루어지고 철도가 건설되야만 했다. 그러면 이번에는 철도가 석탄을 필요로 하기 때문에 탄광이 조업되야만 했다. 공장 그 자체도 동력을 필요로 한다. 이 동력을 공급하기 위해서는 큰 강을 막아서 얻어지는 수력으로 전력을 만들고, 그리고 이 전력이 전선을 거쳐 공장이나 농촌에 보내지고, 또 도시나 촌락의 전등불을 켜는 데에도 보내져야 한다. 더욱이 이 모든 사업을 위해서는 많은 기술자, 기계 공학자, 그리고 숙련 노동자가 필요했는데, 단기간에 몇천 몇만이라는 남녀 숙련공을 만들어 내기란 그렇게 용이한 일이 아니다. 전동기 트랙터를 몇천 대라도 농장에 공급할 수는 있다 하더라도 도대체 누가 이것을 운전한다는 말인가?

여기서 말한 것은 5개년 계획에서 제기되었던 여러 가지 문제가 지닌 놀랄 만큼 복잡한 개념을 너에게 제시하기 위해서 겨우 한두 가지 예를 들어 본 데에 지나지 않는다. 단 한 가지의 실책만 있어도 그 영향은 실로 광범위할 것이다. 사업의 연관적인 기능 속에 단 하나의 약하고 부실한 부분만 있어도 전체 공정이 지연되거나 중단되어 버릴 수도 있는 것이다. 그러나 러시아는 자본주의 여러 나라에 비해 하나의 큰 이점을 가지고 있다. 자본주의 제도 아래에서는 이들의 활동이 모두 개인의 창의와 기회에 맡겨져서 서로 경쟁하게 돼 노력의 낭비가 생긴다. 즉 거기에는 팔고 사는 자들이 같은 시장에서 만났을 때에 생기는 우연한 협동밖에는 생산자와 노동자 사이에 협력이라는 것이 없다. 간단히 말해서 광범위한 조직적인 계획이 없다는 것이다. 사적 기업은 그의 장래의 활동을 위해 계획을 세울지 모르지만, 사적인 계획은 대부분이 다른 사적 기업을 앞질러 그들보다 유리한 지위에 서려는 시도인 것이다. 국가의 관점에서 볼 때 이것은 계획의 정반대 결과이며, 과잉과 결핍이 동시에 공존하는 것을 의미한다. 소비에트 정부는 전 연방 내의 모든 산업이나 기업을 한 손에 통제할 수 있는 이점을 가지고 있었다. 그러니까 모든 사업이 각자의 위치 속에서 기능을 발휘할 수 있도록 조정이 이루어진, 단일한 계획을 세워서 그 적용을 시도할 수 있었던 것이다. 이렇게 하면, 이를테면 계산이나 운용의 실수에서 오는 것과 같은 종류의 낭비를 제외하면 다른 낭비라는 것은 전혀 없었으며, 또 그러한 실수만 하더라도 일원적인 통제에 따르면 다른 경우에 비해 훨씬 빨리 수정될 수 있었다.

5개년 계획의 목적은 소비에트 연방에 공업 문명의 확고한 기반을 구축하는 데에 있었다. 이 구상과 배치는 다른 것과 같이 아무나 물건을 생산하는 공장을 몇 개 짓는 것과는 달랐다. 그런 것이라면 인도에서도 하고 있는 것처럼 외국에서 기계 부품을 도입해 그것을 조립만 하면 되듯이 아주 쉬운 일이다. 이러한 소비 물자를 생산하는 공업을 '경공업'

이라 한다. 경공업은 무슨 일이 있어도 꼭 '중공업', 즉 제철업과 기계 공업에 의존해야 한다. 이런 중공업이 경공업을 위한 기계·시설 그리고 동력기 따위를 공급하는 것이다. 소비에트 정부는 먼 장래를 예견해서 5개년 계획에서는 이 같은 종류의 기초 산업 또는 중공업의 기초를 견고하게 수립했다. 그리고 그 위에 경공업을 수립하는 것은 쉬운 일이었을 것이다. 중공업은 또한 기계 내지는 군수 자재에서 외국에 대한 러시아의 의존성을 크게 경감시킬 것이다.

이와 같은 상황에서 중공업의 길을 택한 것은 명백하게 현명한 처사였다고 생각된다. 그러나 그것은 인민에게 훨씬 더 많은 노력과 무서운 괴로움을 지우는 것을 뜻했다. 중공업을 건설하려면 경공업에 비해 훨씬 더 많은 경비가 들며, 또 — 이것이 가장 결정적인 차이지만 — 그것이 수지면에서 채산을 맞추게 되려면 더욱더 긴 기간을 필요로 한다. 방적 공장에서 옷감을 생산하면 이것은 곧 많은 사람들에게 팔리게 된다. 소비 물자를 생산하는 경공업이라면 어떤 경우에든 대충 그렇다. 그러나 철강이나 제철을 다루는 공업이 되면, 제조되는 것이 철도의 레일이나 기관차. 이들은 철도가 완성될 때까지는 소비되지도 않으며 사용되지도 않는다. 거기에는 많은 시간이 걸리며, 때가 될 때까지는 많은 돈이 그 사업에 투자되기 때문에 국가는 더욱 재정적인 곤란을 겪게 된다.

따라서 러시아로서는 놀랄 만한 속도로 중공업을 건설한다는 것은 매우 큰 희생을 치르는 것을 의미했다. 이 모든 시설, 이 모든 기계류는 모두 외국에서 수입해야 할 것들이었기 때문에 값을 치러야 했고, 더욱이 그것은 현금으로 지불해야 했다. 그렇다면 어떻게 이런 것을 할 수 있었을까? 소비에트 연방의 인민들은 외국의 부채를 갚을 수 있도록 허리띠를 졸라매고, 배고픔을 참아 가면서 일상의 필수품까지 절약해서 살았던 것이다. 그들은 그들의 식량을 외국에 수출하고 거기서 얻어진 수입금을 기계류를 구입하는 대금으로 충당했다. 그들은 또한 물건을 사 줄 만한 곳이면 어디든 밀·호밀·보리·옥수수·야채·과일·달걀·버터·육류·새고기·벌꿀·생선류·철갑상어알젓·설탕·유

피아틸레트카, 또는 러시아의 5개년 계획

지·과자류 따위들, 요컨대 모든 것을 팔아 치웠다. 이 같은 물자를 외부에 내보내는 것은, 즉 그들이 그런 물자 없이도 살아갈 수 있음을 의미했다. 러시아인은 버터를 손에 넣지 못하거나 아니면 넣을 수 있어도 조금밖에 먹을 수가 없었다. 그것은 기계류의 값을 지불하기 위해 외국으로 수출되었기 때문이다. 또 다른 많은 식료품이나 물자도 마찬가지였다.

　이 5개년 계획에서 구체적으로 나타난 이러한 범국민적인 대단한 노력은 1929년에 개시되었다. 또다시 혁명의 정신이 널리 보급되고, 이상을 향한 부르짖음은 인민의 마음을 앙양시켜 그들의 에너지를 고무함으로써 새로운 투쟁에 투입시켰다. 이러한 투쟁은 외국이나 또 국내의 적을 향한 것이 아니었다. 그것은 러시아의 낙후된 여러 조건에 대한 투쟁이었으며, 자본주의의 잔재에 대한 투쟁, 그리고 낮은 생활 수준에 대한 투쟁이었다. 그들은 계속되는 희생을 일에 열중함으로써 정신없이 감수하며, 괴롭고 금욕적인 생활을 해 나갔다. 그들은 자신들에게 어서 오라고 유혹하는 듯한 위대한 미래를 위해 현재를 희생시켰으며, 그들은 위대한 미래를 위해 현재를 희생시킬 수 있는 특권을 부여받은 자랑스러운 건설자들이었다.

　예전부터 여러 민족이 위대한 과업을 달성하기 위해 모든 노력을 기울인 전례는 드물지 않다. 그러나 이것은 전쟁중의 일에 한한 경우가 많았다. 세계 대전중 독일이나 영국·프랑스는 오직 하나의 목적 ─ 전쟁에서의 승리를 위해 매일매일을 살아갔다. 그 밖의 것은 모두 그 목적의 달성을 위해서 종속시켰다. 세계 역사상 최초로 소비에트 러시아는 파괴하기 위해서가 아닌 건설하기 위해서, 일개의 후진국을 사회주의 테두리 안에서 공업 대국으로 발돋움시키기 위해서 국민의 총력을 기울였던 것이다. 그러나 궁핍, 특히 상층과 중류 농민 계급의 궁핍이 매우 심해서 이런 야심적인 계획은 여러 차례 붕괴할 것처럼 보였으며, 그 때마다 소비에트 정부까지도 전복될 것처럼 보이기도 했다. 이것을 지탱해 나가는 데에는 끊임없는 용기가 필요했다. 볼셰비키의 주요 간부 중에는 농업 계획을 통해 야기된 긴장과 고통이 너무도 컸기 때문에 완화책이 필요하다고 생각한 자도 많았던 모양이다. 그런데 스탈린은 그렇지가 않았다. 끄덕도 하지 않고 그리고 묵묵히, 그는 자신이 해내려고 하던 것을 해냈다. 그는 웅변가가 아니어서 좀처럼 인민 앞에서 연설하는 일이 없었다. 그는 예정된 목표를 향해 전진하는 어쩔 수 없는 운명의 강철로 된 화신처럼 생각되었다. 또한 그의 강직하고 굴하지 않는 과단성은 러시아의 공산당원이나 다른 활동적인 일꾼들 사이에서도 퍼져 나갔다.

    5개년 계획을 수행하기 위한 끊임없는 선전 활동은 사람들의 열정을 유지시키고 박차를 가해서 새로운 노력으로 향하게 했다. 거대한 수력 발전소나 댐, 교량, 공장이나 집단 농장의 건설에 커다란 대중의 관심이 집중되었다. 토목 공사는 가장 인기가 높은 사업이었으며, 신문은 토목 공사의 위대한 업적에 관한 기술적인 세부 사항으로 가득 찼다. 사막이나 대초원들이 인간이 거주하기에 적합한 택지로 개조되고, 공업상의 각 대기업 주변에는 새로운 대도시가 나타났다. 새로운 도로, 새로운 운하, 주로 전기로 달리는 철도가 신설되고, 또 새로운 항공로가 개척되었다. 화학 공업이 확립되고, 군수 공업, 기계 공업이 건립됨으로써 소비에트 연방은 트랙터, 자동차, 고성능 기관차, 전동 엔진, 터빈, 비행기 등을 생산하기 시작했다. 전기가 광대한 지역에 보급되었고, 라디오도 일반적으로 각 가정에서 청취하게 되었다. 건설 공사나 그 밖의 사업들이 자주 벌어져서 노동력을 흡수한 결과 실업자가 완전히 없어졌다. 실로 많은 유자격 엔지니어들이 외국 여러 나라에서 왔으며, 그들은 또한 환영을 받았다. 이 때는 불경기가 서유럽과 아메리카 전역을 휩쓸어서 실업자 수가 엄청나게 늘어났을 때였다는 것을 기억해 둘 필요가 있다.

    5개년 계획 사업은 원활하게 진척되지는 못했다. 가끔 커다란 난관에 봉착하기도 했으며, 때때로 잘 조정되지 않은 적도 있어서 실패나 낭비도 없지 않았다. 그러나 이 모든 것에도 불구하고 작업 속도는 빨라지

퍼아틸레트카, 또는 러시아의 5개년 계획

고 있었는데, 수요가 자꾸만 격증해서 계속적인 작업이 요구되었다. 계획되었던 5년이라는 세월이 그다지 짧은 기간이 아니라는 듯 '5개년 계획을 4개년으로' 라는 슬로건이 나타났다! 계획은 1932년 12월 31일 — 즉 제4차년도 말에 정식으로 끝났다. 그리고 1933년 1월 1일에는 곧바로 또 새로운 5개년 계획이 시작되었다.

5개년 계획은 여러 번 논쟁의 대상이 되었는데, 그것은 훌륭한 대성공이었다는 사람도 있었고, 완전한 실패로 끝났다는 사람도 있었다. 그것은 많은 방면에서 예정대로 추진되지 못했기 때문에 어디의 무엇이 실패였다고 지적하기는 쉽다. 오늘날 러시아에는 많은 점에서 광범위한 불균형이 존재하는데, 특히 주된 결함은 숙련된 전문 기능공이 부족한 데에 있다고 한다. 거기에는 운전할 능력이 있는 유자격 엔지니어의 수보다 더 많은 수의 공장이 있는데, 이것은 마치 자격 있는 요리사의 수보다 더 많은 레스토랑과 주방이 있는 것과 같다! 이러한 불균형은 말할 나위도 없이 앞으로는 완전히 소멸되거나 아니면 적어도 감소될 것이다. 다만 한 가지 확실한 것은 5개년 계획이 러시아의 면모를 완전히 변화시켰다는 것만은 사실이다. 일개 봉건 국가에서 일약 선진 공업국이 된 것이다. 또한 놀랄 만한 문화적 진보가 이루어져 사회 복지 사업, 즉 공중 위생이나 상해 보험 제도는 세계에서 가장 광범위하고 발전된 것이다. 빈곤과 결핍은 있어도 다른 나라의 노동자를 뒤덮고 있는 실업이나 기아의 가공할 공포는 사라졌다. 사람들 사이에는 새로운 경제적 안정감이 싹트기 시작했다.

5개년 계획의 성공 여부에 대해 논한다는 것은 그 자체가 초점을 벗어난 논의라 하겠다. 소비에트 연방의 현재의 상태야말로 그것에 대한 가장 훌륭한 답이기 때문이다. 그리고 이 계획이 세계의 심상(imagination)에 강렬한 자취를 남겼다는 그 사실이 더욱 그 답을 확실하게 해 준다. 지금은 너나 할 것 없이 '계획(Planning)'을 입에 담아 5개년 계획이니, 10개년 계획이니, 3개년 계획이니 하고 떠들어댄다. 소비에트는 약속한 말에 마법을 불어넣었다.

181 1933년 7월 11일

소비에트 연방의 고난과 실패 그리고 성공

　소비에트 러시아의 5개년 계획은 어마어마한 기획이었다. 그것은 실로 몇 개나 되는 대혁명을 함께 겹쳐 놓은 것이었으며, 특기할 만한 것을 들어 본다면 농업 혁명의 부분에서는 재래의 소규모적인 영농 방식을 대규모적인 집단 농업으로 바꾸었고, 공업 혁명의 분야에서는 놀랄 만한 속도로 러시아를 공업화한 것이었다. 그러나 이 계획에서 무엇보다 흥미 깊은 특징은 그 배후의 정신이었다. 왜냐하면 이것은 정치상 또는 산업상 하나의 새로운 정신이었기 때문이다. 이 정신은 과학의 정신이었으며, 어디까지나 과학적인 방법을 통해서 사회를 건설하려는 것이었다. 지난날 어느 나라에서든 아무리 진보한 나라라 할지라도 이 같은 일이 성취된 적은 한 번도 없었다. 그리고 소비에트의 계획이 지닌 가장 두드러진 특징은 인간적이고 사회적인 일들에 대한 이와 같은 과학적 방법의 적용이었다. 이제 와서는 세계 곳곳에서 계획이라는 것이 논의되게 된 것도 그 때문인데, 그러나 자본주의 제도처럼 사회의 기저가 경쟁이나 재산상의 기득권 보호 위에 놓여 있는 것 같은 경우에는 계획으로 효과를 얻기란 어렵다.

　그렇지만 이미 말했던 것처럼 이 5개년 계획은 적지 않은 고통과 곤란과 혼란을 수반했다. 또한 인민은 그 때문에 엄청난 정도의 값비싼 대가를 지불해야 했던 것이다. 그들 대부분은 장차 더욱 나은 시대가 도래할 것으로 기대하고, 자진해서 이 대가를 치르고 희생과 고통을 감수했는데, 개중에는 소비에트 정부의 강압 때문에 할 수 없이 희생을 치른 자도 있었다. 그 중에서도 가장 심하게 고통을 당한 것은 쿨라크, 즉 부농들이었다. 그들은 비교적 큰 부를 가지고 있었고, 또한 특수한 영향력도 가지고 있었기 때문에 이러한 일들의 구조에 조화될 수가 없었다. 그들은 집단 농장이 사회주의적 방향에 따라 발전하는 것을 방해하는 자본주의적 요소이었다. 그들 가운데는 이런 집단화에 반대하고, 때로는 집단 속에 들어가 내부에서 약체화를 꾀하거나, 거기에서 부당한 사리 사욕을 채우려는 자도 있었다. 소비에트 정부는 그들을 혹독하게 취급했다. 정부는 적을 위해서 스파이 활동을 하거나, 사보타주(sabotage)를 하는 혐의가 있는 중간 계급 사람들을 몹시 괴롭혔다. 많은 기술자들이 그런 이유로 처벌되거나 투옥당했다. 바로 착수해야 하는 수많은 대계획들을 눈앞에 두고, 특히 기술자가 현저히 부족한 상태였기 때문에, 이것은 계획 그 자체를 저해하는 것을 의미하는 것이기도 했다.

불균형은 거의 모든 분야에서 볼 수 있었다. 운송 체계가 발달되지 않았기 때문에 물자가 공장이나 농장에서 생산되었어도 운송 수단이 얻어질 때까지 기다려야만 했는데, 이로 인해 다른 곳의 작업 순서에 차질이 빚어지기도 했다. 최대의 장애는 유능한 전문가와 기술자가 없다는 점이었다.

5개년 계획 기간중 세계는, 아니 자본주의 세계는 일찍이 경험하지 못했던 최대의 불황에 시달리고 있었다. 무역은 감소하고, 공장은 휴업했으며, 실업자는 늘어나고 있었다. 전세계의 농민은 식량과 원료 가격의 대폭락 때문에 심한 타격을 입었다. 소비에트 연방의 놀랄 만한 활동성과 무실업 상태는 다른 나라들의 무기력과 실업자가 격증하는 사태와 비교해 볼 때 두드러진 대조를 이루었다. 연방은 세계 불황에 좌우되지 않는 것처럼 보였으며, 그것의 경제 기반은 전혀 다른 것이었다. 그러나 소비에트 또한 불황의 영향을 피할 수는 없었다. 불황은 간접적으로 침투해 들어와서 소비에트의 곤란을 더욱 부채질하고 있었다. 나는 소비에트가 농업 생산물을 외국에 팔아서 그것으로 외국에서 기계를 사들이는 대금으로 충당해 왔다는 것을 이야기한 적이 있다. 세계 시장에서 식량 등의 가격이 하락하자, 소비에트가 수출 대금으로 받아들이는 금액도 자연적으로 적어졌다. 그러나 외국에서 사들이는 기계의 대가를 지불하기 위해서는 상당한 액수의 돈이 필요했기 때문에 식량 수출에 더욱 박차를 가했다. 이런 사정이어서 세계 무역의 불황은 소비에트에게도 손실이었으며, 여러 가지 면에서 계획에 차질을 빚게 했다. 또한 이것이 이 나라에 많은 필수품의 부족을 조장함으로써 더욱더 생활을 고통스럽게 했던 것이다.

한편에서는 식량의 부족이 한층 가속화되는 현상이 나타나고, 다른 한편에서는 연방 전역에 걸쳐 놀랄 정도로 인구가 증가하는 현상이 나타났다. 농업 생산이 비교적 완만하게 진보하는 데 반해, 전혀 균형이 안 잡힐 정도로 급속하게 인구가 증가한다는 것은 소비에트에서 중대한 문제였다. 현재 U.S.S.R.의 영토에 해당하는 지역의 혁명 전의 인구는 1억 3000만 명이었다. 내전으로 많은 인명이 손실되었는데도, 그 뒤 해마다 증가한 인구 추이를 보면 다음과 같다.

1917년	1억 3000만 명
1926년	1억 4900만 명
1929년	1억 5400만 명
1930년	1억 5800만 명
1933년(봄의 추계)	1억 6500만 명

이처럼 15년을 겨우 넘는 기간 동안에 3500만 명 — 즉 26%가 증가했는데, 이것은 매우 비정상적인 속도로 증가한 것이라 할 수 있다.

소비에트 연방 전역에 걸쳐서 인구가 증가했을 뿐만 아니라, 특히 도시에서 인구가 급증했다. 재래의 도시는 더욱 팽창했으며, 신생 공업 도시는 사막이나 초원 지대에까지 형태를 드러냈다. 엄청난 수에 이르는 농민들이 5개년 계획의 갖가지 대사업을 수행하기 위해 자신들의 마을을 떠나 도시로 집중했다. 1917년 U.S.S.R.에는 인구 10만 이상인 도시가 24개였는데, 1926년에는 31개가 되고, 다시 1933년에는 50개를 넘었다. 또 15년 동안 소비에트는 100개 이상의 공업 도시를 건설했다.

1913년부터 32년까지의 동안에 모스크바의 인구는 160만 명에서 320만 명으로, 즉 두 배로 늘어났다. 레닌그라드의 인구는 100만 명이 증가해 300만 명 가량이 되었으며, 또한 트란스-카프카스의 바쿠도 33만 4000명에서 66만 명으로 배가 되었다. 도시 인구의 총수는 1922년의 2000만 명에서 1932년에는 3500만 명으로 불어났다.

도시로 이주해 거기서 노동자가 된 농민은 농촌에 있을 때와는 달리 이미 식량 생산자가 아니었다. 한 공장의 노동자로서 그는 기계 제품이나 도구를 생산해 낼지는 모르지만, 식량에 관한 한 이제는 한 명의 소비자에 불과했다. 농민이 촌락으로부터 대이주한 것은 이처럼 식량 생산자를 단순한 소비자로 바꾸는 데에 지나지 않았다. 이것이 식량 상태를 악화시킨 현실적인 또 하나의 요인이 되었다.

그런데 다른 면에서도 하나의 요인이 있었다. 나라의 공업 발달은 공장에서 사용될 원료의 수요를 점점 더 증가시켰다. 예를 들면 직물 공장에서는 목면 수요가 증가했다. 그래서 목면이나 그 밖의 원료를 식용 곡물 대신 많은 경지에 심었는데, 이것이 또 식량 공급을 감소시킨 것이다.

소비에트 연방의 급격한 인구 증가는 그 자체로만 본다면 번영의 두드러진 징조였다. 이러한 인구 증가 현상은 미국의 경우와는 달라서 국외로부터 이주해 온 결과는 아니었다. 그것은 또한 인민의 곤궁·결핍에도 불구하고 전체적으로 건강에 지장이 초래될 만큼의 기아가 존재하지 않는다는 것도 보여 주고 있었다. 엄격한 배급 제도로 인해 절대적으로 필요한 식료품은 그런 대로 주민들에게 배급될 수 있었다. 믿을 만한 외부 관찰자들은 이러한 급격한 인구 증가는 주로 인민들 사이에 경제면에서 안정감이 확립된 데서 기인한다고 평가하기도 했다. 국가가 어린이의 양육을 맡아 그들에게 급식하고 교육시키는 이상 어린이는 이미 가정의 부담이 아니다. 또 하나의 원인은 유아 사망률을 27%에서 12%로 끌어내린 위생과 의료 시설의 발달이었다. 1913년 모스크바의 일반 사망률은 1000명당 23명 이상이었으나, 1931년에는 1000명당 13명 이하로 줄었다.

식량 부족에 관한 갖가지 장애에 덧붙여서 1931년에는 연방 내의 어느 지역에 가뭄이 들었다. 1931년과 32년에는 또 극동 지역에서 전쟁의 기미가 보이자, 소비에트는 일본이 다른 나라들과 연합해서 전쟁을 일으키지나 않을까 걱정해서 곡물을 비롯한 식량을 비상시에 공급하기 위해 비축하기 시작했다. 러시아의 옛날 속담에 "겁이 나면 눈에 핏발이 선다"는 말이 있는데, 이것은 어린이한테 적용하거나 또 사회나 민족에 적용해 볼 때도 정말로 진실을 꿰뚫고 있다 하겠다! 왜냐하면 공산주의와 자본주의 사이에 진정한 평화란 존재할 수 없기 때문이다. 그리고 제국주의 국가들이 공산주의를 타도하는 데 혈안이 되어 책략을 쓰거나 음모를 꾸밀 염려가 있기 때문에 볼셰비키들은 언제나 신경이 날카로웠으며, 아주 사소한 도발에도 눈에 핏발이 섰던 것이다. 이런 불안에는 충분한 이유가 있는 경우도 결코 적지 않아서 국내에서조차 그들은 공장이나 다른 대기업체 내에서의 광범위한 사보타주 내지는 파괴 행위를 염려하지 않을 수 없는 상황이었다.

1932년이라는 해는 소비에트에게는 몹시 위험한 해였다. 정부는 집단 농장에서 발생한 사보타주나 공유 재산의 절취에 대해서 대단히 강경한 조치를 취했다. 보통 러시아에는 사형이 없다. 그러나 반혁명 사건에 대한 재판에서는 이 형벌이 채용되었다. 소비에트 정부는 공유 재산의 절취는 반혁명과 같기 때문에 사형에 처한다는 판결을 내렸다. "왜냐하면"하고, 스탈린은 다음과 같이 말했다. "만약 자본가들이 '사유' 재산의 신성과 불가침을 부르짖음으로써 자신들의 시대의 자본주의 질서를 강화하는 데 성공하고 있다면, 우리 공산주의자들도 이와 마찬가지로 경제의 새로운 사회주의 형태를 강화하기 위해서 한층 더 '공공' 재산의 신성과 불가침을 부르짖어야만 한다."

소비에트 정부는 또 한편에서는 긴장을 완화시키는 조치를 취했다. 그 중에서 특히 중요한 것은 집단 농장과 개인 농장이 자신들의 잉여 농산물을 직접 도시의 시장에 출하하는 것을 허가한 일이었다. 이것은 어느 정도, 전시 공산주의 시기 후인 1921년에 채용되었던 네프를 상기시키는 점이 있지만, 지금의 소비에트 연방은 그 무렵과는 매우 양상이 다르다. 사회주의 과정이 상당히 경과했고, 공업화가 꽤 진척되었으며, 농업도 대개 집단화되어 있었다.

1929~33년 사이에 전국에서 약 20만 개의 집단 농장이 조직되고, 약 5000개의 국영 농장이 건설되었다. 이들 국영 농장은 다른 농장의 모델이라고 생각되는데, 그 중에는 굉장히 큰 것도 있다. 이 기간에 추가된 트랙터의 수는 12만 대에 이르고, 농민의 3분의 2가 이들 집단에 참가하고 있다.

현재 놀랄 만한 성과를 올리고 있는 또 다른 사업은 협동 조합 조직의 활동이다. 소비 조합 협회(Consumers' Co-operative Society)는 1928년에 2650만 명의 회원을 가졌고, 1932년에는 7500만 명에 이르렀다. 이 협회는 연방의 구석구석까지, 또한 아득하게 먼 벽지까지 퍼져 있는 도매와 소매 점포의 연합체다.

1933년 1월 1일 제2차 5개년 계획이 개시되었다. 이것은 생활 수준을 급속히 향상시키게 될 경공업 건설을 목표로 한 것이었다. 거기서는 제1차 5개년 계획의 긴장과 결핍을 지나서 더욱 많은 안락과 더욱 좋은 생활 수준을 제공하는 것을 목표로 하고 있다. 이제는 필요한 기계의 대부분을 더 이상 외국에서 구입하지 않아도 되었다. 왜냐하면 소비에트의 중공업이 이 기계들을 공급할 수 있게 되었기 때문이다. 이에 따라 수입 물품 대금을 지불하기 위해서 대량의 식량을 국외로 수출하지 않아도 되었다.

1933년 스탈린은 집단 농장에서 개최된 한 농민 집회에서 다음과 같이 부르짖었다.

우리의 당면 과제는 집단화된 모든 농민을 유복하게 하는 일이다. 그렇다. 동지들, 유복하게 하는 일이다. …… 가끔 이런 소리가 들린다. 만약 여기에 사회주의가 존재한다면 어째서 우리는 여전히 일만 해야 하는가? 우리는 오래 전에 일을 시작했다. 지금도 우리는 일을 하고 있다. 이제야말로 우리는 휴식할 때가 아닌 가라고 한다. 아니다, 사회주의는 노동 위에서만 구축된다. ……
사회주의는 다른 사람을 위해서가 아니라, 부자를 위해서가 아니라, 착취자들을 위해서가 아니라 바로 우리들 자신을 위해서, 사회를 위해서 정직하게 일할 것을 요구한다.

계획이 시작된 초기의 몇 년에 비하면, 미래에는 더욱 상황이 호전되고 노고는 경감될 것이 예상되기는 하지만, 아직도 일이 남았으며, 또 남지 않을 수 없었다. 정말로 "일하지 않는 자는 먹지도 말라"야말로 소비에트의 표어였던 것이다. 그러나 볼셰비키는 노동이란 것에 새로운 동기를 부여했다. 옛날부터 이상주의자나 특정 개인이 이러한 동기에 고무받아 활동한 적이 있기는 했지만, 사회 전체가 이러한 동기를 받아들이고 이러한 동기에 반응을 보인 전례는 없었다. 자본주의의 근간은 경쟁과 개인적 이익이었으며, 그것은 반드시 타인의 희생을 수반하는 것이었다. 이러한 이윤적 동기는 소비에트 연방에서는 사회적 동기에 우선할 수 없는 것으로 되어 있다. 그리고 어느 저명한 미국 작가가 말했듯이 러시아의 노동자는 "결핍과 두려움으로부터의 해방은 개인 간의 상호 의존 관계를 받아들이는 데에서 온다"는 것을 배우고 있다. 곳곳에서 인민을 짓누르고 있던 빈곤과 불안에 대한 무서운 공포감을 제거한 것은 하나의 위대한 성과다. 빈곤과 불안에 대한 무서운 두려움의 제거는 소비에트 연방의 정신병들을 거의 근절시켜 버렸다고 한다.

이리하여 U.S.S.R.의 끊임없는 긴장의 세월은 곳곳에, 또 모든 방면에 걸쳐 발전을 가져왔다. 그것은 고통과 불균형에 가득 찬 발전이기는 했지만, 그런 대로 도시와 공업, 광대한 집단 농장과 거대한 협동 조합, 무역과 인구, 그리고 문화와 과학과 교육의 보급을 가져왔다. 그 중에서도 특히 명기할 것은 발트 해에서 태평양, 또 중앙 아시아의 파미르(Pamir) 고원과 힌두 쿠시(Hindu Kush) 산맥에 걸쳐 있는 U.S.S.R.에 거주하는 잡다한 여러 민족 간에 하나의 통일과 유대 관계의 성장을 보게 된 점이다.

나는 U.S.S.R.의 교육과 과학과 문화 전반에 대해 이야기하고 싶은 유혹을 느끼지만 포기해야겠다. 나는 다만 너의 흥미를 끌 만한 몇 가지 사실만을 생각나는 대로 이야기해 보기로 하겠다. 러시아의 교육 제도는 상당히 신뢰할 수 있는 견해에 따르면, 현존하는 것 가운데 최선의 것이고, 가장 시대의 첨단을 걷는 것이라 한다. 글을 모르는 문맹은 거의 없어져서, 중앙 아시아의 우즈베키스탄이나 투르크메니스탄처럼 낙후된 지역에서도 경탄할 만한 진보가 나타나고 있다. 이런 중앙 아시아 지역에는 1913년에 126개의 학교가 있어 6200명의 학생이 취학했다. 그런데 1932년에는 학교 수가 6975개로 늘어나고, 또 학생은 70만 명이나 되며, 그 중 3분의 1은 여학생이라 한다. 보통 의무 교육 제도가 채용되었다. 이 주목할 만한 진보의 진가를 평가하기 위해서는, 최근까지 세계의 어떤 곳에서는 계집애는 공중 앞에 모습을 드러내는 것조차 허용되지 않았을 정도로 격리되어 있었다는 사실을 상기해야 한다.

이러한 급격한 진보는, 초등 교육을 지방마다 갖고 있는 서로 다른 알파벳으로 하지 않고, 라틴 자모를 채용해서 시행한 덕분에 훨씬 쉽게 이루어졌다고 한다. 너는 케말 파샤가 종래의 아라비아 문자 대신에 라틴 문자 내지는 자모를 채용했던 이야기를 기억하겠지. 그는 소비에트의 실험에서 힌트를 얻어 다른 언어에도 적용할 수 있게 개조된 알파벳을 고안해 낸 것이다. 1924년 카프카스 공화국은 아랍 서체를 폐지하고 라틴 문자를 채용했다. 이것은 문맹 추방에 크게 도움이 되어 소비에트 연방 내의 다른 여러 민족 — 중국인 · 몽고인 · 투르크인 · 타르타르인 · 부리아트인(Buriats) · 바슈키르인(Bashkirs) · 타지크인(Tadjiks) 그리고 다른 여러 민족도 대부분 라틴 문자를 채용했다. 모두 그 지방의 언어이지만 다만 문자만 달라졌다.

소비에트 연방의 모든 학생의 3분의 2 이상이 학교에서 따뜻한 점심을 급식받고 있다는 사실을 알게 된다면 아마 너도 흥미가 끌릴 것이다. 물론 이것은 돈을 받지 않는 공짜다. 이것은 노동자의 나라로서 당연한 일이겠지만, 교육 자체가 피교육자측의 부담을 전혀 필요로 하지 않는 것이다.

읽고 쓰기의 보급과 교육의 진보는 광범위한 독서층을 만들어 내, 아마 다른 어떤 나라보다 더욱 많은 서적과 신문이 인쇄되고 있을 것이다. 이들 책은 대부분 진지하고도 '딱딱한(heavy)' 서적으로, 다른 나라에서 볼 수 있는 가벼운 소설 따위가 아니다. 러시아의 노동자들은 기술이나 전기에 관한 것에 몰두하고 있었기 때문에 그런 것에 관한 책을 소설보다 더 재미있어 한다. 어린이들을 위한 옛날 이야기나 동화는 볼셰비키의 정신에 부합되지 않아 금해질 것으로 생각되었으나, 실제로는 옛날 이야기를 포함해서 아주 재미난 책들이 출판되고 있다.

소비에트는 순수 과학이나 응용 과학 분야에서도 이미 최첨단을 걷고 있다. 여러 과학 부문의 거대한 연구소나 실험 시설이 잇따라 창설되고 있다. 레닌그라드에는 2만 8000종에 이르는 소맥을 연구하기 위한 방대한 식물 연구소가 있으며, 또한 비행기로 볍씨를 뿌리는 실험도 하고 있다.

차르나 귀족들의 옛 궁정이나 저택은 이제 인민들을 위한 박물관이나 휴양소나 요양소가 되었다. 레닌그라드 부근에는 두 개의 궁전이 있는, 옛날에 차르가 관례적으로 여름을 지내던 '차르코에 셀로(Tsarkoe Selo: 차르의 마을이란 뜻)'로 일컬어지는 작은 도시가 있었는데, 이것은 지금 '데츠코에 셀로(Detskoe Selo : 어린이의 마을이라는 뜻)'로 이름이 바뀌었다. 예전의 궁정들은 어린이들이나 청년들을 위해 쓰이고 있다고 나는 생각한다. 어린이들이나 청년들은 현재 소비에트에서 혜택받은 사람들이다. 그들은 다른 사람들이 궁핍에 허덕이고 있을 때에도 누구보다 가장 좋은 것을 받는다. 그들을 위해서 지금의 세대는 일한다. 사회주의화된 과학적인 국가가 최종적으로 실현될 경우 그것을 짊어질 사람이 그들이기 때문이다. 모스크바에는 '중앙 모자 보호 연구소(Central Institute for the Protection of Mother and Child)'가 있다.

러시아의 여성은 아마 어떤 나라보다도 많은 자유를 누리고 있으며, 국가로부터 특별한 보호를 받고 있다. 그녀들은 모든 직업에 참가해 무척 많은 수의 여성들이 기술자가 되었다. 세계에서 최초의 여성 대사가 된 것은 고참 볼셰비키인 콜론타이(Kollontai) 여사[74]이며, 또 레닌의 미망인 크루프스카야(Krupskaya)[75]는 소비에트 교육성 장관이다.

소비에트 연방은 이러한 모든 변화가 시시각각으로 진행되고 있는 놀라운 나라다. 게다가 그 중에서도, 시베리아의 광막한 대초원이나 중앙 아시아의 태고연한 계곡처럼 몇 세대 동안 인류의 변화나 진보에서 방치되어 왔지만, 현재는 괄목할 급진전을 이룩할 정도로 주목과 흥분을 환기시키는 것도 없다. 너에게 이와 같은 급격한 변화의 개념을 파악시키기 위해, 여기서는 아마 소비에트 연방에서도 가장 뒤진 지역인 타지키스탄의 예를 들어 보겠다.

타지키스탄은 옥수스(Oxus) 강의 북쪽, 즉 아프가니스탄과 중국령 투르키스탄(新疆省)에 경계를 접한, 인도의 국경에서도 멀지 않은 파미르 고원의 계곡 내에 있다. 이 지방은 쭉 러시아에 예속되어 있던 부하라의 에미르(Emir : 토후) 지배하에 있었다. 1920년에 부하라의 일부 지역에서 반란이 일어나 에미르는 무너지고, 부하라 인민 소비에트 공화국이 수립되었다. 그리고 또 내전이 계속되었다. 왕년에 투르크에서 명성을 떨쳤던 지도자 엔베르 파샤가 최후를 마친 것도 이 분쟁중의 일이었

---

74) 청년 시절을 혁명에 바치고, 한 번 망명을 한 적도 있으며, 케렌스키 정부에 의해 체포된 적도 있다. 혁명 후 공산당 지도자로서 특히 여성 해방에 힘을 기울였다. 노르웨이 공사 겸 통상 대표(1923~26년), 멕시코 공사(1926~27년), 스웨덴 대사(1930~43년) 등을 역임했다. 『새로운 도덕과 노동자 계급(The New Morality and the Working Class)』을 비롯해 여성 문제, 노동 문제를 다룬 저서들이 있고, 성도덕 문제를 취급한 소설 『붉은 사랑(Red Love)』 등이 있다.

75) 학생 시절부터 혁명 운동에 참가해 레닌과 함께 '노동자 계급 해방 투쟁 동맹' (1895년)을 결성했다가 시베리아로 추방되어, 그 곳에서 레닌과 결혼했다. 『국민 교육과 민주주의』를 저술하고, 국민 교육에 관한 공산당의 강령 작성에 참가했다. 1917년 10월 혁명 후에는 소비에트 정부 교육 부문의 최고 지도자의 한 사람으로서 교육 제도의 확립에 관여했으며, 1927년에 공산당 중앙 위원이 되었다. 『레닌의 추억(Memories of Lenin)』 외에 기타 교육에 관한 저서가 많다.

다. 부하라 공화국은 그 뒤 우즈베크 사회주의 소비에트 공화국으로 일컬어지게 되었고, U.S.S.R.을 구성하는 주권 공화국의 하나가 되었다. 1925년에는 우즈베크 지역 내에 타지크 자치 공화국이 창립되고, 1929년 타지키스탄은 하나의 주권 공화국으로서 소비에트 연방 — U.S.S.R.의 한 구성국이 되었다.

타지키스탄은 이처럼 주권을 갖는 독립 국가적인 지위를 획득했으나 인구 800만 명도 되지 않는 작은 낙후된 지역으로 도로다운 도로도 없어서 낙타의 통로가 유일한 통로인 그런 형편의 나라였다. 새 정권은 곧바로 도로·관개·농경·공업·교육 그리고 보건 시설의 개량에 착수했다. 자동차 도로가 건설되고, 면화 재배가 시작되자 이것이 관개 시설 덕분에 대성공을 거두었다. 1931년 중반까지 면화 농장의 60% 이상이 집단화되고, 곡물 지대의 대부분도 공동 농장 형식으로 조직화되었다. 발전소가 건립되고, 8개의 방적 공장과 3개의 제유 공장이 세워졌다. 우즈베크스탄을 경유해 이 나라를 소비에트 연방 철도망에 연결하는 철도 노선이 신설되고, 또 항공 간선에 연결하는 항공로도 설치되었다.

1929년에는 이 나라에 단 하나의 진료소밖에 없었는데, 1932년에는 61개의 병원과 37개의 치과 진료소가 생기고, 2125개의 입원 병상에 의사의 수는 20명에 이르렀다. 교육의 진보는 다음 수치에서 엿볼 수가 있다.

    1925년   현대적인 학교 수 6개교
    1926년 말 현대적인 학교 수 113개교(학생 수 2300명)
    1929년   현대적인 학교 수 500개교
    1931년   교육 시설 2000개소 이상(학생 수 12만 명 이상)

교육비로 지출되는 금액이 비약적으로 증가한 것은 말할 나위도 없었다. 1929~30년도의 학교 예산이 800만 루블(1루블은 공정 환율로 2실링이지만, 현실적인 가치는 때에 따라 다르다)이었으나, 1930~31년도의 예산은 2800만 루블이었다. 보통 학교 외에도 유치원·훈련소·도서관·독서실 등이 속속 개설되고 있다. 인민들 사이에는 놀랄 만큼 지식에 대한 갈망이 엿보였다.

    이러한 상태하에서 여성들이 얼굴을 베일 속에 감추는 습관 따위는 존속될 턱이 없어, 이것은 급속히 자취를 감추어 가고 있었다.

    이 모든 것은 모두가 거의 믿어지지 않는 것으로 들리겠지만, 나는 이 보고와 숫자를 1932년 초에 타지키스탄을 방문한 어느 유능한 미국인 관찰자로부터 입수한 것이다. 아마 그 뒤에도 더 많은 여러 가지 변화가 진행되고 있을 것이다.

    후진 지역의 수준을 끌어올리는 일이 연방의 정책이었기 때문에, 연방은 교육이나 그 밖의 목적을 위해서 신생의 타지키스탄 공화국에 자금상의 원조를 제공한 것으로 생각된다. 어쨌든 이 나라는 풍부한 광산 자원의 혜택이 많은 모양이다. 금이나 석유, 석탄이 발견되고, 게다가 금의 매장량은 막대한 것으로 믿어지고 있다. 칭기즈 칸 시대의 아주 옛날에는 이 금광들이 채굴되었지만, 그 뒤로는 개발된 적이 없었던 것 같다.

    1931년 타지키스탄에 반혁명 봉기가 일어났는데, 이 나라에서 아프가니스탄으로 도망가 있던 부유한 유산 계급에 속했던 자들이 대거 이 나라에 쳐들어왔다. 그러나 이 봉기는 농민들의 지지를 얻지 못했기 때문에 실패로 돌아갔다.

    편지가 벌써 꽤 길어졌구나. 너무 많은 것들을 쓴 것 같다. 그러나 나는 아직 조금 더 소비에트 연방의 국제적인 활동의 측면에 대해 이야기해 둬야겠다. 소비에트가 전쟁을 '금지했다(outlaw)'고 일컬어지는 켈로그-브리앙 조약에 서명한 것은 너도 이미 알고 있을 것이다. 1929년에 소비에트와 여러 인접국 사이에 맺어진 '리트비노프 조약(Litvinov Pact)'이라는 것도 있었다. 평화를 열망하는 러시아는 더욱 많은 나라들과 '불가침(non-aggression)' 조약[76]을 체결했다. 소비에트의 이웃 나라들로서 이런 종류의 조약을 맺는 것을 거절한 나라는 단지 일본 하나뿐이었다. 1932년 11월에는 러시아와 프랑스가 불가침 조약을 체결했는데, 이것은 러시아가 서유럽의 정치 궤도에 뛰어든 것을 의미하기 때문에 세계 정치상으로도 중요한 사건이었다.

중국은 오랫동안 침묵 상태로 적의를 품고 외교 관계를 맺지 않았지만, 만주에서 일본의 강압을 받게 되자 소비에트 정부를 승인했다. 일본과는 러시아가 정상적인 국교 관계를 유지해 오기는 했으나 두 나라의 관계는 몹시 험악한 것이었다. 소비에트는 아시아 대륙에 대한 일본의 야망에 방해물이었기 때문에 국경 분쟁이 끊일 사이가 없었다. 일본 정부가 끊임없이 소비에트를 자극시켜 두 나라 사이에는 전쟁 운운한 적이 여러 번 있었지만, 러시아는 전쟁을 택하기보다는 모욕받는 쪽을 택했다.

영국 대 러시아의 충돌은 국제 정치상에서 언제나 있는 현상으로서 오늘에 이르고 있다. 1933년 4월 모스크바에서의 영국인 기술자에 대한 재판은 보복에 이은 보복 행위를 낳았으나, 지금은 폭풍이 지나가 정상적인 관계로 개선되었다. 그렇지만 영국의 보수당 정부는 소비에트를 증오해 양국간에는 언제나 마찰이 일고 있다. 미국에서는 러시아에 대한 감정이 호전되고 있어 대통령 루즈벨트는 정상적인 국교를 확립하려 하고 있다. 미국과 러시아의 이해 관계는 세계 어느 곳에서도 거의 충돌을 보이지 않고 있다.

그러나 독일에서의 나치 정권의 출현은 러시아의 관점에서는 새로운 침략적이고도 폭력적인 적을 갖게 했다. 지금까지 러시아에 직접 위협을 가할 능력이 없다고는 하지만, 그것은 장래의 큰 위험을 내포하고

---

76) 국가끼리 상호 정치적 독립과 영토 보전을 존중하고 침략하지 않을 것을 약정하는 조약. 소비에트 러시아는 사회주의 건설을 위한 평화 정책의 구체화로서 1925년부터 1933년에 걸쳐 인접한 여러 나라 그리고 독일 · 프랑스 · 이탈리아 등 강대국과 10여 개에 이르는 이러한 종류의 조약을 체결했다.

있는 것이다. 유럽에서는 파시즘적인 경향이 증가하고 있다.

　소비에트 러시아는 국제적으로 아주 좋은 강대국이어서 모든 분쟁을 회피하고 모든 희생을 참아 가면서 평화를 유지하는 정책을 취해 오고 있다. 이것은 다른 나라에서의 혁명을 조장하는 것을 목적으로 하는 혁명 정책과 상반되는 노선이다. 그것은 단일 국가에서 사회주의를 건설하려는 하나의 민족주의적 정책이며, 외국과 사이의 혼란스럽고 복잡한 모든 관계를 회피하려는 것이다. 이것은 필연적으로 제국주의적 자본주의 열강과 사이에 화해를 낳는다. 그러나 소비에트 경제의 본질적인 사회주의적 기초는 계속 보존되며, 그 성공 자체는 사회주의의 승리를 논증하는 데에 강력한 요소가 된다.

　1933년 7월에 소비에트 러시아를 둘러싼 정세는 이와 같은 것이었다. 때마침 세계 경제 회의가 런던에서 개최되었는데, 러시아는 다른 나라들이 이 회의에 참가하는 것을 이용해서 인접국 — 아프가니스탄·에스토니아·라트비아·페르시아·폴란드·터키·루마니아 그리고 리투아니아와 불가침 조약을 갱신했다. 일본은 종전과 마찬가지로 여기에 참가하지 않았다.

182 *1933년 7월 13일*

과학의 전진

　나는 상당히 길게 전후 세계에서 일어난 정치 사건에 대해서 쓰고, 또 경제 변화에 대해서도 얼마쯤 언급한 바 있다. 이제 나는 방향을 바꾸어 주로 과학과 그것의 영향에 대해서 적어 보기로 하겠다.

　그러나 과학에 대해 쓰기 전에 다시 한 번 세계 대전 후에 일어난 여성의 지위의 큰 변화에 대해 너의 주의를 환기시켜 두어야겠다. 모든 법률·사회·관습적 속박으로부터의, 이른바 여성 '해방(emancipation)'은 19세기에 들어서서 대공업이 나타나 여성 노동자를 고용한 데에서 비롯되었다. 이 과정은 완만한 속도로 진행되기는 했지만 전쟁의 여러 조건이 이를 가속화시켜서 전후의 시기에 이르러서는 거의 완전한 단계에 도달했다. 그저께 편지에 썼던 타지키스탄에서까지도 바로 조금 전까지는 방안에만 갇혀 지냈던 여성들이 오늘날에는 의사나 교사, 기술자가 되었다. 너와 네 시대에는 아마 이런 여성 해방이란 것이 당연한 것으로 생각되겠지. 그러나 그것은 아시아에서뿐만 아니라 유럽에서도 전혀 새로운 현상이었다. 지금부터 100년도 채 되지 않은 1840년에 제1회 '세계 반노예 제도 회의(World's Anti-Slavery Convention)'가 런던에서 열린 적이 있었다. 그 때 흑인 노예 제도에 대한 논란으로 시끄러웠던 미국에서 여성들이 대표로 참가했다. 그런데 회의는 여성이 공공 집회에 참가하는 것은 적당치 않으며, 성에 대한 모독이라는 이유에서 '여성 대표들(female delegates)'을 인정하지 않았다!

　이제 과학으로 이야기를 돌리기로 하자. 소비에트 러시아의 5개년 계획 이야기를 하면서 나는 그것이 과학 정신을 사회 문제에 적용한 것이라고 말했다. 부분적이기는 했지만 이 정신은 어쨌든 어느 정도까지 과거 150년 간 서양 문명의 배후를 지탱해 왔던 정신이다. 그 영향력이 커짐에 따라 부조리 · 마법 · 미신 등에 기초를 두는 여러 관념들은 배척되고, 과학에 위배되는 여러 가지 방법이나 과정은 극복되었다. 하지만 과학 정신이 완전히 불합리나 마술이나 미신을 압도해 버린 것을 의미하는 것은 아니었다. 천만의 말씀이다. 그러나 그것은 아무튼 상당한 발전을 이룩한 것만은 의심할 여지가 없는 것으로, 19세기는 많은 훌륭한 과학의 승리를 지켜보았다.

나는 전에 19세기에 과학의 응용을 통해 성취된 대변화에 관해서 말한 적이 있었다. 세계 특히 서유럽과 북아메리카는 놀라울 정도로 변모했는데, 그 변화는 그에 앞선 몇천 년 간에 걸쳐 이루어진 변화보다도 더욱 현저한 것이었다. 19세기에 유럽에서 있었던 인구 증가는 정말 놀랄 만한 것이었다. 1800년에 유럽 전체의 인구는 1억 8000만 명이었다. 시대에 시대를 거듭하는 동안 그것은 서서히 이런 수에까지 이른 것이었다. 그런데 갑자기 1914년에는 4억이 되었다. 이런 상태로 유럽의 인구는 100년이 약간 넘는 현재에 이르기까지 1억 8000만에서 대충 5억으로 뛰어올랐다. 이 같은 증가는 특히 유럽의 공업국들에서 두드러졌다. 18세기 초 영국은 인구가 단지 500만밖에 안 되었고, 서유럽에서 가장 가난한 나라였다. 그러던 것이 지금은 세계 제일의 부자 나라가 되었고, 인구는 4000만 명이나 된다.

이런 성장과 부유함은 자연의 과정이 과학 지식에 의해 더 한층 대폭적으로 지배되었다기보다는 차라리 한층 더 잘 이해될 수 있었다는 데에 기인하는 것이다. 확실히 지식은 크게 넓혀졌다. 그러나 그와 함께 곧바로 지혜까지도 심화되었다고 속단해서는 안 된다. 사람들은 생활의 목적이 무엇인가, 또는 무엇이어야 하는가에 대해서는 조금도 명확한 관념을 가지지 않았고, 다만 자연력을 지배하고 그것을 이용하기에만 급급했다. 높은 성능을 가진 자동차는 유익한 것이기도 하며, 또 바람직하기도 하다. 그러나 그것을 타고 대체 어디로 갈 것인가를 알지 못하면 결국 아무것도 되지 않는다. 적절한 도로 안내가 없으면 그것은 절벽으로 떨어지고 마는 수도 있다. 아주 최근 영국 과학 협회(British Association of Science)의 회장도 "자연의 지배는 인간이 자기를 규제할 줄을 알기에 앞서 인간의 손아귀에 놓이게 되었다"고 말했다.

우리들 대다수의 사람들은 어째서 그것들이 생겨났는가를 조금도 생각지 않고, 철도나 비행기나 전기나 무선 전신이나 다른 수없이 많은 과학의 소산을 이용하고 있다. 우리는 마치 그러한 것들을 사용할 당연한 권리라도 있다는 듯이, 과학의 소산물을 이용하는 것을 당연한 일로 알고 있다. 또한 우리는 진보된 시대에 살며, 우리 자신이 '진보해 (advanced)' 있다는 사실에 크게 만족하고 있다. 우리의 시대가 예전의 시대와 매우 다르다는 것에 대해서는 의문의 여지가 없다. 나는 현시대가 과거 시대보다 훨씬 진보했다는 것은 확실히 맞는 말이라고 생각한다. 그러나 그것은 우리가 개인으로서 또는 집단으로서 더욱 진보했다는 것과는 별개다. 어떤 기관사가 기관차를 운전할 수 있다고 해서, 그리고 소크라테스나 플라톤은 그것을 못 한다고 해서 그 기관사가 소크라테스나 플라톤보다도 진보해 있다거나 훌륭하다고 하는 것은 정말 얼빠진 소리라 하지 않을 수 없다. 그러나 기관차 자체가 플라톤의 4륜 마차보다는 진보된 수송 수단이라는 것은 옳은 말이다.

우리는 오늘날 실로 많은 책들을 읽는데, 대부분은 솔직히 말해서 하찮은 읽을거리에 지나지 않는다. 옛날 사람들은 좀처럼 책을 읽지 않았지만 읽은 책들은 좋은 내용들이었고, 그들은 그 책들을 충분히 읽어 소화시켰던 것이다. 스피노자는 유럽 최대의 철학자 가운데 한 사람으로서 학식과 지혜가 풍부하게 넘치는 사람이었다. 그는 17세기에 암스테르담에서 살았는데 그의 장서는 고작 60권도 못 되었다고 전해진다.

그런 까닭에 우리로서는 이 세계에서 지식의 대팽창은 반드시 유익한 것도 아니며, 또 우리를 현명하게 하지도 않는다는 것을 명심해 두어야 할 것이다. 우리는 그것에서 충분한 이익을 향수하기에 앞서 그 지식을 올바르고 바람직하게 사용하는 방법을 먼저 알아야만 한다. 우리의 고성능 차를 타고 달리기에 앞서 우리는 어디로 갈 것인가를 미리 알아야만 한다. 즉 우리는 생활의 목적이나 목표가 어떤 것이어야 하는가를 알아야만 한다. 오늘날 엄청난 수에 이르는 사람들은 조금도 그런 것에는 생각이 미치지도 않고, 또 생각해 보려고도 하지 않는다. 그들은 과학의 시대에 살고 있으면서 그들과 또 그들의 행동을 지배하고 있는 사상은 아득한 옛날에 속하는 낡은 것들이다. 모순이나 당착이 생기는 것도 무리가 아니다. 영리한 원숭이는 자동차 운전에 숙달될 수 있을지 모르나, 신뢰할 수 있는 운전사는 될 수 없다.

현대의 지식은 대단히 복잡하고 또 광범위하다. 몇만 명이나 되는 연구자가 제각기 전문 분야에서 끊임없이 연구를 하고, 각자의 연구실에 틀어박혀 실험에 실험을 거듭함으로써 지식의 조각을 쌓아올려 산더미를 만들고 있다. 지식의 분야는 너무도 넓어서 여기에 종사하는 자는 한 사람 한 사람이 각자의 부문에서 전문가가 되어야만 한다. 그는 지식의 다른 부문에 대해 잘 모르는 경우도 가끔 있다. 즉 그들은 지식의 어느 부문에는 정통하지만 다른 많은 문제에 대해서는 아무것도 알지 못하는 수가 있다. 따라서 그들은 인류 활동의 총체에 대해서 현명한 전망을 갖기 어렵다. 그들은 옛날 말로 하면 교양이 있다고는 할 수 없다.

물론 스스로 전문가이면서 좁은 전문 분야를 초월해서 더욱 넓은 전망을 가질 수 있는 사람도 없지 않다. 이런 류의 사람들은 전쟁이나 인간 상호간의 논쟁에도 꺾이지 않고 과학적 연구를 계속해서 최근 15년 동안 지식에 대해 괄목할 만한 공헌을 했다. 오늘날 최대의 과학자는 독일 태생의 유태인으로서, 히틀러 정부의 유태인 배척 정책에 밀려 독일에서 쫓겨난 알베르트 아인슈타인이라 생각된다.

아인슈타인은 수학상의 복잡한 계산에 입각해서 전 우주에 관계되는, 어떤 종류의 새로운 기본적 물리 법칙을 발견했다. 그것과 함께 그는 200년에 걸쳐 자명의 진리로 받아들여졌던 뉴턴의 법칙을 정정했다. 아인슈타인의 이론은 매우 재미있는 방법으로 확증되었다. 이 이론에 따르면 빛은 독특한 운동을 하는 것으로서, 이것은 태양의 일식 기간중에 실증될 수 있다. 사실 일식이 일어났을 때 빛은 그의 이론대로 운동을 한다는 사실이 판명되었다. 이리하여 수학적 추리를 통해 도달된 결론은 구체적인 실험으로 증명되었다.

이 이론은 몹시 난해한 것이기 때문에 그것을 너에게 설명할 생각은 없다. 그것은 '상대성 이론(Theory of Relativity)'이라 일컬어진다. 우주 문제에 몰두하면서 아인슈타인은 시간이라는 개념과 공간이라는 개념은 분리해서는 생각될 수 없는 것임을 발견했다. 그래서 그는 이런 두 가지의 분리된 개념을 배제하고 양자를 일체로 하여 고찰하는 새로운 개념을 제출했는데, 이것을 공간 - 시간(space-time)의 개념이라 한다.

아인슈타인은 우주를 연구했다. 한편 그와는 반대로 어떤 과학자들은 또 무한소(無限小)의 문제를 추구한다. 너의 육안으로는 겨우 보일 만한 미세한 것 ― 이를테면 핀의 끄트머리를 생각해 보아라. 핀의 끄트머리는 과학적 방법으로 논증된 바에 따르면, 어떤 의미에서는 우주 그 자체와도 같은 것이라 하겠다! 그 안에는 서로 맹렬한 속도로 회전하는 분자가 있는데, 그들 분자의 하나하나가 또 상호 충돌함이 없이 무제한으로 상호 회전하는 원자로 이루어져 있다. 그런데 각 원자는 방대한 수의 전기 미립자 또는 전하체, 또는 그것이 무엇이든 또한 놀랄 만한 속도로 부단히 운동을 계속하고 있는 양자와 전자로 구성되어 있다. 양전자·중성자·중양자에 이르러서는 더욱 작아서 양전자의 평균 수명은 대충 1억분의 1초로 계산되고 있다! 이것은 모두 무한소로 작은 규모이기는 하지만 마치 행성이나 항성이 우주 공간을 무한적으로 순환하고 있는 상태를 생각케 한다. 분자는 아무리 성능이 좋은 현미경을 사용해도 도무지 보이지 않을 만큼 작은 크기라고 생각하면 된다. 원자나 양자나 전자 등에 이르면 상상하기조차 어렵다. 그래도 과학 기술은 이들 원자나 전자에 관한 방대한 연구 보고서가 산더미같이 쌓일 정도로 발전하고 있다. 그래서 최근에는 원자가 분할되게 되었다.

과학의 최신 이론을 고찰해 보면 눈앞이 현란할 정도다. 그리고 그 의의를 충분히 평가하기도 어렵다. 여기서 가장 놀랄 만한 것을 하나 소개하겠다. 우리는 우리에게 이렇게 큰 지구가 그 자체는 하찮은 행성으로서, 태양에 종속된 유성에 불과하다는 것을 알고 있다. 태양계도 공간의 대해 속에서는 아주 작은 물 한 방울 정도밖에는 되지 않는다. 우주 속의 거리는 그 어느 곳에서 우리가 사는 곳까지 빛이 도달하는 데에 몇천 년이나 몇만 년 또는 몇백만 년이 걸릴 만큼 광대하다. 그러므로 우리가 하늘의 별을 볼 때 우리가 보고 있는 것은 지금 있는 것이 아니라, 지금 우리한테까지 도달한 광선이 거기를 출발해서 몇백 년이 걸렸는지, 아니면 몇천 년이 걸렸는지 모를, 긴 여행길에 올랐을 때 다만 거기에 있었던 것에 불과한 것이다. 이 같은 사정은 모두 일반적인 시간이나 공간의 관념으로는 도저히 파악하기 어려운 것으로서, 아인슈타인의 공간 - 시간 개념이 이런 것들을 이해하는 데 훨씬 도움이 되는 것도 바로 그 때문이다. 공간은 잠시 놔 두고, 시간만을 생각해 보더라도 과거와 현재가 너저분하게 혼돈되고 만다. 왜냐하면 우리가 보는 별은 우리로서는 현재의 것이지만, 그러나 우리가 보고 있는 것은 과거의 것이며, 광선이 여행길에 오른 뒤 지금보다 훨씬 이전에 사라졌는지도 모른다는 것을 알아야 하기 때문이다.

나는 우리의 태양도 하찮은 별이라고 말했다. 그 밖에도 약 10만 개의 별이 있어 이들이 모두 모여서 이른바 은하를 이루고 있다. 우리가 밤하늘에 보는 별의 대다수는 이 은하를 형성하고 있는 것들이다. 그러나 우리가 육안으로 볼 수 있는 것은 그 중에서도 소수에 지나지 않는다. 강력한 망원경으로 보면 더욱 많은 별을 볼 수 있다. 이 방면의 전문 학자의 계산에 따르면 이 우주에는 10만 개 정도의 서로 다른 은하가 있다고 한다.

또 하나 놀라운 것은 이 우주가 자꾸 팽창되어 가고 있다는 점이다. 제임스 진스(James Jeans)[77]라는 한 수학자는 우주를 비누 방울의 구면

---

77) 영국의 천문학자, 물리학자. 케임브리지 대학 응용 수학과 교수. 우주 진화론에 관련해서 '회전하는 유체'의 연구, '태양계 기원'에 관한 연구에 업적을 남긴 외에도, 통계 역학과 복사 이론에도 크게 이바지했다. 또한 『우리들을 둘러싼 우주』, 『물리학과 철학』 등 천문학에 관한 계몽적인 저술도 많다.

(球面)으로 보고, 이 비누 방울이 점점 커져 가는 것에 비유하고 있다. 이 비누 방울과 같은 우주는 그것을 꿰뚫고 여행하는 데 몇억 년이나 걸릴 만큼 큰 것이라고 했다.

만약 네가 놀랄 힘이 아직 남아 있다면, 정말 놀라운 우주에 대해서 좀더 이야기하겠다. 케임브리지의 저명한 천문학자 아서 에딩턴 경(Sir Arthur Eddington)[78]은 우리의 우주는 태엽이 풀린 시계처럼 차츰 해체되어 가고 있기 때문에 어떻게든 이것을 다시 감지 않으면 뿔뿔이 흩어져 버릴 것이라고 했다. 물론 그렇게 되기까지는 몇백만 년이 걸릴 것이므로 우리는 걱정하지 않아도 된다.

물리학과 화학은 19세기의 대표적 과학이었다. 그것은 인간의 자연 또는 외계에 대한 지배를 도왔다. 점차 과학은 관심이 내부로 돌려져서 자기 자신을 연구하기 시작했다. 생물학의 중요성이 부각되었다. 이것은 인간이나 동물·식물의 생활을 연구하는 것이다. 벌써 그것은 눈부신 진보를 보여서 생물학자들의 말에 따르면 주사나 그 밖의 방법을 통해 인간의 성격이나 기질에 변화를 일으킬 날도 머지않아 오리라는 것이다. 따라서 아마도 비겁한 사람이 용기 있는 사람으로 개조될 수도 있을 것이며, 또 더욱 일어날 수 있음직한 일은 어떤 정부가 이 같은 방법으로 자신의 비판자나 반대자의 저항력을 말살시킬 수 있을지도 모른다는 것이다.

생물학의 다음 단계는 인간의 마음이나 사상·동기·공포·욕망 따위를 다루는 과학인 심리학이다. 과학은 그리하여 새로운 분야로 차례차례 손을 뻗어 우리들 자신에 대한 지식을 심화시키고, 그것을 통해 아마 우리들 자신을 지배하도록 돕고 있는 것 같기도 하다.

우생학(Eugenics)도 생물학에 가까운 것으로, 종을 개량하는 것에

---

78) 영국의 천문학자. 케임브리지 대학 교수. 특히 그는 '항성의 내부 구조론'에 대해 불후의 업적을 남겼다. 또한 1919년 영국의 일식 관측대가 아프리카의 기니아 만에서 아인슈타인의 이론을 입증했을 때 이를 지휘했다. 저서로서 『별의 운동과 우주의 구조』 『별의 내부 구조』 등이 있다.

관한 학문이다.

어느 특정 동물에 대한 연구가 과학의 발달에 기여한 것도 흥미 있는 일이다. 가엾은 개구리는 신경이나 근육이 어떠한 기능을 하는지를 밝히기 위해서 해부, 절개당한다. 익은 바나나에 잘 붙기 때문에 바나나파리로 일컬어지는 아주 작은 파리가 유전에 관한 지식을 넓히는 데 큰 도움이 된 적도 있었다. 이 파리를 주의 깊게 관찰함으로써 한 세대의 성격이 어떻게 유전을 통해 다음 세대에 전해지는지를 알게 된 것이다. 이 것은 어느 정도까지 인류의 유전 양태 이해에 도움이 되었다.

더욱 하찮은 동물로서 우리에게 지식을 주는 바가 적지 않은 것은 아무것도 아닌 메뚜기다. 미국의 한 과학자는 이 메뚜기를 오랫동안 면밀히 관찰한 결과, 동물이나 인간의 성이 어떻게 해서 결정되는가를 설명했다. 이제 우리는 작은 태아가 생명을 받는 동시에 남성 또는 여성이 되어 점차 그것이 작은 수컷 또는 암컷으로, 또는 작은 사내아이 또는 계집아이로 발달해 가는 데 대한 적지 않은 지식을 가지고 있다.

네 번째 실례는 보통의 개다. 현대 러시아의 유명한 과학자 이반 파블로프(Ivan P. Pavlov)[79]는 특히 개가 먹이를 보았을 때 입에 침을 흘리는 것에 주의해서 자세하게 개를 관찰하기 시작했다. 그는 개의 입안의 침을 측정해 보았다. 먹이를 보았을 때 개의 입안에 고인 침은 '무조건 반사(unconditioned reflexes)' 라고 일컬어지는 자동적인 현상으로, 유아가 아무런 사전 경험 없이도 재채기를 하거나 하품을 하거나 기지개를 켜는 것도 모두 같은 원리다.

파블로프는 이번에는 '조건 반사(conditioned reflexes)' 를 낳는 연구를 했다. 즉 그는 개에게 어떤 일정한 신호를 보냄으로써 먹이를 얻을 수 있다고 느낄 수 있도록 가르쳤다. 이 신호가 개의 마음 속에서 먹이와 일단 결부되면, 신호가 울리기만 하면 먹이가 당장 눈앞에 없어도 먹이

---

79) 러시아의 생리학자. 제정 러시아 시대부터 학사원의 생리학 교수로서 소화 작용과 선(腺)의 분비 작용 연구에 공헌해 1904년 노벨상을 받았다. 10월 혁명 후에도 소비에트 정부의 원조를 받아 '조건 반사' 이론을 확립, 대뇌 생리학의 기초를 세웠다.

가 있는 것과 같은 효과를 낳는다는 결과가 얻어졌다.

개와 그 타액에 관한 이러한 실험은 인간 심리학의 기초가 되어 유년 시절의 인간이 얼마나 수많은 '무조건 반사'를 갖고 있고, 성장함에 따라 어떻게 차츰 '조건 반사'가 발달하는가를 제시했다. 사실 우리가 습득하는 것은 모두 여기에 기인한다. 우리는 이렇게 하여 습관을 기르고 언어 등등을 배우고 익힌다. 우리의 행동도 말할 나위 없이 쾌감과 불쾌의 양쪽에 기인한 반사를 통해 지배되고 있다. 공포에 대해서는 누구나 동일한 반사를 나타낸다. 인간이 바로 가까이에서 뱀을 보았을 때나 또는 뱀과 비슷한 모양을 한 것을 보았을 때에도 앞뒤 생각할 여유 없이 재빨리 피하는 것은 구태여 파블로프의 실험에 관한 지식을 필요로 하지 않는다.

파블로프의 실험은 심리학 분야에 혁명을 불러일으켰다. 그 가운데의 어떤 것은 몹시 흥미로운 것이지만 여기서 이 문제를 더 깊이 다루지는 않겠다. 다만 어쨌든 심리학 연구에는 이 밖에도 아직 몇 가지 중요한 방법이 더 있다는 것만을 덧붙여 둔다.

나는 너에게 과학적 작업 방식에 대해서 감을 느낄 수 있도록 이들 몇 가지 실례를 들어서 이야기했다. 예전의 형이상학적 방법은 철저한 분석이나 이해가 용이하지 않았고, 또한 불가능할 것 같은 큰 문제들에 관해서 막연하게 논의했던 것이다. 사람들은 그러한 문제들을 이것저것 서로 논의하면서 대단한 열을 올렸지만, 궁극적으로 그들의 논증이 진리인지 아닌지를 규명할 수단이 없었기 때문에 문제는 언제나 중간 단계에서 결론이 지어지지 않은 채 남겨졌다. 그들은 천국에 대해 이야기하느라고 바쁜 나머지 세속적인 관찰에까지는 마음을 쓸 수가 없었다. 과학의 방법은 이와는 정반대다. 사소하고 하찮은 사물에까지도 정밀한 관찰이 집중되어 이것이 중요한 결론을 이끌어 낸다. 이론은 이들 결론 위에서 구성되며, 일단 얻어진 이론은 계속된 관찰과 실험을 통해서 수정되기 마련이다.

그렇다고 해서 과학이 절대로 오류가 없다는 의미는 아니다. 과학은 잘못된 길로 인도해, 모처럼 온 길을 되돌아가서 다시 출발해야만 할 때도 있다. 그러나 과학적 방법이야말로 어떤 문제에 접근해 가는 데에 유일하게 올바른 방법이라 믿어진다. 오늘의 과학은 그것이 19세기에 가졌던 것과 같은 지나친 자부심에서는 벗어났다. 그것은 그 업적을 과시하지만, 점점 퍼져 나가는 광대 무변한 미개척된 지식의 대해에 대해서는 경건한 정신과 태도로 임하고 있다. 현명한 사람은 그가 얼마나 적은 것밖에 알지 못하는가를 잘 알고 있다. 무엇이든 다 아는 체하는 것은 얼빠진 자들의 일이다. 과학에 대해서도 마찬가지다. 그것이 발전하면 할수록 독선은 줄어들고, 그것에 대해서 제기되는 문제에 대한 해답은 한층 더 겸손해진다. 에딩턴은 이렇게 말했다. "과학의 진보는 우리가 대답하는 질문의 수를 통해서가 아니라 우리가 묻는 질문의 수를 통해서 측정된다." 그것은 아마 맞는 말이겠지. 그러나 그렇다고 해도 과학은 점점 많은 질문에 대한 해답을 가지고 있어서 우리 생활의 이해를 돕고, 그렇게 함으로써 만약 우리가 그것들을 이용하려고만 한다면, 가치 있는 목적에 합당한 더욱 나은 생활을 가능하게 한다. 그것은 생활의 어두운 구석구석에 빛을 던져서 우리에게 비합리적이고 모호한 혼란을 주는 대신 현실에 현명하게 대처하게 해 준다.

183   *1933년 7월 14일*

과학의 선용과 악용

어제 편지에서 나는 너에게 최신 과학이라는 신비한 나라를 잠시 구경하게 했다. 이 이야기를 통해 네가 그 사람들의 사상과 업적들에 대해 관심을 갖고 주의 깊게 보게 되었는지 모르겠다. 만약 이런 문제에 대해서 좀더 알기를 원한다면 여러 가지 책을 스스로 읽도록 해라. 그렇지만 잊어서는 안 될 것은 인간의 사상은 부단히 진보하는 것이기 때문에 끊임없이 자연이나 우주의 문제에 부딪쳐서 그것을 이해하고 해석하려 하고 있다는 점이다. 따라서 내가 오늘 이야기하는 것이 내일은 모순투성이가 되어, 모두 다 시대에 뒤떨어진 것이 되고 말지도 모른다. 내게 있어서는 인간 정신의 이러한 도전이나 또는 하늘을 날아 우주의 끝까지 신비를 규명하려는 방법, 또 무한대로 보이는 것에서 무한소로 느껴지는 것에 이르기까지 모든 것을 파악하고 파헤치려는 용기야말로 커다란 매력이 아닐 수 없다.

이러한 것들은 모두 '순수(pure)' 과학, 즉 생활에 직접적인 관계를 갖지 않는 과학의 영역에 속하는 것들이다. 예를 들어 '상대성 이론' 이라든지 '공간 - 시간' 의 개념, 또는 우주의 크기 따위는 우리의 일상 생활에 직접적으로 아무런 관계도 가지고 있지 않다. 이런 유의 이론들 대부분은 고등 수학에 기초를 두는 것으로, 수학에서 이같이 복잡하고 고차원적인 분야는 순수 과학에 포함된다고 할 수 있다. 그러나 대개의 사람은 이런 순수 과학에는 흥미를 느끼지 않는다. 일반적으로 사람들이 일상 생활에 실제로 응용되는 과학에 더욱 깊은 흥미를 갖는 것은 자연스러운 일이라 하겠다. 사실상 최근 150년 동안 생활에 혁명을 일으킨 것은 바로 이러한 응용 과학이었다. 현대 생활은 대부분 이들 과학의 부산물에게 지배되고 있기 때문에 과학이나 또는 그 부산물 없이 생활한다는 것은 우리로서는 도저히 생각할 수조차 없는 일이다.

사람들은 가끔 과거 황금 시대라든가 지난날의 좋았던 일에 대해 서로 이야기하며, 그 가운데서 역사상 특별히 마음을 끄는 과거 어느 시대가 있다거나, 어떤 점에서는 그 시대가 우리들의 시대보다 더 훌륭했을지도 모른다는 데 의견을 모으기도 한다. 과거 역사의 어느 시기는 확실히 우리의 마음을 끌기도 하고, 어떤 측면에서 보면 현대보다 더 우수할 수도 있다. 그러나 이러한 매력조차 어쩌면 무엇보다도 지금과 그 시대 사이의 시간적 거리, 또는 그 시대에 대한 어느 정도의 몰이해에 기인할 수도 있다. 우리는 자칫하면, 어떤 특정한 시기에 출현해 그 시대를 빛나게 한 위대한 인물 때문에 시대 자체를 위대하다고 생각하는 오류를 범하기 쉽다. 역사를 통해서 볼 때 일반 인민들의 생활은 비참한 것이었다. 오래도록 구시대 유물의 중압에 허덕이는 그들에게 과학은 얼마간 구제의 손길을 내밀었다.

네 주변에서 쉽게 눈에 띄는 모든 것들이 무언가 과학과 관계가 있다는 것을 알아차릴 수 있을 것이다. 우리는 응용 과학이 제시하는 원리에 따라 여행하고, 서로 통신하며, 우리의 식량이 생산되어 어느 한 장소에서 다른 장소로 수송된다. 우리가 읽는 신문이나 서적은 물론, 내가 쓰고 있는 편지까지도 과학적 방법 이외의 다른 방법으로 생산된 것이 아니다. 마찬가지로 위생이나 보건, 그리고 어떤 종류의 질환에 대한 치료도 모두 과학에 의존하고 있다. 이처럼 현대 세계에서는 응용 과학 없이는 아무것도 할 수 없다는 것이 이미 하나의 상식이 되어 버렸다. 여러 가지 이유가 있겠지만, 궁극적이며 포괄적인 이유를 하나 지적한다면 응용 과학 없이는 세계의 인구를 지탱하기에 족할 만큼의 식량을 얻을 수 없으며, 따라서 절반 또는 그 이상이 굶어 죽게 되리라는 것이다. 나는 지난 100년 동안 어떻게 해서 인구가 단번에 기하 급수적으로 불어났는지를 이야기했다. 이렇게 팽창한 인구는 식량의 생산과 수송을 과학이 도와 주고 있기 때문에 유지되는 것이다.

과학이 인간 생활에 거대한 기계를 끌어들인 이래 기계를 개량하는 과정이 부단히 진행되었고, 무수히 작은 변화들이 해마다, 아니 달마다 일어나서 기계의 성능을 한층 더 높이는 동시에 인간 노동에 대한 의존도를 한층 경감시켰다. 이러한 개량과 기술의 진보는 20세기의 최근 30년 동안에 더욱 가속화되어 왔다. 최근 몇 년과 그리고 현재도 진행중인 속도의 빠르기는 18세기 후반의 산업 혁명과 비견되는 혁명을 산업과 생산 방법의 분야에서 일으키고 있다. 이러한 새로운 혁명은 주로 생산 부문에 전기를 도입함으로써 이루어진 것이다. 그리하여 20세기는 전세계적으로, 특히 미국에서 전기 혁명을 겪고 있으며, 이것이 생활 조건을 근본적으로 변화시켜 가고 있다. 마치 18세기의 산업 혁명이 기계 시대를 출현시켰던 것처럼 이제 전기 혁명이 동력 시대를 예고하고 있다. 산업이나 철도 그리고 다른 무수한 용도에 모두 제공될 전기가 모든 것을 지배한다. 아득한 미래를 통찰한 레닌이 소비에트 러시아 전역에 거대한 수력 발전 시설을 건설하려는 의도를 가졌던 것도 바로 이 때문이었다.

산업에서의 전력의 응용은 그 밖의 개량과 더불어 그다지 많은 비용을 들이지 않고도 커다란 변화를 가져왔다. 그러므로 사소한 전동 기계의 개조가 때로는 생산을 배가시키는 경우도 있을 수 있다. 이것은 주로 속도가 느리고 틀리기 쉬운 인간의 노동이 차츰 배제되는 데 따른 결과이며, 이같이 기계가 차츰 개량됨에 따라 그에 종사하는 노동자의 수가 종전보다는 적어도 일의 능률은 마찬가지가 된다. 거대한 기계도 이제는 인간의 손으로 레버나 스위치만 조작하면 자유 자재로 움직일 수 있게 되었다. 그 결과 제품의 생산량은 급격히 증가되는 동시에 수많은 노동자가 필요하지 않게 되어 자신들은 공장에서 밀려나게 되었다. 동시에 기술 진보의 속도는, 새 기계가 공장에 설비되기도 전에 다시 새롭게 개량되어서 그 기계 자체가 이미 시대에 뒤진 것이 되는 수도 있을 정도로 빨라졌다.

내가 전에도 이야기한 바와 같이 산업 혁명 초기부터 기계가 노동자를 대체했기 때문에 많은 노동자들이 직장을 잃게 되었고, 성난 그들은 번번이 폭동을 일으켜 그들 대신 공장에 들어선 새로운 기계들을 때려부수고 돌아다녔다. 그러나 기계는 결국 고용을 증대시킨다는 사실을 인식하게 되었다. 노동자가 기계의 도움을 빌리면 훨씬 많은 물자를 생산할 수 있다는 점에서 자신들의 임금을 오르게 할 수 있고, 제품에 대한 수요도 늘어났던 것이다. 노동자나 일반 대중은 이렇게 하여 물품을 더욱 많이 사들일 수 있게 되었고, 그 결과 많은 공장이 세워졌으며, 또한 많은 사람들이 일자리를 얻어 고용되었다. 따라서 공장 하나만을 놓고 볼 때는 기계가 인간을 대체했지만, 지금까지보다 훨씬 더 많은 공장이 생겼기 때문에 결과면에서는 전보다 훨씬 더 많은 사람들이 일자리를 얻을 수 있게 된 셈이다.

이 과정은 여러 공업국이 멀리 떨어진 후진 지역에서 해외 시장을 개척하면서 더욱 촉진되어 장기간에 걸쳐 계속되었고, 과거 몇 년 동안 이러한 과정은 일단 완성된 것으로 보아도 무리는 없을 듯하다. 잘은 모르지만 현재의 자본주의 제도 밑에서는 이 이상의 팽창은 불가능하기 때문에 이 제도에 어떤 변화가 가해질 필요가 있지 않을까 한다. 현대의 산업은 '대량 생산'의 단계에 들어섰는데, 이것은 대량 생산된 모든 물품이 대중으로부터 구입되어 소비될 때에만 가능한 것이라 할 수 있다. 만약 대중이 너무 가난하거나 실업 상태에 있든지 하면 그들은 생산된 물품을 사들일 수 없기 때문이다.

이 같은 사정에도 불구하고 기술적인 진보는 쉴새없이 진행되었으며, 그로 인해 기계가 인간을 대체하면서 실업은 한층 가속화되고 있다. 1929년 이래 전세계에 대공황이 덮쳤을 때에도 기술의 진보는 완화되지 않았다. 그 예로 미국에서는 공장에서 축출된 몇백만의 노동자들이 설령 1929년 이래 경제 공황 없이 생산이 유지되었다고 해도 도저히 일자리를 얻을 수 없을 만큼 많은 기계의 개량이 있었다고 전해진다.

이렇게 해서 이것은 여러 선진 공업국을 비롯해 전세계에 커다란 실업 문제가 발생한 이유 가운데 하나 — 물론 다른 데에도 많은 이유가 있지만 — 가 되었다. 우리들이 흔히 생각하기에는 신식 기계를 통해 생산이 높아지면 그만큼 국가의 부도 커지기 때문에 모든 사람의 생활 수준도 높아져야 하는 것이 당연한데, 이런 측면에서 볼 때 실업의 발생은 쉽게 지나칠 수 없는 전도 현상이라 아니할 수 없다. 그뿐 아니라 그것은 도리어 빈곤과 무서운 고통을 초래한다. 과학에 의존하면 그것을 해결하기는 그다지 어려운 일은 아니라고 생각하는 사람도 있겠지. 아마 그것은 어렵지 않을는지도 모른다. 그러나 정말로 어려운 것은 이 문제를 과학적이고 이성적으로 해결하려 할 때에 일어난다. 왜냐하면 그렇게 하기 위해서는 기득권 세력을 제압해야 하는데, 이들 기득권 세력은 정부를 좌우할 만한 강력한 힘을 충분히 가지고 있기 때문이다. 더욱이 이 문제는 본질면에서 국제적인 문제인 반면, 오늘날 국가 간의 상호 대립은 국제적 차원에서의 해결을 방해하고 있다. 소비에트 러시아는 유사한 문제에 과학적인 방법을 적용하고 있으나, 그 밖에 다른 나라는 경제 체제상 러시아와 다른 자본주의로서 소비에트에 적대감을 가지고 있어서 그렇지 않을 경우보다도 문제의 해결이 훨씬 어렵게 되어 있다.

오늘날의 세계는 정치 구조가 편협한 일국적 형태를 취하고 있고 과거의 모습을 벗어 던질 수는 없지만 본질면에서는 국제적이다. 따라서 사회주의가 궁극적인 승리를 얻으려면 국제적인 세계 사회주의가 돼야만 할 것이다. 시계 바늘이 반대로 돌아갈 수 없듯이, 오늘의 국제 기구도 지금 당장은 불완전한 것이기는 하지만 일국적 이해로 인해 해체될 수는 없는 일이다. 잡다한 국가에서 파시스트들이 기도하고 있는 것과 같은 민족주의의 격화는 오늘날 세계 경제의 근본 성격에 위배되기 때문에 결국은 실패로 돌아갈 것이다. 물론 자칫하면 그렇게 해서 실패하는 김에 세계를 그 속에 얽어매어, 이른바 현대 문명이라는 것을 공동의 재앙으로 몰고 갈지도 모른다.

이러한 재앙이 결코 우리와 거리가 멀고 상상조차 할 수 없는 것이라고 생각하지는 말아라. 우리가 이제까지 보아 왔듯이 과학은 많은 좋은 결실을 맺어 왔지만, 반면 또 전쟁의 공포를 극도로 심화시켰다. 국가나 정부는 때때로 순수 과학, 응용 과학을 불문하고 과학의 여러 부문을 관심을 갖고 고려해 보는 경향이 없었지만, 과학의 호전적 측면만은 결코 무시한 적이 없었다. 그들은 자기를 무장하고 강력하게 하기 위해서는 최신의 과학 기술을 철저하게 활용했다. 궁극적으로 볼 때 대다수 국가는 힘에 의존하고 있다. 또한 과학 기술은 모든 정부를, 대부분은 전혀 결과를 예측할 수 없는 상태에서 타국민을 침해할 수 있을 만큼 강대하게 만들었다. 그래서 프랑스 혁명 등에서 볼 수 있었던 압제 정부에 대한 인민 봉기나 바리케이드의 구축, 또는 시가전 따위는 아주 먼 옛날 이야기가 되어 버렸다. 지금은 비무장은 물론 무장한 군중이라도 조직적인 장비로 무장된 우수한 국가의 힘에 대항해 싸운다는 것은 거의 불가능한 일이다. 러시아 혁명에서처럼 군대 그 자체가 정부에 공격의 화살을 돌릴 수도 있겠지만, 그러나 그런 일이 없는 한 정부는 힘을 통해서만 정복될 수는 없는 것이다. 이렇게 되자 자유를 찾아 싸우는 사람들에게는 힘에 의존하는 방법 이상의 더욱 평화적인 대중 행동의 방법이 필요하게 되었다.

과학은 그리하여 국가를 지배하는 집단을 탄생시키거나 또는 과두 지배를 초래함으로써 개인의 자유나 재래의 민주주의에 대한 19세기의 개념을 파괴하는 방향으로 유도한다. 이 같은 과두 정치는 여러 나라들에서 발생해, 그 중 어느 것은 형식적인 민주주의에 축복을 보내는가 하면, 또 어떤 것은 정면에서 그것을 파괴하기도 한다. 이러한 갖가지의 과두 정치가 서로 충돌해서 각 국가는 이윽고 전쟁에 돌입하게 되며, 오늘날이나 또는 장래의 이런 큰 전쟁은 분명히 이들의 과두 정치를 붕괴시킬 뿐만 아니라 분명 그 지배 집단 자체마저도 파괴하고 말 것이다. 아니면 마르크스주의 철학이 기대하듯이 그러한 붕괴 과정 속에서 국제 사회주의 질서가 생겨날지도 모른다.

전쟁과 그에 따른 모든 저주스러운 현실은 생각만 해도 지겹다. 그러나 현실은 도리어 미사여구에 싸여 씩씩한 음악이나 화려한 제복으로 가장하고 있다. 하지만 어쨌든 현대의 전쟁이 무엇을 의미하는가를 얼마쯤 알아 둘 필요는 있다. 지난번의 전쟁 — 세계 대전은 많은 사람들의 마음 속에 전쟁의 공포를 부각시켰다. 그런데 그것도 다음에 올 전쟁에 비하면 아무것도 아니라고들 한다. 왜냐하면 최근 몇 년 간에 걸쳐서 산업 기술이 약 10배로 약진했다고 가정한다면, 전쟁을 수행하기 위한 과학은 100배나 더 진보를 이룩했을 것이 틀림없기 때문이다. 전쟁은 이미 유치한 칼질이나 무사들의 고함 소리 같은 것이 아니다. 예전에 사용되던 방식의 보병은, 지금 와서는 활이나 화살처럼 쓸모가 없어졌다. 오늘날의 전쟁은 기계화된 탱크, 특히 비행기와 폭탄의 전쟁이다. 비행기의 속도와 성능은 계속해서 눈에 띄게 발전하고 있다.

만약 전쟁이 터진다면 교전국 국민들은 당장 적기의 습격을 받게 될 것이다. 이 비행기들은 선전 포고와 동시에 습격해 올 것이며, 그렇지 않다면 공격의 기회를 넓히기 위해 선전 포고 없이 기습해 올지도 모른다. 독가스는 비행기에서 투하되는 폭탄에서 방출될 것이며, 이것이 퍼져서 그 지역 일대를 뒤덮어 그 영향이 미치는 한도 내의 모든 생물을 질식시켜 죽여 버릴 것이다. 이는 일반 국민을 견딜 수 없는 정신적 고통 속에 몰아넣음으로써 더욱 잔혹하고 더욱 참혹한 수법을 통해 대규모로 멸망시키겠다는 것이다. 그리고 이런 유의 일들은 교전 상대국의 대도시에서 동시에 발생할 가능성도 없지 않다. 따라서 만약 유럽에서 전쟁이 일어난다면 런던·파리·베를린은 며칠 또는 몇 주일 안에 잿더미의 폐허가 되어 버릴지 모른다.

이보다 더 악화된 상황도 일어날 수 있을 것이다. 예를 들어 도시 전체가 몽땅 전염병에 걸리도록, 폭탄 속에 갖가지 세균을 넣어서 떨어뜨리는 경우도 상상할 수 있을 것이다. 이런 유의 '세균전'은 그 방법이 다양할 것이다. 식량과 마실 물을 오염시키고, 페스트를 전염시키는 쥐를 투입하는 경우도 고려될 수 있다.

이러한 것들은 모두 상식을 넘어선, 상상조차 할 수 없는 것으로 들리며 또 사실이 그렇다. 하지만 사람들이 공포감에 사로잡히고 먹느냐 먹히느냐의 투쟁이 전개될 때에는 이렇게 믿기 어려운 일들도 충분히 일어날 수 있는 것이다. 적이 그러한 악랄한 방법을 취하지나 않을까 하는 두려움 그 자체가 여러 나라들이 제각기 앞을 다투어서 그것을 실전에 응용하게 되는 원인이 되기도 한다. 왜냐하면 병기라는 것은 먼저 사용한 나라가 매우 유리한 위치를 차지할 만큼 무서운 위력을 갖는 것이기 때문이다. '겁이 나면 눈에 핏발이 서게' 마련이니까!

앞서의 세계 대전에서 분명히 독가스가 사용되었으며, 지금은 모든 강대국이 전쟁을 목적으로 이런 종류의 가스 제조 공장을 가지고 있다는 것이 상식화되었다. 이제까지 살펴본 바에 따라 얻어질 수 있는 미묘한 결론이란, 다음에 일어날 세계 대전에서 실제의 전투는 군대가 참호를 파서 몸을 숨기고 서로 대치하는 전선에서가 아니라 후방에 있는 일반 도시나 가정에서 있게 되리라는 것이다. 즉 전쟁이 일어나면 가장 안전한 장소는 군대로서, 군대만이 공습이나 독가스나 세균에 대해 충분히 보호되는 곳이 될지도 모른다는 것이다. 후방에서는 남자든 여자든 아이든 누구에게도 그 같은 장비는 있을 리 없으니 말이다.

이런 모든 상황이 가져오는 결과는 어떤 것일까? 보편적인 파괴일까? 아니면 몇 세기에 걸쳐 쌓아올린 문화와 문명의 정교한 구조의 종말일까?

결과가 어떻게 될지는 아무도 모른다. 우리는 미래의 문을 열어제치고 미리 내다볼 수는 없다. 다만 우리는 오늘날의 세계에서 두 가지 과정, 즉 두 가지의 서로 대항하고 서로 충돌하는 과정이 진행되고 있다는 것만을 알고 있을 뿐이다. 하나는 협력과 이성의 고양을 통해 문명을 구축하는 과정이며, 다른 하나는 모든 것을 산산조각으로 파괴해 인류를 멸망시키려는 시도다. 이 두 개의 과정은 모두 점점 더 맹렬하게 속도를 빨리 하면서 진행되고 있고, 무기와 과학 기술로 무장하고 있다. 도대체 어느 쪽이 승리할 것인가?

184 *1933년 7월 19일*

대공황과 세계의 위기

과학이 인간 생활에 제공하는 힘, 그리고 인간의 과학에 대한 응용은 생각하면 할수록 불가사의하다. 왜냐하면 오늘날 자본주의 세계의 고뇌는 굉장히 심각하기 때문이다. 라디오를 통해서 과학은 우리의 목소리를 멀리 떨어진 나라에까지 전해 준다. 무선 전신을 사용해 우리는 지구의 양쪽 끝에서 서로 말을 한다. 텔레비전을 통해서 서로 얼굴을 맞대고 말할 날도 멀지는 않았을 것이다. 경이로운 과학 기술은 인류가 필요로 하는 것을 풍부하게 만들어 냄으로써 먼 옛날의 저주스러운 빈곤을 영원히 지상에서 추방한다. 역사의 여명의 태곳적부터 사람들은 그들을 짓눌러 온 평소의 고통에서 구제받을 길을 찾아 젖과 꿀이 넘쳐흐르고 모든 것이 풍요한 나라, 엘 도라도(El Dorado : 황금의 땅)를 늘 동경해 왔다. 그들은 지나간 황금 시대를 꿈꾸면서 언젠가는 평화와 기쁨에 넘치는 낙원이 올 것이라 공상하기도 했다. 거기에 과학이 찾아와서 풍요를 창조해 내는 수단을 가르쳐 주었다. 그리하여 그러한 공상은 과학을 통해 현실적으로 가능해져서 인류는 풍요의 한복판에 있게 되었지만, 대다수는 아직도 빈곤과 궁핍 속에서 허덕이고 있으니, 이것은 실로 놀랄 만한 역설이 아니겠느냐?

현대 사회는 지금 과학과 풍부하게 넘치는 과학의 산물 때문에 당황하고 있는 형편이다. 그것들은 서로 원만하게 조화를 이루고 있지 못하다. 사회의 자본주의적 형태와 최근의 과학 기술과 방법 사이에는 모순이 있다. 사회는 자본주의로부터 어떻게 생산할 것인가는 배웠지만, 생산된 것을 어떻게 분배할 것인가는 배우지 못했다.

이러한 간단한 전제 아래 다시 한 번 서유럽과 미국으로 눈을 돌려 보자. 나는 이미 세계 대전 후 10년 동안 그들이 직면한 혼란과 곤란에 대해서 이야기한 적이 있다. 여러 패전국 — 독일과 중부 유럽의 여러 소국 — 은 전후의 악조건 때문에 심한 타격을 받았으며, 그들의 통화는 붕괴했고, 중간 계급은 몰락해 갔다. 유럽의 전승국이나 채권국의 상태도 그들보다 조금도 나은 것이 없었다. 각국은 미국에 막대한 부채를 지고 있었고, 국내에도 거액의 전시 채무를 지고 있었다. 이러한 채무 때문에 그들은 허둥거리고 또 넘어질 듯이 비틀거리고 있었다. 그들은 하다 못해 독일로부터 배상금을 받아 내서 그것으로 대외 채무를 상환하는 데 사용하려는 희망을 갖고 살았다. 하지만 이런 희망은 그다지 기대할 만한 것이 되지 못했다. 독일은 지불 능력이 없는 나라였기 때문이다. 그러나 이런 장애는 미국이 독일에 돈을 융자해 줌으로써 제거되었다. 독일은 여러 나라들 중에서 우선 영국·프랑스 등에 각각 배상의 몫을 지불했으며, 영국·프랑스 등은 그것으로 미국에 대한 부채를 갚았다.

미국은 지난 10년 간 계속해서 번영을 유지한 유일한 나라였다. 돈은 홍수처럼 넘쳐 나고 있는 느낌이었다. 이러한 번영은 들뜬 기대, 그리고 유가 증권과 주식 투기의 원인이 되었다.

자본주의 세계의 일반적인 관측으로는 경제 공황은 과거의 불황과 마찬가지로 언젠가는 지나가고, 세계는 서서히 다음 단계인 호경기로 안정되어 갈 것이라고 생각되고 있었다. 사실 자본주의의 생명은 번영과 공황을 주기적으로 반복하면서 오늘까지 이어져 내려온 것으로 보인다. 이것은 무계획적이고 비과학적인 자본주의 사회에 내재하는 본성으로서 이미 오래 전부터 지적되어 오던 바였다. 산업의 호황은 갑작스럽게 활기에 찬 경기를 초래해, 누구든지 거기에서 이익을 올리기 위해 가능한 한 최대한 생산하려고 했다. 그 결과 과잉 생산 — 즉 판매될 수 있는 한도 이상의 양이 생산되게 되었다. 재화는 누적되고 공황이 밀어닥쳐 산업은 또다시 내리막길을 걷기 시작했다. 침체 기간중에 쌓였던 재화가 조금씩 팔려 나가면 산업은 또다시 활발해져서 곧 다음의 호경기가 되돌아왔다. 이렇게 흔히 볼 수 있던 순환에 비추어 많은 사람들은 어느 정도 시간이 지나면 틀림없이 호황기 또는 번영이 돌아올 것이라 기대하고 있었다.

그런데 1929년에 이르러 형세가 갑자기 역전되어 사태는 더욱 심각해졌다. 미국이 독일과 남아메리카 여러 나라들에 대한 금융 차관을 중지하자, 종래의 대차 지불의 인위적인 구조는 한꺼번에 무너지고 말았다. 미국 자본가들이 영구히 계속해서 돈을 빌려 주지는 않으리라는 것은 명약관화한 사실이었다. 왜냐하면 이것은 오직 채무자의 부채를 증가시키기만 할 것이고, 기존의 부채마저도 완제될 가망이 없게 만들

것이기 때문이다. 그들은 쓸 데가 없는 현금이 남아돌았기 때문에 돈을 빌려 준 것뿐이었다. 또한 유휴 자금의 범람은 그들을 주식 거래에 뛰어들게 했다. 투기 열기가 일반화되어 사람들은 누구나 일확천금의 벼락 부자를 꿈꾸게 되었다.

독일에 대한 차관의 중지는 극심한 공황을 불러일으켜서 몇 개의 독일 은행이 완전히 파산했고, 배상과 채무의 지불 순환이 차츰 정지되었다. 대부분의 남아메리카 여러 나라나 다른 소국들은 채무 이행을 거절하기 시작했다. 이러한 신용 조직의 붕괴를 보고 놀란 미국 대통령 후버는 1931년 7월에 1년 간의 지불 유예(moratorium)를 선언했다. 이것은 채무자를 일률적으로 구제하기 위해 정부 간의 모든 전쟁 채무나 배상 지불은 1년 간 정지하는 것을 의미한다.

그러는 동안 1929년 11월에 미국에서 대단한 일이 벌어졌다. 주식 투기로, 주식이나 그 밖의 것이 터무니없이 값이 올랐다가 이번에는 급격히 폭락한 것이다. 이로 인해 뉴욕의 금융계는 대공황에 직면하게 되었고, 그 날로 미국의 번영은 끝나 버렸다. 이리하여 미국은 불황으로 고통받고 있던 다른 나라와 같은 처지에 놓이게 되었다. 무역과 산업의 불황은 이제 전세계를 뒤덮은 대공황(Great Depression)으로 변해 버렸다. 그렇지만 주식 투기나 뉴욕의 금융 공황이 미국의 몰락 또는 불경기를 초래했다고 생각해서는 안 된다. 다만 그것은 낙타 등에 남은 마지막 한 개의 지푸라기에 지나지 않았고, 참된 원인은 더욱 깊은 곳에 자리잡고 있었다.

전세계에서 무역은 위축되고, 물가 특히 농산물 가격이 급락했다. 거의 모든 상품이 생산 과잉 상태였다고 하는데, 사실 이것은 상품이 많이 생산되어서가 아니라 사람들이 생산된 상품을 살 수 있는 돈이 없었다는 것을 의미하는 것이었다. 즉 구매력 부족으로 상품이 팔리지 않았기 때문에 쓸데없이 쌓여만 갔고, 이에 따라 이 상품을 제조하는 공장은 폐쇄되어야만 했던 것이다. 공장측에서는 팔리지 않는 물건을 만들 수는 없었다. 이 때문에 유럽이나 미국에서, 또 다른 나라들에서도 실업자의 수는 헤아릴 수 없을 정도로 증가했고, 여러 공업국은 나라마다 심한 타격을 입었다. 한편 세계 시장에 식량과 공업 원료를 공급하고 있던 농업국도 마찬가지였다. 따라서 인도의 공업도 어느 정도 타격을 받았고, 물가가 폭락해 농민층의 고통은 한층 더 심했다. 평소에 이처럼 식료품 가격이 떨어졌다면 사람들은 식량을 싸게 구입할 수 있어 뜻밖의 요행에 기뻐 날뛰었겠지만, 아무튼 아무리 애써 보아도 자본주의 세계의 일인지라 요행이 둔갑해서 오히려 불행이 되었던 것이다. 농민은 지주에게는 소작료를 또 정부에는 세금을 현금으로 지불해야 했기 때문에 현금을 손에 넣기 위해서는 그들이 생산한 것을 팔아야만 했다. 그런데 그 가격이 터무니없이 싸고 보니, 때로는 그들의 생산물을 모두 팔아도 세금을 낼 수 있을 만큼의 현금은 손에 쥐기도 어려운 형편이었다. 그들은 번번이 토지에서 쫓겨났으며, 그들의 허술한 집과 얼마 안 되는 가재 도구까지도 소작료를 조달하기 위한 경매에 붙여졌다. 그리고 이 같은 처지에서는 식량 가격이 아무리 싸다 해도 정작 그것을 생산하는 장본인인 농민들은 굶주려야만 했으며, 또 유랑인으로 전락해야만 하는 형편이었다.

세계의 상호 의존 관계는 이 불경기를 전세계로 파급시켰다. 아마 이것을 면할 수 있었던 곳은 세계에서 격리되어 생활하고 있던 티베트의 오지 같은 곳뿐이 아니었을까 생각된다. 시간이 흐를수록 불황은 점점 널리 확대되고, 무역은 더욱 침체되어 갔다. 그것은 마치 마비 현상처럼 차츰 번져 나가 사회 구조 전체를 무기력하게 만들어 버렸다. 이러한 하락세를 보는 데 가장 좋은 방법은 최근 4년 간의 무역 현황을 조사해 보는 것이다. 국제 연맹은 세계 무역에 대해서 다음과 같은 통계를 발표하고 있다. 수치는 100만 달러를 단위로 하여 해마다 최초의 3개월 간의 무역액을 가리킨다.

	수입액	수출액	합계
1929년 제1/4분기	7972	7317	15289
1930년 제1/4분기	7364	6520	13884
1931년 제1/4분기	5154	4531	9685
1932년 제1/4분기	3434	3027	6461
1933년 제1/4분기	2829	2552	5381

이 통계는 세계 무역이 해마다 감퇴해서 1933년의 제1/4분기의 무역액은 4년 전 무역액의 35%, 즉 3분의 1에 불과하다는 것을 보여 주고 있다.

무역에 관한 이 난해한 숫자들을 인간적인 용어로 표현한다면 무엇이 될까? 그것은 국민 대중이 자신들이 만들어 낸 것을 자신들이 사들일 수 없을 만큼 궁핍에 빠져 있으며, 헤아릴 수 없을 만큼 많은 노동자들이 일자리를 얻지 못하고 타의로 실업을 강요당하고 있다는 것을 가리킨다. 유럽과 미국의 실업 노동자 수는 3000만 명에 이르고, 그 중 영국이 300만 명, 미국이 1300만 명을 헤아리고 있다. 인도나 다른 아시아 여러 나라에는 얼마만큼의 실업자가 있었는지 아무도 모른다. 아마 인도만 해도 그 수가 유럽과 미국의 총계를 능가할 만큼 되었을 것이다. 전세계에 퍼져 있는 일자리가 없는 무수한 사람들, 그리고 생계를 그들에게 의지하고 있는 가족들을 생각하면 무역 불황에 기인하는 인류의 고통이 얼마만큼 큰 것인가를 상상할 수 있을 것이다. 많은 유럽 국가들은 국가 보험 제도가 있어 등록된 실업자에게는 모두 정액의 생계비가 지급된다. 미국에서는 그들에게 구호금이 지급되었다. 그러나 수당과 구호금만으로는 충분치가 않아 부족분을 손에 넣지 못해 굶주림에 허덕이는 사람이 많으며, 그 가운데 중부 유럽이나 동유럽 어떤 지역의 상황은 너무나도 참혹하다.

대공업국 중에는 미국이 제일 늦게 불황의 타격을 입은 나라이지만, 그 반응은 어떤 나라보다도 컸다. 미국 국민은 장기간 계속되는 무역 불황과 생활고에 익숙해 있지 못했다. 따라서 자존심 강하고 부유함을 자랑하던 미국은 공황의 일격에 눈이 휘둥그래졌고, 실업자 수가 속속 늘어남에 따라 굶주림은 일상적인 풍경이 되었으며, 국민의 도덕심도 땅에 떨어지기 시작했다. 은행과 투자가의 공신력도 땅에 떨어져 은행에서는 돈을 찾아볼 수 없었다. 은행은 공신력을 바탕으로 하는 기관이기 때문에 공신력이 있는 데서만 기능을 발휘할 수 있으며, 공신력이 떨어지면 그에 따라서 은행도 도산하기 마련이다. 이에 따라 미국에서는 무수한 은행이 계속 도산했고, 그 하나하나가 공황을 더욱 심각하게 사태를 총체적으로 악화시켰다.

엄청난 수의 남녀 실업자가 부랑인으로 전락해 도시에서 도시로 일자리를 찾아 이리저리 헤맸다. 그들은 지나가는 자동차를 얻어 타거나, 느릿느릿 달리는 화물 자동차에 매달리거나, 아니면 국도를 따라 줄을 지어 걸었다. 그러나 이보다 더욱 가슴아픈 것은 아직 철도 들지 않은 소년 소녀 내지는 어린이들이 혼자서, 또는 떼를 지어서 그 넓은 나라를 방황하는 상황이었다. 한편 성년의 건장한 남자도 일자리를 찾아 헤매며 하릴없이 빈둥빈둥 놀기만 했고, 유수한 공장들도 모두 폐쇄되고 말았다. 게다가 바로 이즈음 어두컴컴하고 불결한 공장들이 속출해서 12~16세쯤 되는 소녀들이 낮은 임금으로 하루 10시간에서 12시간씩이나 혹사당하게 된 것도, 이른바 자본주의의 본성 때문이었다. 어떤 고용주들은 이 어린 소년 소녀들 위에 가해진 실업이라는 무서운 압력을 미끼로 자기네 공장이나 작업장에서 매우 힘든 장시간의 노동을 그들에게 강요하기도 했다. 이렇게 하여 불경기는 미국에서 연소자 노동을 부활시켰고, 이런 종류의 불법 행위에 대한 노동법의 금지 조항은 공공연히 무시되었다.

한편 미국이나 그 밖의 나라에 식량이나 공업 제품이 부족했던 것은 절대 아니라는 생각을 늘 잊어서는 안 된다. 다만 곤란한 것은 그것들이 너무 많다는 것, 즉 과잉 생산의 문제였다. 저명한 영국의 경제학자 헨리 스트라코쉬 경(Sir Henry Strakosch)은 1931년 7월 — 즉 불황이 2

년째 되던 해에 "세계의 시장에는 앞으로 2년 3개월 동안, 그 동안에 인간이 노동을 위해 손가락 하나 까딱 안 한다고 가정해도 세계 인구를 종전의 생활 수준대로 유지시킬 수 있을 만큼 풍족한 물자가 현존한다"고 보고했다. 그러나 이 시기에는 근대 공업국이 일찍이 겪지 못했던 궁핍과 기아가 동시에 존재했으며, 이런 궁핍 속에서도 많은 식료품을 폐기하는 일이 어쩔 수 없이 자주 일어났다. 곡물은 수확되지 않은 채 밭에서 썩도록 방치되었으며, 과실은 나무에 그대로 남겨져 인간의 많은 식량이 그대로 썩어 갔다. 한 예를 들면 1931년 6월부터 1933년 2월까지 브라질에서는 1400만 포대의 커피가 폐기되었다. 한 포대에 132파운드들이 커피 18억 4800만 파운드 이상이 폐기되었던 것이다! 이것은 세계의 총인구를 머리 수로 나누었을 경우 한 사람당 1파운드씩 나눠 주어도 여분이 남을 정도의 수량이었다. 그렇지만 커피를 마시고 싶어도 사지 못하는 몇억 명의 사람들이 있다는 것을 우리는 잘 알고 있다.

커피뿐만 아니라 밀이나 면화, 그 밖의 잡다한 것들이 가끔 버려졌다. 목면·고무·차 등의 작물에는 파종을 제한하는 생산 제한 조치도 취해졌다. 이러한 모든 것들의 폐기와 생산 억제는 농산물 가격의 인상을 위해서, 즉 농산물 품귀 현상으로 수요를 자극하면 가격이 앙등할 것이라는 기대에서 취해진 것이었다. 그것들을 시장에 출하하는 농민으로서는 이것이 분명히 유리한 조치였지만, 그러나 일반 소비자들에게는 어떠했을까? 진실로 이것이 우리 세계의 기묘함이다. 오늘날 세계에서는 생산이 부족하면 물가가 뛰어 많은 사람들이 상품을 사지 못해 궁핍에 빠지고, 또 반대로 과잉 생산 상태가 되면 물가가 떨어져서 공업도 농업도 제 기능을 발휘하지 못하고 실업이 발생한다. 실업자는 돈을 갖고 있지 않은데 어떻게 상품을 살 수 있겠느냐! 결핍과 과잉, 어느 것이든 간에 언제나 방대한 수의 일반 대중은 궁핍할 수밖에 없다.

거듭 말하지만 불황 기간에 미국이나 다른 나라들에서 재화가 부족했던 것은 절대 아니다. 농민은 처분할 수 없을 만큼 많은 농작물을 가졌고, 도시 사람들은 팔 수도 없는 제품을 계속 만들어 내고 있었다. 그리고 쌍방이 서로 상대방의 재화를 탐내고 있었다. 그러나 마음과는 달리 양쪽 모두 돈이 없었기 때문에 교환 과정은 이루어질 수 없었다. 그리하여 고도의 공업국, 선진 자본주의 국가인 미국에서는 화폐가 없던 옛날에 통용되던 물물 교환 방법이 다시 부활되어 한창 성행했다. 화폐의 결핍으로 자본주의적 교환 체제가 무너졌기 때문에 사람들은 재화나 서비스를 서로 교환하는 방법을 통해 화폐 없이 살아가기 시작했다. 이에 따라 물물 교환을 촉진하기 위해 증서를 발행하는 단체가 속출했다. 이에 대한 재미있는 실례로서, 어느 대학에 버터와 밀크와 달걀 따위를 배달하는 배달부가 배달료 대신 자기 자식의 교육을 부탁했다는 웃지 못할 이야기도 있다.

 물물 교환제는 다른 여러 나라에서도 어느 정도까지는 성행했다. 국제 유통 제도의 복잡한 조직이 붕괴됨으로 해서 생긴 국가 간 물물 교환도 많았다. 그리하여 영국의 석탄은 스칸디나비아의 주석과, 캐나다의 알루미늄은 소비에트의 석유와, 또 미국의 밀은 브라질의 커피와 교환되었다.

 미국의 농민들은 불황의 타격으로 인해 자신들의 농장을 저당잡히고 빌린 돈을 은행에 갚지 못했다. 그러자 은행은 담보로 잡은 농장을 처분해서 돈을 환수하려 했다. 그러나 농민은 이것을 인정하지 않고 매각을 막기 위한 행동 위원회를 조직해 대항했다. 그 결과 아무도 이런 종류의 경매에 감히 응하는 자가 없었기 때문에 은행은 부득이 농민들의 조건을 받아들이지 않을 수 없었다. 이와 같은 농민 소요는 미국의 중서부 농업 지대로 확대되어 갔는데, 공황이 진행됨에 따라 오랫동안 나라의 근간을 이루고 있던 보수적인 미국 농민층이 더욱 투쟁적이고 혁명적인 사고 방식을 취하게 되었다는 점에서 이는 주목할 만한 일이다. 이러한 미국의 농민 운동은 순전히 이 나라 고유의 것으로 사회주의나 공산주의와는 전혀 관계가 없었다. 경제적 궁핍은 재산권을 가진 이들 중산 농민층을 단지 토지의 경작자에 불과한 일종의 무산 계급으로 바꾸어 버렸다. 그들의 슬로건 중에는 "인권은 법률상의 권리와 재산권에 우선한다," "부인과 아동에게 우선권을 달라"는 등의 내용들이 포함되어 있다.

나는 퍽 상세하게 미국에 대한 설명을 덧붙였다. 미국은 여러 가지 의미에서 관심을 끄는 나라로, 자본주의 국가 중에서 가장 앞섰을 뿐 아니라 아시아나 유럽이 과거에 가졌던 것 같은 봉건적인 뿌리를 갖지 않았기 때문에 변화가 쉽게 일어날 수 있었다. 다른 나라는 미국에 비해 대중의 궁핍에 상당히 익숙해 있었다. 그러나 미국에서는 이와 같은 대규모의 궁핍은 전혀 처음 겪는 일이었기 때문에 사람들은 깜짝 놀랄 수밖에 없었다. 미국에 대해서 이야기한 것들을 통해 아마 너는 불황기의 다른 여러 나라의 상태까지도 판단할 수 있을 것이다. 어떤 나라는 더 심했고, 또 어떤 나라는 덜 심했다고만 알면 될 것이다. 전반적으로 후진 농업국은 선진 농업국만큼 심각한 타격을 받지는 않았다. 그 후진성 덕분에 다소 도움을 받았던 것이다. 그들의 주된 곤란은 농민에게 심대한 타격을 가져다 준 농산물 가격의 폭락이었다. 농업을 주요 산업으로 하고 있는 호주는 영국의 은행들에게 채무를 갚을 수 없었던 데다가 가격 폭락 때문에 파산지경에 이르렀다. 그리하여 호주는 이 위기를 모면하기 위해서 영국 은행가들이 제시하는 가혹한 조건에 굴복하지 않을 수 없었다. 불황을 통해 한층 더 부유해지고 남을 압도하게 된 계급은 은행가들이었다.

남아메리카에서는 미국의 차관 중지와 불경기 때문에 공황이 야기되자 대다수 공화 정부가 무너지고, 대부분이 독재자의 지배하에 들어갔다. 남아메리카에서 혁명이 일어난 3대국 — A·B·C 3국, 즉 아르헨티나·브라질·칠레도 예외는 아니었다. 이들 혁명은 모든 남아메리카의 혁명이 그러했듯이, 사회의 정점인 독재자와 정부 수뇌가 자리를 바꾼 데 지나지 않았다. 여기서는 군대와 경찰을 장악하는 사람이나 집단이 국가까지도 지배하게 된다. 남아메리카의 여러 나라는 하나같이 큰 부채를 짊어지고 있었고, 대개의 정부는 계속해서 그 지불을 정지하고 있었다.

대공황과 세계의 위기

185　1933년 7월 21일

공황의 원인은 무엇인가

　　불황의 큰 파도가 세계의 목을 죄어 활동을 경색시키거나 또는 정체시켰다. 산업의 톱니바퀴는 곳곳에서 멎었다. 식량이나 그 밖의 작물을 생산하는 전답은 경작되지 않고 황폐한 채 방치되었다. 고무나무가 고무액을 떨어뜨리고 있어도 아무도 그것을 채취하는 자가 없었다. 잘 가꾸어진 차나무로 덮인 산중턱이 제멋대로 우거져도 그것을 돌보려 하는 사람이 없었다. 그리고 이 모든 일에 종사하던 사람들은 실업자 대부대가 되어 고용해 줄 일자리를 기다리고 있었으나 일자리는 없고, 그러는 동안에 믿을 만한 연줄도 없어 거의 절망적인 상태에서 기아와 궁핍에 직면했다. 자살하는 사람의 수가 격증한 나라도 많았다.

　　모든 산업이 불황의 그늘 속에 숨어 버렸다고 나는 말했다. 그러나 그것을 면한 경우가 하나 있었다. 그것은 여러 나라의 군부, 즉 육군과 해군과 공군에 병기와 군수품을 공급하는 군수 산업이었다. 이 장사만은 번창해서 주주들에게 배당금을 듬뿍 지불했다. 이것은 국가 간의 대립과 분쟁에 끼어들어 돈벌이하는 장사인데, 여러 국가 간의 관계가 공황 기간중에 악화되었기 때문에 불경기의 영향을 받지 않을 수 있었다.

　　불경기의 직접적인 영향을 면한 광대한 지역이 또 하나 있었다 — 그것은 소비에트 연방이었다. 여기에는 실업이 없었을 뿐만 아니라 5개년 계획하에 작업이 전례 없이 활발하게 추진되고 있었다. 소비에트는 자본주의의 지배 영역 밖에 있었기 때문에 그 경제는 자본주의 경제와 다른 것이었다. 그러나 이미 앞에서 이야기했듯이 국외로 수출하는 농산물 가격의 폭락 때문에 간접적으로는 영향을 받았다.

　　유형이 다르기는 하지만 세계 대전을 방불케 할 만큼 무서웠던 세계 공황의 원인은 대체 무엇이었을까? 방대하고 복잡한 자본주의 기구가 공황으로 파탄에 이르렀기 때문에 이것은 자본주의의 위기로 일컬어졌다. 왜 자본주의는 이렇게 붕괴해 가고 있었을까? 그리고 그것은 자본주의가 아직 살아남을 수 있는 일시적인 위기에 불과한 것일까, 아니면 오랫동안 세계를 지배해 온 이 거대한 체제가 죽기 직전에 마지막으로 몸부림치기 시작한 것일까? 이러한 갖가지 의문이 제기되고 있어 우리의 관심을 끈다. 왜냐하면 그 해답이야말로 인류의 장래가 걸려 있는 문제이기 때문이다. 1932년 12월, 영국 정부는 미국 정부에 각서를 보내 전쟁 채무 지불을 면제해 줄 것을 호소했다. 이 각서에서 그들은 종래 사용했던 치료 요법이 도리어 병을 무겁게 했을 뿐이라고 지적하고 있다. "도처에서" 하고 그들은 말했다. "과세는 가차없이 증액되고, 세출은 대폭 절감되었습니다. 그러나 혼란을 구제할 의도에서 나온 통제 조치는 오히려 그것을 더욱 격화시켰을 뿐입니다." 더 나아가 그들은 "이러한 손실과 고통은 자연의 인색함에 기인하는 것이 아니다"는 점을 지적했다. "자연 과학의 승리는 더욱더 현저해 참된 부의 방대한 잠재력은 하등 훼손됨이 없이 잘 보존되어 있습니다." 죄는 자연에 있는 것이 아니라, 인간과 인간이 낳은 제도 속에 있었던 것이다.

　　이러한 자본주의의 질병에 정확한 진단을 내려 적절한 치료 요법을 처방하기란 어려운 일이다. 치료 요법을 잘 알고 있어야 할 경제학자들의 의견도 서로 달라 그 원인과 대책이 각양 각색이었다. 이것에 대해 아주 명확한 견해를 갖고 있는 것은 자본주의의 붕괴로 자신들의 견해와 이론의 정당성을 증명하려는 공산주의자들과 사회주의자들뿐인 것 같다. 자본가측의 전문가들은 솔직하게 당혹과 혼란의 빛을 보이고 있다. 영국에서도 가장 우수하고 또 유능한 정치가의 한 사람인 잉글랜드 은행 총재 몬타구 노먼(Montagu Norman)은 불과 몇 달 전에 공식적인 석상에서 다음과 같이 발언했다. "경제 문제는 내 능력으로는 감당할 수 없을 만큼 깊고 넓다. 곤란은 너무도 크고, 너무도 새롭고, 너무도 전례에 없는 일이어서 나는 이 문제에 대해서 무지와 굴욕감을 가지고 접근하고 있다. 정말 그것은 나로서는 감당하기 어려운 큰 문제다. 그러나 어떤 사람들은 이것을 해결할 수 있는 능력이 있는 것으로 사료되는 바, 전도의 광명을 찾을 수 있지 않을까 하고 나는 생각한다"고. 그러나 이 광명이란 것은 이를테면 도깨비불같이 우리의 마음에 희망을 줄 듯하다가도 실망을 주는, 받아들이기 어려운 환상인 것이다. 영국의 저명한 정치가인 오클랜드 게디스 경(Sir Auckland Geddes)은 "사려 깊은 사람들은 사회의 붕괴가 드디어 시작되었다고 믿고 있다. 우리는 유럽에서 바야흐로 한 시대의 막이 내리고 있다는 것을 알고 있다"고 했다.

일반적으로 독일인은 공황의 진짜 원인은 배상에 있었다고 생각하고 있다. 대내외를 막론하고 지탱할 수 없을 정도로 무거운 부담이 되어 모든 산업에 타격을 주었던 전쟁 채무가 불황의 원인이라고 생각하는 사람이 많았다. 이와 같이 세계의 혼란은 대부분 전쟁의 책임으로 돌려진다. 어떤 경제학자들의 의견에 따르면 진짜 혼란은 화폐의 이상한 행동과 가격의 대폭락에 따른 것이라고 한다. 게다가 또 원인이 된 것은 금의 결핍이며, 금의 결핍은 어느 선까지는 세계의 수요에 채굴량이 미치지 못했다는 점에도 기인하지만, 주로 여러 나라의 정부가 금을 퇴장시켰기 때문에 야기된 것이라고도 했다. 그런데 아직도 다른 모든 혼란은 고율 관세를 부과함으로써 국제 무역을 저해하는 경제 민족주의에서 비롯된 것이라는 경제학자도 있다. 또 어떤 사람은 과학 기술의 발전이 노동자의 수요를 감소시킨 결과, 실업이 증대한 것이야말로 진정한 원인이라고 설명하기도 한다.

이들의 견해와 또 다른 여러 가지 견해 또한 제각기 근거는 있을 것이고, 이런 세계의 질환을 야기한 역할을 했는지도 모를 일이다. 그러나 공황의 책임을 이들 가운데 일부, 또는 이들 전부에게 돌린다는 것이 정당하다거나 타당한 것으로 생각되지는 않는다. 사실 이들이 말하는 원인이라는 것은 사태의 악화를 조장하는 것임에는 틀림없었지만, 대부분은 공황의 결과였다. 근본적인 모순은 더욱 깊은 데에 있었던 것이 틀림없다. 그것은 패전에 기인하는 것도 아니다. 전승국도 거기에 휩쓸려들었으니까. 그것은 국가의 궁핍에 기인한 것도 아니다. 왜냐하면 세계에서 가장 부유한 나라 미국도 최대 피해자의 하나였으니까. 세계 대전은 공황을 촉진시킨 강력한 요인의 하나였다. 왜냐하면 세계 대전은 전쟁 채무라는 커다란 부담과 채권자들간 그것의 분배 방식의 원인이었기 때문이다. 또 전쟁중 그리고 전후 몇 년 동안의 고물가가 작위적이었던 적도 있다. 그러므로 붕괴는 필연적이었다. 그러나 더욱 깊은 원인을 찾아보기로 하자.

 과잉 생산이 재난의 원인이라고들 한다. 이것은 오해를 불러일으킬 소지가 있는 말이다. 왜냐하면 몇백만의 사람들이 절대적으로 필요한 물품조차도 부족해서 고생하고 있는 때에 과잉 생산 따위는 있을 수 없기 때문이다. 인도에서는 몇억의 사람들이 제대로 입을 옷조차 구하지 못하는 상태인데, 인도의 방직 공장이나 카디(Khadi : 織布) 상점에는 재고가 쌓여 있어 직물이 '과잉 생산(over-production)' 상태에 있다는 이야기를 들었다. 이러한 현상에 대한 정확한 설명은, 사람들이 그런 직물류를 사기에는 너무나 가난하다는 것이지 그들이 그것을 필요로 하지 않는다는 것은 아니다. 그것은 대중에게 돈이 없다는 의미다. 이와 같은 화폐의 결핍은 화폐가 세계에서 자취를 감추었다는 것을 의미하지 않는다. 그것은 세계 인민 간의 화폐의 배분이 변화했으며, 또 끊임없이 변화하고 있다는 것 – 즉 부의 분배에 불평등이 존재한다는 것을 의미한다. 한편에서는 부의 과잉이 있고, 그 소유자들은 그것을 어떻게 이용할지를 모른다. 그들은 다만 헛되게 그것을 쌓아서 은행의 예금고를 높이고 있을 뿐이다. 이 돈은 시장에서 상품을 사는 데에는 쓰이지 않고 있다. 그런데 다른 한편에서는 그 이상으로 부가 결핍되어 있어서 꼭 필요한 일용품마저도 돈이 없어서 살 수가 없는 형편이다.

 이것은 곧 명백한 하나의 사실, 현격한 빈부의 격차가 존재한다는 간접적인 표현에 불과하다. 빈부는 태곳적부터 지금까지 존재해 온 것이다. 그렇다면 어째서 그것이 오늘날 공황의 원인이 되었을까? 나는 예전에 보낸 편지에서 자본주의 체제는 전반적으로 부의 분배에서 불평등을 심화시키는 경향이 있다는 것을 너에게 이야기한 적이 있다고 생각한다. 봉건적인 상태에서 사람들의 처지는 거의 정체되어 있거나 점진적으로 변화하고 있었다. 거대한 기계와 세계 시장을 수반하는 자본주의는 동적이어서, 개인과 집단이 부를 축적함에 따라 급격한 변화가 나타났다. 부의 분배에서 불평등의 증대는 다른 약간의 요인들과 결부되어 여러 공업국에서 노동과 자본의 새로운 대립을 유도했다. 이들 여러 나라의 자본가들은 식민지나 후진 지역을 착취한 돈으로 노동자들에게 양보 — 임금 인상이나 생활 조건의 개선 등을 함으로써 긴장을 완화했다. 이런 식으로 서유럽이나 북아메리카의 여러 공업국들은 아시아·아프리카·남아메리카 그리고 동유럽을 착취해 부를 축적했지만, 노동자에게 준 것은 겨우 한 줌의 몫에 불과했다. 새로운 시장이 발견됨에 따라 새로운 산업이 열리고, 또 기존의 산업도 발달했다. 제국주의는 자신들의 시장과 원료를 위한 침략적인 형태를 띠었으며, 서로 다른 공업 강대국들 간의 대립은 더욱 격화되었다. 전세계가 사실상 자본가의 착취하에 놓였을 때 이러한 확대 과정은 정지되고, 대신에 열강의 극한적인 대립이 전쟁을 초래했다.

    이러한 것들은 모두 앞에서 이야기했지만, 너의 세계 공황에 대한 이해를 돕기 위해 다시 한 번 되풀이하고 있는 셈이다. 자본주의가 발달하고 제국주의가 확대되는 동안 서양에는 많은 공황이 있었다. 어떤 나라는 너무 많이 축적했기 때문에 일어났고, 또 다른 어떤 나라는 쓸 수 있는 돈이 거의 없었기 때문에 일어났다. 그러나 이러한 공황은 자본가들이 잉여 자금을 가지고 계속 후진 지역을 개발하고 착취했기 때문에 모면할 수 있었다. 즉, 새로운 시장이 개척되고, 상품의 소비가 증가했기 때문에 공황을 모면할 수 있었던 것이다. 제국주의는 자본주의의 마지막 단계라고들 한다. 원래 이러한 착취 과정은 전세계가 공업화될 때까지 계속되었을지도 모른다. 그런데 곤란한 장벽이 딱 버티고 서 있었다. 주요한 곤란은 제각기 최대의 몫을 노리는 제국주의 열강의 치열한 경쟁이었다. 또 하나는 여러 식민지 국가들에서 일어나고 있던 민족주의와 자기 나라 시장의 수요에 부응하기 시작한 식민지 공업의 성장이었다. 이미 보아 왔듯이 이 모든 과정들이 뒤얽혀 전쟁으로 치달았다. 그러나 전쟁은 자본주의의 곤란을 해결하지도 못했고, 또 해결할 수도 없었다. 한 개의 거대한 지역, 소비에트 연방은 완전히 자본주의 세계에서 이탈해 이제는 착취의 대상이 될 수 있는 시장이 아니었다. 동양에서는 민족주의의 물결이 더욱 거세어지고, 공업화가 진척되었다. 전쟁중에, 그리고 전후에 과학 기술은 놀라울 정도로 발전했는데, 이것 또한 부의 분배의 불평등과 실업 발생에 일조를 했다. 전쟁 채무 또한 강력한 요인이었다.

이들 전쟁 채무는 엄청난 액수에 이르렀으며, 더욱이 명심해야 될 사실은 그것들은 아무런 부도 의미하지 않았다는 점이다. 만약 어떤 나라가 철도나 관개 공사나 그 나라의 편익을 위해 돈을 빌릴 경우에, 그것은 차관과 소비한 돈의 교환으로 어떤 구체적인 것이 남게 된다. 사실 이들의 사업은 현실적으로는 거기에 소비된 비용 이상의 부를 낳게 된다. 그것들은 '생산적 사업(productive works)'이라고들 한다. 그러나 전쟁시의 차입금은 결코 그러한 목적에서 빌려들인 것이 아니다. 그것은 비생산적이었을 뿐만 아니라 파괴적인 것이었다. 막대한 금액을 소비했지만 배후에는 파괴의 흔적만 남겼을 따름이다. 그래서 전쟁 채무는 단지 부담이 될 뿐인, 그것도 벌충할 수 없는 부담이었다. 전쟁 채무에는 세 종류가 있다. 패전국이 지불을 강제당하는 배상, 연합국 상호간에 특히 미국에 대해 빚진 여러 정부 간의 채무, 그리고 각국이 자기 나라 국민으로부터 빌린 국채가 그것이다.

이들 세 종류의 각기 다른 채무는 모두 거액에 이르렀는데, 그 중에서도 각 나라마다 가장 많은 것은 내국채(內國債)였다. 예를 들면 전후 영국의 국채는 65억 파운드라는 엄청난 액수에 이르렀다. 이와 같은 채무는 이자를 갚는 것만 해도 엄청난 부담이었고, 그것은 결국에는 과중한 세금으로 나타나게 된다. 독일은 막대한 내국채를 구마르크화를 끝장낸 인플레이션으로 말소시켜 버렸다. 이러한 의미에서 본다면 독일은 돈을 빌려 준 사람들의 희생을 통해 무거운 짐에서 벗어날 수 있었던 것이다. 프랑스도 마찬가지로 인플레이션 방법을 채용했다. 독일만큼 철저하지는 못했지만 프랑화의 가치를 종래의 5분의 1로 인하하자, 내국채도 한꺼번에 5분의 1로 줄었다. 그러나 이 같은 방식을 국제 채무(배상 또는 정부 간 채무)에 적용하기는 불가능하다. 그것은 정화(solid gold)로 지불해야 하기 때문이다.

어느 나라의 다른 나라에 대한 이런 정부 간 채무의 지불은 지불하는 나라가 돈을 상실하게 되어 그만큼 가난해진다는 것을 의미한다. 그러나 내국채의 상환은 어쨌든 돈이 국내에 머물게 되기 때문에 나라 전체로 보면 이전과 큰 차이가 없다. 그러나 그것은 큰 차이의 원인이 되었다. 이런 종류의 채무는 빈부를 불문하고 국내의 모든 조세 부담자에게 과세함으로써 지불되게 된다. 국가에 대해 돈을 빌려 준 공채 소유자는 부유한 자들이었다. 따라서 그 결과는 부자도 가난뱅이도 모두 다같이 부자한테 빚 갚기 위해서 과세되는 셈이 된다. 부자한테는 조세로서 나라에 낸 만큼 되돌아온다. 그런데 가난뱅이 손에는 아무것도 되돌아오지 않는다. 부자는 더욱 부유해지고, 가난뱅이는 더욱 가난해진다.

유럽의 채무국이 채무의 일부를 미국에 상환했다면, 그 돈은 모두 미국의 은행가나 금융업자의 손에 들어간다. 이리하여 전쟁 채무는 원래 좋지 않은 상태를 한층 더 악화시켰으며, 가난뱅이의 희생을 통해서 부자들이 요동도 못 칠 만큼 많은 돈을 갖게 하는 결과를 초래했다. 부자들은 이 돈을 투자하기를 원한다. 왜냐하면 어떤 사업가도 돈을 놀려 두는 것을 좋아하지 않기 때문이다. 그들은 무턱대고 새로운 공장을 짓거나, 새로운 기계를 만들거나, 또는 그 밖의 것에 그것을 출자했다. 이것들은 대개 인민의 궁핍한 상태에 비해서 적당한 정도를 훨씬 넘어선 것이었다. 그들은 더욱이 주식 투기에 열중했다. 그들은 계속해서 무한정하게 대규모로 상품을 생산할 설비를 했지만, 인민이 상품을 살 돈이 없을 때 그런 것들이 과연 무슨 소용이 있겠는가? 이리하여 과잉 생산이 발생해서 상품은 팔리지 않고, 각 산업은 손실을 보기 시작해서 대부분은 조업을 중단하고 말았다. 손실에 당황한 사업가들은 산업 투자를 중지하고, 자신들의 자금을 은행의 금고 속에 잠재워 두었다. 그리고 이리하여 실업은 일반화되고 불경기는 세계화되었다.

나는 여러 가지로 설명된 공황의 원인들을 제각기 따로따로 논했지만, 물론 그것들이 일제히 작용해서 무역 불황을 일찍이 없었던 만큼 큰 것으로 만들었던 것이다. 그것은 근본적으로 볼 때, 자본주의에 의해 생겨나는 잉여 소득의 불평등한 분배에 기인한 것이다. 이것을 뒤집어 보면 대중은 그들 자신이 생산한 상품을 사들일 만큼의 돈을 임금이나 급여로서 받지 못했다는 것이며, 생산된 상품의 가치가 그들의 총수입을 웃돌았다는 것을 의미한다. 만약 대중의 손에 건너갔더라면 상품을 사는 데 쓰였을 돈이 바른 용도를 모르는 소수의, 특히 유복한 자들의 손에 집중되었다. 미국에서 독일로, 중부 유럽으로, 또 남아메리카로 쏟아진 차관들은 다름 아닌 이러한 과잉 자금이었다. 또한 전쟁에 피폐한 유럽과 자본주의 기구로 하여금 아직도 상당 기간에 기능을 영위케 한 것도, 게다가 공황의 원인의 하나였던 것도 바로 이러한 자금이었다. 그리고 최종적으로 타격을 준 것은 이 대외 차관을 중지한 것이었다.

만약 자본주의의 위기에 대한 진단이 정확했다면, 치료의 방법은 소득을 평등화하거나 적어도 그런 방향으로 돌리는 것 외에는 없을 것이다. 그것을 철저히 시행하려면 사회주의를 채용해야 하는데, 자본가들은 환경이 그것을 강제할 때까지는 그것을 실행하려고 하지 않는다. 계획된 자본주의라든가, 후진 지역 개발을 위한 국제 협력 따위가 논의되고 있다. 그러나 이런 논의의 배후에서는 국가 간의 대립과 세계 시장을 차지하기 위한 제국주의 열강의 상쟁이 더욱더 치열해지고 있다. 무엇을 위한 계획인가? 남의 희생을 통한 어떤 자의 이익을 위해서인가? 자본주의의 동기는 개인의 영리이며, 그것의 표어는 경쟁이다. 그리고 경쟁과 계획은 양립할 수 없는 것이다.

사회주의자나 공산주의자 이외에도 현대의 여러 조건하에서 자본주의의 능력을 의문시하고 있는 지식인이 적지 않다. 어떤 사람들은 현재의 영리 체제뿐만 아니라 돈으로 물건을 산다는 가격 제도까지를 철폐해야 한다는 기발한 방법까지 제안하고 있다. 그것들은 여기에서 이야기하기에는 너무도 복잡한 문제이며, 또 어떤 것은 공상적이기까지 하다. 여기서 내가 그런 것들을 다루는 이유는 아무리 사람들의 마음이 동요되었다 하더라도, 조금도 혁명적이 아닌 사람들까지도 혁명적인 제안을 하고 있다는 점을 너에게 상기시키기 위해서다.

제네바의 국제 노동 기구(I.L.O.)[80]는 최근 노동자의 노동 시간을 주당 40시간으로 단축함으로써 한꺼번에 실업을 완화한다는 단순한 제안을 했다. 이것을 실행하게 되면, 몇백만 명의 노동 예비군이 취업할 수 있어 그만큼 실업이 감소될 것이다. 노동자의 대표자들은 모두 이것을 환영했으나, 영국 정부는 여기에 반대하고 독일과 일본을 꾀어서 이 제안을 봉쇄할 공작을 폈다. I.L.O.에서의 영국의 태도는 전후의 전 기간을 통해서 시종일관 반동적인 것이었다.

공황과 불황은 세계적인 것이기 때문에 그 대책도 국제적이고도 세계적인 정책이어야 한다는 것은 누구나 상상할 수 있는 일이다. 각국은 협력해서 어떻게든 이것을 타개하려고 시도했으나, 현재까지는 모두 실패로 돌아갔다. 그 때문에 세계적인 차원에서 타개할 희망을 버린 각국은 경제적 민족주의를 통한 일국적인 대책을 찾기 시작했다. 세계 무역이 위축된다 해도 적어도 자기 나라의 상거래만은 확보해서 외국의 상품 유입을 억제하자는 논법이었다. 수출 부진을 예견한 각국은 국내 시장에 관심을 집중하기 시작했다. 외국 상품을 추방하기 위해서 관세가 설정되거나 추가되었는데 이러한 정책이 성과를 올렸다. 그러나 동시에

---

80) 1919년 베르사유 조약 제13편(노동편)에 의해 창설된 국제 연맹 전문 기구 중 하나. 이것은 가맹국 정부 사이의 국제 기구로서 총회와 이사회는 정부 대표 2, 자본가 대표 1, 노동자 대표 1의 비율로 구성된다. 총회의 결의는 권고 또는 조약의 형태로 가맹국의 '그 사항에 대해서 권한이 있는 기관'의 승인을 거친 뒤에 효력을 발생한다. 국제적 노동 조건, 노사 관계, 사회 보장에 관한 조약이나 권고의 채택, 그리고 각국의 정치·경제·사회 등에 대한 여러 가지 정책을 검토하는 국제적 조직으로서 국제 연맹 해산 후에도 이 기구는 존속되다가 국제 연합의 성립과 함께 그 전문 기구가 되었다.

그것은 국제 무역을 저해하는 부작용도 낳았다. 각국의 관세가 세계 무역에 대한 장벽이 되었기 때문이다. 유럽과 미국, 그리고 또 어느 정도까지 아시아에서도 널리 이러한 높은 관세 장벽이 둘러쳐져 있었다. 관세의 또 하나의 효과는 생계비를 높인 것이었다. 관세를 통해 보호된 식량과 모든 상품의 가격이 높이 뛰었다. 관세는 국가적 독점을 낳아 외부로부터의 경쟁을 배제하거나, 아니면 더욱 곤란하게 했다. 독점하에서 가격은 반드시 등귀하기 마련이다. 특정한 산업은 관세로 보호함에 따라 이익을 누린다기보다는, 그 산업의 소유자가 산업에 부여된 보호를 통해 이익을 누리게 된다. 그러나 이것은 주로 상품을 살 때 높은 가격을 지불하는 자들의 희생 위에서 성립된다. 관세는 이렇게 하여 어떤 계급에 대해서는 얼마쯤 숨을 돌리게 하여 기득권을 낳게 했다. 관세를 통해 이익을 보는 산업은 그것이 계속 유지되기를 바란다. 이렇게 해서 인도에서는 목면 공업이 일본에 대해서 두터운 보호를 받았다. 이것은 그렇게 하지 않으면 도저히 일본과 경쟁할 수가 없기 때문이었다. 이것은 더욱 높은 가격으로 팔 수 있는 인도의 방적 공업가들로서는 대단한 이익이었다. 설탕 공업도 같은 방법으로 보호받은 결과 방대한 수에 이르는 제당 공장이 인도 전체, 특히 연합주와 비하르 지방에 속출했다. 기득권은 이렇게 해서 만들어졌다. 만약 설탕 관세가 철폐되었더라면 이 같은 이권은 효능을 상실해 새로운 제당 공장은 아마 여지없이 파산했을 것이다.

두 종류의 독점이 확장되었다. 국가 간에서 행해지는 관세를 방패로 하는 대외 독점과 대콘체른이 중소 기업을 병합하는 국내적 독점으로 나타난 것이다. 물론 독점의 확대는 지금 시작된 것은 아니다. 그것은 훨씬 이전부터, 즉 세계 전쟁 전에 이미 시작된 현상으로, 이제야 더 한층 도를 더해 온 셈이다. 관세는 대부분의 나라들에서 효과를 발휘했으나, 일찍부터 영국은 지금까지 자유 무역에 의존해서 관세 없이 지내 온 유일한 대국이었다. 그러나 이제는 영국도 옛날의 전통을 깨고 관세 정책을 시행해 다른 나라들의 대열에 끼어들었다. 이들 관세는 영국 산업의 어떤 분야에서는 일시적인 소강 상태를 야기하기도 했다.

총체적으로 볼 때 이들의 사정은 부분적이고 일시적인 안정을 낳을 수는 있어도, 실제로는 세계 전체로서 보면 사태를 더욱 악화시킬 뿐이었다. 그것은 국제 무역을 감퇴시켰을 뿐만 아니라 부의 분배의 불평등을 유지시키고 증대시켰다. 어떤 나라는 관세를 인상함으로써 끊임없이 상대국과 분쟁을 일으키고 있다 — 그것은 바로 말 그대로 '관세 전쟁'이었다. 세계 시장이 더욱 좁아지고 더욱 보호 정책이 가해짐에 따라 경쟁이 점점 더 격화되었기 때문에, 다른 나라와 경쟁하기 위해 고용주는 노동자에게 임금을 인하할 것이라고 압력을 가하기 시작했다. 이리하여 불경기는 한층 더 심각해져서 실업자 무리는 늘어날 뿐이었다. 임금이 인하될 때마다 노동자들의 구매력은 메말라 가기만 했다.

186 *1933년 7월 25일*

세계의 주도권을 놓고 싸우는 미국과 영국

나는 불황 기간중에 국제 무역이 위축되어 드디어 무역량이 3분의 1 정도로 하락되었다는 사실을 이야기했다. 국내 거래도 대중의 구매력 저하 때문에 위축되었다. 실업은 증대해서 몇백만이나 되는 실업 노동자에 대한 생활 보장은 여러 나라 정부의 큰 부담이 되었다. 고율의 과세에도 불구하고 많은 정부들은 좀처럼 재정 수지의 균형을 맞출 수가 없었다. 세입은 저하되고, 세출은 절약과 봉급 인하에도 불구하고 여전히 고액이었다. 이 세출의 대부분이 육·해·공군의 유지에 충당되는 국방비와 내외의 채무 지불에 단단히 묶여 있었기 때문이다. 국가의 예산에 적자가 나타나기 시작했다 — 즉 세출이 세입을 초과했다. 돈을 추가로 빌리거나 또는 축적된 자산에서 돈을 인출함으로써 겨우 수지를 맞출 수 있었던 이들 적자는 그 나라의 재정적 지위를 약화시켰다.

같은 시기에 대량의 재고품이 사람들이 그것을 살 돈이 없었기 때문에 팔리지 않고 남아돌았는데, 이들 '남아도는' 식료품이나 그 밖의 상품들은 사람들이 그것을 필요로 했는데도 소각되는 경우가 많았다. 공황과 붕괴는 (소비에트 연맹을 포함해서) 전세계로 확대되었지만, 각 나라들은 그것을 극복하기 위한 국제적인 협력에 실패했다. 각국은 자기 나라 본위의 방책을 취해 다른 나라를 앞지르려 하거나, 남의 나라의 불행에 편승해 이익을 보려고까지 했다. 이와 같은 자기 본위의 이기적인 행동과 그 밖의 부분적인 구제책들은 사태를 더욱 악화시킬 뿐이었다. 무역 불황과는 별개의 문제이지만, 상당히 이것에 영향을 끼친 것으로서 세계의 정세를 좌우하는 두 가지 주요한 사실 또는 경향이 있었다. 하나는 자본주의 국가들과 소비에트 연방의 대립이며, 다른 하나는 영국과 미국의 대립이다.

자본주의의 공황은 모든 자본주의 국가의 힘을 약화시켜 빈곤에 빠뜨리고, 어떤 의미에서는 전쟁의 기회를 감소시켰다. 각 나라들은 자기 나라의 재정 재건에 여념이 없었고, 모험을 할 만큼 자금도 없었던 것이다. 그러나 상황이 이러한데도 오히려 이 공황이 전쟁의 위기를 심화시키기도 했다. 왜냐하면 그것은 국민과 정부를 자포자기하게 했으며, 자포자기에 빠진 사람들은 가끔 자기 나라 내부의 어려움에 대한 해결책을 대외 전쟁에서 찾았던 것이다. 그것은 독재자 내지는 소수의 과두 지배자가 정권을 장악하고 있을 때 흔히 볼 수 있는 현상이다. 그들은 권력을 포기하기보다는 차라리 먼저 자기 나라를 전쟁에 돌입시킴으로써 국민의 관심을 국내의 분규에서 딴 데로 돌린다. 따라서 소비에트 연방과 공산주의에 대응하는 십자군은 수많은 자본주의 국가가 제휴할 것이 기대되기 때문에 끊임없이 결성될 추세에 있다. 소비에트 연방은 이미 말했듯이 자본주의의 공황에 직접적인 영향은 받지 않았으며, 5개년 계획

세계의 주도권을 놓고 싸우는 미국과 영국

에만 전념하면서 전쟁을 회피하기 위한 모든 노력을 기울이고 있었다.

전후 영국과 미국의 대립은 불가피했다. 그들은 세계의 2대 강국으로 어느 편이나 세계를 지배하기를 바랐다. 세계 대전 전에 영국은 비견할 자가 없는 지위를 자랑하고 있었다. 전쟁으로 인해 미국은 더욱 부유하고 강대한 나라가 되고, 그 이후 미국은 이 같은 세계 정세 속에서 당연히 누릴 수 있는 것으로 생각되었던 것 — 즉 지도적 지위를 요구하게 된 것도 자연적인 추세였다. 그들은 앞으로는 영국이 모든 면에서 선도하는 것을 허용하려 하지 않았다. 영국은 영국대로 시대가 바뀌었다는 것을 깨닫고 미국의 우정을 구함으로써 상황에 적응하려 했다. 영국은 미국의 환심을 사기 위해서 일본과 맺은 동맹마저도 포기했고, 그 밖에도 여러 가지 방도를 취했다. 그렇지만 영국은 특수 권익과 지위, 특히 그들의 금융상의 지위까지를 포기할 생각은 전혀 없었다. 영국의 부강함과 방대한 제국은 이것과 굳게 결부되어 있었기 때문이다. 그런데 미국이 바랐던 것은 바로 이런 금융상의 주도권이었다. 따라서 양국 간의 마찰이 일어나지 않을 수 없었다. 부드러운 말이나 상냥하고 사교적인 태도의 이면에서, 정부의 지원을 받는 두 나라의 은행가들은 이러한 거대한 수확물, 즉 금융과 산업상의 세계 지도권을 두고 서로 다투었다. 이 승부에서는 미국이 상당히 우위를 차지하고 있는 것처럼 보였으나, 오랜 세월의 경험과 거래 솜씨의 능란함에서는 영국이 월등했다.

전쟁 채무 문제는 양국 간에 악감정을 조장해서, 영국은 미국을 자신들의 살을 잘라 내려는 샤일록이라고 비난을 퍼부었다. 실제의 대미 채무는 전시중에 돈을 대여하거나 신용을 제공한 미국 민간인에게 영국 정부측에서 지불해야 할 것이었다. 미국 정부는 다만 이것을 보증한 데에 지나지 않았다. 따라서 채무를 완전히 청산하는 문제는 미국 정부가 관여할 사항이 아니었다. 그러나 만약 영국이 그것을 지불할 의무에서 벗어나게 된다면, 그 때에는 보증인인 미국 정부가 그것을 지불해야 할 판이었다. 미국 의회는, 특히 공황의 시기에, 그와 같은 추가적인 책임까지 떠맡아야 한다는 것을 인정할 수 없었다.

그러한 이유에서 영국과 미국의 경제적 이해는 제각기 차이가 있었는데, 경제적인 이해보다 더 강한 것은 없었다. 두 나라 국민 간에는 많은 공통점이 있다. 그런데도 경제적인 이유로 해서 충돌이 불가피하게 존재한다. 이 경우, 국력과 자본력에서는 미국 쪽이 훨씬 월등히 앞서 있었다. 이러한 대립은 한층 첨예화된 투쟁의 형태를 취하거나, 아니면 영국이 자신의 특권적·지배적 지위를 점진적으로 미국에 조금씩 양도하는 길밖에 없었다. 그들이 소중히 하고 있던 것을 대부분 놓치고, 그들의 옛 명성과 제국주의적 착취를 통한 이익을 동시에 잃고, 세계에서 열등한 지위로 떨어져 미국의 눈치를 살핀다는 것은 모든 영국인이 원치 않는 바였으며, 또한 그들은 싸우지 않고 굴복한다는 것은 생각할 수도 없는 일이었다. 이것은 영국의 현재 지위에 비추어 볼 때 하나의 비극이다. 예전부터 견지해 왔던 역량의 원천은 고갈되려 하고 있고, 미래는 불가피하게 하강 곡선을 가리키고 있는 것처럼 느껴진다. 그러나 몇 세기에 걸쳐 세계를 지배해 온 영국인은 이 같은 운명을 쉽사리 감수하려 들지 않았다. 그들은 용감하게 그것에 대항해 싸우고 있으며, 또 싸우게 될 것이다.

나는 오늘의 세계에서 두 가지 지배적인 대립을 지적했다. 그것들은 현재 일어나고 있는 현상들을 이해하는 데에 더욱 많은 설명을 제공해 주기 때문이다. 물론 대립은 아직도 얼마든지 있다. 자본주의와 제국주의 체제는 원래 경쟁과 대립에 기초하고 있는 것이다.

불황하에서의 사태의 진전에 관한 원래의 서술로 되돌아가자. 라인란트의 프랑스군이 1930년 6월에 철수하자 독일인의 부담은 한층 가벼워졌다. 그러나 이것을 선의의 표시로 받아들이기에는 너무나 늦었으며, 불황의 어두운 그림자가 모든 것을 뒤덮고 있었다. 무역 상태가 나빠짐에 따라 채무자의 주머니 사정은 더욱 나빠졌다. 배상이나 채무의 지불은 더욱 곤란해져서 불가능에 가까워졌다. 지불 곤란을 타개하기 위해 미국 대통령 후버는 1년 간의 지불 유예를 선언했다. 전쟁 채무 문제 전반을 재검토해 달라는 제안도 있었으나 미국 의회는 그것을 재고하기

세계의 주도권을 놓고 싸우는 미국과 영국

를 거부했다. 프랑스도 독일의 배상 문제에 대해서는 매정한 태도를 취했다. 채무자인 동시에 채권자의 위치에 있던 영국 정부는 배상과 전쟁 채무를 상쇄해 백지 상태로 환원시키려는 의향을 갖고 있었다. 각국이 제각기 다른 의도를 가지고 있었기 때문에 결국 공동의 행동을 취할 수 없었다. 1931년 중반에 독일에 금융 붕괴가 일어나 은행 도산이 속출했다. 이것이 영국에 공황을 일으켜 영국은 자신의 지불 책임을 완수할 수가 없었다. 영국 또한 금융 붕괴 상태에 빠졌다. 이러한 위협에 직면해서 영국 노동당 정부는 그들 자신의 수반인 맥도널드에게 뒤집어졌으며, 맥도널드는 이번에는 보수당이 실권을 쥔 '거국 내각(National Government)'의 총리로 등장하게 되었다. 그러나 이 거국 내각도 파운드화의 지위를 지탱할 수는 없었다. 때마침 임금 인하 문제와 관련해서 영국 대서양 함대 수병의 명령 불복종 사건이 있었다. 이러한 평화적인 항명은 영국이나 유럽에 예측할 수 없는 충격을 던졌다. 러시아 혁명과 그 당시의 수병 반란에 대한 기억이 사람들의 마음 속에 되살아나, 볼셰비즘이 그들 사이에 모습을 드러내지나 않을까 하는 두려움에 사로잡혔다. 영국의 자본가들은 재난이 일어나기 전에 자신들의 자본을 안전한 장소에 두기로 결정하고, 이것을 대량으로 외국에 유출시켰다. 이런 측면에서 보면 분명히 부유한 족속들의 애국주의라는 것은 돈이나 기득권이 위태로운 지경에 이르게 되면 아무 소용도 없는 것이다.

영국의 자본이 해외로 반출되자 파운드화의 가치는 점점 하락해 1931년 9월 23일, 영국은 마침내 금태환을 포기해야만 했다 — 이것은 금을 확보하기 위해서 파운드화를 금으로부터 분리했다는 것을 의미한다. 그 이후 예전과는 달리, 파운드 스털링(pounds sterling)을 갖고 있던 어떤 사람도 금으로 지불을 요구할 수 없게 되었다.

이러한 파운드화의 가치 절하는 대영 제국과 영국의 세계적 지위라는 관점에서 볼 때 엄청난 사건이었다. 그것은 적어도 당분간은, 런던을 통화 문제에서 세계의 중심이자 수도로 만들었던 금융적 지도권의 포기를 의미하는 것이었다. 이것을 유지하기 위해 영국은 산업상의 손실을 감히 감수해 가면서까지 1925년에 금태환을 부활시켰는데, 실업이나 탄광의 쟁의 등에 직면해야 했다. 그러나 보람도 없이 파운드화는 다른 나라들에게서 금으로부터 이탈할 것을 강제당했다. 이것은 대영 제국의 종말이 가까워진 것을 입증하고 있는 것처럼 보였다. 1931년 9월 23일은 이러한 역사적 사건을 결정지은 날로서 매우 중요한 전환점이 되었다.

그러나 영국도 강인한 나라였기 때문에 불요 불굴의 투지를 발휘해, 아직도 굴하지 않고 속령 국가들을 이끌고 일어서려 하고 있다. 영국은 자신이 완전히 지배하고 있는 두 나라, 즉 인도와 이집트로부터 금을 뽑아 냄으로써 위기를 돌파했다. 파운드가 하락한 덕분에 영국 산업은 그 제품을 종래보다 싸게 국외에 판매할 수 있게 됨으로써 회복되었다. 이것은 놀라운 회복이었다.

배상 문제와 전쟁 채무 문제는 여전히 남아 있었다. 독일이 배상금을 지불할 능력이 없다는 것이 명백해졌으며, 사실 독일은 정식으로 지불을 거부했다. 그런 끝에 1932년에는 로잔에서 회의가 개최되어 배상은, 미국도 전쟁 채무를 삭감할 것이라는 희망과 기대 속에서 단지 형식적인 액수로 삭감되었다. 그러나 미국 정부는 전쟁 채무와 배상을 혼동하거나 전쟁 채무를 말소시키는 것을 거절했다. 이것이 또다시 사과 수레를 뒤엎은 듯한 혼란을 야기시키는 결과를 낳아 유럽인들은 미국의 태도에 몹시 화를 냈다.

미국에 전쟁 채무를 분할 지불해야 하는 기한이 1932년 12월로 다가오자, 미국은 영국·프랑스 그리고 그 밖의 다른 나라들의 설득력 있는 항변에도 불구하고, 단호하게 지불을 요구하면서 양보하지 않았다. 신랄한 논란이 있은 뒤에 영국은 지불을 마쳤으나, 이것이 마지막이라는 조건을 덧붙였다. 프랑스를 비롯한 몇몇 나라는 지불을 거부하고 채무 불이행을 관철시키려 했다. 그 뒤 아무런 협상도 이루어지지 않다가 지난 달, 즉 1933년 6월에 차기 지불 기한이 다가왔다. 프랑스는 또다시 지불을 거절했다. 한편 미국은 영국에게는 관대하게 소액의 형식적인

세계의 주도권을 놓고 싸우는 미국과 영국

금액만을 받고, 문제가 되는 대부분의 액수에 대한 해결은 뒷날로 미루었다.*

    이와 관련해 영국이나 프랑스처럼 부유한 자본주의 대국이 자신들의 격식과 기준에 따라 짊어진 채무를 면하려고 시도하고 있을 때, 소비에트가 채무의 지불을 거부해 그들에게 맹렬한 비난을 받은 것을 상기하면 흥미가 있다. 인도에서도 국민회의의 주장으로 공평한 심의 기관을 설치해서 인도의 영국에 대한 채무 문제를 전반적으로 검토할 것이 제안되었을 때, 정부측으로부터는 그럴싸한 반발의 소리가 있었다. 영국과 아일랜드 사이에는 그와 비슷한 국가 채무의 지불 문제로 험악한 분쟁이 일어나 아직까지도 그들 사이에 무역 전쟁이 계속되고 있다.

    나는 위에서 몇 번이나 되풀이해서 영국의 금융적 지도권, 이에 대신하려는 미국의 쟁투, 금융 공황과 각국의 재정적 파탄에 대해서 언급해 왔다. 이 모든 전문 용어들은 무엇을 의미하는가? 네가 이것들을 이해할지 어떨지 나로서는 잘 모르겠다. 아마 너는 이 주제에 흥미가 없을 것이다. 그러나 여기까지 말을 해 온 이상 나는 좀더 충분히 그것을 설명해야겠다는 생각이 든다. 우리가 거기에 흥미를 가졌건 안 가졌건 간에 우리는 민족으로나 개인으로나 이들 금융상의 사건에서 막대한 영향을 받고 있기 때문에, 아무튼 우리의 현재와 장래를 규정하는 일들을 이해해 두는 것은 좋은 일이다. 자본주의 세계의 금융 제도에 관한 문제가 나오면 두려움을 가지고 멀리하려는 사람들이 많다. 그들에게는 그만큼 그것의 불가사의한 작용이 뇌리에 새겨져 있다. 그 사람들이 볼 때 그것은 이해하기가 너무도 난해하고 미묘하게 얽힌 형태로 나타나기 때문에, 그들은 그것을 경제 전문가들이나 은행가들 따위에게 일임해 버린다. 그것은 말할 나위 없이 난해하고 복잡한 것이지만, 그리고 복잡하다는 것이 어떤 덕목은 아니지만, 그래도 우리가 현대 세계를 이해하려 한

---

* 1933~38년까지 5년 동안, 영국이나 프랑스는 미국에 부채를 더 이상 지불하지 않았다. 명목화폐의 지불조차 없었다. 부채를 무시할 수 있고, 지불하지 않겠다는 것을 당연하게 생각하는 것 같았다.

다면 아무리 복잡하다 해도 얼마쯤은 알아 두어야만 하는 것이다. 그 모든 제도를 세세하게 너에게 설명하려는 것은 아니다. 나는 전문가가 아니며, 나 또한 그에 대해 열심히 공부하고 있는 중이기 때문에 그것은 도저히 내 능력으로는 할 수 없는 일이다.

나는 네가 날마다 신문지상을 통해서 보는 세계에서 일어나고 있는 사건이나 뉴스 가운데 어떤 것을 정확히 추적하는 데 도움이 될 만한 몇 가지의 사실을 이야기하는 것만으로 그치기로 하겠다. 나는 아마도 이미 이야기한 것을 다시 되풀이한 적도 있을 것이다. 그렇지만 그것이 너의 이해에 도움이 된다면 너는 그것을 관대히 보아 줄 수 있을 것이다. 이것은 주식이 있는 개인 회사나 개인이 경영하는 은행, 그리고 주식이 매매되는 증권 거래 등을 수반하는 자본주의 제도에 관한 이야기라는 것을 잊지 않도록 해라. 소비에트 연방에서는 금융이나 산업 제도가 전혀 다르다. 그래서 거기에는 주식 회사나 개인 은행이나 증권 거래소 따위가 없고, 거의 모든 것이 국가에게 소유되고 관리되며, 외국 무역은 본질적으로 바터(barter : 물물 교환)를 통해 행해진다.

너도 알다시피 각국의 국내 거래는 거의 주로 수표라는 수단을 통해 이루어지고, 이에 비해 은행권을 통한 거래는 비교적 적다. 금이나 은은 소액 구매의 경우 외에는 좀처럼 유통되지 않는다(사실 금은 입수하기가 상당히 어렵다). 이런 종이로 만든 돈은 신용을 대표하는 것으로, 사람들이 지폐를 발행하는 은행이나 정부에 신뢰감을 갖는 한 경화(硬貨)의 현금 대용이 된다. 그러나 이런 종이돈은 각국이 제각기 자기 나라의 통화를 가지고 있기 때문에, 어느 한 나라에서 다른 나라에 대해 지불을 하는 데는 아무 쓸모도 없다. 따라서 금화로 사용되든 아니면 지금(地金 : 그 덩어리를 금괴라 한다)으로써 사용되든 간에, 희귀 금속으로 고유의 가치를 갖는 금이 국제 결제의 기초인 것이다. 그러나 만약 어느 한 나라가 다른 나라에 지불하기 위해 일일이 실제 금을 사용한다면, 이것은 너무도 번거로운 일이어서 광범위하게 국제 무역을 영위하기에는 매우 곤란한 일이 아닐 수 없다. 뿐만 아니라 전세계에 걸쳐 이용할 수 있는 금

세계의 주도권을 놓고 싸우는 미국과 영국

의 수량이 국제 무역의 양 또는 액수를 제약하게 될 것이다. 왜냐하면 이러한 한계에 이르게 되면, 더 이상 지불에 사용될 금이 없어지고, 그런 금의 일부가 방출되어 다시 살 수 있게 될 때까지는 더 이상 외국 무역 거래가 일어날 수 없기 때문이다.

그러나 실제는 그렇지 않다. 1929년 세계의 금의 총액은 70억 달러였으나 같은 해에 총액 320억 달러 어치의 물자가 국경을 넘어 거래되었다. 동시에 40억 달러에 이르는 국제 대차(貸借)가 있었고, 그 밖에 여행 경비나 화물의 운임이라든가 이민을 통해 본국에 송금하는 것과 같은 국제 송금 또한 40억 달러나 되었다. 그리하여 국제 결제의 총액은 약 400억 달러에 이르고, 이것은 정화(正貨 : gold money)인 금의 총수량의 거의 4배인 것이다.

그렇다면 국제 결재는 어떻게 해서 이루어지는 것일까? 그 전부가 금으로써 이루어지지 않는 것만은 명백하다. 일반적으로 그것들은 일종의 보조 화폐, 즉 수표 내지는 상인이 그들의 채무를 확인해서 국외로 송달하는 환어음 같은 신용 증서를 통해 이루어진다. 외환 업무를 취급하는 은행이 이러한 업무의 중개 역할을 한다. 외환 은행은 여러 나라 무역 거래인들과 접촉해서 은행에서 수취하는 환어음을 통해서 그 수납과 지불을 조절하게 된다. 만약 은행이 소유한 환어음이 부족할 때에는 은행은 언제든지 정부 채권이나 공채, 국제적인 회사의 주식과 같이 널리 통용되는 유가 증권을 써서 지불을 마칠 수도 있다. 이들 주식류는 전보 한 장으로 매각 또는 양도할 수 있기 때문에 지불은 바로 거래처에서 행할 수 있다.

이와 같이 국제 무역에서 실제로 행해지는 결재는 상업 어음(환어음 등)이나 유통 어음(유가 증권 등)으로 중앙 외환 은행의 중개를 통해 이루어진다. 이들 은행은 매일매일의 거래에서 필요한 만큼의 환어음이나 유가 증권, 즉 두 종류의 증권을 풍부하게 공급할 준비를 갖추고 있어야 한다. 그들은 주보(weekly lists)를 발행해 얼마만큼의 정화(금)와 외국 증권을 소유하고 있는가를 일람표로 만들어 보고한다. 보통의 경우 금을 대외 결재를 위해 보내는 일은 절대로 없다. 그러나 일단 금을 국외로 보내는 편이 다른 방법으로 결재하는 것보다 싸게 먹힐 때에는 은행은 반드시 그렇게 할 것이다.

금본위 제도를 채택한 나라들에서는 국가 통화의 가치가 금을 표준으로 고정되어 있기 때문에 누구나 금으로 결재할 것을 요구할 수 있다. 따라서 이 같은 종류의 금본위국 통화는 금으로 교환할 수 있기 때문에 사실상 가치가 고정되어 있고, 다른 통화와 상호 교환할 수 있다. 다만 한 가지 변동이 있을 수 있는 것은 한 나라에서 다른 나라로 정화를 수송할 때에 필요한 경비밖에 없다. 왜냐하면 만약 자기 나라에서 시세가 높아지면, 사업가는 다른 나라에서 쉽게 금을 들여올 수가 있기 때문이다. 지금까지 말한 것이 금본위 제도라는 것이다. 이 제도하에서 각국의 통화는 안정되었고, 19세기와 세계 대전에 이르기까지 국제 무역은 계속 발달 추세에 있었다. 그런데 이 제도는 오늘날에는 무너지고 말았다. 그 결과 화폐의 움직임은 정상적인 궤도를 벗어났고, 대부분의 나라의 통화는 불안정한 상태에 있다.

한 나라의 수출은 대체로 그 나라의 수입과 균형을 이루고 있다. 바꾸어 말하면, 한 나라는 수입하는 상품을 외국에 수출하는 상품으로 지불한다. 하지만 이것은 정확하게 사실과 부합한다고는 볼 수 없다. 때때로 수입액이 수출액을 초과하게 된다. 이것은 '무역 역조(adverse balance)'라 하고, 이러한 경우 그 나라는 결산의 결과를 맞추기 위해서 가외의 지불을 추가해야 한다.

여러 국가 간에 이동되는 상품의 유통은 결코 규칙적이지 않다. 그것은 늘 변동해 증감이 있게 마련이고, 이에 따라 환어음의 수요 공급 관계도 변화한다. 어느 한 나라가 당장 필요로 하지 않는 환어음은 충분히 가지고 있으면서도, 필요한 다른 종류의 어음은 부족한 사태도 흔히 있다. 예를 들면 프랑스가 독일 마르크의 환어음은 필요 이상으로 가지고 있지만, 미국과의 결산 결과를 맞출 만큼의 달러 환어음이 부족한 경우도 있을 수 있다. 그렇게 되면 프랑스는 마르크 환어음을 팔아서 그 대신 미국과 사이의 거래에 필요한 달러 환어음을 사들이게 될 것이다. 이렇게 하는 것을 가능하게 하기 위해서는 이 같은 국제적 교환이 행해질 수 있는 환어음을 위한 중앙 시장이 형성되어야 한다. 이러한 시장은 다음의 세 가지 조건을 구비한 나라에만 존재할 수 있다.

(1) 대외 무역이 광범위하고 다각적으로 이루어지며, 따라서 모든 종류의 환어음을 풍부하게 공급할 수 있어야 한다.
(2) 거기서는 모든 종류의 유가 증권을 이용할 수 있어야 한다 — 즉 그 나라는 최대의 자본 시장이 있어야 한다.
(3) 동시에 그 나라는 만일 환어음과 유가 증권 두 가지가 모두 품절되었을 경우에도 정화를 쉽게 조달할 수 있는 최대의 금시장이 있어야 한다.

19세기를 통해서 영국은 이들 세 가지 조건을 충족시키는 유일한 나라였다. 공업 분야에서의 최대 기수로서, 또 그 대제국을 독점 지역으로 확보하면서 영국은 세계를 상대로 방대한 양에 이르는 외국 무역을 전개했다. 확대일로를 걷고 있던 공업을 위해서 영국은 농업을 희생시켰다. 영국의 상선은 세계의 모든 항구에서 상품이나 환어음을 실어 날랐다. 이와 같은 공업의 발달 때문에, 영국이 최대의 자본 시장이 되어 모든 종류의 외국 유가 증권을 축적하게 된 것은 자연적인 추세라 할 수 있었다. 더욱이 영국에 행운을 안겨 준 또 하나의 요인은 세계에 금을 공급하는 산지의 3분의 2가 대영 제국 내 — 남아프리카 · 호주 · 캐나다 그리고 인도에 있었던 것이다. 이들 금광은 끊임없이 쉽게 런던에서 판로를 찾을 수 있었다. 영국 은행은 그 곳에서 산출된 금의 전부를 일정한 가격으로 사들였다.

이와 같이 해서 런던은 환어음, 유가 증권, 그리고 금의 중심 시장이 되었고, 세계 금융의 수도가 되었다. 외국과의 결제를 원하지만 자기 나라에서는 그런 수단을 취할 수 없는 모든 정부와 은행가는, 금뿐만 아니라 모든 종류의 상업 어음이나 유통 어음이 기다리고 있는 런던으로 모여들었다. 파운드 스털링은 거래의 견실한 상징이 되었다. 가령 덴마크나 스웨덴이 남아프리카에서 무엇을 사려고 할 때, 그 물건이 런던으로 오는 것도 아닌데 계약은 파운드 스털링으로 행해지는 것이다.

이것은 영국으로서는 몹시 이익이 많은 사업이었다. 왜냐하면 전 세계가 이런 서비스에 대해서 얼마간의 수수료를 영국에 지불했기 때문에 우선 직접적인 이익이 생겼다. 게다가 외국 사업체의 지점은 앞으로의 지불에 대비해서 영국의 은행에 구좌를 설정해 지불 잔고나 수취금을 예치시켰다. 이 같은 종류의 예금은 이들 은행으로부터 다른 고객에게 단기 자금으로서 유리하게 대출되었다. 더욱이 또 영국의 여러 은행은 외국 기업가의 업무 상황에 대해 구석구석까지 빠짐없이 알게 되었다. 그들의 손을 거쳐 유통되는 환어음을 통해서 그들은 독일이나 또 그 밖의 나라들이 요구하는 상품의 가격부터 외국 거래선의 이름까지 조사해 낼 수 있었다. 이러한 정보는 외국의 경쟁 상대를 굴복시킬 방책을 제공해 주었기 때문에, 영국의 산업을 위해서는 매우 유익한 것이었다.

이처럼 국제적 업무를 촉진하고 강화하기 위해서 영국의 여러 은행은 세계의 곳곳에 지점이나 대리점을 개설했다. 이 은행들은 외국을 영국 산업의 영향력 아래 두는 데에 기여했을 뿐만 아니라, 또 다른 면에서 영국의 처지에서 볼 때 매우 유효한 공헌을 다해 왔다. 이 은행들은 모든 지방에 있는 유명한 상사나 상점까지도 조사해서 기록해 두었다. 이를 통해 지방 상사가 환어음을 발행했을 때, 영국의 은행 또는 대리점은 그 자리에서 즉시 그 어음의 가치를 조사해서 안전하다고 판단될 경우에만 그것을 보증할 수 있었다. 은행이 어음에 '인수가 끝남(accepted)' 이라고 기입했기 때문에, 이것을 '인수(accepting)' 라고들 했다. 은행이 그것을 책임지자마자 어음은 쉽게 양도될 수 있었다. 왜냐하면 은행의 신용이 그 뒤에 있기 때문이다. 이 같은 보증이나 인수가 없다면 잘 알려져 있지 않은 외국 상사의 환어음은 런던과 같이 멀리 떨어진 시장에서는 구매자를 발견하지 못할 것이다. 왜냐하면 아무도 이런 외국 상사를 알

세계의 주도권을 놓고 싸우는 미국과 영국

까닭이 없기 때문이다. 은행의 인수는 일종의 모험이기는 하지만 은행 측에서는 지점을 통해서 충분히 조사를 마쳐 두었기 때문에 즉석에서 인수를 결정할 수 있었다. 그리하여 이러한 '인수필 어음(acceptances)' 제도는 환어음의 교환뿐만 아니라 거래 전반을 원활히 하는 데 매우 유용했고, 동시에 세계 무역에 대한 런던의 통제력을 강화시켰다. 이와 같이 국외에 수많은 지점을 가지고 이만큼의 대규모적인 인수 업무를 수행할 수 있는 태세를 갖춘 나라는 달리 없었다.

그리하여 런던은 100년 이상에 걸쳐 세계 금융과 경제상의 수도가 되었으며, 국제 금융과 무역의 모든 끈들은 런던을 거쳐서 나갔다. 거기에만 가면 돈은 얼마든지 있었기 때문에, 비교적 싼 조건으로 그것을 손에 넣을 수 있었다. 이 때문에 모든 은행업자가 거기에 흡수되었다. 영국의 중앙 은행인 잉글랜드 은행 총재 앞에는 세계의 구석구석에서 금융과 무역에 관한 모든 정보가 보고되었다. 그래서 그는 이 은행이 발행하는 책이나 보고서를 잠깐 보기만 해도, 어떤 나라의 경제 사정이라도 환하게 설명할 수 있었다. 실로 그는 정부보다도 더욱 사정에 밝다는 이야기를 듣는 경우도 있을 정도였다. 또한 외국 정부가 이해 관계를 갖는 유가 증권의 매매에 사소한 흥정을 붙이거나 단기 대부를 하는 등의 방법으로, 관계국 정부의 정치적 정책에 영향을 끼칠 수도 있었다. 이 수법은 '고등 금융(High Finance)'이라 일컬어지는데, 제국주의 열강의 강제 발동 방법으로서 가장 효과적인 것 중의 하나였으며, 지금도 그러하다.

세계 대전 전의 상황은 대강 이러한 것이었다. 런던시는 대영 제국의 힘과 번영의 자리이며 상징이었다. 그러나 전쟁은 많은 변화를 불러들였고, 낡은 질서를 뒤집어엎었다. 그것은 승리로 끝났다고는 하지만, 런던과 영국으로서는 매우 값비싼 승리였다.

세계 대전 후에 무슨 일이 일어났는지는 다음 편지에서 이야기하겠다.

187 *1933년 7월 29일*

달러 · 파운드 그리고 루피

　세계 대전은 세계를 쌍방의 교전 진영과 중립 국가들의 셋으로 갈라 놓았다. 서로 적대하는 교전 지역 사이에서는, 각자 스파이 활동을 하기 위한 비밀 왕래를 제외하면, 무역이나 그 밖의 관계가 완전히 단절되었다. 물론 국제적인 거래도 모두 사라졌다. 연합국은 제해권을 장악하고 있었던 덕분에 중립국에 속하는 여러 나라들이나 식민지와 사이의 무역을 지속시킬 수 있었지만, 이것도 독일의 잠수함 작전 때문에 그 범위가 매우 제한되었다.

　교전 당사국들의 자원은 모두 전쟁을 하는 데 사용되었으며, 막대한 양이 소비되었다. 1년 가까이 영국과 프랑스는 자기 나라의 국민으로부터 돈을 꾸거나 미국으로부터 빚을 늘려 가면서 더욱 가난한 다른 연합국들에게 자금을 융통해 주었다. 드디어 프랑스는 힘이 다해서 이제는 더 이상 다른 나라를 원조해 줄 수 없게 되었다. 영국은 1년 가까이 부담을 져 왔지만, 1917년 3월에는 미국에 대해 5000만 파운드의 지불을 이행할 수 없게 되었을 정도로 이번에는 영국도 자금이 바닥났다. 영국과 그 동맹국들로서 다행스러웠던 일은, 이제는 달리 누구도 융자해 줄 힘이 없어졌던 위기 일발의 순간에, 미국이 연합국 편에 서서 참전한 일이었다. 그 때부터 전쟁이 끝날 때까지 미국은 모든 연합국에 전쟁 자금을 공급했다. 그들은 '자유(Liberty)' 공채와 '승리(Victory)' 공채라는 명목으로 국민으로부터 거액의 돈을 꾸어들였다. 그들은 공채를 모집해서 자신들도 그것을 아낌없이 쓰고, 또 다른 연합국들에도 대여해 주었다. 이미 말했듯이 그것 때문에 전쟁이 끝나자 미국은 모든 국가에 부채를 지우는 세계적인 채권국이 되었다. 전쟁이 시작될 무렵 미국 정부는 유럽에 50억 달러의 채무가 있었으나, 전쟁이 끝났을 때에는 오히려 유럽쪽이 미국에 100억 달러의 부채를 짊어지고 있었다.

전시중 미국의 재정상 수확물은 이것만이 아니었다. 미국의 대외무역은 영국이나 독일의 영역을 침식해, 지금은 영국의 무역과 어깨를 견주게 되었다. 미국은 또 세계 금의 3분의 2에 이르는 양과 막대한 액수에 이르는 외국 정부의 공채나 채권 따위를 축적하고 있었다.

이렇게 해서 미국은 금융상 다른 나라에 비해 압도적인 지위에 올라섰다. 그들이 자신의 채무국을 파산시키려고 마음만 먹으면 단지 채무를 이행시키는 것만으로도 쉽게 파산시킬 수 있었다. 그러므로 그들이 그 옛날에 런던이 누렸던 세계의 금융 수도로서의 지위를 탐내, 그 지위를 자기 손안에 넣으려 한 것도 당연했다. 그들은 뉴욕이 런던에 대신해 세계에서 가장 부유한 도시이기를 원했다. 그리하여 뉴욕과 런던의 은행가들이나 금융업자들 사이에서는 제각기 자기 나라 정부를 등에 업고 격렬한 쟁투가 시작되었다.

미국으로부터의 압력은 영국 파운드의 지위를 뒤흔들었다. 영국 은행이 자신의 통화에 대해 금을 공급할 수 없게 되자(그래서 금태환을 포기했다), 파운드 스털링은 가치가 하락하기 시작했다. 프랑스의 프랑 또한 가치가 떨어졌다. 불안정한 세계 속에서 유일하게 미국의 달러만이 굳건한 견실성을 자랑하고 있는 듯했다.

사람들은 이러한 상태에서는 금전 사업이나 금이 런던에 등을 돌리고 뉴욕으로 떠나리라고 생각할지도 모른다. 그러나 이상하게도 그렇게 되지 않고, 외국 환어음이나 금광에서 채광된 금은 여전히 런던으로 모여들었다. 이것은 사람들이 달러보다도 파운드를 선호하는 경향 때문이 아니라, 달러가 쉽게 수중에 들어오지 않았기 때문이었다.

너는 내가 영국의 각 은행이 대리점을 통해 전세계에서 운영한 '인수필 어음' 제도에 관해서 이야기한 것을 기억하고 있을 것이다. 미국의 은행은 그러한 지점이나 대리점을 갖고 있지 않았다. 그래서 그들은 '인수'하는 방법을 사용해 외국환을 긁어모을 수 없었다. 자연히 환어음은 런던 쪽으로 흘러들고 말았다. 이런 장애에 부딪힌 미국의 은행가들은 즉시 지점이나 대리점 설치에 착수해 여러 장소에 훌륭한 빌딩을 세웠다. 그런데 또 하나 어려운 일이 생겼다. '인수필 어음'이라는 업무의 성격은 각 지역의 상황이나 업계에 정통한 숙련가가 아니면 해낼 수 없는 일이었다. 영국의 각 은행은 100년 동안의 경영을 통해서 그 업무를 수행해 왔던 것이다. 그런 점에서 단시일 안에 그들을 따라잡기란 쉬운 일이 아니었다.

미국은 런던에 대항해서 프랑스·스위스·네덜란드의 일부 은행가들과 제휴했지만 그다지 큰 성과는 오르지 않았다. 프랑스는 자본을 대량으로 국외에 수출하는 매우 유복한 나라였지만, 외국 환어음의 거래를 조직화하는 일에는 조금도 관심을 나타내지 않았다. 이렇게 뉴욕과 런던의 대립은 계속되었으나, 전반적으로 볼 때 런던의 지위는 흔들리지 않았다. 1924년에 이르러서야 뉴욕 쪽을 선호하는 새로운 요인이 나타나기 시작했다. 대인플레이션이 수습되어 독일의 마르크가 안정되자, 인플레이션 기간에 스위스나 네덜란드에 도피해 있던 독일 자본(자본이라는 것은 위험을 만나면 반드시 도망가기 마련이다!)이 독일의 은행으로 되돌아왔다. 독일의 자본이 미국의 금융 블록에 참가하자 런던측은 큰 타격을 받았다. 왜냐하면 그것을 통해 막대한 양의 미국의 외국 환어음이 일일이 런던의 손을 거치지 않고 유럽의 환어음과 교환될 수 있게 되었기 때문이다. 게다가 런던의 통화는 아직도 안정되어 있지 않았다 — 바꾸어 말하면 파운드는 금태환을 중지했기 때문에 고정된 금의 가치를 가지고 있지 않았다.

이렇게 되자 런던시의 금융업자들은 당황했다. 그들은 정상적인 국제 외환 업무를 모조리 미국에 빼앗기고 그 찌꺼기만이 런던에 남겨지는 정세에 직면하게 되었던 것이다. 이러한 돌발 사태에 대처해서 먼저 취해야 할 방책은 금과의 관계에서 파운드를 또다시 고정시키는 일 — 즉 그것을 안정시키는 일이었다. 이렇게 하면 수지맞는 환업무가 다시 흡수될 수 있을 것이라고 생각했던 것이다. 그래서 1925년에 파운드는 다시 옛 수준으로 고정되었다. 이러한 정책은 파운드의 가치가 오르면 영국의 은행가나 채권자가 그만큼 덕을 보게 되기 때문에 그들로서는 큰 승리였다. 그러나 영국의 산업가들이 볼 때에는 영국 상품의 대외 가격이 앙등해, 미국이나 독일 그 밖의 공업 국가들과 해외 시장에서 경쟁하는 데에 큰 곤란을 당하게 되기 때문에 달갑지가 않았다. 그러나 영국은 자신들의 은행 제도, 아니 오히려 세계의 외환 시장에서의 패권을 지키기 위해서 어느 정도까지 산업을 희생시켜야 했다. 파운드의 평가는 회복되었다. 그러나 너도 알다시피 영국 국내에서는 산업에 대한 타격에 기인하는 혼란이 잇따라 발생했다. 거기에서는 실업과 장기간에 걸친 탄광 파업, 그리고 총파업이 일어났다.

파운드는 안정되었다. 그러나 그것만으로 충분하다고는 할 수 없었다. 영국 정부는 미국에 거액의 부채를 지고 있었다. 이것은 일시적인 차입금으로서, 반환을 청구해 오면 언제라도 반환해야 할 성질의 것이었다. 이와 같은 상환에 대해 청구를 하기만 하면 미국은 영국을 당장에 몹시 곤란한 상태에 빠뜨리고, 파운드의 가치를 억지로 인하시킬 수도 있었던 것이다. 그리하여 영국의 주요 정치가들(그 중에는 스탠리 볼드윈도 있었다)은 전쟁 채무의 분할 지불(이 과정을 장기 국채로의 借換이라고 한다)을 협상하기 위해 뉴욕으로 달려갔다. 유럽의 모든 나라들은 이미 미국의 채무자들이었다. 그들로서 당연히 취해야 할 방도는 먼저 그들 사이에서 합의를 본 뒤에 미국을 움직여 되도록 유리한 조건으로 협상하는 일이었다. 그런데 영국 정부는 파운드를 구제하고 런던의 금융상 지도권을 유지하는 데에만 정신이 팔려, 프랑스나 이탈리아와는 상의할 여유도 없이 어떠한 대가를 치르더라도 빨리 미국 정부와 협상을 결말지으려 했다. 그들은 겨우 협상을 타결시키기는 했지만, 그것을 위해서는 중대한 희생을 감수하고, 미국이 제시한 엄격한 조건을 받아들여야만 했다. 프랑스나 이탈리아는 뒷날 그 부채에 대해서 영국보다 훨씬 유리한 조건을 미국으로부터 얻어 냈다.

이러한 무계획적이고 희생을 고려하지 않은 영국측의 노력이 파운드와 런던시를 구제하기는 했지만, 세계 시장에서의 뉴욕과의 쟁투는 그 뒤에도 여전히 계속되었다. 뉴욕은 풍부한 돈이 있는 것을 빌미로 저리로 장기 대부를 해서, 이제까지는 런던에서 돈을 빌리고 있던 나라들(캐나다 · 남아프리카 그리고 호주도 포함)은 그것 때문에 뉴욕에 흡수되었다. 런던은 이런 종류의 장기 금융으로는 뉴욕과 상대할 수 없었기 때문에, 중부 유럽 여러 나라의 각 은행에 단기 대부를 함으로써 이에 대항하려 했다. 단기 금융은 은행가의 경험과 명성에 따라 크게 좌우되었는데, 이 점에서는 런던 쪽이 훨씬 유리했다. 그래서 런던측은 빈의 여러 은행과 긴밀한 관계를 맺고, 그들을 통해서 유럽(다뉴브 강과 발칸 지방)과도 관계를 계속했다. 뉴욕도 이 지역에서 비교적 활발한 활동을 계속했다.

이리하여 부분적으로 런던과 뉴욕의 경쟁 덕분에 금융상의 벼락 경기 시대가 출현해서 유럽에 돈이 범람했고, 순식간에 백만장자나 억만장자가 속출했다. 그간의 사정은 간단했다. 어떤 사람이 어느 한 나라에서 철도나 그 밖의 공공 사업상의 이권, 또는 제조 공업이나 성냥 판매 따위의 독점권을 획득했다고 가정해 보자. 그러면 이러한 이권 또는 독점권을 운영하기 위해서 회사가 설립되고 주식을 발행한다. 이 주식을 담보로 뉴욕이나 런던의 큰 은행이 자금을 빌려 준다. 그러면 금융업자는 뉴욕에서 달러 자금을 2%의 이자로 빌려, 이것을 다시 베를린에서 6%로 대부해 주거나 빈에 가져가 8%의 이자로 대부해 준다. 이런 식으로 남의 돈을 교묘하게 놀려 일부 금융업자들은 큰돈을 벌었다. 이런 족속 가운데 특히 유명한 자로는, 스웨덴인으로서 성냥의 독점 판매를 통해 '성냥 왕'으로 널리 알려진 이반 크루거(Ivan Kreugar)가 있다. 한때 크루거는 나는 새도 떨어뜨릴 만한 세력을 떨쳤으나, 그 뒤 그는 순전한 사기꾼으로 거액의 돈을 횡령한 것이 판명되었다. 그는 발각 직전에 자살했다. 같은 무렵 수상쩍은 수법으로 사건을 일으켰던 금융업자는 그 밖에도 몇 명이 더 있었다.

중부와 동부 유럽 지방에서 벌어진 이러한 영국과 미국의 경쟁은 단 한 가지 좋은 결과를 남겼다. 불황이 시작된 1929년 이전의 몇 년 동안 이렇게 부정 유출된 돈이 유럽의 부흥에 크게 도움을 주었던 것이다.

그간 프랑스에서는 1926~27년에 걸쳐 인플레이션이 심화되어 프랑화의 가치가 폭락했다. 돈이 있는 프랑스인 — 프랑스 소부르주아는 누구나 저축을 하고 있었다 — 은 프랑화의 하락으로 그것을 잃을까 봐 겁이 나서 자신들의 돈을 국외로 유출시켰다. 그들은 막대한 액수에 이르는 외국의 유가 증권이나 환어음을 사들였다. 1927년에 프랑화는 안정을 되찾았고 금과의 관계도 고정되었지만, 이전의 가치에 비하면 5분의 1 정도 선으로 하락했다. 프랑스의 외국 유가 증권 소유자는 이번에는 그것을 모조리 프랑화로 표시된 상품과 교환하려 했다. 그들은 멋진 장사를 했다. 원래 소유했던 액수에 비해 5배의 프랑을 손에 넣게 되었기 때문이다. 이러한 상황에서 그들은 만약 전부터 계속 프랑화에 매달려 있었더라면 입었을 인플레이션으로부터 전혀 고통을 받지 않고 지낼 수 있었다. 프랑스 정부는 이 기회를 놓치지 않고 새로이 인쇄된 프랑 어음과의 교환으로 이런 종류의 외국 유가 증권을 모조리 회수해 버렸다. 그리하여 프랑스 정부는 이들의 외국 어음이나 유가 증권을 회수해서 소유함으로써 갑자기 매우 넉넉해졌다 — 사실 프랑스 정부의 외국 환어음이나 유가 증권 보유액은 이 때가 최고였다. 프랑스 정부는 따로 금융상 지도권을 놓고 영국이나 미국과 경쟁할 야심이 없었다. 그러나 어쨌든 양자에게 영향력을 미칠 만한 지위에 서게 되었다.

프랑스인은 조심성 있는 국민인데 정부 또한 마찬가지였다. 그들은 소유하고 있는 것까지 잃을 위험을 무릅써 가며 큰 이익을 가져올 만한 변화를 모험하기보다는, 작더라도 안전하고 견실한 이익 쪽을 택했다. 그래서 프랑스 정부는 안전하게 그 잉여 자금을 런던의 유력한 회사에 저리로 대부해 주었다. 그렇게 해서 프랑스가 영국 은행에서 2%의 이자를 징수하게 되자, 이번에는 영국의 은행이 그 돈을 빌린 쪽에 8~9%로 대부해 주는 형편으로, 종국에는 같은 돈이 헝가리나 발칸 지역에서 12%의 이자로 유통되는 수도 있었다! 이자는 위험의 정도에 따라 높아지는 경향이 있는데, 프랑스의 중앙 은행인 프랑스 은행은 모험을 좋아하지 않아 안전한 영국의 은행하고만 거래했다. 이런 상황에서 프랑스는 막대한 액수에 이르는 돈(그들이 매입한 스털링과 외국환으로 이루어진)을 런던에 맡겨, 이것이 뉴욕과의 쟁투에서 런던에게 큰 도움이 되었다.

그 동안의 무역 공황과 불경기가 심각해져서 농업 생산품의 가격은 계속 하락하고 있었다. 1930년 가을에는 밀 가격이 장기간에 걸쳐 폭락했기 때문에 동부 유럽의 여러 은행은 채무자한테 돈을 회수할 수가 없었고, 그 때문에 그들은 빈에서 파운드나 달러로 차입한 돈을 상환할 수가 없게 되었다. 이것이 빈의 은행 공황을 몰고 와 빈 최대의 은행인 크레디트 안스탈트(Credit-Anstalt)가 파산해 버렸다. 이러한 사태는 독일 각 은행의 근저당을 동요시켜, 마르크의 붕괴가 임박한 듯한 형세가 되었다. 이것은 독일 내의 미국이나 영국 자본이 위기에 처한 것과 다름없는 사태였기 때문에, 미국 대통령 후버가 전쟁 채무와 배상의 지불 유예를 선언한 것도 그러한 위기를 탈피하기 위해서였다. 그 때에 배상의 지불을 고집한다는 것은 독일의 완전한 재정적 파탄을 초래한다는 것을 의미하는 것이기 때문이었다. 실제로 나타난 바에 따르면, 이것으로도 충분치 못해 독일은 여러 외국에 대한 사적인 채무도 상환할 수 없어, 이 부분에 대해서도 독일의 지불 유예를 인정해 주지 않을 수 없었다.

이것은 이제까지 단기 대부로 독일에 공급되고 있던 거액의 영국 돈이 그대로 즉시 유통이 정지당하는 사태로 나타났다 — 이른바 '동결(frozen)'이라는 것이었다. 런던의 은행가들의 처지는 어렵게 되었다. 왜냐하면 자기네 채무를 상환해야만 하는 상황이었고, 그들은 독일로부터 징수해야 할 돈에만 의지하고 있었기 때문이다. 프랑스와 미국은 그들에게 1억 3000만 파운드를 대부해 원조했으나, 때는 이미 너무 늦었다. 공황은 런던의 금융계를 휩쓸기 시작했다. 이러한 공황이 일어나면 누구든 자기의 돈을 먼저 건져 내려고 발버둥치는 것이 상식이다. 1억 3000만 파운드는 순식간에 사라져 버렸다. 이 부분에서 너는 파운드가 금태환제를 실시하고 있어, 스털링을 가진 자는 누구든 금과의 교환을 요구할 수 있었던 것을 상기할 필요가 있겠다.

당시 노동당이 정권을 담당하고 있던 영국 정부는 자주 뉴욕과 파리의 은행가들에게 융자를 간청하러 다녔다. 그들은 일정한 조건의 범위 안에서 원조에 동의한 듯이 보였다. 그 조건의 하나로 영국 정부는 노동 문제나 사회 보장 그 밖의 방면에서 경비를 절약해야 한다는 것이 있었고, 아마도 임금 인하도 제안되었던 것 같다. 이것은 영국의 국내 문제에 대한 외국 은행측의 간섭이었다. 노동당 정부를 공격하기 위해 당시의 경제적 정세가 이용된 것이었다. 내각의 수반이었던 맥도널드는 정부와 자신의 당을 배신하고, 새로이 주로 보수당의 지지를 받는 내각을 결성했다. 이것은 공황에 대처하기 위한 '거국 내각'으로 일컬어졌다. 램지 맥도널드의 이러한 행위는 유럽 노동 운동사에서 가장 주목할 만한 노선 이탈의 실례가 되었다.

거국 내각은 파운드를 구제하기 위해 수립되었다. 정부는 프랑스나 미국으로부터 차관 약속을 받았다. 그러나 그런 정도의 원조로는 아직 파운드를 구제할 수 없었다. 1931년 9월 23일, 정부는 별수 없이 금태환 제도를 포기하자 파운드는 또다시 불안정한 통화가 되었다. 파운드의 가치는 급속히 떨어져서 약 14금 실링의 가치밖에 없게 되었다 — 즉 종전 가치의 약 3분의 2였다.

이 사건과 날짜는 온 세계에 심각한 인상을 심어 주고 말았다. 그것은 유럽에서는 바로 영국 제국의 해체가 가까워진 것을 가리키는 것으로 받아들여졌다. 그것은 세계 화폐 시장에서 런던 지배의 종말을 의미하는 것이었기 때문이다. 그러나 이러한 기대 내지 희망(그것은 아시아는 말할 나위도 없고, 유럽이나 미국에서도 영국 제국은 미움을 받고 있었으니까)은 다소 성급한 생각이었다는 것이 점차 확실해졌다.

파운드화의 폭락 사태는, 스털링의 지폐는 언제든지 원할 때 금과 교환할 수 있기 때문에 금을 보유하는 것과 마찬가지라는 생각에서 스털링을 보유하고 있던 다수 국가들의 통화에 커다란 충격을 주었다. 이제 스털링은 금과 교환할 수도 없고, 그 가치가 30%나 하락하자, 이들 여러 외국의 통화도 이에 따라서 하락했고, 영국에 뒤이어 금태환 제도에서 이탈하지 않을 수 없게 되었다.

프랑스는 이제 그들의 신중한 정책이 주효해서 유리한 위치에 서게 되었다. 미국, 그리고 특히 영국이 그들의 대여 자금이 독일에서 동결되어 돈의 결핍 때문에 매우 곤란을 겪고 있었던 데 반해, 프랑스는 외국환이나 금 프랑의 형태로 막대한 돈을 소유하고 있었다. 미국과 영국은 어느 쪽이나 프랑스에 추파를 던져 각각 상대와의 경쟁에서 프랑스를 자기편으로 끌어들이려고 노력했다. 그러나 프랑스는 너무도 조심성이 많아서 쌍방의 유혹을 거절만 해 오다가 흥정의 호기를 놓치고 말았다.

영국에서는 1931년 말에 총선거가 실시된 결과 '거국 내각', 즉 실질적으로는 보수당이 압도적인 승리를 거두고 노동당 세력은 거의 전멸했다. 노동당이 그들의 자본을 몰수할지도 모른다는 두려움에 사로잡혀서, 또 단기간으로 끝나기는 했지만 봉급 인하를 둘러싼 대서양 함대의 항명 사건에 충격을 받은 영국 부르주아지는 보수당계의 거국 내각 밑으로 떼지어 몰려들었다.

공황과 위기를 눈앞에 두고 있는데도 불구하고, 파운드의 폭락 이후 세 지도적 강대국인 미국·영국 그리고 프랑스와 그들의 은행가들은 일치 단결할 수 없었다. 그들은 제각기 나름대로의 길을 걸으면서, 서로 상대의 희생으로써 자기의 지위를 굳히려고 했다. 금융상의 지도권 쟁탈전 따위는 집어치우고, 그들이 협력해 공동의 국제 유통 시장을 형성해야 했다. 그러나 각국은 오히려 독자적인 길을 걷는 방침을 취했다. 잉글랜드 은행은 런던을 위해 잃었던 지위를 회복하는 데 착수해, 파운드가 아직 금과 분리되지 않은 동안에 대체로 목적을 달성함으로써 세계를 놀라게 했다.

영국이 금태환을 중지하자 다른 나라들의 국영 은행(이러한 은행들은 중앙 은행이라고들 한다)은 그 대신 금을 손에 넣기 위해 자기들이 소유하고 있는 스털링 환어음을 팔기 시작했다. 그들은 그것이 언제 어느 때든지 금과 교환될 수 있는 것이며, 따라서 금과 동일한 것으로 간주될 수 있었기 때문에 그대로 스털링 환어음을 소지해 왔던 것이다. 이 막대한 분량의 환어음이 갑자기 팔리게 되자, 파운드 가치는 곧바로 30%나 하락했다. 이런 가치 폭락의 결과 스털링으로 돈을 빌렸던 채무자(그 중에는 국가나 대기업도 섞여 있다)는 부담이 30%나 감소되었기 때문에, 금으로 지불을 마칠 수가 있었다. 그 때문에 상당량의 금이 영국에 흘러들었다.

그러나 영국에 흘러든 금은 실질적으로 인도와 이집트에서 들여온 것이었다. 이들 가난한 두 종속국은 부유한 영국에 대한 원조를 위해, 자신들의 잠재력을 영국의 금융적 지위 강화를 위해 이용당했다. 그들은 이런 사태에 대해 아무런 발언권도 갖지 못했고, 그들의 이익이나 희망은 영국의 필요 앞에서는 조금도 참작되지 않았다.

인도의 가엾은 루피(rupee : 인도의 통화) 이야기는, 인도의 처지에서 보면 깊은 슬픔을 자아내는 기나긴 이야기다. 그것은 몇 번이나 영국 정부나 영국 금융업자를 위해서 그 가치를 변경해 왔다. 나는 이와 같은 통화 문제에 개입하고 싶지는 않지만, 다만 영국 정부의 통화 문제에 관한 전후의 행동은 인도에 막대한 희생을 부과했다는 것만을 여기서 말해 두겠다. 1927년에는 파운드 스털링과 금(파운드는 그 당시에는 금태환제를 취하고 있었다) 사이의 관계에서의 루피의 가치 결정을 둘러싸고 인도에서 일대 논쟁이 벌어졌다. 이것은 '비가(比價)[81] 논쟁(ratio controversy)'이라고 일컬어진다. 영국 정부가 1루피의 가치를 1실링 6펜스로 정하려는 데 대해, 인도 측의 의견은 거의 만장 일치로 1실링 4펜스로 고정되기를 원했기 때문이다. 이것은 통화의 가치를 절상함으로써 은행가·채권자·화폐 소유자에게 이익을 주느냐, 아니면 그 가치를 절하함으로써 채무자의 부담을 경감해 국내 산업과 수출을 촉진하느냐 하는, 예전부터 자주 있었던 문제였다. 정부는 말할 나위도 없이 인도 측의

---

81) 다른 것과 비교한 가치 또는 가격.

반대 의견을 무릅쓰고 강압적으로 금 루피의 가치를 1실링 6펜스로 결정해 버렸다. 많은 사람들의 견해에 따르면 그 때문에 루피는 부당하게 높은 가치가 매겨져서 가벼운 디플레이션이 일어났다. 이미 보아 왔듯이 영국은 1925년에 파운드를 금태환 제도 위에 올려놓음으로써 단지 혼자만의 이익을 위해 디플레이션의 길을 택했다. 이것은 앞에서도 본 바와 같이 영국의 세계 금융상의 지도권을 확보하기 위한 것이었으며, 그러기 위해서 영국은 큰 희생마저도 사양하지 않았다. 프랑스나 독일, 그 밖의 다른 여러 나라들은 자기 나라의 경제 위기 상태를 완화하기 위해 인플레이션의 길을 택했다.

루피의 가치를 높이는 것은 인도에 투자된 영국 자본의 가치가 높아지는 것이었으며, 또한 인도 산업에 부담을 지우는 것이기도 했다. 더욱이 그것은 고리 대금업자한테서 돈을 빌려 쓰고 있던 모든 농민과 지주가 짊어진 무거운 짐을 가중시키는 데에 지나지 않았다. 왜냐하면 돈의 가치가 오르면 이들 부채의 가치도 그에 따라 오르기 때문이었다. 18펜스와 16펜스(1실링 6펜스와 1실링 4펜스)의 차액 — 즉 2펜스는 12.5%의 상승을 의미하고 있다. 인도의 농업 부채가 100억 루피인 것을 생각하면, 12.5%를 추가하는 것은 12억 5000만 루피라는 막대한 금액을 추가하는 것과 같다.

금액으로 치면 물론 부채는 종전대로이지만 농산물 가격으로 계산하면 부채는 이렇게 불어나게 된다. 돈의 참된 가치는 그것으로 무엇을 얼마나 살 수 있는가 하는 것, 즉 그만큼의 밀, 그만큼의 옷감, 그리고 그 밖의 물품이나 필수품에 상당하는 만큼의 값어치를 말하는 것이다. 이런 가치는 그것을 허용하는 범위에서 자체 조절된다. 화폐의 구매력이 떨어지면 이에 따라서 화폐의 가치도 떨어진다. 인위적으로 높은 가치를 매기는 것은 그것이 실제로는 갖지 않은 인위적인 구매력을 부여하는 것이 된다. 그러므로 이렇게 되면 농민들이 자신들의 부채나 부채에 부가되는 이자를 물기 위해서는, 종전 이상으로 자신들의 수입을 이에 충당해야 되기 때문에 자신들의 몫으로 남는 수입은 더욱 적어진다. 이렇게 해서 1실링 6펜스의 비가(比價)는 그만큼 더 인도의 불황을 심각하게 만들었다.

1931년 9월 파운드 스털링이 금태환 제도를 포기하지 않을 수 없게 되자 루피 또한 금태환 제도를 이탈했으나 파운드와는 여전히 연결된 채였다. 그런 사정에서 1실링 6펜스 비가는 그대로 남았으나 이것은 금의 양으로 환산하면 이전보다 적은 액수였다. 만약 루피를 그대로 방치해 두었더라면 루피는 더욱 하락해서 인도의 스털링 자본의 손실을 초래할 수도 있었기 때문에, 인도의 영국 자본이 피해를 입지 않도록 루피는 파운드와 유대를 유지하지 않을 수 없는 실정이었다. 사실 인도에서 루피의 금 가치의 감소에 따라 손해를 입은 것은 영국 이외의 외국 자본 — 미국 · 일본 등 — 뿐이었다. 루피를 파운드에 연결한 것이 영국에 미친 또 하나의 큰 이익은, 이것을 통해서 자기 나라의 산업을 위해 구입하는 원료에 대해 영국의 통화로 지불할 수 있다는 것이었다. 스털링 지역이 넓혀지면 그만큼 파운드로서는 편리한 것이다.

루피의 가치가 파운드와 함께 감소되면 금의 국내 가격은 상승하기 마련이었다 — 즉 같은 양의 금으로 종래보다 더 많은 루피를 손에 넣을 수 있었다. 이 같은 국내의 심각한 생활난과 궁핍에 빠져, 사람들은 부채를 갚기 위해 다투어서 장식품 형태로 가지고 있던 금까지 팔아 지금까지보다 더 많은 루피를 손에 넣으려 했다. 그리하여 금은 온 나라 안에서 수많은 물줄기처럼 은행에 흘러들었고, 은행은 이것을 런던 시장에 팔아 톡톡히 재미를 보았다. 이렇게 해서 금은 쉴새없이 영국으로 흘러들었는데, 이것은 막대한 액수에 이르렀다. 이 같은 과정은 지금도 계속되고 있다. 잉글랜드 은행과 영국의 금융을 위해 상황을 타개하고, 1931년 9월 그들이 미국과 프랑스에서 빌린 돈을 갚을 수 있게 한 것은 이집트로부터 유입된 금과 함께 또 인도의 이런 금이었다.

그런데 가장 부유한 나라까지도 포함해서 온 세계의 모든 나라가 자기 나라의 금을 비축하고, 또 그 위에 더욱더 축적하려 하고 있는 동안에 인도만이 그 정반대의 행위를 하고 있었다는 사실은 정말 불가해한 일이다. 미국과 프랑스 정부는 엄청난 액수의 금을 자신들의 은행 지하실로 퇴장시켰다. 그것은 오로지 은행의 지하 금고 깊숙이 숨겨 둘 목적으로 금광에서 금을 채굴한 것 같은 우스운 정책이기도 했다. 영국의 여러 자치령을 포함한 많은 나라들이 금 수출 금지를 선언했다 — 즉 누구도 금을 국외로 반출하는 것을 허용하지 않는다는 것이었다. 영국은 자기 나라의 금을 확보하기 위해 금태환 제도를 포기했다. 그런데 인도만은 그렇지 않았다. 왜냐하면 인도의 재정은 영국의 이해를 위해 좌우되었기 때문이다.

인도에서도 금이나 은을 퇴장한다는 이야기는 가끔 들은 적이 있었다. 이런 이야기는 얼마 안 되는 일부 부유한 사람들 사이의 일로 어느 정도는 사실일 것이다. 그러나 대중은 무엇인가를 퇴장시키기에는 너무도 가난했다. 비교적 살기가 나은 농민들은 '비축(hoard)'을 의미하는 얼마간의 장식품을 가지고 있었다. 그러나 그들에게는 이것을 맡길 기관이 없었다. 그래서 보잘것없는 장식품이나 비축된 금은 불황과 금 가격의 앙등으로 인출되어 어디론가 사라져 버렸다. 금은 지불이 공인된 유일한 국제적 기준이기 때문에, 만약 국민을 위한 정부가 존재한다면 그 금을 예비금으로서 국내에 비축할 것이다.

파운드와 달러의 쟁투에 관한 이야기로 되돌아가도록 하자. 위에서 말한 것과 같은 방법이나, 또 여기서 언급하게 될 교묘한 다른 방법 등을 통해서 잉글랜드 은행은 그 지위를 크게 강화했다. 1932년에는 독일에서 미국의 돈까지 동결되었기 때문에 미국에도 은행 공황이 일어나는 등 영국측에서 볼 때는 사소한 행운이 있었다. 이 공황 기간중 미국인 가운데는 자신들의 달러를 팔아서 스털링 채권을 사들이는 자도 많았다. 이를 통해 영국 정부는 대량의 외국 환어음을 모아 이것을 뉴욕에 가져가서, 그 곳에 있는 미국 정부 은행에 제시하고 그것과 교환해서 금을 수중에 넣었다. 달러는 금태환 제도 위에 있었기 때문에 아무나 달러 대신에 금을 요구할 수가 있었다. 이렇게 해서 파운드는 아직도 불안정하고 금과 분리되어 있었지만 불운이나 더 이상의 하락을 보이지는 않았고, 영국의 금 비축도 증대했다. 런던시도 대량의 환어음이나 유가 증권을 보유해 또다시 국제 유통의 큰 중심 시장이 되었다. 뉴욕은 이미 지난번의 편지에서 말한 것처럼 은행의 대공황이 주요한 원인이 되어 한참 동안은 패배 상태에 있게 되었다.

188 *1933년 7월 28일*

자본주의 세계의 분열

꽤 오랫동안 금융상의 경쟁이나 책략에 관한 이야기들을 해 왔는데, 네가 달갑지 않게 생각하지는 않았나 해서 걱정이 되는구나! 그것은 좀처럼 풀어헤칠 수 없을 만큼 복잡하게 얽히고 설킨 국제적 음모의 그물 같은 것이라서, 거기에 한 번 발을 들여놓았다가는 빠져 나오기가 결코 쉽지 않다. 내가 너에게 이야기했던 것들은 많든 적든 간에 표면에 노출된 것을 흘깃 훑어본 정도라서 사건의 대부분에 대해 핵심을 파악하거나 이해하기가 힘들 것이다.

현대 세계에서 은행가나 금융업자가 수행하는 역할은 굉장히 거대한 것이다. 기업주의 시대도 이제는 지나가 버렸다. 즉 공업·농업·철도·운송망, 실제로 어떤 의미에서는 정부까지도 포함해서 모든 것을 지배하는 것이 대은행가인 것이다. 왜냐하면 산업이나 무역이 발달하면 큰돈이 끊임없이 필요하게 되는데, 그것은 은행을 통해서 조달되기 때문이다. 지금은 세계의 사업 대부분이 신용으로 처리되는데, 그 신용을 확장하거나 제한하거나 통제하는 것이 대은행이다. 기업가나 농업가도 이제 사업을 하기 위해서는 은행에서 대부를 받아야만 한다. 은행가들은 이러한 대부 업무에서 이익을 얻을 뿐만 아니라, 그것을 통해서 그들은 차례 차례로 기업이나 농업에 대한 지배력을 확대해 간다. 대부를 거부하거나 상환을 요구함으로써 그들은 채무자의 사업을 망칠 수도 있고, 또 마음대로 조건을 강요할 수도 있다. 이것은 국내적인 범위에서나 국제적인 무대에서도 마찬가지다. 왜냐하면 큼직한 중앙 은행은 다른 나라 정부에 차관을 제공하고 그것을 통해 그들에게 압력을 넣기 때문이다. 뉴욕의 은행가들은 이러한 방법을 통해 중남미 여러 나라의 정부를 지배한다.

대은행의 두드러진 특징은 호황 때는 물론 불황 때에도 어김없이 번영한다는 사실이다. 경기가 좋으면 그들은 사업이 번영한 데 따른 분배에 참여하게 되어 돈이 흘러들어오기 때문에, 그것을 수지가 맞는 이율로 대부한다. 불경기나 공황과 같은 나쁜 시기에는 그들은 돈을 꼭 쥐고 함부로 쓰려 하지 않고(신용 없이는 많은 사업을 운영하기가 어렵기 때문에 한층 더 불경기가 심해진다), 다른 방법으로 돈을 늘린다. 모든 것 ─ 농산물, 공업 제품 등의 가격이 일제히 하락해서 많은 산업이 도산되면 거기에 은행이 찾아와서 모든 것을 헐값에 사들인다! 그러므로 호경기와 불경기가 순환하는 것은 은행가에게 이익이 된다.

현재 진행중인 대공황의 와중에도 대은행은 번영을 누리면서 고율의 배당금을 지불하고 있다. 미국에서는 몇천 개의 은행이 파산했으며, 오스트리아나 독일에서도 큼직한 은행이 몇 개나 파산한 것이 사실이다. 미국에서 파산한 은행은 모두 작은 것들뿐이었다. 미국의 은행 제도에 무언가 결함이 있었던 것으로 생각된다. 그러나 그렇다 해도 뉴욕의 대은행들은 상당한 업적을 올리고 있다. 영국에서는 은행의 도산은 없었다.

이러한 상황을 통해서 볼 때 오늘의 자본주의 세계를 명실공히 지배하고 있는 것은 은행가들이며, 그리하여 사람들은 현대를 가리켜 '순산업 시대(purely Industrial Age)'에 이어 나타나는 '금융 시대(Financial Age)'라 일컫고 있다. 서양의 여러 나라에서는 백만장자나 억만장자가 속속 나타나고 있으며, 특히 미국은 백만장자의 나라로서 선망의 대상이 되고 있다. 그러나 '고등 금융' 방식은 아주 수상쩍은(shady) 것이어서 일반적으로 강도나 사기와 다른 점은 오직 그들이 조작하는 규모의 크기뿐이라는 것이 날이 갈수록 명백해지고 있다. 거대한 독점 기업은 작은 관련 기업체를 모조리 궤멸시키고, 사람들이 거의 이해할 수 없을 정도로 대규모적인 금융 조작을 통해 가엾은 선량한 투자가들에게서 폭리를 취한다. 최근 유럽이나 미국 최대의 금융업자들의 실태가 폭로되었는데, 그야말로 차마 눈으로 볼 수 없는 광경이었다.

 금융 주도권을 둘러싼 영국과 미국의 경쟁이 런던시의 일시적인 승리로 끝났다는 것은 이미 우리가 보아 왔다. 그러나 이 승리에서 얻어진 것은 과연 무엇이었을까? 이 같은 대립이 벌써 10년 남짓 계속되는 동안에 이미 이 수확물은 점차 사라지고 있다. 국제 무역이 침체됨에 따라 금융 지도권에 수반하는 이익도 또한 감퇴했다. 환어음은 바닥이 나고 동시에 증권의 가치도 떨어져서 새로운 주식이나 증권이 발행되는 일은 드물었다. 그래도 아직 막대한 공채나 사채의 이자 지급액은 종전과 마찬가지였기 때문에 채무국들은 그것들을 갚기가 아주 힘들다는 것을 느끼게 되었다. 국제 채무를 지불하는 수단으로서 다른 것들을 거의 이용할 수 없게 되자 금의 수요가 증대했다. 그렇지만 금은 가난한 나라로부터 더욱 안정된 통화를 가지고 있는 부유한 나라들로 흘러 들어가 버렸다.

 그러나 모든 금이나 부를 축적하고, 산업상 최신 기술의 혜택을 입고 있어도 불경기가 심각해지자 그것들은 미국에 그다지 큰 도움이 되지는 않았다. 미국은 옛날부터 사람들이 먼 나라에서 그 곳을 찾아 빨려들 듯이 모여들었던 위대한 기회(opportunity)의 나라였으나 지금은 절망(despair)의 나라로 변해 버렸다. 이 나라를 지배해 온 대기업은 완전히 부패해 버려 금융계나 산업계 지도자들에 대한 신뢰가 흔들리고 있었다. 대기업의 편을 들어 온 대통령 후버(Hoover)는 인기가 크게 떨어져 1932년 11월 행해진 대통령 선거에서 프랭클린 루스벨트(Franklin

Roosevelt)[82]에게 패배했다.

1933년 3월 초 미국에 또다시 은행 공황이 일어났다. 이 때문에 미국은 다른 어떤 나라보다 많은 금을 소유하고 있었는데도, 금본위 제도를 포기하고 달러의 가치를 하락시키는 정책을 취하기에 이르렀다. 이것은 공업이나 농업의 부담을 경감시키고, 은행이나 채권자의 희생을 무릅쓰고 채무자를 구제하기 위한 목적에서 나온 것이었다. 이것은 인도인들의 일치된 반대를 묵살하고 영국 정부가 인도에서 강행했던 것과는 정반대의 정책이었다.

1933년 6월에는 자본주의 세계를 구김살투성이로 만들고 있던 갖가지의 문제들을 해결하기 위해서 자본주의 세계를 일치 협력시키려는 시도가 다시 한 번 되풀이되었다. 런던에서는 '세계 경제 회의(World Economic Conference)'가 개최되었으며, 회의에 참가한 대표들은 '공황에 고통받는 세계'를 논의하면서 "만약 이 회의가 실패한다면 자본주의 구조 전체는 붕괴할 것이다"라고 경고했다. 그러나 이 같은 경고가 발표되고 목전에 닥친 위험을 직시하면서도 열강은 서로 협력하지 않고 각각 자국에 편리한 길만을 걸으려 했다. 회의는 실패했으며, 각국은 경제

---

82) 미국 제32대 대통령. 뉴욕주 하이드 파크에서 출생해 하버드 대학에서 법률을 전공했다. 다시 콜롬비아 대학을 졸업한 뒤 변호사 생활을 하다가 1910년 민주당 후보로서 주 상원 의원에 당선되어 정치계에 발을 들여 놓았다. 1912년의 대통령 선거에서 윌슨을 적극 지지했고, 제1차 세계 대전중에는 윌슨 행정부의 해군 차관보를 지냈다. 1928년 뉴욕주 지사에 당선되어, 진보적인 자유주의자로서 대기업의 독점을 배제하고 일반 대중의 생활을 옹호하는 정책을 실시했다. 1932년 민주당의 대통령 후보에 지명되어 구체적인 공황 타개책을 제시해, 공화당의 대통령인 후버를 커다란 표 차이로 물리치고 미국의 제32대 대통령이 되었다. 선거 공약의 실현이자 미국의 번영 회복에 눈부신 성공을 이룩한 뉴딜 정책에 대해서는 이 책의 백아흔두 번째 편지를 참조하라. 그 뒤 1940년에는 대통령 선거에서의 전통을 깨고 3선 대통령이 되었으며, 제2차 세계 대전중에 4선 대통령이 되었다. 제2차 세계 대전중에는 연합국 진영의 최대 지도자 가운데 한 사람으로서 1940년 영국 총리 처칠과 사이의 회담 성과인 '대서양 헌장(Atlantic Charter)'을 통해 전쟁의 목적을 명백하게 밝히고, 파시즘과 벌인 전쟁에서 민주주의를 승리로 이끄는 동시에 소비에트 러시아와 협조에 주력해 강대국의 협력을 기초로 하는 국제 연합을 태동시켰다. 제2차 세계 대전 종결 직전인 1945년 4월 뇌일혈로 갑자기 죽어 트루먼이 그의 정책을 계승했다.

자본주의 세계의 분열

적 민족주의 정책을 밀고 나갔다.

영국은 스스로 식량을 자급할 수 없었고, 공업 원료도 해외에서 수입하고 있었기 때문에 자급 자족 경제를 영위할 수가 없었다. 그리하여 영국 정부는 대영 제국을 스털링 가격(sterling prices)에 기초한 단일한 경제 단위로 만들어서 제국적 기반 위에 경제적 민족주의를 발전시키려 했다. 이러한 구상하에 1932년 오타와(Ottawa)에서 대영 제국 회의 (British Empire Conference)가 개최되었다. 그러나 캐나다나 호주나 남아프리카는 영국의 이익을 위해 자국의 이익을 희생시킬 생각이 추호도 없었기 때문에 난처한 문제가 야기되었으며, 도리어 영국 쪽이 그들의 요구를 받아들여야만 했다. 그런데 인도에 관해서만은 여론의 반대가 심했는데도, 영국 제품에 대해 우선적인 권리를 부여해야 한다는 것이 공식적으로 결정되었다. 그 뒤의 사태를 볼 때, 오타와 협정은 성공적이었다고 할 수 없다. 자치령과 영국 간에도, 또 인도와 영국 간에도 협정을 둘러싼 여러 가지 분쟁이 일어났다.

그 동안 영국의 산업과 시장에 새롭고도 무서운 일이 일어났다. 값싼 일본 제품이 곳곳에 범람했고, 더욱이 그것은 관세를 부과해도 당하지 못할 만큼 값이 쌌던 것이다. 이처럼 낮은 제품 가격은 엔화의 폭락과 일본 소녀 노동자들의 저임금에 기인하는 것이었다. 일본의 공업은 또 정부의 보조금과 일본 해운 회사의 저렴한 운임을 통해서도 크게 도움을 받았다. 대부분 구식인 영국 공업에 비해 일본 공업은 능률이 높았던 것도 사실이었다.

관세로는 쏟아져 들어오는 일본 제품을 막을 길이 없었기 때문에 일본 상품에 대해 시장을 폐쇄하거나, 아니면 한정된 양의 상품 수입만을 인정하는 할당 제도가 채용되었다. 만약 이런 식으로 일본 상품이 여러 외국으로부터 축출당하게 되면, 일본의 방대한 공업은 어떻게 될 것인가? 일본의 경제 조직은 근저에서부터 붕괴될 것이며, 설혹 배출구를 찾아 낸다고 해도 경제적 보복 조처 같은 것 외에는 별다른 방법이 없을 것이다. 그러면 경우에 따라서는 전쟁이 일어날 수도 있겠지. 이런 사태는 자본주의의 낭비적인 경쟁 밑에서는 피할 수 없는 일이다.

마찬가지로, 만약 영국의 시장이 유럽의 다른 나라들에 대해서 폐쇄된다면, 이들 나라 가운데 몇몇 나라는 경제가 파산할 것이다. 따라서 모든 나라가 목전의 이익만을 위해서 시행하는 조치는 다른 나라의 이익과 국제 무역을 해치고 마찰과 분규로 끌어 갈 것이라는 사실이 명백하다.

189 1933년 7월 29일

스페인 혁명

무역 불황과 공황 따위의 지루하고 우울한 이야기는 이제 그만두기로 하자. 이제부터는 최근의 두 가지 큰 사건 ― 스페인의 혁명과 독일에서 나치가 승리한 일에 대해 이야기해 보자.

스페인과 포르투갈은 유럽 서남부의 한 부분을 이루고 있으며, 그 두 나라는 우리가 보아 온 것처럼 일찍이 유럽과 세계 역사에서 중요한 역할을 해 왔다. 그들은 19세기에 들어서면서 서유럽이 공업을 비롯한 여러 방면에서 진보를 거듭하고 있는 동안 제국 내의 사건들에 휘말려 지칠 대로 지쳐 있었으며, 성직자가 지배하는 뒤떨어진 상태로 남아 있었다. 국수 민족주의자의 나라 스페인은 나폴레옹을 이길 수는 있었지만, 프랑스 혁명을 통해 개방된 사상을 조금도 쓸모 있게 받아들이지는 못했다. 프랑스가 봉건 제도를 탈피하고 완전하게 토지 제도를 개혁한 데 비해, 스페인은 여전히 반봉건적이었으며 귀족이 광대한 장원을 소유하고 여러 가지 특권을 누리고 있었다. 로마 가톨릭 교회는 종교뿐만 아니라 토지와 무역과 교육까지도 지배하고 있었다. 교회는 최대의 지주였으며, 대규모로 무역을 경영하고 있었다. 또한 교육은 교회가 완벽하게 지배하고 있었다.

군 장교들은 자기들끼리 뭉쳐 특권을 가진 하나의 파벌을 이루고 있었다. 다른 계급들(ranks)에 대한 장교들의 비율은 대단히 커서 일곱 명 가운데 한 명 꼴이었다. 지식층 가운데는 진보적인 세력도 있었으며, 자유주의적인 세력도 존재하고 있었다. 그리고 노동 운동은 생디칼리스트와 사회주의자 그리고 무정부주의자로 분열하면서 성장하고 있었다. 그러나 실질적인 권력은 모두 교회와 군부, 그리고 귀족의 수중에 있었다. 북부의 카탈로니아(Catalonia)와 바스크(Basque) 지방에서는 자치를 목표로 하는 강력한 운동이 일어나고 있었다.

스페인과 포르투갈은 모두, 의회는 있었으나 미력해서 상당히 독재적인 군주 정체를 통한 통치가 행해지고 있었다. 스페인에서는 이 의회를 '코르테스(Cortes)'라고 불렀다. 스페인은 1870년대 초 아주 짧은 기간에 공화국이 되었으나 성공하지 못하고, 또다시 국왕이 왕위에 올라 옛날 그대로의 전제 정치로 되돌아왔다. 1898년 미국과 전쟁을 치른 결과 스페인은 당시 남아 있던 식민지의 거의 모두를 상실하고, 식민지로 남은 것이라고는 본국에 인접한 모로코의 일부뿐이었다.

포르투갈은 고아(Goa)를 비롯해서 인도의 몇 개 작은 지역 외에 아프리카에 광대한 식민지를 영유하고 있었는데, 1910년에 이르러 국왕이 폐위되고 포르투갈 공화국이 수립되었다. 그 이후 왕정을 부활시키려는 왕당파, 그리고 독재자와 반동 정부를 몰아 내려는 좌익 쌍방 간에 몇 차례의 반란이 있었다. 어쨌든 공화국은 여러 번 형태를 바꾸면서 존속되었으나 대개는 군부의 손에 장악되어 있었다. 세계 대전에 즈음해 포르투갈은 연합국 측에 서서 참전했고, 전쟁이 끝날 때는 부채가 쌓여 파산 지경에 이르렀다. 현재의 정부는 지극히 반동적이며 파시스트의 편을 들고 있다. 인도에 있는 식민지 고아에서는 모든 정치 활동이 억압당하고, 시민적 자유는 완전히 부인되고 있다.

스페인은 세계 대전 내내 중립을 유지했으며, 그로 인해 이익을 얻을 수 있었다. 참전국에 물자를 공급했기 때문에 공업화가 진전되었다. 그러나 전후 몇 년 간에 걸쳐 불황과 실업에 시달렸으며, 사회 불안이 계속되었다. 거기에다 1921년에는 모로코에서 리프 전쟁(Riff War)이 일어나 아브델 크림(Abdel Krim)이 스페인군을 완패시켰다. 그러나 그 뒤 프랑스가 스페인을 위해 전쟁에 가담해 아브델 크림을 제압하고 모로코를 스페인 영토로 확보해 주었다. 이 모로코 전쟁중 프리모 데 리베라(Primo de Rivera)가 나타나 1923년에는 독재자로 군림해 헌법의 기능을 정지시켰다. 그는 6년 간 정권을 장악했지만 점차 군부의 신뢰를 잃어 1929년 금융 공황이 일어난 뒤 퇴진할 수밖에 없게 되었다. 그 사이 시종 재위하고 있던 국왕 알폰소(Alfonso)는 반동적인 그룹들을 지원하면서 자기 위치를 굳히는 데 여념이 없었다.

스페인 사람들은 개인주의적 경향이 강하고, 진보적인 그룹들은 때때로 서로를 헐뜯었다. 바쿠닌 시대 이래 무정부주의 철학이 새로운 노동자 계급에게 받아들여져서 영국이나 독일류의 노동 조합은 대중적이지가 못했다. 아나키스트 - 생디칼리스트파(Anarcho-Syndicalists)는 강력한 그룹을 이루어 특히 카탈로니아에서 세력이 강했다. 기타 진보적인 그룹으로서는 자유 민주주의자와 사회주의자, 그리고 소수이지만 세력을 확장하고 있던 공산당이 있었다. 이들 그룹은 모두 공화국을 지지하고 있었다. 프리모 데 리베라의 독재 정치에 대한 경험은 모든 공화파를 단결하도록 만들었으며, 그들은 서로 협력하기 시작했다.

1931년의 지방 선거에서 진보 그룹은 압도적인 승리를 거두었다. 이에 크게 당황한 국왕(그는 부르봉 왕가와 합스부르크 왕가 양쪽의 혈통을 이어받고 있었다)은 황급히 국외로 도망쳤으며, 1931년 4월 14일 공화국이 선포되고 임시 정부가 수립되었다. 이와 같이 혁명은 평화리에 성취되었다.

스페인 혁명은 제1차 러시아 혁명, 즉 1917년 3월에 일어난 혁명과 아주 흡사한 점이 보인다. 마치 러시아의 차르 제도처럼 낡은 군주 정치 구조는 상대와 싸워 볼 기운도 없이 하나도 남지 않고 산산이 붕괴되어 버렸다. 이 두 경우 혁명은 주로 빈곤에 허덕이는 농민 계급이 봉건 제도를 뿌리뽑아 토지 제도를 변혁하려 했던 뒤늦은 시도였다. 스페인에서는 러시아의 경우 이상으로 교회의 압력이 무서운 짐으로 짓누르고 있었다. 두 나라 모두 혁명 후에는 불안정한 정세로 말미암아 각기 다른 방향을 지향하는 각양각색의 계급이 웅성대고 있었다. 우익과 극좌 양쪽에서 잇따라 봉기가 되풀이되었다. 러시아에서는 이러한 불균형 상태가 10월 혁명으로 발전했지만, 스페인에서는 아직도 그 상태가 계속되고 있다.

스페인의 신 헌법은 몇 가지 흥미로운 특징을 가지고 있다. 의회는 코르테스뿐이었고, 보통 선거 제도가 시행되고 있었다. 특이한 것은 국제 연맹 승인 없이는 대통령이 전쟁을 선언할 수 없도록 못박고 있는 점이다. 국제 연맹에서 결정되어 스페인이 비준한 국제 조약은 모두 그대로 스페인의 법률이 되었으며, 그것과 서로 상충되는 국내법은 확실히 정해져 있는 경우라 할지라도 그에 준했다.

신 공화국 정부는 사회주의 색채를 띤 좌익 자유 민주주의에 속했다고 한다. 따라서 신 정부 내에서 세력을 잡아 총리가 된 사람은 마누엘 아자나(Munuel Azana : 좌익 공화당 당수)였다. 이 정부는 대뜸 어려운 문제 — 토지·교회·군부 등 여러 문제에 직면하게 되었다. 이러한 문제에 관한 광범위한 입법 조치가 코르테스를 통과했으나 실제로 실행되지 않고 있는 것이 많다. 그리하여 어떠한 사람이나 가족도 관개 시설을 갖춘 25에이커 이상의 토지를 소유할 수 없지만, 그것이 경작되고 있을 경우에 한해서 보유할 수 있다는 법률이 제정되었다. 그러나 실제로는 왕실 소유지와 반정부적인 귀족이 갖고 있던 장원이 몰수되었을 뿐 아직도 여전히 대장원은 존속하고 있다.

코르테스는 교회 재산을 국유화하기는 했지만 이것 또한 실행되지 않고 있다. 교육 방면에서 교회에 어느 정도 제한을 가하게 되었지만, 그 외 부분에서는 교회를 방임하고 있는 상태였다. 군 장교의 특권은 일부 폐지되었지만, 그들 대다수는 후한 연금을 받고 은퇴했다.

1932년 1월에 카탈로니아에서 한 아나키스트 - 생디칼리스트파의 대반란이 일어났으나 정부로부터 진압되었다. 그 뒤 같은 해에 우익 측의 반란이 있었으나 무산되고 말았다.

이 초기 몇 년 동안 신 공화국의 업적은 칭찬할 만한 것이었는데, 특히 교육 방면에서 훌륭했다. 토지 문제의 해결과 노동자의 처우 개선에서도 어느 정도 실적이 있었다. 그러나 토지 개혁의 진전은 완만해서 농민들은 그것만으로 만족할 수 없었다. 한편 기성 특권 세력과 반동 세력들은 아직도 성채를 쌓고 공화국을 위협하고 있다. 그런데도 자유주의적인 정부는 아직까지도 그들을 관대하게 대우하고 있다.

☐ 추기(1938년 11월)

1933년에는 스페인의 반동 세력들이 통합되었으며, 이 우익 연합은 그 해에 실시한 선거에서 승리를 거두었다. 반동 정부가 정권을 잡게 됨에 따라 농업 개혁은 중단되고 교회 세력은 강화되어 많은 것이 이전 정부가 했던 것과 같은 상태로 후퇴되었다. 그리하여 반동에 대항하기 위해 좌익 그룹들이 통일되기 시작했다. 1934년 10월에는 스페인 전국에 걸쳐 폭동이 일어났으나 정부는 그것을 억누르고 좌익 세력을 진압하는 데 성공했다. 그렇지만 좌익 세력은 제휴를 계속해서 자유주의자 · 사회주의자 · 무정부주의자 그리고 공산주의자로 구성된 인민 전선(Popular Front)을 결성했다. 1936년 인민 전선은 코르테스 선거에서 승리해 새로운 정부가 수립되었다. 이 정부는 토지 문제를 해결하기 위해 강건한 조치를 취해 교회 세력을 제압하고, 이전에 보였던 자유주의적인 통치 방식과는 달리 기득권 세력에 대해 가차없는 행동을 취할 것으로 예상되었다. 그 때문에 항쟁은 격화되고 반동 세력들은 궐기할 것을 결의했다. 그들은 무솔리니와 나치 독일의 지지를 얻었다.

1936년 7월 프랑코(Franco) 장군[83]은 모로코의 독립을 약속받은 무어인 군대의 원조하에 스페인령 모로코에서 반란을 개시했다. 군 장교

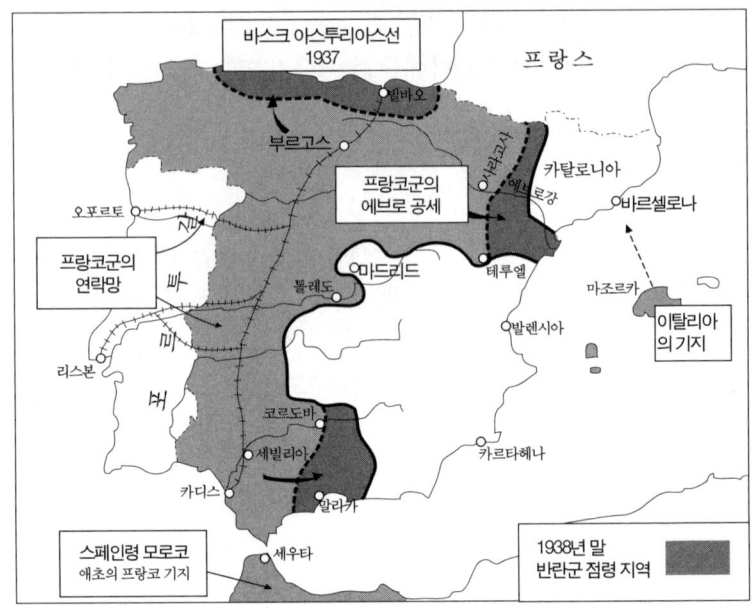

스페인 전쟁

와 군의 대세는 프랑코 편이 되어 정부는 바람 앞의 등불 격이 되었다. 그리하여 정부는 만약 무기가 없으면 맨손으로라도 항전하라고 대중에게 호소했다. 이는 마드리드와 바르셀로나를 비롯한 여러 지방에서 엄청난 반향을 불러일으켰다. 정부와 공화국은 위기를 벗어났지만, 프랑코는 스페인의 대부분을 점령했다.

그 뒤 독일과 이탈리아가 많은 군대, 비행기와 비행기 조종사, 그리고 탄약을 보내 프랑코를 대대적으로 지원함으로써 전쟁은 지금도 계속

---

83) 스페인의 군인·정치가. 파리 육군 대학을 졸업한 뒤 1913년부터 17년까지 모로코 전쟁에 참가했으며, 그 뒤 모로코 외인 부대 지휘관(1923), 육군 대학교 교장(1931), 모로코 군사령관(1934), 참모 총장(1935)을 역임했다. 1936년 인민 전선 내각에 반대하고 반란을 일으켜, 독일·이탈리아 등의 추축(Axis) 국가의 지원을 얻어 영국·미국의 불간섭하에서 정부군을 격파했다. 1939년 마드리드를 점령하고 독재자가 되었으며, 같은 해 팔랑헤 당수가 되었다. 그는 평생을 총통으로서 스페인을 통독했으며, 제2차 대전중에는 중립을 지켰다. 1975년 11월 고령으로 사망하고 정권은 알폰소 13세의 손자인 판 카를로스가 이어받았다.

되고 있다. 공화국 측도 이에 대항해 외국 의용군의 원조를 받았을 뿐만 아니라 그와 동시에 당당하고도 새로운 스페인군을 건설했다. 영국과 프랑스 정부는 불간섭 정책을 견지할 것을 선언했으나 이것은 사실상 프랑코를 도와 준 셈이 되었다.

스페인 전쟁은 무서운 양상을 나타내 이미 수많은 사람들이 프랑코 원조에 나선 이탈리아나 독일 비행기의 공중 폭격으로 살육당했다. 마드리드 방위전은 사람들의 이야깃거리가 되고 있다. 지금 형세로는 프랑코가 스페인의 4분의 3을 점령하고 있지만 군사적인 의미에서 강력한 공화국으로 인해 유효하게 저지되고 있다. 공화국이 가장 곤란받고 있는 것은 식량의 부족이다.

스페인 내전은 한 나라만의 내전을 훨씬 넘어선 의미를 지닌다. 그것은 민주주의와 파시즘 간의 투쟁을 상징하는 것이 되었으며, 따라서 폭넓은 주목과 동정을 모으고 있다.

190 *1933년 7월 31일*

독일에서의 나치의 승리

스페인 혁명으로 간담이 서늘해진 사람도 있었지만, 사실 그리 놀랄 만한 것은 아니었다. 그것은 사건의 원래 순서에 따라 일어난 일로서 용의 주도한 관찰자들은 그것이 불가피한 일이었다는 것을 잘 알고 있었다. 낡은 국왕 - 봉건주의 - 교회의 체제는 이미 좀먹고 있었으며, 더 이상 힘이 남아 있지 않았다. 그것은 현대의 여러 조건에 전혀 적합치 않았기 때문에 너무 익어 버린 과일처럼 한 번 건드리는 것만으로 쓰러져 버렸다. 인도에도 아직껏 이 같은 구시대의 유물이 많이 남아 있다. 그런 것들은 만약 외국 세력이 받쳐 주고 있지 않다면 아마도 순식간에 소멸되어 버릴 것이다.

그런데 독일에서 보이고 있는 최근의 변화는 이것과는 전혀 성질이 다른 것이다. 그와 같은 변화가 유럽을 당혹하게 하고 수많은 사람들을 어리둥절하게 한 것은 의심할 여지가 없다. 독일인처럼 문화 수준이 높고 고도로 진보한 국민이 잔학하고 야만적인 행위에 빠진다는 것은 확실히 놀라운 경험인 것이다.

히틀러와 그의 나치당은 독일에서 개가를 올렸다. 그들은 파시스트로 일컬어지며, 그들의 승리는 반혁명의 승리이자 1918년의 독일 혁명에 이어지는 과정의 반복이라 할 수 있다. 이것은 모두 진실이며, 히틀러주의 속에는 여러 가지 파시즘의 요소와 맹렬한 반동과 모든 자유주의적 요소에 대한 야만적인 공격, 특히 노동자에 대한 야만적인 공격이 엿보인다. 그러나 그렇다 하더라도 그것은 단순한 반동을 훨씬 뛰어넘는 것이며, 이탈리아의 파시즘에 비해 더욱 광범위하고 더욱 깊게 대중의 감정에 기초하고 있다. 여기서 대중의 감정이란 노동자의 것이 아니라 가진 것을 빼앗긴 채 주린 배를 움켜쥐고 혁명화한 중간 계급의 감정인 것이다.

나는 이탈리아를 언급한 이전의 편지에서 파시즘에 대해 이야기했다. 그리고 그것이 경제 공황에 직면한 자본주의 국가가 사회 혁명이라는 위협을 받았을 때 생기는 것임을 지적했다. 유산 자본가 계급은 하층 중간 계급의 핵심 주변에 농민과 노동자를 끌어들이기 위해 그들을 현혹시키는 반자본주의적 슬로건을 표방하는 대중 운동을 만들어 냄으로써 자신들을 보호하려고 한다. 권력을 탈취하고 국가의 지배권을 장악하면 그들은 민주주의적 제도를 폐기하고 자신들의 적을 궤멸시키며, 특히 노동자들의 조직을 파괴한다. 이와 같이 그들의 지배는 근본적으로 폭력에 기초한 것이다. 중간 계급 지지자들에게는 새 국가에서 직장이 주어지며, 보통의 경우 산업에 대한 어느 정도의 국가 통제 조치가 취해진다.

이와 같은 사례는 틀림없이 모두 독일에서 일어났고, 또 그것은 미리 예견되었던 것이다. 그러나 놀라운 일은 그 배후에서 솟아나는 무시무시하게 강렬한 충동(urge)이며, 히틀러 밑에 모여드는 엄청난 사람들의 수다.

나치의 반혁명은 1933년 3월에 성취되었다. 그렇지만 우리들은 좀 더 이전으로 거슬러 올라가 운동의 시작을 살펴보기로 하자.

1918년 독일 혁명은 현실적인 사건이 아니었다. 즉 그것은 혁명도 아무것도 아니었다. 카이저가 퇴위하고 공화국이 선포되었지만 기존의 정치·사회·경제적 체제는 그대로 존속하고 있었다. 몇 년 간은 사회 민주당이 정부를 지배했다. 그들은 낡은 반동 세력과 기성 세력을 몹시 두려워하고 있었기 때문에 끊임없이 그들과 타협하려고 했다. 그들은 몇백만 당원과 노동 조합원으로 이루어진 강력한 당 기구를 배후에 포진시키고 있었으며, 이 밖에도 많은 동조자를 가지고 있었다. 그런데도 그들의 정책은 반동 세력에 대해서 언제나 수세적이었다. 즉 자신들의 편이었던 극좌 세력과 공산당에 대해서만은 강경한 자세를 보였다. 그들은 자신들의 임무를 망쳐 버리고 대부분의 지지자도 잃었다. 그들 곁을 떠난 노동자들은 공산당으로 옮겨갔으며, 이리하여 공산당은 몇백만의 당원을 가진 아주 강력한 세력으로 성장하게 되었다. 그리고 중간 계급 지지자들은 반동 정당으로 달려갔다. 사회 민주당과 공산당 사이에는 싸움이 끊이질 않았고, 그것 때문에 양쪽이 모두 약화되었다.

전후 몇 년 동안 불어닥친 독일의 대인플레이션은 독일의 산업가들과 대지주들에게 이익을 가져다 주었다. 무거운 부채에 허덕이면서 소유지를 저당잡히고 있던 대지주들은 거의 무가치한 인플레 통화로 자신들의 부채를 상각하고 토지의 소유권을 되찾았다. 대공장주는 공장 설비들을 개수하고 거대한 트러스트(기업 합동)를 조직했다. 그리하여 독일 제품은 어디서나 판로를 찾을 수 있을 만큼 가격이 내려 실업자들은 자취를 감추었다. 노동자 계급은 강력한 노동 조합을 조직했으며, 마

독일에서의 나치의 승리

르크화가 붕괴하는 동안도 임금 인상을 성공시켰다. 그러나 인플레이션은 중간 계급에 타격을 주어 그들을 비참한 빈곤 상태에 빠뜨렸다. 맨 처음 히틀러 밑에 모여든 사람은 1923~24년에 영락한 중간 계급이었다. 은행의 도산과 실업의 증대에 따른 불황이 확대되어 감에 따라 더욱 많은 사람들이 히틀러에 합류했다. 그는 불평 불만을 가진 자들을 위한 피난처가 되었다. 그가 추종자를 모을 수 있었던 또 하나의 사회 계층은 옛 군대의 장교들이었다. 이 군대는 베르사유 조약에 따라 해체되어 몇 만 명의 장교가 일자리를 잃고 빈둥거리며 살고 있었다. 그들은 그 무렵 만들어지고 있던 각종 사설 군대인 나치의 '돌격대(Storm Troops)'나 카이저의 복위를 기도하는 보수주의자로 구성된 '독일 국가 인민당 (Deutsch-nationale Volkspartei)' [84]의 '철모단(Steel helmets)'으로 흘러 들고 있었다.

도대체 아돌프 히틀러란 어떤 자였는가? 놀랍게도 그는 권력을 잡기 1, 2년 전까지는 독일의 시민도 아니었다. 그는 전쟁중에는 보잘것없는 신분의 군인으로 복무했다. 독일계 오스트리아인인 그는 독일 공화국에 대한 실패로 끝난 어떤 반란, 즉 소규모 반란(putsch)에 참가한 탓에 금고형을 선고받았으나 관헌의 덕택으로 관대한 처분을 받았다. 그 이후 그는 사회 민주당에 대항해서 국가 사회당(Nationale Sozialist)이라는 정당을 조직했다. 나치(Nazi)라는 말은 이 명칭에서 유래했다. 즉 Nationale의 'Na'와 Sozialist에서 'zi'를 취한 것이다. 이 정당은 '사회당(socialist)'이라고 일컬어졌지만 사회주의와 아무런 인연도 내력도 없는 것이었다. 히틀러는 일반적으로 이해되고 있는 의미에서의 사회주의자와는 적이었으며 또한 지금도 그렇다. 이 당은 그 휘장으로 산스크리

---

84) 융커와 서부 독일 대자본가 계급의 이익을 대표하는 우익 정당. 제정 부활, 베르사유 조약의 폐기 등을 정강으로 내걸었다. 1928년 이후 독일 우익 정계의 거물이며 영화·신문왕이라 일컬어지던 크루프 무기 회사의 중역 후겐베르크를 당수로 추대했다. 1933년 히틀러 정부가 성립되자 여당으로서 당수 후겐베르크를 입각시켰지만, 얼마 안 되어 나치의 독재 체제가 확립되는 동시에 해산되었다.

422

트어 단어인 스와스티카(swastika)⁸⁵⁾를 썼다. 그러나 이 기호는 옛날부터 세상에 알려져 있는 것이다. 너도 아는 바와 같이 이 기호는 인도에서는 대단히 친숙한 것으로서 길조를 뜻하는 것이다. 나치는 또한 전투 부대로서 갈색의 셔츠를 제복으로 입는 '돌격대'를 조직했다. 그러므로 나치는 마치 이탈리아의 파시스트에게 '검은 셔츠(Black-shirts)'라는 이름이 붙은 것처럼 '갈색 셔츠(Brown-shirts)'라고 일컬어졌다.

　나치의 강령은 명료하고 적극적인 내용을 가진 것은 아니다. 그것은 극단적으로 민족주의적인 것으로서 독일과 독일인의 위대함을 강조하고 있으나 그 밖의 것은 가지각색의 증오를 끌어다 넣은 잡탕이었다. 독일의 굴욕을 표출시켰다는 베르사유 조약에 반대함으로써 이것으로 많은 사람을 나치에 모아들였다. 그것은 반마르크스주의·반공산주의·반사회주의이며, 노동자의 노동 조합과 이와 유사한 것에 대해서도 반대했다. 또한 유태인은 '아리안계(Aryan)' 독일 인종의 순수성을 더럽히고 그 질을 저하시키는 외래 인종이라 하여 반유태주의를 취했다. 또한 막연한 반자본주의로서 이것은 벼락부자(profiteers)나 부유층에 대한 매도에 그쳤다. 아주 모호하기는 하지만 유일한 사회주의적 경향이라고 한다면 어떤 범위의 국가 통제 같은 정도였다.

　이러한 가지각색의 강령을 지탱하고 있는 것은 정상을 벗어난 폭력 철학이었다. 폭력이 찬미되고 창도되었을 뿐 아니라 인간 최고의 의무로 여겼다. 저명한 독일의 철학자 오스발트 스펭글러(Oswald Spengler)⁸⁶⁾는 이 철학의 대변자다. 그는 "인간은 피에 굶주린 용맹스럽고 교활하며 잔인한 동물이다." "이상(Ideals)이란 비겁의 다른 이름이다." "맹수는 움직

---

85) 고대 아리아인에게 사용되던 상징. 만(卍)자. 스와스티카는 범어로 길조·덕망·행운 등의 의미가 있다. 불교와 힌두교에서 많이 사용되었는데 서양에서도 전승되었다.
86) 독일의 사상가. 전쟁 직후에 간행된 저서인 『서구의 몰락(Der Untergang des Adendlandes)』은 동서고금의 여러 문명의 특질을 고찰해서 모든 문명이 생명체와 같이 생성·번영·몰락의 과정을 걷는다는 결론을 내리고, 서구 문명이 바야흐로 몰락으로 향하는 중이라고 논단해 혼돈된 패전 후의 독일에 사상적인 충격을 주었다.

이는 생명체의 최고 형태"라고 했다. 그는 또한 "동정심과 화해와 마음의 평화의 이 빠진 감정"이라든가 "맹수에게서 질주하는 감정의 정수는 증오" 등의 말을 쓰고 있다. "인간은 자신의 동굴 안에서 단연코 대등자의 존재를 용납치 않는 사자와 같이 거동해야 무리를 지어 생활하고 여기저기로 쫓겨다니는 유순한 양 같아서는 안 된다. 이러한 인간에게는 전쟁이 말할 필요도 없이 최고의 업무이며 기쁨이다."

오스발트 스펭글러는 현대 최고의 석학이며, 그가 저술한 책자는 그 속에 수록되어 있는 지식의 방대함 때문에 사람들을 놀라게 한다. 그리고 이 광범위한 지식이 그를 이처럼 사람을 놀라게 하는 증오로 가득 찬 결론으로 이끌어 간 것이다. 나는 그를 통해 히틀러주의의 배후에 있는 지성의 성향을 이해하고 나치 정권의 잔인성과 혹독성을 설명할 수 있다고 생각했기 때문에 그의 말을 인용했다. 물론 모든 나치가 이렇게 생각하고 있다고는 상상할 수 없다. 그렇지만 지도자와 열성 분자는 틀림없이 그와 같이 생각하고 있으며, 그러한 풍조를 만들어 내고 있다. 더욱 정확히 말하면 보통 수준의 나치당원들은 애당초 전혀 생각이라는 것이 없었다고 하는 편이 옳을 것이다. 그들은 단지 자국의 궁핍 현상과 민족적 굴욕(프랑스의 루르 지방 점령은 독일인에게 심한 분노를 불러일으켰다)에 대한 분노 때문에 흥분을 느낀 것이었다. 강렬한 웅변가인 히틀러는 엄청난 청중의 흥분된 감정에 파고들어 모든 죄를 마르크스주의자와 유태인에게 덮어씌우고 비난을 퍼부었다. 만약 독일이 프랑스나 그 밖의 나라들로부터 나쁜 대우를 받았다면 이것이 한층 더 많은 사람들이 나치에 참가하는 이유가 되었을 것이다. 만약 경제 공황이 더욱 악화되었다면 오히려 나치 가입자는 쇄도했을 것이다.

사회 민주당은 오래지 않아 정부에 대한 지배력을 잃고, '가톨릭 중앙당(Catholic Centre Party)'[87]이 다른 당파들의 대립 상태를 틈타 정권을 잡았다. '제국 의회(Reichstag)' 내에는 한 당만으로 내각을 구성할 수 있을 만큼 큰 다수당이 없었고, 따라서 번번이 선거가 되풀이되어 흥정이 판치고 정당의 이합 집산이 잦았다. 나치의 성장에 놀란 사회 민주당은 당황한 나머지 자본주의적 중앙당을 지지하기도 하고, 대통령 선거에서는 왕년의 장군인 폰 힌덴부르크(von Hindenburg)를 지지하기도 했다. 나치가 세력을 확장하고 나서도 노동자의 정당인 사회 민주당과 공산당의 세력은 아직도 강대했으며, 제각기 마지막까지 몇백만의 당원을 갖고 있었다. 그러나 그들은 공동의 위협에 직면하면서도 협력할 수가 없었다. 공산주의자는 1918년 이래 사회 민주당이 정권을 잡고 있었을 때 그들로부터 받은 박해와 지금까지 중대한 국면을 맞을 때마다 사회 민주당이 반동파의 편을 들었던 것을 상기했다. 한편 사회 민주당은 제2인터내셔널과 협력 관계에 있던 영국의 노동당처럼 방대한 지지자를 산하에 두고 있는 유복하고 광범위한 조직이었다. 따라서 안전과 지위의 위험을 무릅쓰면서까지 구태여 모험을 하려 들지 않았다. 그들은 법률을 위반한다던가, 직접적인 행동에 돌입하는 것을 심히 겁내고 있었다. 사회 민주당이 가장 많은 정력을 기울인 일이란 공산당과의 논란이었다. 더구나 그들 양당은 모두 같은 종류의 마르크스주의 정당이었던 것이다.

　독일은 그리하여 서로 균형을 이룬 여러 세력의 무장된 각축장이 되었으며, 소요와 살인, 특히 나치의 노동자 살해가 그칠 줄 몰랐다. 때로는 노동자측의 보복도 있었다. 히틀러는 서로간에 아무런 공통점도 없는 가지각색의 세력들의 돈줄을 잡는 데 눈부신 성공을 거두었다. 이것은 하층 중간 계급과 대산업가들, 그리고 부농들의 이상스러운 연합이었던 것이다. 대산업가들은 히틀러가 사회주의를 혐오하고, 또한 기세를 올리고 있는 마르크스주의와 공산주의에 대한 방파제가 될 수 있을 것 같았기 때문에 그를 지지하고 돈을 주었다. 중간 계급의 비교적 가

---

87) 가톨릭 교회의 이익을 옹호하기 위해 1870년에 결성되었다. 가톨릭 교회를 옹호하는 관점을 제외하면 지지층도 시대에 따라 변동했고 정책도 모호했으나 유연성이 있었다. 전후에는 대체로 협조 외교와 입헌 정치, 그리고 사회 정책을 지지하는 태도를 취했으며, 의회 내 세력 관계의 이합 집산으로 가끔 총리도 배출했지만, 1933년 7월 나치 정부의 탄압으로 해산되었다.

난한 층과 농민, 그리고 어떤 경우에는 노동자들까지도 그의 반자본주의적 슬로건에 마음이 쏠렸다.

1933년 1월 30일 나이 많은 대통령 힌덴부르크(그는 당시 86세였다)는 히틀러를 독일의 최고 집행 기관이며 총리에 해당되는 장관에 임명했다. 나치와 국민당(Nationalists) 사이에 제휴가 성립되었으나 순식간에 나치가 완전히 지배권을 잡아 여타의 것은 문제가 되지 않을 것이 명백해졌다. 총선 결과 나치는 여당인 국민당까지 합쳐 겨우 제국 의회 내의 다수를 획득했다. 더구나 그들이 그만큼 다수를 획득치 못했다 하더라도 그것은 대세에 영향을 미치지는 않았을 것이다. 나치는 제국 의회 내의 반대파를 체포해서 모조리 감옥으로 보냈기 때문이다. 이렇게 해서 공산당원은 전원 배제되었으며, 사회 민주당원도 많이 추방되었다. 마침 이 때 제국 의회 의사당이 화재에 휩싸여 완전히 불타 버렸다. 나치는 이것이 공산당원의 소행이며 국가를 전복하려는 음모 계획의 일부라고 발표했다. 공산당은 이를 극력 부인하는 한편, 자신들에게 공격을 가하기 위한 구실을 만들기 위해 화재를 일으켰다고 나치 간부를 고발했다.

이윽고 독일 전역에서는 나치, 또는 '갈색 셔츠'의 테러가 시작되었다. 그 시작으로(나치가 다수를 확보하고 있었는데도) 의회가 해산되고 모든 권력이 히틀러와 그 내각에 맡겨졌다. 그들은 법률을 만들 수도 있었고, 무슨 일이든 마음먹은 대로 할 수 있게 되었다. 이렇게 해서 바이마르 공화국 헌법이 폐지되었으며, 민주주의의 모든 형태는 공공연히 유린당했다. 독일은 일종의 연방이었는데, 이것 또한 폐지되고 모든 권력이 베를린에 집중되었다. 오직 상급 독재자에게만 책임을 지는 독재자들이 곳곳에 임명되었다. 히틀러가 최고의 독재자였던 것은 말할 나위도 없다.

이러한 여러 가지 변화가 진행되고 있는 동안 나치는 돌격대를 독일 전국에 풀어 놓았고, 그들은 놀라운 잔인성과 야만성을 드러내 독일을 테러와 폭력의 도가니로 몰아넣었다. 이것은 전혀 색다른 종류의 테러였다. 옛날부터 적색 테러라든가 하는 여러 종류의 테러는 있었지만, 그것은 모두 한 나라 또는 하나의 지배 집단이 생사를 걸고 내전을 치르고 있는 가운데 행해진 것이었다. 테러는 소름끼치는 위험과 부단한 공포에 대한 반동이었으나 나치는 별로 그러한 위험에 직면한 것도 아니며, 또한 공포를 느낄 만한 이유도 아직은 없었다. 그들은 정권을 장악하고 있었으며, 그들에 대해 무력을 휘두르는 반대파나 저항 세력이 있는 것도 아니었다. 그러므로 갈색 테러는 정열과 공포의 폭발이 아니라 나치와 한패가 되기를 꺼리는 모든 자에 대한 계획적이며 냉혈적인, 믿을 수 없을 만큼 잔인한 탄압에 불과한 것이다.

 나치가 정권을 잡은 이래 독일에서 행해져 왔고 또한 지금도 무대 뒤에서 행해지고 있는 갖가지 잔학 행위는 일일이 열거할 수조차 없을 정도이며, 야만적 구타・고문・발포・살인 등이 대규모로 행해져 남녀 할 것 없이 많은 사람들이 희생되었다. 엄청난 수에 이르는 사람들이 감옥과 집단 수용소로 보내져 지극히 나쁜 대우를 받고 있다고 한다. 특히 공산주의자에 대한 박해는 아주 지독했으며, 온건파 사회주의도 그보다 별로 나은 편이 아니었다. 유태인은 사냥개가 사냥감을 노리는 것과 같은 공격의 첫 번째 목표가 되었으며, 그 밖의 평화주의자・자유주의자・노동 조합원・국제주의자 등이 습격당했다. 나치는 이것을 칭해 마르크스주의・마르크주의자, 아니 모든 '좌익'의 근절을 위한 전쟁이라고 선언했다. 유태인은 또한 모든 지위와 직무에서 쫓겨나야만 했다. 몇천 명에 이르는 유태인 교수・교사・음악가・법률가・재판관・의사・간호사가 추방되었다. 유태인 상점 주인은 배척당하고, 유태인 노동자는 공장에서 해고당했다. 나치에게 환영받지 못한 서적은 철저하게 소각되었으며, 관헌에 의해 분서가 행해졌다. 신문은 극히 경미한 견해의 차이나 비판 때문에 가차없는 탄압을 받았다. 테러 기사는 공표할 수조차 없었고, 조그마한 꼬투리만 잡혀도 엄중하게 처벌되었다.

 나치 이외의 모든 조직과 정당은 금지되었다. 공산당이 맨 처음 제물이 되었고, 이어서 사회 민주당, 다시 가톨릭 중앙당, 나중에는 나치의 동맹자인 국민당까지도 자취를 감추었다. 몇 세대에 걸친 노동자의 노동과 검약과 희생을 대표하는 강대한 독일 노동 조합은 해산되었고, 그들의 기금과 자산은 전부 몰수되었다. 단 하나의 정당과 단 하나뿐인 조직 — 나치당만이 남게 된 것이다.

나치의 이상한 철학은 모든 사람의 목소리를 억눌렀는데, 테러의 공포 때문에 아무도 항변하는 자가 없었다. 교육·연극·예술·과학 등 — 무엇이든 간에 나치의 낙인이 찍혔다. "진짜 독일인은 자신의 피를 가지고 사색한다!"고 히틀러의 주요한 참모 가운데 하나인 헤르만 괴링(Hermann Goering)[88]은 말한다. "순수 이성과 선입관이 없는 과학 시대는 지나갔다"고 나치의 또 다른 지도자는 말했다. 아이들은 히틀러는 제2의 예수이며, 제1의 예수보다 훌륭하다고 교육받았다. 나치 정부는 인민, 특히 여성들 사이에 교육이 지나치게 보급되는 것을 좋아하지 않았다. 사실 히틀러 추종자의 견해에 따르면 여성의 일터는 가정과 부엌이며, 여성의 주된 임무는 아이들로 하여금 국가를 위해 싸우고 또한 죽도록 키우는 데 있었다. 나치의 현 지도자 가운데 한 사람인 '공중 계몽 선전상' 요제프 괴벨스(Joseph Goebbels) 박사[89]는 "일찍이 여성의 일터는 가정이다. 여성 고유의 사명은 그 여성의 조국과 국민에게 아동을

---

88) 제1차 세계 대전에 공군 장교로 참전했으며, 전후 히틀러와 사귀어 '돌격대 (Sturmabteilung = SA = Storm Troops)'를 조직하고 그 대장이 되었다. 1923년 뮌헨 폭동에 참가했다가 실패하고 스웨덴으로 망명했다. 1927년에 귀국해서 나치의 지도자로서, 또한 공군 재건의 책임자로서 활약하고 히틀러 다음 가는 세력을 잡았다. 1935년 공군 총사령관, 1940년 원수가 되어 나치의 군부와 경제계의 총책임자로서 제2차 세계 대전의 수행에 주도적 역할을 했다. 전후 체포되어 뉘른베르크 국제 군사 재판에서 교수형 선고를 받고, 처형 직전에 음독 자살했다.

89) 하이델베르크 대학에서 철학을 전공하고, 1922년 나치당에 입당, 1926년 베를린의 나치당 지부장이 되어 베를린을 나치화했다. 1927년에는 당 기관지 『공격(Angriff)』을 창간 편집하고, 이어 1928년에 당 중앙 선전부장이 되었다. 1933년에는 히틀러 내각의 계몽 선전상이 되어 가혹한 언론 통제를 실시함과 아울러, 선동적이고도 교묘한 선전을 통해 나치 정책의 보급과 수행에 중요한 역할을 했다. 제2차 세계 대전이 끝나기 직전에 처자식과 함께 자살했다.

공급하는 데 있다. 여성의 해방은 국가를 위태롭게 한다. 여성은 남성에 속하는 일은 남성에게 맡겨야만 한다"고 말했다. 괴벨스 박사는 또한 자신의 공중 계몽 방법을 말하면서 다음과 같이 진술한 바 있다. "내가 의도하는 바는 마치 피아노를 연주하는 것과 같이 신문을 이용하는 것이다."

이 모든 야만과 잔인과 공포와 잔학의 배후에는 재산을 박탈당한 중간 계급의 궁핍과 배고픔이 있다. 그것은 실로 직업과 빵을 구하려는 싸움이었다. 유태인 의사·변호사·교사·간호사 등은 아리안계 독일인이 그들과 경쟁할 수 없었기 때문에 그들의 성공과 그들의 지위를 탐냈기 때문에 추방당했다. 유태인의 상점은 상거래에서 호적수였기 때문에 폐쇄당했다. 나치는 비유태계의 많은 상점들도 부당하게 비싼 값을 요구해서 폭리를 취했다는 혐의를 씌워 폐쇄했으며, 상점 주인들도 추방했다. 농민 가운데 나치 지지자는 일찍부터 동프로이센의 대사유지를 그들끼리 갈라먹기 위해 탐욕스런 눈을 번득였다.

최초의 나치 강령 가운데 흥미로운 특징의 하나는 모든 봉급을 연간 1만 2000마르크(연 8000루피, 즉 월 666루피에 해당됨) 이하로 제한하려고 한 제안이다. 나는 이것이 얼마만큼 실효성이 있었는지 모른다. 현재 총리의 봉급은 연 2만 6000마르크(즉 월 1440루피)다. 정부에서 보조금을 지급받는 회사에서는 이사나 사장도 연 1만 8000마르크 이상의 봉급을 받아서는 안 된다고 되어 있다. 이런 사람들은 과거에 막대한 액수를 지급받아 온 사람들이다. 이들 숫자를 가난한 인도가 관리들에게 지불하는 봉급과 비교해 보면 알 만하다. 국민회의에서는 카라치 대회에서 봉급의 제한 액수를 월 500루피로 정할 것을 제안했다.

나치 운동의 배후에는 잔학한 행위와 테러가 활개를 치고 있었다. 그러나 나치 당원들이 모두 그런 자들뿐이었다고 상상해서는 안 된다. 노동자의 대다수는 별개로 하고, 엄청나게 많은 수에 이르는 독일인들이 의심할 여지 없이 히틀러에 대해 지극히 진지하게 열광을 보내고 있다. 최근의 선거 결과를 보면 그는 전체 유권자의 52%의 지지를 얻고 있

독일에서의 나치의 승리

으며, 이 52%가 나머지 48% 내지 그 일부에게 테러의 위력을 휘두르고 있는 셈이 된다. 아마도 지금쯤 히틀러는 그 이상의 사람들 사이에서 대단한 인기를 떨치고 있을 것이다. 독일에 가 본 사람들은 마치 종교의 부흥회와 같이 이상한 심리적인 분위기를 느끼게 된다고 한다. 독일인은 베르사유 조약을 통해 빚어진 오랫동안의 굴욕과 핍박의 시절이 과거의 것이 되고, 이제 다시 그들은 자유롭게 호흡할 수 있다고 느끼고 있는 것이 아닌가 싶다.

그러나 독일의 다른 반쪽 또는 그에 가까운 수의 독일인은 전혀 다른 감정을 품고 있다. 독일의 노동자 계급은 나치의 무서운 보복에 대한 공포 때문에 감정을 드러내지 않고 억제하고 있지만 격렬한 증오와 분노에 사로잡혀 있다. 그들은 대개 폭력과 테러리즘에 굴복하기는 했지만, 자신들의 막대한 노동과 희생으로 쌓아올린 것이 파괴되는 것을 한탄과 절망의 눈으로 바라보았다. 최근 몇 개월 동안에 독일에서 일어난 일 중에서 기막힌 노릇인 것은 거대한 사회 민주당이 이렇다 할 대결도 못 해 보고 완전히 해체되어 버린 일이다. 이 당은 유럽에서 가장 오래되었고 가장 크며, 그리고 가장 고도로 조직된 노동자 정당이었다. 그러나 제2인터내셔널의 중추였는데도 항의다운 항의도 못하고 — 하긴 항의만으로는 아무런 소용도 없었겠지만 — 모든 굴욕을 감수하다가 드디어 소멸해 버린 것이다. 사회 민주당 지도자들은 그럴 때마다 그들의 굴복과 굴욕이 적어도 얼마만큼은 자신들의 수명을 연장시켜 줄 것을 기대하면서 나치에 복종했다. 그러나 나치는 그들의 굴복 자체를 오히려 그들을 치는 무기로 역이용해, 위험이 임박했을 때 그들이 얼마나 비굴한 태도로 노동자들을 배신했는가를 노동자들에게 지적했다. 유럽 노동자 계급의 긴 역사를 회고해 보면 어느 정도의 승리도 있었고 또한 많은 패배도 있었지만, 이처럼 한 가닥 저항의 의지마저 보이지 않고 불명예스런 항복을 하여 노동자들의 대의(cause)를 배신한 실례는 없었다. 공산당은 저항을 시도했으며, 총파업을 호소했다. 그러나 그들은 사회 민주당의 지지를 얻지 못했고, 파업은 실패로 돌아갔다. 노동 운동은 만신창이가 되면서도 지금까지 비밀 조직을 통해 저항하고 있으며, 광범위한 지지를 얻고 있는 것 같다. 나치 스파이 조직의 활동이 있는데도 비밀리에 발행되고 있는 신문은 몇십만 부의 부수를 갖고 있다고 한다. 사회 민주당 지도자로서 독일을 탈출한 사람 중에는 국외에서 비밀리에 선전 공작을 하고 있는 사람도 있다.

노동자 계급은 갈색 테러의 가장 큰 피해자였다. 그렇지만 세계의 여론은 오히려 유태인에 대한 박해로 들끓었다. 유럽에서는 계급 투쟁이 그다지 희귀한 일이 아니기 때문에 언제나 동정의 방향은 계급의 분계선을 따라 갈라졌다. 그러나 유태인에 대한 공격은 하나의 인종 공격인데, 중세 또는 최근에 제정 러시아와 같은 후진국에서나 가끔 비공식적으로 일어나는 그런 일이었다. 한 인종 전체에 대한 공식적인 박해는 유럽과 미국의 이목을 집중시켰다. 또한 독일에 있는 유태인 중에는 세계적으로 명성이 높은 많은 사람들, 즉 알베르트 아인슈타인이라는 위대한 이름을 필두로 명망 있는 과학자 · 의사 · 변호사 · 음악가 · 작가들이 포함되어 있어 충격은 더했다. 이들은 독일을 고국으로 생각했으며, 또한 가는 곳마다 독일인으로서 존경을 모으고 있었다. 어느 나라에서든지 그들과 같은 사람들을 갖는 것을 자랑으로 여겼을 것이 틀림없다. 그런데 나치는 광기에 찬 인종적 강박 관념에 사로잡혀 그들을 몰아 냈기 때문에 이에 대한 줄기찬 반대의 소리가 세계 곳곳에서 일어났다. 드디어 나치는 유태인 상점들과 전문 직업인들에 대한 배척 운동을 시작했는데, 이상하게도 그들은 일반적으로 이들 유태인의 망명을 허용하려 들지 않았다. 그러한 정책은 결과적으로 그들을 아사시킬 것이다. 세계의 여론이 들끓는 것을 본 나치는 공식적인 유태인 배척 방법을 완화했으나, 그래도 그 정책은 여전히 계속되고 있다.

그러나 유태인은 세계 곳곳에 흩어져 있어 스스로 하나의 민족이라 칭할 수는 없지만, 그렇다고 해서 화살 한 대 쏘아 보지 않고 물러서 버릴 정도로 무력하지는 않았다. 거대한 기업과 금융 업무를 지배하고 있던 그들은 당황하지도 않고 또한 떠들지도 않으면서, 독일 상품을 보이콧할 것을 선언했다. 보이콧뿐만 아니라 1933년 5월 뉴욕 회의에서는 그 이상의 범위에 걸친 결의가 선언되었다. 그 결의에 따르면 "독일에서 제조·조립·가공된 모든 상품이나 재료 또는 제품, 모든 독일의 해운·철도·항공 업무, 아울러 모든 독일의 보건·오락과 그 밖의 어떤 오락장도 보이콧하며, 또한 독일의 현정권에 물질적 지원을 하는 어떠한 행위도 중지한다"고 되어 있다.

이것은 히틀러주의에 대한 국외로부터의 반발의 하나에 불과하며, 이 밖에 더욱 광범위한 반응이 나타났다. 나치는 시종일관 베르사유 조약을 부인했고, 특히 그 중 단치히에 이르는 폴란드 회랑에 의해 독일의 일부를 본국으로부터 잘라 내는 우스꽝스러운 조치의 수정을 요구하고 있었다. 그들은 또한 군비의 완전한 평등을 소리 높여 주장했다(그들이 강화 조약에 따라 군비가 제한된 것은 다 아는 바다). 히틀러의 살벌한 연설과 재무장하겠다는 위협 때문에 유럽, 특히 그 중에서도 독일이 강대해지는 것에 최대의 위협을 느끼고 있던 프랑스는 깜짝 놀랐으며, 며칠 동안 유럽은 금방 전쟁이 일어날 것 같은 긴장감에 휩싸였다. 나치에 대한 이러한 공포는 순식간에 유럽 세력 관계의 재편성을 초래했다. 프랑스는 소비에트 러시아에 아주 우호적으로 기울어지기 시작했다. 또한 폴란드·체코슬로바키아·루마니아와 같이 베르사유 조약에 따라 성립되었거나 또는 이익을 얻은 나라들은 모두 베르사유 조약의 수정을 요구하는 독일에 겁을 집어먹고 단결하기 시작했으며, 동시에 러시아와 깊은 관계를 맺었다. 오스트리아에서 충격적인 정세가 발생했다. 이 나라에서는 이미 파시스트 총리 돌푸스(Dolfuss)가 정권을 잡고 있었는데, 그 일파의 파시즘은 히틀러와는 그 취지를 달리하고 있었다. 오스트리아에서 나치의 세력은 강대했으나 돌푸스는 그들에 반대했다. 이탈리아는 히틀러의 승리를 환영했으나 히틀러의 모든 야망에 지원을 보낸 것은 아니다. 오랫동안 친독일적 정책을 취해 오던 영국에서는 여론이 반독일적으로 되었으며, 독일에 대해 다시 '훈족(Huns)'이란 말을 쓰는 사람들이 늘어났다. 히틀러의 독일은 유럽에서 완전히 고립되어 전쟁이 시작되면 강대한 프랑스군이 비무장인 독일을 분쇄하리라는 것이 명백해졌다. 히틀러는 자신의 전술을 변경해서 평화를 떠들기 시작했고, 무솔리니가 프랑스·영국·독일 및 이탈리아의 '4국 협정(Four-Power Pact)'을 제안해서 히틀러를 구출했다.

이 협정에 대해 프랑스는 주저했지만 결국 1933년 6월에 4개국 간에 서명되었다. 이 협정의 조문을 훑어보면 그것은 모난 데가 없는 것으로, 요컨대 4대국은 일정한 국제 문제, 특히 베르사유 조약의 개정과 관련해서 상호 협의해야 한다고 되어 있다. 그런데 사실 이 협정은 반소비에트 블록을 형성하려는 의도에서 나온 것이다. 프랑스는 분명 주저하면서 이 서명에 참가했다. 1933년 7월 1일 런던에서 소비에트와 그 인접국 사이에 체결된 불가침 조약은 이 협정의 결과이며, 또한 그에 대한 회답으로 간주할 수 있다. 프랑스가 이 소비에트 조약에 가슴 벅찬 공감과 동의를 표명한 것은 특기해 둘 가치가 있다.

히틀러의 기본 강령 — 그것은 독일 자본주의의 강령이기도 하다 — 은 소비에트 러시아에 대항하는 유럽의 전사(Champion)를 자처하는 데 있다. 만일 독일이 영토를 확대한다고 하면 그것은 동유럽에서, 즉 소비에트 연방의 희생을 통해서만 손에 넣을 수 있다. 이것을 실행하기 전에 독일은 반드시 군비를 갖춰야만 한다. 그러므로 이러한 의미에서 독일은 베르사유 조약을 개정하든지 또는 적어도 그 누구도 훼방하지 않을 만한 보장을 받아 놓을 필요가 있었다. 히틀러는 이탈리아의 원조를 계산에 넣고 있다. 아마도 히틀러는, 만약 그가 영국의 지지를 쟁취할 수 있다면 4국 협정에 관한 무슨 논의가 있을 즈음 프랑스의 반대를 중화시키기가 쉬우리라고 기대했을 것이다.

그리하여 히틀러는 영국의 지지를 획득하려고 노력하고 있다. 이런 목적 때문에 그는 "영국의 인도 지배가 약화되면 그것은 하나의 불행이 될 것이다"고 공식적으로 들먹인 적이 있다. 이미 이야기한 바와 같이 소비에트 러시아처럼 영국 제국주의가 신물을 내는 곳은 없기 때문에 히틀러의 반소비에트주의는 그 자체로서는 영국 제국주의에게는 하나의 매력이었다. 그러나 영국 국민은 나치의 수법에도 깊은 증오를 느끼고 있어, 결과적으로 히틀러주의에 찬동을 뜻하는 제안에 그들을 끌어들이기에는 어느 정도의 시간이 걸릴 것이다.

그리하여 나치 독일은 유럽에서 회오리바람의 중심이 되었으며, 이 '공황에 짓눌린 세계(panic-stricken world)' 에 엄청난 공포를 더욱더 부가하고 있다. 독일 자체는 이제부터 도대체 어떻게 될 것인가? 나치 정권은 존속될 수 있을 것인가? 독일 국내에는 적지 않은 나치에 대한 증오와 반대가 존재하지만 조직적인 반대는 모두 분쇄되어 버린 것이 명확하다. 독일에는 지금 정당도 없고, 좌파 조직도 없고, 오직 나치만이 존재하고 있다. 나치 그 자체의 내부에는 두 개의 파벌이 있는 듯하다. 자본주의적 세력과 재계(business of community)가 우파를 이루고 있는 데 반해, 최근 수많은 노동자를 통합함에 따라 점점 그 수가 불어나고 있는 일반 당원의 대다수가 좌파를 형성하고 있다. 히틀러의 운동에 혁명적인 추진력을 부여해 준 패거리는 다분히 반자본주의적 급진주의의 색채를 띠고 있었기 때문에 자연히 수많은 사회주의자와 마르크스주의자를 영입하게 되었다. 나치 운동의 우파와 좌파 사이에서는 공통적인 요소를 거의 찾아볼 수 없다. 히틀러의 대성공은 그들을 교묘히 조종해서 하나로 결속시킨 데 있다. 이것은 공동의 적이 눈앞에 보이는 가운데 이룩한 것이다. 이제 그 적이 분쇄되고 또는 흡수된 이상, 좌우 양파 간에는 머지않아 대립이 전개될 수밖에 없을 것이다.

그 징조는 이미 나타나고 있다. 나치 좌파는 이미 성공리에 완성된 제1혁명에 이어 이제 다시 '제2혁명' 을 시작할 것을 요구했는데, 이것은 반자본주의와 반지주제 등을 의미하는 것이었다. 그런데 히틀러는 위협을 가해 '제2혁명론' 을 무자비하게 탄압했다. 이렇게 해서 그는 결정적으로 자본주의적인 우파의 편을 들었다. 그와 한패였던 주역들은 거의 고위 관직을 차지하고 크게 활개를 치며 이미 변혁에 열의를 잃었다.

히틀러주의에 대한 설명이 너무 길어졌다. 그러나 나치의 승리와 그 결과는 유럽을 비롯한 세계에서 매우 중대한 의미를 갖는 것이며, 광범위한 영향을 미치리라는 것에는 너도 틀림없이 동감하리라고 생각한다. 그것은 의심할 여지도 없이 파시즘이며, 히틀러 자신도 하나의 전형적인 파시스트다. 그러나 나치 운동은 이탈리아의 파시즘에 비하면 훨씬 폭이 넓고 또한 한층 급진적이다. 이러한 급진적인 요소들이 어떤 영향을 미칠 것인가, 아니면 단지 말살되고 말 것인가는 앞으로 남겨진 문제다.

정통 마르크스주의 이론은 나치 운동의 발전에 따라 상당 부분이 혼란에 빠져 버렸다. 정통 마르크스주의자는 진정으로 혁명적인 계급은 노동자 계급뿐이며, 여러 경제 조건이 악화됨에 따라 이 계급이 하층 중간 계급에 속하는 불평 분자와 영락한 사회층을 흡수해서 결국은 노동자 혁명을 달성하는 것으로 믿고 있었다. 그러나 사실상 독일에서 발생한 사태는 이것과 너무나 동떨어진 것이었다. 위기가 닥쳐와도 노동자는 조금도 혁명화하지 않았고, 도리어 주로 영락한 하층 중간 계급과 그 밖의 불평 분자로 이루어진 새로운 혁명 계급이 형성되었다. 이것은 정통 마르크스주의 이론으로는 설명하기 어려운 것이다. 그러나 다른 마르크스주의자는 이렇게 말한다. "마르크스주의를 종교가 그렇듯이 권위를 가지고 궁극의 진리를 정립하는 도그마나 종교, 또는 신념(creed)으로 보아서는 안 된다. 그것은 역사 철학이며, 많은 사물을 해명하고 그것을 연관시켜 파악하는 역사를 보는 방법이고, 사회주의와 사회적 평등을 실현하기 위한 실천 방법이다. 그 기본 원리는 각각의 시대나 나라에서 변화하는 조건들에 따라 여러 가지 방법으로 응용돼야만 한다."

□ 추기(1938년 11월)

5년쯤 전에 위의 편지가 쓰인 이래 세계 정치 속에서 히틀러가 이끄는 나치 독일의 세력과 기반의 상승처럼 이목을 집중시킨 사건은 없었다. 히틀러는 오늘날 유럽을 좌지우지하면서 열강 또는 일찍이 강대국이라고 자칭하던 나라들을 그의 발 아래에 굴복시켰으며, 유럽은 그의 위협 앞에 전전긍긍하고 있다. 20년 전 독일은 패배해 무너졌으며 분쇄되었다. 그런데 지금은 군사적 승리나 전쟁도 거치지 않고 히틀러는 이 나라를 승리에 넘치는 나라로 만들었으며, 베르사유 조약은 사문화해 땅 속에 묻히고 말았다.

권력을 장악한 뒤 히틀러가 먼저 노린 것은 독일 국내의 반대자를 분쇄하고, 나치당의 기초를 공고히 하는 일이었다. 독일을 '나치화(Nazified)' 하고 난 그는, 제2의 반자본주의 혁명을 기대하고 있던 나치당 내의 좌파를 일소할 것을 결심했다. '갈색 셔츠'는 해체되고, 그들의 지도자들은 1934년 6월 30일 총살되었다. 더욱이 다른 많은 사람이 죽었는데, 거기에는 일찍이 총리를 역임한 바 있는 폰 슐라이허(von Schleicher) 장군도 끼여 있었다.

1934년 8월에는 대통령 폰 힌덴부르크가 죽었고, 히틀러가 그 뒤를 이어 총리 겸 대통령이 되었다. 그리하여 그는 독일의 절대 권력자가 되었으며, 독일 국민의 지도자가 되었다. 인민은 심각한 궁핍에 허덕이게 되고, 이 궁핍에서 벗어나기 위해 거의 강제로 대규모 사적 구빈 기금 모금 사업이 조직되었다. 또한 집단 강제 노동이 시작되어 실업자들은 강제 노역에 동원되었다. 유태인은 강제 퇴거 명령을 받았으며, 독일인이 그 자리를 이어받게 되었다. 독일의 경제 상태는 개선되기는커녕 오히려 악화되었다. 그러나 보통 말하는 실업자는 자취를 감추었다. 그 사이 비밀리에 재군비가 진행되어 독일의 공포는 커질 뿐이었다.

1935년 초 자르(Saar) 분지의 국민 투표는 압도적으로 독일과의 합병 쪽으로 기울어져서 이 지역은 독일령으로 병합되었다. 같은 해 5월 히틀러는 공식적으로 베르사유 조약의 군비 축소 조항을 부인하고 강제 징병령을 발표해 방대한 재군비 계획의 실마리를 풀었다. 프랑스를 위시한 국제 연맹의 여러 나라는 공포에 휩싸여 모두 어찌할 바를 몰랐다. 프랑스는 소비에트 러시아와 동맹을 시도했다. 영국 정부는 도리어 나치 독일과 제휴하는 방향으로 나아가 1935년 6월 그들과 해군 협정을 맺었다.

결과는 더욱 우습게 되었다. 영국에게 버림받았다고 생각한 프랑스는 이탈리아와 교섭을 시작했고, 무솔리니는 이 호기를 잃을세라 아비시니아(에티오피아) 침략을 개시했다.

1938년 3월 히틀러는 오스트리아에 침입해서 안쉴루스(anschluss), 즉 독일과의 합병을 선언했다. 또다시 국제 연맹의 여러 나라는 굴복했다. 오스트리아에서는 공격적이고 야만적인 유태인 사냥이 나치에 의해 개시되었다.

이번에는 체코슬로바키아가 나치 침략의 목표가 되어 몇 개월간 수데텐(Sudeten) 독일인의 문제가 유럽을 흥분시켰다. 영국의 정책은 적지 않게 나치에게 도움이 되었는데, 프랑스는 감히 이 정책에 반하는 행동을 단행하지 못했다. 독일측으로부터 즉시 전쟁의 위협에 놓이자 프랑스는 동맹국 체코슬로바키아를 돌아보지 않았으며, 영국도 이러한 배신에 동조했다. 1938년 9월 29일 독일 · 영국 · 프랑스 및 이탈리아 사이의 뮌헨 협정(the München Agrement)에 따라 체코슬로바키아의 운명이 결정되었다. 수데텐 지역과 기타 넓은 지역이 독일군에게 점령되었으며, 또한 이 기회를 틈타 폴란드와 헝가리도 체코슬로바키아의 일부를 차지했다.

이렇게 해서 새로운 유럽의 분할이 시작되었다. 새로운 유럽에서는 프랑스와 영국은 2등 국가의 대열로 떨어졌으며, 히틀러 지도하의 독일이 혼자서 우위를 자랑하고 있었다.

191 *1933년 8월 2일*

군비 축소

런던에서 개최된 세계 경제 회의가 실패로 끝났다는 것은 앞에서 이야기했다. 회의는 해산되고, 대표들은 장차 한층 더 좋은 조건에서 다시 회합을 갖고 싶다는 그럴 듯한 의사를 표명하고 각기 귀국길에 올랐다.

협력을 위한 세계의 노력이 또 다른 큰 실패를 보여 준 것은 군비 축소 회의였다. 이 군축 회의는 국제 연맹 규약의 부산물이다. 베르사유 조약은 (오스트리아와 헝가리 등 다른 패전국들과 마찬가지로) 독일을 무장 해제시켜야 한다고 결정했다. 독일은 해군과 공군을 보유할 수 없으며, 대규모 육군을 보유할 수는 더욱 없었다. 뿐만 아니라 다른 모든 나라(전승국과 중립국)도 언젠가는 각국의 군비를 일제히 국가의 안보가 허용하는 한도 내에서 최소 한도까지 점차 감축되어야 한다는 것이 제안되었다. 이 계획의 제1단계 — 독일의 무장 해제는 즉각 강행되었으나 제2단계 — 일반적인 군비 축소는 듣기 좋은 희망 사항에 불과한 것으로 남겨졌으며, 지금까지 실행되지 않고 있다. 베르사유 조약 이후 13년 가까이 지나서야 겨우 군비 축소 회의가 소집된 것은 이 계획의 제2단계를 실행하기 위한 것이다. 그러나 정식 회의가 성립하기에 앞서 먼저 준비 위원회(Preparatory Commissions)가 설치되어 몇 년 간에 걸쳐서 문제 전반에 대한 예비 조사를 실시했다.

1932년 초 드디어 세계 군비 축소 회의(World Disarmament Conference)가 개최되었으나 한 달 또 한 달, 1년 다시 1년 하는 식으로 세월만 보내면서 갖가지 제안을 심의하기도 하고, 또한 기각하기도 하고, 수많은 보고서를 읽기도 하고, 그칠 줄 모르는 논의를 계속하는 등 헛되이 나날을 보낼 뿐이었다. 그러는 가운데 군비 축소 회의여야 할 것이 도리어 마치 군비 확대 회의와 같은 사태를 보이기도 했다. 참가국 가운데 어떤 나라도 문제를 더욱 폭넓은 국제적 관점에서 논의하려는 용의를 가진 나라가 없었기 때문에 결론이 하나도 나오지 않은 것은 당연하다. 각국이 말하는 군비 축소란 자기 나라는 현상대로 세력을 유지하면서 다른 나라는 군비를 해체시키거나 또는 감축시키려고 하는 것에 지나지 않았다. 거의 모든 나라들이 자국 본위의 태도를 취했는데 특히 이 점에서 일본과 영국이 커다란 장애가 되었으며, 협정에 이르는 길을 가로막고 있었다. 회의 진행중에 일본은 국제 연맹을 무시하고 만주에서 피비린내 나는 침략 전쟁을 감행했으며, 남아메리카에서는 두 나라가 교전하는 사건이 일어났고, 영국은 인도의 서남 국경에 있는 부족에게 폭격을 계속하고 있었다. 일본의 중국 침략에 대한 미국의 반대는 영국이 완고하게 일본과 우호적인 태도를 견지하는 바람에 비난 성명 정도로 상쇄되고 말았다.

여러 가지 제안이 있었으나 가장 중요한 것은 소비에트 러시아·미국·프랑스에서 제출한 것이었다. 러시아는 군비를 전면적으로 50% 삭감할 것을 제안했으며, 미국은 3분의 1 감축을 시사했다. 그러나 영국은 이 두 가지 안에 모두 반대했는데, 특히 해군은 오로지 치안(police)을 위해 존재하기 때문에 이를 감소시킬 수 없다고 주장했다.

프랑스는 과거 독일의 침략을 상기하고 언제나 '안전 보장(security)' — 즉 만약 그것이 불가능하다면, 될 수 있으면 침략을 곤란하게 하는 어떤 조치 — 을 역설했다. 프랑스는, 각국은 모든 공군력을 국제 연맹에 귀속시켜 소규모의 경장비 군대를 보유하는 데 그치고, 수시로 침략자에 대해 사용할 수 있는 국제군을 창설해서 이것을 국제 연맹의 지휘 아래 둘 것을 제안했다. 그러나 이 제안은 그것이 모든 군사력을 대국에게 위임하는 꼴이 되어 사실상 프랑스가 유럽을 지배하게 될 것이라는 이유에서 거부되었다.

침략자는 누구였는가? 이것을 판별하는 것은 어려운 문제였다. 왜냐하면 모든 침략국은 자기 방위를 위해 행동하고 있다고 주장하는 것이 관례이기 때문이다. 만주에서의 일본이 그렇고, 아비시니아에서의 이탈리아 또한 스스로를 침략자라고 인정하지 않았다. 세계 대전중에는 모든 나라들이 적국을 가리켜 침략자라 불렀다. 그러므로 만약 침략자에 대해 행동을 취하려 한다면 무언가 명료한 정의가 필요했다. 러시아가 여기에 대해 하나의 안을 제출했는데, 그 내용은 "만약 한 나라의 국경을 넘어서 다른 나라에 무장한 군대를 파견한다든가, 또는 다른 나라의 해안을 봉쇄하는 경우 그 나라는 침략국이 된다"는 것이었다. 미국 대통령 루스벨트나 국제 연맹에 설치되어 있는 위원회도 '침략자(aggressor)'에 대해 같은 정의를 내렸다. 소비에트의 정의는 러시아와 그 인접 국가들의 불가침 조약 속에 채택되었다. 큰 나라, 작은 나라, 프랑스를 포함한 대다수 강대국들이 이 정의에 동의했다. 일본은 말할 나위도 없이 이 정의에 극심한 당혹의 빛을 나타냈다. 그리고 영국은 이에 동의할 것을 거부하고 문제를 모호하게 남겨 두려고 했으며, 이탈리아도 영국에 동조했다.

  영국의 군축 제안은 어디까지나 영국은 군축을 할 필요가 없고, 다른 나라는 군축이 필요하다는 것을 기조로 해서 추진되어 왔다. 공중 폭격에 관해서는 누구나 그것을 완전히 금지하는 데 찬성을 했지만, 영국은 여기에 대해서도 '변경 지방에서 치안을 위해 사용되는 것을 제외하고'라는 조건을 덧붙였다. 이렇게 되면 영국은 자기 제국 내에서는 하고 싶은 대로 폭탄을 투하할 수 있게 되는 것이다. 이 조건을 다른 나라에서 인정하지 않자, 결국 금지 제안 전체가 폐지되고 말았다.

  독일은 원래 다른 나라와 사이의 평등, 즉 다른 나라들에게 인정된 한도까지 독일이 재무장하는 것을 허용받든지, 그렇지 않으면 다른 나라들이 독일에게 부과한 한도까지 군비를 축소하든지 할 것을 주장했다. 이것은 토의에 붙일 여지도 없는 것이었다. 국제 연맹 규약에는 독일의 무장 해제가 다른 나라 군비 축소의 제1단계가 된다고 기록되어 있지 않았던가? 이와 같은 논의가 교환되고 있을 즈음 나치는 독일의 정권을 장악하고, 침략적이며 위협적인 태도로 프랑스를 소스라치게 놀라게 했으며, 프랑스를 위시한 다른 강대국들에게 경계심을 강화시켰다. 그리하여 독일측이 주장한 두 가지 방안은 그 어느 것도 승인되지 않았다.

군비 축소는 이처럼 여러 가지 난관에 부딪혔으며, 더구나 무대 뒤에서는 온갖 흥정이 자행되었고, 특히 무기 회사에 고용된 고급 에이전트(agent)들의 활약이 대단했다. 현대 자본주의 사회에서 무기와 파괴를 위한 기계의 제조 사업은 가장 수지맞는 산업으로 꼽힌다. 이런 무기는 여러 나라의 정부에 팔기 위해 제조된다. 원칙적으로 전쟁을 수행하는 것은 오직 정부뿐이지만 기묘하게도 무기는 사기업이 만들기 때문이다. 이들 무기 회사의 주된 소유주는 막대한 부를 소유하고 있으며, 이들은 정부와 긴밀한 관계를 맺고 있다. 나는 이전의 편지에서 이 패거리의 한 사람인 바실 자하로프 경에 대해 언급한 적이 있었다. 높은 배당금이 생기는 무기 회사의 주식은 가끔 다투어 매점되며, 공직 생활을 하는 명사들도 이러한 무기 회사의 주주 명단에 이름이 들어 있다.

전쟁과 전쟁 준비는 이들 무기 회사의 이익을 의미한다. 그들은 대규모로 죽음을 거래한다(그렇기 때문에 그들을 '죽음의 상인'이라고들 한다). 그들은 돈만 지불하면 누가 되든지 상관없이 파괴의 기계를 팔아먹는다. 국제 연맹이 중국에 대한 일본의 침략을 비난하고 있을 때에도 영국, 프랑스, 그 밖의 다른 나라의 무기 회사는 드러내 놓고 일본과 중국 양쪽에 무기를 공급하고 있었다. 만약 진정으로 군축이 실현된다면 이들 무기 회사는 파산해 버릴 것이 뻔하다. 그래서 그들은 파국 사태를 방지하기 위해 전력을 기울이게 된다. 또한 그들은 그것으로 만족하지 않는다. 사기업의 무기 제조 상황 조사를 위해 국제 연맹에 특설된 한 위원회는 이들 회사가 전쟁 분위기를 선동하고, 자기 나라가 호전적인 정책을 채택하도록 설득을 벌이고 있다는 결론에 도달했다. 또한 이 회사들이 다른 나라의 군비 지출 증대를 유도하기 위해 여러 나라의 육·해군의 유지에 지출된 경비에 관한 위조 보고서를 유포하고 있다는 것도 판명되었다. 그들은 교묘하게 각국을 서로 물고 뜯게 획책해서 각국의 군비 경쟁에 박차를 가하게 했다. 그들은 정부 관리에게 뇌물을 주거나 신문을 매수해서 여론에 영향을 끼치기도 한다. 이렇게 해 놓고 그들은 다시 무기 등의 가격을 인상하기 위해 국제 트러스트와 독점 회사를 조직했다. 국제 연맹은 사기업의 무기 제조를 금지할 것을 제안했다. 또한 이것을 군축 회의에도 상정했지만 이것도 영국 정부측의 완강한 저항에 부딪혔다.

각국의 무기 회사들은 서로 긴밀하게 연관되어 있었다. 그들은 애국주의를 이용해 죽음을 갖고 놀면서 국제성을 띤 경영 — 그들이 불러온 것처럼 '비밀 인터내셔널(Secret International)' 까지 운영하고 있다. 이들 패거리가 군비 축소에 강경하게 반대하는 것도 그들의 본성이며, 사실 그들은 모든 협정의 성립을 방해했다. 그들의 에이전트들은 정계와 외교계의 최고 무대에까지 출몰하며, 제네바에서는 그늘에 숨어 낚싯줄을 조종하려 드는 음험한 패거리들의 활동이 눈에 띄고 있다.

가끔 이 '비밀 인터내셔널' 과 각국 정부의 '정보 부서' 또는 '첩보 기관(Secret Service)' 은 긴밀하게 제휴하기도 한다. 각국 정부에 고용된 에이전트들은 외국에서 비밀 정보를 입수하기 위해 스파이 활동을 한다. 가끔 스파이가 체포되면 곧 해당 정부에서는 그 관계를 부인한다. 이런 종류의 비밀 정보 기관에 대해 언급한 (몇 년 전까지 영국 정부의 외무성 차관이었으며, 지금은 폰슨비 경인) 아서 폰슨비(Arthur Ponsonby)는 1927년 5월 영국 하원에서 이렇게 발언했다. "이 문제에 관해 세상에서는 가끔 도의상의 논의가 교환되고 있지만, 우리는 세계의 모든 외무성과 외교 기관에서 위조·절도·거짓·뇌물 수수와 부정 행위가 엄존하고 있다는 것을 직시해야만 합니다. …… 나는 일반적으로 공인되어 있는 도덕적 관습에 비추어, 만약 재외 외교 대표로서 주재국의 문서 속에서 기밀을 탐색해 내려 하지 않는 사람이 있다면 그는 그 직무에 충실치 못하다고 단정할 수밖에 없습니다."

이런 종류의 비밀 정보 기관은 비밀리에 활동하는 것이기 때문에 통제하기가 여간 어려운 것이 아니다. 그들은 본국의 외교 정책에 중대한 영향을 미친다. 또한 그들은 광범위하게 강력한 조직을 갖고 있다. 오늘의 영국 정보 기관은 아마도 세계에서 가장 강력한 기관이며, 가장 광범위한 정보망을 갖고 있을 것이다. 영국의 한 유명한 스파이가 소비에트 러시아의 고관이 되었다는 실례가 기록되어 있을 정도다! 영국의 각료였던 사무엘 호어(Samuel Hoare)는 전시중 러시아 담당 영국 첩보 기관장이었던 사람인데, 최근 공식 석상에서 그는 자신의 정보 수집 조직이 극히 유능했기 때문에 라스푸틴의 살해를 누구보다도 먼저 알고 있었다는 것을 코를 벌름거리며 자랑스럽게 언명한 바 있다.

군축 회의 앞에 가로놓인 진짜 장애는 각국 사이에 두 가지 등급 — 가진 나라와 갖지 못한 나라, 제국주의 열강들과 피압박 국가들, 현상 유지를 바라는 나라와 현상 타파를 바라는 나라가 존재한다는 점이다. 마치 지배 계급과 피지배 계급 간에 참다운 안정이 있을 수 없는 것처럼 양자간에도 안정된 균형 상태는 존재할 수 없다. 국제 연맹은 지배적 강대국 전체를 대표하기 때문에 될 수 있는 한 현상 유지(status quo)를 도모하려고 한다. 안전 보장 조약이나 침략 국가에 대한 정의를 내리는 시도 등은 모두 현존하는 상태를 유지하려는 의도를 갖는 것이다. 아마도 어떤 사태가 발생하더라도 국제 연맹을 지배하고 있는 어떤 나라를 '침략자'로 고발하는 일은 없을 것이다. 국제 연맹은 반드시 그 상대국을 '침략자'로 선고하도록 궁리를 짜낼 것이다.

전쟁 방지를 바라는 평화주의자를 비롯한 일부 사람들은 이러한 안전 보장 조약을 환영하지만, 그것 때문에 그들은 어떤 의미에서 불공평한 현상 유지에 힘을 보태는 셈이다. 만약 이것이 유럽에서도 적용된다면 제국주의 열강이 국토의 태반을 이미 점유하고 있는 아시아·아프리카에서는 더욱 적절하게 같은 말을 할 수 있을 것이다. 그러므로 아시아·아프리카에서의 현상 유지라는 것은 제국주의적 착취의 지속을 의미하는 데 불과하다.

미국은 이 현상 유지의 지속이라는 점에서 유럽의 어떤 동맹이나 위원회로부터도 구속받지 않았다.

모든 군비 축소의 노력이 실패로 돌아갔다는 사실이야말로 오늘날 국제 정치의 불성실함과 기만성을 입증해 주는 것이다. 누구나 다들 평화를 논하지만 그러면서도 실은 전쟁을 준비하고 있다. 켈로그 - 브리앙 조약(Kellogg-Briand Pact : 1928년 전쟁의 불법화와 국제 분쟁의 평화적 해결을 다짐한 조약. 미국·영국·프랑스·독일을 비롯한 49개국이 조인)은 전쟁을 비합법화시켰지만, 오늘날 그것을 기억하고 있는 사람이나 거기에 주의를 돌리고 있는 사람이 몇이나 될까?

□ 추기

군축 회의에 앞서 독일의 제안이 부결되자 1933년 10월 독일은 회의에 불참한 데 이어 국제 연맹에서도 탈퇴했다. 그 이후 독일은 국제 연맹의 바깥에 있다. 일본도 만주 문제를 계기로 국제 연맹을 떠났으며, 이탈리아 또한 아비시니아 침략에 대한 국제 연맹의 태도 때문에 빠져나갔다. 이렇게 해서 세계의 강대국이 잇따라 국제 연맹을 이탈했기 때문에 이러한 분위기 아래 국제 연맹이 앞장서 보았자 군축 문제에 대해 어떠한 국제적 협정에 도달하기란 거의 불가능해졌다. 그리고 군축 회의가 사실상 결렬되자 모든 나라들이 맹렬한 기세로 재군비를 시작했다. 독일은 방대한 육군 및 공군의 재건에 착수했으며, 영국·프랑스·미국 그리고 다른 나라에서도 군비 확장에 압도적 지지를 표명했다.

192 *1933년 8월 4일*

루스벨트 대통령이 미국을 구하다

이 이야기의 결말을 짓기에 앞서 너에게 다시 한 번 미국의 상황을 보여 주고 싶다(그리고 결말을 오래 지체시킬 수는 없겠지). 지금 그 곳에서는 우리의 마음을 끄는 커다란 실험이 진행중이다. 세계는 그것을 주목하고 있다. 왜냐하면 자본주의의 장래가 바로 그 결과에 달려 있기 때문이다. 몇 번이나 되풀이해서 말하지만 미국은 자본주의의 발달면에서 단연 다른 나라에 앞서 있는 나라다. 미국은 어느 나라보다 부유하며 뛰어난 공업 기술을 갖고 있다. 미국은 다른 나라에 부채를 지지 않고 있으며, 단지 자기 나라 국민에 대해 채무를 지고 있을 뿐이다. 이 나라의 수출 무역은 상당히 크며, 게다가 더욱 그 양이 증가하고 있지만 방대한 국내 상업에 비교하면 작은 부분(약 15%)에 지나지 않는다. 나라의 크기는 유럽과 비슷하지만 그들 간의 큰 차이는, 유럽은 수많은 소국가로 나뉘어 있어서 그들 국경에서는 높은 관세가 부과되는 데 비해, 미국은 영토 내에 그러한 통상 장벽이 없다는 점이다. 따라서 미국의 국내 상업은 유럽의 경우보다 훨씬 쉽게 발달할 수 있었다. 미국은 빈곤해져 부채에 시달리는 유럽 국가들에 비해 여러 가지 유리한 조건을 갖고 있었다. 미국은 풍부한 양의 금과 돈과 물자를 갖고 있었다.

그러나 이 모든 것에도 불구하고 자본주의의 위기는 미국을 휩쓸어 모든 긍지를 빼앗아 버렸다. 활동력과 에너지가 그칠 줄 모르던 국민들 사이에 숙명론이 엄습했다. 나라 전체는 여전히 풍요했으며 돈이 남아 돌았지만, 그것은 몇몇 장소에만 집적되어 있었다. 지금도 뉴욕에는 거부가 버젓하게 존재하며, 대은행가 존 피어폰트 모건(John Pierpont Morgan)[90]은 여전히 600만 파운드나 되는 개인 소유의 사치스러운 요트를 몰고 다닌다. 그렇지만 요즘 뉴욕은 '기아의 도시(Hunger Town)'라고까지 일컬어지고 있다. 시카고와 같은 대도시도 사실상 파산 상태에 있으며, 많은 피고용인들에게 봉급도 지불하지 못하고 있다. 그런데 이와 같은 시카고에서 현재 '진보의 세기(The Century of Progress)'라 칭

---

90) 미국의 금융 자본가. 철도·철강·전기·통신·은행 등 수많은 거대 기업을 지배해 록펠러와 함께 미국의 독점 금융 자본을 대표하는 모건 재벌의 총수.

루스벨트 대통령이 미국을 구하다

하는 '만국 박람회(world fair)'가 개최되고 있는 중이다.

이러한 대조가 미국에만 한정된 것은 아니다. 런던에 가면 영국 상류 계급의 남아도는 부와 사치들은 곳곳에서 눈에 띈다. 물론 빈민가는 예외지만. 그러나 랭커셔라든가 북부나 중부 영국, 그리고 웨일스 일부라든가 스코틀랜드에 가 보게 되면, 너는 거기에서 실업자의 긴 행렬과 말라빠지고 핼쑥해진 얼굴과 비참한 생활 상태를 볼 수 있을 것이다.

최근 몇 년 동안 미국에서 눈에 띄는 특징은 범죄, 특히 온갖 '갱 단원(gangster)' — 즉 폭력단들이 휩쓸고 다니며 이따금 이것을 저지하는 사람들을 사살하는 것 — 이 증가하고 있는 점이다. 범죄는 알코올 음료의 판매를 금하는 법률이 통과되고 나서 갑자기 격증되었다고 한다. 이 '금주법'은 부분적으로는 대고용주들이 노동자들에게 이런 종류의 음료를 마시지 못하게 함으로써 더욱 많은 일을 시키기 위해 세계 대전 직후에 입법되었다. 그렇지만 부자들 자신은 이 법률 같은 것은 안중에도 없었고, 여전히 외국에서 불법으로 술을 입수하고 있었다. 얼마 안 있어 알코올 음료에 관계된 막대한 불법 행위가 성행하게 되었다. 여기에는 주류를 국외에서 밀수입하는 자와 몰래 그것을 만드는 자의 두 종류가 있었는데, '부트레깅(Bootlegging : 장화에 몰래 술을 숨겨 거른다는 뜻)'이라 일컬었다. 이렇게 밀조된 가짜는 진짜보다 훨씬 질이 낮아 유해하기도 했다. 이와 같은 주류가 터무니없이 비싸게 팔리는 장소는 '스피크이지(Speak-easy : 비밀 주점)'라는 이름으로 일컬어졌고, 대도시에는 어디에나 이런 종류의 수많은 바가 생겨났다. 법의 광범위한 경시는 조직 폭력단을 증가시킨다. 따라서 '금주법'은 어떤 면에서 노동자나 지역 주민에게는 좋은 효과를 가져왔지만, 다른 면에서는 커다란 폐해를 야기해 세력을 갖는 밀주 이권이 발생했다. 나라는 두 파로 분열해서 금주법에 찬성하는 자를 '감당(甘黨 : Drys)'이라 부르고 반대하는 자를 '신당(辛黨 : Wets)'이라 불렀다.

갱 범죄 중에서도 세상의 이목을 가장 집중시킨 것은 돈 많은 사람의 자녀를 유괴 납치해서 몸값을 강요하는 것이었다. 얼마 전에도 린드

버그(Lindbergh)[91]의 어린 아들이 유괴되어 무참하게 죽음을 당한 적이 있다.

　무역 불황과 고급 관리나 대사업가층이 부패하고 무능해졌다는 인식과 함께 이러한 사정들이 겹쳐 미국 국민의 신경이 날카로워졌다. 1932년 11월 대통령 선거에서 그들은 루스벨트가 이것을 타개해 주리라는 기대를 걸고 대거 그를 지지하는 쪽으로 기울어졌다. 루스벨트는 '신당'으로서 지금까지 미국에서 좀처럼 대통령을 당선시키지 못한 민주당에 소속되어 있었다.

　언제나 각국의 현저한 특징을 머리에 새겨 두고 여러 나라를 비교해 보는 것은 재미있고 또한 유익하기도 하다. 그러므로 미국에서 일어난 사태는 독일과 영국에서 벌어진 일과 비교되기 나름이다. 독일과의 비교는 양국 모두 고도로 공업화한 국가이면서 수많은 농업 인구를 안고 있다는 점에서 적절한 것이다. 독일의 농민은 총인구의 25%에 이르지만, 미국에서는 농민이 40%를 점하고 있다. 이들 농민은 나라의 정책을 세우는 데 발언권을 갖고 있다. 반면에 현재 농업을 부흥시키기 위해 상당한 노력을 기울이고 있다고는 하지만 무시할 정도로 농민 비율이 낮은 영국에서는 그렇지 못하다.

　독일에서 나치 운동이 번성하게 된 가장 큰 원인 중의 하나는 영락한 하층 중간 계급의 증가였다. 그리고 그 증가 속도는 독일의 인플레이션 후에 더욱 빨라졌다. 이것은 지금 미국에서 성장하고 있는 계급과 정확하게 같은 것이다. 이 계급은 '화이트 칼라 프롤레타리아트(white-collar proletariat)'라고 하여, 좀처럼 하얀 깃 따위를 달아 멋을 부리지 않는 노동자 계급의 프롤레타리아트와 구별된다.

　또 하나 비교되는 것은 통화 위기와 마르크·파운드·달러의 금태환의 폐지와 인플레이션 그리고 은행의 도산이다. 영국에서는 소규모 은행의 수가 적어 소수의 대은행이 은행 업무를 좌우하고 있기 때문에

---

91) 미국의 군인. 1927년 사상 최초로 대서양 횡단 장거리 비행에 성공했다.

은행의 도산은 없었다. 또 다른 면에서도 이 세 나라의 사태 추이에는 서로 닮은 데가 많다. 공황은 먼저 독일을 덮치고 이어서 영국 그리고 다시 미국으로 왔다. 나치, 1931년 선거에서 영국의 거국 내각, 그리고 1932년 11월 루스벨트의 대통령 당선, 이 배후에는 어느 정도 동일한 계급의 사람들이 있었다. 이 계급은 일찍이 그 대다수가 다른 정당에 소속되어 있던 하층 중간 계급이었다. 이 비교는 국민이 다르다는 점에서뿐만 아니라 영국과 미국의 상황이 독일처럼 진행되지 않았다는 점에서도 너무 깊이 들어갈 문제는 아니다. 그러나 요점은 고도로 발달된 이 세 공업국에서 아주 비슷한 경제적 영향력이 작용했고, 그리하여 생긴 결과도 닮은 데가 많다는 사실이다. 프랑스와 같은 경우는 그 정도는 아니었다. 왜냐하면 프랑스(또는 다른 나라들)는 아직도 공업이 충분하게 발달하지 못해 공업국이라기보다는 농업국이었기 때문이다.

루스벨트는 1933년 3월 초에 대통령에 취임하자마자 이미 진행되고 있던 대불황에 겹치는 굉장한 은행 공황에 직면하게 되었다. 몇 주일 후 그는 취임할 무렵의 국가 상황을 술회하면서 당시 미국은 '조금씩 죽어 가고 있는(dying by inches)' 상태였다고 말했다.

루스벨트는 신속하고도 과감한 행동을 취했다. 그는 이미 의회에 은행·공업 및 농업 문제를 처리할 권한을 요구하고 있었다. 공황 때문에 의기소침해 있던 의회는 루스벨트에게 집중된 일반인들의 인기에 감동해서 그에게 그러한 권한을 인정했다. 그는 사실상(민주적인 사람이었지만) 독재자가 되었으며, 누구나 그에게서 자신들을 곤경에서 구해 낼 기민하고도 효과적인 행동을 기대했다. 그는 전광석화처럼 행동했으며, 몇 주일 동안의 눈부신 활동으로 미국 전체를 뒤흔들어 그전보다 더 큰 신뢰감을 얻게 됐다.

루스벨트가 시행한 여러 가지 대책 가운데는 다음과 같은 것이 있다.
(1) 금본위 제도를 포기하고 달러 가격을 하락시켜 채무자의 부담을 경감시켰다. 이것은 인플레이션 정책이었다.
(2) 보조금을 지출해서 농민을 구제하고, 농업을 구하기 위해 20억

달러라는 거액의 공채를 발행했다.

(3) 산림 벌채와 제방 건설 사업을 위해 즉시 25만 명의 노동자를 모집했다. 이것은 실업 문제 타개에 상당한 효과를 올렸다.

(4) 의회에 8억 달러의 실업 구제비 지출을 요청해 승인을 얻어 냈다.

(5) 차입하기로 한 약 30억 달러의 막대한 금액을 고용 촉진을 위한 공공 사업에 충당했다.

(6) 금주법의 폐지를 서둘렀다.

이 막대한 경비는 모두 부유한 사회층으로부터 차입해 조달하기로 했다. 루스벨트의 정책을 요약하면 인민의 구매력을 증진시키는 것이며, 지금도 그렇다. 그들이 돈을 갖게 되면 그들은 물건을 살 것이고, 따라서 불경기는 경감될 것이 아닌가. 노동자에게 직업을 주고 돈을 벌 수 있는 대규모 공공 사업을 몇 개고 계획하는 것도 그 목적을 염두에 두고 있기 때문이다. 또한 그가 노동자의 임금을 인상하고 노동 시간을 단축하는 것 또한 같은 목적에서 나온 것이다. 노동 시간이 단축되면 더욱 많은 사람들이 직업을 가질 수 있을 것이다.

이 방식은 공황과 불황일 때 보통 고용주들이 쓰는 방법과는 정반대의 것이다. 그들은 마치 서로 약속이나 한 듯이 생산비를 절감하기 위해 임금을 깎아 내리고 노동 시간을 늘리려고 한다. 그러나 루스벨트는 이렇게 주장한다. "만약 우리들이 상품의 대량 생산을 계속하려면 우리들은 높은 임금을 대중에게 지급해 구매할 능력을 부여해야만 한다."

또한 루스벨트 정부는 미국산 원면의 수매를 돕기 위해 소비에트 정부에 차관을 주었다. 양국 정부는 다시 양국 간의 대규모 바터(barter : 물물 교환) 무역의 가능성을 검토하고 있는 중이다.

미국은 지금까지는 완전하고도 무제한적인 경쟁을 하는 순수한 자본주의 국가, 이른바 '개인주의적인(individualistic)' 국가였다. 루스벨트의 신 정책은 여러 가지 점에서 기업 활동을 제한했기 때문에 이 원칙에 맞지 않는 것이다. 그리하여 그는 그것을 다른 이름으로 불렀으나 사실

루스벨트 대통령이 미국을 구하다

상 산업에 대해 대폭적인 국가 통제를 도입한 셈이다. 그것은 사실상 노동 시간과 노동 조건을 조정해서 '파괴적인 경쟁(cut-throat competition)'을 방지하는 일종의 국가 사회주의적 방법이다. 그는 그것을 '계획 입안과 계획 실행의 감시에서의 협력'이라 칭하고 있다.

현재 이 일은 그 나름의 미국적인 추진력과 에너지를 갖고 실행되는 중이다. 아동 노동도 폐지되었다(이것을 위해 아동의 연령 한도를 16세로 높였다). 더욱 높은 임금 — 급여를 높이고 노동 시간은 짧게 — 이 그의 슬로건이었다. 이 운동은 '번영 추진 운동(Prosperity Push)'이라 일컬어지는데, 미국은 거국적으로 이 운동에 참여할 것을 부르짖는 거대한 포스터가 된 것 같다고 전해진다. 고용주와 그 밖의 사람들에게 호소하기 위해 갑작스레 비행기까지 동원되고 있다. 각 개별 대기업은 고임금 등을 정하는 '규약(codes)'을 작성하도록 종용받았으며, 또한 스스로 그 실행을 다짐하고 있다. 만약 적당한 규약이 없을 때에는 정부가 이를 대신해서 할 것이라는 점잖은 위협이 사용되기도 했다. 각 고용주에게는 피고용자의 임금 인상과 노동 시간의 단축을 약속한 서약서에 서명할 것을 요청했다. 정부는 이 일들을 솔선해서 실행한 고용주에 대해서는 그 명예를 표창하는 배지를 수여하고, 그것을 게을리 하는 것을 부끄러워하도록 도회지 우체국마다 표창장을 걸도록 하는 취지를 알리고 있다.

이런 것들이 한꺼번에 작용해서 물가라든가 무역의 상황은 상당히 좋아졌다. 그러나 참으로 눈에 띄도록 호전된 것은 업계의 감정과 도의심이다. 패배감은 거의 사라졌고 국민, 특히 중간 계급 사이에서는 루스벨트에 대한 신뢰도가 높아졌다. 그는 이미 남북 전쟁이라는 중대한 위기에 대통령에 재직했던 미국의 위대한 영웅 링컨과 비교될 정도가 되었다.

유럽에서도 많은 사람들이 루스벨트를 존경하기 시작해 그가 불경기에 대한 세계적 지도력을 발휘할 것을 기대하게 되었다. 그렇지만 세계 경제 회의에서 루스벨트는 자신이 보낸 대표에게 달러를 금본위 제도에 고정시키는 것을 거부하라는 훈령을 내렸을 뿐 아니라 미국의 대계획을 방해하려 드는 일에는 결코 동의하지 말도록 지시했다고 하여 다른 나라 대표들 사이에서는 오히려 인기가 떨어졌다.

　루스벨트의 정책은 철저한 경제적 민족주의 정책이며, 그는 미국의 상태를 개선하는 데 전념하고 있다. 한편 유럽 각국 정부의 어떤 자는 이 정책을 환영하지 않았으며, 특히 은행업자는 그에 당황하고 있었다. 영국 정부 또한 루스벨트의 진보적 경향을 좋아하지 않았다. 그들은 오히려 대기업을 좋아한다.

　그렇다고는 하지만 루스벨트는 전임자인 후버 대통령에 비하면 세계 정세에 대해 더욱 적극적인 역할을 다하고 있다. 군축을 비롯한 그 밖의 국제 문제에 대해 그는 영국에 비해 훨씬 더 확고한 태도를 취했다. 그가 히틀러에게 정중한 경고를 하자 히틀러는 태도를 누그러뜨렸다. 그는 또한 러시아하고도 접촉을 가지려 하고 있다.

　오늘의 미국과 또한 미국을 초월하는 큰 문제를 루스벨트는 잘 극복해 낼 것인가? 그는 자본주의 기능을 유지하려고 하는 대담한 기도를 실행시키고 있다. 그렇지만 그의 성공이 대기업의 추방에 있는 이상 대기업이 이러한 굴욕을 감수하리라고는 도저히 생각되지 않는다. 대기업은 지금 형편으로는 여론의 힘과 루스벨트의 평판에 압도되어 숨을 죽이고 있다. 그러나 그들은 기회를 기다리고 있다. 그들은 만약 몇 개월 사이에 커다란 사태의 호전이 보이지 않고 루스벨트에 대한 여론의 비난이 높아지면, 그 때야말로 대기업이 햇볕을 보는 날이라고 기대하고 있다.

　유력한 관측통 중에는 루스벨트 대통령은 불가능한 일과 맞붙고 있어 도저히 성공할 수 없을 것이라고 생각하는 자도 많다. 만약 그가 실패하면 대기업의 우위가 재현되고, 대기업은 전보다 더욱 강력해질 것이다. 그렇게 되면 루스벨트의 국가 사회주의적 기구는 대기업의 사적인 이익을 위해 이용당할 것이며, 미력한 미국의 노동 운동은 쉽게 분쇄되어 버리고 말 것이다.

□ 추기

　공황을 극복하고 자본주의를 새로운 조건에 적응시키려고 하는 대통령 루스벨트의 시도는 근본적인 변화를 가져오지는 못했으나 부분적으로는 성공을 거두었다. 상황이 호전되었다. 대규모의 구제 계획을 실시하고, 고용주에게 임금 인상과 노동 시간의 단축을 권고해서 기업의 이익을 어느 정도까지 노동자에게 양도시킴으로써, 이 계획은 성과를 올렸다. 포드(Ford)를 비롯한 고용주측은 이것을 그들의 자유에 대한 침해라고 하여 항의를 벌였다. 공업과 농업에서 '규약'이 성립되지 않은 것이 많고, 파업이 자주 일어났다. 그러나 미국 노동자들은 더욱 강력하고도 더욱 계급 의식적으로 성장했으며, 새로운 정신이 그들에게 침투했다. 노동 조합의 가맹자 수는 대폭 증가했다.

　경제적 부흥이 진척됨에 따라 대기업은 차차 강경해져서 루스벨트에 대한 저항을 강화했다. 최고 재판소는 루스벨트의 2대 법률이라고 일컬어지는 국가 부흥법(National Recovery Act)과 농업 조정법(Agricultural Adjustment Act)의 핵심적인 조항 대부분이 위헌이라고 판결하고, 따라서 그것이 무효임을 선고했다. 그리하여 루스벨트의 뉴딜(New Deal : 신정책)은 붕괴되고 말았다.

　1936년 루스벨트는 압도적인 지지를 얻어 대통령에 재선되었다. 그가 대기업과 벌인 싸움은 다시 계속되었다. 미국 의회는 이제는 그의 주장을 따르지 않고, 그가 내놓은 여러 가지 안건에 대해서도 반대하고 있다.

193 *1933년 8월 6일*

의회 정치의 실패

우리는 최근의 사건들을 꽤 자세히 검토했고, 변천하는 오늘의 세계를 단적으로 표현하는 여러 가지 세력과 경향을 고찰해 왔다. 주된 사건 가운데 이미 언급한 바는 있으나 지금부터 더 상세하게 논하고 싶은 두 가지가 있다. 그 두 가지 사건이란 전후의 노동자 세력과 낡은 형태의 사회주의의 실패, 그리고 의회 정치의 실패 또는 몰락이다.

나는 1914년 세계 대전이 일어났을 때 조직된 노동자가 어떻게 약화되었으며, 제2인터내셔널이 어떻게 사분 오열되어 갔는가에 대해 이야기했다. 이것은 전쟁의 충격으로 인해 민족 감정이 격렬하게 폭발해서 일시적인 광기가 모든 국민을 사로잡은 것으로 설명될 수 있다. 이와는 매우 사정이 다르지만 더욱 교훈적인 사건이 최근 4년 동안에 일어났다. 이 4년은 자본주의 세계가 일찍이 없었던 대불황을 경험한 시기이며, 그 결과로서 노동자의 궁핍이 더욱 심해졌다. 그런데도 이것은 일반적으로 어느 곳에서도, 특히 영국과 미국에서 노동자 대중의 진정한 혁명적 정서를 낳지는 못했다.

낡은 형태의 자본주의는 확실히 파괴되어 가고 있다. 객관적으로는 — 즉 외부적인 사정에 관한 한 — 사회주의 경제로 변화할 수 있는 기틀이 상당히 성숙된 것처럼 생각되었다. 그러나 그것을 가장 바라야 할 사람들 — 노동자의 대다수는 혁명의 의지를 갖고 있지 않았다. 보수적인 미국의 농민과, 이미 되풀이해서 말한 바와 같이 노동자보다 훨씬 전투적이었던 많은 나라의 하층 중간 계급이 오히려 명확한 혁명적 정서를 갖고 있었다. 이것은 특히 독일의 경우에 두드러진 현상이었는데, 더욱 경미한 정도로는 영국이나 미국 그리고 어느 곳에서나 볼 수 있었다.

그 정도의 차이는 민족적 특질에 기인한 것이자, 공황의 발전 정도의 차이에 기인한 것이다.

어찌하여 전쟁 직후 그처럼 투쟁적이며 혁명적이었던 노동자가 자신의 신변에 위급한 운명이 덮쳐 와도 이렇게 얌전하게 숙맥이 되고 말았을까? 왜 독일 사회 민주당은 싸워 보지도 않고 붕괴했으며, 나치에 의해 산산조각 나고 말았을까? 어찌하여 영국 노동자는 그렇게도 온건하며 반동적인가? 또한 미국 노동자는 어찌하여 더욱 그러한가? 노동자의 지도자들은 자주 그들의 무능과 노동자 계급의 이익에 대한 배반에 대해 지탄받곤 한다. 그들 대부분이 이 지탄의 대상이 되는 것은 의심할 여지가 없으며, 그들이 적의 진영으로 달려가고, 노동 운동을 개인적인 야심을 만족시키는 발판으로 이용한다는 것은 슬픈 일이다. 유감스럽게도 기회주의라는 것은 인간 활동의 어떤 부문에도 있기 마련이다. 하지만 자신의 사리사욕을 위해 짓밟히고 학대받는 몇천만 사람들의 희망과 이상 그리고 희생을 이용하는 기회주의는 진실로 인류 최대의 비극의 하나라 하겠다.

지도자는 책망받을 수 있다. 그러나 지도자는 결국 현존하는 상황의 산물인 것이다. 보통 어떤 나라든지 그 국가에 상응하는 지배자를 얻게 된다. 어떤 운동 또한 그 운동이 진정으로 바라는 바를 그대로 반영할 수 있는 지도자를 갖게 된다. 그러나 실제로 이들 제국주의 국가들의 노동자의 지도자나 그들을 추종하는 사람들도 삶의 신조인 사회주의가 즉각 실현되리라고는 생각하지 않았다. 그들의 사회주의는 자본주의 제도와 너무나 깊게 관계를 맺고 있었으며, 이해를 같이하고 있었다. 식민지에 대한 착취는 그들에게도 얼마만큼의 국물을 가져다 주었으며, 그들은 식민지보다는 나은 현재의 생활 수준을 유지하기 위해 자본주의의 계속적인 존속을 원했다. 사회주의는 현세의 것이 아니라 내세의 것에 속하는, 단지 꿈속에서나 나타나는 천국같이 먼 이상이 되었다. 그리하여 마치 옛날의 천국에 대한 관념처럼 그들은 자본의 시녀로 전락하고 말았다.

이리하여 노동자 정당, 노동 조합, 사회 민주주의자, 제2인터내셔널, 그리고 이런 종류의 모든 조직들은 그 목적이 희미해져서 자본주의의 전체 구조는 그대로 두고 단지 부분적인 개량만을 요구하게 되었다. 그들의 이상주의는 그들을 떠났으며, 그들은 참다운 힘을 갖지 못한, 살아 있는 혼(soul)이 빠진 거대한 관료 조직으로 변해 버리고 말았다.

새로운 공산당은 분위기를 달리하고 있었다. 거기에는 더욱 생동감 있고 마음을 울리는 노동자를 위한 메시지가 있었으며, 또한 소련이라는 매력적인 배경이 뒤에 있었다. 그러나 그것도 특별한 성과는 거의 없었다. 그것은 유럽과 미국의 노동자 대중을 움직이는 데 실패했다. 영국과 미국에서 공산당 세력은 놀라울 정도로 미약했다. 독일과 프랑스에서는 어느 정도 힘을 발휘했으나, 그런데도 적어도 독일에서는 별로 활성화되지 못하고 말았다는 것은 이미 보아 온 바와 같다. 국제적으로 말하면 1927년에 중국에서, 그리고 1933년에는 독일에서 대패배를 당했다. 어찌해서 이러한 무역 불황과 거듭된 공황 그리고 저임금과 실업의 시대에 공산당은 실패했던 것일까? 그 이유를 손쉽게 설명할 수는 없다. 그것은 전술이 나빴고 운동의 방침이 틀려 있었기 때문이라고 하는 자도 있고, 당이 너무 소비에트 정부에 얽매여 있어서 그 정책은 그것이 당연히 있어야 할 국제 정책이 아니라 소비에트를 위한 국가 정책이었기 때문이라고 하는 자도 있다. 확실히 그런 측면이 있을지도 모르지만, 이것도 충분한 설명은 못 된다.

공산당 그 자체는 노동자 사이에서는 성장하지 못했으나 공산주의의 사상은 특히 지식인 계급 사이에 광범하게 전파되었다. 곳곳에서, 자본주의 지지자들 사이에서도 공황이 필연적으로 어떤 공산주의 형태로 자본주의 세계를 이끌어 가는 것이 아닌가 하는 예상, 두려움이 있었다. 낡은 형태의 자본주의 시대가 이미 지나갔다는 것은 일반적인 통념이 되었다. 이 탐욕적인 경제, 이렇게 계획도 없고 낭비와 경쟁과 주기적인 공황을 동반하는 개인적인 약탈 정책은 끝장이 나야만 한다. 그리고 그에 대신해서 어떤 형식의 계획적인 사회주의적 경제 내지는 협력 경제가 확립되어야만 한다. 이것은 반드시 노동자 계급의 승리를 의미하는 것은 아니다. 왜냐하면 한 나라는 유산 계급의 이익을 위해 준사회주의적 기조에서 조직되기도 하기 때문이다. 국가 사회주의와 국가 자본주의는 크게 다른 것이 아니다. 진짜 문제는 누가 국가를 지배하고 누가 그것 때문에 이익을 얻느냐, 즉 사회 전체냐 아니면 특정한 소유자 계급이냐에 달려 있다.

지식인들 사이에서 논쟁이 분분한 가운데 서유럽 공업 국가들의 하층 중간 계급, 또는 소부르주아는 행동을 취했다. 이들 계급은 막연하기는 하지만 자본주의와 자본가들이 자신들을 착취하고 있다고 느끼고 있었으며, 그리하여 그것들에 대해 어떤 유의 분노를 느끼고 있었다. 그러나 그들은 노동자나 공산주의가 지배적인 지위에 오르는 것에 훨씬 더 큰 두려움을 느끼고 있었다. 자본가는 보통의 경우 이러한 파시즘의 물결과 타협했다. 왜냐하면 공산주의를 막는 데는 그 밖에 다른 방법이 없다고 느꼈기 때문이다. 점차로 공산주의를 겁내는 자는 거의 모두 파시즘과 결탁하게 되었다. 이렇게 하여 정도의 차는 있으나 어디서나 자본주의가 위험에 빠져 공산주의 내지는 그 가능성에 직면하게 되면 반드시 파시즘이 만연한다. 이 두 세력 사이에서 의회 정치는 붕괴한다.

이러한 과정을 거쳐 내가 이 편지의 서두에서 말한 두 번째로 주목할 만한 사실 — 의회 정치의 실패 또는 몰락이 초래된다. 이미 나는 이번 편지에서 독재 정치와 구식 민주주의의 실패에 대해서 장황하게 이야기했다. 이것은 러시아나 이탈리아, 중부 유럽에서도, 또한 현재는 의회 정치가 나치의 정권 장악 이전에 마비되어 버린 독일에서도 명확히 간파되는 사실이다. 미국에서도 의회가 대통령 루스벨트에게 전권을 맡겨 버린 것은 우리들이 살펴본 바와 같다. 이 과정은 민주주의가 가장 오래되고 가장 견실한 전통을 갖고 있다는 영국이나 프랑스에서도 나타나고 있다. 영국의 경우를 관찰해 보자.

일을 하는 데에서 영국의 진행 방식은 대륙의 방식과는 아주 다르다. 그들은 언제나 옛날 그대로의 모습을 유지하려고 하기 때문에 변화는 쉽게 눈에 띄지 않는다. 평범한 관찰자의 눈에는 영국 의회가 그전처럼 그대로 존속하고 있는 것처럼 보이지만 실제로는 커다란 변화를 겪었다. 예전에는 하원이 직접 권력을 행사해서 평의원이라도 상당한 발언권을 갖고 있었다. 그러나 지금은 모든 중대한 문제를 결정하는 것은 내각 또는 정부이며, 하원은 단지 그것에 대해 '예스(Yes)' '노(No)'를 말하는 데 불과하다. 물론 의회가 '노'라고 하면 정부를 쓰러뜨릴 수 있다. 그러나 이러한 과감한 조치는 많은 곤란을 야기시키거나 총선거를 수반하기 때문에 좀처럼 취해지지 않는다. 따라서 어떤 정부가 하원에서 다수를 장악하게 되면 거의 어떠한 일도 의도하는 대로 할 수가 있으며, 의회가 그것에 동의하도록 하여 그것을 법률화할 수가 있다. 권력은 이렇게 하여 입법부에서 행정부로 옮겨졌으며, 현재도 옮겨가고 있다.

더구나 요즘 의회는 처리할 일이 너무 많아서 당면한 복잡한 문제에 대해 단지 어떤 조치나 법률의 일반적인 원칙만을 정하고, 나머지는 행정부나 행정 부서에 위임하는 관례가 생겼다. 이러한 과정을 거쳐 행정부는 광범위한 권력을 손에 넣고, 긴급할 때에는 어떠한 일도 마음대로 할 수 있게 되었다. 그 때문에 의회는 더더욱 국가의 중요 업무에서 멀어져 가는 추세다. 현재 의회의 주요한 기능은 정부가 취한 조치를 비판하거나 질의·심리하고, 정부의 일반 정책을 최종적으로 승인하는 일에 그치고 있다. 헤롤드 라스키(Harold J. Laski)[92]도 말한 것처럼 "우리 나라의 정치는 의회의 반란에 대한 두려움 때문에 완화되어 행정부의 독재 정치가 되어 버렸다."

---

92) 영국의 정치학자, 문명 비평가. 1914년 옥스퍼드 대학 졸업과 동시에 미국으로 건너가 근대사를 몇 년 강의하고, 그 뒤 런던 대학에서 정치학을 가르쳤다. 1926년 이후 페이비언 협회 회원으로서 실제 운동에 참가하고, 특히 제2차 세계 대전중에는 노동당의 중앙 집행 위원장으로서 활동했다. 원래 서구식, 그리고 개인주의적인 자유주의에 깊이 젖은 '다원적 국가론'의 대표적인 학자였지만, 나중에 공황·파시즘 등 자본주의의 말기적 현실을 실증적으로 분석한 결과 마르크스주의적 계급 국가론의 관점에 접근하는 경향을 띠었다. 『정치학 강요(A Grammar of Politics)』『현대 국가의 권위(Authority in the Modern State)』등 30여 권에 이르는 저서가 있다.

의회 정치의 실패

1931년 8월 노동당 정부의 갑작스런 퇴진은 대단히 색다른 과정을 거친 것으로서 의회의 간섭이 얼마나 미약한 것인가를 여실히 나타내 주었다. 보통의 경우 영국 정부는 의회에서 패배함으로써 쓰러진다. 1931년의 경우 의회는 무엇 하나 상의조차 받지 않았다. 내각의 각료 대다수를 비롯해 그 누구도 무엇이 일어나고 있는지를 몰랐다. 총리 램지 맥도널드는 다른 당의 간부와 무언가 비밀 회합을 했는데, 그들이 국왕을 알현하고 나서 갑자기 구내각이 사라지고 신내각의 성립이 신문지상에 보도되었다! 구내각의 각료 중에는 신문을 보고서야 이 내용을 처음 안 사람도 있다. 이 자초지종은 정상 궤도를 이탈한 것이다. 이것이야말로 전적으로 비민주적인 절차로, 하원이 마침내 승인했다고 해서 그 사실이 바뀐 것은 아니다. 이것은 독재 정치의 수법이다.

　그리하여 노동당 정부는, 하룻밤 사이에 보수당이 지휘하면서 거국적 색채를 갖추기 위해 몇몇 자유당원과 노동당원을 참가시킨 '거국 내각'에게 그 지위를 양보했다. 램지 맥도널드는 노동당에서 제명되고 축출되었지만 총리의 지위를 지키고 있었다. 이와 같은 '거국' 내각은 광범위한 사회주의적 변혁이 유산 계급의 지위를 동요시키거나 그들에게 너무 무거운 부담을 지울 기미가 있을 때 성립한다. 이러한 상황은 영국에서 나중에 파운드를 금본위에서 이탈시킨 공황이 닥쳐왔을 때인 1931년 8월에 발생했는데, 이에 대한 반동은 사회주의에 대한 자본주의 진영의 강화였다. 거국 내각은 만약 노동당 정부가 승리하게 된다면 자신들이 모아 놓은 자산을 모두 잃게 될지도 모른다는 중간 계급 대중의 두려움을 자극하고, 소부르주아를 철저하게 위협함으로써 압도적 다수를 획득했다. 맥도널드와 그의 지지자들은 거국 내각에 대치할 수 있는 유일한 것은 공산주의뿐이라고 말했다.

　영국은 이렇게 해서 구시대의 민주주의가 파괴되고 의회는 몰락하고 있다. 민주주의는 종교 또는 민족·인종적 충돌(아리안계 독일인 대 유태인)이나 특히 경제적 대립(가진 자와 가난한 자 사이의)이 사람들의 격정을 움직일 만한 결정적인 기로에 다다랐을 때 실패한다. 너는 1914년에 아일랜드의 얼스터와 다른 지방 사이에 종교·민족적 대립이 발생했을 때 영국 보수당 정부가 구태여 의회의 결의를 받아들이기를 거부하고 내전을 선동한 것을 기억할 것이다. 그러므로 언뜻 보아 민주적인 절차가 유산 계급의 목적에 합치하는 한에서는 자신들의 이익을 옹호하기 위해 그것을 이용하지만, 만약 그것이 그들을 방해하고 이러한 특권과 이권을 위협하게 되면 그들은 민주주의를 내팽개치고 독재 정치의 방법을 택하게 된다. 장래에 영국 의회가 급격한 사회 변혁을 목표로 하여 다수를 획득하는 것은 당연히 있을 수 있는 일이다. 이러한 다수가 기득권을 위협할 때 이들 이권의 소유자들은 의회 그 자체를 부인할 것이다. 그들이 1914년 얼스터 사건을 감싸고 돈 것처럼 그 결의에 대해 반항을 하는 일이 있을지도 모른다.

그러므로 유산 계급에게서 의회와 민주주의는 자신들이 기성 질서를 유지하는 한에서 바람직한 것으로 생각되고 있음을 알 수 있다. 이러한 민주주의는 말할 것도 없이 참다운 민주주의가 아니다. 그것은 비민주주의적인 목적을 위해 민주주의의 이상을 이용한 것에 불과하다. 참다운 민주주의는 민주주의와 자본주의 제도 사이의 본질적 모순 때문에 지금까지 존재할 기회를 갖지 못했다. 민주주의는, 만약 어떤 것을 의미한다면 평등을 의미한다. 단순히 투표권을 갖는다는 평등뿐 아니라 경제·사회적 평등까지 의미하는 것이다. 자본주의는 소수의 사람들이 경제적 권력을 장악하고 이것을 자기의 이익을 위해 유지하는 것이기 때문에 이것과는 정반대의 것이다. 그들은 그들 자신의 특권적 지위를 안전하게 보전하기 위해 법률을 만들고, 누군가가 이 법률을 어기면 법과 질서의 교란자로 보고 사회가 이를 처벌해야 한다고 믿고 있다. 따라서 이 제도 하에서 평등은 존재하지 않는다. 그리고 자유는 자본주의를 유지하기 위한 자본주의 법칙의 한계 내에서만 허락될 뿐이다.

자본주의와 민주주의 사이의 대립은 내재적이며 지속적이다. 그것은 가끔 그릇된 선전이나 의회와 같은 민주주의의 외면적인 형식, 그리고 유산 계급이 다른 계급을 잠깐 동안이나마 만족시키기 위해 던져 주

의회 정치의 실패

는 미끼를 통해 은폐된다. 그러나 더 이상 던져 줄 미끼가 없어지면 두 계층은 서로 국가의 경제력을 장악하기 위해 대립하게 된다. 이와 같은 단계가 오면 지금까지 가지각색의 당파와 관계하고 있던 자본주의의 지지자들은 자신들의 기득권을 지키기 위해 일사불란하게 단결한다. 자유주의자들과 그와 유사한 집단은 자취를 감추고, 민주주의의 모든 형식은 배제된다. 유럽과 미국이 바로 지금 이러한 단계에 도달해 있다. 그리고 많은 나라에서 어떤 형태로건 우세를 보이고 있는 파시즘은 이 단계를 대표한다. 노동자들은 곳곳에서 수세에 몰리게 되고, 자본주의 진영의 강화에 직면해 그에 대항할 만한 힘을 더 이상 갖지 못하게 된다. 그런데도 우스운 일은 자본주의 체제는 그 자체가 흔들려 새로운 세계에 조응하지 못한다는 것이다. 가령 그것이 다행히 존속한다 하더라도 심하게 변질된, 더욱 잔인한 형태를 취하게 될 것이다. 그러나 이것은 끝없는 대립의 다른 단계일 뿐이다. 왜냐하면 현대 산업과 현대 생활 그 자체가 어쨌든 자본주의의 형식 아래 있는 한, 그것은 군대들이 끊임없이 서로 충돌하고 있는 전쟁터이기 때문이다.

    이 모든 갈등과 대립, 궁핍은 몇몇 현명한 사람들에게 정부를 맡기면 피할 수 있으며, 모든 일의 원인은 정치꾼들과 정치가들의 어리석음과 사악함에서 비롯된다고 생각하는 사람들이 있다. 그들은 만약 선량한 사람들이 단결해 협력한다면 악인을 도의적으로 설득하고 그들의 잘못을 지적함으로써 마음을 바꾸게 할 수 있다고 생각한다. 이것은 크게 잘못된 생각이다. 왜냐하면 잘못은 개인에게 있는 것이 아니라 나쁜 제도에 있기 때문이다. 그 제도가 존속하는 한 개인들의 행동도 그들과 같을 수밖에 없다. 지배적 지위 또는 특권적 지위에 있는 집단은 다른 민족을 지배하는 외국 민족 집단이든 일국내의 경제력을 쥔 집단이든 간에 놀랄 만한 자기 기만과 위선에 싸여, 자신들의 특권은 미덕의 대가라고 확신하고 있다. 이 지위를 위협하는 자는 그들의 눈으로 보면 그 누구를 막론하고 무뢰한이며 불한당이고 질서를 교란시키는 자로 보이는 것이다. 지배자를 설득해서 그들의 특권은 부당한 것이며, 그것은 마땅히 없어져야 할 것이라고 깨우친다는 것은 도저히 바랄 수 없는 일이다. 개개인이라면 그렇게 믿는 사람도 있을지 모르지만 집단이 되면 결코 그럴 수 없다. 그리하여 충돌과 대립과 혁명, 그리고 끊일 줄 모르는 고뇌와 궁핍은 필연적으로 닥쳐오기 마련이다.

194 1933년 8월 7일

세계 정세에 대한 마지막 개괄

펜과 종이와 잉크가 허락할 때까지 편지를 쓰고 있자면 한이 없다. 그리고 세계에서 일어나고 있는 일도 쓰자면 끝이 없다. 왜냐하면 우리가 살고 있는 세계는 무한히 진행되고 있으며, 그 속에서 남자나 여자나 어린아이들은 울기도 하고 또는 웃기도 하면서 사랑하고 미워하며 서로 끊임없이 싸우기도 하기 때문이다. 그것은 말하자면 어디까지나 무한히 진행되어 끝날 줄 모르는 이야기인 것이다. 더구나 우리가 살고 있는 이 세계에서의 생활은 일찍이 없었던 속도로 움직이고 있으며, 그 템포는 더욱 빨라져 변화가 잇따라 급속하게 다가오고 있다. 내가 이렇게 쓰고 있는 사이에도 그것은 변화해, 오늘 쓴 것은 내일이면 벌써 뒤져서 아마도 필요하지 않은 것이 되어 버릴지 모른다. 생활의 강물은 결코 정지하지 않는다. 정처 없이 흐르고 흘러, 때로는 마치 요즘같이 폭포를 이루어 바위를 깨고, 우리들의 작은 의지나 욕망을 모른 체하면서 악마 같은 에너지로 매정하게 쓸어 버리고, 우리들의 사소한 자아 같은 것은 무정하게 비웃으며, 마치 지푸라기처럼 그 격류 속으로 우리들을 내던지고는 다만 물보라를 치면서 흐르고 흘러, 그리하여 그것이 어디로 흘러가는

지는 아무도 알지 못하리라 — 아니면 커다란 절벽에 부딪혀 수많은 물방울로 흩어질까? 그렇지 않으면 광대 무변해 헤아릴 수 없이 장대하고 냉엄한, 끝없이 변화하면서 또한 변화하지 않는 대해를 향해 흘러가는 것일까?

나는 이미 나의 의도 또는 의무를 훨씬 뛰어넘는 정도의 것을 썼다. 나의 펜은 쉬지 않고 달리고 있었다. 자, 이제 우리는 드디어 우리의 긴 여로를 마쳤고, 여행의 마지막 단계에 이르는 기나긴 이야기를 끝마쳤다. 우리는 오늘이라고 하는 시대에 이르러 내일이라는 날이 오늘이 되면, 이번에는 어떤 일이 일어날 것인가 하고 고개를 갸우뚱거리면서 내일의 문턱에 다다라 있는 것이다. 다시 한 번 잠시 세계를 둘러보자. 1933년 8월 7일은 어디에 서 있는 것일까?

인도에서는 간디가 또다시 체포되어 형을 받고 예라브다(Yeravda) 감옥으로 되돌아갔다.[93] 시민 불복종 운동은 제한된 형태로나마 재개되어 우리 동지들은 감옥으로 걸어 들어가기 시작했다. 내가 4반세기 전에 케임브리지에 입학했을 때 처음으로 만난 친구, 나의 용감하고 소중한

---

93) 백예순두 번째 편지에서 서술된 영국측의 헌법 개정안은 1933년 3월 '백서'로서 발표되었다. 이 백서는 인도 국민의 '열화와 같은 반대'에 부딪히게 되었다. 국민회의는 4월에 캘커타에서 비합법적인 대회를 개최하고, 영국측의 제안을 거부함과 동시에 독립을 목표로 하는 시민 불복종 운동을 계속 전개할 것을 결의했다. 그러나 1932년부터 줄곧 옥중에 있던 간디가 5월에 또다시 불가촉 천민 문제를 가지고 단식을 시작하자, 정부는 이것을 계기로 간디를 석방했다. 석방되자마자 간디는 시민 불복종 운동의 정지를 성명했다. 그 해 7월 푸나에서 국민회의 간부 회의가 개최되었는데, 그 경과는 더욱더 강화되고 있는 정부의 탄압과 간디의 돌발적인 방침 변경 등으로 국민회의 내부에 동요가 일어나 방침이 쉽게 결정되지 않았다. 이리하여 결국 간디 자신의 발의로 이번 백서 문제로 직접 간디가 총독과의 회견을 요청하기로 했다. 그러나 영국 정부가 이 요청을 일축하자, 간디는 다시 '개인적' 불복종 운동 — 대중적 불복종 운동은 이미 불가능했기 때문에 — 을 재개해 곧바로 체포되었다. 이처럼 인도 민족 해방 운동에 어두운 퇴조기가 눈앞에 다가오고 있었다.
94) 인도 국민회의의 유력한 간부. 전 캘커타 시장. 1932년 유럽에서 귀국한 직후 체포되어 1933년 7월 26일 옥중에서 병사했다. "센굽타의 죽음으로 인해 이 나라 전체에 끝없이 퍼져가는 무서운 침묵의 고통이 새삼스럽게 내 마음 속에 생생하게 떠올랐다. 나는 완전히 맥이 풀리고 불안에 휩싸였다. 도대체 마지막에는 어디로 가야 할 것인가?" (네루의 자서전 『자유를 향하여』에서)

동지인 자틴드라 모한 센굽타(Jatindra Mohan Sen-Gupta)[94]는 영국 정부의 죄수로 옥사해서 방금 우리들과 이별을 고했다. 삶은 죽음 속에 녹아든다. 그러나 인도 인민을 위해 삶다운 삶을 창조하려는 위대한 사업은 계속되고 있다. 몇만 명에 이르는 인도의 아들 딸들, 그것도 가장 발랄하고 다방면에서 재능이 뛰어난 젊은이들이 인도를 노예화한 현제도에 대항해 투쟁했다는 이유로 그들의 청춘과 활력을 감옥과 수용소에서 썩히고 있다. 이 모든 생명과 에너지를 건설적인 일에 쏟는다면 이 세상에 크게 기여할 것이다. 그러나 새로운 건물을 짓기 위해서 먼저 땅을 정지하는 것처럼 건설에 앞서 우선 파괴해야만 한다. 우리들은 오두막 집 흙담에다 훌륭한 빌딩을 세울 수는 없다. 오늘날 인도의 상태는 어떠한가. 인도의 일부인 벵골에서는 복장까지 정부의 명령을 통해 규제되고 있으며, 규칙에 벗어난 복장을 하면 감옥에 들어간다는 사실만으로도 잘 알 수 있을 것이다. 또한 치타공에서는 만 12세 이상의 소년(소녀도 마찬가지다)부터는 어디를 가든지 신분증을 갖고 다녀야 한다. 이와 같이 정상을 벗어난 규칙은 나치 압제하의 독일에서도, 또한 적국 군대가 점령하고 있는 교전 지역에서도 실시된 적이 없다. 우리는 영국 통치하에 있는 민족으로서 가출옥자(ticket-of-leave)와 같은 상태의 대우를 받고 있는 것이다. 그리고 인도의 서북 국경 맞은편에서는 우리의 이웃 사람들이 영국 비행기의 폭격에 죽어 가고 있다.

　　외국에서도 우리 동포는 명예로운 대우를 받지 못하고 있으며, 그들은 어디를 가나 좀처럼 환영받지 못하고 있다. 그러나 이것은 놀랄 일이 아니다. 자기 나라에서 대접을 받지 못하는데, 어떻게 외국에서 대우를 받을 수 있겠니? 인도인들은 자신들이 태어나고 자란 남아프리카, 더욱이 자신들이 부지런히 일해 쌓아올린 나탈(Natal)을 비롯한 여러 지방에서 추방당하고 있다. 이들 남아프리카에 살고 있는 인도인은 집도 없고 몸을 의지할 수 있는 곳도 없는 처지에 놓여 있다. 그들은 배에 실려 어딘가 다른 장소, 즉 영국령 케냐로 보내지든지 아니면 굶어 죽을 수밖에 없는 인도에 송환되든지, 남아프리카 정부의 말에 따르면 영구히 남

세계 정세에 대한 마지막 개괄

아프리카를 떠나는 한 어디든지 다른 곳으로 가야만 한다.

동아프리카에서 인도인은 케냐와 그 주변 지방을 건설하는 데 큰 공헌을 했다. 그러나 거기서도 지금껏 그들은 환영받지 못하고 있다. 그것은 아프리카인의 반대 때문이 아니라 한 줌밖에 되지 않는 유럽인 농장주들이 반대하기 때문이다. 가장 좋은 지역, 즉 산악 지대는 이들 농장주들을 위한 것이고, 아프리카인과 인도인은 누구도 거기에 있는 토지를 소유할 수 없다. 불쌍한 아프리카인의 생활은 이제까지보다 더 한층 비참하게 되었다. 원래 모든 토지는 그들의 소유였으며, 그들 수입의 유일한 원천이었다. 그런데 광대한 땅덩어리를 정부가 몰수하고, 유럽인 정착민을 위해 토지를 무료로 양도했다. 그래서 이들 정착민이나 농장주는 현재 이 나라의 대지주가 되었다. 그들은 소득세를 내지 않으며 모든 세금을 거의 부담하지 않는다.

세금의 부담은 대부분 비참하게 짓밟히고 있는 아프리카인의 어깨에 지워져 있다. 아프리카인은 아무것도 갖고 있지 않기 때문에 그들로부터 세금을 받아 내기란 쉬운 일이 아니다. 그래서 밀가루와 의류 같은 생활 필수품에 세금을 부과해 그들이 그것을 살 때 간접적으로 세금을 지불하게 하고 있다. 그러나 가장 터무니없는 세금은 16세를 넘은 모든 남자와 부녀자를 포함한 그 부양자에게 직접 내게 하는 가옥세와 인두세였다. 대개 세금은 사람들의 소득 또는 소유물에서 징수하는 것이 원칙인데, 아프리카인은 사실상 따로 아무것도 갖고 있지 않기 때문에 그들의 몸에 조세를 매긴 것이었다! 그런데 만약 조금도 돈을 갖고 있지 않았을 경우 그 사람은 1인당 연 12실링의 인두세를 어떻게 지불해야 하는 것일까? 바로 거기에 이 조세의 계략이 감춰져 있다. 왜냐하면 그것 때문에 그들은 싫더라도 유럽인 정착민의 농장에서 일하고 얼마만큼의 돈을 벌어 그것으로 세금을 지불할 수밖에 없기 때문이다. 그것은 아프리카인에게는 돈벌이의 방편이 되었으나 농장에는 염가의 노동력을 공급하는 장치였던 것이다. 그래서 이들 불행한 아프리카인은 700~800마일 떨어진 오지에서 자신들의 인두세를 바치기 위한 현금을 손에 넣기 위해 해안 지방의 농원까지 머나먼 여행을 해야만 했다(오지에는 철도가 없었고, 겨우 연안 지방에 몇 개 노선이 있을 뿐이었다).

　자신들의 소리를 외부에 전할 수 있는 방법을 모르는 가엾은 이들 아프리카인이 겪는 일들에 대해서는 말할 수 없이 많은 사연들이 쌓여 있어, 그들의 비참상을 말하자면 한이 없다. 그러나 그들은 묵묵히 그것을 감내하고 있다. 가장 좋은 땅에서 쫓겨난 그들은 이번에는 이들 아프리카인의 희생 덕택에 토지를 공짜로 손에 넣은 유럽인의 소작인으로 일해야만 한다. 이들 유럽인 지주는 반봉건 영주처럼 자신들의 마음에 들지 않는 일은 모조리 억압했다. 아프리카인은 돈을 모으는 것이 금지되어 있기 때문에 개혁을 제창하는 단체를 결성할 수조차 없다. 아프리카인이 유럽풍의 노래와 춤을 흉내내고 놀림감으로 삼는다고 해서 춤까지 금지령이 내려진 형편이다! 농민들은 유럽인 개척자의 이익을 해친다는 이유로 차와 커피의 재배마저 금지당하고 있다.

　3년 전에 영국 정부는 아프리카인을 위한 신탁 통치국으로 자처하고 장차 그 토지를 빼앗지 않을 것이라고 엄숙히 선언했다. 그런데 아프리카인에게는 불행하게도 작년에 케냐에서 금광이 발견된 것이다. 서약은 씻은 듯 잊혀졌다. 유럽인 농장주들이 이 땅에 쇄도하기 시작해서 아프리카인 농민을 쫓아 내고, 금을 채굴하기 시작했다. 영국의 약속은 그것으로 끝이 났다. 그들의 변명에 따르면 이것은 모두 궁극적으로 아프리카인의 이익을 위한 것이며, 원주민들은 자신들의 토지를 잃어버린 것을 마음 속으로 기쁘게 여긴다는 것이다.

　금광 지대를 개발하는 자본주의적 방법은 아주 터무니없는 것이었다. 지정된 지방에서 사람들이 파견되었으며, 각 개인은 제각기 그 지역의 일부를 소유한 뒤에 채굴을 시작한다. 그가 특정한 토지에서 금을 많이 캐내느냐 못 캐내느냐는 그의 운이 좋고 나쁨에 달려 있다. 이 방식은 자본주의의 전형적인 방식이다. 금광을 경영하는 데 이치에 맞는 방법이라 한다면 정부가 그것을 소유하고 정부의 손으로 국가 전체의 이익을 위해 채굴하는 것일 게다. 이것이 소비에트 연방이 타지키스탄과 다른 여러 곳에서 실시하고 있는 방법이다.

나는 지금까지 편지에서 아프리카에 대해 별로 주의를 기울이지 않았기 때문에 마지막 개괄에서 케냐에 대해 조금 언급했다. 이 광대한 대륙은 몇백 년 동안 외국의 착취를 받아 왔고, 지금도 억압당하고 있는 아프리카인으로 가득 차 있다는 사실을 잊어서는 안 된다. 그들은 지독하게 뒤떨어져 있지만, 그것은 그들이 억압당하고 진보할 기회를 빼앗기고 있기 때문이다. 최근 아프리카 서해안에 대학이 하나 설립되었는데, 이렇게 기회가 주어진 곳에서는 그들은 눈부신 발전을 보이고 있다.

서아시아 여러 나라에 대해서 나는 많은 이야기를 했다. 이들 여러 나라와 이집트에서는 여러 형식과 여러 단계의 자유를 위한 투쟁이 계속되고 있다. 인도의 동쪽에 위치한 동남 아시아와 인도네시아 — 샴, 인도차이나, 자바, 수마트라, 네델란드령 인도 제도와 필리핀 제도에서도 또한 같다. 그리고 독립국인 샴을 제외하고는 어디서나 투쟁은 두 가지 측면, 즉 외국 지배에 대한 민족주의적 요구와 학대받고 있는 계급의 사회적 평등 내지 적어도 경제적 개선의 요구를 갖고 있다.

아시아의 동쪽 끝에서는 거인과 같은 중국이 침략자 앞에서 의지할 곳도 없이 벌거벗은 채로 집안 싸움 때문에 산산이 분열되고 있다. 중국의 일부는 공산주의에 매혹되어 있으나 나머지는 심하게 그에 반발하고 있다. 그 사이에 일본은 사정이야 어떻든 침략을 계속해서 중국 영토의 광대한 지역에 걸쳐 세력을 확장하고 있다. 그러나 중국은 그 유구한 역사를 통해 수많은 침략과 위험을 견뎌 왔기 때문에 이번에도 일본의 침략을 이겨 내리라는 것을 의심치 않는다.

반(半)봉건적이며, 군부의 세력이 강하고, 지금은 공업면에서 고도의 진보를 이루고 있는 일본은 과거와 현재의 이상한 혼합체이며, 세계 제국을 건설한다는 야망을 품고 있다. 그러나 그 몽상의 그늘에는 경제적 파탄과, 미국이나 광대한 무인 지대인 호주로 진출하지 못하는 엄청난 인구로 인한 무서운 궁핍으로 가득 찬 현실이 가로놓여 있다. 그리고 또한 현재 최강의 나라인 미국의 적대감은 이 몽상의 실현을 가로막고 있는 큰 장벽이 되고 있다. 아시아에서 일본의 팽창에 대한 또 하나의 강력한 장벽은 소비에트 러시아다. 많은 관측자의 예리한 눈길은 만주 또는 태평양의 넓은 해상에 이미 대규모의 전운이 드리운 것을 간파하고 있다.

북부 아시아의 전 지역은 소비에트 연방에 속해 있으며, 새로운 세계와 사회 질서에 대한 계획과 건설의 과정에 편입되어 있다. 문명의 진보에서 뒤져 일종의 봉건 제도에 지배되어 있던 이들 후진 여러 나라가 한꺼번에 서양 선진 여러 나라보다 더욱 진보한 단계로 비약한 것은 진기한 일이다. 유럽과 아시아에 걸쳐 있는 소비에트 연방은 오늘날 서방 세계의 흔들리는 자본주의에게 끊임없는 위협이 되고 있다. 무역 부진과 불경기와 실업, 수없이 되풀이되는 공황이 자본주의를 반신불수에 빠뜨리게 했으며, 구질서가 활력을 되찾으려 허덕이고 있을 동안 소비에트 연방은 홀로 희망과 에너지와 정열의 나라로 사회주의 질서의 건설과 확립에 여념이 없다. 그리하여 소비에트 연방이 이미 달성한 이 넘쳐 흐르는 젊음과 생명력은 세계의 모든 사려 깊은 사람들의 마음에 강한 인상을 주어 그들의 선망의 대상이 되고 있다.

또 하나 큰 영역을 차지하고 있는 미국은 자본주의의 실패를 전형적으로 보여 주고 있다. 공황과 노동자의 파업과 미증유의 실업이라는 커다란 난제들의 와중에, 미국은 지금 자본주의 제도의 재건과 유지를 위해 필사의 노력을 기울이고 있다. 이 대규모 실험의 성과에 대한 판정은 아직도 장래의 문제로 남아 있다. 그러나 그것이 어떻게 되든지 간에 이 나라가 광대한 영토를 보유하고 있으며, 인간에게 필요한 여러 가지 것, 즉 다른 어느 나라보다도 우수한 기술과 고도로 훈련된 숙련 기술자들이 풍부하다는 커다란 강점을 부인할 수는 없다. 미국이 소비에트 연방과 더불어 장차 세계 문제에서 극히 중요한 역할을 짊어지게 될 것은 필연적인 사실이다.

그러면 북쪽과는 전적으로 취향을 달리하는 라틴 여러 나라를 안고 있는 광대한 남아메리카 대륙은 어떠한가? 북미와는 달리 여기에는 인

세계 정세에 대한 마지막 개괄

종적 편견이 거의 없고 가지각색의 인종 — 남유럽인 · 스페인인 · 포르투갈인 · 이탈리아인, 또한 흑인이나 아메리카 대륙의 원주민이었다는 레드 인디언(아메리카 인디언)이 서로 큰 규모로 융합되어 있다. 이들 인디언들이 캐나다와 미국에서는 거의 사라져 버렸지만, 남미에서는 베네수엘라를 비롯해서 아직도 많이 남아 있다. 너는 남미의 여러 도시, 예컨대 부에노스아이레스나 리우데자네이루가 아주 클 뿐 아니라 근사한 가로수 길이 있는 무척 아름다운 도시라고 들으면 아마 깜짝 놀랄 것이다. 아르헨티나의 수도 부에노스아이레스는 250만의 인구를 갖고 있으며, 또한 브라질의 수도 리우데자네이루의 인구도 200만에 가깝다.

인종적 융합이 이루어지고 있다고는 하지만, 통치 계급은 백인 귀족 계급에 한정되어 있다. 보통의 경우 군과 경찰을 좌우하는 당파 내지 파벌이 지배자의 지위에 있으며, 이미 말한 바와 같이 상층부에서는 분쟁이 그칠 새가 없다. 남아메리카 여러 나라는 모두 막대한 광물 자원을 갖고 있다. 따라서 잠재적으로 대단히 유복해야 할 터이지만, 그들은 빚더미에 눌려 있어 4년 전 미국이 자금 대여를 정지하자 금세 수습할 수 없는 혼란 상태를 드러내 곳곳에서 혁명이 일어났다. A · B · C 제국 (countries)이라 일컬어지는 3대국 아르헨티나 · 브라질 · 칠레 또한 재정적 혼란 때문에 혁명에 맞부딪쳤다.

1932년 여름 남아메리카에서는 두 차례의 작은 전쟁이 있었으나 일본이 만주에서 벌인 전쟁과 같이 공식적으로는 이것을 전쟁이라 칭하지 않았다. 국제 연맹 규약이나 켈로그 - 브리앙 조약과 같은 것들이 나온 뒤로는 전쟁은 좀처럼 일어나지 않았다. 한 나라가 다른 나라를 침략해서 그 국민을 죽일 때는 이것을 '분쟁(conflict)'이라 불렀으며, 분쟁은 조약을 통해 금지된 것이 아니기 때문에 누구나 개의치 않았다! 이들 두 전쟁은 만주의 전쟁처럼 세계적 중요성을 갖는 것은 아니었지만, 국제 연맹을 비롯해서 수많은 조약이나 협정에 이르기까지 여러 가지로 극구 찬양받았던 세계의 평화 기구 전체가 얼마나 취약하며 무력한가를 증명하는 구실을 했다. 국제 연맹의 한 가맹국이 다른 가맹국을 침략했다고 할 때 국제 연맹은 단지 방관하거나 또는 이 분쟁을 해결하기 위해 아주 미약한 노력을 기울일 뿐이다.

　남아메리카에서 일어난 두 전쟁 또는 '분쟁'의 하나는 차코(Chaco)라고 하는 정글 지대를 둘러싼 볼리비아(Bolivia)와 파라과이(Paraguay) 사이에 일어난 것이다. 어떤 재치 있는 프랑스 사람이 "볼리비아와 파라과이의 차코 쟁탈 전쟁은 빗 하나를 서로 뺏으려고 대머리 두 사람이 싸움을 했다는 이야기를 연상케 한다"고 말했다. 이 전쟁은 확실히 어이없는 것이었지만, 실제로 그다지 무의미한 것도 아니다. 이 광대한 정글 지대에는 석유 이권이 개입되어 있으며, 또한 파라과이를 관통하는 파라과이 강은 볼리비아와 대서양을 연결하고 있다. 양국은 대화를 거절하고 벌써 몇천 명이 피를 흘리고 있다.

　또 하나의 분쟁은 라티시아(Laticia)라는 작은 마을을 둘러싸고 콜롬비아(Colombia)와 페루(Peru) 사이에 일어난 것이며, 페루는 아주 불법적으로 이 마을을 점령했다. 국제 연맹은 페루를 강력하게 비난한 것으로 기억된다.

　라틴 아메리카(멕시코도 포함된다)는 종교면에서는 가톨릭을 신봉하고 있다. 멕시코에서는 국가와 가톨릭 신부 사이에 심한 분규가 일고 있다. 스페인의 경우처럼 정부는 교회가 갖고 있는 교육이나 기타 모든 방면에 걸친 커다란 세력을 제한하려고 했다.

　남아메리카의 언어는 포루투갈어를 공용어로 하고 있는 브라질 외에는 스페인어를 쓴다. 이 광대한 지역에서 널리 사용하고 있기 때문에 오늘날 스페인어는 세계어의 하나가 되었다. 그것은 아름다운 운치를 가진 언어이며, 훌륭한 근대 문학을 낳았고, 지금은 남아메리카가 있음으로 해서 대단히 중요한 상업 용어이기도 하다.

세계 정세에 대한 마지막 개괄

195 *1933년 8월 8일*

전쟁의 그림자

바로 지난번 편지에서 우리들은 급히 서둘러 아시아와 아프리카 및 아메리카 대륙을 고찰했고, 이제 유럽이 남아 있다. 문제가 많고 분쟁이 잦은, 그런데도 많은 장점을 갖고 있는 유럽.

오랫동안 지도적 대국이었던 영국은 이미 옛날의 우위를 잃어버리고, 남아 있는 것을 잃지 않으려고 애쓰고 있다. 영국의 안전을 보장하고, 다른 나라에 대해 우월성을 과시했으며, 제국의 건설을 가능케 한 해군력은 이제 옛날의 면모를 찾아볼 수 없다. 일찍이 영국 해군은 다른 어느 대국의 그것을 합한 것보다 한층 강대했던 시대가 있었으며, 그것도 별로 먼 옛날 일이 아니다. 오늘날의 영국은 기껏 미국과 대등함을 주장할 정도가 고작이며, 더구나 미국은 필요하다면 급속하게 영국을 뛰어넘을 만한 힘을 갖추고 있다. 오늘날 해군력 이상으로 중요한 것이 공군력인데, 이 방면에서 영국의 세력은 더욱 약하다. 영국보다 더 많은 전투용 비행기를 가진 나라로는 몇 개국을 손꼽을 수 있다. 영국의 상업상 패권도 이제는 회복할 가망이 없을 정도로 손실되었으며, 예전에 그 규모를 자랑하던 수출 무역도 점차 쇠퇴를 보이기 시작했다. 높은 관세와 특혜 제도[95]로 영국은 자국 상품을 위한 제국 시장을 확보하려고 하고 있다. 이 일 자체는 제국을 넘어 세계 무역이라고 하는 장대한 이념을 포기

---

95) 특정한 나라들 간에 생산품이나 선박 따위의 무역에서 상대 나라에 대해 가장 좋은 조건으로 부과하는, 일반 세율보다 낮은 세율의 관세. 영국 제국은 1932년 오타와의 '제국 경제 회의'에서 세계 공황에 대처해 '제국 특혜 제도'를 설정하고 제국내의 관세를 철폐 또는 경감해 여러 지역 간의 무역을 촉진하는 한편, 제국 이외의 나라들에 대해서는 더욱더 관세 장벽을 높여 이른바 '스털링 블록(sterling bloc)'을 확립했다.

하는 데 지나지 않는다. 가령 이 좁혀진 범위에서 성공을 보았다 하더라도 왕년의 패권이 영국의 손에 돌아올 리는 없다. 그것은 이미 영구히 잃어버린 것이다. 제국내의 한정된 성공이라는 것도 과연 어느 정도로 확보될 것이며, 또한 어느 정도 지속될 것인지 의심스럽다.

영국은 미국과 맹렬한 싸움을 치르고 난 지금도 의연히 세계 무역의 중심이며, 런던시는 세계 무역을 위한 중앙 거래소다. 그러나 가까스로 확보한 이 전리품도 세계 무역이 수축되고 소멸되어 가는 바람에 그 빛과 가치를 완전히 상실해 가고 있다. 영국을 비롯한 각국은 관세 등의 경제적 민족주의 정책에 따라 스스로 세계 무역의 축소를 조장하고 있다. 설령 세계 무역의 대부분이 유지되고 현존 자본주의 제도가 지속된다 하더라도 금융적 지도권이 결국은 런던에서 뉴욕으로 옮겨갈 것이라는 점은 의심의 여지가 없다. 그러나 아마도 그에 앞서 자본주의 제도에 광범위한 대변화가 일어날 가능성이 크다.

영국은 변화하는 환경에 순응하는 능력으로 명성을 떨쳐 왔다. 이 명성은 영국의 사회적 기반이 아무런 충격을 받지 않고 그들의 유산 계급이 특권적 지위를 보유하고 있는 한에서 당연히 가질 수 있는 것이다. 이 순응 능력이 과연 기본적인 사회 변화에도 불구하고 영국을 이끌어 갈 수 있느냐 없느냐 하는 것이 문제다. 그와 같은 변화가 고요히 평화리에 실현된다고 하는 것은 쉽게 생각할 수 없다. 권력과 특권의 소유자들은 그것을 자진해서 포기하지 않는다.

그 동안 영국은 더욱 큰 세계로부터 자신의 제국으로 움츠려 들고 있는데, 이 제국을 유지하기 위해 구조상의 대변화를 인정해 왔다. 자치령들은 여러 면에서 영국의 금융 조직에 결부되어 있기는 했지만 어느 정도 자주성을 획득했다. 영국은 발전하고 있는 자치령들의 환심을 사기 위해 많은 희생을 치러 냈지만, 그런데도 그들 사이에는 여러 가지 분규가 들먹거리고 있다. 호주는 영국 은행 때문에 꼼짝달싹하지 못하게 되었으며, 게다가 일본의 침략이라는 공포 때문에 영국에 긴밀히 밀착되어 있다. 캐나다에서 발달하고 있는 모든 산업은 영국 산업의 일부분

전쟁의 그림자

과 경쟁하는 처지에 놓여 있고, 이에 굴복할 것을 거부하고 있다. 더구나 캐나다는 인접한 대국 미국과 수많은 협력 관계를 맺고 있다. 남아프리카에서는 옛날의 원한은 사라졌지만 그렇다고 해서 제국에 대한 큰 집념도 보이지 않는다.

아일랜드는 자립해서 영국과 아일랜드 간의 무역 경쟁은 지금도 진행중이다. 아일랜드를 위협해서 강제로 굴복시킬 목적으로 부과한 아일랜드 상품에 대한 영국의 관세는 역효과를 낳았다. 그것은 아일랜드의 공업과 농업에 강력한 박차를 가한 결과가 되어 아일랜드는 순조롭게 어느 정도의 범위에서 자립 자족하는 나라가 되려 하고 있다. 새 공장이 속속 들어서고 일찍이 목초의 나라가 석탄의 나라로 변하고 있다. 영국으로 수출하던 식량은 지금은 국민들이 직접 소비하며, 그들의 생활 수준은 향상되고 있다. 그리하여 드 발레라는 의기양양하게 그의 정책의 정당성을 자랑한다. 오늘의 아일랜드는 투쟁적이고 도전적이며 전혀 영연방 오타와 회의의 방침에 타협하지 않는, 영국 제국 정책에서 눈엣가시 같은 존재가 되었다.

이러한 이유로 해서 영국은 자치령들과 사이의 무역 협력을 통해 큰 이익을 올릴 수 있는 상황에 있지 않다. 인도에서의 정치 정세 또한 경제 불황과 더불어 결코 영국으로서는 유리한 형편이 못 된다. 사람들을 감옥에 집어넣고 그들에게 영국 상품을 사라고 강요할 수는 없는 것이다. 스탠리 볼드윈 씨는 얼마 전 맨체스터에서 다음과 같이 언명했다.

> 우리가 인도에 명령을 내려서 언제 어디서 영국의 상품을 사도록 지시할 수 있던 시대는 지나갔다. 무역을 보호하는 것은 선의다. 우리는 결코 총칼의 끝을 천으로 감싸 속이던 방식으로 인도에 상품을 보내서는 안 된다.

인도의 국내 정세는 별문제로 하더라도 영국은 동방이나 여러 자치령들에서 일본의 경쟁에 직면해야만 했다.

영국은 제국을 하나의 경제 단위로 함으로써 얻은 이익을 단단히 쥐고 놓치지 않으려 한다. 거기에 덧붙여 덴마크나 스칸디나비아 여러 나라들과 같이 서로 협의에 응하는 나라들과 사이의 관계 유지에 힘쓰고 있다. 이러한 정책은 자연히 그렇게 되게 마련이며 달리 취할 길이 없다. 전쟁이 일어날 경우를 생각해도 영국은 좀더 자급 자족할 수 있어야 한다. 그러므로 영국은 지금 농업을 확장해 가고 있다. 이 경제적 민족주의의 제국 정책이 어디까지 성공할 것인가는 지금으로서는 누구도 말할 수 없다. 나는 앞서 성공을 저해시킬 수 있는 여러 가지 장애에 관해 언급했다. 만약 실패할 것 같으면 제국의 모든 구조는 붕괴할 수밖에 없으며, 영국 국민은 사회주의 경제로 이행하지 않는 한 지금보다 훨씬 낮은 생활 수준을 감수해야 할 것이다. 그러나 그 정책이 성공했다고 치더라도 위험은 곳곳에 도사리고 있다. 왜냐하면 그로 인해 수많은 유럽 여러 나라는 판로가 부족해 필연적으로 붕괴할 것이기 때문이다. 그리하여 영국과 채무 관계에 있는 여러 나라의 파산은 반대로 영국의 지위를 위태롭게 할 것이다.

영국은 일본과 미국에 대해서도 반드시 경제적인 대립이 일어날 것이다. 미국과는 여러 방면에서 대립이 있으며, 오늘의 세계적인 현상으로서 막대한 자원을 갖고 있는 미국은 영국이 몰락으로 기우는 데 반해 더욱더 전진할 것이 틀림없다. 이 과정의 귀착점은 영국이 이 투쟁에서의 패배를 잠자코 용인하든지, 그렇지 않으면 사태가 너무 진행되어 버리기 전에 현재 보유하고 있는 것을 지키기 위해 온 힘을 쥐어짜서 전쟁의 위험을 범하는 도리밖에 없다. 더구나 영국은 이 강적과 싸움을 감행하기에는 너무나도 약하다.

그뿐 아니다. 영국의 또 다른 큰 적인 소비에트 연방이 옆에 있다. 양국은 180도 정반대 정책을 취하면서 유럽과 아시아의 곳곳에서 상대를 곤경에 빠뜨리려고 필사적으로 노력하고 있다. 양대국은 요 얼마 동안은 평화롭게 공존할지 모른다. 그러나 그들이 전적으로 상반된 이상을 추구하고 있는 이상 양자를 화해시키기란 전혀 불가능하다.

전쟁의 그림자

영국은 갖고 싶은 것을 모두 획득해 왔기 때문에 오늘날에도 가진 나라에 속한다. 영국이 두려워하는 것은 이것을 잃는 데 있으며, 거기에는 그만한 이유가 있다. 영국은 현상 유지를 통해 그 지위를 확보하는 데 필사적이며, 그 목적 때문에 국제 연맹을 이용하고 있다. 그러나 영국이 되었든 또는 어느 나라가 되었든 간에 사태의 추이를 거역할 수는 없다. 영국이 현재 강대한 것은 의심할 여지가 없지만, 더욱 의심할 바 없이 확실한 것은 그 힘이 쇠퇴해서 한 제국주의 강국으로서 몰락의 길을 걷고 있다는 사실이다. 우리들은 지금 바로 이 대제국의 황혼을 지켜보고 있는 것이다.

유럽 대륙으로 건너가면 또한 아메리카와 아시아에 대제국을 갖고 있는 제국주의 강국 프랑스가 있다. 군사적 의미에서는 이 나라는 유럽 최대의 강국이다.* 프랑스는 강대한 육군을 갖고 있으며 다른 나라들, 즉 폴란드 · 체코슬로바키아 · 유고슬라비아의 맹주다. 그런데도 특히 히틀러가 정권을 잡은 이래로 프랑스는 독일의 군국주의를 겁내고 있다. 사실 히틀러는 자주 자본주의 국가인 프랑스와 소비에트 러시아의 사이에 주목할 만한 감정의 변화를 초래했다. 공통의 적을 맞아 그들은 서로 지극히 우호적으로 되었기 때문이다.

독일에서는 나치의 테러가 변함없이 계속되고 있고, 잔학한 사건과 극악 무도한 행위에 대한 보도가 날마다 전해진다. 이 잔인성이 언제까지 계속될지 알 수 없다. 이미 몇 개월 이상 계속되었는데 아직도 수그러들 기미가 없다. 이러한 억압은 안정된 정치의 징후가 결코 아니다. 만약 독일이 군사적 의미에서 그만한 힘을 갖고 있다면 벌써 유럽에서 전쟁이 시작되었을 것이다. 그러나 그렇지 않다 해도 전쟁은 시작될지 모른다. 히틀러는 자신이 공산주의에 대한 마지막 방파제라고 즐겨 말한다. 이것은 진실인지도 모른다. 왜냐하면 지금 독일에서 히틀러주의에 대신

---

* 독일의 재군비 이후 사정이 변했다. 1938년 9월 뮌헨 협정 이후 프랑스는 거의 2등 국가가 되어 버렸다. 중부 유럽의 프랑스와 동맹을 맺은 그룹도 또한 해체되어 버렸다.

할 수 있는 것이 공산주의뿐이기 때문이다.

무솔리니가 이끄는 이탈리아는 지극히 냉혹하다. 자기 나라 본위의 국제 정책을 채용하고 있어 다른 여러 나라처럼 평화와 선의에 대해 그럴 듯한 장담을 하지 않는다. 머지않아 전쟁이 불가피하게 다가올 것을 확신한 이탈리아는 착착 전쟁 준비를 갖추는 한편, 그 기반을 굳히고 있다. 스스로 파시스트라고 자처한 이후 이탈리아는 독일의 파시즘을 환영하고 히틀러 일당과는 친선 관계를 맺고 있다. 그러나 오스트리아 병합이라는 독일 정책의 목표에는 반대한다. 이 병합이 실현되면 독일의 국경이 바로 이탈리아에 접하게 되는데, 무솔리니는 이러한 독일 파시스트들의 접근을 싫어한다.**

중부 유럽에는 불경기에 쪼들리고 세계 대전과 사후 결과에 고민하는 소국가들이 웅성대고 있다. 거기에 히틀러와 나치의 대두를 맞게 되어 좌우로 혼란과 공포에 사로잡혀 있다. 독일인이 많은 오스트리아를 비롯해서 이들 나라에서는 어디서든지 나치가 세력을 강화시키고 있다. 그러나 반나치 감정도 동시에 높아져 분규가 계속 일어나고 있다. 오스트리아는 현재 분규의 주요한 싸움터가 되고 있다.

1932년에는 중부 유럽과 다뉴브 강 유역의 친프랑스 3국 — 체코슬로바키아 · 루마니아 · 유고슬라비아가 하나의 동맹 내지 연합을 결성했다. 이 3국은 모두 세계 대전의 결말에 따라 이익을 얻은 나라들이며, 그들이 얻은 것들을 유지하기 원한다. 이 목적을 위해 그들은 결속해서 실제로 전쟁을 예상해 동맹을 맺었던 것이다. 이것을 '소협상(Little Entente)' 이라 한다. 이 3개국으로 된 '소협상' 은 친프랑스와 반독일, 그리고 이탈리아의 정책에도 반대하는 새로운 세력을 실질적으로 유럽에 형성하는 것이었다.

독일에서 나치의 승리는 '소협상' 이나 폴란드에게는 위험 신호였

** 오스트리아는 1938년 3월 독일에게 침략당해 흡수 병합되었다. 무솔리니는 상황 때문에 부득이하게 이것을 승인했지만, 이탈리아는 이 변화에 강한 반감을 갖고 있다.

다. 나치는 베르사유 조약의 개정(이것은 모든 독일인이 바라는 바였다)을 원했을 뿐 아니라 당장이라도 전쟁을 일으킬 태세였다. 나치가 사용한 말이나 그 밖의 전술은 오스트리아·헝가리 등과 같이 조약의 개정을 원하고 있던 나라들마저도 전율할 정도로 전투적이며 협박적이었다. 히틀러주의와 그것에 대한 공포는 서로 격렬하게 증오하고 있던 중부 및 동부 유럽의 모든 나라들 ― '소협상'·폴란드·오스트리아·헝가리 그리고 발칸 여러 나라들을 결속시켰다. 이들 모든 나라 사이의 경제 동맹들도 화제에 오르고 있다. 특히 폴란드와 체코슬로바키아는 나치가 독일에 대두한 이후 소비에트 러시아에 대해서 예전보다 우호적인 태도를 취하게 되었다. 그 결과 이 나라들과 소비에트 제국의 사이에 몇 주일 전에 불가침 조약이 체결되었다.

스페인에서는 앞에서 말한 것처럼 최근에 혁명이 있었다. 그것은 결말이 나지 않았으며, 이제 다시 한 번 변화가 있을 것 같은 양상이다.

이미 알고 있는 바와 같이 유럽은 분쟁과 증오와 서로 노려보는 나라들로 가득 차 있어 기묘한 장기판 같다. 군축은 끝없이 논의되고 있지만, 그런데도 가는 곳마다 무장이 진행되고, 전쟁과 파괴를 위한 가공할 새로운 무기가 자꾸만 발명되고 있다. 또한 국제적인 협의도 자주 행해져서 수없이 많은 회의가 개최되었다. 그러나 이것저것 다 결실을 보지 못하는 것뿐이다. 국제 연맹은 그 자체가 비참한 실패였으며, 세계 경제 회의에서 최후의 결속을 꾀해 보았지만 이것도 헛된 일이 되었다. "유럽 여러 나라라기보다는 러시아를 제외한 유럽이 일체가 되어 일종의 '유럽 연방 국가'를 형성했으면 한다"는 제안도 있다. 이것을 '범유럽(Pan-Europe)' 운동이라고 하는데, 실제로는 반소비에트 블록을 결성하려는 의도였으며, 그와 같은 수많은 소국가가 존립하는 데에서 오는 수많은 분쟁과 혼란을 극복하려는 노력이었다. 그러나 어떤 나라든 이러한 제안에 귀를 기울이기에는 민족적 증오가 너무나 심각한 상태였다.

실제로 각국 사이에는 오히려 틈이 벌어지고 있다. 불경기와 세계 공황으로 모든 나라들이 경제적 민족주의 노선을 밀고 나가게 됨으로써 이 과정이 촉진되었다. 각국은 관세 장벽의 그늘에 숨어 될 수 있는 대로 외국 상품이 접근하지 못하도록 했다. 물론 이렇게 한다고 해도 완전한 자립 능력 — 필요한 모든 것을 생산하는 능력을 가진 나라가 어디에도 없었기 때문에, 외국 상품은 전혀 받아들이지 않겠다고 했지만 실현될 까닭이 없었다. 하지만 각국은 모든 필수품을 자기 나라에서 재배 또는 제조하는 방향으로 가고 있다. 그러나 어떤 필요 불가결한 물품은 아무리 해도 그 나라의 풍토에 맞지 않아 재배가 안 되는 경우가 있을 수 있다. 예를 들면 영국은 면화라든가 황마 · 차 · 커피, 그 밖에도 더욱 온난한 기후를 필요로 하는 여러 가지 작물을 재배할 수 없다. 이런 이유로 해서 장래의 무역은 대개 상이한 기후를 갖는, 따라서 상이한 물품을 재배 또는 제조하는 나라들 사이에 한정되지 않을까 생각된다. 동일한 종류의 것을 제조하는 나라들은 서로를 위해 별로 도움이 되지 못할 것이다. 따라서 기후는 남과 북이 서로 다르기 때문에 무역 또한 남과 북 사이에 행해지고, 동과 서 사이에는 별로 활발하지 않을 것이다. 더운 나라와, 온난한 나라 또는 추운 나라가 거래를 맺을지 모른다. 그러나 두 더운 나라 사이에, 또는 두 온난한 나라 사이에 거래는 없을 것이다. 물론 거기에는 한 나라의 광물 자원과 같은 다른 조건도 고려에 넣어야 할 것이다. 그러나 대체로 남과 북이라는 것이 국제 무역의 조건이 되고, 그 밖의 무역은 관세 장벽 때문에 정지되지 않을는지.

이것은 오늘날 불가피한 경향처럼 보인다. 그것은 각국이 완전히 공업화되었을 때인 산업 혁명 마지막 단계라고 일컬어진다. 아시아와 아프리카가 아직 공업화되지 않은 것은 사실이다. 아프리카는 너무나 뒤떨어져 있으며, 너무 가난하기 때문에 공업 제품을 흡수할 능력이 없다. 그러한 외국 상품을 계속해서 흡수할 수 있는 3대 지역은 인도와 중국과 시베리아다. 외국 공업국들은 이 세 개의 거대한 잠재 시장에 눈을 번뜩이고 있다. 재래의 시장을 많이 상실한 그들은 자신들의 잉여 생산품을 처분하기 위해 '아시아를 향해 밀어내기(push towards Asia)'를 함으로써 자신의 휘청거리는 자본주의를 재건하려 하고 있다. 그러나 한편으로는 아시아 각국의 공업 발달 때문에, 또 다른 한편으로는 국제적 대립의 격화 때문에 이제는 아시아를 착취한다는 것은 결코 쉬운 일이 아니다. 영국은 인도를 자기 나라 상품을 위한 시장으로 유지하려고 하지만 일본과 독일, 미국도 거기에 끼어들려 하고 있다. 중국에서도 사정은 마찬가지다. 거기에다 국내 상황도 호전되지 않고 있으며, 더구나 그 혼란한 상황과 더불어 적당한 수송 수단이 부족해 무역을 어렵게 만들고 있다. 소비에트 러시아는 만약 신용 대부가 주어져서 그것을 즉시 상환하지 않아도 된다면 대량의 상품을 수입할 의향을 갖고 있다. 그렇지만 소비에트 연방이 필수품 거의 전부를 자급하게 되는 날도 멀지 않을 것이다.

과거에는 전반적으로 국가 간의 상호 의존, 즉 국제주의적 경향이 짙었다. 개별적인 독립 민족 국가가 존속하면서도 거대하고 복잡한 국제 관계 기구와 무역 기구가 발달했다. 이 과정은 결국 민족 국가들, 그리고 민족주의 그 자체가 충돌하는 데까지 나아갔다. 다음 단계는 당연히 사회화된 국제 기구였다. 수명을 다한 자본주의는 이제 사회주의를 위해 자리를 양보해야 할 단계에 도달했다. 그러나 불행하게도 자본주의가 스스로 무대에서 물러서는 일은 결코 일어나지 않는다. 위기와 파탄에 위협받게 되면 자본주의는 자신의 껍질 속에 틀어박혀 기존의 상호 의존 경향으로 역류하려고 한다. 즉 경제적 민족주의로. 문제는 만약 이것이 성공할 수 있다면 그리고 성공이라고 한다면인데, 과연 그것이 얼마나 오랫동안 지속될 수 있을까?

전세계는 일종의 이상한 혼란(mix-up) 상태이고, 서로 분규와 질투로 무섭고 복잡하게 얽혀 있으며, 더구나 새로 생겨나고 있는 여러 경향은 더욱더 이런 유의 분규에 명분을 보태 줄 뿐이다. 모든 대륙과 모든 나라에서 약한 자들이나 억압받는 자들은 자신들이 생산한 생활에 필요한 여러 가지 물품들을 분배받으려고 한다. 그들은 오래 전에 기한이 다한, 전에 빌려 준 채무를 갚으라고 주장한다. 어떤 지역에서는 매우 우렁차고 격렬하며 공격적으로 그것을 요구하지만, 장소에 따라서는 더욱 소극적으로 주장하는 곳도 있다. 그러나 설령 그들이 그처럼 오랫동안 감내해 온 냉대와 착취에 분노와 원한을 품고 우리가 좋아하지 않는 행동을 했다고 해서 그들을 책망할 수 있을까? 그들은 무시당하고 경멸당해 왔다. 아무도 그들에게 수고를 아끼지 않고 고상한(drawing-room) 예법을 가르치려고 한 자는 없었다.

약한 자와 억압받는 자의 반항은 곳곳에서 소유 계급을 두려움에 떨게 하고, 그들은 소유 계급을 압박하기 위해 단결한다. 그리하여 파시즘이 대두하고, 제국주의는 모든 반대 세력을 분쇄한다. 민주주의와 사람들 간의 선의와 신뢰에 관한 미사여구는 뒷전으로 물러나고, 소유 계급과 기득권층의 노골적인 지배가 더욱 뚜렷해져 많은 곳에서 그것이 승리를 거둔 것처럼 보이기도 한다. 냉혹함과 공격적인 폭력의 가혹한 시대가 출현한다. 왜냐하면 어디를 둘러보아도 낡은 질서와 새로운 질서 사이에 죽느냐 사느냐의 투쟁만 존재하기 때문이다. 유럽도 그렇고 아메리카도 그렇고 또한 인도도, 어느 곳이나 기로에 서 있으며, 구체제의 운명은 지금 당장은 견고한 울타리를 쳐 놓은 것처럼 보이지만 어디서나 위기에 처해 있다. 제국주의적 자본주의 체제가 근저부터 흔들려서 그것이 걸머진 책임과 요구에 응할 능력을 상실한 시대에 부분적인 개량만으로는 현재 맞닥뜨린 문제를 결코 해결할 수 없다.

이러한 수많은 대립, 정치·경제·인종적인 대립이 중첩되어 오늘의 세계를 어둡게 하고, 전쟁의 검은 그림자를 드리우고 있다. 이러한 대립중에서 최대이자 가장 근본적인 것은 제국주의적 파시즘에 대한 공산주의의 싸움이라 할 수 있다. 양자는 전세계에 걸쳐 정면으로 대립하고 있어 그 사이에는 타협의 여지가 없다.

봉건주의·자본주의·사회주의·생디칼리즘·무정부주의·공산주의 — 어쩌면 이다지도 '주의(ism)'가 많을까! 더구나 그 모든 것들의 그늘 속에서 기회주의가 판을 치고 있다! 그러나 그것을 성취하려면 이상주의라는 것이 필요하다. 공허한 몽상이나 환상적인 이상주의가 아니라 인류의 위대한 목적, 우리가 실현해 보려고 애쓰고 있는 위대한 이상을 위해 일하는 이상주의 말이다. 조지 버나드 쇼(George Bernard Shaw)가 어디선가 한 말이 있다.

    너 자신이 심원 광대하다고 생각하는 하나의 목적을 위해 봉사하라. 쓰레기통에 버려지기에 앞서 먼저 녹초가 되게 피곤하도록 일하라. 세계가 너를 행복하게 하기 위해 진지한 노력을 기울여 주지 않는다고 불만을 토하고 신경질을 부리는, 이기적인 불평 불만 덩어리가 되는 것보다 달게 자연의 힘의 일부가 되는 것, 이것이야말로 생활의 참다운 기쁨이다.

    우리는 여기저기 역사 속에 발을 디밀어 보면서 얼마나 세계가 점점 더 일체화되고 있는가, 얼마나 많은 지역이 상호 의존 관계 속에 있는가를 알았다. 진실로 세계는 하나가 되고 떨어질 수 없는 전체가 되어, 각 부분은 각기 다른 부분에 영향을 미치면서 또한 영향을 받고 있다. 이제는 따로따로 각 민족의 역사를 말하기란 정말 불가능한 일이다. 우리들은 이미 그러한 단계를 넘어선 것이다. 따라서 이제 무엇인가 실질적인 목적에 도움이 되는 역사를 쓰려고 한다면, 모든 민족에 연결되는 줄을 하나로 하고 그러한 것을 움직이는 참된 힘이 무엇인가를 발견하도록 노력하는 단 하나의 세계사가 있을 따름이다.

    각 민족이 여러 가지 물리적 또는 기타의 장벽으로 격리되어 있던 과거에도 국제적 또는 초대륙적인 힘이 그 이전의 것을 본받아 왔음을 우리들은 보았다. 위대한 개인은 어느 시대에나 역사상에 의미를 갖는다. 운명의 기로에서는 인간적 요인이 중요한 기능을 발휘하는 것이다. 그러나 어떤 개인보다 한층 더 위대한 것은 거의 맹목적으로 때로는 무자비하게 앞으로 달려가면서 우리들을 이리저리로 밀어 내는 갖가지의 살아 있는 거대한 힘이다.

    우리들의 현대라고 하는 시대가 바로 그것이다. 거기에는 거대한 여러 가지 힘이 작용하며, 몇억의 인간을 한 묶음으로 움직이게 해 마치

지진이나 그렇지 않으면 다른 자연의 운동처럼 앞으로 나아간다. 우리들이 아무리 힘써 보아도 그것들을 멈추게 할 수는 없다. 그렇지만 우리들은 우리들 자신이 처해 있는 세계의 한 구석에서 그러한 속도와 방향을 어느 정도는 바꿀 수 있을지 모른다. 우리들은 제각기 다른 기분으로 이러한 힘과 맞서게 된다 ─ 어떤 자는 두려움에 떨고 어떤 자는 환영하고, 어떤 자는 도전하고, 또 어떤 자는 운명의 중압감 앞에 힘없이 몸을 맡긴다. 그러나 그와 때를 같이하면서도 또는 그 밖에도 그러한 광풍에 맞서서 조금이라도 그것을 지배하고 그 방향을 바로잡으려고 이 거대한 과정을 적극적으로 추진하는 기쁨을 안고 스스로 이 위험에 맞서는 자도 있다.

20세기의 3분의 1은 벌써 전쟁과 혁명을 가득 싣고 지나갔다. 이 광란의 세기를 맞이해서 우리는 여가를 갖지 못했다. "전세계는 혁명의 와중에 있다"고 파시스트의 거두 무솔리니는 말했다. "사물 그 자체가 마치 무엇인가 항거할 수 없는 의지와 같이 우리를 밀고 나아가는 거대한 힘인 것이다." 그리고 공산주의자의 거두 트로츠키도 금세기에는 평화와 안식을 많이 기대할 수 없다고 경고했다. 그는 "인류가 기억하는 한 20세기야말로 가장 고민이 많은 세기라는 것은 명백하다. 다른 그 무엇보다 우선 평화와 안식을 구하는 현대인은 모두 좋지 않은 시대에 태어났다"고 말했다.

전세계는 고통에 헐떡이고 있다. 그리고 전쟁과 혁명의 먹구름이 무겁게 드리우고 있다. 만일 우리들이 이러한 불가피한 숙명에서 벗어나지 못한다면 우리들은 어떻게 그것과 대결할 것인가? 타조처럼 날개 속에다 머리를 감춰야 할 것인가? 그렇지 않으면 모험을 겁내지 않고 필요하다면 위험에 몸을 던져 감연히 사태 형성의 한편을 분담하고, 위대하고 고귀한 모험의 기쁨을 내 것으로 하면서 우리들의 발걸음이 '세계 역사의 발자국과 연결된다'는 것을 느낄 것인가?

우리 모두는 부득이하게 전쟁을 겪었다고 하자. 사태를 깊이 생각하는 사람은 머지않아 현재가 될 미래로 생각을 돌리게 될 것이다. 그 되

전쟁의 그림자

어 가는 형편에 희망을 갖는 자도 있을 것이며, 두려움을 안고 지켜보는 자도 있다. 과연 그것은 생활상에서 여러 가지 좋은 것들이 소수자를 위해 제공되는 것이 아니라 대중에게 자유로이 향유될 수 있는 더욱 공정하고 더욱 행복한 세계가 될 것인가? 그렇지 않으면 전쟁을 경험함으로써 현대 문명이 주는 쾌적한 것들을 상실해 버린 오늘의 세계보다 훨씬 가혹한 세계가 될 것인가? 이것은 두 개의 극단적인 경우다. 어쨌든 그 중간의 길이 우세하리라고는 생각하지 않는다.

우리들은 기다리고 관망하는 대신에, 우리들이 갖고 싶어하는 세계를 위해 일해야 할 것이다. 인간이 야만적인 단계에서 진보해 온 것은 자연이 명하는 대로 힘없이 그것에 굴복해서가 아니라, 당당히 그것에 도전하고 그것을 인류의 이익을 위해 지배하려는 뜻을 품었기 때문이다.

오늘 또한 같은 것이다. 내일의 창조는 너와 너희 세대의 것이다. 즉 지금부터 어서 성장해 다가오는 내일을 위해 책무를 다하겠다고 자신을 단련하고 있는, 전세계의 몇백만을 헤아리는 소년 소녀들의 어깨에 달려 있다.

196 *1933년 8월 9일*

마지막 편지

이제 끝났다, 귀여운 내 딸아. 이 기나긴 이야기도 이것으로 끝난 것이다. 나는 더 이상 쓸 필요가 없지만, 끝으로 꽃이라도 보내는 마음으로 이 편지를 쓰고 있단다 —— 마지막 편지를!

이 편지를 쓰기 시작한 지가 벌써 2년이 가까워 오는구나. 나의 2년 동안의 형기가 끝나려고 하니까 말이다. 나는 오늘부터 따져서 33일이 지나면 석방될 것이다. 형무소 간수들이 때때로 귀띔해 주는 말을 들으면 좀더 빨리 석방될지도 모르겠다. 아직 2년 동안의 형기가 완전히 찬 것은 아니지만, 품행이 좋은 죄수들의 경우처럼 석 달 반을 감형한다는 이야기다. 내가 별로 그렇게 얌전하게 있었던 것도 아닌데, 이건 아마 과분한 성적을 매긴 것 같다. 어쨌든 나는 나의 여섯 번째 형기도 끝내고 다시 넓은 세계로 나가려 하고 있다. 그러나 무엇을 위해? 나의 친구나 동지들이 대부분 감옥에 갇혀 있고, 나라 전체가 하나의 커다란 형무소와도 같은 때에 말이다.

나는 얼마나 많은 편지를 썼을까! 그리고 얼마나 많은 스와데시(swadeshi)* 잉크로, 또 얼마나 많은 스와데시 종이에 그 편지를 썼을까. 그만한 값어치가 있는 걸 쓰거나 했는지 모르겠다. 그렇게도 많은 종이와 잉크가 전한 메시지가 너의 마음을 끌 만한 것이었느냐? 물론 너는 '예스(yes)'라고 말할 것이다. 너는 그렇게 말하지 않으면 내 기분이 상하리라고 생각할 것이며, 네가 그런 무례를 저지르기에는 나에 대해 너무 상냥하니까 말이다. 그러나 아무튼 2년이라는 긴 세월을 날마다 계속해서 써 온 이 편지를 끝마쳤다는 것에 대해 너도 나와 함께 기뻐할 테지. 내가 여기 온 것은 겨울이었다. 그 겨울이 지나고 봄이 찾아왔다. 우리들의 봄은 순식간에 찌는 듯한 여름에 유린되곤 했다. 그리고 대지는 메말라 인간도 동물도 숨이 턱에 닿는데, 이윽고 계절풍이 불어오면 상쾌한 비를 보내 온갖 것을 씻어 버린다. 가을이 온 것이다. 하늘이 파랗게 개이고, 특히 오후가 되면 날아갈 듯한 기분이 좋다. 1년은 한 바퀴 돌고 나서 또다시 되풀이된다. 겨울·봄·여름 그리고 우기(rainy season). 나는 너에게 편지를 쓰고, 네 일을 생각하면서 여기 조용히 앉아 지나가는 세월의 발걸음을 지켜보고는 내 감방의 지붕을 때리는 빗소리에 귀를 기울인다.

---

*스와데시는 '우리 나라에서 만든', 즉 국산이라는 의미다.

마지막 편지

땅 위에 지붕 위에
빗소리 젖어드네!
적막한 마음 속에
오오! 빗소리, 노랫소리!

19세기 영국의 대정치가 디즈레일리는 이렇게 쓴 적이 있다. '다른 사람은 섬에 귀양을 간다거나 옥에 갇히거나 하면 비록 거기서 목숨을 이어 간다고 하더라도 절망할 테지만, 문필에 종사하는 자라면 그날 그날을 자신의 생애중에서 가장 고맙게 생각한다." 그는 종신 징역을 선고 받았지만 2년 후에 용케 탈출했던 네덜란드의 저명한 법률학자이자 철학자인 휴고 그로티우스(Hugo Grotius)[96]에 관해 이렇게 썼던 것이다. 그로티우스는 2년 동안의 감옥 생활을 철학이나 문학에 관한 저술로 시간을 보냈다. 오랫동안 옥중에서 보낸 문필가로서 유명한 사람은 많다. 그 중에서도 가장 알려진 사람은 『돈키호테』를 쓴 스페인의 세르반테스와 『천로역정(The Pilgrim's Progress)』을 쓴 영국의 존 버니언(John Bunyan)[97]일 것이다.

내가 옥중에서 보낸 긴 세월을 내 생애에서 가장 좋았다고 말할 수는 없지만, 독서와 집필이 그 지루한 세월을 견뎌 나가는 데 큰 힘이 된 것만은 사실이다. 나는 문인도 역사가도 아니다. 그렇다면 나는 어떤 인

---

96) 근세 초기의 네덜란드 자연법 사상가. 처음으로 중세의 신학적 도그마에서 벗어난 합리주의 국가관에 입각해서 국가 간의 관계를 규제하는 법을 논술해 근대 국제법의 기초를 쌓았다. 1619년 영국 주재 대사로서 재임중에 네덜란드의 종교 전쟁 때문에 투옥되었다가, 1621년 아내 마리아의 기지로 파리로 탈출해서 『전쟁과 평화의 법에 대하여』를 저술했다. 나중에 스웨덴 왕실로부터 파리 주재 공사로 임명되었다.

97) 영국의 벽촌에서 땜장이의 아들로 태어나 아무런 교육도 받지 못했지만, 부인이 가지고 온 몇 권의 책을 통해 신앙에 눈뜨고 문학적 재능이 나타났다. 1666년 그 자신의 내면적인 기록이며 신앙의 고백인 자서전 『가득한 은총』을 써서 널리 알려졌지만, 도리어 그것 때문에 영국의 국교도들로부터 종교적 박해를 받고 투옥되었다. 그의 주요 저서인 『천로역정』은 이 때 옥중에서 저술한 책으로, 밀턴의 『실락원』과 함께 영국의 종교 문학에서 최대 유산이 되었다.

간일까? 이 물음에 대답하기는 정말 곤란하다. 나는 여러 방면에 손을 댔다. 대학에서는 처음 자연 과학을 공부하고, 그 다음 법과로 옮겼다. 그리고 여러 생활에 흥미를 느낀 나머지 결국은 인도에서 형무소에 가는 것이 일과인 대중적이고 폭 넓은 직업에 발을 들여 놓았다!

너는 내가 지금까지 편지에서 이야기한 내용을 그 어떤 주제든 최고의 권위가 있는 것으로 생각해서는 안 된다. 정치가란 모든 문제에 대해 한 마디 거들려고 하며, 언제나 자신이 실제로 알고 있는 것 이상으로 아는 척을 하기 마련이다. 그들이 하는 말은 주의해서 들어야만 한단다! 내가 줄곧 보낸 편지는 연약하기 이를 데 없는 끈으로 묶은 대략적인 스케치에 지나지 않는 것이다. 나는 단번에 몇 세기씩이나 뛰어넘어 많은 중요한 사건을 간과하면서 무거운 발걸음으로 이리저리 걸었으며, 게다가 내 관심을 끄는 어떤 사건이 눈에 띄면 아주 오랫동안 그 곳에 나의 텐트를 치고 자리를 잡은 때도 있었다. 너도 알고 있겠지만 나의 좋음과 싫음에 대한 편차가 매우 크고, 특히 감옥 생활을 하다 보면 그것은 더욱 두드러진단다. 나는 네가 이 모든 것에 찬성하리라고 생각하지는 않는다. 내 서술 중에는 많은 오류가 있었을 것이다. 도서관도 참고서도 없는 형무소는 역사적인 문제에 대해서 글을 쓰기에는 그리 적당한 장소라고는 할 수 없다. 나는 대개 20여 년 전에 형무소를 드나들기 시작한 이래로 메모해 온 많은 노트에 의지하지 않을 수 없었다. 또 나에게는 그리 많은 책이 전달되지 못했다. 그 책들은 들어왔다 싶으면 이내 나가 버리고 만다. 내가 여기에 도서실을 마련할 수도 없는 노릇이기 때문이다. 나는 이 책들로부터 여러 사실들과 관념들을 함부로 인용했다. 내가 쓴 내용중에는 오리지널한(내가 생각하거나 또는 내가 조사한) 것은 거의 없다. 아마 너는 때때로 내 편지를 따라오는 데 어려움을 느꼈을 것이다. 그런 부분이 있었다면 그냥 건너뛰어도 상관없다. 때로는 나의 내부에 있는 어른이 나의 마음 속에서 횡포를 부린 곳도 있을 것이고, 차라리 쓰지 않은 것이 좋았던 것을 쓴 부분도 있을 것이다.

나는 기껏 역사의 윤곽만을 너에게 보여 주었다. 이것은 역사가 아

마지막 편지

니다. 우리의 유구한 과거에 대해 여기저기 급히 돌아본 것에 지나지 않는다. 만일 네가 역사에 흥미가 있다면 네 자신의 힘으로 지나간 시대를 알아보는 데 도움이 되는 책을 얼마든지 찾아 낼 수 있을 것이다. 그렇지만 책을 읽는 것만으로는 아무 소득도 없을 것이다. 만일 네가 과거를 알려고 하면 동정심과 이해심을 가지고 과거를 보아야 한다. 옛날에 살던 사람들을 이해하려면 너는 그들을 에워싼 환경과 그들의 마음을 사로잡고 있던 사상을 이해해야만 할 것이다. 마치 그들이 지금 살아서 우리들과 같이 생각하고 있는 것처럼 판단하는 것은 어리석은 일이다. 오늘날에는 아무도 노예 제도를 옹호하는 자가 없지만, 저 위대한 플라톤은 노예 제도가 반드시 필요하다고 생각했던 것이다. 근래에 일어난 일을 생각해 보더라도 미국에서는 노예 제도를 유지하기 위해 몇천만 명이나 되는 인명을 바쳤다. 우리는 현재를 기준으로 과거를 판단할 수밖에 없다. 이것은 누구라도 인정할 것이다. 그러나 과거를 기준으로 현재를 판단하는 것이 반드시 어리석은 일은 아니다! 특히 다종다양한 종교는 아마도 그것이 생겨난 시대나 나라에서는 어느 정도 효용이 있었을지도 모르지만, 우리가 사는 현대에서는 전혀 통하지 않는 낡은 신앙이나 신념, 관습의 보존을 조장하는 것이었다.

그런데 만일 네가 동정의 눈초리로 과거의 역사를 바라본다면 무미건조한 뼈대는 갑자기 살과 피를 갖게 될 것이고, 너는 모든 시대, 모든 나라에서 비록 우리와는 다르지만 매우 유사하며 서로 비슷한 장점과 단점을 지닌 남녀노소가 끊임없이 긴 행렬을 지어 살아 가는 모습을 보게 될 것이다. 역사는 신비한 구경거리가 아니지만 그것을 볼 줄 아는 사람에게는 거기에 많은 신비가 있다.

역사의 화랑에 진열된 그림들이 머릿속에 떠오른다. 이집트 ─ 바빌로니아 ─ 니네베 ─ 고대 인도 문명 ─ 아리아인의 인도 이주 그리고 그들의 유럽과 아시아 진출 ─ 중국 문화와 놀라운 기록 ─ 크노소스와 그리스 ─ 로마와 비잔틴 제국 ─ 두 대륙에 걸쳐 승리를 자랑하는 아랍인의 진군 ─ 인도 문명의 부흥과 퇴폐 ─ 아메리카의 알려지지 않은 마야와 아스텍 문명―몽고인의 대정복 ― 아름다운 고딕 건축에서 찾아볼 수 있는 중세 유럽 ― 이슬람 교도의 인도 침입과 무굴 제국 ― 서유럽의 학문과 문예 부흥 ― 아메리카와 동방 항로의 발견 ― 서양의 동양 침략―기계의 발명과 자본주의의 발달 ― 공업화의 확산과 유럽의 우세와 제국주의 ― 현대 세계에서 과학의 경이.

몇 개의 대제국이 흥했다가 망하고, 이윽고 그 폐허가 끈기 있는 탐험가의 손으로 흙 속에서 발견되기 전까지는 그 제국은 인간의 기억에서 사라졌다. 그런데 여러 가지 관념과 꿈은 아직 살아 남아 제국보다 훨씬 완강하게 버티고 있다.

> 그토록 장엄하던 이집트는 무너지고 끝없이 깊숙한
> 망각의 골짜기로 떨어졌도다.
> 지금은 그 옛날 트로이의 꿈과 함께
> 그리스의 그림자도 엿볼 수 없고
> 로마의 영화는 어디 갔느뇨.
> 베니스의 자랑도 간 데 없네
> 그러나 남아 있는 것은 꿈, 그네들의 아들이 꾼 꿈
> 있는 듯 없는 듯 끊임없이 떠도는
> 허공의 얼굴인 듯, 헛된 그림자인 듯
> 길이길이 흔적을 남긴다.

메리 콜리지(Mary Coleridge)는 이렇게 노래했다.

과거는 우리에게 많은 선물을 보낸다. 실로 우리가 오늘 누리고 있는 문화·문명·과학 또는 진리의 어떤 측면에 관한 지식은 모두가 먼, 또는 가까운 과거로부터 얻어들인 것이다. 그러나 우리는 과거의 신세만 지고 있어서는 안 된다. 우리는 미래에 대해서도 임무를 수행해야 한다. 그리고 이 임무는 과거의 유산보다 더욱 큰 것이다. 왜냐하면 과거는 지나간 것이요 이미 이루어진 것이기 때문에 우리는 그것을 변경시킬

수 없다. 그런데 미래는 앞으로 오는 것이고, 우리는 어느 정도 그것을 구체화할 수 있을 것이다. 만일 과거가 우리에게 진리의 어떤 부분을 주었다면 미래는 진리의 많은 측면을 그 안에 숨기고 있어 우리는 그것을 찾고 싶어한다. 그러나 가끔 과거는 미래를 질투하고 사나운 힘으로 우리들을 사로잡는다. 우리는 미래를 향해 전진하며 자유를 획득하기 위해 투쟁해야만 한다.

흔히 말하는 바와 같이 역사는 우리에게 많은 교훈을 준다. 또 역사는 되풀이되지 않는다는 말도 있다. 모두 맞는 말이다. 우리가 맹목적으로 그것을 흉내내려 하거나 그것이 반복 또는 침체되기를 기대해도 아무런 소득이 없을 것이다. 그러나 역사의 배후를 뒤져서 그것을 움직이는 힘을 찾아 내려고 들면 우리는 무엇이고 배울 수 있을 것이다. 하지만 우리는 간단 명료한 해답을 얻은 적이 없었다. "역사란 낡은 문제에 대해 새로운 문제를 제기하는 것 이외에 다른 해답을 갖고 있지 않다"고 마르크스는 말했다.

옛날은 신앙의 시대, 즉 맹목적이고 문답이 필요 없던 믿음의 시대였다. 옛날의 굉장한 사원이나 교회는 건축가와 목공과 일반 백성들의 두터운 신앙이 없었던들 결코 세워지지 못했을 것이다. 경건한 태도로 하나하나 쌓아올린, 또 아름다운 무늬를 새긴 돌들이 그들의 깊은 신앙을 말해 주고 있다. 옛 사원의 뾰족한 탑, 높은 첨탑이 솟은 교회, 고딕 양식의 대성당 — 그것들은 모두가 마치 마음을 돌이나 대리석에 쏟아 창공에 기도를 올리는 것처럼 보이며, 오직 굳은 신앙으로 하늘의 한 구석을 차지하고 있다. 이러한 옛 신앙을 우리가 지금은 갖고 있지 않더라도 한결같이 우리 마음을 감동시킨다. 그러나 그런 신앙의 시대는 이미 과거의 것이 되었고, 돌에 아로새긴 신비의 입김은 사라졌다. 지금도 많은 사원이나 교회가 세워지고 있기는 하지만, 거기에는 벌써 중세기의 생명을 쏟아 넣던 정신은 결핍되어 있으며, 현대를 대표하는 회사 사무실과 별로 다르지 않다.

우리가 살고 있는 현대는 옛날과는 다른 시대란다. 그것은 환멸의 시대이며 회의와 불확실과 의문의 시대다. 우리는 이미 옛날의 신앙이나 습관을 받아들일 수 없다. 아시아나 유럽 또한 미국에서도 지금은 아무도 그런 것을 믿지 않는다. 그리하여 우리는 새로운 길을 찾아 우리들의 환경과 한결 조화되는 진리의 새로운 면을 모색하고 있다. 우리는 서로 질문하고 토론하며 여러 가지 '주의(ism)'나 철학을 전개한다. 소크라테스의 시대처럼 우리는 의문의 시대에 살고 있는데, 이 의문은 아테네와 같은 도시에만 한정된 것이 아니라 세계 곳곳에 던져지고 있다.

세계에 산재하고 있는 부정·불행·야만성 등은 가끔 우리를 억압하고 우리의 정신을 어둡게 해서, 우리는 여기에서 헤어날 길을 찾을 도리가 없다. 우리는 매튜 아놀드(Mathew Arnold)[98]와 더불어 이 세계에는 희망이 없으며, 우리가 할 수 있는 일이란 기껏 서로가 성실할 정도라는 것을 느끼게 된다.

> 그것은 꿈나라처럼
> 변화 무쌍하고 아름답고 새삼스러워
> 세상이 눈앞에 보이지만
> 실은 기쁨도 사랑도 빛도 없고
> 믿음도 평화도 괴로움도 덜어 줄 수조차 없구나.
> 그러므로 이 세상에 살아 있는 동안은
> 싸우고 쫓기는 자들의 아우성으로 가득 차
> 길 잃은 사병들이 뒤죽박죽 난투하는
> 어두운 싸움터에 사는 것처럼, 오직 그뿐이다.

---

[98] 영국의 시인, 비평가. 시는 인생의 비평이며, 비평이란 곧 이 세상의 최신의 것을 알고 또 배우도록 하는 데 있다 하여 영국인의 세속성을 논란하고 교양의 가치를 역설했다. 저서로 『시집』『교양과 무질서』『문학과 교의』 등이 있다.

하지만 이런 어두운 견해는 생활이나 역사에서 올바른 교훈을 배운 것이라 할 수 없다. 역사는 우리에게 생성과 발전, 무한한 진보의 가능성을 가르쳐 주기 때문이다. 인생은 풍부하고 다채롭다. 거기에는 많은 흙구덩이와 습지와 구렁이 있는 대신에 넓은 바다와 높은 산과 눈과 빙하가 있고, 또 엄청난 별이 빛나는 하늘(특히 감옥에서는!)이 있으며, 가족이나 친구의 애정이 있고, 커다란 공동의 목표를 위해 일하는 사람들의 동지애가 있으며, 음악이 있고 책이 있고 사상의 제국이 있다. 그러므로 우리 각자는 다음과 같이 말해도 좋을 것이다.

주여, 저는 지상에 사는 대지의 아들입니다.
그런데도 별이 반짝이는 하늘이 저를 길러 주었습니다.

우주의 아름다움에 감탄하면서 사상과 상상의 세계에 살기는 쉽다. 그러나 남의 불행에 눈감고 그들에게 어떤 일이 일어나고 있든지 아랑곳하지 않고 외면하는 것은 용기나 동포애를 보여 주는 것이 아니다. 사상이 그 자체의 정당성을 입증하기 위해서는 행동으로 인도되는 것이라야 한다. "행동은 사상의 종점이다"고 우리들의 친구 로맹 롤랑(Romain Rolland)[99]은 말했다. "행동을 동반하지 않는 사상은 모두가 미숙아이며 변절이다. 만약 우리가 사상의 주인이 되려 한다면 우리는 행동의 주인이 되어야 한다."

---

[99] 20세기 전반의 프랑스를 대표하는 작가이자 사상가의 한 사람. 일찍이 톨스토이에 심취하고 바그너·니체 등의 영향도 받았다. 학교를 졸업한 뒤에 소르본느 대학에서 예술사와 음악사를 강의하면서 광범위한 문필 활동을 전개해 많은 작품을 썼다. 언제나 엄격한 이상주의의 관점에 서서 인간에 대한 사랑과 존엄성을 주장한 평화주의자로, 제1차 세계 대전중에는 스위스에 머물면서 전쟁의 비인간성을 격렬히 비판하고 반파시스트, 반전 운동에 참가했다. 제2차 세계 대전중에 또한 반나치 운동을 격려하다가 세상을 떠났다. 1915년에 최대 걸작으로 꼽히는 『장 크리스토프』로 노벨 문학상을 받았다. 이 밖에도 장편 소설 『매혹된 영혼』, 희곡 『사랑과 죽음의 장난』, 전기 『베토벤의 생애』『미켈란젤로의 생애』, 평론 『전쟁을 초월하여』 등이 있다.

행동에는 모험과 위험이 따르기 마련이다. 그러므로 가끔 사람들은 그 결과가 두려워 행동을 회피한다. 일정한 거리를 두고 보면 위험은 무섭기도 하다. 그러나 가까이 가서 잘 보면 그다지 무서운 것이 아니란다. 때때로 그것은 생활에 흥취와 즐거움을 가져오는 좋은 반려일 수도 있다. 평범한 생활은 가끔 권태를 느끼게 하며 빤히 들여다보이는 일들만 되풀이되기 때문에 기쁨을 느낄 수 없는 것이다. 그러나 한동안 거기서 떠나 있으면 그러한 일상적인 다반사가 그리울지 모른다. 많은 사람들은 높은 산에 올라가 애써 등산하는 기쁨과, 고난이 극복되고 위험이 정복되는 데서 오는 쾌감을 맛보기 위해 모험을 감행한다. 그들의 신변에 따르는 위험 때문에 그들의 기상은 한결 왕성해지고, 이에 따르는 위기에 직면한 생명의 기쁨도 한층 더 커진다.

누구나 어느 정도의 신체적인 안전을 누리고 있지만 서리나 안개가 감도는 축축하고 비위생적인 골짜기에서 생활하느냐, 그렇지 않으면 동료를 위해 위험을 무릅쓰면서도 산악 지대의 신선한 공기를 마시면서 넓은 조망을 즐기고 아침해를 맞기 위해 높은 산에 올라가느냐의 두 가지 길을 눈앞에 놓고 있다.

이 편지 속에서 나는 시인이나 그 밖의 사람들의 글을 많이 인용했다. 나는 여기서 하나만 더 소개하고 끝을 맺으려고 한다. 이것은 타고르가 쓴 시로 기도문이라고도 볼 수 있는 『기탄잘리(Gitanjanli)』 가운데 있는 한 구절이다.

> 거기서는 두려워 할 필요가 없고, 가슴을 쭉 펼 수 있는
> 거기서는 지식으로부터 자유로울 수 있는
> 거기서는 울타리 속에 또 울타리가 있어 세계가 잘게 부서지지 않은
> 거기서는 말이 진리의 깊은 골짜기에서 튀어나오는
> 거기서는 꾸준히 완성을 향한 노력을 할 수 있는
> 거기에서는 진리의 맑은 물결이 썩은 관습의 거친 사막으로 사

마지막 편지

라지지 않는
거기서는 정신이 그대의 인도를 받아 앞으로 나아가고, 큰 사
랑과 행동으로 열매를 맺는
원컨대 그런 자유의 천국의 아버지시여, 내 나라가 깨어나게 하
소서.

나는 일을 마쳤다. 마지막 편지도 이것으로 끝났다. 마지막 편지! 아니, 나는 앞으로 더욱 많은 편지를 쓸 것이다. 그러나 이렇게 길고 연속된 편지는 이제 끝났다. 그럼 안녕(Taman Shud)!

 1938년 11월 14일

아라비아 해에서

내가 데라 둔 지방의 감옥에서 이 연속되는 편지의 마지막 한 통을 쓴 것은 5년 6개월 전의 일이었다. 그 때는 나의 2년 간의 형기가 끝나려고 할 무렵이었다. 나는 그 기나긴 고독한 생활(물론 너하고는 마음 속으로 언제나 같이 지냈지만) 속에서 네 앞으로 편지를 썼다. 산더미 같은 편지 뭉치를 너에게 보내면서 외부의 운동과 활동의 세계에서 해방되기 위한 마음의 준비를 한 것이다. 그러는 동안 이윽고 해방의 날이 찾아왔다. 그러나 5개월 뒤에 나는 다시 2년형의 선고를 받고 이미 익숙해진 형무소의 환경으로 되돌아왔다. 나는 다시 펜을 잡고 이번에는 더욱 개인적인 이야기[100]를 썼다.

그 뒤 나는 또다시 출옥했다. 그리고 우리들이 함께 슬픔을 나누어야 할 일이 있었다.[101] 이후 이 슬픔은 늘 나의 생활에 그림자를 던져 오는 것이었다. 개인의 슬픔 같은 것은 그것을 흔들어 떨쳐 버리는 데 우리들의 온 힘을 요구하지만, 슬픔과 분쟁으로 가득 찬 이 세상에서는 대

---

100) 저자는 마지막 편지, 즉 백아흔여섯 번째 편지를 끝낸 날부터 3주일 후인 1933년 8월 30일에 석방되었다. 출옥은 어머니의 병환 때문에 예정보다도 13일 앞당겨졌다. 다행히 어머니의 병환은 점점 차도가 좋아졌지만 간디를 비롯해 국민회의 간부들이 대량으로 투옥되어 있던 그 당시의 엄한 정세하에서 독립 운동을 지도해야 할 막중한 책임이 무겁게 저자의 어깨를 짓눌렀다. 또다시 형무소로 돌아갈 각오로 정치 활동을 계속하고 있던 저자는 1934년 2월 11일 캘커타에서 정부를 공격하는 연설을 하여 체포 구금되었다. 이번의 옥중 생활에서는 1년 8개월을 소비해 『자유를 향하여』라는 정치가로서의 공적인 생활과 내면 생활의 발전이 서로 결부되면서 펼쳐지는 저자의 특이한 자서전이 결실을 맺었다.
101) 1935년 9월 저자는 출옥이 허락되어 그 날로 독일의 사나토리움에서 요양중인 카말라 부인을 문병하기 위해 유럽으로 떠났다. 이듬해인 1936년 2월 카말라 부인은 스위스 로잔에서 남편인 저자와 딸 인디라가 지켜보는 가운데 마지막 숨을 거두었다.

수롭지 않은 일이다. 이렇게 해서 우리들은 각자의 길을 걸어 너는 안전하게 면학의 길을 갈 수 있었지만 나는 어지러운 투쟁의 도가니에 몸을 던졌다.

암담한 전쟁과 그 참상을 눈앞에 보면서 5년 남짓한 세월은 흘러가고 우리들이 살고 있는 세계와 우리들이 꿈꾸는 세계의 간격은 더욱더 그 폭을 크게 만들었다. 우리들을 뒤쫓는 재앙에 함몰되어 절망의 늪 속에서 헤매면서 금세 질식해 버릴 듯한 상황이 한두 번이 아니었다. 그렇지만 이렇게 내가 펜을 움직이고 있는 동안에도 아라비아 해[102]는 씩씩하고 아름답게 나의 눈앞에 펼쳐지며 꿈과 같이 고요하게 은색의 달빛에 반짝반짝 빛나고 있다.

나는 이 편지를 새로운 장정으로 출판하려는 출판사가 이야기를 현재까지 연장해 줄 것을 청해 왔기 때문에 이 5년 간의 이야기를 이 후기로써 너에게 들려 주기로 했다. 이것은 쉽지 않은 일이다. 이 시기에는 너무나 많은 일들이 일어났기 때문에 한번 쓰기 시작하면, 그리고 그만한 시간이 주어진다면 나는 모든 제약을 물리치고 한 권의 책을 만들 수 있는 것이다. 그런데 지금은 중요한 사건들을 기록하는 것만도 너무 길어 퍽 귀찮게 생각되는구나. 그래서 나는 일어난 사건들에 대한 약간의 개요만을 이야기하는 데 그치지 않을 수 없다. 나는 이미 필요한 경우 각각의 편지에 그 뒤에 추가된 사실을 보태 '추기(notes)'로 붙였다. 자, 이

---

102) 유럽에서 자신이 국민회의 의장으로 추대되었다는 소식에 접한 저자는 급히 귀국해, 이듬해인 1937년도 지방 의회 총선거를 앞두고 전국을 순회하며 곳곳에서 인도의 대중과 접촉했다. 총선거에서는 국민회의가 압도적인 승리를 거두었지만 점차로 선거 지상주의적인 경향이 나타나기 시작했으며, 또한 당내 각파의 분쟁이 격렬해져 갔다. '평범한 정치인' 생활에 싫증을 느끼고 언제나 더욱 큰 세계 역사의 흐름 속에 뛰어들어 민족 해방 운동이 갖는 더 한층 깊은 의의와 희망을 찾고 싶어하던 저자는, 의장직을 사임하고 바야흐로 전운이 감도는 유럽 여행에 나섰다. 이 여행중에 저자는 스페인 전쟁을 몸소 체험했으며, 체코슬로바키아를 침략하려는 독일의 야심을 목격하고 파시즘의 위험성을 경고하는 한편, 세계 민주 세력의 단결을 호소했다. 이 후기는 유럽 여행을 마치고 귀로에 오른 저자가 아라비아 해 해상에서 쓴 것으로 생각되는데, 당시의 정세 분석과 그에 따른 고뇌와 희망이 역력히 나타나 있다.

제부터 최근 몇 년 간의 사건들을 대략 알아보기로 하자.

편지를 마치면서 나는 현대 세계의 가공할 모순과 상극, 파시즘과 나치즘의 성장, 그리고 전쟁의 어두운 그림자에 대해 너의 주의를 촉구했다. 어찌되었든 세계 전쟁은 지금까지는 회피되고 있지만, 아프리카에도 유럽에도 또한 아시아의 극동 방면에도 크고 무서운 전쟁이 일어나고 있으며, 해마다 아니 때로는 매달 새로운 공격과 공포의 소식이 전해 온다. 세계는 점점 혼란에 빠져들고, 국제 관계는 더욱 혼돈에 빠지고, 국제 연맹과 기타 국제 협력의 시도도 참담한 실패로 끝났다. 군비 축소는 먼 옛날의 꿈이 되고 각국은 밤낮 할 것 없이 열병에 걸린 것처럼 전력을 들여 전쟁의 준비에 광분하고 있다. 공포가 세계를 사로잡고, 또한 유럽의 상태는 침략의 성공에 도취된 나치즘과 파시즘의 힘에 눌려 급속히 악화되어 야만 시대로의 길을 걷고 있다.

우리는 이전의 편지에서 1914~18년의 전쟁 배후에 깔려 있는 이해의 충돌을 상세히 검토했다. 오래지 않아 전쟁이 나고, 베르사유 조약과 국제 연맹 규약이 생겼다. 그렇지만 오래된 문제들은 해결되지 않았을 뿐만 아니라 새로운 많은 문제들이 첨가되었다 — 배상, 전쟁 부채, 군축, 집단 안전 보장, 경제 공황, 그리고 대규모의 실업 등등. 평화를 위한 문제들의 배후에는 여전히 세계의 균형을 밑바닥부터 뒤흔들게 하는 치명적인 사회 문제가 남아 있다. 소비에트 연방에서는 새로운 사회 세력이 승리하고 엄청난 장애와 세계의 반대에 직면하면서도 새로운 세계를 건설하려 하고 있다. 그 외 다른 곳에서는 심각한 사회 변화가 계속되었으나 탈출구를 찾아 내지 못하고 기존의 정치·경제적 기구에 의해 제자리를 맴돌고 있다. 물품이 남아돌고 생산은 경이적으로 확대된다는 꿈 같은 시대가 이 세상에 실현되었다. 그러나 오랫동안 속박에 익숙해 있던 노예는 자유를 겁낸다. 그리고 우매한 인류는 너무나 빈곤에 익숙해 있어 쉽게 생각을 전환시키지 못한다. 그래서 새로 생긴 부는 빤히 보면서도 내던져지고 제한되며 축소되어 오히려 예전보다 더 실업과 빈곤이 만연되고 있다.

잇따른 회의에 이어 또 회의가 개최되었는데, 세계의 모든 나라는 이 놀라운 역설(paradox)을 해결하고 평화를 확보하기 위해 회합했다. 조약·협정·동맹 — 워싱턴 조약, 로카르노 조약, 켈로그 조약, 불가침 조약 등 — 이 자꾸만 맺어졌으나 근본 문제는 조금도 다루어지는 적이 없었다. 그리고 일단 냉엄한 현실에 조금이라도 맞닥뜨리게 되면 이러한 협정과 조약은 순식간에 어디로 날아가 버리고, 날을 뺀 칼자루만이 유럽의 운명 심판자로서 뒤에 남는다. 베르사유 조약은 종이 쪼가리로 바뀌었고, 유럽의 지도는 다시 칠을 해야 했으며, 바야흐로 세계는 새로운 분할에 몸을 바치게 되었다. 전쟁 채무 문제는 어느덧 사라져 버리고 가장 부유한 나라들도 이미 갚지 않을 작정을 하고 있었다.

이와 같은 형편으로 우리는 1914년 이전 그대로의 문제와 모순을 안은 전전의 상태로 되돌아갔으며, 더구나 그 문제와 모순이라는 것은 그 뒤에 일어난 사건 때문에 몇 배나 심각하게 되어 있다. 기울어지기 시작한 자본주의 체제는 경제적 민족주의와 독점의 확대에 길을 열고 더욱더 공격적·폭력적으로 되어, 이미 의회 민주주의를 들여 놓을 여유조차도 없는 상황으로 전락했다. 파시즘과 나치즘은 본래의 야만성을 드러내 전쟁을 그들 정책의 궁극적인 목표로 하고 있다. 그와 동시에 소비에트 지역에서도 하나의 강대한 신 세력이 일어나 끊임없이 구질서에 도전하면서 제국주의, 파시즘류에 대한 강력한 방파제를 쌓고 있다.

우리들은 하나의 혁명 시대, 즉 1914년 전쟁 발발과 동시에 개시되었으며, 이르는 곳마다 모순에 발버둥치고 고민하는 세계에서 쉴새없이 계속되고 있는 혁명의 시대에 살고 있다. 150년 전의 프랑스 혁명 이래 점차 정치적 평등의 시대가 실현되어 왔다. 그러나 지금은 시대가 변해 그것만으로 충분치 못하다. 민주주의의 한계는 이제는 경제적 평등도 포함하는 데까지 넓혀져야만 한다. 이것이야말로 우리들 모두가 그 세례를 받고 있는 혁명인 것이며, 경제적 평등을 확보하고, 그리하여 민주주의에 완전한 의미를 부여하고, 우리들 자신을 과학과 기술 진보의 대열에 어깨를 맞대게 하는 혁명인 것이다.

이러한 평등은 불평등과 민족이나 계급의 착취에 기초를 두는 제국주의나 자본주의와는 양립되지 않는다. 그러므로 그것은 착취를 통해 이익을 얻는 사람들의 저항을 받아 그 충돌이 심해지면 정치적 평등과 의회 민주주의까지도 존립이 위험해진다. 이것은 여러 가지 점에서 우리들을 중세로 되돌아가게 하는 파시즘에 불과하다. 그것은 인종적 지배를 격화시키며, 전제 국왕의 신권 대신 우상화한 지도자의 신권을 내세우게 된다. 최근 5년 간 파시즘이 대두한 이후 그들이 행한 민주주의의 원리와 자유의 관념과 문명에 대한 온갖 공격들 때문에 민주주의의 수호는 그야말로 오늘날 초비상의 긴급 문제가 되었다. 현대 세계의 대립은 공산주의와 사회주의를 한편으로 하고, 파시즘을 상대로 해서 싸우는 것이 아니다. 그것은 민주주의와 파시즘 간의 싸움이며, 민주주의의 모든 세력은 동일한 진영에 서서 반파시스트 대열에 서게 된다. 오늘날의 스페인은 이 상태를 가장 잘 나타낸다.

그러나 민주주의가 있는 곳에는 어김없이 민주주의의 확장이라는 사상이 존재한다. 그래서 이에 대한 두려움 때문에 이르는 곳마다 반동세력들은 입으로는 민주주의를 찬양하면서도 파시즘에 대해 추파를 보내 충성을 다하기도 한다. 파시즘의 역할은 명백하다. 그들의 목적, 그들의 정책은 의문의 여지가 없다. 그러나 이 국면을 좌우하는 요인은 오히려 이른바 민주적인 강대국, 특히 영국의 역할에 있었다. 영국 정부는 아시아·아프리카 그리고 유럽에서 일관성 있게 반동적 역할을 해 파시즘과 나치즘에 갖은 격려를 다해 왔다. 정말 우스운 이야기지만 영국은 영국 제국의 안전까지 위험 앞에 드러내 놓고 그 짓을 했다. 즉 참다운 민주주의의 성장에 대한 두려움과 파시즘 지도자들에 대한 동정은 그 정도가 깊은 것이었다. 만약 파시즘이 점점 세력을 확장해서 세계를 지배하게 되면, 그 비난은 영국에 돌려져야 할 것이다.

민주주의에 대해서 더욱 고지식한 감각을 가지고 있는 미국은 여러 번 파시즘의 침략을 방지하기 위해 다른 강대국들에게 협력을 제안했으나 영국은 이 제안을 물리쳤다. 프랑스는 근래 런던시와 영국의 외교 정책에 대해 전혀 독립적일 수 없는 처지에 있기 때문에 독자적인 정책을 취할 용기가 없다.

　노동 문제에서도 영국은 국제 노동 회의(International Labour Conferences)에서 집요하게 반동적인 태도를 보였다. 1937년 6월 국제 노동 기구(I.L.O.)는 섬유 산업에서 1주일에 48시간제의 협정을 채택했다. 이것은 영국의 반대를 물리치고 받아들인 것이다. 영연방 내의 여러 나라들마저 영국을 버리고 미국을 지지했다. 하지만 영국 정부의 지명으로 출석한 인도 대표가 영국측에 붙은 것은 말할 나위도 없다. 기업가와 정부 대표로 구성된 미국 대표단은 "제네바에 와 보기 전에는 영국 정부가 이처럼 반동적이라는 것을 꿈에도 상상 못했다"고 말했다. 그 대표단 가운데 한 사람은 "대영 제국은 반동의 선봉이 되어 버렸다"고 비난했다.

　국제 연맹은 여러 가지 결함도 있었지만 그래도 어쨌든 국제적인 사상을 구현하고 있으며, 그 규약은 침략에 대한 제재를 규정하고 있었다. 그러나 이미 일본이 만주를 침략했을 때 (침략 조사단의 파견과 그에 뒤따른 비난 결의 외에는) 어떠한 적극적인 행동을 취하는 데 실패하고 있었다. 영국 정부는 일본의 불장난을 부추기는 태도를 취했으며, 그리고 나서 가끔 잘못해서 바른 방향을 달린 적이 있기도 했지만, 그 밖에는 국제 연맹을 무시하고 약체화하는 정책을 펼쳤다. 침략 정책을 마구 휘두르는 나치즘의 대두는 정면에서 국제 연맹에 도전하는 것이었는데도 영국과 어느 정도까지는 프랑스도 이 도전에 굴복하고 국제 연맹의 쇠락을 팔짱을 낀 채 방관했다. 여러 파시스트 국가들은 잇따라 국제 연맹을 이탈했다. 독일은 1933년 10월에 탈퇴하고, 그 뒤 일본과 이탈리아도 그 뒤를 따랐다. 1934년에는 소비에트 연방이 국제 연맹에 가입해서 참신한 기운을 불어넣었다. 나치 독일에 대한 두려움은 프랑스를 소비에트와 제휴하도록 인도했지만, 영국은 소비에트와 국제 연맹 규약을 기초로 한 협력마저도 하지 않고 도리어 독일과 결탁했다. 침략 행위가 잇따라 성공해 감에 따라, 파시즘 제국은 대담해져서 영국이 자기들에게 반대할 것 같지 않았기 때문에 국제 연맹의 제재를 받지 않고 국제 연맹을 무시할 수 있다고 믿게 되었다.

중국·아비시니아·스페인 그리고 중부 유럽의 사건들을 이해하는 데 좋은 실마리가 되는 것은 이러한 영국 정부와 파시스트 제국 사이의 점진적인 접근이었다. 그것으로 미루어 우리들은 어찌하여 인류의 평화와 진보에 대해 희망을 주었고, 고매한 정신으로 일관된 국제 연맹이라는 기구가 허망하게 무너져 버렸는가를 납득할 수 있다.

일본이 만주 문제로 마침 국제 연맹과 세계의 코를 납작하게 만들고 거기에 괴뢰 국가 만주국을 수립한 경과를 우리는 이미 보았다. 현실적으로 일본의 군사적 침략이 있었는데도 일본은 선전 포고도 없었으며, 오히려 국내 반란을 꼬투리로 잡아 이것을 간섭의 구실로 내세웠다. 이 새로운 전술은 그 뒤 이탈리아와 나치 독일에 채용되어 빛을 내게 되고, 게다가 일찍이 없던 대규모 대외 선전이 첨가되었다. 이제 와서는 선전 포고 같은 것은 과거지사가 되어 버렸다. 1937년 뉘른베르크에서 연설한 히틀러의 말처럼 "적을 치려고 할 때에 나는 절충이니 준비니 하고 몇 개월을 허비하는 일은 없을 것이다. 나는 내가 언제나 쓰는 수단을 취할 것이다. 즉 어둠 속에서 갑자기 뛰어나와 전격적으로 상대에 덤벼들 뿐이다"는 식의 현상이다.

1935년 1월 독일은 국민 투표를 거쳐 자르 분지를 점령했다. 그 해 5월에 히틀러는 베르사유 조약의 군축 조항[103]을 최종적으로 부인하고 독일인에 대해 강제 징집령을 포고했다. 이 공공연한 베르사유 조약의 일방적 폐기는 프랑스를 놀라게 했다. 그러나 영국은 이것을 묵인하고 더구나 1개월 후에는 한 발 더 나아가 독일과 비밀리에 해군 협정[104]을

---

103) 여기서는 주로 독일의 군비 해체와 제한에 관한 항목을 말한다. 여기에 이르기까지의 경과에 대해서는 백아흔 번째와 백아흔한 번째 편지를 참조할 것.
104) 1935년 6월, 영국의 볼드윈 보수당 정부와 나치 독일과 사이에 체결되었다. 이 협정으로 영국과 독일의 해군 병력 비율은 100 대 35로 결정되었다. 이것은 영국이 1개월 전에 히틀러가 선언한 베르사유 조약 군축 조항의 파기를 적극 승인하는 것을 의미한다. 영국은 프랑

맺었다. 이 협정은 그 자체가 베르사유 조약을 위반한 것이며, 그것을 통해서 영국은 자신부터 강화 조약을 무시한 것이다. 뿐만 아니라 이 한 건으로 해서 사람들을 놀라게 한 것은, 영국이 하필이면 독일의 방대한 규모의 재군비가 유럽을 위협하고 있는 그 때, 구동맹국인 프랑스에 한 마디 상의도 없이 그것을 감행한 점이었다. 프랑스는 이것을 영국의 배신으로 생각하고 대경실색해 곧바로 무솔리니에게 쫓아가 이탈리아와 사이의 국경에서 위험을 최소한도로 줄이기 위해 그와 협정을 맺었던 것이다.

□ 아비시니아

프랑스의 이탈리아에 대한 접근 정책은 무솔리니에게 오랫동안 기다리고 있던 기회를 주었다. 과거 몇 년 간 그는 아비시니아 침략을 계획하고 있었는데 영국과 프랑스의 태도에 확신을 가질 수 없어 주저하고 있었던 것이다. 프랑스와 이탈리아는 팽팽한 긴장 관계에 있었다. 1934년 10월 유고슬라비아의 국왕 알렉산더와 프랑스의 외상 바르투(Barthou)가 피살되었는데, 이것은 이탈리아 앞잡이 손으로 이루어진 것이 명백했다. 이렇게 되자 무솔리니는 프랑스나 영국이 자신의 아비시니아 침략에 하등 실질적인 참견을 하지 않으리라는 안도감을 갖게 되었다. 1935년 10월, 그것도 국제 연맹 개회중에 침략은 개시되었다. 아비시니아는 국제 연맹 가맹국이었기 때문에 전세계는 몹시 충격을 받았다. 이에 국제 연맹은 이탈리아를 침략자로 선언하고, 한참 뒤에 이탈리아에 대해 경제적 제재를 가했다 — 즉 국제 연맹 가맹 여러 나라에 대해 이탈리아와 사이의 여러 가지 물자 거래를 금지시켰던 것이다. 그러나 정작 중요한 물자는 그 품목에서 제외되어 있었다. 영국 - 이란 석유 회

스·이탈리아와 함께 이른바 스트레자 회의를 열어 독일을 견제하고 있었기 때문에 이 조치는 특히 프랑스, 간접적으로는 소비에트와 이탈리아, 그리고 전 유럽에 커다란 충격을 주었다. 1939년 히틀러는 이 협정을 일방적으로 파기했다.

사(Anglo-Iranian Oil Co.)는 촌각을 다투며 열심히 이탈리아에 석유를 공급했다. 이탈리아는 그 제재 때문에 곤란을 받기는 했으나 그렇다고 그다지 큰 불편을 느끼지는 않았다. 미국은 석유의 수출 금지를 제안했으나 영국은 동의하려 들지 않았다.

영국 외상 새뮤얼 호어 경(Sir Samuel Hoare)과 프랑스 총리 라발(Monsieur Laval) 씨는 아비시니아의 상당한 지역을 이탈리아에 인도한다는 내용의 협상을 매듭지었으나 여론이 크게 들끓어 새뮤얼 호어는 드디어 사직할 수밖에 없을 지경에 이르렀다. 그간 아비시니아는 용감하게 싸웠으나 그들도 비행기의 저공 무차별 폭격에는 저항할 도리가 없었다. 일반 시민, 여성과 어린이, 구급차, 병원에 상관없이 소이탄과 독가스탄이 사용되어 잔학 무도한 살육 행위가 자행되었다. 1936년 5월 이탈리아군은 수도 아디스 아바바(Addis Ababa)에 입성하고, 그에 이어 그 나라의 넓은 지역을 점령했다. 그로부터 1년 반이 지났지만, 아비시니아의 저항은 벽촌 지방에서 변함없이 계속되고 있다. 영국과 프랑스가 이 정복을 승인해 버린 지금도 아비시니아는 좀처럼 굴복할 기색이 없다.

아비시니아의 비극과 국제 연맹의 배신으로 인해 국제 연맹의 무력함은 온 세계에 폭로되었다. 이번에는 히틀러가 손쉽게 국제 연맹을 무시해서 그의 군대는 1936년 3월에 라인 비무장 지대[105]에 진입했다. 이에 따라 베르사유 조약은 또다시 위반되고 말았다.

□ 스페인

1936년이라는 해는 파시스트의 유럽 지배 계획이 더욱 일보 진전한 해이며, 머지않아 이것이 민주주의와 자유를 위해 생사를 건 투쟁으

---

105) 베르사유 조약은 라인 좌측 강변과 우측 강변 50km까지의 지역에 대해 영구 무장 금지를 규정하고 있다. 1925년 로카르노 협정으로써 독일·벨기에·프랑스·영국·이탈리아는 이것을 확인했다 ―라인 지방의 무장은 베르사유 체제의 유린이며, 프랑스의 안전에 치명적인 것이다. 그러나 이 조약도 1936년 3월 히틀러가 일방적으로 파기했다.

로 전개되었다. 서로 대적하는 여러 세력이 스페인의 지배를 놓고 어떤 양태로 다투었는가, 또한 갓 탄생한 이 공화국이 어떻게 종교적·반봉건적 반동과 투쟁했는가를 우리는 이미 보았다. 그 결과 진보적인 여러 정당은 연합해서 1936년 2월 '인민 전선(Popular Front)'을 결성했다. 이에 앞서 프랑스에서는 공공연하게 프랑스 공화국을 위협하는 반란을 모의했다가 실패한 사건도 있었다. 파시즘 세력의 대두에 대항하기 위해서 인민 전선이 결성되었다. 프랑스 인민 전선은 여론의 열광적 지지를 배경으로 일어나 선거에서 승리를 거두고 정부를 구성했으며, 그 정부는 노동자에게 어려움을 완화시키는 많은 법률을 통과시켰다.

　스페인의 인민 전선 또한 코르테스(의회) 선거전에서 이겨 정부를 구성했다. 그들은 아주 오래 전부터 당면 과제로 되어 있는 갖가지 개혁과 교회 세력의 억압을 공약하고 있었다. 이러한 개혁을 겁낸 모든 반동 세력은 결속해서 여기에 일격을 가할 결의를 굳혔다. 그들은 기대한 대로 이탈리아와 독일의 원조를 받았다. 스페인계 무어인 군대에게 후한 약속을 하고 그들 군대의 도움을 받아서 프랑코 장군은 1936년 7월 18일 반란을 개시했다. 프랑코는 재빨리 힘들이지 않고 승리를 거두리라 생각했다. 그는 군대를 자기편으로 만들고, 더구나 두 강국으로부터 원조를 받고 있었다. 그러나 풍전등화 격이었던 공화국은 바로 생사의 갈림길에 서서 스페인 대중에게 그들의 자유를 호소하고 그들에게 무기를 배급했다. 일반 인민은 이 호소에 응답하고 거의 맨주먹으로 프랑코의 포탄과 비행기에 대항해 싸웠다. 그들은 적을 저지했다. 동시에 국외에서 의용군이 민주주의를 지키기 위해 속속 스페인으로 달려와 국제 군단을 형성해 공화국이 가장 절박한 상태에 처해 있을 때 헤아릴 수 없이 많은 조력을 했다. 그러나 의용군이 공화국측에 달려오고 있는 동안 이탈리아는 우세한 정규군을 프랑코 원조에 내보냈고, 또한 자주 비행기·비행기 조종사·기술자와 무기가 독일·이탈리아에서 흘러들어왔다. 프랑코의 배후에는 경험을 쌓은 양국의 참모들이 버티고 있었다. 공화국측은 정열과 용기와 희생으로 이에 대항했다. 프랑코군이 1936년

11월 마드리드시의 성문에 육박했으나 공화국 인민은 사력을 다해 이에 대항했다. '노 파사란(No Pasaran : 적을 들여 놓지 말라!)' 하고 사람들은 외쳤다. 도시는 날마다 계속 하늘로부터의 폭격과 원거리 포의 포격을 맞게 되었다. 웅장함을 자랑하던 빌딩은 재가 되었고, 끊임없이 작렬하는 소이탄 때문에 수없이 화재가 일어났다. 이 도시의 누구보다도 용감한 어린이들이 자신들의 어버이처럼 믿는 도시를 위해 죽어 가는 가운데 마드리드는 조금도 꺾이는 기색 없이 싸워 나갔다. 반란군이 마드리드 교외에 도달한 지 2년이 경과한 지금도 그들은 거기 버티고서 '노 파사란'을 외치고 있어, 마드리드는 슬픔과 폐허 속에서도 의연하게 자유의 깃발을 높이 세우고, 스페인 인민의 굳세고 굴복을 모르는 정신을 직접 구현하고 있다.

우리들은 스페인의 투쟁을 이해해야만 한다. 그것은 지역 투쟁 또는 민족 투쟁을 훨씬 넘어서고 있기 때문이다. 그것은 민주적으로 성립한 의회에 대한 반란으로 말미암아 촉발되었다. 공산주의와 종교의 위기를 전하는 소리가 자주 들린다. 그러나 인민 전선 의원으로서 공산주의자에 속하는 사람은 아주 드물고, 대다수는 사회당원과 공화당원이었다. 종교에 대해 말하자면 가장 용감하게 공화국을 위해 싸운 것은 바스크 지방의 가톨릭 교도였다. 공화국은 독일의 히틀러와 달리 종교의 자유를 보장했다. 그러나 토지에 관한 기득권과 교회의 교육에 대해서는 분명히 반대했다. 반란은 민주주의가 봉건적 토지 제도와 대장원을 공격하고 이것을 폐지할 우려가 생겼을 때, 그와 같은 민주주의에 반항해서 일어난 것이었다. 앞에서 말한 바와 같이 이러한 사태가 되면 반동 세력들은 민주주의 방식을 지킨다던가 또는 선거인을 설득한다던가 하는 수고를 하려 들지 않는다. 그들은 무기를 들고 폭력과 테러리즘으로 자신들의 의지를 대중에게 강요하려고 한다.

스페인 군벌과 교회가 반란을 일으켰을 때 양 파시스트 국가, 즉 독일과 이탈리아는 자진해서 이들에게 제휴의 손을 내밀었다. 그들은 지중해를 지배해서 거기에 해군 기지를 설치하기 위해 스페인에서 우월한 지위를 획득하려고 바라던 참이었다. 게다가 스페인의 자원도 그들의 눈을 끌었다. 그러므로 스페인 전쟁은 내전이 아니라 실은 프랑스의 손을 묶어 놓고 영국의 힘을 약화시키려 하는 권력 정치의 흥정을 목적으로 하는 유럽 전쟁이었다. 독일과 이탈리아의 이해는 얼마간 엇갈리고 있었으나 어쨌든 그들은 당분간 같은 길을 걸었다.

스페인이 파시스트화하면 이것은 프랑스로서는 생명을 위협받는 것이 되고, 또한 영국으로서도 동방을 향한 지중해 루트와 희망봉 루트를 둘 다 위협당하게 될 것이다. 그렇게 되면 지브롤터 해협은 쓸모가 없어지고, 수에즈 운하도 대단한 가치가 없어져 버린다. 따라서 민주주의에 애착이 없더라도, 자기 본위의 이해에서도 영국과 프랑스는 스페인 정부를 도와서 반란을 제압하기 위해 모든 합법적인 원조를 해 줄 것을 기대해도 좋으리라고 보았다. 그런데 여기서 또한 우리들은 계급적 이해가 어떻게 그들 민족적 이해를 희생해 가면서 정부를 움직이고 있는가를 본다. 영국 정부는 그야말로 어릿광대 짓이라고 할 수 있는 불간섭 계획이라는 것을 짜냈다. 독일과 이탈리아는 '불간섭 위원회(Non-Intervention Committee)'에 이름을 올려놓고 있으면서 더구나 공공연히 반란군을 지원하고 그들을 합법 정부로 승인했다. 그들의 군대는 프랑코를 원조하기 위해 파견되었으며, 그들의 비행기는 스페인의 거리거리를 폭격했다. 따라서 불간섭이란 반란군 쪽에만 원조의 손이 뻗치는 것에 지나지 않았다. 프랑스 정부는 영국의 부추김을 받아 피레네 국경(프랑스와 스페인 국경)을 폐쇄했다. 그 때문에 스페인 공화국으로 가늘게나마 흘러들어가던 원조도 마침내 단절되고 말았다.

공화국에 식량을 수송하는 영국 배가 프랑코의 비행기와 해군으로부터 격침되었는데도, 있을 수 없는 일이지만, 영국 총리 체임벌린(Chamberlain) 씨는 프랑코의 행동을 변호하기까지 했다. 영국 정부의 민주주의 확장에 대한 두려움은 드디어 여기까지 이르게 된 것이다. 요 며칠 전에 영국 정부는 이탈리아와 협정을 맺어 프랑코를 승인하는 방향으로 일보 나아가, 이탈리아가 스페인에 간섭할 수 있는 상황을 만들었다. 실제로 만약 스페인 공화국이 영국과 프랑스의 정책이 말한 대로 되어 그들이 권한대로 행동했더라면 벌써 숨통이 막혀 버렸을 것이다. 그러나 영국과 프랑스의 정책 여하에 관계없이 스페인 인민은 파시즘에 굴복하기를 거부했다. 그들에게 '공화국의 방위'는 외국 침략자에 대한 독립을 위한 민족 투쟁이며, 실로 하나의 비극적 성격을 띠고 그 용기와 인내와 기적으로써 세계를 놀라게 한 투쟁인 것이다. 가장 무서운 것은 프랑코 측에 붙은 이탈리아와 독일 비행기가 도시, 촌락, 비무장 주민에 대해 무차별 공중 폭격을 한 것이다.

이 2년 사이에 공화국은 우수한 군대를 만들어 내 최근 외국 의용군을 전부 돌려 보냈다. 프랑코는 스페인의 4분의 3 가까이를 점령하고 마드리드·발렌시아·카탈로니아와 연락을 단절했으나, 새로운 공화국군은 이제 그의 진출을 차단하고 몇 개월 간 거의 끊임없이 연락을 취해 에브로(Ebro) 전투에서 실력을 발휘했다. 프랑코는 외국에서의 압도적인 원조를 받지 않는 한 이 군대를 패배시킬 수 없을 것이 명백하다.

공화국 최대의 시련은 지금으로서는 특히 겨울철의 식량 부족이다. 공화국은 군대와 그 지배하에 있는 지역 주민들뿐만 아니라 프랑코군의 점령하에 있는 지역에서 들어온 수많은 피난민에게도 식량을 공급해야만 하기 때문이다.

□ 중국

스페인의 비극을 뒤로하고, 이제는 중국의 비극에 눈을 돌려 보자.

만주에서 일본의 침략은 그치지 않고, 이미 말한 바와 같이 일본은 영국의 공식적인 호의 아래 비호되고 있었다. 영국은 일본의 침략에 대한 미국의 공동 행동 제안을 거절했다. 왜 이처럼 영국은 일본을 부추겨서 스스로 강대한 라이벌에게 원조하는 행동을 보였을까? 20세기 초 이래 일본은 거의 영국의 보호하에 제국주의 열강의 제일선에 어깨를 나란히 할 수 있게 되었다. 이것은 처음에는 제정 러시아에 대비하려는 것이었다. 세계 대전이 끝난 뒤 영국의 주된 경쟁 상대는 미국과 소비에트 연방의 두 강대국이었다. 그래서 일본 자체가 영국의 중요 이익을 위협하게 된 지금에 와서도 옛날과 같이 일본을 지지하는 정책을 계속하고 있다. 1933년 미국이 소비에트 연방을 승인한 이유 가운데 하나도 미국과 일본의 대립 관계에 있었다.

중국에는 1933년 이래 몇 개의 정부가 존재하고 있었다. 열강이 승인하고 있는 장개석 국민 정부가 있고, 또한 국민당의 노선에 따르겠다고 칭하는 광동 국민 정부가 있으며, 또한 오지에는 커다란 소비에트 세력하의 여러 지역이 있다. 그 밖에 오지에 할거하는 수많은 군벌 세력이 있었다. 북평의 북부에서는 끊임없이 일본이 중국을 잠식하고 있었다. 장개석은 일본의 침략에 맞서는 대신 해마다 되풀이해서 소비에트 지역 타도를 위한 군사적 대원정에 전력을 탕진하고 있었다. 이런 식의 토벌은 대부분 실패로 돌아갔으며, 그들이 목적한 지역을 점령한 경우에도 중국 소비에트군은 그들을 피해 더욱 오지로 들어가 거기에 본거지를 잡았다. 주덕 장군이 인솔하는 '팔로군(八路軍)'의 8000마일에 걸친 경이적인 대이동은 군 연대기에서 고전적인 모범이 되었다.

소비에트 중국이 장개석에게 일본에 대항하기 위해 협력할 것을 제의했는데도 이 분쟁은 해를 거듭하면서 그칠 줄 모르고 계속되었다. 1937년 일본이 대공세로 나오자 서로 교전하고 있던 여러 당파가 드디어 통일하기로 하고, 반일 연합 전선이 결성되었다. 중국은 더욱 소비에트 연방과 접근해서 1937년 11월에 양국 사이에 불가침 조약이 체결되었다.

일본은 맹렬한 저항에 부딪히게 되자 공중 폭격과 상상치도 못할 다른 야만스런 수단을 총동원해서 수많은 인민을 살육하는 것으로 이것을 돌파하려고 했다. 그러나 혹독한 시련 속에서도 중국에는 서서히 새로운 국민이 육성되어서 중국 인민의 과거 무기력은 사라져 버렸다. 대도시는 차례차례로 일본 폭격기의 밥이 되고 사람들이 목숨을 잃었다. 일본의 군사적 소모는 커서 그 재정·금융 기구는 붕괴의 조짐이 보이기 시작했다. 인도 인민의 동정심이 스페인 공화국에 대해서 나타난 것처럼 말할 것도 없이 중국 인민에게로 모였다. 그리하여 인도와 미국 기타 각지에서 일본 제품 보이콧 운동이 대대적으로 일어났다.

　　일본의 거대한 군사 기구는 여전히 중국에서 전진을 계속하고 있으며, 중국 인민은 일본군을 방해하기 위해 게릴라 전법을 사용해서 커다란 효과를 올리고 있다. 일본은 상해·남경을 점령했으며 그들이 더 나아가 광동과 한구로 접근해 오자 중국 인민은 스스로 불을 질러 이 대도시들을 태워 버렸다. 일본군은 나폴레옹이 모스크바를 점령했을 때와 마찬가지로 잿더미로 변한 그들의 거리거리를 점령했지만, 일본군은 새로운 재앙이 닥칠 때마다 더 강해지는 중국의 저항을 조금도 분쇄하지 못하고 있다.

□ 오스트리아

　　여기서 다시 유럽으로 되돌아가 오스트리아 이야기를 그 비극의 결말까지 더듬어 보기로 하자. 이 작은 공화국은 한편에서는 나치 독일, 또 한편에서는 파시즘 이탈리아의 압력을 받으면서 붕괴되고 분해되어 버렸다. 빈만이 진보적인 사회주의적 지방 자치제를 이루고 있었는데, 이 나라는 국내의 교회 파시즘 일파에게 지배되고 있었다. 총리인 돌푸스(Dollfus)는 나치의 침략을 막기 위해 무솔리니에게 보호를 요청했다. 이 탈리아는 베르사유 조약을 위반하면서까지 돌푸스를 위해 군대를 보냈으며, 무솔리니는 그에게 사회주의자를 탄압하라고 권고했다. 돌푸스는 빈의 사회주의 노동자의 무장을 해제시키기로 결심했다. 그 결과 1934년 2월의 반혁명이 일어났다. 4일 간에 걸쳐 빈에서는 시가전이 일어나 유명한 노동자 주택이 총격을 받고 그 일부가 파괴되었다. 돌푸스는 이겼으나 그 대신 외부로부터 공격을 견뎌 낼 수 있는 힘을 가진 유일한 집단이 소멸되어 버렸다.

　　그 사이에도 나치의 음모는 계속되어 1934년 6월 돌푸스는 나치에게 빈에서 암살당했다. 히틀러는 머지않아 국경을 돌파하고 오스트리아를 침공하려던 참이었는데, 그 때는 무솔리니가 독일로부터 오스트리아를 지키기 위해 오스트리아에 파병할 뜻을 비침으로써 압력을 가해 그것을 막았다. 무솔리니는 오스트리아가 독일에 병합되어 직접 이탈리아와 국경을 접하는 것을 좋아하지 않았던 것이다. 히틀러는 1935년 형식적으로 오스트리아 병합, 즉 '안쉴루스'의 의지가 없다는 성명을 발표했다.

그러나 이탈리아의 아비시니아 침략 모험은 국력을 약화시켰으며, 영국이나 프랑스와 사이의 마찰도 심해졌기 때문에 무솔리니는 히틀러와 타협해야만 했다. 히틀러는 이제 오스트리아에서 자유롭게 행동할 수 있게 되어 나치의 활동은 활발해졌다. 1938년 초 영국 총리 체임벌린은 영국은 오스트리아를 돕기 위해 간섭할 의도가 없다는 것을 밝혔다. 이윽고 사태는 어지럽게 움직여 오스트리아 총리 슈슈니크(Schuschnigg)가 국민 투표에 붙일 결심을 했을 때, 히틀러는 이를 반대하고 1937년 3월 오스트리아에 침입했다. 저항다운 저항도 없이 안쉴루스, 즉 독일과의 합병 선언이 행해졌다. 오랫동안 제국의 중심을 이루어 온 유구한 역사를 가진 나라는 이렇게 해서 종말을 고하고, 오스트리아는 유럽의 지도에서 사라졌다. 그 마지막 총리 슈슈니크는 독일군의 포로가 되었으며, 나치의 요구에 동의하지 않자 재판에 붙이겠다는 위협을 받았다. 그는 지금도 나치의 포로가 되어 있다.

나치의 오스트리아 침공은 독일에서의 나치 초기보다 더 지독하게 인민에 대한 테러로 시작되었다. 유태인은 박해를 받았고, 아직도 무서운 박해를 받고 있다. 그리고 일찍이 아름다운 문화 도시였던 빈에서는 온갖 만행이 널리 성행하고 있으며, 공포는 더욱 공포를 부채질하고 있다.

□ 체코슬로바키아

유럽은 오스트리아에서의 나치 승리에 위축되어 버렸다. 지금은 3면이 나치 독일에 둘러싸이게 된 체코슬로바키아에서는 그 영향이 더욱 컸다. 많은 사람들은 머지않아 이 나라도 침략당할 것으로 생각했다. 과연 그 서곡으로 파시스트의 장기이며 술책인, 국경 지방에서 문제를 일으키는 나치의 책동이 시작되었다.

옛 보헤미아(Bohemia)에 해당하는 체코슬로바키아의 수데텐 지방에는 일찍이 오스트리아 · 헝가리 제국에서 위세를 부리던 독일어를 사용하는 주민이 살고 있었다. 그들은 체코에 호의를 갖지 않고 많은 불만을 갖고 있었다. 그들은 어느 정도의 자치를 요구하고 있었다. 독일에 합류하기를 희망하고 있었던 것은 아니고, 그들 중에서도 나치 체제에 전적으로 반대하는 독일인이 많았다. 보헤미아는 독일의 일부가 된 적이 한 번도 없었던 것이다. 오스트리아가 합병되고 나서는 히틀러가 체코슬로바키아를 침입하리라 예상되었다. 이러한 예상 때문에 두려움에 떠는 다수 사람들이 일신의 안전을 꾀하려고 지방의 나치당에 몸을 던졌다.

국제적으로 보면 체코슬로바키아의 지위는 견고했다. 체코슬로바키아는 고도로 조직되고 발달한 공업국이며, 강력하고 정예화한 군대가 지키고 있었다. 프랑스나 소비에트 연방과도 동맹 관계를 맺고 있었으며, 전쟁이 일어날 경우에는 영국도 그 편에 설 것으로 생각되고 있었다. 중부 유럽에서 유일하게 남은 민주 국가로서 미국을 포함한 세계의 동정이 이 나라에 집중되었다. 만약 전쟁이 일어날 경우 여러 민주주의 국가들이 일치 협력하기만 하면 파시스트 국가들이 패배하리라는 것은 의문의 여지가 없다.

수데텐의 소수 민족 문제가 제기되었다. 그들의 불만이 감소될 것이라고 예상한 것은 옳았다. 그렇다 하더라도 체코슬로바키아의 소수 민족은 중부 유럽의 소수 민족에 비해서 훨씬 나은 대우를 받고 있었던 것은 사실이다. 문제의 핵심은 소수 민족 문제 같은 것이 아니라 동남 유럽 전체를 지배하고 폭력과 폭력의 위협으로 자기의 의지를 강행하려 하는 히틀러의 야망에 있었다.

체코 정부는 열심히 소수 민족 문제 해결에 힘썼으며, 제기된 요구의 거의 전부를 들어 주었다. 그러나 하나의 요구가 받아들여지면 새롭고 더욱 광범위한 요구가 나타나, 드디어는 국가의 존립 그 자체가 위협받는 데 이르도록 끝이 나지 않았다. 히틀러의 목적이, 그로서는 눈엣가시였던 이 국가의 존재를 말살하는 데 있었던 것은 명백하다. 민족 문제의 평화적 해결을 촉구할 것을 가장한 영국 정책은 히틀러의 침략에 박차를 가했다. 런시맨 경(Lord Runciman)이 '조정자(mediator)'의 임무를 맡고 영국 정부로부터 파견되었으나, 소위 조정자라는 그는 체코 정부에 대해 자치의 요구에 굴복하도록 꾸준히 압력을 넣었다. 결국 체코는 런시맨 경이 내놓은 광범위한 제안을 받아들였는데, 나치는 다시 그 이상의 것을 요구해 오면서 자신들의 요구를 끝까지 관철하기 위해 독일군을 동원했다. 사태가 여기에 이르자 영국 총리 체임벌린은 스스로 사건에 개입, 특별히 베르히테스가덴(Berchtesgaden : 히틀러의 사저)으로 그를 방문해 히틀러가 들이댄 체코슬로바키아의 대지역을 독일에 양도하는 요구에 동의했다. 이어서 영국과 프랑스는 그들의 우방이며 동맹국인 체코슬로바키아에 대해 즉시 히틀러의 조건을 받아들이도록 촉구하고, 만약 그에 따르지 않으면 체코를 전혀 돌보지 않겠다고 위협했다. 체코 국민은 우방들의 이 배신에 아연했으며 충격을 받았지만, 결국 그들 정부는 슬픔과 절망에 싸여 이 요구에 굴복했다.

체임벌린은 또다시 이번에는 라인 강변의 고데스베르크(Godesberg)로 히틀러를 찾았는데, 거기서 그는 히틀러가 훨씬 더 큰 전리품을 바란다는 사실을 여러 모로 확인했다. 그 유명한 체임벌린도 여기에 동의를 표할 수는 없었다. 그리하여 1938년 9월의 마지막 주를 기해 전 유럽은 전쟁, 즉 세계 대전의 무거운 그림자에 휩싸였으며, 사람들은 다투어서 방독면을 구하고 열심히 공원과 정원에 방공호를 팠다. 세번째로 체임벌린은 히틀러를 방문했다. 이번에는 뮌헨이었는데, 여기에는 프랑스 총리 달라디에(Daladier)와 무솔리니도 동석했다. 프랑스와 체코슬로바키아의 동맹국인 러시아는 초대받지 못했고, 같은 동맹국으로서 그 운명이 결정되는 당사국 체코슬로바키아는 상담도 받지 않았다. 즉시 개전과 침략의 위협을 배경으로 한 히틀러의 새로운 광범위한 요구는 사실상 모조리 받아들여졌고, 9월 29일 이러한 것을 문서에 종합한 '뮌헨 협정(the München Agrement)'이 뮌헨에서 4개국에 의해 서명되었다.

전쟁은 어쨌든 당분간 피하게 되어 모든 나라의 국민 사이에 커다란 안도의 기색이 떠올랐으며, 구원의 한숨이 흘러 나왔다. 하지만 그 때문에 지불한 희생은 프랑스와 영국의 굴욕과 불명예였으며, 유럽의 민주주의에 대한 거대한 타격이었고, 체코슬로바키아의 분할과 평화 기구로서의 국제 연맹의 기능 정지이고, 중부 및 동남 유럽에서의 나치의 승리였다. 뿐만 아니라 가까스로 달성된 평화는 그 사이 모든 나라들이 다가올 전쟁에 대비해 군비에 광분할 수밖에 없는 하나의 휴전 상태에 지나지 않았다.

뮌헨 협정은 유럽과 세계 역사상에 방향 전환점이 되었다. 새로운 유럽 분할이 시작되어 영국과 프랑스는 공공연히 나치즘의 대열에 어깨를 나란히 했다. 영국은 이탈리아의 아비시니아 정복과 스페인에서의 이탈리아의 자유로운 행동을 승인하는 영국 - 이탈리아 협정(Anglo-Italian Agreement)의 비준을 서두르고 있다. 러시아와 스페인에서의 민주주의 세력을 반대하기 위한 공동 전선을 의미하는 영국·프랑스·독일 그리고 이탈리아 사이의 4국 협정이 성립될 조짐이 보이고 있다.

□ 러시아

강대국들이 음모를 꾸미고 엄숙한 서약을 깨뜨리고 있던 시기에 소비에트 러시아가 참을성 있게 국제적 의무를 고수하면서 평화를 위해 의연히 침략에 맞서 최후까지 동맹국 체코슬로바키아를 버리지 않았다는 사실은 주목할 만하다. 그러나 영국과 프랑스는 러시아를 무시하고 침략자와 접근했으며, 체코슬로바키아까지도 프랑스와 영국에게 배신당하고 나서 나치의 술책에 말려들어 러시아와 사이의 동맹 관계를 단절했다. 체코슬로바키아는 산산조각이 나고 헝가리와 폴란드는 이 때를 놓칠세라 마치 굶주린 독수리처럼 그 남은 국물을 빼앗았다. 체코슬로바키아 국내에서도 커다란 변화가 있어 체코슬로바키아가 자치를 주장하기에 이르렀다. 체코슬로바키아의 나머지 부분은 지금 거의 독일의 식민지와 비슷하게 되었다.

　이렇게 하여 소비에트 연방의 외교 정책은 만만치 않은 방해를 받았다. 그렇지만 러시아는 오늘날 유럽과 아시아에서 파시즘에 대한 강력하고도 끈기 있는 실질적 성채로 우뚝 솟아 있다. 왜냐하면 러시아는 최근 몇 개월 간 영국과 프랑스에게 무시되었다고는 하지만 오늘날에는 강대국이기 때문이다. 제1차 5개년 계획은 세부적인 면, 특히 생산물의 질에 관해서는 실패한 점도 있었으나 총체적으로는 성공리에 끝마쳤다. 교통 부문에서도 실패가 있었다. 또한 중공업에 중점이 놓인 결과 소비 물자의 생산은 절감되고 품질이 낮아졌다. 그러나 이 계획은 급속하게 러시아를 공업화했으며, 농업을 집단화함으로써 장래의 발전을 위한 기초를 쌓았다. 제2차 5개년 계획(1933~37년)은 중공업 부문에서 경공업 부문으로 중점을 옮겨, 제1차 계획의 결함을 제거하고 소비 물자의 생산에 초점을 두고 있다. 눈부신 진보가 나타나 생활 수준은 향상되고 더욱 더 부단히 향상되어 가고 있다. 문화·교육면에서도 전 소비에트 연방을 통해서 그 진보는 놀랄 만한 것이었다. 이 진보를 지속하고 사회주의 경제의 기초를 굳히는 데 전념하는 러시아는 국제 연맹에서는 실질적인 군축, 집단 안전 보장, 침략에 대한 공동 행동을 지지하며 여러 자본주의 강대국들과 사이의 협조에 힘쓰고 있다. 그리하여 그 표시로서 각국의 공산당은 기타 진보적인 여러 정당과 더불어 '인민 전선' 또는 '통일 전선(joint fronts)'을 형성하는 방향을 취하고 있다.

　이와 같은 일반적 진보와 발전에도 불구하고 소비에트 연방은 이 기간중에 격심한 국내 위기에 봉착했다. 나는 앞에서 스탈린과 트로츠키의 충돌에 대해 이야기한 적이 있다. 현정권에 불만을 갖는 여러 종류의 일당들이 모여 한 패거리가 되고, 그들 중에는 파시스트 제국과 공모한 자도 있었다고 한다. 소비에트 정보 기관(G.P.U.)의 장관 야고다(Yagoda)까지 이 일당과 협력하고 있었다고 전해진다. 1934년에는 소비에트 정부의 간부인 키로프(Kirov)가 피살되었다. 정부는 반대파에 대해 엄중한 수사를 하여 1934년부터 일련의 재판이 열리게 되었는데, 수많은 거물급 인물들이 연루되어 있어 전세계에 격심한 논란을 야기했다. 이 때 재판에서 형을 선고받은 자 가운데는 이른바 트로츠키파, 우파 지도자 리코프(Rykov)·톰스키(Tomsky)·부하린(Bukharin) 그리고 투하체프스키(Tuchachevsky) 원수를 필두로 하는 군 고위 장교들이 있었다.

이들의 재판 내용이나 그러한 사건의 과정에 대해 결정적인 견해를 표명하기에는 사건이 복잡하고 확실치 않은 점도 있어 나로서는 어렵다. 그러나 이 재판이 러시아에 호감을 갖는 사람을 포함해 다수 사람들의 신경을 자극해서 소비에트에 대한 편견을 조장한 것은 의심할 여지가 없다. 신뢰할 수 있는 어느 소식통의 의견에 따르면, 스탈린주의자 정권에 대한 커다란 음모였으며, 재판은 성실하게 행해졌다고 한다. 또한 이 음모의 배경에는 대중적 지지가 없었으며, 인민의 반응이 스탈린 반대파들에게 결정적으로 불리했다는 것도 대충 확인된 것으로 보아도 좋을 듯하다. 그렇다 하더라도 어쩌면 죄 없는 사람에게까지 상처를 입히게 될지 모를 정도로 탄압이 광범위한 것은 그 사회가 건전치 못하다는 징후이며, 국제적으로도 소비에트의 지위를 약화시키는 것이었다.

□ 경제 회복

1930년에 시작된 대규모적인 무역 부진은 몇 년 간 자본주의 세계를 마비 상태에 빠뜨렸으나 얼마 안 있어 회복의 징조가 나타났다. 대다수 나라에서는 부분적으로 회복되었는데, 특히 영국은 다른 어느 나라보다도 회복이 두드러졌다. 파운드의 평가 절하, 관세, 그리고 제국 시장(Empire markets)과 자원의 착취를 통해 영국은 살아났다. 국내 시장은 관세와 보조금, 그리고 농업 개혁과 경쟁을 저하시키기 위한 생산자 조직을 통해 발달했다. 또한 계획 생산과 대형 배급의 시도가 있었다. 한편 덴마크와 스칸디나비아 여러 나라에 대해서 영국 제품을 구입하도록 압력이 가해지기도 했다.

이 회복은 상당한 정도에 이르렀으나 국제 무역이 희생된 결과로 얻어진 것이다. 따라서 그것은 상대적이며 부분적인 회복에 불과했다. 정상적인 경기 회복은 국제 무역의 부활에 달려 있다. 동시에 영국이 미국에 대한 채무를 지불하지도 않았고, 지불하려 들지도 않았다는 점을 기억해 둘 필요가 있다. 경기 회복은 각국의 열띤 재군비 계획에 기인한 것이었다. 이런 식의 회복이 불확실하고도 불안전한 것이라는 점은 명백하다. 여전히 대량 실업 상태는 지속되고 있다.

☐ 영국 제국

영국이 지금은 경제 위기를 극복했다고는 하지만 영국 제국은 중병에 걸렸으며, 제국을 분해시키는 정치력과 경제력이 한층 강화되고 있다. 영국 지배층은 제국내에서 신망을 잃었으며, 제국을 견지하려 하는 그들의 희망도 희미해졌다. 그들은 자기들 집안끼리의 문제 해결도 못하게 되었다. 독립을 지향하는 인도는 더욱더 강해만 가고, 자그마한 팔레스타인이 제국 지배층을 뒤흔들고 있다. 자본주의 세계에서 영국의 강적인 미국은 영국의 지배권에 도전하고 있으며, 영국 정부가 파시스트 강대국들에 접근함에 따라 영국으로부터 더욱더 멀어져 버렸다. 소비에트 러시아는 훌륭하게도 모든 제국주의와 대립하는 사회주의의 기초를 닦아 놓았다. 독일과 이탈리아는 호시탐탐 영국 제국의 풍부한 전리품을 노리고 있다. 뮌헨에서의 그들의 위협에 대해 영국이 굴복하자, 그들은 영국을 2등 국가처럼 취급하고, 거만한 말투로 영국을 대했다. 영국은 민주주의의 확대와 집단 안전 보장을 견지함으로써 자신의 지위를 보존해야만 했다. 그런데 영국은 이것을 포기하고 히틀러를 지지함으로써 지금의 영국 제국주의는 뮌헨 정책에서 파생한 수많은 자가당착에 휩싸여 진퇴양난에 빠져 있다.

☐ 식민지 문제

독일은 바야흐로 식민지를 요구하고 있다. 우리들은 '가진 것 없는

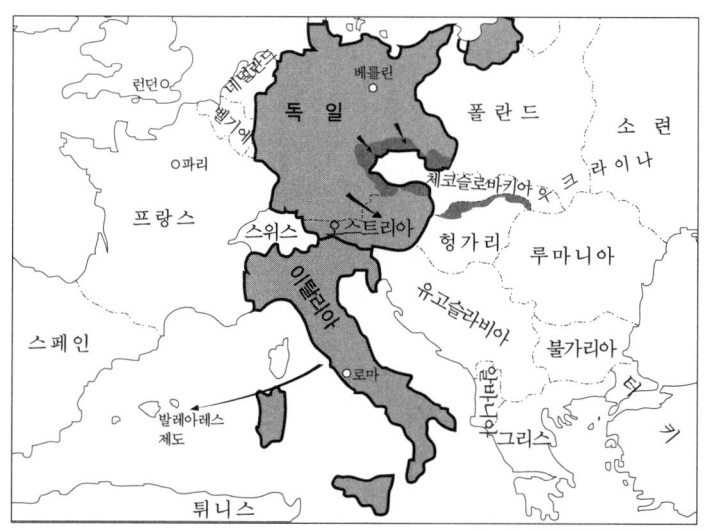

베를린-로마 추축

나라(have-not)'라든가 '만족하지 않은(dissatisfied) 강대국'이라든가 하는 말을 자주 듣는다. 그러면 식민지가 없는 수많은 작은 나라는 어찌 될 것인가? 또한 참되고 거짓 없는 '가진 것 없는 나라', 즉 식민지의 인민은? 이런 식의 논의는 모두 제국주의 체제를 전제로 진행되고 있는 것이다. 한 나라의 만족 여부는 수행되고 있는 경제 정책을 통해서 결정된다. 제국주의 하에서는 불평등의 끈이 끊어지지 않기 때문에 불만족 또한 끊이지 않을 것이다. 혁명 이전의 제정 러시아는 만족하지 않고 팽창하고 있는 강대국이라 일컬어졌다. 오늘날 소비에트 러시아의 영토는 그것보다 작지만 이미 제국주의적 야심을 갖고 있지 않으며, 다른 경제 정책을 수행하고 있기 때문에 지금은 '만족하고' 있다.

독일이 식민지를 원하는 것은 식민지에만 자신들의 상품을 팔 수 있는 공개 시장이 있고, 다른 방법으로는 원료를 손에 넣을 길이 없어서가 아니다. 그들은 자국의 이익을 위해 이들 식민지를 착취하려 하는 것이다. 독일은 자국의 '동결(frozen)' 마르크라는 가치가 낮은 통화를 갖고 식민지에게 지불하고, 한 걸음 더 나아가 그들로 하여금 독일 상품밖에 살 수 없는 처지에 몰아넣으려 하고 있다.

나는 과거 5개년 동안의 주된 몇 가지 사건과 거기에서 파생된 여러 가지 결과에 대해 써 왔는데, 이제 어디쯤에서 펜을 멈출 것인지 갈피를 잡을 수 없다. 왜냐하면 곳곳에 파문이 일고 변화가 일어나고 모순에 빠져 있어 세계의 문제들을 지역별 내지 국가별로 고찰하기가 어렵고, 하물며 이것을 해결하기는 더욱 어렵기 때문이다. 결국 필요한 것은 전 세계적 차원에서의 해결뿐이다. 그 사이에 세계 정세는 더욱더 악화되고, 전쟁과 폭력의 상황으로 빠져들고 있다. 근대 세계에서 위세를 떨치던 지도자 유럽은 야만 상태로 전락했다. 그 옛날의 통치 계급은 무력해지고, 그들을 둘러싸고 있는 모든 곤란에서 탈출로를 찾아 낼 능력을 완전히 잃어버렸다.

뮌헨 협정은 불안하지만 그런 대로 유지되어 오던 세계의 균형을 밑바닥부터 송두리째 뒤집어 버렸다. 동남 유럽은 나치 세력에 굴복하기 시작했으며, 나치의 음모는 모든 나라에 손을 뻗쳤다. 오슬로 그룹 (Oslo group)이라 부르는 유럽의 소국 그룹(덴마크 · 노르웨이 · 스웨덴 · 핀란드 · 네덜란드 · 벨기에 그리고 룩셈부르크)은 영국의 우호적 태도가 그들에게는 쓸모가 없음을 눈치채고 중립을 표방하면서 어떠한 집단적 책임도 떠맡지 않을 것임을 명백히 했다. 일본은 극동에서 더욱 침략적으로 되어 광동을 점령하고 홍콩에서의 영국의 세력권까지 육박해 들어갔다. 팔레스타인에서도 정세는 급속히 악화되어 미국과 영국의 관계는 이전보다 더욱 냉각되었다. 체임벌린 총리는 파시스트 진영의 중재역을 맡았는데, 그 사이에 미국 대통령 루스벨트는 나치즘의 목적과 방법을 규탄했다. 유럽의 분규와 파시스트 침략에 대한 영국 · 프랑스의 태도에 실망을 금치 못한 미국은 홀로 이에 초연하게 대하는 동시에 방대한 재군비를 개시했다. 소비에트 연방도 마찬가지로 서유럽 여러 나라와 사이의 동맹과 불가침 조약 정책이 성공치 못한 결과로서 본의 아니게 고립을 강요당하는 것 같다. 하지만 그렇다고 해서 미국이나 러시아나 오늘과 같은 착잡한 세계에서는 고립이나 중립이라는 상태에 있을 수 없다는 것을 그들도 잘 알고 있을 것이며, 일단 분규가 생길 경우에는 너나 할 것 없이 거기 휩쓸리지 않고는 배기지 못할 것이다. 그것 때문에 그들은 그러한 경우에 대비해서 만반의 준비를 하고 있는 것이다.

□ 미국

대통령 루스벨트의 국내 정책은 가지각색의 장애에 부딪혔으며, 대법원과 반동적인 여러 세력이 그의 정책 앞에 버티고 있다. 최근의 선거를 통해서 그를 반대하는 공화당 세력이 강세를 되찾았다. 그렇지만 루스벨트의 개인적 인기와 그에 대한 미국의 여론의 지지는 꾸준히 계속되고 있다.

루스벨트는 남아메리카 여러 나라 정부와 우호 관계를 발전시키는 정책을 썼다. 전부터 멕시코에서는 멕시코 정부와 영국·미국 사이에 석유를 둘러싼 이권 문제로 분규가 있었다. 얼마 전 멕시코에서 광범위한 혁명이 일어나 토지에 대한 인민의 권리가 확립되었다. 교회와 토지·석유 등에 관련된 특권 세력은 그 특권과 우선권을 잃어버리게 됨에 따라서 이 변화에 반대하고 있다.

□ 터키

분규로 가득 차게 된 세계 속에서 터키는 오늘날 외부에 적을 갖지 않은 유일한 평화의 나라처럼 생각된다. 그리스와 발칸 여러 나라와의 몇 년에 걸친 분규는 이미 해결되었다. 소비에트 연방이나 영국과 사이의 관계도 좋다. 알렉산드리아에서는 프랑스와 분쟁이 있었다. 알렉산드리아라는 곳을 네가 기억하고 있는지 모르겠다. 프랑스 정부가 시리아 위임 통치령을 다섯으로 나눈 분방 가운데 하나다. 알렉산드리아 인구의 대부분은 투르크인이 점하고 있다. 그래서 프랑스는 터키의 주장을 받아들여 그것을 자치령으로 만들었다.

이와 같이 케말 아타투르크(Kemal Ataturk)의 현명한 지도 아래 인종 문제와 다른 여러 문제들을 해결한 터키는 국내 건설에 전력을 쏟았다. 아타투르크는 훌륭하게 자기의 인민에 대한 임무를 다했다. 그는 행복하게도 자신의 사업이 승리의 영광에 빛나는 것을 바로 눈앞에 보면서 1938년 11월 10일에 죽었다. 그의 뒤를 이어 터키의 대통령이 된 사람은 그의 오랜 동지 이스메트 이노뉴(Ismet Ineunu) 장군이다.

□ 이슬람 여러 나라

케말 아타투르크는 중동 지방의 이슬람교의 생명에 새로운 활력소를 불어넣었다. 그것은 중세의 법의를 벗어 던지고 현대의 의상을 걸치게 함으로써 오늘의 세계와 일체를 이루게 했다. 아타투르크의 본보기는 중동 지방의 이슬람 여러 나라들에 많은 영향을 주었다. 종교라기보다는 오히려 민족주의에 기초를 둔 여러 근대적인 민족 국가가 생겨난 셈이다. 이러한 영향은 지금 형편으로는 인도처럼 이슬람 교도 주민이 기타 요소들과 함께 제국주의의 압제하에 있는 모든 나라에서는 그다지 현저하게 나타나지 않고 있다.

□ 서로 다투는 세계

유럽과 태평양은 두 개의 커다란 각축 무대다. 이 곳에서 파시즘은 민주주의와 자유를 타도하고 세계를 지배하려고 한다. 일종의 파시스트 인터내셔널이라고 할 수 있는 것이 선전 포고를 하지는 않았으나 대대적으로 전쟁을 수행하고 있을 뿐만 아니라, 각국에 끊임없이 음모를 꾸며서 간섭할 기회를 포착하기 위해 분규를 자행하고 있다. 전쟁과 폭력은 찬미되고 미증유의 규모로 거짓 선전이 행해지고 있다. 국제 공산주의가 오랫동안 세계 평화와 민주주의를 지지해 왔는데도, 파시스트들은 반공이라는 슬로건 아래서 제국주의적 음모를 추진하고 있다. 미국에서는 가끔 나치의 음모와 기도가 발각되어 재판을 받는다. 프랑스에서도 1937년 12월에 반공화국 음모가 폭로되었다. 이것은 카굴라드(Cagoulards) 또는 복면단(Hooded Men)이라는 자들이 독일과 이탈리아의 원조를 받아 조직한 것으로서, 이 패거리가 폭탄 소동과 살인 사건을 야기시켰다. 영국에서는 각계의 유력 인사들이 영국의 정책을 파시스트의 방향으로 돌리고 있다.

　이러한 국제 파시즘은 가장 극단적인 형태의 제국주의일 뿐 아니라 중세 시대처럼 인종·종교적 분쟁을 자아낸다. 독일에서는 가톨릭 교회나 프로테스탄트 어느 쪽이나 압박당하고 있다. 독일은 물론, 그리고 근래에 와서는 이탈리아에서도 인종 관념이 자주 거론되어 유태인과 유태인의 피가 조금이라도 섞인 사람은 무조건 역사상 일찍이 유례없이 냉혹하고 잔학하게 배척당하고 있다. 1938년 11월 초에는 유태인에 대한 혹독한 박해 때문에 광기가 난 폴란드의 한 유태인 청년이 파리에서 독일 외교관을 암살한 사건도 일어났다. 이것은 개인적인 행동에 지나지 않았는데, 독일은 즉시 관헌을 풀어 전 유태인에 대한 조직적인 테러를 감행했다. 나라 안의 시나고그(synagogue : 유대 교회)는 닥치는 대로 불태워 버렸으며, 유태인의 점포는 무서운 대규모 약탈 때문에 철저히 파괴되었고, 가두에서도 또한 가옥 안에서도 남녀를 불문하고 구타당했다. 이러한 일들이 모두 나치 지도자들에 의해 시인되고, 게다가 독일 유태인에 대해서는 8000만 파운드의 벌금이 가해졌다.

　자살, 도망 그리고 슬픔에 잠겨 의지할 곳도 머무를 곳도 없는 사람들이 국외로 피난을 간다. 끝없이 줄을 지어 행진하는 그들은 도대체 어디로 가는 것일까? 오늘날 세계는 피난민들 ― 유태인, 수데텐 지방에서 추방된 독일 사회 민주주의자, 프랑코 영토에서 도망 나온 스페인 농민, 중국인, 아비시니아인으로 가득 차 있다. 세계는 공포에 떠는 이 피난민을 구제하기 위해 수많은 조직이 만들어졌다. 그런 반면 영국과 프랑스의 이른바 민주주의 국가들이 실행하고 있는 정책은 나치 독일과 파시스트 이탈리아에게 우호와 협력의 손을 뻗치고 있는 형편이다. 그리고 그렇게 함으로써 그들은 파시스트의 테러리즘과 문명과 예의 범절의 파괴, 그리고 몇백만 몇천만이나 되는 사람들을 조국도 없고 가정이라 부를 집도 없는 피난민의 처지로 몰아넣는 정책에 박차를 가하고 있는 것이다. 만약 이것이 오늘날 파시스트 국가들을 상징하는 것이라면 간디가 말한 바와 같이 "결코 독일과 협력할 수 없다. 정의와 민주주의를 옹호한다는 국가와 그런 것을 적이라 선언하는 국가 사이에 어떻게 해서 협력 같은 것이 있을 수 있는가? 그런데도 영국은 무장한 독재 정치, 그리고 그것이 의미하는 모든 것에 접근하고 있는 것일까?"

영국과 프랑스까지 파시스트 국가의 지지자가 되고 옹호자가 되었다고 한다면, 중부 유럽과 동남부 유럽이 완전히 파시스트의 세력 범위 안에 들어가 버렸다고 해도 놀랄 일은 못 된다. 사실 그들은 급속하게 독일을 맹주로 하는 파시즘 국가의 종속국으로 변모해 가고 있다. 이탈리아는 독일의 책략에 빠져서 지금은 단지 파시스트 연합의 하위 협력자의 지위로 떨어져 버렸다. 독일과 이탈리아가 식민지 확장을 요구하고 있으나 독일이 마음 속에 꿈꾸고 있는 것은 동방, 즉 우크라이나 또는 소비에트 연방 쪽으로의 팽창이다. 영국과 프랑스는 약속이나 한 듯이 이것이 그들 자신의 소유물을 건져 주지나 않을까 하는 어리석은 생각에서 이 꿈을 부추기고 있다.

두 강대국 — 소비에트 연방과 미국, 즉 현대 세계에서 가장 강력한 두 국가는 자신들의 광범위한 영토내에서 거의 자급 자족하는 상태를 유지하면서 불패의 위용을 자랑하고 있다. 각기 다른 이유에서 이 두 나라는 파시즘에 반대하고 있다. 유럽에서 소비에트는 파시즘에 대한 유일한 장벽으로 남아 있다. 만일 소비에트가 격파된다면 프랑스와 영국을 포함한 유럽의 민주주의는 완전히 몰락해 버릴 것이다. 미국은 유럽에서 멀리 떨어진 곳에 위치하고 있고 쉽게 유럽 문제에 간섭할 수도 없으며, 또 그러한 의도도 갖고 있지 않았다. 하지만 그러한 간섭이 실현되는 경우에는 미국의 막강한 실력이 발휘될 것이다.

자유 진영에는 인도와 동양의 신생 민주주의도 있다. 영국 자치령 가운데 어느 곳은 영국 정부에 비하면 훨씬 진보적이다. 민주주의와 자유는 오늘날 중대한 위험에 빠져 있으며, 더구나 그 위험은 그들의 우방이라 자처하는 나라들이 배후에서 부추기고 있기 때문에 더욱 크다. 그러나 스페인과 중국은 민주주의의 진수를 보여 주고 있다. 이들 두 나라에서는 전쟁의 공포 속에서도 새로운 국민이 생성되고 있으며, 민족의 생활과 더불어 많은 분야에서 재건과 부흥의 조짐이 보이고 있다.

　1935년에는 아비시니아가 침략당했다. 1936년에는 스페인이 공격을 받았다. 1937년에는 중국에 새로운 침략이 있었다. 1938년에는 오스트리아가 나치 독일의 침략을 받아 지도상에서 말살되었다. 그리고 체코슬로바키아가 분할되어 종속국의 위치로 떨어졌다. 해마다 나쁜 일들이 수없이 일어나곤 한다. 지금 우리가 그 문턱에 서 있는 1939년에는 어떤 일들이 눈앞에 벌어질까? 그리고 도대체 그것은 우리들에게, 이 세계에 무엇을 가져다 줄 것인가?

| 찾아보기 3 |

4국 협정(Four-Power Pact) 22, 433
5개년 계획 325
19로군 303
21개조 요구 20
A · B · C 3국 371

[ㄱ]

가톨릭 중앙당 424
간디(Mohandas Karamchand Gandhi) 61, 98, 100, 204
간디-어윈 협정 130
갈색 셔츠(Brown-shirts) 423, 426
감당(Drys) 446
갱 단원(gangster) 446
거국 내각(National Government) 386, 458
검은 셔츠(Black-shirts) 423
게디스(Geddes, Auckland) 374
고데스베르크(Godesberg) 510
고아(Goa) 414
공산주의(Communism) 222, 267, 285, 335, 455

공황 362, 372, 409
과잉 생산(over-production) 375
과학 345, 354
괴링(Goering, Hermann) 428
괴벨스(Goebbels, Joseph) 428
국가 부흥법(National Recovery Act) 452
국가 사회당(Nationale Sozialist) 422
국가 인민당(Deutsch-nationale Volkspartei) 422
국민 정부 24, 294
국민당(Nationalists) 426
국민회의(National Congress) 33, 105, 137, 429
국제 노동 기구(I.L.O.) 380, 498
국제 노동 회의(International Labour Conferences) 498
국제 연맹(League of Nations) 47, 48, 259, 438, 498
군비 축소 214, 258, 438, 443
그로티우스(Grotius, Hugo) 484
그루지야(Gruziya) 316
그리스 82
금융 시대(Financial Age) 409
금주법(Prohibition) 446

[ㄴ]

나치(Nazi) 224, 419
남아메리카 463
네루 보고서 125
네지드(Nejd) 190
네프(N.E.P.) 310
노 파사란(No Pasaran) 503
농업 조정법(Agricultural Adjustment Act) 452
뉴딜(New Deal) 452
니티(Nitti) 268

[ㄷ]

단치히(Danzig) 44, 228
달러 395
대공황(Great Depression) 130
대영 제국 회의(British Empire Conference) 412
델리(Delhi) 131
도즈안(Dawes) 232
독일 46, 228, 419, 474
독일 혁명 220
돌격대(Storm Troops) 422
돌푸스(Dollfuss) 507
동결(frozen) 마르크 515

[ㄹ]

라발(Laval, Monsieur) 501
라스키(Laski, Harold) 457
라스푸틴(Rasputin) 443
라트비아 44
라팔로 조약(Rappallo Treaty) 254, 311
러시아 320, 511
레닌(Lenin) 217, 310, 315, 321
레바논(Lebanon) 175
로맹 롤랑(Romain Rolland) 490
로이드 조지(Lloyd George) 40, 67
로자 룩셈부르크(Rosa Luxemburg) 222
로잔 조약 85
로카마니아 틸락 32
루마니아 475
루스벨트(Roosevelt, Franklin) 410
루피 395
리베라(Rivera, Primo de) 415
리코프(Rykov) 513
리투아니아 44
리트비노프 조약(Litvinov Pact) 261, 342
리튼(Lytton) 304
리프 전쟁(Riff War) 415
리프크네히트(Liebknecht, Karl) 222
린드버그 447

[ㅁ]

마누엘 아자나(Munuel Azana) 416
마르코 폴로 164
만국 박람회(World fair) 446
만주국 305

맥도널드(MacDonald, Ramsay) 45, 256, 386
모건(Morgan, John pierpont) 445
모로코(Morocco) 60, 274
몬타구 노먼(Montagu Norman) 373
몬타구-쳄스포드 보고서 36
몽고(Mongol) 21
무솔리니(Mussolini) 58, 262, 265, 280
무스타파 나하스 파샤 155
무스타파 케말 파샤 60, 87, 210
무정부주의(Anarchism) 415
뮌헨 협정(the München Agrement) 437, 510
미국(America) 21, 57, 235, 364, 382, 395, 410, 444, 467, 517, 520

베르사유 조약(Treaty of Versailles) 42, 228, 432, 499
베르히테스가덴(Berchtesgaden) 510
벨기에(Belgium) 231
벵골(Bengal) 99
보로딘(Borodin) 285
보헤미아(Bohemia) 509
복면단(Hooded Men) 518
볼드윈(Baldwin, Stanley) 256, 472
볼리비아(Bolivia) 469
볼셰비키 혁명 20, 217
부하린(Bukharin) 513
불가침(non-aggression) 조약 342
불간섭 위원회(Non-Intervention Committee) 504
비가 논쟁(ratio controversy) 404
비밀 인터내셔널(Secret International) 442

[ㅂ]

바르투(Barthou) 500
바스크(Basque) 414
바이마르 헌법 223
발포아 선언(Balfour Declaration) 182, 186
버나드 쇼(Bernard Shaw, George) 480
버니언(Bunyan, John) 484
버마(Burma) 62, 136
버큰헤드(Birkenhead) 312
번영 추진 운동(Prosperity Push) 450
범유럽 운동 476
베니젤로스(Venizelos) 77
베두인(Bedouins) 189, 194

[ㅅ]

사산 왕조 162
사이먼 위원회 124
사티아그라하(Satyagraha) 100
사회 민주당(Socialist Democratic Party) 220, 421
사회주의 소비에트 공화국 연방 (U.S.S.R.) 55, 308
삼민주의 285
상대성 이론(Theory of Relativity) 349
생디칼리스트 264, 414
샴(Siam) 213

서구의 몰락(Der Untergang des Adendlandes) 423
세계 경제 회의(World Economic Conference) 411
세계 군비 축소 회의(World Disarmament Conference) 438
세계 반노예 제도 회의(World's Anti-Slavery Convention) 345
세계 정세 461
세계 혁명(World revolution) 315
세르반테스(Cervantes) 484
소비에트 정보 기관(G.P.U.) 512
소비에트(Soviet) 308, 317, 331, 340, 433, 467, 512
소협상(Little Entente) 475
손문 15, 24, 284
송경령 293
수데텐(Sudeten) 437, 509
수에즈 운하(Suez Chanal) 140, 160
순산업 시대(purely Industrial Age) 409
슈시니크(Schuschnigg) 508
슐라이허(Schleicher, K. von) 436
스와데시(Swadeshi) 483
스와라지(Swaraj) 130
스와라지당(Swaraj Party) 111
스탈린(Stalin) 321, 513
스털링 가격(sterling prices) 412
스페인 274, 413, 476, 501
스펭글러(Spengler, Oswald) 423
시나고그(synagogue) 519
시리아(Syria) 45, 170
시오니즘(Zionism) 181
식민지 514

신 경제 정책(New Economic Policy) 310
신 페인(Sinn Fein) 64
신강성(新疆省) 307
신당(Wets) 446

[ㅇ]

아놀드(Arnold, Mathew) 489
아디스 아바바(Addis Ababa) 501
아라비아(Arabia) 45, 60, 189, 196
아랍(Arab) 45, 96, 140, 163, 172, 179, 197, 338
아르메니아(Armenia) 76, 171
아마눌라(Amanullah) 209, 212
아브델 크림(Abdel Krim) 60
아비시니아(Abyssinia) 160, 437, 500, 521
아인슈타인(Einstein, Albert) 348
아일랜드 63, 67, 472
아제르바이잔(Azerbaidzhan) 316
아케네메스 왕조 162
아프가니스탄(Afganistan) 206, 310
안쉴루스(anschluss) 224, 437, 508
알라하바드(Allahabad) 132
알렉산드리아(Alexandria) 153, 159, 517
알자스-로렌(Alsace-Lorraine) 37, 228
알폰소(Alfonso) 415
암리차르(Amritsar) 103
압둘 와하브(Abdule Wahab) 190
압둘 하미드(Abdul Hamid) 74

압둘라 185
앙고라(Angora) 82, 88, 96
야고다(Yagoda) 512
에딩턴(Eddington, Arthur) 351
에브로 전투 505
에스토니아 44
에이레 65
엘 도라도(El Dorado) 363
영구 혁명(Permanent Revolution) 322
영국 24, 63, 204, 382, 396, 471, 472, 514, 520
영국 - 이란 석유 회사(Anglo-Iranian Oil Co.) 500
영국-이탈리아 협정(Anglo-Italian Agreement) 511
영안(Young Plan) 232
영일 동맹 298
예루살렘(Jerusalem) 181
예멘(Yemen) 190, 192
오스트리아(Austria) 38, 42, 171, 224, 437, 475, 507, 508
오슬로 그룹(Oslo group) 516
오타와(Ottawa) 412
와프드당 143, 154
와히드웃딘 74, 87
우즈베키스탄 320
워싱턴 회의 21, 253, 298
원세개 15
윌슨(Wilson) 40
유고슬라비아 475
유럽 37
유럽 연방 국가(United States of Europe) 476

유태인 182, 431
의회 정치 453
이라크(Iraq) 86, 170, 197
이븐 바투타(Ibn Battuta) 164
이븐 사우드(Ibn Saud) 60, 190
이스메트 이노뉴(Ismet Ineunu) 518
이슬람교 112
이집트(Egypt) 139, 151, 466
이탈리아 262, 475
인도 24, 98, 111, 123, 404, 462
인도차이나 214
인민 전선(Popular Front) 418, 502, 512
인수필 어음(acceptances) 394
일본 15, 296

[ㅈ]

자르(Saar) 436, 499
자바(Java) 215
자본주의(Capitalism) 59, 267, 311, 362, 375, 408
장개석 289, 291, 304, 506
전 인도 이슬람 교도 연맹 35
전시 공산주의(militant communism) 316
전쟁 470
제2혁명(Second Revolution) 434
제3인터내셔널 121
제국 시장(Empire markets) 513
제국 의회(Reichstag) 424
제벨 에드 드루즈 176
조차지 16, 300

중국 15, 285, 466, 505
중동 45, 518
지노비에프 서한 256
지불 유예(moratorium) 365
진스(Jeans, James) 350

[ㅊ]

차코(Chaco) 469
철모단(Steel helmets) 422
청년 투르크당(Young Truk Party) 73, 94
체코슬로바키아(Czechoslovakia) 43, 179, 437, 475, 508, 521
추축(Axis) 국가 418
치안 유지법 299

[ㅋ]

카굴라드(Cagoulards) 518
카탈로니아(Catalonia) 414
카프카스(Kavkaz) 316
캐나다 471
케냐 464
케말 아타튀르크(Kemal Atatürk) 98, 518
케말 파샤(Kemal Pasha) 60, 76, 87, 210, 338
케이스먼트(Casement, Roger) 64
켈로그 - 브리앙(Kellogg-Briland) 협정 259, 342, 444

코르테스(Cortes) 414
코리아(Korea) 16, 300
코스그레이브(Cosgrave) 68
콘스탄티노플(Constantinople) 79, 166
콜론타이(Kollontai) 340
콜롬비아(Colombia) 469
콜리지(Coleridge, Mary) 487
콜린스(Collins, Michael) 66
콜차크 20
쿠르드족(Kurds) 91
쿨라크(Kulak) 315
크로아티아(Croatia) 250
크루프스카야(Krupskaya) 340
크림(Krim, Abdel) 415
클레망소(Clemenceau) 40
킬라파트 위원회 90, 107, 193

[ㅌ]

타지키스탄 320, 342
터키 73, 88, 517
톰스키(Tomsky) 513
통곡의 벽 183
통일 전선(joint fronts) 303, 512
투르크 74, 87
투르키스탄 340
투하체프스키(Tuchachevsky) 513
트란스 - 요르단 60, 185
트로츠키(Trotsky) 321

[ㅍ]

파라과이(Paraguay) 469
파리 조약 259, 302
파블로프(Pavlov, Ivan) 352
파시즘(Fascism) 58, 262, 269, 420, 479, 497
파운드 395
파이살(Feisal) 174, 192, 199, 205
팔레스타인(Palestine) 46, 60, 139, 166, 179, 188, 514
팔로군(八路軍) 506
페루(Peru) 469
페르시아(Persia) 91
포드(Ford) 452
포르투갈 414
폰슨비(Ponsonby, Arthur) 442
폴란드 43
푸아드 193, 205
프랑스 250, 400, 433, 439, 474, 520
프랑코(Franco) 417
피레네(Pyrenees) 504
피아틸레트카(Piatiletka) 321, 325
피우수트스키 276
핀란드 44

[ㅎ]

하비블라(Habibullah) 208
해풍 소비에트 정부 295
헝가리 225
호어(Hoare, Samuel) 443, 501
호주 471
화이트 칼라 프롤레타리아트(white-collar proletariat) 447
화폐 237, 402
후버(Hoover) 365
후세인(Hussein, Sherif) 172, 191, 205
히틀러(Hitler) 223, 348, 420, 434, 499, 510
힌덴부르크(Hindenburg, P. von) 425